# 城市战争

# THE CITIES

王千马——作品

国运、时代及世界
三重奏下的中国区域沉浮

中国出版集团　现代出版社

**图书在版编目（CIP）数据**

城市战争 / 王千马著 . —北京：现代出版社，2023.3
ISBN 978-7-5231-0051-6

Ⅰ. ①城… Ⅱ. ①王… Ⅲ. ①城市经济－经济发展－
研究－中国 Ⅳ. ① F299.21

中国版本图书馆 CIP 数据核字（2022）第 218119 号

**城市战争**

作　　者：王千马
策　　划：任　超
责任编辑：张　霆　邓　翃
出版发行：现代出版社
通信地址：北京市安定门外安华里 504 号
邮政编码：100011
电　　话：010-64267325　64245264（传真）
印　　刷：三河市中晟雅豪印务有限公司

开　　本：710mm×1000mm　1/16
印　　张：34.5　　　　　　　　字　　数：599 千
版　　次：2023 年 3 月第 1 版　　印　　次：2023 年 9 月第 3 次印刷
书　　号：ISBN 978-7-5231-0051-6
定　　价：118.00 元

# 目录

Contents

# 第二部分　进击的中坚

**从月朗星稀，到满天星斗：**
**王千马说中国城市发展简史**

每次到重庆这座网红城市，我都不曾抑制住内心的波澜。

这是一个爬了半天楼结果是在爬山，而一楼永远也找不到的神奇的地方。曾经气喘吁吁爬上了洪崖洞的顶上想眺望面前的嘉陵江，结果发现身边不远就是车来车往的街道。这还不算什么，到了夏天，整座城市便沐浴在火炉似的高温中。

但是它成就了今天这么一副人气旺盛的模样。说到底，这并不是当地人有毛病，喜欢整天爬来爬去，以苦为乐，相反，在农业中国，这地方实在是太"方便"了。

方便就在于洪崖洞门前的那条江，以及距离不远的另一条江——长江。摊开卫星地图，你就会发现，长江与嘉陵江汇聚于重庆的朝天门。这让重庆成为名副其实的两江枢纽。

但显然，它的意义并不止于此。事实上，它几乎是整个四川水系最重要的节点——万里长江自宜宾接岷江（其于乐山接大渡河和青衣江）之后，于泸州接沱江，然后再一路逶迤东来，直抵朝天门。在这中间，还有一条纵贯成都东部平原的大江——涪江，也在合川城南钓鱼城下，汇入嘉陵江，接下来的目的地，同样是朝天门。这也意味着，经由重庆，就能深入四川的腹地。

与此同时，几乎整个四川的物产都可以通过水路运到重庆来，然后在此集中交易。或者，通过重庆分发。

某种意义上，在陆路交通并不发达的古代，重庆就是整个大四川交通的最大公约数。如果说成都平原是腹地，是相的话，那么具有重要战略意义和商业价值的重庆，就是整个大四川的桥头堡，是大门，也是将。守住重庆，就能出将入相。面对这样好的交通条件，重庆哪怕是建在山上，也不算什么缺点了。

所以，尽管直到南宋淳熙十六年八月初七，也就是1189年9月18日，宋光宗赵惇才将自己的潜藩"恭州"升府改名为"重庆"，以庆贺自己先封恭王再即帝位（又一说是为了给太后祝寿），重庆方才正式得名，但是，早在战国时期，就有巴国从汉水流域南迁至长江上游后，先后在枳（今涪陵区）、江州（今渝中区）、垫江（今合川区）建都。秦国灭巴国后，屯兵江州，筑巴郡城（江州城），城址即在今渝中区长江、嘉陵江汇合处朝天门附近——这也被视为重庆建城之始。日后秦朝分天下为三十六郡，巴郡为其一。这也是整个大四川被称为"巴蜀"的由来。

　　和重庆建城有些相类似的则是天津。作为天子的津渡，天津建城相对较晚，得等到朱棣发动靖难之役之后，但是在建城之前，这里就已很有人气。由于位于华北平原，地处九河下梢，还有海河贯穿而过，直通渤海，让它很适合成为南北漕（海）运的中转站。天津因此而盛。由于南方船商信奉妈祖，所以在海河干流所起之地——天津金钢桥附近的三岔河口，还出现了著名的"天后宫"。所以天津自古就有"先有天后宫，后有天津卫"的说法。

　　今天，当我们探寻人类的生长，以及一个城市的成败，都会给它找出无数的经济、政治以及军事等原因，但让我最感兴趣的往往是其背后的"地理"因素。不同的空间位置、地表地貌形态、生态环境、地缘关系，以及地理变迁，决定着龙生九子，子子不同，也决定着它有无发展的可能，以及在这个世界中的地位。

　　事实上，早在古希腊历史学之父希罗多德、医学之父希波克拉底、思想家亚里士多德，以及中国古代荀子、司马迁等人笔下，就出现过"地理决定论"这样的见解和认知。通过他们不断书写和总结，"地理"从最初与个人智力、体力、性格等的联系，发展到与社会制度、国家法律、民族精神等的联系，"地理"因素被认为是各个国家的社会组织、经济发展和历史命运的决定性因素之一。

　　我很喜欢地理。古人云，读万卷书行万里路，诚不欺我。在我看来，也正是在人地之间不断冲撞不断融合的过程中，今天的城市正从月朗星稀走向了漫天星斗。

　　这对中国如是，对世界亦然。

# 基建改变中国

## 一

毋庸置疑，人都是习惯"逐水草而居"的。水草意味着资源。

这也就能说明，为什么现代智人在六万年前非洲（大约在今天的埃塞俄比亚一带）走出来之后，他们中间的一支继续留在非洲和附近的中东，并创造了后来世界上最早的文明——两河文明和古埃及文明；一支向东走，分别落脚于印度河流域和黄河流域，并发展出古印度文明和华夏文明；最后一支继续向北走，来到了东欧平原，发展成了现代西方人的祖先——古印欧人。

尽管著名历史学者樊树志在其《国史十六讲》中，不太认可"人类起源非洲说"，而更相信"多区起源论"，但这并不影响我们解释，为什么在两河、尼罗河、印度河，以及黄河这些地方，会较早地出现人类文明。

从"河"这个字眼上，可以看出这些地方最起码都是有水的。

两河是指发源于土耳其亚美尼亚高原的安纳托利亚山区的幼发拉底河和底格里斯河，前者流经叙利亚和伊拉克，向东南长途奔流之后，与其东面的底格里斯河并行注入波斯湾。直到三四千年前，由于两河带来的泥沙不断在入湾口处沉积，最后使得两河下游在今天的伊拉克南部合流成阿拉伯河，再向南奔向波斯湾。

古希腊人将两河流域称为美索不达米亚，意为两河之间的土地。而两河中下游的冲积平原，则被称为了"巴比伦尼亚"。很多时候，我们习惯上将中东想当然地想成一个大沙漠，但事实上，得益于美索不达米亚的存在，让亚洲的西部拥有了这个世界上最肥美的土地之一。加上靠近地中海东岸，略作东北—西南走向的西亚裂谷带中北段，它们一起构成了一个天赐的不规则的倒U形的"肥沃新月地带"（Fertile Crescent）。《圣经》中的"迦南"（大致是巴勒斯坦）就位于肥沃新月的西段，它是一块"流着奶和蜜"的"应许之地"。

正是得益于这些得天独厚的条件，这个世界上那些古老的城市开始生长。也就在"巴比伦尼亚"平原南部，聪明的苏美尔人建立了最初的城邦——乌尔城和乌鲁克城。其中后者占地1100英亩，人口约达5万。日后率领族人迁往迦南的希伯来人祖先，也是以色列人始祖雅各的爷爷亚伯拉罕，当年也正是生活于乌尔。他见证了这些城邦的兴衰：那里曾修建了巨大而精美的神庙，留下了众多精美的塑像，创立了成熟的历法，还用楔形文字记载了当时复杂的社会生活。

但让我把目光投射在这块古老的区域，还在于其穿越历史的光辉：这里曾创建了人类历史上的第一个帝国——阿卡德帝国。在它之后，相继有古巴比伦、亚述，以及由原先居住在波斯湾沿海地区的迦勒底人创办的新巴比伦称王称霸。据说在公元前6世纪，为了安慰患思乡病的王妃安美依迪丝（Amyitis），巴比伦王国的尼布甲尼撒二世（Nebuchadnezzar II）在巴比伦城修建了空中花园——它种植了来自伊朗高原的植物，而用水正是引自幼发拉底河。因为工程浩大，采用立体造园手法，让它看上去就像悬在空中。

和两河文明相似，古埃及文明也是建立在尼罗河不断的冲刷和灌溉上。尼罗河的洪水使埃及人拥有肥沃、富饶的土地，那时，人们称尼罗河为"哈皮神"，甚至到今天，埃及人还将尼罗河畔的莲花视作"埃及之花"。

正是在尼罗河主河道西岸和一条支流所夹的谷底上，美尼斯统一上下埃及后，于此修建了孟菲斯古都。因为城里的房子被涂上白色的石膏粉，整齐好看，所以其在被称作"梅尼利亚"（美尼斯之城）之后，又被称作"白堡"（白城）。之所以称为孟菲斯，一说是因为公元前2345年，国王佩皮一世在这里建造了Men-nefer金字塔，后来被希腊人音译为Memphis。不过，在孟菲斯吉萨高地，最知名的金字塔则是胡夫金字塔，它和空中花园一起被列入世界古代七大奇迹。尽管今天的孟菲斯早已盛极而衰，但是位于其北的开罗，正站在尼罗河三角洲的肩膀上继往开来。

这里我们不想再谈印度河流域，以及有着两条大河——伏尔加河和顿河的东欧平原，要谈就谈我们伟大的黄河、伟大的祖国。

"君不见黄河之水天上来，奔流到海不复回。"在《将进酒》中，李白用这样夸张的句式，勾勒出黄河的磅礴气势。

和两河流域、印度河流域一样，黄河流域尤其是中下游，非常适合农业社会的发展，甚至它在全世界几大河流域当中，是条件最好的。张宏杰在《简读中国史》中说："因为黄土的结构疏松，天然适合农耕，人们仅仅利用原始的石刀木犁，就可以开辟大面积耕地。"所以，我们的祖先很早就在黄河两边世代定居下来。

在我们的历史书上，西安、洛阳以及开封都是很早进入国人视野的城市。这也正因为，这些城市都位于黄河流域，像洛阳、开封更在黄河岸边。

从"中国"一词，就可以看出这些城市的地位。它最早见于出土的西周时代的何尊铭文"宅兹中国"，铭文记述了周成王营建成周、举行祭祀、赏赐臣子的一系列活动。"中国"，一说指成周洛邑，也就是今天的河南洛阳，一说指今晋南地区。而晋南，同样和黄河息息相关。

不管怎么说，黄土高原上的三个主要河谷平原——渭河谷地、伊洛谷地、汾河谷地，因其土质松软、灌溉便利，且靠近盐池，成为原始文化最发达的地区。

所以，今天我们把黄河称为中华民族的母亲河，把黄河流经的河南，也看成了中华文明的一个重要的源头。

不过，即使身份尊贵，黄河也只是"四渎"之一，其他三渎为长江、淮河，以及济水。而且，我们还拥有了潴野泽、彭蠡泽、云梦泽、大野泽，现在还存在的太湖、洞庭湖、鄱阳湖等湖泊，以及巨大的海岸线。

所以，在中华文明的明月在黄土高原上升起之前，中国的天空上开始闪烁了一些星斗。比如辽宁的红山文化、山东的大汶口文化，以及由河姆渡、马家浜、崧泽到良渚文化发展而来的太湖文化。当然，不得不提的还有位于成都平原的三星堆文化。

中国文化喜欢讲"山水"。所以，在河水之外，我们还要提及一座山——那就是被称为"中华龙脊"的秦岭。其位于中原腹地，西起昆仑，中经陇南、陕南，东至鄂豫皖—大别山以及蚌埠附近的张八岭，可以说是中国地理南北分界线，也是长江和黄河流域的分水岭，其主峰太白山位于今天陕西宝鸡境内，海拔3771.2米，所以不高也不矮，长得恰恰好。在冬天时，能够阻挡寒潮南下，在夏天时又能阻挡潮湿的空气进入到西北地区，但又不至于让气流完全被堵死。这就使得秦岭南北地区呈现出完全不一样的风貌，其中秦岭以南以亚热带季风气候为主，秦岭以北以温带季风和温带大陆性气候为主。

正是得益于秦岭的气候屏障和水源滋养，才会有八百里秦川，才会诞生我国的周、秦、汉、唐等朝代，同样，被秦岭遮挡得比较严实的成都平原，才会四季气候宜人，才会成为中国的粮仓。

某种意义上，地理塑造了中国的雏形，同样，它也进一步推动了中国之所以成为中国。

# 二

我常常想，如果我们认可人类都来自东非的话，那么，为什么中国会成就大一统，而以希腊文明为代表的西方，大多是四分五裂的小国？

《简读中国史》曾给出了这样一个说法，中华文明长久以来是农业定居文明——这其实也跟黄河、长江甚至淮水、济水的流向有关。这里的每条大河几乎都在同一个纬度线上，自然禀赋相似，所以相互之间交流不会频繁，甚至可以做到"鸡犬之声相闻，老死不相往来"。相反，两河领域为南北走向，跨越了不同纬度，也造成了上下游差异比较严重，就像南部苏美尔当地几乎没有石头或金属，除了棕榈、柳树和白杨等不太好的建材，几乎没有木材。倒是今天的黎巴嫩就有很好的雪松。所以，它们如果有需要的话，也只能通过同北部上游的贸易而获得。这也意味着，大商业尤其是长距离的远途贩运在苏美尔社会中有很重要的地位。然而，长期的你来我往，往往会带来不安定的因素。这也是传统的农业中国之所以讨厌商业，甚至出现"士农工商"这样排序的原因。

如果说一个个定居家庭像一个小的"四合院"，那么，把中国放在世界地理中你就会发现，中国的北边是草原和大漠，东、南是大海，西边则是青藏高原……这意味着，中国的地理环境是相对封闭的，像一个由围墙围起来的大四合院。

这大概也就是樊树志老师之所以相信"多区起源论"，换句话说，也就是中华文明独立起源论的一个重要原因吧！

长期生活在这样的四合院里面，血缘更多地成为相互联系的纽带，而老人的经验尤为重要。大家习惯围绕在一家之主的周围，尊老爱幼，听候指派。加上"半封闭的地理环境以及周边民族文化上的普遍落后使中国早期文明遇到的挑战较小，从而使它丧失了探索农业文明以外其他文明形式的动力，也丧失了自我剧烈变革的压力"，导致了中华文明虽然早熟，但演变步伐在秦始皇一统六国之后也因此突然变慢下来。

相反，由于地理环境相对恶劣，多山地和丘陵，即便有一些地区适宜农业，也无法发展到很大规模，加上身边的地中海，又将亚非拉串联起来，所以古希腊更喜欢的是走海上贸易路线。比起中华文明的定居农业，海上贸易显然是一种完全不同的生活方式。

一方面因为大海是年轻人的天下，毕竟与风浪搏斗需要力量；另一方面因为

"大规模的航海活动，不可能是一个家族的男女老幼上一条船，只能是各家的年轻人上一条船，在这条船上，人与人之间是平等关系，而不是长幼尊卑的关系"，再加上"不同政见者可以通过海上逃跑，独裁专制者无法实现他对不同政见者的消灭"，最终推动了希腊社会从"原始父亲"的专制向"兄弟联盟"的民主转变，"在希腊社会的发展过程中，血缘纽带不断松弛，父权不断弱化"，随之而来的是，"成年人以平等的方式组成社会，从而创造出了希腊的民主城邦"。比如，雅典；比如，斯巴达。

即使日后的罗马帝国曾一度强悍无比，但是建立在希腊文明基础之上的帝国，即使打下很多地方，也多选择地方自治，不像秦汉后的中国通过郡县制度，让中央政令可以通达全国各地，"如臂使指"，最终，在西罗马的废墟上，出现了一个又一个国家，进而演变成欧洲小国林立——这也奠定了今天欧洲的格局。而中国再军阀割据但还是走向统一。

如果说"四合院"决定了中国形成的"骨干"的话，那么，我们也不能忽略四合院内的两条线——和黄河、长江构成的真实纬线相比，它们是两条不太规则的虚线。虽然相比前者，这两条线是归纳、总结出来的，但却决定着中国形成的"任督二脉"。

其一是黄仁宇在有关中国大历史的叙述中所提及的"15英寸等雨线"。在等雨线的东南，平均每年有至少15英寸的雨量，适合发展农业，人口茂盛。而在等雨线的西北，气候干燥，适合游牧民族逐水草而居。这也让定居的统一专制帝国与游牧民族之间的和战问题，成为中国历史发展脉络的一条重要主线。某种意义上，"15英寸等雨线"更像是一条国防线。黄仁宇和西方的学者就指出，中国的长城与15英寸等雨线部分颇相吻合，所以他将长城看成一道中原"种田人"与草原"马背上的剽窃者"之间的分界线。

为了国防，也让长城沿线生长出了一些明星城市，就像春风不度的玉门关，曾雄踞唐诗三百首无数载，风光一直延伸到元末明初。随着朱元璋在明洪武五年（1372年）开始修建嘉峪关，此后它便取代了玉门，成为西域贡使前往明代中原地区唯一的法定路线。当然，在这条线上最亮眼的城市，无疑是北京。尽管元时便是大都，但明成祖朱棣在靖难之役后，天子守国门，让北京自此成为正儿八经的首都，一直影响到了今天。

和"15英寸等雨线"相媲美的，也具有异曲同工之妙的，则是胡焕庸所发现的"胡焕庸线"。这是一条从黑龙江瑷珲（今天黑河市爱辉区）到云南腾冲的一条45°的倾斜直线。东侧，以平原、水网、丘陵、喀斯特和丹霞地貌为主要地理结构，分布着如松嫩平原、华北平原、长江中下游平原等地势平缓、水网密布的地区，自古以农耕为经济基础，尽管只占国土总面积的36%，却容纳了96%的人口；相反，拥有青藏高原、横断山脉、西北荒漠以及蒙古草原等地貌，自古为游牧民族的天下的西侧，虽然占了国土总面积的64%，但只容纳了4%的人口。

更为奇妙的是，有人发现，从1935年"胡焕庸线"被发表到现在，已过沧海桑田数十载，人口也从当年的4亿多增长到14亿，然而线两侧的人口比例始终保持在这个水平，浮动不超过2个百分点。

某种意义上，这条线就是一条"隐形的长城"。就连画线的胡焕庸本人也不禁感叹："其多寡之悬殊，有如此者！"

尽管到今天，随着现代国家的确立，国与国之间的边界尘埃落定，让长城逐渐丧失防御功能，成为一个图腾和标志，但是"胡焕庸线"的存在，还是让我们意识到自己在整个世界面前的局限性。早期的人类，由于生产力低下，以及对世界认识不足，只能选择依附和顺应地理、顺应自然，从而诞生了像西安、洛阳、开封、玉门，以及前文所提到的重庆、天津这些城市。它们的出现，带着"靠山吃山靠水吃水"的意味，有那么点"天命论"在里面。

幸运的是，人类在发展的过程中不断地提升自己的生产力，并改进自己的科技。这也让他们从顺应地理、顺应自然开始走向有意识地、主动地改造自然。这种改造，终于让更多的城市如雨后春笋般地冒出来。

# 三

也就在2500多年前，当吴王夫差收拾完南边的越国之后，信心爆棚，决定继先王之余威，北上伐齐，称霸中原。作为吴人，天生就擅长"以船为家，以楫为马"，但是摆在他面前这片芦荻萧瑟的丘陵地带，却挡住了他前进的步伐。

其位于长江北岸，在当时俨然就是长江出海口。其北不远，便是淮河。可以说，位于长江和淮河的中间地带。应是水系四通八达之地。但让人哭笑不得的是，这里河流、湖泊虽多，但偏偏没有一条能直接沟通长江和淮水。

想起夫差的老爸阖闾，也曾为这种局面所困扰。当年为了打江南霸主楚国，吴国的战船沿长江顺流而下绕道黄海北上，再转棹进入淮河，沿淮水干流上溯中原，可谓走得很辛苦。这次，夫差不干了，他准备利用这里散落的无数湖泊，来修一条人工运河，在串联起这些湖泊的同时，让它变成一条便捷的北上通道。于是，在公元前486年，夫差筑邗（hán）城于长江北岸的蜀冈之上，并于蜀冈之下开凿邗沟。《左传·哀公九年》有一段话记载了这一历史："秋，吴城邗，沟通江、淮。"从此中国历史上第一条以军事为目的的人工运河开凿成功。这也是中国及世界上有确切纪年的第一条大型运河。日后，正是在这条邗沟的基础上，开挖出了至今仍发挥着重要作用的京杭大运河。

这也让扬州自此一跃而起。尽管一开始是作为吴国伐齐的"战略后方"，但是在硝烟四散之后，作为南北沟通的枢纽，扬州成了流量的入口，聚敛了大量的人气和财富。某种意义上，扬州是被基建催生出来的城市。它也因此成为人类改造自然的典范。

事实上，西安、洛阳、开封之所以早早地"成名"，也得益于这种基建。当年的大禹接替其父治水，选择由疏代堵，最终让淮河流域以及黄河流域改变了暴虐的脾气。洛阳龙门石窟所在的伊阙，据说就是大禹所开。

今天的伊河由此温顺地穿过洛阳而不再兴风作浪，无疑得益于大禹的智慧。也因此，拥有了伊河、洛河这中国版"两河文明"的洛阳，自此腾飞。

和它们相似的还有成都。今天的成都，常让人想起刘备、诸葛亮，武侯祠更是香火旺盛，但是没有李冰父子修都江堰，将岷江之水分为外江和内江蒲阳河，然后再通过多次分流，就没有今天成都平原的水旱从人，成为天府之国。

同样，没有秦始皇一统六国后为征服南方百越而修建灵渠，沟通了漓江和湘江，让偏远南国自此和长江流域紧密联系起来，也就不会奠定今日中国的南方版图。

与此同时，今天著名旅游城市——桂林，也因桂林郡的设立，开始走入世人视野。更重要的是，由于灵渠的存在，让桂林成为"南连海域，北达中原"的重镇，政治、经济、文化和军事地位越来越凸显。

当然，秦始皇不仅修渠，也修道。但相比较他所修的长城，很多人都不会注意，他当年也曾修过以首都咸阳为中心、通向全国的驰道网。

《汉书·贾山传》载："秦为驰道于天下，东穷燕齐，南极吴楚，江湖之上，滨海之观毕至。"可以说，秦始皇是"要想富先修路"的中国第一人。不过，他修路未必是想富，但肯定能帮助他巡视全国。《史记》记载公元前220年至公元前210年，曾东至山东，东北至河北海滨，南至湖南，东南至浙江，西至甘肃，北至内蒙古，大部分是乘车，足见其路网范围之广，而且，根据《汉书·贾山传》，

"道广五十步，三丈而树，厚筑其外，隐以金椎，树以青松"，也就是说，道路路基土壤采用金属椎夯实，以增加其密实度，路旁种上四季常绿的青松。定线的原则是尽量取直。

这些作为不仅有助于秦始皇推行"书同文"以及"车同轨"的国家精神，有利于中央指令的上传下达，而且在"条条道路通罗马"的情形下，更能树立咸阳为国家中心，也让延续数千年的秦制就此奠定。

说到"条条道路通罗马"，这个总是被人喜欢拿来和大秦帝国相比的罗马帝国，其实也是一个基建狂魔。几乎在东方大兴土木的同时，罗马人也开始对道路进行深加工，让它形成网络化。曾经看过这样一张地图，上面代表道路的经线，密密麻麻地布满了地中海沿岸，它既见证罗马帝国攻城略地的实力，也让人们见识了深受希腊文明熏陶的古罗马帝国，是如何践行把基础设施视为"人类文明生活所必需"的先进理念。

这让你很难想象，在被我们视为旧社会的那些年代，罗马帝国建设了总里程超过15万公里的"高速公路"网，直到19世纪火车被发明之后，才有新的交通方式在通行速度上超过罗马帝国的"高速公路"。道路无疑都有助于维护罗马的统治以及贸易的往来。

但不管是出于怎样的执政理念，或者怎样的目的，勤劳的中国人民在日后依旧用不断的基建来持续改变身边这个国家。

汉朝继承了秦朝的制度，在邮驿与管理制度上更加完善，其中驿站按其大小，分为邮、亭、驿、传四类，大致上五里设邮，十里设亭，三十里设驿或传，约一天的路程。《汉书·百官公卿表》载，西汉时全国共有亭29635个，如是则估计当时共有干道近15万公里。别看它们都不大，但是汉朝的开国皇帝刘邦，当年的身份就是秦朝泗水亭长。而今天河南的大市驻马店，其前身正是明朝崇简王朱见泽就封汝宁时所设的驿站。

由于其交通便利，八方辐辏，官宦过往，商贾云集，驿差穿梭，其驻马投宿的客栈马店甚多，驻马店的称谓由此而来。

到了隋唐，由于国力强盛，以长安和洛阳为中心的陆上交通线更是四通八达，各州郡之间、各县之间都修筑起了大道，层层连接。与此同时，在前人的基础上最终成型的京杭大运河，更是成为令人惊叹的伟大工程。

那个时候，能和京杭大运河相媲美的，还有一条"京广大水道"。自从唐朝开元年间的宰相张九龄开凿大庾岭路，使得中国又获得一条南北大通道——从广州出发，经珠江水系，翻越大庾岭，进入赣江，再顺江而下进入长江，最后和京杭大运河对接。正是位于两广与北方对接的要津，此后的1000年来，江西成为南中国最为繁荣的地带，与此同时，南昌、景德镇等城市开始扬名立万。

这一时期，更值得一说的是，宋朝四渠，以及元代京杭大运河的疏浚以及截弯取直，让它成为宋元漕运、沟通南北的重要路线，堪称宋元政府的命脉。到了明朝初年先后两度疏浚会通河，京杭大运河最终成型并勾连起政治中心（北京）和经济中心（南京）。它不仅让北京坐稳了这个国家的首都位置，让沿运河的镇江、无锡、扬州、淮安飞速发展，更让一头的杭州就此跃入全球城市链的顶端，马可·波罗笔下的杭州，已是"世界上最美丽华贵之天城"。相对应的是，由于政治中心东移经济中心南移，昔日的古都洛阳、开封、西安开始面临阵痛。

与此同时，海运时代的到来，也让大庾岭商路迅速没落，赣江沿线城市过境贸易才难以为继，最后只能此一时彼一时。

除了一些重大工程的建设，还能引起我们关注的自然是在交通工具方面也取得了长足的进步。它不仅向着更加方便、更加舒适的方向发展，在运输方面，则是向着承载量更大、速度更快的方向发展。如车的形制增加，肩舆的使用更为普遍，而更适合近海或者远洋航行的平底海船、尖底海船也相继出现，尤其是车船的发明则是我国古代劳动人民在船上使用机械动力的尝试。到了科技更为发达的宋元，还出现了航海技术方面的巨大变革，那就是指南针的发明。

某种意义上，基建贯穿了中国的发展史。直到数百年后，"革命先行者"孙中山先生还在其《建国方略》里畅想，未来的中国要建成16万公里铁路和160万公里公路——这是多么让人激动的景象。

相比较以前修桥铺路，这种修铁路的设想，无疑是基建2.0，只可惜的是，这个设想在当时几乎被当成了空想。

一是因为这时的"时间的钟摆"已经不是停留在东方了，中国已经陷入国破山河在的处境，清政府面对西方的勒索，以及层出不穷的起义，自身难保，所以在基建设施建设上明显不力。还有一个更重要的原因，是封建专制主义到明朝发展得登峰造极，虽然前期有郑和下西洋的壮举，但是很快中国就陷入"闭关锁国"的牢笼，甚至将其变成了顽固的意识形态。

这时的中国，尽管被坚船利炮打破了长久以来的"天朝上国"的自我优越感，但在骨子里，依旧有着对外来文明的排斥。这种排斥再混入民族情绪，以及不同利益的纠葛，更容易演变成诋毁和抵制——中国的第一条铁路，英国人为运输货物而于1876年修建的吴淞铁路（连接租界和吴淞口），由于上面的火车不用动物的力量竟然能跑，被乡绅们理所当然地当成了怪物，加上火车轧死过行人，所以被群起而攻之。最后，这条擅自修建的铁路，被清政府用28.5万两白银将它购回，并拆除。这桩事件，不仅见证了国家的虚弱，也让人看到了虚弱背后的原因。

只是，铁路交通时代还是不可阻止地到来了。毕竟，相对于航运，以及更为落后的陆路交通，这个不用牛马拉的交通工具，无疑更具有降维打击的意义。即使充满着无数误解，但是在李鸿章、盛宣怀、张之洞、孙中山，以及刘鹗、詹天佑等有识之士的推动下，中国的铁路建设还是在被不停地按下休止符中艰难挺进，出现了由洋务派组织的开平矿务局出资修建的唐胥铁路（唐山—胥各庄）、连接北京和武汉的卢汉铁路以及连接武汉和广州的粤汉铁路（两者组成了日后的京广铁路），还有京张铁路、津浦铁路……

这也意味着，被铁路重塑城市格局的时代，也同样不可阻止地到来了。

## 四

如果评选中国近两百年最命运多舛，但也被命运之神眷顾的城市，南京肯定算是头一号。

不提它是几朝古都，也不提它当年曾身为南直隶的省会，单说它在中国近代著名的基建工程中，从来就没有被落下过。虽然京杭大运河华丽丽地绕它而过，但是有长江将它和运河串联在一起，所以在当地专家眼里，南京"与大运河的关系也时疏时密，但自始至终是大运河经济活动的参与地"。但更重要的是，在中国交通近代化的过程中，它也占据了风口，尤其是在津浦铁路的修筑中，它成了最大的受益者。

事实上，津浦铁路原为津镇铁路。本应该是从天津经徐州到扬州、镇江。结果扬州、镇江当地的乡绅害怕铁路影响风水，当然更重要的原因大概是，铁路一通，会影响运河航运的利益。结果拱手把好处让给了南京。得益于津浦铁路，再加同期建设的沪宁铁路（它们日后和京山铁路，亦称京榆铁路京津段组合成京沪铁路），让南京在"南北洋联成一气"之余，也彻底坐稳自己在江苏乃至全国的位置。

得津浦之利的还有蚌埠。这个原属凤阳县，本来是一个不足五百户人家的偏僻小渔村，因此后来居上成为皖北重镇。

和蚌埠一样成为火车拉来的城市，还有河南的漯河。这个隶属郾城县原名漯湾河的小城镇，逐步壮大，最后竟然反客为主将郾城纳入自己的辖下。就连它的名字，也得益于车站的设立，为了方便和好记，漯湾河站改名漯河站。和漯河具有同样经历的则是驻马店，也因为铁路的经过，最后竟和汝南掉了个个儿。不同于蚌埠，它们受益于卢汉铁路。

更得其利的是武汉和郑州。位于卢汉铁路和粤汉铁路的交接点，加上长江和汉水，武汉俨然成为中国的地理中心。三镇之一的汉口更是成为全国闻名的商业重镇。

相对来说，郑州更是因此"麻雀变凤凰"——直到1953年还只是一个郑县的小地方，因为卢汉铁路而发展壮大，最终取代千年古城开封而成为河南的新任省会。

差点当上省会的还有广西的柳州。这个位于桂林和南宁之间的"第三者"，曾经是广西当之无愧的实业中心、交通枢纽。除了1925—1927年，修建的公路居全省之冠，还有黔桂铁路、湘桂铁路汇聚于此。串联起焦作、洛阳、南阳、襄阳的焦柳铁路更是将柳州作为终点站。这些让柳州在普铁时代，扬名一时，让桂林和南宁都坐卧不安。

不过，在中国人自己主导修筑的铁路之外，中国广袤的大地上还出现了由沙俄主导的中东铁路，以及由德国人主导的胶济铁路。它们无疑都是为了帮助侵略者侵略中国、攫取中国资源而修建。但与此同时，满洲里、富拉尔基、扎兰屯、哈尔滨、长春由此发展起来，而青岛更是一步步成为今天山东最亮眼的城市。

当然，有得利者，也就有失意者。失意者包括周口，由于担心卢汉铁路带来兵灾和蚊虫，硬生生地让铁路绕道漯河。政府也不敢不同意，因为周口所辖的项城，便是袁世凯的老家。结果好心变坏事，日后的周口远不如漯河具有存在感。

更尴尬的还数镇江和扬州。尽管时隔没多久，扬州便意识到了铁路之于城市未来的意义，但是，接下来的几次尝试，却因为各种原因都失败了。这真是过了这个村就没有了这个店。很快，错失铁路的恶果便开始显现，那就是没有增量，存量同样也没保住（运河上的流量被日益分流）。到朱自清生活的年代，扬州人出门，都是选择去浦口车站，或者北上，或者坐沪宁铁路南下。自此，扬州江河日下。而近江傍海又有运河穿城而过，白娘子在这里兴过风作过浪，曾一度被誉为金码头的镇江，也同样丧失了与南京较高下的能力。

整个江西也同样悲催。此前，海运时代的到来，导致在内河时代中亮眼的江西备觉失落，但更给它一击的是，在粤汉铁路中它让湖南抢了先机，使得两广北上无须再经过江西，而是走湖南、湖北，由此，江西彻底地从全国交通要道沦为被干线包围的"内陆腹地"。这也是新中国成立后江西在华东六省一市中一直排名垫底的原因之所在。

不得不说，尽管很多人对此认识不足，但以铁路为代表的近现代交通体系，对传统中国的影响是巨大的，古城的衰落，新城的崛起，都在隆隆的火车轰鸣中变成沧海桑田。

此后的中国，显然意识到了铁路的重要性。很多城市纷纷加入铁路大合唱。新中国成立后，成渝铁路首先建成。它的出现，意味着西部铁路的空白被填补，与此同时，以前主要靠水路连通的两座城市，变得更加紧密了。西南局提出"以修建成渝铁路为先行，带动百业发展，帮助四川恢复经济""就地取材，以交通养活工业，以国营带动私营"，全面激活了重庆工业体系和成渝沿路经济。宝成铁路则紧随其后。在这期间，修建了四十多年的陇海铁路也全线建成。远在西部的兰州，终于能和东部沿海直接对话了。而身边的青海也不甘寂寞，赤膊上阵，也在1960年修通了自己的第一条"土铁路"——（西）宁大（通）铁路，这条铁路的铁轨、货车车厢、夹板和内燃机车（除引擎以外）都是当地自己制造。当然，更让青海扬名的是青藏铁路的修建。这条分两期建成（一期工程东起青海省西宁市，西至格尔木市；二期东起青海省格尔木市，西至西藏自治区拉萨市）的铁路，让青海一跃成为进藏的枢纽，而拉萨也自此和内地更加通达。

但更让我念念不忘的是京九铁路。它曾经承载了很多安徽人北上北京、南下深圳、广州外出打工的历史。因为这条铁路，安徽境内的阜阳脱颖而出。它在与商丘的争夺中，获得了大型编组站的机会。这次成功，证明了凡事都有可能。商丘作为陇海线和京九线的交会点，让所有的商丘百姓都相信，将编组站放在这里几乎是十拿九稳的。但编组站没有按预期选择商丘，而是落在了阜阳，成为商丘人的遗憾。而阜阳这个人口大市可以源源不断向外输送人力，也因此成就了自己的高光时刻。相反，商丘这个在北宋时期为南京应天府，曾是宋高宗赵构称帝之处，失去了这一机会。

但是，这样的成功，还是覆盖不了京九给安徽人造成的伤痕。看它的线路，和津浦铁路在徐州向西南拐向了安徽一样，它在安徽境内过了阜阳也拐向了湖北，从大别山区的麻城经过。一些安徽人不理解，曾经为此发出灵魂之问。在湖北省境内，麻城站成了京九铁路等级最高、规模最大的火车站。贫穷的麻城也因此翻身成为交通导向型城市。与此同时，在粤汉铁路的线路争夺中惨败给湖南的江西，这次因为特殊原因，也得到了国家的垂青。

不得不说，正是在20世纪90年代京九铁路线路争夺中合肥连带安庆惨败给湖北，让合肥在普铁时代国家规划的四纵四横线路中，全部完美避开。这带来的后果比较严重，身为安庆人的我，每年北上求学，从合肥站坐车很少有直达的列车，大多需要走蚌埠转车——这一度加剧了蚌埠对合肥的轻视。更重要的是，由于被边缘，省会不给力，也让全省错过黄金十年发展机遇，安庆更是萎靡不振。

好在高铁时代很快到来。它意味着新一轮的洗牌。这次面对身边对手的竞争，安徽开始寸土不让，拼命追赶。围绕着京九高铁，一度闹得风云跌宕。

湖北人自然期望"穿新鞋走老路"，但是今天的合肥也不是昨天的合肥，靠着科技和创新，经济规模在2020年首破万亿，跻身"万亿俱乐部"。

更重要的是，合肥修建了郑合、商合杭，以及合安九高铁，其中，郑合于2019年12月投入使用，商合杭也在2020年6月随着合湖段开通运营而全线贯通——它意味着河南、安徽、浙江三省实现高铁"无缝对接"，而合安九合安段也在2020年底试运行……不得不说，似乎就在大家疏忽的一瞬间，合肥就将自己打造成了一个高铁枢纽，甚至，当别人还在追求米字形高铁网络时，合肥已经朝着"时钟形"高铁网大步迈进了。

和安徽一起发力的还有江西。这个在普铁时代和安徽半斤八两的人口大省，也利用自己特殊的地位，迎头赶上。你很难想象，到2022年初，江西的高铁里程和安徽并驾齐驱，挤入全国前十，省会南昌已经成为沪昆、京港台两大干线高铁的交会点。而在2021年年底，随着赣深高铁的正式开通，江西正式实现与粤港澳大湾区单高铁直达。

这些高铁的建设，意味着我不论从南北的京广，东边的江浙沪，还是西边的成渝，回到合肥基本上都能做到朝发夕至，甚至只需要几个小时——就像当年的李白，"朝辞白帝彩云间，千里江陵一日还"，那是夸张，而我们却将其变成了现实——就不能不感叹，中国用基建拉平了这个世界，让东西的隔阂不再犹如天堑，与此同时，产业转移、人才交流得以加速。而城市也因此在不断地涌现、新生，或者衰亡。

某种意义上，这也是逆天改命，破解"胡焕庸线"的一个重要方式。

# 全球化和工业化下的潮涨潮落

## 五

记得多年前，曾有首歌这样唱："总想对你表白我的心情是多么豪迈，总想对你倾诉我对生活是多么热爱。勤劳勇敢的中国人，意气风发走进新时代。"歌里还唱："我们唱着东方红当家作主站起来，我们讲着春天的故事改革开放富起来……"

不得不说，正是在国人不断地改造自然、重塑地理，中国城市从当年的"月朗星稀"，走向今天的"满天星斗"。

但是，在我看来，这中间其实还存在着两个重要的变量，在时刻影响着中国城市的沉浮和发展进程：一就是全球化，从狭义上讲即为全国化；二就是工业化，与之相伴相随的则是市场化、城市化。

关于前者，我们需要重新留意前文所提到的"四合院"这个概念。尽管北有草原、大漠，东、南是大海，西边则是青藏高原……让中原王朝被围了起来，但它也是农业文明和游牧文明以及海洋文明的交汇点，在风自海上来之前，中国历史的分分合合、进进退退几乎都围绕着"15英寸等雨线"而展开。即使秦始皇修了长城，也挡不住来自北方民族的轮番骚扰。汉时有匈奴，唐时有突厥，中间的魏晋南北朝还出现过少数民族南下，到了宋朝，契丹人建立的辽国更成了北方的一大患，多年来一直没有得到根本的治理，直到蒙古人的异军突起……事实上，就连修长城的秦朝，其前身也属于游牧民族，曾一度被视为周朝的养马奴，在昔日周人的流放之地——甘肃天水的大山中，靠着养马和那首我们今天还耳熟能详的"秦风"，用六代人的持续努力为后来的中国打下统一的烙印！

这种南北的交流和对抗，也让一些城市走上了历史的舞台。其中就有大同。

《史记·匈奴传》记载，自秦代开始，即在大同城西的十里河谷修建了武周塞，并"筑城武周塞内，以备胡"。但这个位于山西西北边陲的城市，给我最大的念想就是云冈石窟。它的开凿，是从北魏文成帝和平初年（460年）起，一直延续至孝明帝正光五年（524年）止，前后60多年。而北魏显然不是三国时的曹魏，它们正是秦代以来所防备的北方少数民族所建立的政权。虽然皇帝都姓元，但这都是从北魏王朝第七任皇帝孝文帝拓跋宏改姓而来。毫无疑问，拓跋这个姓氏正是胡人——鲜卑族的标志。不过，在改姓的同时，拓跋宏还鼓励鲜卑和汉族通婚；评定士族门第，加强鲜卑贵族和汉人士族的联合统治；参照南朝典章制度，制定官制朝仪……这些举措的背后是北魏的主动汉化，意味着落后的游牧文明，也在不断地向更先进的农业文明学习。

相比较拓跋宏，他的祖宗拓跋珪更是雄才大略。其北破贺兰部，南破独孤部，东破莫奚解如部，西破高车、回纥和柔然部，整合了身边大大小小的部落，最后，参合陂一仗大破后燕慕容宝……他也因此成为北魏的创始人。但是他干的最出人意料的一件事，就是放弃北魏第一个具有实质意义的都城盛乐（今内蒙古呼和浩特和林格尔县），在正式裁定国号一个月之后，便迁都平城，也就是今天的大同。此后，大同共历六帝七世97年，直到拓跋宏再次将国都迁到更南的洛阳。

之所以选择大同，一方面在于大同相对盛乐，更近中原。当时平城虽然不大，但可以作为北魏进取中原的重镇。迁都的目的也因此变得非常明确：步步为营，吞并天下。事实也证明，经过拓跋珪以及其后的拓跋嗣、拓跋焘祖孙三代的东征西讨、南征北战，北魏在439年一统北方，与南方的刘宋王朝形成了对峙状态。

另一方面，则在于大同本身——在大同当地作家张梦章看来，其"山环采梁，水抱桑干，北控朔漠，南达并恒。广阔的大同盆地，地处桑干河流域，既适于游牧，更宜于农耕，很利于区域性经济的发展"，所以符合实力初起但依旧不足的北魏蓄精养锐。

正是北魏迁都，让大同不仅拥有了云冈石窟，还出现了内宫外苑、明堂辟雍、永宁寺等著名建筑，从而见证了儒、释、道结合的传统文化在中国的落地生根。加上恒山悬空寺等遗迹，使得大同成为国务院确定的首批24个历史文化名城之一。

当进退异位之后，北魏也同样需要防御北方柔然的侵略，所以，它还在大同的北边，东起赤城（今河北赤城县）、西至五原（今内蒙古五原县）的2000余里地带修筑了长城，并在沿边要地设立了沃野（今内蒙古五原东北）、怀朔（今内蒙古固阳县西南）、武川（今内蒙古武川西南）、抚冥（今武川东北）、柔玄（今内蒙古兴和西北）、怀荒（今河北张北县）等6个军镇，后增到9个。某种意义上，今天以国内规模最大的户外音乐节——张北草原音乐节而出名的这个小城，是在这种情形下走上舞台的。

　　与此同时，由于各个时期长城的修筑，让山西这个内有大山（太行山）纵横，外有黄河作为屏障的"表里山河"，更加铁板一块，进可攻，退可守。

　　缺口往往是从内部打开的。由于内部的矛盾，在北魏迁都洛阳之后，六镇爆发了大起义。尽管失败，但北魏政权也因此土崩瓦解，分裂成东、西二魏，不久便被北齐、北周所取代。后来，六镇的余部南迁至关陇地带，最后形成新的利益群体——关陇贵族。

　　其中，敕勒族中贺拔氏的后代，镇守武川镇的贺拔尔逗的孙子贺拔岳，因作战勇敢，在尔朱荣手下，率三千武川子弟平定关陇，最终成为对中国历史影响深远的关陇贵族的前身和最核心的骨干。在东、西魏覆灭之后，北周、隋、唐的皇帝全部出自这个贵族圈。

　　这些掌控着国家命运的人的祖先曾经都住大同以及周边，所以很多历史学家声称，中国是从大同走向了大唐。

　　除了大同，还有一座名城，也在南北交流中一度成了最亮的那颗星——它就是位于今天内蒙古赤峰南部的宁城。

　　今天，我们已经很少有人知道这个地方，但它也有个很得意的称号，那就是辽国的中京。其时的辽有上京临潢府（今赤峰市林东镇）、东京辽阳府（今辽宁省辽阳市）、南京析津府（北京市）、西京大同府（山西省大同市）以及中京大定府这五京。随着后晋石敬瑭向契丹人称儿皇帝，并割让幽云十六州，辽国的政治中心渐呈南移趋势。除了辽太宗于会同元年（938年）将幽州更名为南京析津府，并设立南、北两大王院，以幽都府为南院大王治所外，又于宋辽"澶渊之盟"之后，利用北宋每年所纳岁币，征集燕云地区汉族能工巧匠，加快了中京的修建进程。相比较上京，中京更接近当年汉人聚居区的幽燕，而且位于大兴安岭一带，水肥物美。中京在建城上，也一切向中原靠拢。有宋人来到中京，也认为中京和宋东京很相似，甚至连佛塔也都有一座——该佛塔就是今天的大明塔（原为大宁塔）。在辽兴宗之后，中京就基本取代了上京的实际国都的地位。

　　只是成也南北败也南北。谁也没想到，女真部族之间的关系破裂，导致女真立金，并和宋联手灭掉了辽国。尽管它的统治期很短，只有区区百余年，但是鼎盛时期，它的疆域非常广大，甚至对于确定后来中国北方的版图起到了奠基性作用。而往南，则扩至大散关至淮河一线，与南宋对峙。

　　也正因为疆域的南扩，为便于统治，金朝的统治中心相对南移，并兴建中都。它的建立，加上辽时期的南京析津府，可以看作是今天的北京地区开启作为全国封建统治中心，以及作为全国政治、文化中心的历史，并历元、明、清、民国而延续至今。

而朱棣的"天子守国门"，更坐实了北京的地位。相反，此时从中京变为"北京"的宁城，却因政治地位的失落，加上战争的破坏，自此泯然众人。

可以说，在中国历史上的相当时间内，南北之间的对抗和交流，主导了发展的主要脉络。但是，把中国放在世界这样一个大视野中，你也会发现中国即使身为"四合院"，但和世界并不是处于完全隔阂的状态。

除了漫长的海岸线，陆上其实还有好几扇窗口。这些窗口时开时合，既让本身也让更多的城市，在中国与世界的对话中，潮涨潮落。

# 六

公元前121年春，19岁的冠军侯霍去病手握着前辈张骞所提供的河西走廊地图，站在走廊东端的乌鞘岭，面对漫天大雪，壮志凌云。

此后，他连续发动了两次对匈作战，充分发挥其不拘古法、用兵灵活，善长途奔袭和大迂回、大穿插的特点，打得匈奴哭爹喊娘，并全线打通其控制的河西走廊。日后，他又宜将剩勇追穷寇，联手卫青发动漠北大战，"全歼匈奴主力之后，一路冲到被匈奴人视为圣地的狼居胥山，并率大军进行了祭天仪式"，"是后，匈奴远遁，而幕南无王庭"。

多年后，南宋词人辛弃疾在《永遇乐·京口北固亭怀古》抒怀："想当年，金戈铁马，气吞万里如虎。元嘉草草，封狼居胥，赢得仓皇北顾。"

不经意间，这个年轻将军所创造的"封狼居胥"，成了历史上诸多武将豪客毕生最高的追求。但天妒英才，23岁的他便因病去世。

然而，他的锐气、他的冒险，却将河西走廊纳入帝国的版图。武帝在此首设武威、酒泉两郡。公元前111年，又分置张掖、敦煌郡。此外，又"据两关"，即阳关和玉门关（此关随着自然环境变迁以及战略布局改变，曾有多处遗址）。在今天的甘肃地图上，由东至西分别为武威、张掖、酒泉和敦煌，一线排开，而阳关与玉门关与敦煌则成掎角之势。公元前106年，汉武帝又分天下为十三州，各置一刺史，史称"十三部刺史"。河西四郡归属凉州刺史部，治所武威。

河西走廊，形如其名，窄长有如花园走廊，横贯在西北边陲，东西长约1100公里，南北最窄处只有数公里。因为位于黄河之西，所以称为河西走廊。走廊的两侧，是高山。南有祁连，北则有合黎、龙首等诸山脉。它的存在，隔开了蒙古高原和青藏高原，也为中原王朝留出了一个难得的向西孔道。

我有时盯着这条孔道常常想，为什么中国新石器时代6000多年发展缓慢，在进入青铜时代就明显加速？为什么祭祀中以前常用的猪，到了商周时代，就普遍地改用"太牢"（牛、羊、猪）和"少牢"（羊和猪）啦？为什么三星堆就让我们对中华文明起源有了新的想象——不然，那种纵目铜人的面具又该如何解释？

很有可能就是，西方的文明通过这条孔道曾经一度进入过中华文明的核心区。所以，说中国人最终起源于东非，也未必没有可能。当然，中华文明也可以是独立起源，但早早就接受了外来文明的影响。也正是吸收了诸多外来的新物种、新技术，中华文明才向更高更复杂的纵深推进。

某种意义上，丝绸之路的开启，其实是向过去"致敬"。公元前119年，张骞第二次代表国家出使西域，携带帝国出产的丝绸、瓷器、茶叶和牛羊币帛等财物，浩浩荡荡地向西进发。这一次，他和使团不再担心匈奴轻骑的威胁和骚扰。

中国的丝绸、茶叶、瓷器以及四大发明由此走向了世界，而西域的汗血宝马、葡萄、核桃、石榴、无花果、大蒜、葱乃至黄瓜，源源不断地被西域商人输入中原。包括影响玄奘至深的佛教。

多年后，诗人王翰在《凉州词》中写道："葡萄美酒夜光杯，欲饮琵琶马上催。醉卧沙场君莫笑，古来征战几人回？"在边塞这种紧张的对峙的表象下，交流依旧无处不在。出现在诗中的"葡萄美酒""夜光杯""琵琶"，无不都是来自西域。

河西走廊的打通，既奠定了中原王朝对新疆地区的管辖和开发的基础，也让中原帝国的声威远播西域内外，反过来进一步刺激帝国肌体的成长。更重要的是，它让古老中国实现了第一次"对外开放"。中西文明通过河西走廊这一门户开始融会贯通。在汉之外，让中国人念念不忘的大唐，同样也得益于河西走廊在手，以及玄奘之后对西域的经营。而玄奘本人，也是通过河西走廊，走向了自己这辈子"宁可西行而死，绝不东归而生"的求经之路。

在这种交流当中，河西走廊成就了甘肃至今磨灭不了的巨大光荣。与此同时，作为汉唐时的首都，也是陆上丝绸之路的起点，长安自此进入世界城市的序列。

相反，唐朝之所以由盛转衰，除了安史之乱动摇了其执政基础，还在于吐蕃"乘虚取河西、陇右"，掐断了河西走廊，断绝了西域的外援。

同样，北宋之所以名声不如汉唐，也跟西夏崛起控制了河西走廊有关，这导致宋朝西北边防压力剧增，而丝绸之路更是不畅，最终阳关废弃，而玉门关同样也自此从史籍上销声匿迹，就连这个大宋，最终失去了蜗居中原的资格。

某种意义上，自朱元璋起，明清便相继修缮嘉峪关，正是吸取前人失败的教训——这个隶属于酒泉，由于位居河西走廊的咽喉部位，成了帝国"一夫当关万夫莫开"的经营重心。因了这个嘉峪关，今天甘肃河西，遂又多了一个嘉峪关市。

不过，也正因为统治中心和经济中心的南移，海洋这个广阔的天地终于被逐渐发现。

尽管今天宁波的前身就有"鄮"（mào）县（光绪《鄞县志》引《十道四蕃志》说："以海人持货贸易于此，故名。"海人指海上的渔民，也指海外的异族），与此同时，东汉时的中国开辟过经云南西部到缅甸出海和从广东经南海到印度、斯里兰卡的两条海上航道，但限于各自的需求，以及中国南方经济尚未发展起来，海洋的地位依旧没有陆地显眼。直到唐朝之后阿拉伯帝国的兴起。

由于热爱经商（参考前文所说两河流域），又居于东西文明之中，阿拉伯商人将触角伸向了东方。公元10世纪，阿拉伯商人苏莱曼和航海家伊本·瓦哈比的商船由巴士拉与希拉经海路驶进中国的广州港。这条航线最终取代了陆上的丝绸之路，成为东西方贸易的新通道。唐朝也因此在广州设官职市舶使，主理海外贸易，接待来到中国经商的波斯人和大食人。到了南北朝之后，这种海外贸易更加兴旺。宋朝所设市舶司，除了广州之外，还有杭州、明州（今属浙江宁波）、泉州，以及密州（今属青岛胶州）。

尤其是泉州，在宋元更是成为福建的实力和形象担当。今天，你还能在泉州见到阿拉伯穆斯林在中国创建的现存最古老的清真寺——清净寺。虽然建筑已经不完整，但外墙、石柱等主体保存得很好。当你进入它的内部，在感受它的神圣庄严的同时，也能感受古代泉州城的繁荣和强大的文化包容性。

这种时代宠儿的地位，在明帝国进入中期之后更是被加固。由于奥斯曼帝国崛起，并于1453年5月攻入大名鼎鼎的拜占庭（东罗马）首都——君士坦丁堡，东罗马帝国正式宣告灭亡，同时欧亚重要商路之一——"东地中海—小亚细亚—叙利亚—两河流域—中亚—东方"商路被完全控制在奥斯曼帝国之手。从此，东方运抵欧洲的商品，不仅数量少，而且价格贵。

某种意义上，这也成了麦哲伦、哥伦布航海大发现的客观原因。海上势力增长的它们，希望通过海洋寻找一条通往东方的新路径。

如果中国能一直保持这种交流的态势，中国沿海城市无须等到新中国成立之后的改革开放才能集体崛起。可惜的是，或因动乱，或因保守，这些窗户并不能时时打开，到了清朝，甚至因"闭关锁国"，几乎被彻底地关上了。

在民国著名历史学家、外交家蒋廷黻眼中，19 世纪以前，"中国和西方国家没有邦交。西方国家没有派遣驻华使节，中国也没有派大使到外国去"。

其中的缘故很复杂，但也不外乎这几点，中西相隔很远，交通不方便；中国经济是自给自足的，用不着任何西方人的产品。还有一个缘故，那就是当时的中国不承认各国平等。换句话说，就是中国沉浸在"天朝上国"的迷梦中不可自拔。（《中国近代史》，蒋廷黻，上海世纪出版集团 2006 年 4 月版）

在这样的大背景下，闽、浙、江三海关很长时间被关闭，而广州再次因为远离中央政权、对中央政权造不成威胁，而被特许为唯一开放的口岸。这将广州的外贸推向了鼎盛期，也使得广州开始形成以外贸为主体的经济体系。今天的广州能和北京、上海一起并称"北上广"，无疑得益于这种"排他性"的特许政策。尽管这种政策是落后的体现，但它却因此一飞冲天。这就不能不叫人对此感慨良久了。

只是，这样的"好运"也不会留给广州太久。因为中国面临的西方已经不是传统意义上的"蛮夷"了。正如蒋廷黻所说："中西的关系是特别的。在鸦片战争以前，清政府不肯给外国平等待遇；在以后，西方国家不肯给清政府平等待遇。"

# 七

2021 年 11 月初，我意外地在成都武侯区一家类似于考文垂汽车博物馆的"三和老爷车博物馆"中，看到了南怀仁先生某件"作品"的实物仿制品。

这件作品正是他在 1672 年制作的蒸汽动力模型。它看上去很简朴，像概念车，也有点像今天孩子的玩具——用他发表在德国《欧洲天文》上的自叙就是："曾用轻木制成一四轮小车，长二尺，且极易转动。在车之中部，设一火炉，炉内满装以燃烧之煤，炉上则置一汽锅，在后轮之轴上，固定一青铜之齿轮。其齿横出，与轴平行，此齿轮与另一立轴上之小齿相衔接。故当立轴转动时，车即被推而前进。"

在几百年前就有人想办法用蒸汽来取代人力、畜力来推动交通的转型，就不免让人感到由衷的敬佩，"这在蒸汽动力史上，特别是中国机械史上，是一次不寻常的尝试"。（《十七世纪南怀仁在中国所做蒸汽动力试验之探讨》，张柏春，中

国科学院青年基金项目《中国近现代流体力学研究中的重要问题》)

可惜的是南怀仁并不是中国人。他其实是比利时籍的传教士，1641年入耶稣会，1656年离开意大利的热拉亚，1658年抵达澳门，1660年奉诏进北京参加修历。在康熙朝当过钦天监监正，是康熙的老师。

相比较日后的乾隆、道光、咸丰等人，康熙虽然是老祖宗，但得益于洋老师的影响，他对自然科学比后世的不肖子孙更有着浓厚的兴趣。他曾连续两年专心致志地学习西学，但因战争打断了学习的进程。只是，这一断，整个清朝都没能续上，到了清末，来自西方的科学技术，已经被理所当然地视作了"奇技淫巧"。

无疑，正是这些"奇技淫巧"，在掀起了西方工业革命的同时，也急速地拉开了中西方的距离。今天，很多中国人都在反思，为什么早早就出现资本主义经济萌芽的我们，就没有率先进入工业革命？常见的理由是，中国长期稳定在农业定居文明上，而农业，是最难大规模工业化的。毕竟决定农业生产上限的，是农作物的品种、耕作水平，最重要的是，土地面积。"所以，中国古代不会花工夫去用机械替代人从事农业生产，而是会将大部分精力放在水利工程、新品种培育和开疆拓土上。因为前两者可以提升亩产量，后者可以提升耕地数量。"(《为什么工业革命发生在英国而不是中国？》，智深油炸慧根，知乎)更要命的是，来自封建专制统治以及层出不穷的战乱，让全国没有形成统一的市场，而内需更是长期维持在较低的层面，所以也很难形成大规模工业化。与此同时，封建专制思想的禁锢，让大多中国人一辈子不是谋生，就是皓首穷经。

相反，西方迎来了文艺复兴。而文艺复兴让资产阶级崇尚的自由还有冒险思想得到抒发，加上奥斯曼帝国阻隔的原因，新航路因此开辟，与此同时，世界商路从地中海沿岸转移到大西洋沿岸。而这带来的则是，市场的进一步扩大。它也意味着扩大生产的需求。到最后就可以这样说："16世纪以后欧洲经济现代化(实际上也是世界经济现代化)是从市场化起步到工业化，然后市场化与工业化互相促进的过程。"(《市场化与工业化：经济现代化的两个主要层次》，赵德馨，《中国经济史研究》2001年第3期)所以，工商业发达，又处于大西洋航运中心线上的英国开始发力。

当我们止步不前时，世界上的其他国家因为工业革命早已天翻地覆。等到鸦片战争时，林则徐用强硬的态度，表明中国的不屈意志，但这改变不了残酷的现实。

力量悬殊的较量，最终带来了两个重要影响。首先是工业革命后的西方急切需要扩大市场，以倾销它们的产品，广州的一口通商已经满足不了它们的需求。

所以，在它们的武力胁迫之下，以前像被加了一把锁的沿海城市，逐次被打开。随之，西风美雨一拥而进。今天，当我们回过头再看五口通商，得承认这是耻辱，但也得承认，开埠之前的上海，洋人嫌弃其县城内街道狭小，卫生情况也不好，所以请求在城外划一块地作为外国人居留地。这也是上海租界的起源。然而，几十年过后，上海已经快速成长为远东第一大都市。在电影《八佰》中，苏州河将南北岸隔出了不同的天地，北边炮火连天，与四行仓库隔河只有十几米远的南岸，却是别样天地。

更引人注目的还有福州。虽然这一时期的福建，地处九龙江出海口，港阔水深，避风条件好，曾作为海防重地开始引起重视的厦门，已经取代泉州，成为一哥，但是福州却靠着和盛产茶叶的武夷山有水相通的优势，也被西方列强相中。这让一个福建竟拥有了两个通商口岸。

不过，即使有上海、福州这样的城市，沿海还是满足不了西方列强的胃口。日后，它们通过各种不平等条约，由沿海而腹地。1661年，汉口开埠；1890年，重庆开埠。列强的手可谓伸得越来越长。

但不管如何，正是在八面来风之中，包括汉口、重庆在内的城市，渐次由内陆型的封闭性城市向开放性的国际性城市迈进。在开埠的第一年，重庆就建起了四川第一家民营新式工厂——森昌泰火柴厂。

与此同时，随着沿海城市面对世界的一轮又一轮的交流，让中国在全球化过程中所深度依赖的东南沿海—太平洋—外部海洋通道，也因此初具雏形。

如果说，前者的工业化让我们被动裹入全球化的潮流，那么，全球化的洗礼，也让我们逐渐体悟工业化——某种意义上，西方势力的入侵，虽然目的是想掠夺资源，以及把中国培养成优秀的"接盘侠"，但是毫无疑问也带来了先进的理念和前沿科技。

所以，从师夷长技以制夷，习洋枪，学西法，修船搞铁路，到《马关条约》签订后，来自民间张謇发展棉纺织业和冶铁工业（即"棉铁主义"）的呼声，无不反映了中国人救亡图存，以及放下架子向西方学习的心态。

在兄弟何丹所著的《中国基本盘》一书中，曾用三个"庚子年"来划分中国近代工业化的过程。第一个庚子年，1840年，它是中国近代史的开端，开启了"三千年未有之大变局"。"三千年未有"，变在文明轮替。

1900年，此次大变，变在国运触底，中国的知识精英主动投身于工业文明浪潮。李鸿章署理两江总督时在上海扩建江南制造局；张之洞督鄂时在武汉除了修卢汉铁路，还建兵工厂，开布、纱、丝、麻四局；而他的好伙伴——南通张謇，身为晚清状元，也毅然抛弃了官员的顶戴，躬身入局，在老家的乡间农田里，创办了大生纱厂。《易经》说，"天地之大德曰生"。从中可见张謇儒家知识分子的底色犹在，但工业实业家的自觉已生。这是新时代开启的预言。日后的张謇，以"大"为情怀，创办的企业中有不少以"大"为名，如上海大达轮步公司、大聪电话、大生南仓库、大储一栈等。加上油厂、面粉公司、肥皂厂、纸厂，最终形成一个轻重工业并举、工农业兼顾、功能互补的地方工业体系，一度成为全国最大的民族企业集团。更可贵的是，在办实业之余，张謇还搞教育，辟垦牧，兴水利，筑交通，开医院……某种意义上，正是他的努力，让这个多年来为海水所淹，直到南北朝时期，今市区一带才逐渐涨沙成洲（胡逗洲），后为扬州小弟的偏远小城，被改造和重建。一跃成为全国先进的城市，也是"近代第一城"。

更重要的是，张謇的以身作则，让中国很多士人认识到，经商不可耻，无须再局限于科举一途。"各地的监生、举人有感于地方贫瘠，纷纷办厂自强。当时临近滨海的川沙县便有读书人设了花米行、机器轧棉厂等。"

而一些实业家更是为此所激励，"1921年，无锡的实业家荣德生到南通参观，深为触动，一个南通，因为有张謇这样的人物，就取得这样的成绩，他认为自己不过一介平民，不敢谋国，也愿从家乡做起。后来创办民生公司的卢作孚也在1922年去南通拜会张謇，对他创造实业的精神深为感佩，此后他建设重庆北碚，亦可说是南通模式的一个翻版"。（《张謇：状元"下海"》，庄秋水，《看历史》2018年第2期）

可以说，"张謇和此后的民族实业家们的行为，一言以蔽之，属主权沦丧背景下的个体奋进。知其不可为而为之，其中饱含的救亡不屈之心，鼓舞此后百年无数国人踏上自主发展工业之路。而他们命运中的悲剧性，又让国家安全和主权完整的重要性，在此后60年时刻萦绕在中国人民心中"。（《中国基本盘》，何丹、徐鑫，浙江大学出版社2021年6月版）然后促使中国人民前赴后继，把血肉筑成新的长城。

幸运的是，第三个庚子年，是中国人民站起来迎接的第一个庚子年。如果说，此前的中国工业化还是建立在西方列强势力所染指之地，或者为开放所辐射之地，那么，随着新中国成立并将工业化视为立国之本，它犹如星星之火，"燎燃"全国。

# 八

1958—1960年，在第二轮城市总体规划中，杭州提出了"奋斗三年"，把杭州建设成"以重工业为基础的综合性的工业城市"的号召。

今天，当你漫步在西湖周边时，很难想象杭州当年曾布局过众多的工业板块，像武林门电子工业区、北大桥化学工业区、半山重工业区。

同样，当我穿过成都的东郊时，如果不是二环高架那座刃具立交的提醒，也很难相信，这个不足40平方公里的地方，也曾经历过一段激情燃烧的岁月。

在那段岁月里，这里曾涌现过知名的四厂（锦江电机厂、宏明无线电器材厂、新兴仪器厂、红光电子管厂）以及两校（电子科技大学、成都无线电工业学校），日后，又有成都量具刃具厂纷纷加入。刃具立交的得名大概因此而来。到了20世纪80年代，在东郊不足40平方公里的土地上，规模以上工业企业就有169家，从业人员达15.3万人。无缝钢管产量居全国第一、电缆产量居全国第一、光学玻璃产量占全国的60%。

事实上，成都和杭州都是以休闲城市著称，前者给人的印象是锦里、宽窄巷子，后者给人的印象是西湖和西溪。如果不翻阅历史，谁都想象不到它们竟然还有这样一副面目。

让人意外的还有重庆，还有上海，虽然身为今天的网红城市，但给它们冠以工业城市的帽子，丝毫没有脱离实情。

从数据上就可以看到，前者在1949年，工业生产总值只有4.69亿元，到了2008年，却达到6538亿元。工业占全市GDP的比重由1949年的18%提高到2008年的40%。后者则更加夸张，1952年，它的工业总产值为68亿元，占全国19.5%。到了2020年，上海更是实现工业总产值3.7万亿元，工业增加值达到9657亿元，工业增加值占全市生产总值比重达25%……毫无疑问，在这些令人惊异的数据背后，是中国工业化的推波助澜。

选择它们作为工业化的落脚城市，和意识形态有关。《人民日报》曾在1949年刊发社论《把消费城市变成生产城市》，提出："在旧中国这个半封建、半殖民地的国家，统治阶级所聚集的大城市（像北平），大都是消费城市。有些城市，早也有着现代化的工业（像天津），但仍具有消费城市的性质。它们的存在和繁荣除尽量剥削工人外，则完全依靠剥削乡村。我们进入大城市后，绝不能允许这种现象继续存在。而要消灭这种现象，就必须有计划地、有步骤地、迅速恢复和发展生产。"

其次，也和这些城市本身具有一定的工业基础有关系。作为在旧中国一度被西方势力染指的城市，重庆、上海、杭州以及青岛等城市，早早地进入了工业化的进程。选择它们发展工业化，自然是事半功倍。

某种意义上，这也是东北之所以成为共和国的长子的根本原因。靠近苏联，加上日本在侵华时期的经营，让东北有着全中国最发达的工业体系，所谓"得东北者，得天下"。

此外，也和当时的内外形势有关。20世纪60年代后，中国所处的国际环境日益恶劣。台湾的"蒋政权"正不断进行军事骚扰，叫嚣反攻大陆；中苏关系恶化，苏联对中国虎视眈眈；美国一直都非常仇视新中国政权，加上1962年10月，中印边境发生战争。为了防备打仗，应对敌人的突然袭击，新中国自1964年开启了自己的大三线建设，决定"在纵深地区，即在西南和西北地区（包括湘西、鄂西、豫西）建立一个比较完整的后方工业体系"。这也是成都和重庆被重视的一个重要原因。

这不能不让人感叹，当年的农耕时代，"15英寸等雨线"孕育出了一些国防城市，现在的工业时代，又因国防的原因，影响了很多城市的发育和生长。成都开始由消费型城市转变为具有现代工业体系，工业门类比较齐全，特色比较明显，以电子工业、机电等为代表的城市。与此同时，川内也冒出了几朵金花，比如说绵阳的电子、德阳的重工、宜宾的化工，以及攀枝花的钢铁……尤其是德阳，本来是成都绵阳间籍籍无名的农耕小城，就因为第二重型机械厂、东方电机厂和东方汽轮机厂的迁入发展成为中国装备制造业的"鲁尔区"。它和绵阳的存在，也让成都都市圈充满着想象空间。

和它们同气连枝的，还有十堰、柳州。前者是汽车拉出来的城市。二汽的建厂，让鄂西北诞生了一个汽车城。想当初，骄傲的武汉曾经一度想留下二汽，但最终山沟沟"战胜"了大都市。后者现今也是以汽车闻名，不过其最初是以大工业而成长，拥有柳州钢铁厂、柳州热电厂、柳州联合机械厂、柳州化工厂、柳州动力机械厂等多个重工业企业，其中，真正让它扬名世界的是1958年从上海迁来的华东钢铁建筑厂。为了响应中央支援三线建设的号召，该厂一半被搬迁到广西柳州成立了"柳州建筑机械制造厂"，也就是今天的柳工集团。

不过，和修铁路有得利者也有失意者一样，工业化同样也会产生各种"弃儿"。正是为了支持洛阳市的工业建设，洛阳县这个千年古县，在1955年11月撤销建制，所辖之地分割给洛阳市，以及偃师县、孟津县、宜阳县。

无疑，相比较农耕文明的缓慢进化，工业化也让中国城市面临着"三千年未有之大变局"。它不仅自内而外改变了城市的气质，也改变或加速了它们生长的节奏。这种节奏的改变，不仅体现在工业化的内涵上，还体现在它的外延上。

一是工业化需要人口。虽然工业化听起来是造机器用机器，但造机器和用机器，未来不知道是怎样，但现在肯定还是需要人来实现。不管是在美苏，还是德日，或者任何的工业社会里，工业人口数量尤其是优秀的工业人才，不仅直接决定了工业经济的规模，也决定了工业体系的复杂程度，或者说先进程度。所以，只要是工业化发达的地方，肯定是人口集中的地方。这便打破了当年的城乡隔阂，像那种"鸡犬之声相闻，老死不相往来"的局面，就更不可能存在了。随着城乡交流的提速，各种附加在人身上的限制也会被逐渐取消。与此同时，随着人的集中，城市化也因此加速。

二是工业化需要内需和市场。机器化、规模化生产提升了生产效率，会制造出更多的工业化产品。所以需要有好的内需和市场。没有内需，产品消化不了，只能卖给别人，或者像当年英国人那样通过战争来倾销。同样，没有好的市场，同样也没有办法满足国人的内需，最后还是只能卖给别人。所以，当这个国家一旦走向工业化的道路，就意味着它必须要让人民富裕起来以扩大内需，然后通过改善市场来满足人民日益提升的消费能力。

某种意义上，中国近代经济现代化是从流通领域即市场化开始，从流通领域到生产领域（工业化），然后市场化与工业化相互促进的过程，"苏联在20世纪20年代到80年代，中国在20世纪50年代到70年代，以及其他社会主义国家，离开市场化基础搞工业化、现代化，后来又回到以市场化为基础搞工业化"。（《市场化与工业化：经济现代化的两个主要层次》，赵德馨，《中国经济史研究》2001年第3期）

和工业化需要人口一样，它们最终会推动这个国家走向经济体制改革。与此同时，以温州、义乌、苏州为代表的民营经济开始兴起。

三是工业化需要资源。在农耕时代，资源都是和开门七件事有关——柴米油盐酱醋茶，所以产盐的盐城卖盐的扬州、产茶的武夷山卖茶的福州，以及出产丝绸的成都平原、杭嘉湖平原，再加上成为四大米市的九江、无锡、芜湖、长沙……都是那个时代的佼佼者，但是到了机器化大生产时代，资源是石油，是煤炭，是铜、铁等各种矿产。这让很多拥有相关资源的城市也开始出人头地，或者触底反弹。

比如说大庆，因为大庆油田的发现，让中国一举摘掉了石油工业落后的帽子，结束了"贫油国"的历史。与此同时，也正因为大庆油田，才有了大庆这个城市。和大庆的命运相类似的，还有1956年建市的安徽铜陵，以及甘肃白银。它们都是以当地的矿产资源命名，可以看出，它们都是因矿得名、以矿而兴。

也就在铜陵、白银设市的前一年，玉门设市。但是比起前两者，玉门并不年轻。在历史书中，它是唐诗中的遥远边关。虽然随着海洋兴起而逐渐消失在主流视野，然而，拥有石油资源的它，在新中国工业化进程中，再次被发现。在这里，诞生了新中国第一口油井，诞生了新中国第一个石化基地，甚至铁人王进喜正是从这里出发走向了大庆。

和玉门命运相类似的，则是大同。这个北魏的都城，走出过影响日后大唐的关陇贵族。虽然中道没落，但是煤炭的发现，让大同一跃成为国内最大的优质动力煤供应基地，牢牢抓住中国现代化建设的机遇。它的命运其实也是整个山西的命运。

四是工业化需要技术，需要外部的市场。毕竟，从一穷二白起步的中国工业，不仅仅需要王进喜的铁人精神，也需要老师。美国社会学家M.列维从现代化的角度曾将后发优势理论具体化，其中就包括：后发者可以大量采用和借鉴先发国成熟的计划、技术、设备以及与其相适应的组织结构；后发国家可以跳越先发国家的一些必经发展阶段，特别是在技术和资本方面，先发国家可以对后发国提供帮助。

这也意味着，中国必须要再次改革开放，必须再次打开自己的国门。这也便有了1984年中国相继开放了大连、秦皇岛、天津、烟台、青岛、连云港、南通、上海、宁波、温州、福州、广州、湛江、北海等14个沿海城市，外加一个海南岛。此后开放的层次更深，力度更大。2001年，我们更是成功地加入了世贸组织。

也正是借助于外向型经济，今天的苏州变成了"苏大强"。而它下辖的昆山、太仓更是做成了百强县的前几名。其中，我们不太熟悉的太仓，自1993年成为大众供应商之一——德国巴登-符腾堡州的弹簧生产企业克恩-里伯斯的"落脚点"之后，包括轴承巨头舍佛勒集团、电气连接件全球市场的隐形冠军菲尼克斯、世界领先的热成型包装机制造公司莫迪维克、聚氨酯材料科技公司睿普等德国企业蜂拥而至，"随着太仓投融资环境、产业链日趋完整，外资企业的需求也在发生变化。十年前，落户太仓的德企，资金、技术、团队都是从德国打包到中国，而现在，一些德企'轻装上阵'，带着技术团队就来了"。（《这个中国三线小城，凭什么被德国大企业集体仰仗？》，周瑞华，华商韬略2021年11月2日）今天，太仓已经成为名副其实的"中国德企之乡"。甚至，太仓在德国的知名度，比在中国高。

当我们环视中国，看到上海、青岛、广州、天津多年来位居全国城市排行前列，而珠三角、长三角、环渤海更是成为中国发展的引擎，便感叹改革开放是一个无比英明的决策。这一决策，不仅让工业化和全球化再次合流，而且重塑国人对开放的视野和认知。

更为重要的是，工业化需要竞合。如果说早期的工业化，还因为资源短缺、人力短缺、技术短缺，各地还处于互相"单挑"的状态，而关系也近似割裂，但是随着工业化水平的提升，以及马太效应下的强者恒强，一方面让大城市通过不断虹吸，成为最耀眼的中心城市，但另一方面，产业链的拓展和延伸让大城市想消化所有红利也变得有心无力，所以需要一个好汉三个帮。加上为避免同质化竞争，"组团"出击正逐渐成为主流。这也是长三角、珠三角一体化自20世纪90年代以来逐渐成为热搜的重要原因。"十三五"规划纲要更是指出："建立健全城市群发展协调机制，推动跨区域城市间产业分工、基础设施、生态保护、环境治理等协调联动，实现城市群一体化高效发展。"而在党的二十大报告中，更是指出"深入实施区域协调发展战略、区域重大战略、主体功能区战略、新型城镇化战略，优化重大生产力布局，构建优势互补、高质量发展的区域经济布局和国土空间体系"，同时强调"以城市群、都市圈为依托构建大中小城市协调发展格局"。

在这样一种你帮我、我拉你，中心城市做大做强，而外围城市也不断接受中心城市产业外溢，并分工协同中，可以预见且已正成为事实的是，一种有别于过往的全新的城市格局和生态——明月高悬，而群星拱月，正在逐渐生成，并轰然若出——它们在共同照亮中国大地，并在推动国家参与世界竞争的同时，也通过多区驱动，重新让时间的钟摆摆回东方——今天的中国，俨然已成为世界第一制造大国。

只是，当我们感叹"为有牺牲多壮志，敢教日月换新天"，新的问题，早已马不停蹄地降临。

# 后工业化的困境及逆全球化下的出路

## 九

20世纪前半叶，依旧是属于"美国梦"的时代。只是，底特律的"美国梦"，却开始变得稀碎。

这里，曾拥有美国汽车三巨头GM通用、福特、克莱斯勒的总部——通用在市中心，福特诞生于此，后来虽然迁到迪尔伯恩，但也离底特律仅仅10公里，相当于底特律的郊区。克莱斯勒虽然远一点，在距离底特律西北40公里处的奥本山，但也属于底特律大都会区——这也让底特律成为名副其实的世界级汽车城，而且因为汽车工业，底特律一度高楼林立，被誉为世界摩天大楼故乡之一。

站在底特律河上眺望，沿途的工业运输船和远处的摩天大楼群落不时映入眼帘。

然而，今天的底特律，死气沉沉，破败不堪，如果不是贝勒维大街上的那座全世界最大的废弃工厂，你根本都想不到这个世界曾经有这么一款豪车品牌：帕卡德（Packard Plant）。就连人口，也从巅峰之前的185万，被腰斩成了67万。而且人口结构发生了急剧的变化，以前白人曾一度占比超过80%。而今天，白人成了少数人种，黑人占了80%。

在这样一个面目全非的城市，也只有市中心中央商务区的文艺复兴中心（通用总部），由于设计比较超前，还在提醒着人们这里曾经的风光。

有人一定会问："谁偷走了底特律的繁荣？""这个问题，在打着'让美国再次强大'旗号的特朗普眼里，也可以换成'谁偷走了美国的繁荣'。"这个美国前总统的答案是，"中国偷走了美国的繁荣"，"引申一下，即全球化偷走了美国的繁荣"。（《底特律：美国困境的大缩影》，格隆汇·那思达，港股那点事，2019年5月26日）

如果没有全球化，也就没有全球化下的中国工业的发展，从而也就意味着，停留在工业化低端的中国，只能成为一个消化者，而不是一个主要生产者。这样一来，对美国就丝毫构成不了威胁。美国依旧可以像晚清向中国倾销商品那样，继续向中国倾销自己的汽车以及其他各种产品。要知道，中国地博人多，可以继续支撑它的"美国梦"。但现在不行了，中国人能造汽车了，不仅可以供应自己，还出海跟美国抢市场。所以，特朗普埋怨全球化也不是没有道理的。

不过我从中还听出另外一种弦外之音，那就是特朗普未必讨厌全球化，他只是讨厌多极的全球化，相反，他会喜欢以美国为中心的单极全球化。

事实上，底特律的衰落，除了全球化下的竞争之外，还有各种矛盾的作用。1967年发生在底特律的一次种族冲突事件，重创了底特律。黑人虽然最终成了这一块土地的主宰，但掌握技术的白人的离开，导致工业开始萎靡不振。但更要命的是，它本身经济结构单一。尽管汽车工业一度让底特律成为万众所向的焦点，但是，建立在钢铁、石油之上的汽车工业，既重而且还容易引发污染。底特律的天一度变得灰白，像脏抹布一样。水也有毒，"据说从底特律的河里装瓶水，就可以当作涂料稀释剂去卖"。直到75年后，人们才再次看到有河狸在底特律河里筑巢，"而与此同时，底特律的三大支柱企业，通用汽车、福特汽车、克莱斯勒汽车先后宣布破产"。（《底特律：美国困境的大缩影》，格隆汇·那思达，港股那点事，2019年5月26日）不得不说，重工业导致的污染成为生态的杀手，而结构单一又让污染无法得到根治。它和种族矛盾一起，让底特律陷入了某种看不清楚前途的恶性循环当中，最后除了打架斗殴就是凶杀强奸，没有什么光明。

到了2013年7月18日，底特律这座"汽车之城"正式申请破产保护，成为美国历史上最大的破产城市。与此同时，也成了国际上知名的"反面典型"。甚至，它还给远隔重洋的中国城市，带来了巨大的心理冲击。

2019年，为了创作新作《大国出行》，我跑遍了大半个中国，走过的城市除了北上广，北至大庆，南至柳州，东到杭州、台州，西到重庆、成都，中间还再加上武汉、襄阳，当然还包括被汽车拉出来的十堰，以及与底特律一东一西，处于相近的纬度上（都在北纬42°～43°），几乎互为镜像的长春。

它们似乎都在避之不及，但又抑制不住地讨论：谁将成为下一个底特律？

这些城市无疑都有一个共同的特点，那就是在工业化的进程中，都曾热烈地追逐过汽车产业这颗现代工业皇冠上的明珠。

它们或得益于自身的工业体系，或因缘际会，而进入这个产业，相应地，国家政策的保护，再加上急速扩大的国内消费市场，推动了民族汽车产业的快速发展，与此同时，也给这些布局相关产业的城市带来了巨大的荣光。

它们曾经都希望，在自己的前缀上都挂上一个"中国底特律"的帽子，就如同中国的"华尔街"、中国的"比尔·盖茨"一样,装的是荣耀和满足。但是,底特律的遭遇无疑给它们敲响了一记沉重的警钟——成为底特律未必是一件好事。相反,"谁会成为下一个底特律",已经不是一个阴影,而是成为一个现实的沉重话题。

十堰似乎就被钉上了"黑名单"。当年它因为国防建设而幸运地成为二汽的落脚地,但是随着冷战终结,世界进入相对和平时期,十堰在国防的意义上开始冷却,相反,窝在山沟沟里的交通不便,手脚受限,以及远离市场的缺点,更加凸显出来。所以,二汽想要外出求生,比如说去临近的襄樊建设基地,甚至还想着迁址,甚至打算直接跳到经济最发达、市场更前沿的珠三角地区。这让十堰的天几乎都塌了下来,要知道,作为十堰最大的企业,二汽的工业产值在当年占十堰市总产值的57%;它还是十堰最大的纳税户,每年上缴的税收占十堰市财政收入的50%左右——经济单一让十堰及其汽车产业一荣俱荣一损俱损。最后,经过省市各级争取,最终湖北还是决定,肉要烂在自己的锅内。二汽迁都到武汉,武汉同意把二汽增加的地方税收通过湖北省的财政转移支付给十堰,与此同时,还给十堰留下了商用车项目和零部件事业部。这多少给十堰续上了一口气。

和十堰一样,几十年如一日围绕着一汽打转,让汽车产业成为自己的绝对支柱产业的长春,面对底特律的衰落,也抑制不住地倒吸一口凉气。

即使身为省会,无人可以和自己争夺一汽,但是一旦遇到社会的消费能力降低,或者汽车产业本身出现问题——比如说体制跟不上时代发展的脚步,产品策略失误,面对市场和竞争反应迟缓——那以前的优势,就会变成勒在自己脖子上的绳子。所以,2013年11月12日,距离底特律破产刚过去没几个月,长春市政协便召开了底特律问题研讨会。"长春作为以汽车为主导产业的城市,很有必要对底特律破产的原因及教训作认真研究和深入思考。"《长春日报》对此报道说。

事实也证明了长春的担心不是没有根由,2015年1—11月,此前一年还实现了6.7%的增长的工业总产值,一下子下降了11.5%,把以前赚干净了不说,还得倒贴。

某种意义上,长春的遭遇,其实是整个东三省的遭遇。2015年的东北,除了长春的工业生产值陡降之外,"包括哈尔滨、沈阳、松原在内的整个东北都在急速下坠,统计数据显示,2015年,吉林、黑龙江、辽宁的GDP增速分别为6.5%、5.7%、3%,远低于全国平均增速,这不禁让人发出了'救救东北'的呼声"。(《大国出行》,王千马、何丹,浙江大学出版社2020年1月版)

背后的原因其实也如出一辙，以重工为主、经济结构比较单一的东北，船重难掉头，导致其应对国内外冲击的抵抗力极弱，一旦遇到大宗产品价格的周期性波动便容易惊慌失措，加上国企改制遭遇困难等方面的原因，所以东北经济整体低迷，而经济不好，又容易流失人口——"七普"的调查结果便显示东北地区人口10年减少1101万人，其中黑龙江省减少了646万人，是东三省流失人口最多的省份，人口流失又进一步导致东三省工业萎靡不振，最后形成了恶性循环。

站在这后工业化的困境上，感受着全球气候变化、资源枯竭、环境污染、热战与冷战的交替的折磨，没有人不忧心忡忡。改造自然、征服自然固然给我们带来了快感，但也让我们忽视了自然的反扑。接下来应该怎么办？奋力挣扎，还是直接躺平？难道走上工业化的道路，原是一种错误的开始吗？

好在，天无绝人之路，也就在底特律开始陷入痛苦不堪的境地之际，美国的贝尔实验室在1947年研制成功了晶体管，从此，开启了晶体管取代电子管的时代。

让人更兴奋的是，从贝尔实验室走出来的"八叛将"之一的诺伊斯，与在德州仪器工作的基尔比又于1959年双双发明了第一块集成电路——虽然基尔比提交的发明专利相对较早，但用的是锗材料集成电路，而诺伊斯则用的是日后普遍使用的硅材料集成电路，这也让后人为谁到底是第一争论不休，但不管如何，集成电路的诞生，奠定了现代微电子技术的基础，信息化时代也因此到来。与此同时，正是硅元素的使用，让他们所处的旧金山湾区南部的圣克拉拉谷，成为今天闻名世界的"硅谷"。

不得不说，正是得益于这一信息化时代的开辟，让笨重的汽车开始走向智能、走向网联，从一个死胡同，走向更广阔的天空，"山重水复疑无路，柳暗花明又一村"。多年后，看准东西方汽车产业转移趋势而加入造车浪潮的李书福，又一次信心百倍地指出："汽车已诞生超过百年，底特律所代表的传统汽车工业正在走向破产，硅谷所代表的新型汽车工业正在崛起。在科技浪潮的推动下，汽车将浴火重生。"

但显然，科技浪潮的崛起，改变的并不只是汽车产业。它带来的是一场重大的信息时代革命。这场革命不仅上继以蒸汽机革命为代表的第一次工业革命、以电气化（家用电器的产生和飞机、汽车等交通工具的出现）为代表的第二次工业革命，而且下启利用信息化技术促进产业变革的时代，也就是以智能化为代表的第四次工业革命。它的重要意义毋庸置疑。正是利用大力推进第三次工业革命，美国建立了在微电子技术+信息技术+新材料技术+金融+房地产+服务业等方面的优势，让它在底特律成为包袱，而全球化不断让其制造业空心化（基础工业缺失、技术人才匮乏）的当下，依旧维持了世界大国的体面。

对中国来说，前两次工业革命显然跟自己无关。我们只能利用后发优势来赢得生存，但幸运的是，我们抓住了第三次工业革命的尾巴，更幸运的是，和西方各国一同站在了第四次工业革命的起跑线上……

正如普铁时代改变了很多城市的生存，高铁时代又轻松地洗牌。抓住机遇弯道超车、变道超车，重塑产业，一举从制造大国蜕变成制造强国，从而实现民族复兴，成了我们并非不可触摸的想象空间。

此时，一场不见硝烟的大战，才刚刚拉开序幕。我认出风暴而激动如大海，我舒展开来又卷缩回去，我挣脱自身，独自置身于伟大的风暴中……

## 十

21世纪到了第二个十年，北京似乎还是老样子，不断地摊着大饼在向外扩。依旧是不断有人涌进来打工讨生活。但事实上，北京已经不是那个北京。

2017年，在国务院被批准的《北京城市总体规划（2016年—2035年）》中，北京明确地表示，自己是中华人民共和国的首都，是全国政治中心、文化中心、国际交往中心、科技创新中心。一眼就能看出，这里面已经没有了经济中心、金融中心、商贸中心等常见表述。一言以蔽之，北京正在努力淡化经济功能，与此同时，科创的分量逐渐在提升。

也同样是在这一年，北京推出了《加快科技创新发展新一代信息技术等十个高精尖产业的指导意见》，选取新一代信息技术、集成电路、医疗健康、智能装备、节能环保、新能源智能汽车、新材料、人工智能、软件和信息服务以及科技服务业等10个产业作为重点高精尖产业打造。

作为共和国的首都，这些年，北京在发展工业化、发展社会主义经济上身先士卒，勇于做一个很好的榜样。但是，随着工业化的发展，人口增多，城市规模扩大，首都逐渐丧失了自己的生活舒适度。更重要的是，工业化的烟囱，让这个城市深受污染的侵蚀。每到冬天，就是这个城市渡劫的时光。曾经有一度，整个中国都在谈论是否要迁都的话题。自从朱棣"天子守国门"，坐实了北京的荣光，虽然民国期间曾不敌南京，但它依旧是全中国人民心目中的圣地。现在要是一迁了之，争的人要打破头不说，对北京的这份情怀谁又能舍得下？再说，北京失去首都位置，它的未来又会如何发展？

不得不说，信息化时代的降临，给了北京一个转型升级的机遇，也让未来变得豁然开朗。北京可以不需要天天将发展经济挂在嘴上了，甚至可以让首钢这样的，在传统工业时代就意味着GDP的大型钢铁厂给迁走——因为科创不仅能带来新动能，更重要的是，它绿色、环保，而且具有高质量，正可以破解传统工业给北京造成的困局。今天的北京，虽然不提经济中心，但科创就是最大的经济，也是最大的政治。

和北京共享"北上广深"称誉的另三座城市——上海、广州、深圳，也无不如此。如果不说，很多人也许不会意识到，这个在洋务运动中诞生了江南制造局，在新中国工业化进程中也冒出了上海牌手表、永久或凤凰自行车、红灯牌收音机、蝴蝶牌缝纫机等"三转一响"的上海，现在的看家本领是大飞机，还有集成电路、生物医药。

2018年，上海首次在国际经济、金融、贸易、航运中心的基础上，合并进了"科创中心"，作为自己需要深化的核心功能。此后，"五个中心"成了上海将自己打造成"卓越全球城市"和"社会主义国际大都市"的重要支撑。

2021年9月，上海又发布建设具有全球影响力的科技创新中心"十四五"规划。规划中提出，未来15年是具有全球影响力的科技创新中心功能全面升级的关键跃升期，这一时期科技发展要为2035年上海基本建成具有世界影响力的社会主义现代化国际大都市和充分体现中国特色、时代特征、上海特点的人民城市，成为具有全球影响力的长三角世界级城市群的核心引领城市提供强大支撑。

和上海异曲同工的是，在《广州市国民经济和社会发展第十四个五年规划和二〇三五年远景目标纲要》中，也将"科技创新"放在了显著位置。根据这个规划纲要，广州大力实施创新驱动发展战略，加快建设科技创新强市。以"一区三城"为主阵地打造科技创新轴，加强"1+1+4+4+N"战略创新平台体系建设。

与此同时，也就在2021年7月，广州正式实施《广州市科技创新条例》。作为"十四五"开局之年广州科创领域首个全局性新政策，《广州市科技创新条例》有很多亮眼的规定，比如新增免责条款，营造宽松创新环境，对科技计划项目承担单位和项目负责人已尽勤勉尽责义务仍不能完成的；事业单位和国有企业成果转化中已尽责但未达预期效果或发生损失的；科技管理人员推进科技创新工作中出现失误或偏差的，符合一定条件可以免责。这无疑让科创人员能放开手脚。此外，还立法赋予科技成果完成人所有权或长期使用权，明确了人工智能、集成电路、智能网联汽车、生物医药、脑科学与类脑研究、新能源、新材料等重点支持的关键核心技术研发领域，体现了广州将产业、科研"两手抓""两头硬"的发展思路……

而深圳同样在"十四五"规划中，也密集布局第三代半导体、集成电路、智能芯片。一把手担任集成电路的链长，相关市领导担任5G、智能网联汽车、生物医药、人工智能等产业的链长，全面梳理各重点产业链在共性核心技术和关键零部件上的"卡"点，聚焦底层基础技术、基础材料、基础软件、工业母机、高端芯片、医疗器械、生物育种等重点领域，系统实施重点技术攻关项目，确保产业链供应链安全。

这让人不禁大为叹赏，此乃大智慧的决策，这才是把钱真正用在了刀刃上，北上广深能做好这些，不仅可以确保中国在未来的世界竞争中抢占有利的位置，与此同时，也能继续捍卫自己的城市排名。

此外，城市之中的某些位置也能脱颖而出，成为新兴的城市地标，比如说北京的亦庄，上海的张江、临港，以及广州的南沙、深圳的坪山。

在很多人的印象中，坪山是远离深圳主城区的存在，但作为比亚迪的"主场"，以及第三代半导体（集成电路）未来产业集聚区、坪山半导体产业园、青铜剑第三代半导体产业基地……坪山已经成为深圳的未来。

相比较常年来作为中国经济"排头兵"的北上广深，也许，合肥的崛起，更能印证科创对于一个城市的价值。

这曾经是毫无存在感的省会城市，连普铁时代的京九铁路都绕着它走，但是，从扶持京东方开始，合肥就在科创产业上砸下了无数真金白银，最终从一穷二白中守得云开见月明，实现头部企业—产业链—产业集群—产业基地的演进。今天的合肥，除确立了"大湖名城、创新高地"的战略定位，还构建了"芯屏汽合""集终生智"的产业体系——最终为这个产业体系完成闭环的是2020年，合肥大手笔投资新能源汽车蔚来——想象一下，在传统工业汽车时代并没有太大话语权的合肥，会不会因此成为新时代的扛把子？

在我和何丹的沟通中，这个毕业于武汉高校的青年才俊，也抑制不住对合肥的赞美。在他看来，合肥既是中国家电产业基地，又获批综合性国家科学中心，成为中国长三角城市群副中心城市，加上高铁网络的建设，它的未来不可限量。

今天，中国的很多城市也紧盯科创产业。济南便是其中之一。作为经济大省山东的省会，它当年曾创造无数个"第一""纪录"，如第一台马达车床、第一批小鸭牌波轮式单桶洗衣机、第一台小型机服务器……但是，和长春它们一样，传统工业过重、过单一，导致这些年来济南不进反退，存在感越发低迷，不要说竞争不过省内的青岛，甚至连当省会没几年的郑州，也能夺走它的风头，成为国家中心城市。它无疑希望通过扶持科创产业，来实现新旧动能的转换，以找回自己昔日的骄傲和光荣——某种意义上，科创产业就是这些梦想出路、梦想破局的城市的"转基因"。它不仅对于陷入后工业化困境的城市具有价值，同样也对那些在度过一段好日子之后又面临着"资源的诅咒"的玉门、鄂尔多斯、神木、枣庄，以及整个山西，都具有方向性的意义……

同样，作为工业时代的领先者，杭州也将科创当成了人生的新起点。这既是一种偶然（成为电子商务之都），但同时也更是一种必然。

毕竟，相比较电子、化学、重工，"互联网+"科创产业追求的是绿色生态，它一定会给囿于环保的杭州带来新的突破口。

在2016年前后，杭州就力推"城西科创大走廊"——这个坐拥西溪国家湿地公园、五常湿地、和睦水乡以及南湖、青山湖国家森林公园等山水景观资源的宝地，在不久之前还是创业的"禁区"，但今天的城西，不仅宜居，而且宜业。也正因为"互联网+"等绿色科创的到来，杭州在东进之余西扩，彻底伸展出了腾飞的双翼。

2021年，为了将整个浙江打造成高水平创新型省份，并推进科技强省建设，浙江当地出台相关制度制定了"两步走"战略：到2025年基本建成国际一流的"互联网+"科创高地，初步建成国际一流的生命健康和新材料科创高地，初步建成高水平创新型省份和科技强省；到2035年全面建成三大科创高地，建成高水平创新型省份和科技强省，在世界创新版图中确立特色优势，为高水平社会主义现代化建设奠定坚实基础，为基本实现有中国特色的共同富裕奋斗目标提供强大动力。

不得不说，正是在这种时不我待的探索、磨合以及奋进中，中国的城市不断旧貌换新颜。相比较以前的满天星斗，今天的这样让人更加踏实，让人更能为这个国家自豪，也更能相信它对这个世界能力越大责任越大。

但吊诡的是，以前的工业化推动了全球化的潮流，随着工业化程度越来越高，这个世界却变得越来越火爆和偏执了。

原因无他，如果我们以前"贵为"世界第一制造大国，其实有很大程度是在为欧美打工，但抢占第四次工业革命，才是真正动了欧美的奶酪。

# 十一

今天，我们在5G上刚刚做出了一定的成绩，中兴和华为就开始遭遇以美国为首的西方的"重点照顾"——从出台实体清单，到扣押"华为公主"……不得不说，来自西方的高压和围剿，显然意图是让我们继续停留在世界产业链的底端，靠出卖劳力挣钱，然后再被它们用金融等镰刀收割。

在党的十九届六中全会公报中，我们也看到了这样严峻的字眼——"世界百年未有之大变局"。其和2019年底开始全球暴发的新冠肺炎疫情交织影响，"外部环境更趋复杂严峻，国内新冠肺炎疫情防控和经济社会发展各项任务极为繁重艰巨"。而党的二十大报告，也指出我们面临着"严峻复杂的国际形势和接踵而至的巨大风险挑战"，但是，正如新冠不能将我们打趴下，来自世界的逆全球化潮流，也不能让我们畏惧。相反，它更能锤炼我们迎难而上的意志。没有人能熄灭满天星光。

为了应对这一局面，一方面需要我们自强自立，用它们的断供、卡脖子来倒逼我们的攻坚，用科创来力推我们做好供给侧结构性改革；另一方面，需要认识到我们以前走的每一步都没有白费。数十年如一日的基础设施建设，不仅拥有着四通八达的交通网络，还有强大的供应链，再加上中国庞大的人口基础和广阔的地理深度，意味着我们自身是拥有超大规模市场优势和内需潜力的。我们要做的是，充分释放这种潜力，并用市场化、制度化的改革，进一步满足这种潜力。

最重要的一点还在于，由于中国发展速度呈现"陡峭化"特征，财富积累"爆发性"更强，所以今天的中国已然面临消费升级时代的到来。它既体现在各类消费支出在消费总支出的结构升级和层次提高，也表现在收入增长推动国民台阶式消费升级，不再是为生存，而是有能力为更美好的生活去买单。与此同时，个性化消费也成为一种最基本的诉求。

当然，我们也不能忽略的是以美国为主的西方，为应对各种危机而狂印钞票。钞票一多，就成了废纸。我们拿宝贵的资源换废纸，划不来。

也就在2020年5月14日，中共中央政治局常委会首次提出"构建国内国际双循环相互促进的新发展格局"的表述。

"双循环"的提出，无疑让中国经济在疫情加剧逆全球化、民粹主义，中美对抗蔓延至非经贸领域等风险面前，上了一道双保险。

这对西部内陆城市无疑是一个"福音"，也是其破解"胡焕庸线"的又一号角。

毫无疑问，经济循环的方向对于区域经济布局具有巨大影响。"在以国际大循环为主导的经济发展格局下，东部沿海地区凭借区位优势和政策优势率先崛起，西部内陆地区则长期处于产业体系的边缘"，更多是充当资源和劳动力的输出地。尽管国家通过投资"造血"、向西开放，以及将沿海的加工贸易产业分梯度转移到西部内陆地区，"然而，在实际的国际贸易中，东部沿海地区的区位条件不可取代，上述发展思路并没有收到良好的成果"。所以，在这样的一个发展大背景下，"双循环"新格局的提出，并非无可奈何，而是顺势而为。它的提出，"代表着经济形态要从以外向型经济为主逐步转向以内需型经济为主，西部内陆地区在国内经济循环中的重要性将进一步提升"。（《"双循环"新格局下西部内陆地区参与经济循环的模式转型与规划应对》，张雪原、周君，澎湃新闻，2021年11月8日）

这也是成都在今天成为网红城市的一个重要原因。尽管偏居西南一角，不靠边不沿海，地理位置甚至不如今天直辖的重庆。但是，依托于丰腴的成都平原，以及水旱从人的天府之国，成都自古以来都是一个消费力强劲的城市。加上其本身又是往西走的重要城市，在"双循环"的语境下，成都将成为东部沿海在需求侧上的重要市场，相应的是，也将成为在供给侧上与东部沿海互为支撑的后方基地。尤其是这里有中国西部工业门类最齐全、优势产品最多、实力最强的工业体系。而且，传统制造业改造升级的需求强烈。所以，吸引了很多大佬入驻。从阿里到吉利再到腾讯、京东、百度、京东方……它们都把成都看成一个来了就不想走的城市。甚至，"东数西算"（就是把东部沿海城市的数据传输到西部地区运算和存储）还将它选择为重要的节点城市。

和它在一起的，还有那些拥有风能、水能、太阳能等丰富可再生能源的贵州、内蒙古、甘肃、宁夏等地城市。

2022年2月17日，国家发改委等部门联合印发文件，同意在京津冀、长三角、粤港澳大湾区、成渝、内蒙古、贵州、甘肃、宁夏启动建设国家算力枢纽节点，并规划了10个国家数据中心集群。至此，全国一体化大数据中心体系完成总体布局设计，"东数西算"工程正式全面启动。据媒体报道，有权威机构和专家估算，该工程每年投资体量会达到几千亿元，产业拉动效应达八倍。

对这些地方来说，重要的还是在"双循环"背景下，在国际大循环的城市体系中标定自己成长的新坐标。

所以，当西安把自己放在世界的范围内，它就不再是一座经济南移之后被抛弃的千年古都，而是中国连接世界的中坚力量。古有丝绸之路从这里出发，今天的"一带一路"，也将西安视作重要节点城市。

同理，当成都将自己放在世界的范围内，它将会发现自己不再是偏僻的存在，反而是中国距离欧洲最近的国家中心城市。这意味着，成都还可以成为这个国家乃至世界的门户枢纽城市。实现这一目标可以分成两个步骤，先是面向"十四五"，打造国内大循环战略腹地、建设国内国际双循环门户枢纽；接着到2035年，全面建成泛欧泛亚有重要影响力的国际门户枢纽城市。

事实上，成都的发展也印证着自己在这方面的雄心，2021年6月27日，成都天府国际机场正式开航，成都也因此成为国内第三个拥有双国际枢纽机场的城市。此前不久，顺丰集团也在蓉签署顺丰西部航空货运枢纽项目投资合作协议。项目建成后，成都将成为顺丰集团继北京、杭州、深圳之后的第四个区域性国际航空货运转运中心。

某种意义上，正是站在面向欧亚大陆的新起点，让我们的西部内陆正在逐渐形成一个由西安、成都、重庆以及昆明构成的菱形经济圈，它们不仅内部相互连通，而且通过武汉、长沙、合肥，与整个长三角对接。

摆在中西部面前的利好还有，随着环保和能耗的控制，长三角和珠三角的产业转型和转移正在加速，"孔雀东南飞"的局面也会在未来彻底发生变化，受益的则是北方城市，以及中西部二线城市。这无疑意味着，未来的中西部必将成为中国新的蓝海，西安、洛阳等城市也必将找回多朝古都的荣光。

当然，站在面向欧亚大陆的新起点，也意味着陆运的重新崛起。在这里，我们必须要为2011年开通的中欧班列记上一"大功"。

就在成都助推无数个顺丰面向更广阔的天空之前，已经有无数个内陆城市和企业，通过中欧班列，跨越地理局限，走向了世界。

比如合肥，便借助中欧班列，对接汉堡，而且还在2021年新增安特卫普、马德里、索利卡姆斯克等新线路，在开辟"中欧班列+跨境电商"新模式的同时，实现"以运带贸，运贸一体化"战略，最终为本土企业提供"站到站""门到门"的贴心服务。

在这里，值得注意的还有海铁联运。2021年6月，"日本—中国（武汉）—蒙古"海铁联运国际新通道首次贯通，其先是通过海运将邻国的货物运到武汉的阳逻港，再通过中欧班列运抵蒙古国乌兰巴托。前前后后，整个物流只需要17天，比起此前日本经俄罗斯到蒙古，足足节省8天时间。

无疑，中欧班列的出现，为"双循环"注入了强劲的新"动能"，同时，也给众多的口岸制造了繁荣。东部通道的满洲里（绥芬河）、中部通道的二连浩特，以及西部通道的阿拉山口（霍尔果斯），成了新的城市地标。

再次热闹起来的，还有沉寂多年的河西走廊。只不过，过去这条路上跑的是骆驼，今天，来自钢铁驼队的铁轮声，取代了昔日的驼铃声，但改变不了的是河西走廊作为中国与世界联系的鹊桥。

这不得不让人感叹，危机其实也是危中有机，对没有做好准备的人，是危险，对做好准备的人，则是机会。

# 星耀大国：未来中国城市大趋势

# 十二

当我们站在新的起点，来重新打量我们城市的浮浮沉沉，你就会发现它们在时间的跑道上，命运其实很相似，都在推搡、碰撞中努力寻求杀出一条路，但与此同时，也有着鲜明的时代特色。那就是在这个工业化、信息化之后全速前进的世界，容不得半点分心，也走不得半点错路。一失足就成千古恨。

和过去相比，今天的城市不可避免地呈现出这样的特征：一是一二线城市正在快速崛起，它们让这个国家变得更有活力，也更见光明；二是随着双循环背景下的中西部崛起，南北关系成为中国发展的新问题；三是产业转移在加速，它们随着基建、工业化布局，加上人口迁徙，而四处流动，以寻找适合自己生存的洼地；四是随着都市圈、城市群的打造，中心城市将成为资源、人口的汇入地，接下来的中国，城市两极分化将继续加大。

还有就是，以前的城市是得地理者得天下，谁靠近水草谁有资源谁厉害；后来的城市是得政策者得天下，谁能成为经济中心、政治中心（如成为首都），得到特殊的政策照顾（陪都、特区、新区或自贸区），得到基建机会（如三线建设、高铁布局），谁就更有优势；再后来的城市是得资金者得天下，谁能面向世界招到商引到资，谁就能更好地发展自己，那么，今天的中国城市一定是得人者得天下。这也意味着，不管哪个城市，要想在这个时代站稳脚跟，不被命运的铰肉机给铰碎，都需要抓好"人"这个中心。因为城市毕竟是城与市的结合，城容纳人，人推动市，它们相辅相成。

**所以，我们要争取的一是，内有人口规模，外有人才优势。**

没有人口规模，很难撑起消费市场；没有人才优势，则很难做大做强产业。

通过对比第七次、第六次全国人口普查数据，你会发现，保定、绥化、四平、资阳、齐齐哈尔、六安、安庆、通化较10年前人口减少超过百万，其中绥化、四平、齐齐哈尔、通化均为东北城市。人口净减少数量前100的城市中，黑龙江入围城市最多，为12座。省会城市长春和沈阳，以及副省级城市大连近10

年人口增长，是东三省仅有的3座人口净增长城市。所以，东北要想发展，得首先考虑留住人。而我们选择一个城市定居，人口净流入还是净流出也是一个重要参考指标。

同理，这也是济南在听闻自己成为14座特大城市之一之后兴奋之情溢于言表的原因。据国家统计局说明，城区常住人口在500万以上1000万以下的城市为特大城市。尽管这有很大一部分原因是通过合并莱芜做起来的，但成为特大城市，最起码面子上过得去，而且多少也证明，这座城市还是有让人留下来的本钱的。

另外，尽管像芜湖这样的城市，并不是很服气合肥的"领导地位"，但事实是，在太平天国运动中，和安庆一样遭遇几次毁灭性打击，让它人口十去其七，到今天也没恢复过来。从芜湖的全市常住人口上看，在"七普"中只有3644420人，与2010年"六普"的3545067人相比，增加99353人，增长2.80%，年平均增长0.28%。可比起合肥的9369881人，这样的增长还是支撑不了它的逆袭。

需要注意的是，一个城市也不是拼命地往里塞人就行，这样也有可能造成城市中心房价暴涨、消费高昂，与此同时，生态也承受不了。一旦城市基本公共服务的供给跟不上流动人口涌入的节奏，这对城市来说也是一种灾难。

所以，对梦想着做大做强的城市来说，不能单纯地追求人口规模，而更要着眼于人才。人才优势才是最重要的优势。

至于人才，一个自然是高层次人才，另一个则是专门人才。这也是中国要实行"职高分流"的一个动因。太仓之所以能成为德企之乡，也是因为它在引进德企的同时，带进了德国的"双元制"职业教育。正是通过职业教育，源源不断地为这些德企输送既具有公共素质，又具有动手操作能力和实用技能技术的优秀工人。

但不管是做大人口规模，还是留住人才，都需要未来的城市在医疗、教育和住房等公共设施服务供需上下功夫，同时能塑造城市的精神和风格。

一个面目模糊的城市，一个对人不友好的城市，一个没有与自己互促互融之产业的城市，是不会有人喜欢的。

很多人对东北的诟病，如投资不过山海关，也是导致东北没落的一个重要原因。所以，这在考验一个城市的财力的同时，也考验执政者的格局，和市民的视野。

**二是注重高质量发展，实体打底，虚拟添色。**

一个城市和一个家族，或者百年老店一样，只有基业，才能长青。基础不牢，地动山摇。合肥虽然很多产业是完全新生的，但是它以前就有中科大，有家电制造的基础。济南之所以能成为新旧动能转换示范区，也是因为它的工业化水平。想象一下，如果没有这些基础打底，济南怎么可能梦想工业互联网，梦想科创改变未来？

今天，我们对大湾区和长三角、环渤海寄予期望，除了它们的体量之外，也是因为它们建立起了相对完善的产业基础以及产业链。

事实上，即使今天信息化、数字化成为时尚，但城市依旧需要实体。就连美国在今天也重回第二次工业革命老路，发展汽车+化工+煤炭+石油+钢铁+建筑等传统工业和制造业，然后在此基础上向第四次工业革命冲击。而与此同时，与美国同时期崛起于第二次工业革命的德国，更是在《国家工业战略2030》中，将钢铁铜铝、化工、机械、汽车、光学、医疗器械、绿色科技、国防、航空航天和3D打印等10个工业领域列为"关键工业部门"。某种意义上，以数字为主导的虚拟经济曾一度大行其道，但是只有建立在实体上的虚拟才有意义，反过来，实体要想成就先进制造业，也需要虚拟的赋能，变"制造"为"智造"。

从网上流传的一份特斯拉建厂7大条件清单——土地优惠；优惠贷款；税收优惠；完备的汽车产业链；足够多的高素质技术工人；离大型港口300公里以内；有领事馆——就可以看出，没有这些产业基础，人家对你会不屑一顾。

未来的中国，将从投资驱动、资源驱动，逐渐转型为消费驱动、产业驱动以及科技驱动。这不是建议，而是要求！我们必须要清醒地认识到，工业化时期的狂飙突进，虽然深刻地改变了这个国家，但由此导致的竞争失序，以及空间布局、环境生态等问题频出，还是提醒世人，靠"拼速度"已经难以为继，需要我们在后工业化时代以"高质量发展"取胜！

摆在我们面前，让我们激动投身其中的风暴，是那些高端装备、信息网络、集成电路、新能源、新材料、生物医药、航空发动机、燃气轮机等新兴产业、新兴业态……谁能尽早地把握住这些方向，尽早地实现新旧动能的转换，谁就能掌握发展与创新的主动权，获得优势。

但与此同时，像山西能源基地、兰州的石油化学工业基地、四川攀枝花钢铁工业基地、内蒙古包头（白云鄂博）钢铁工业基地、湖北黄石的铜矿基地，以及西昌、酒泉卫星发射基地等传统业态，也"一个不能少"——尤其是2022年爆发的俄乌战争，让石油、天然气、煤炭等来自白垩纪的老能源，纷纷价格飙升得让各国开始无法忍受的同时，也提醒我们，"新的吃饭家伙还没拿到手，不能把手里吃饭的家伙先扔了，这不行"。今天，我们国家显然也意识到，"绿色转型是一个过程，不是一蹴而就的事情。富煤贫油少气是我国的国情，以煤为主的能源结构短期内难以根本改变。实现'双碳'目标，必须立足国情，坚持稳中求进、逐步实现，不能脱离实际、急于求成，搞运动式'降碳'、踩'急刹车'"。但是，我们需要推动移动互联网、云计算、大数据、物联网等与现代制造业、现代能源产业相结合，在促进电子商务、工业互联网和互联网金融健康发展，引导互联网企业拓展国际市场的同时，也让传统产业换新颜，进一步实现产业供应链提升、战略性新产业发展、基础建设统筹推进，以及数字化转型等工业4.0方面的内容。

我们的农业也同样需要如此。就像今天的新疆棉花，已经在悄无声息之中占据了世界棉花产业的重要地位。而这一地位的取得，无疑是它和新工业的结合。除了机械化生产之外，我们还可以看到来自广东的无人机，在不断助力它的生产。然后，这些来自新疆的优质棉花再结合深圳等地崛起的服装设计力量，匹配长三角和珠三角等地产业基础，进而形成强大灵活的跨区域产业网络，成为应对外部冲击的最大"底牌"。斯文贝克特曾在《棉花帝国：一部资本主义全球史》中写道，"中国这样一个工农国家能在棉花产业占据支配地位，对19世纪初的棉花国王——例如南卡罗来纳州的哈蒙德家族、曼彻斯特的赖兰兹家族、米卢斯的多尔富斯家族、利物浦的巴林家族以及温特图尔的福尔卡特家族——来说，一定觉得不可思议。他们无法想象到2008年，中国的新疆生产建设兵团将种植出130万吨棉花，占世界棉花总量的5%。然而，国家建设与工业化的结合是常态"。

正如建设兵团那样，在建立产业优势的过程中，我们尤其需要发挥有效市场和有为政府这"两只手"的重要作用。一方面，要尊重企业的自主选择，顺应消费升级的需求，并通过比较优势来进行技术创新、产业创新；但另一方面，在投资大、回收慢、风险高，民营资本不愿意进入的高精尖产业上，便需要政府的大力引导和扶持。"二战"之后，日本在存储器、韩国在液晶面板、中国台湾在芯片制造上，之所以能飞速突进，正在于行政力量的强力介入和干预。这也是"风投之城"合肥的成功之道。

未来的中国城市，如果能懂得并善于将释放市场活力与集中力量办大事的政治优势相结合，它也一定能在产业上站住脚跟。

**三是要注重一体化发展，搞好一个"圈"，做大一个"群"和串好一条"线"。**

"圈"是都市圈，"群"是城市群，"线"则是经济带。在过去10年时间，都市圈是热门话题。它意味着资源的聚集和政策的加持。挤入都市圈的，像中了一张彩票。而成为都市圈的中心城市，无疑更像是有着众多小弟的带头大哥，要多拉风有多拉风。

今天的中国，涌现了诸多都市圈。发展居于前列的，无疑是上海、北京、深莞惠、广佛肇都市圈，紧随其后的是苏锡常、天津、南京、成都、杭州、重庆、武汉、长株潭等都市圈，郑州、西安、厦泉漳、合肥、青岛、济南、宁波、石家庄……则需要努努力，也能追上前面的。在一些人看来，这种重点做大做强某些区域的举措，是打破平均分配、强行拉平各地发展的大锅饭，是集中资源办大事。这样一来，成功挤入都市圈的城市与那些在圈外徘徊的城市，注定着会两极分化。

不过，都市圈这么多，我们又该如何实现1+1大于2。都说无利不起早，如果都市圈搞得很热闹，但是没有成效，这样的都市圈也名不副实。

首先，中心城市需要强势。就像太阳系，太阳如果不强势的话，其他八大行星就不会绕着它转，早就另谋出路。所以，这些年来全国上下都在实行强省会战略，一个就是怕省内其他城市不服、形成不了向心力，另外一个就是怕其他强省、强省会的虹吸，好肉一定得烂在自己的锅里。

其次，既然都是一个圈内的城市，那么，就需要在产业协同发展的同时，将区域规划、体制机制等方面全面打通，尽可能地减少人为障碍。这也意味着我们要致力消除城乡区域间的行政壁垒，促进要素有序流动。一个以邻为壑的地方，是不可能搞好圈或线的。

当然，就像太阳普照地球，都市圈得以存在的重要原因，那就是共生共赢，先进带后进，城市带乡村，不能光顾着发展自己，虹吸他人。否则一体化注定会分崩离析。

在我看来，这样的都市圈，才是推动城市一体化的好手段，它不仅加速了一二线城市的崛起，也让中国找到参与"双循环"的基本单元及参与全球竞争的重要载体。

不过，都市圈一般是单中心，集中力量发展单中心，有可能对圈内城市带来虹吸效应的同时，也容易患上"大城市病"。今天的北京，正在努力调控人口规模、放弃成为超级城市并努力转型的原因，莫过于此。换句话说，今天的北京，已不再和上海竞争经济中心，而开始走科创中心的路线，并谋求京津冀的协同发展。

再加上今天科创产业尤其是高精尖，不同于以往小打小闹，也不同于那种"两头在外"的低端加工，更是一个需要政策、资金、人才等多方面要素支持的领域。所以，我们要在都市圈的基础上再推动圈圈联合，以构成多中心的城市群。

相对于珠三角而言，大湾区概念的提出和成形，在今天更具有意义。因为大湾区包含了港澳。如果说广深是前店，那么珠海、中山、顺德、佛山、东莞就是后厂，而港澳就是科技、金融"加油站"。从世界三大湾区纽约湾区、旧金山湾区和东京湾区来看，其最大的优势就是都有金融中心：东京是国际金融中心，纽约有华尔街国际金融中心，旧金山的金融也非常发达。所以，广深发展科创产业，不能不要港澳。我们可以依托港澳台的优势，整合特区资源，在实现内地产业升级的同时，推动双循环中的外循环。

2021年初，广东期交所成立，这是中国第五家期交所。它的成立，正是贯彻落实金融支持粤港澳大湾区建设政策的体现。反过来，正因为拥有世界级的城市群作为产业支撑、人才支撑、资金支撑，让人对这一期交所后来居上充满信心。

与此同时，长三角也在不断扩容，从以前的江浙沪，到2016年接纳安徽8市，再到2019年纳入安徽全域。这标志着长三角进入大长三角时期，安徽加入长三角后将深刻地改变当前长三角的城市格局和力量分配及形态局面。不过，和大湾区相比，长三角的协同由于缺乏港澳这样的"外向型"选手，加上同质化相对比较严重，所以，比起大湾区，它更适合成为引领"内循环"的高地。

和城市群相类似的是经济带，它由若干个都市群构成，并将其串联成线。今天广为人知的经济带是长江经济带，其覆盖上海、江苏、浙江、安徽、江西、湖北、湖南、重庆、四川、云南、贵州等11省市，依托长江黄金水道这"一轴"，发挥上海、武汉、重庆的核心作用，做大长三角、长江中游和成渝三个城市群。不得不说，随着长江沿线诸多城市崛起，以及科创产业布局，长江这个一度被沿海冷落的黄金航线，将再次跃动未来。我们可以利用它这条免费的"传送带"，将这条线上布局的通信、手机、显示屏、半导体、集成电路、新能源汽车等产业，输送出海。这也是长江经济带之所以被重视的一个原因，在我看来，长江和黄河都是上天送给中国的天赐之物，过去是，将来也是。

所以，未来的中国城市，要抓住这一体化的趋势，融入都市圈、经济带，加入城市群，从而能借势发展、合力做大。

随着中国城市一体化的加速，我们还需要注意以下几个问题，一是评判一个城市的发展，不能再以一个单一的城市边界来进行分析，就像分析深圳，还得看东莞、惠州，评判上海，也需要和江浙皖一起打包；二是比起都市圈的单中心，城市群、经济带则是多中心，如何协调中心与中心之间的地位和关联，是一体化能否深入推进的关键所在。

还值得注意的是，一体化的未来，还在于科创一体化。比如说长三角，就可以通过上海、南京、杭州、合肥、苏州、宁波等核心城市的引领，在强化分工合作、各扬所长的基础上，相互赋能，把各自优势变成共同优势，按照基础设施互补共享、产业布局错位衔接、市场应用统一完整的原则，最终实现共赢。

**四是要注重城市基础建设，老基建压阵，新基建冲锋。**

2021年6月，国家高速公路网首都放射线中的第七条，全长2768公里，连接北京、河北、山西、内蒙古、甘肃、新疆的京新高速全线通车。它让国人无比激动。不仅因为将北京到乌鲁木齐的原有路程因此缩短了1300多公里，而且，它实现了中国人的百年梦想。100年前，孙中山在《建国方略》中，曾畅想"未来的中国要建成16万公里铁路和160万公里公路"，其中就包括这样一个宏大设想："东起北平（今北京）、经阿拉善，西至迪化（今乌鲁木齐）的第二条进疆大通道。"

放在100年前，这样一条途经巴丹吉林沙漠—腾格里沙漠—乌兰布和沙漠，要穿越漫长沙漠无人区的通道，也只能停留在想象上，但今天，我们让梦想成真。对于勤劳、智慧的中国人，理想的实现有可能会迟到，但不会缺席。

其实，这样的高速公路对我们来说已经不鲜见。从1988年10月31日，我国大陆首条高速公路——沪嘉高速建成通车以来，我们的高速公路建设自此从零到一，从一又到N。从2013年至2020年，我国新建成高速公路6.4万公里，全国高速公路总里程达16万公里，居世界第一。正是"一桥飞架南北，一路贯穿东西"，天堑终于变通途。

除了京新高速之外，让我们激动的基建"作品"还有很多，如高达565米的世界第一高桥——北盘江大桥，它的通车标志着贯穿我国东中西部7省、全长3404公里的杭瑞高速公路建设取得了重大进展，云南宣威城区至贵州六盘水的车程自此从5个小时缩短为1个多小时。当然，我们更不能忽略的是，青岛的胶州湾大桥、舟山的大陆连岛工程、连接嘉定和宁波的杭州跨海大桥，以及珠港澳跨海大桥……它们的出现，无一例外地缩短了城市之间的距离，无须再绕道中转就能直达。某种意义上，它们是城市一体化的最佳推手。

这里要说的是，相比较农业文明的内陆、内河时代，今天的中国已进入全球化的海洋时代。珠港澳跨海大桥会将广阔的海洋及周边城市串联成一个更加紧密的整体。

与此同时，我们也不能忽略那些纵横各地无处不达的内江内河。这里特别要提的两个超级工程，一个就是安徽自2016年12月29日开建的引江济淮。它也称为安徽的"南水北调"工程。按所在位置，其自南向北分为引江济巢（巢湖）、江淮运河以及淮水北调三段。虽然它是一项主要以工业和城市供水为主的调水工程，但是它的建成，无疑会结束安徽长江、淮河两大水系水运分割的历史，也让安徽出现平行于京杭大运河的我国第二条南北向水运大通道。沿途城市将因此条运河而串联起来。与此同时，合肥也将因此受益匪浅，这个远离长江的重镇，因此和长江近在咫尺。这样一来，它将进一步实现"河海直达"，打造江淮联运中心和国际贸易始发港。

还有一个就是在计划当中的由浙江、江西、广东三省联合打造的"世纪大运河"。当年的京杭大运河，从杭州出发，向北连接北京。这条"世纪大运河"同样是从杭州出发，向南直通广州。有媒体因此称其"杭广大运河"。根据《每日经济新闻》报道，这条大运河的全称是赣粤赣浙运河，是一项横跨浙江、江西和广东三省的大型运河工程，由赣粤运河、浙赣运河组成，长度合计约1988公里，比京杭大运河还要长194公里——在具体路线上，这条运河从杭州溯钱塘江富春江而上，经信江转入鄱阳湖，然后沿着赣江逆流而上至其源头之一章水，在江西大余连通广东南雄珠江北支北江的浈水，沿北江南下至珠三角地区。可以说，其志在通过江西水系连通长江和珠江，打通中国最发达的两大经济圈——长三角和珠三角，但它的雄心显然不止于此。不用太细心就能发现，它和京杭大运河在杭州实现了对接，这样一来，一条上达北京、下抵广东的水路大通道轰然而出。想当年，卢汉铁路和粤汉铁路的建设，让中国拥有了一条铁路大动脉，也彻底地颠覆了江西的命运，但今天的中国，又重新发现水运对于自身的价值。当水波再次荡漾在南北之间，江西应该为此浮一大白，因为这条通道一成，一定会让它回忆起当年的风华正茂。

此外，现代社会对时效性的追求，对便捷的要求，也造就了航空港的崛起。富士康之所以在郑州将自己的工厂放在机场附近，也是为了快速抢占市场，跟上消费升级之后的中国在消费上快速迭代的需求。你很难想象，当天从富士康厂里拉出来的手机，经过迅速通关拉上飞机，第二天就可以出现在全球各地。这也就是很多城市打算修建机场，而成都更是修建第二机场的原因。但今天的航空港，显然不只是搭乘飞机、有机场的地方，而且是整合人流、物流、资讯、产业、休闲、商务、居住等功能的现代航空城。它无疑会重新改写城市的生态地图、产业地图，甚至决定一个城市最终的能级。今天的郑州航空港，由于富士康，以及由此聚集智能终端研发、生产企业、液晶面板企业等上下游企业，成了中国第一个由国务院批准设立的航空经济先行区，自2012年被批准以来，GDP从当初的几十亿，达到了2017年700亿，翻了20倍还要多。

今天，有很多城市正围绕着机场打造产业园，比如福州长乐打造绿色高端产业园；西安蓝田打造西安航空基地（蓝田）航空产业园；深圳机场则打造航城智谷·中城未来产业园，聚焦临空产业生态，建设湾区级科创产业示范园区……

不得不说，尽管这些基建项目都无一例外很烧钱，一不小心就会造成城市的财政黑洞——2008年的4万亿，也留下了一些后遗症——但是，它们也强有力地拉平地理、重新塑造时空并赋能城市，此外，通过投资来驱动中国经济，也可以在出口、消费受到形势影响时，维持三驾马车的微妙平衡。

不过，在传统的修桥铺路的同时，我们还需要将更多的精力投向正在到来的数字时代，必须下大功夫搭建以5G、物联网、工业互联网、卫星互联网为代表的通信网络基础设施，以人工智能、云计算、区块链等为代表的新技术基础设施，以数据中心、智能计算中心为代表的算力基础设施；以深度应用互联网、大数据、人工智能等技术为支撑的智能交通基础设施、智慧能源基础设施等，以及搭建能支撑科学研究、技术开发、产品研制的具有公益属性的重大科技基础设施、科教基础设施、产业技术创新基础设施……它是我们城市转型为科技驱动和产业驱动的重要动力。

正像一些专家所认为的那样，这种面向数字时代的新基建，特别是工业互联网能够以数据为驱动，通过人、机、物全面互联建立起各类要素的泛在连接，可以跨设备、跨企业、跨行业高效配置资源，对传统行业进行生产流程再造及运营模式创新，提高全要素生产率，从而帮助我们的城市实现产业转型，以及新旧动能的转换，进而改变自身的命运。

与此同时，它也有助于智慧城市的创建，以增强城市的承载能力。就像无人驾驶，除了车与车、车与人的连通，更重要的是车与路的连通。如果没有布局合理、功能完备、运行高效的基础设施体系，使城市的人流、物流、信息流等各畅其行、竞相涌动，那么，城市生活中依旧会不断出现各种"肠梗阻"，而都市圈、城市群也很难真正亲密如一家。相反，加大投入面向数字时代的新基建，便可以通过现代数字技术与基础设施的深度融合，在物理空间和信息空间双重维度上大大增强城市内外部的通达性和互联度，从而带来城市空间结构的改变，推动城市治理更精准高效。

此外，其在促进场景的数字化应用和数据的场景式构建的同时，也为拓展消费空间、升级消费体验创造了更多可能。"本次疫情期间逆势发展的远程办公、空中课堂、在线诊疗、智慧零售等新兴业态就极大地满足了民众的多元化消费需求。"（《新基建推动城市"在线"发展》，金东，中国社会科学网）

相应的，智慧城市的建立，也对诸如疫情等突发性的危机的出现，提供了有效的解决方案和处置机制。在AI人工智能+大数据+5G+区块链等技术的帮助下，城市管理者会尽快有效地掌控各种信息，从中取得合理的判断，并在交通管理、物流供应链、应急灾备、信息溯源等方面，能有的放矢、从容不迫，进而改变被动的大规模封控，给居民生活以及经济发展所造成的困扰。换句话说，这几年的新冠肺炎疫情也倒逼了智慧城市的创建。

这也就是为什么早在2019年7月底，高层会议对基建发力方向做出部署，有别于过去依赖"铁公鸡"（铁路、公路、机场），更聚焦于补短板与新型基建领域。

在2020年的34.4万亿中（各省重大项目总投资额计划），出现在目录中更多的是5G、人工智能、工业互联网、智慧城市，以及教育医疗这些新型基建。根据大猫财经报道，上海在张江科学城的50个新项目，就涉及创新研发平台、集成电路、生物医药、人工智能及城市功能提升等多个领域。

不得不说，得益于自身的实力，以及国家的扶持，中国的一二线城市正成了新基建的最大受益者。今天，我们通过综合梳理就会发现，在工业互联网方面，北京、上海、杭州、深圳是当之无愧的四强，其中，深圳的研发与东莞的制造联动、杭州在数字产业上的先发优势，让它们有可能成为这方面的两个超级中心。相比之下，北京则凭借着自己硬核的科教实力，在人工智能领域上一城独大，上海和深圳则紧紧追赶，在机器人领域也飞快崛起。而在5G领域，则是深圳和北京的天下。

所以，有专家感叹，新基建领域是大城市的红利，它进一步放大了北上广深的马太效应。当然，它也是众多中小城市迎头赶上的催化剂。

也就在34.4万亿中，云南的"四个一百"项目，就有滇中引水工程、4个区域性医疗中心等，还有新开工建设的清水河大型水利工程等一批重点项目；广西新开工的项目，有那平江堤工程、南宁产投创新产业园、汇通产业园、药融园厂房及配套设施、南宁中关村电子信息产业园等；内蒙古的新项目当中，高端煤化工基地、光伏新能源项目、风电项目、民航培训示范区等，同样都在推动产业转型……

所以，未来的中国依旧会是"基建狂魔"，而我们的城市能否继续抓住这一波基建狂潮，也同样决定了自己的未来。

**五是做枢纽城市，前有位置型枢纽，现有价值型枢纽。**

位置型枢纽就像大运河时代的杭州、扬州、开封，以及截弯取直之后的台儿庄、济宁、临清，还有位于运河—长江—赣江—大庾岭—广州这样一条"京广大通道"之上的洪州（南昌）、景德镇，它们靠着位置上的天然优势吃饭，但对今天的城市来说，位置型枢纽固然重要，但更重要的是价值型枢纽。

在我看来，所谓的价值型枢纽，就是通过确立独特价值，抓住产业链价值链的关键环节，进而确立自己在时代中的地位。

毕竟，不是每个人都能成为学霸，也不是每个城市都能成为北上广深，很难有实力进行全体系、全方位的科创布局，但是做不了全能，我们可以成为单项冠军。

比如说面向世界科技前沿，开发"九章"量子计算原型机、天机类脑芯片；面向国家重大需求，开发"奋斗者"号；面向人民生命健康，开发磁共振成像装备……其中，长沙就面向经济主战场，开发了"京华号"国产最大直径盾构机。

这个以娱乐而知名的"耍都"，其实有着让人惊异的硬核实力。它靠着扶持三一重工、中联重科、山河智能、铁建重工……成了著名的工程机械之都。今天中国的基建，离不开长沙。而它的产品，更是源源不断地发往全球。今天的长沙，已是仅次于美国伊利诺伊州、日本东京的世界第三大工程机械产业集聚地。

在我看来，这也是工业和信息化部从2016年开始发布的制造业单项冠军企业（产品）名录、从2019年开始发布专精特新"小巨人"企业名单的一个根本原因，它们不求面面俱到，只求在某一个领域做深做强。

总结这两个名单，就会发现一个城市跳脱而出。它就是曾以"宁波帮"而扬名天下的宁波。在发布5次总计596家的单项冠军中，宁波有45家，位居各城市第一，之后是深圳（27家）、北京（26家）、上海和杭州（均为20家）；而在发布3次总计4762家专精特新"小巨人"中，宁波有182家，在所有城市中位居第三，仅次于直辖市的上海（262家）和北京（257家）……相比在数字经济上狂飙突进的近邻杭州，宁波这些年有些沉闷，但是看了这个数据之后，这个城市依旧值得期待。

此外，还有一些城市，则抓住了世界能源格局正在从以化石能源为主向绿色能源发展转变，以及"碳中和"的机遇，积极切入相关产业链价值链当中。

因为"宁德时代"，很多人知道了福建这个沿海城市——宁德；同样，因为拥有占全国的31%、世界的12%的锂矿，江西宜春成为国家新的"能源大户"。2021年，来自合肥的国轩高科，给它送上了一份价值高达115亿元的新能源项目投资。

事实上，整个江西在这方面表现都很优异，首先，它是国内有色金属开发总面积排名第二的省份，仅次于幅员辽阔的内蒙古，也滋养出了像江西铜业、赣峰锂业、孚能科技这样的公司。在宜春之外，它还拥有新余、赣州等锂电产业集群。其次，它还是中国稀土资源最丰富的地方。几乎在赣深高铁正式开通的同时，一个重要的新央企——中国稀土集团有限公司正式落户赣州，这标志着江西终于有了第一家实打实的央企总部。

这些资源加上它的中药业、景德镇的航空制造业（没错，你没看错，今天的景德镇已经成为世界级的直升机研发生产基地），以及相继成为京九铁路、京九高铁的重要节点，江西也一定会找回昔日的荣光。

但让人意外的是来自四川遂宁，这个夹在成渝之间的小城，也在积极争取"中国锂都"这个名号，但是，遂宁并没有锂矿。人家是从无到有，它是无中生有，从而走出一条锂电特色产业规模化发展的路子。今天遂宁下辖的射洪，因为锂电产业等优势，成为四川第十八个县级市。它也是国家解冻县改市审批后，四川第二个获批的县级市。

当然，除了它们之外，还有其他城市也在积极布局相关产业，甚至剑走偏锋。像"苏大强"尽管没有赶上锂能源风口，但是瞄准了氢燃料电池，为此，将被BOSCH定义为氢能源领域的核心战略供应商的贝德凯利电气从深圳给挖到了苏州。而贵阳也在跟吉利合作开发甲醇作为出租车燃料。

某种意义上，锂、氢或者甲醇，都是这个时代的"水草"，是新的超级赛道。以前，水草在哪里，我们就在哪里。现在，我们在哪里，水草就跟着到哪里……拥有"水草"的城市，不用发愁自己的未来。

当然，在我看来，面对今天的逆全球化潮流，中国还孕育着其他机会。比如，**对内，不论从共同富裕、推动双循环出发，还是分摊风险出发，都应该做大中西部。**

以前为了国防安全，我们将很多产业塞到了西南大后方，今天，我们在让大湾区、长三角、京津冀等沿海城市继续充当开放的门户；通过广阔的南海，发展以石化、渔业、海洋、科技为基础的产业的同时，也可以考虑，以陇东、陇南为核心，以西安、银川、兰州、成都、重庆为边缘辐射区建立一个以经济发展为核心的中心产业群区。这样一来，既可以让共同富裕进一步实现，也保证了我们进可攻，退可守。

**对外，也一定要加强"合纵"，以及"连横"。**关于合纵，首先，我们需要打造中日韩自由贸易区。尽管三国之间存在着历史的阴影和现实的矛盾，但是都互相需要，而且互补。这样的机遇，对青岛、大连乃至整个陷入困境当中的东三省来说，都是一个巨厚的红包。

其次，我们要积极向东南亚方面看，与东盟对接。在2020年的那份超30万亿基建规划中，我们就可以发现，在已经公布总投资规模的22个省份中，排名最靠前的几个分别是云南、福建、四川、河南、陕西这几个地方，云南竟然高达5万亿元的规模，其余4家平均下来也都接近4万亿元规模，而整体公布的22个省份，平均下来也就是2万亿元的规模，像浙江这样的大省，也是2万亿元规模，所以像云南这样GDP只有浙江五分之一的省份，有这样的大手笔——这让很多人惊呼：中国面向东南亚，头也不回。

我们的铁路也在帮助我们实现这一"连横"。2021年末，中老铁路实现通车，它是第一条采用中国标准、中老合作建设运营，并与中国铁路网直接连通的境外铁路。2022年11月G20峰会期间，连接印尼首都雅加达和第四大城市万隆的雅万高铁也在全世界的瞩目下，开始了测试运行，它是我国首个海外高铁项目，也是印尼乃至东南亚第一条最高设计时速350公里的高铁，全长142.3公里……这一泛亚高铁网的建设和推进，有效地推动我国西南地区和东南亚各国经济实现融合。

某种意义上，借助这些基建，可以帮助我们冲破一些藩篱，打开一个新的局面，为未来几十年的经贸和政治提供更安全可控的环境。当然，我们也能想见，又会有一些城市借助这样的机会，一跃而起。比如昆明，比如南宁。

**另外，我们还不能忽略华北大地上的另一个"试验田"——雄安新区。**当年的深圳和浦东的崛起，重塑了中国乃至整个世界的经济格局，今天，雄安新区正用十年磨一剑的耐心，让这个世界再添期待。它的出现，让北京有了更好的协同对象，彻底地解放手脚，更重要的是，它是一种全新破局，是颠覆西方城市的未来新模式。它有可能会成为第一个无人驾驶城市，第一个超算大脑城市，也是第一个物联网城市……

写到这里，不免激情澎湃，未来将来，而我们的城市也将随之一同成长。但毫无疑问，前途是光明的，道路则是曲折的。每个人每座城的命运都在时代的大手下浮浮沉沉。有的万丈光芒，有的昙花一现，但改变不了的，是我们内心的坚定意志，是改变现实迎接未来的决心。如一首歌唱到的同处海角天边，携手踏平崎岖。

我们要用自己的努力，改造世界，并与世界和好如初。

# I CHAPTER

# 第一部分

# 古典的重生

毋庸置疑，在中国的发展进程当中，出现了不少古典城市。它们大多诞生于农业社会的大江大河时代，逐水草而居的同时，亦扼水陆交通之要津。正像沿着黄河一字排开的兰州、西安、洛阳、郑州和开封，它们共同组成了中华文明最早的那轮明月。而扬州、淮安、镇江，则随着沟通江淮之间的邗沟，以及在此基础上形成的京杭大运河的开通，鱼跃而起。而长江边上的荆州、安庆，珠江边上的广州，都因为地缘和基建的优势，在农业定居文明中享受到了一段漫长的红利期。

问题是，历史的光辉有时会演变成前行的包袱。在穿过历史的风浪、走过幽暗的岁月之后，有些城市因为经济、政治中心的变迁，有些城市则因为自大保守、尾大不掉，导致错失转型的机遇，最终沦落为一座普通城市，泯然于众人，甚至被时代边缘化。这种巨大的落差无疑让这些古典城市痛苦异常。

接下来的这部分内容，关注的正是这些江河上的古典城市。它们有的属于黄河，有的属于运河，有的则属于长江。

我们既要关注这些古典城市的形成，以及由点到面，是如何影响了"中国"的由来——从当年的"中央之邦""中央之城"，成为今天的巍然大国。此外，它们又怎样在塑造中华文明的同时，借势做大做强自己。某种意义上，从它们的身上，能一观中国为什么会成为今日的模样。当然，我们更应该将目光投向它们在人生中面临的困局。这种从风光无限中被拉下神坛的经历，也许对中国很多城市如何避开时代洪流中的险滩，平安到达未来的彼岸有着重要的启示。

但是，我们还应该激赏的是，它们在新时代中又是如何向死而生。曾经的失落，让它们有着切肤之痛，也更能体悟生存与发展之要领。

对这些古典城市来说，自救以及自强，或许不会让它们重新找回当年的地位，但是会让它们找到和新时代相拥的方式，以及重新拥有属于自己的尊严。

# 1

黄河一章：西洛开，
那些属于黄河文明的光辉岁月

西安第一次走进我的视野，是因为镐京。

小时读历史，囫囵吞枣，最早知道镐京、朝歌和牧野这三个地方。知道朝歌是因为它是商朝的首都，"朝歌夜弦五十里，八百诸侯朝灵山"。傅艺伟演妲己的《封神榜》，让我见识了纣王在这里的荒淫生活。知道牧野，是因为牧野之战，也就是武王伐纣的决胜之战。至于镐京，更多是因为我老读错它，后来有老师说，它就是西安。

比起镐京，西安更好读更亲切。但也正是镐京，让我知道，在北京之外，中国还有着数个历史悠久的都城。甚至，在它面前，北京都是小字辈。

多年后，当我翻阅地图，看着一条九曲十八弯的长线从青藏高原绵延而来，自西向东分别穿过青海、四川、甘肃、宁夏、内蒙古、山西、陕西、河南及山东9个省（自治区），并在中国的北方画出了一个大大的"几"字，最终连接渤海之后，终于明白，为什么周人当年会选择在这里建都，而朝歌为什么会那样的繁荣。

这条线正是黄河，也是我们的母亲河。它从源头的涓涓细流，一路汇集35条主要支流和1000条溪川，到汇入渤海时，已是每年约500亿立方米水量的滚滚洪流。

李准老师在《黄河东流去》的开篇便这样称颂黄河："黄河是勇敢的，她像一把利剑，在崇山峻岭中劈开一条通道。'黄河西来决昆仑，咆哮万里触龙门。'"

"黄河是勤劳的，她像一个倔强的母亲，率领着众多的儿女，日夜不息地辛勤地劳动着，她为我们创造了富裕的'河套'地区，创造了黄淮平原，创造了华北平原。她每年还背着16亿吨泥沙区填平大海，她要为众多的儿孙区创造更多的土地。"

日后，中华文明的月亮之所以从黄土高原升起，也是因为其所处之地，有三个主要河谷平原——渭河谷地、伊洛谷地和汾河谷地。它们都位于黄河流域，不仅土质松软、灌溉便利，且靠近盐池，所以在这里容易诞生早熟的农耕文明。

西安正位于这"几"字的内部，也正是这渭河谷地之中。

# 西洛开启"基友情"

## 一

和南边的成都平原相似，西安所在的渭河谷地，也是一个被上天垂青的地方。

陕北高原、南边的秦岭以及东边的黄河，围成了一个侧卧的不算很完美的等腰三角形。陕北高原和秦岭是三角形的两条边，今天的宝鸡市可以看成两者的交点。

渭河从甘肃定西一路逶迤而来，流经宝鸡、咸阳、西安，以及渭南之后，汇入黄河，就像是等腰三角形的垂直平分线。这也是这个"等腰三角形"被称为渭河谷地的原因，不过它有个更知名的称谓，叫关中平原。

西安是这个宠儿的宠儿。既有秦岭屏障，又坐落在渭河冲积带的龙首原上——陕西一带习惯把高于地面的广阔平坦台之地称为"原"，把黄土塬的塬脑部分称为山。据传龙首原为一条从秦岭冲击至渭河喝水的黑龙所化——所以，其地势南高北洼，有"八水绕京"。除了从秦岭山麓山谷峪口齐刷刷流出的一溜河流，如涝峪河、沣河（纳潏河、滈河）、灞河（纳浐河），还有北边的泾水，它们殊途同归，由渭而黄。西汉时司马相如在《上林赋》中写道："荡荡乎八川分流，相背而异态。"

在定都此地之前，周族人先是受封于邰地（今武功县一带），后因夏朝朝政混乱迁至陕北高原庆城、邠县、栒邑一带，最后又落脚于岐山之地的周原（其主要位于今天陕西省宝鸡市扶风、岐山一带），但不管如何，都是在渭水、泾水上游周边打转转，直到公元前12世纪，周文王才将自己的势力范围推进到了西安。

他先是在渭河之南的沣河西岸建立了丰京，后来其子周武王为了东进灭商，又将都城推到了对岸，是为镐京。

镐京很快就发展起来。它开创了中国城市平面布局方整、宽畅、宏伟的先河。在它身上，可以看到当时的中国已渐渐有了"城市"的面目。所谓城市，除了城和人之外，还必须要有"市"。《周礼》便有"左祖右社，面朝后市"的记载，而当时的丰镐，"集市已经较为繁荣，有'一日三市'的制度：'大市，日昃而市，百族为主；朝市，朝时而市，商贾为主；夕市，夕时而市，贩夫贩妇为主'"。（《失落的秦商》，陈忠海，《中国发展观察》2017年第21期）某种意义上，它成就了今日西安的雏形。也让商业的火花在三秦之地开始燎原。而秦商（陕商），也被认为是中国按地域亲缘关系最早出现的商帮。

某种意义上，正是占据了西安丰腴之地，不仅壮大了周人，而且，对商朝保持了强大的压力。历史才像《封神演义》中所描述的那样，商朝不乏忠义之将，但天命已归周朝。最后，随着牧野之战中商朝军队临阵倒戈，纣王在宦竖朱升的帮助下，于朝歌的摘星楼自焚而亡。书中写道：后人有诗为证，诗曰：摘星楼下火初红，烟卷乌云四面风。朝歌，这个在西安之前中国历史上最亮眼的那颗星，就此烟消云散。

今天，我们很难断定朝歌的具体位置，但大致都认为是在河南鹤壁南边的淇县——其正位于黄河中下游地区。黄河没南侵之前，应是经过今天的鹤壁、安阳西、濮阳进入华北。

不过，今天的主流意见认为安阳才是殷商的帝都，1928年正是在这里发现了殷墟。"商朝建立后，中原地区屡有洪水为灾，国都一再迁徙……阳甲之弟盘庚立，自奄（今山东曲阜）迁都至殷（今河南安阳小屯），从此安定下来，直至商朝灭亡，共二百七十余年未再迁都。"（《简明中国古代史》（第四版），张传玺主编，北京大学出版社2007年1月版）至于朝歌，是离宫，最晚在商纣王时期，升为"辅都"。

当然也有意见认为，安阳与朝歌是一前一后的都城，帝乙时期把都城从安阳迁到朝歌。但不管是朝歌还是安阳，当年都是黄河沿岸城市。所以，我们应该感谢黄河，塑造了中国早期的城市的辉煌历史。

但话也说回来，从黄河改道、洪水为灾也可以看出，黄河的脾气也很"暴虐"。黄土高原的土质松软虽然在生产力低下时，适合耕种，但也意味着黄土高原很容易受侵蚀和崩塌，这不仅容易助长了水土流失，同时抬高了下游河床。尤其是随着黄河到了中下游，失去了山地峡谷的约束，结果就从温顺的绵羊，变成了暴躁的公牛。

"黄河是一条古老的河流，又是一条受难的河流。她给人类带来了灿烂的文化，又给人类带来了巨大的灾难。她不断地决口、泛滥、改道、淤积……多少年来，在她的滔滔巨流中，流淌着人们的鲜血、汗水和眼泪。"李準写到。

不难想见，中国早先的基建便是围绕着黄河，以及其他一些河流而展开。据说当年大禹治水，治的就是黄河和淮河流域。因以疏代堵，治水大获成功，大禹由此而成为中国历史上第一个王朝夏朝的第一代君主。

今天洛阳南边的龙门山，便有他的传说。它原是一个相连的整体，没有今天的东西两山（其中东山后因武则天建香山寺而专称"香山"）。《汉书·沟洫志》曾载："昔大禹治水，山陵挡路者毁之，故凿龙门，辟伊阙。"《水经注》对此的记载则是："昔大禹疏龙门以通水，两山相对，望之若阙，伊水历其间，故谓之伊阙。"

意思也就是说，大禹治水时，曾在此凿开龙门山，开辟了伊阙，让洪水退去。今天的伊河，正是从伊阙流过，和北边的洛河（古称雒水，亦称南洛河），于偃师汇合，并最终穿过邙山往东北流入黄河。

这也让洛阳在成就中国版"两河文明"的同时，也很快取代朝歌（安阳），成为周人更为心仪的东方地盘。

## 二

和西安八水绕城相比，洛阳也不遑多让。翻开今日地图，除了洛河、伊河之外，其东逾瀍河，西临涧水，它们均向东南汇入洛河。也正因为洛河、伊河，所以它所处之地又称伊洛谷地。加上黄河，此地亦称"三川"。

今天，当我们谈起中国大河，首推的是黄河、长江，但在远古，洛水的地位也同样受尊崇。《周易·系辞上》有"河出图，洛出书，圣人则之"之说。传说伏羲氏时，有龙马从黄河出现，背负"河图"；有神龟从洛水出现，背负"洛书"，伏羲根据这两幅神秘的图案绘制了五行八卦，之后大禹治水、河伯献河图、宓妃献洛书等事迹均来源于此。多年之后，当曹子建在黄昏日落之时，于洛水边惊见洛神，似乎用尽了他一辈子的文思写下了这篇《洛神赋》："翩若惊鸿，婉若游龙。荣曜秋菊，华茂春松。仿佛兮若轻云之蔽月，飘飘兮若流风之回雪。远而望之，皎若太阳升朝霞；迫而察之，灼若芙蕖出渌波。"

今人在将伊、洛并称时，却总将伊河放在洛河前面，古代有学者便认为，这代表了大禹治水的先后顺序。不管是否成立，但伊、洛的疏通，让洛阳正式成为中华文明的重要发祥地之一。

有说法是夏朝曾定都偃师二里头，商汤灭夏后也曾迁都今偃师县城西不远，西南距二里头遗址约6公里的西亳（又一说为今郑州市区的郑亳）。

相比偏西的西安，洛阳无疑更符合"中国"一词的最初含义。《黄帝内经·素问篇》曾说："中央者，其地平以湿，天地所以生万物也众。"因为拥有三川，为伊洛谷地，洛阳无疑符合"平以湿"的要求。它不仅成为粮食的主产地，栽培小麦已有3000多年的历史，而且还成为"花"的天下。北宋学者邵伯温所撰笔记《邵氏闻见录》中记载："岁正月梅已花，二月桃李杂花盛，三月牡丹开。"日后，河南的简称之所以为"豫"，也是因为这边气候温暖，植物繁盛，连大象都在这里生活过。

此外，洛阳的位置也很好，其位于中国地理二、三级阶梯交界处，夹于太行山脉（太行山、王屋山）与熊耳山、伏牛山、外方山之间，向北可进入山西、河北，向南翻过伏牛山就进入南阳盆地，更重要的是，向东虽有嵩山，但过了山便是广大的华北平原，向西过崤函通道（即秦岭山脉余脉崤山和函谷关的并称）直抵关中、汉中——这既是四通八达之地，也是自东向西的咽喉之道。

周文王在商纣王的大牢里"拘而演"《周易》，作为他的儿子，周公旦也会占卜算卦，今天还流传着《周公解梦》这样的"大作"，他曾测出洛阳为"天下之中"，"四方入贡道里均"。（《史记·周本纪》）

从小环境上讲，洛阳也相对安全。除了城南有龙门山，城北有黄河，还有崤山支脉——邙山沿黄河南岸绵延而去（又称北邙山，狭义的邙山指洛阳市以北的黄河与其支流洛河的分水岭，广义的邙山则沿洛北黄河南岸从孟津、偃师过巩义绵延至郑州广武山，在郑州北部戛然而止），此山脉虽不高大雄伟，却如一条卧龙般围绕着洛阳城。这也让它日后成为诸多名人死后葬身之地，所谓"活在苏杭，死在北邙"。因为邙山又名郏山，加上此地原有郦邑，所以洛阳在轩辕黄帝时又称"郏鄏"。

周公旦的占卜也进一步佐证了这一看法。《尚书·洛诰》曾记载："我卜河朔黎水。我乃卜涧水东，瀍水西，惟洛食。我又卜瀍水东，亦惟洛食。"说的就是周公旦先是到黄河以北的黎水占卜，但得到的结果不是吉兆。最后，在南渡黄河来到洛河平原，占卜涧水以东、瀍水以西的地方，得到的是吉兆；又占卜瀍水以东的地方，同样得到的是吉兆。

最后，周公决定在此建城，并将象征王权的九鼎神器安放于此，且建立宗庙，制定礼乐——这无疑是一项对中国社会、中国历史产生深远影响的伟大工程，为儒家学说的产生奠定了基础，故有后世孔子的"入周问礼"。

不过，根据多方研究以及考古，今天我们可以大致得知，周公旦建立的洛邑，一是在洛水之北，所以这也是其日后被称作洛阳的由来，二是该洛邑其实是有两座城，一王城一成周城。

著名河洛文化研究专家、易学家史善刚在洛阳当地媒体上曾就周公营建洛邑相关问题进行答疑，认为前者为中心城，周公居此摄政，是诸侯朝见天子和西周贵族居住之地；成周城为外郭城，驻扎有军队，是军事要地，同时还安置殷商遗民。（《王城与成周应为"双城记"》，史善刚，《洛阳日报》2013年7月18日）

关于殷商遗民，在周公摄政之初并不安分。此前，他们被安置在朝歌附近（当时的王朝更替还不流行对前朝的遗老遗少斩草除根，这也与商朝奴隶主贵族阶级仍保存了很强实力有关），王畿周边分封的三个周朝宗室，也称"三监"，对他们加以监视。其中，周文王第三子管叔鲜为"三监"之首，其所封管国，即今天的河南郑州管城区，某种意义上，这也是郑州最早的建城史。然而，武王一死，上位的成王年幼，祸起萧墙了。"三监"打着反对周公专权的旗号，而纣王之子武庚则想趁机收复失地，于是联合反叛。

最后，周公亲自统率周天子的军队进行东征，大约用了3年的时间，终于平定了这次叛乱，顺便灭掉了奄、蒲姑等东方17个诸侯国，巩固了周王朝的统治。但是，这次反叛也让周公意识到，要尽快推进洛邑的建设工作。

相比较日后唐朝皇帝去洛阳当"逐粮天子"，这次周公修建洛邑，主要是为了更好地控制东方，为此，他还选编了成周八师镇守威慑商朝遗族。

不得不说，洛邑一建，八百里秦川有了屏障。大概是因为周道始成而王所都也，周朝自此稳定了统治，成周遂有此名。有学者认为，成周之名来源于成王。但就算来源于成王，其"成"也是完成昊天"成命"，取得"成绩"之意。在我看来，将殷商遗民安置在"成周"城，有点杀人诛心的意味。此后，成周成了东周洛邑之代称，而相对地，镐京则是宗周，意思也就是周宗族之源也。不过，周公旦千算万算没算到的是，西安虽然没有了东边的烦恼，但祸却从西北来——来自西北的犬戎不仅攻破了丰镐，而且杀掉了周幽王。曾经强盛一时的西周王朝就此覆灭，东周来临。

不幸中的万幸，当年周公为控制东方之举，却种豆得瓜，为周王朝在日后保存了一个巨大的续命空间。此后的中国彻底地进入了西安和洛阳"二人转"时代——尽管传闻做过夏都、商都，还是西周的新都，但直到东周，洛阳才成了很多人印象中那个名副其实的都城。此后东汉的刘秀也选择定都于此，这大概也是因为位居天下之中的洛阳，是对南阳帝乡、河北龙兴两大基本盘的最好联结，也是夺取关东与应对关中的最佳基地。

只可惜的是，成为帝都的洛阳，见证的却是一个分崩离析的世界。周天子威望的急剧丧失，已很难管住那些分封的诸侯，春秋战国就此拉开序幕。

从春秋五霸，到战国七雄，它们一个个跳得比周天子还要欢快，连被视为南蛮子的楚国都生了"问鼎中原"的野心。周天子尽管居中而坐，然而王座下的洛阳，却像是一个被枣肉紧紧裹在里面的枣核，憋屈而又没法动弹。

公元前256年，在商鞅变法之后逐渐做大的秦国，还没来得及一统六国，就开始拿"老领导"周天子开刀。随着东周第25位君主周赧王尽献其地于秦，王亦卒，宣告东周覆灭。公元前249年，在扶持嬴政之父秦庄襄王登基之后，吕不韦又受命率领军队，以秋风扫落叶之势扫除了东周的残余势力。

因此，吕不韦被封为文信侯，"食河南洛阳十万户"，也就是说，洛阳城及其周边地区已不再是帝都，无不是吕不韦的封地。

此时的荣光，俨然又"重归"西安。

# 提西安，不能不提咸阳

## 三

公元前770年，周幽王之子周平王在陕西待不下去，像丧家之犬一样东迁洛阳时，随行护卫他的除了郑、晋等诸侯，还有一位临时工——秦人。

和孙大圣的经历一样，秦人也曾是弼马温，在昔日周人的留放之地——天水的大山中（以今陕西岐山为中心的关陇一带），给周天子养马，不仅把马养得膘肥体壮，而且数量也增加了不少。加上这次护送有功，最后周天子一感激，封它为诸侯，还把故地送给了它。

在我看来，此举也有让大秦替自己赶走犬戎，并就此给自己镇守中原西门之意。冥冥之中，大秦这个远离都市的西部青年，因继承了周王室的地盘和许多方面的正统文化，竟然变得根正苗红。

一开始，秦国定都雍城（今宝鸡凤翔区），离西安比较远。这段时期，秦国的主要战略方向是在西边。通过和西北蛮族的长年征战，大秦不仅保护了王朝的西北边界，而且开辟出了一大片土地，锤炼出了强大的战斗力。

为了更好地争霸，294年之后，大秦也复制了当年周王朝一步步东移的经历。秦献公二年（前383年），秦国迁都栎阳，也就是今天西安东北部的阎良武屯镇，商鞅正是在此地变法。

不过，在西安重新崛起之前，这个世界上除了洛阳，还有一些城市也崭露头角，比如说齐国的临淄、鲁国的曲阜、楚国的江陵、吴国的苏州、越国的绍兴，还有晋国的曲沃、晋阳和新绛，而此时的北京，先后作为蓟、燕之都，开始在历史上有了存在感。

到了晋静公二年（前376年），赵、魏、韩三国分晋，各设都城。这也是山西之所以被称为三晋的由来，而中国的历史名城又因此再添数座。

其中赵都邯郸，在今天河北的东南，也是距今3000多年来从来没有改过名的城市。很多人知道它，是从"邯郸学步"这个成语开始的。

韩先是在阳翟，亦今天的河南禹州，为《史记》记载的夏启的都城，后在公元前375年占了郑国的新郑之后，迁都于此。今天的郑州，辖下恰恰有个新郑市，不熟悉历史的人，常把它理解成新郑州，事实上，它的出现，要远早于郑州，为"新郑国"之意，之所以取此名，是为了区别郑国在镐京附近的老家。

这里尤其需要关注的是魏国，它更多地继承了晋国的衣钵，加上与大秦争夺河西地区（黄河以西北洛水以东），所以都城一开始是在安邑。安邑，今山西夏县北，隶属于运城市，正好位于汾河谷地。但到了魏惠王在位时，为了避秦国锋芒，改变战略方向参与中原争霸，遂于公元前364年夏迁都至安邑以东、黄河以南的大梁，所以魏国又被称梁国。至于大梁，就是今天的开封。这样一来，今天河南那片黄河以南的狭小区域里，便挤进了开封、新郑和洛阳三座都城，可谓寸土寸金。

只不过，被称为大梁时的开封，还没有京杭大运河过境，但它的周边，也有济水、颍水、丹水（亦即汴水、汳水）、睢水等水道——根据开封学者韩鹏考证，汴水即尧舜时期大禹治水沟通九州、四渎、东海的中央河流——这也是魏看中开封的原因。日后，为了引水灌田、便利交通，尤其是为了加强对楚国所控制的淮上地区的压力，魏国又于公元前360年再次开挖我国古代最早沟通黄淮的人工运河——鸿沟。

《史记》有"荥阳下引河东南为鸿沟，以通宋、郑、陈、蔡、曹、卫，与济、汝、淮、泗会"。今天的荥阳，位于郑州和洛阳之间，因北濒黄河，西望古都洛阳，东接郑州，一直以来有"两京襟带，三秦咽喉"之称。所以它自古便是战略要地。所以秦庄襄王元年（公元前249年）复置三川郡时，一说郡治正在荥阳。

鸿沟正是从荥阳的板渚（今汜水镇）引黄河水，东流至开封接汴水，再向东南至徐州与泗水相会，并进而入淮。如此，把黄河与济水、汝水、泗水、淮河等河道连接起来——今天，很少有人知道这条鸿沟了，但喜欢下中国象棋的都应该知道它，在棋盘上它有一个名字叫"楚河汉界"，正是日后项羽、刘邦一度隔河对峙之处。

从广义上说，它不只是一条运河，而且是覆盖整个中原腹地的运河系统，甚至可与早已成型的淮河邗沟水网无缝对接，形成了两千年前中国赫赫有名的"鸿沟水系"。隋时的通济渠正是在鸿沟的基础上开建的。

正是借由这个系统，让魏国获得争霸的本钱，"在战国的科技条件下，凭借这样一套鸿沟水系，魏国能成功转运十万石粮食。就连战国合纵家苏秦，也感慨魏国'南有鸿沟'"。与此同时，开封在中原地区的中心地位也由此奠定，位于鸿沟与黄河交口的荥阳，很快成为活跃而富有生机的商业都会。而位于鸿沟水系里的定陶、淮阳、寿县、徐州，也受益匪浅。这也是楚国在被白起攻占江陵之后迁都寿春的原因。（《刘邦项羽曾以鸿沟为界，那鸿沟后来跑哪去啦？》，我方团队张嵚，朝文社2020年3月17日）

这样的魏国，曾经让秦国感受到了压力。但幸运的是，老天给它又送来了两个人。其中一位就是卫国的商鞅。他在军事上，统率秦军从魏国手中收复了河西之地，在政治上推行变法，改革秦国户籍、军功爵位、土地制度、重农抑商、奖励耕战……让秦国由弱变强。谁也没想到，这个临时工竟然培养出一统天下的气质，要让别人背锅了。

不过，也正是变法过程中为摆脱旧贵族势力的干扰，商鞅需要营建新都。最终，栎阳仅历二世三十四年便位置不保。

而咸阳就此跃然于历史之上。

## 四

相比栎阳，咸阳往西回迁了一小步，位于渭河以北、九嵕山（一说咸阳塬，此地因西汉时期设置五座陵邑而称五陵塬）以南。

因古时以山南、水北为阳，所以此地被命名为咸阳（咸，皆的意思）。有人根据《史记》和秦都咸阳出土的陶文，认为商鞅曾在此置"咸亨""阳里"，公元前350年迁都之时，秦孝公将两名合一，为咸阳，其所建城池，为咸阳城，即今渭城窑店。所建宫殿，亦为咸阳宫。

在陕西省社会科学院研究员张宝通眼里，此时的咸阳还只是"秦孝公的咸阳，是诸侯之城，不是帝都"，但自秦孝公的儿子秦惠文王开始，秦都咸阳就朝渭河南岸发展了。尤其是章台宫的修建，让秦国的政治中心也开始南移，"秦王（秦昭襄王）坐章台，蔺相如完璧归赵的故事发生在章台宫"。在今大的行政区域上，章台宫位于西安的主城未央区。此外，据《七国考》引《三辅故事》谓秦昭王为通咸阳宫与兴乐宫作渭桥，可知昭王时便有兴乐宫，其位于即今西安北郊的龙首原北部——这也意味着，随着章台宫、兴乐宫的开建，今天为人们所熟知的西安，终于有了雏形。

换句话说不知对不对，今天的西安源出咸阳，其实就是秦都咸阳南扩的产物。所以，它也是秦都咸阳的一部分。这样一来，渭河已不是咸阳的外河，而是内河了。

所以张宝通会说，今天西安的旅游口号"千年古都，常来长安"，只讲西安是"长安"，不讲西安也是"咸阳"，是不对的。

如果说商鞅成就了咸阳，那么，另一位"外国人"郑国（很奇怪，他取了一个和郑国这个国家一样的名字）则让西安开始熠熠生辉。

作为韩国的水利专家，他被韩国派到秦国"援建"一条水利工程——这条从西引泾水至东边的北洛水，长达150余公里，横跨西安北边的渭北平原的沟渠，像是为秦王嬴政登基修建的献礼工程。但事实上，这是韩国为了抑制住秦国向东扩张的冲动而使用的"疲秦"战略。换句话说，韩国希望通过这样大规模的基建工程，消耗秦国的财富和人力。

修到一半时，秦国果真就发现韩国其实不怀好心，"中作而觉，秦欲杀郑国，"《史记·河渠书》写道，"郑国曰：'始臣为间，然渠成，亦秦之利也。'"意思也就是，郑国说，自己虽然是间谍，该杀，但是这条渠如果凿成，对你们秦国难道真的就没有利吗？秦国幡然醒悟，"以为然，卒使就渠"。

此渠在修好之后，用渠中积蓄的水，灌溉盐碱地4万多顷，每亩收成有一钟。尤其是水源的增加，让通过河西走廊的绿洲通道传入中国，最先被秦国的先民认识、接受但需要灌溉的小麦被广泛种植，从而一改北方当年主要靠种植谷子和糜子两种谷物为生的局面。于是，雨量稀少、土地贫瘠的关中，变得富庶甲天下。

"秦以富强卒并诸侯，因命曰郑国渠。"从中也可以看出，当时的大秦虽然是从临时工奋斗起家的，但是也有格局，并没有因人废"渠"。

只是，韩国就全盘被动了，可谓是搬起石头砸自己的脚。公元前230年，郑国渠修成仅数年，秦国灭韩。它也成为韩、赵、魏、楚、燕、齐中早死早投胎的一个。

魏是第三个。它是成也鸿沟，败也鸿沟。魏王假三年（前225年），嬴政派遣大将王贲率兵攻魏，使用了《三国演义》中读者所熟悉的一招——水淹七军，同样是引鸿沟水猛灌大梁，在被困三个月后，魏王假无奈出降，魏国灭亡。只可惜的是，大梁城被平为丘墟，成为一片泽国，很长一段时间都没缓过来，直到再次因水而起。

公元前221年，一统六国的秦王嬴政，自称"始皇帝"，并废封建而实现郡县制。荥阳正是在这一年设县。此后，中国朝代分分合合，但体制无非集权外加分封。

尽管在成为皇帝前后，嬴政曾对咸阳宫进行了大规模的扩建，但是他还是在渭水南岸修筑新朝宫——阿房宫，目的就是想取代渭北的那座"先王之宫廷"。

根据《史记·秦始皇本纪》记载："三十五年，……始皇以为咸阳人多，先王之宫廷小，吾闻周文王都丰，武王都镐，丰镐之间，帝王之都也。乃营作朝宫渭南上林苑中……"对丰镐这一帝王之都的仰慕，让秦始皇将阿房宫建在丰镐的旁边，今天，两处的遗址都位于长安区的王寺街道，前者坐落在王寺东部，后者距镇区仅1000米。尽管阿房宫并未建成，秦便因暴政历二世而亡，但是，秦始皇欲仿照丰镐两京来进一步推进帝都咸阳的跨河发展，也给西安带来了巨大的发展机遇。

尤其值得注意的还有，秦始皇为了维护统治，宣示武力，以帝都咸阳为中心而修建了通向全国的驰道——其东至山东海滨，东北至渤海，南至湖南，东南至浙江，西至甘肃，北至内蒙古，甚至，为了能够把帝国军队尽快运到北方边境线对抗可能入侵的匈奴，秦帝国修筑了从咸阳长700余公里最宽处60米的直道到边境城市九原（包头），它和长城在包头区域形成"T"字形北疆防线，守护着帝国的安宁。

此外，秦帝国还依山修建了栈道，打通了陕西和四川的山区交通。这些举措，无疑让此时的西安逐渐成为秦都咸阳的政治中心，也是天下的政治中心。

纵观秦始皇一生，有四项规模宏大的政绩工程，除了阿房宫、秦直道之外，还有就是秦皇陵、秦长城。如果说长城是盾，直道就是矛。兵马俑则是兵卒。它们共同拱卫着阿房宫，也就是中央王权。四者密不可分代表一个强盛王朝。

然而，王朝再强盛，却也是其兴也勃焉其亡也忽焉。公元前207年，西楚霸王项羽攻入咸阳宫，楚人一炬成焦土。不免让人想起了商纣王在朝歌的那把火。

随着腾空的烟雾，西安的命运，又开始明灭不定。

# 选择西安还是洛阳，是个大文章

## 五

公元前202年2月，距离西楚霸王项羽乌江自刎没多久，距离鸿沟和约也才数月，平生吃惯了败仗但最终还是取得4年楚汉战争胜利的刘邦在定陶称帝，就此开创了草根逆袭的最大神话。日后也就朱元璋能和他一比。

今天，位于山东菏泽市定陶区仿山镇沃野之中的一处高6米左右，占地面积2900平方米，被当地村民俗称为"官堌堆"的土丘，遂被写进史册，在历史上也拥有了一个"高大上"的名字："汉高祖受命坛。"那时的刘邦应该迫不及待，不嫌这种就位仪式简陋，然而，他一上台，就面临了一个烦恼，那就是定都何处。

选择首都，除了富饶、交通便利之外，最好是帝王之都，有王者之气。当然，对刘邦为首的丰沛集团来说，离老家越近越好，连被秦灭的六国百姓也希望选择让自己感觉更舒适一点的地方——那么，舍洛阳又能其谁？

况且，尽管秦时大力发展咸阳，但是此时的洛阳也没有被"另眼看待"。在全国的36个郡中，以洛阳为治所的三川郡为天下首郡。尽管有争论说三川郡的郡治实为荥阳，但是洛阳在吕不韦的手上，也有所发展。他曾在今洛阳市东郊龙虎滩村西北修建了风景幽雅、规模宏大的园林建筑——南宫。而且，嬴政成始皇之后，三度来洛，曾隆重祭祀洛水。到了项羽手里，又封河南国，以洛阳为都。公元前205年，其时还是汉王的刘邦，在率军东进的过程中，纳降了河南王申阳，并改其地为河南郡。这也为其还都洛阳创造了条件。

正是坐在洛阳的南宫，刘邦发表了著名的"南宫论三杰"："运筹帷幄之中，决胜千里之外，吾不如子房；镇国家，抚百姓，给饷馈，不绝粮道，吾不如萧何；连百万之众，战必胜，攻必取，吾不如韩信。三者皆人杰，吾能用之，此吾所以取天下者也。"

未来应该能想见，西安作为前朝首都，就此被放弃。而洛阳，在蛰伏一段时间之后，将在此成为未来中国城市的"顶流"。这大概是西安最为焦灼的一段时期。

只是这个世界常常充满着出其不意。它应该死活不会想到，自己的命运，会因为一个小人物的出现，而带来了巨大的转机。

小人物在被刘邦赐姓刘之前姓娄，单名敬。他本是齐国人，征为戍卒前往陇西为新朝守边。在路过洛阳时，他通过自己的老乡虞将军引荐见到了刘邦。见时，娄敬并没有打扮自己，而是"衣其羊裘"，穿得像个土包子，倒是让刘邦生出了好感。《史记·刘敬叔孙通列传》中记载："上召入见，赐食。已而问刘敬，刘敬说曰：'陛下都洛阳，岂欲与周室比隆哉？'上曰：'然。'刘敬曰：'陛下取天下与周室异。周之先自后稷，尧封之邰，积德累善十有余世……今陛下起丰沛，收卒三千人……大战七十，小战四十，使天下之民肝脑涂地……而欲比隆于成康之时，臣窃以为不侔也。'"

我每次读到这里，都惊异于这个小人物的胆识。他也让我相信，胆量不够大，能力再强都是小人物；但见识不够强，胆量就是虚张声势。他先是从根子上否定刘邦建都洛阳的"正当性"——你就别想在这里做到和周室比美了。不说别的，你和他们取得天下的方式就不一样，人家靠祖先德善的日积月累才有了今日，是有根基的，而洛阳成为天下之中，不是依险而取地，而是以德来居之。但您呢，打了多少仗，死了多少人，至今伤痍未恢复，是以力取天下的结果。所以，你要是想和成康相比较，是要被打脸的。

但是娄敬贵就贵在不是单纯批判，而是给出了解决方案，那就是奉劝刘邦以关中为根本，据秦之故土。

除了此地经济发达之外，相比洛阳，西安更有安全保障。其东有黄河天堑，再加秦地四方关塞易守难攻——往东函谷关通河洛以虎视中原；东南武关控带河南南阳盆地，震慑襄汉；东北蒲坂津气血连通河东；西北萧关通达陇西高地河西走廊；西南散关连通巴蜀汉中。退守据千里沃野，东进可逐鹿中原。

这就和人打架一样，掐住对手的脖子咽喉，再狠捶后背，可以稳赢。而且，刘邦在关中也有较好的民意基础，所以定都咸阳，是为万代之策。

刘邦自然要问群臣意见如何，但得到的答复也显而易见，"群臣皆山东人，争言周王数百年，秦二世即亡，不如都周"。幸运的是，娄敬得到了另一人的力挺，那就是张良。《史记·张良本纪》中记录着张良的原话"其中小，不过数百里，田地薄，四面受敌，此非用武之国"，西安则"金城千里，天府之国"。意思也就是，如果西汉想要在立国之初维持各地的稳定，就需要像西安这样一个强大的政治中心。

刘邦听了娄敬及张良的一致意见，顿悟关中地区在全国军事战略格局中不可替代的地位，当即开始行动。《汉书·高帝纪》记为"是日，车驾西都长安。"颜师古作注说："著'是日'者，言从善之速也。""虚心纳言，从善如流，这正是高祖刘邦的过人之处。"（《周秦汉隋唐之间：都城的选建与超越》，侯甬坚，《唐都学刊》2007年第2期）最终，洛阳成京师还没几天就被抛弃。

但与此同时，刘邦也选择了一个"更艰难"的人生。

# 六

多年后，你我站在"秦咸阳宫×号宫殿遗址"的立碑前，根本都想象不到，在脚下这片荒草的地下，藏着一段大秦帝国的往事。

也很难想象，当年的始皇帝曾站在这里，眺望渭河两岸，那是何等的睥睨天下。当然，你我也不知，当年的刘邦，又该如何从这一片断壁残垣上重新起步。

项羽的一把火，烧掉了始皇的荣耀，也顺便炙烤了新兴的汉朝。但它也让中国的历史从咸阳正式跃入西安。

看后来的资料说，咸阳宫尽成焦土，只有兴乐宫等少数几个宫殿在渭河对岸，又或者是放火的楚军曾驻扎于此，所以幸存下来。

对刘邦来说，他一方面需要和前朝进行切割，比如将咸阳城改为新城县；但另一方面，只能以兴乐宫等为基础来兴建自己的帝都。要知道，西汉初年，"自天子不能具醇驷，而将相或乘牛车"。也就是说，连皇帝出行都不能乘坐到毛色相同的4匹马拉的马车，可见财政窘迫得厉害，所以能省一点是一点。

但是，这个帝都应该叫什么呢？山北水南为阴，那么，称渭阴？似乎不太好听，有一说是正好这里有个小地方叫长安，好听也寓意好，所以直接拿了过来。这也是西安亦称长安的由来。公元前202年，刘邦始置长安县，作为新都城之京县。

再二年，在萧何卖力监工之下，以兴乐宫为基础的长乐宫终于竣工。此前暂住在栎阳宫的刘邦，率丞相以下由栎阳宫徙居长乐宫，受理朝政。"汉初三杰"之一的韩信也就是在这里被吕雉谋杀的。

还有就是，西汉大朝正宫——未央宫，也在秦章台宫的基础上开始修建。从惠帝刘盈以后皇帝移居未央宫，长乐宫则为太后所居。它也成为中国历史上使用朝代最多、存在时间最长的皇宫。

一切就绪。也正是在这一年，新城县被裁撤，整体并入长安县。这也意味着，西安终于和咸阳合而为一。西安正式继承了秦咸阳的"衣钵"。

还是娄敬，给刘邦提出了两个建议：一是和亲匈奴，二是徙六国贵族豪杰以实关中。前者用公主下嫁的方式，避免了汉朝与北边匈奴发生正面冲突，稳住了汉朝的边界，后者则让西安的人口进一步充实，同时也对社会体制外的武装力量进行正式收编和打击，从而稳住了汉朝内部的局势。刘邦依旧从善如流，"（高帝九年）十一月，徙齐、楚大族昭氏、屈氏、景氏、怀氏、田氏五姓关中，与利田宅"。

当然，这也带来了一个副作用，那就是随着六国贵族后裔及"强豪富户"不断迁往关中，关中地区"五方杂厝，风俗不纯"，"其世家则好礼文，富人则商贾为利"，在秦时因重农抑商而受打击的秦商，规模迅速扩大。

不是谁都认可娄敬这套方法论。日后的王夫之对娄敬此举深恶痛绝，认为"娄敬之小智足以动人主，而其祸天下也烈矣"，但不得不说，不用这些办法，刘邦很难那么快坐稳政权，也不会很快就开辟"文景之治"。

某种意义上，项羽之失败，除了刚愎自用之外，也跟他在楚汉之争时建都彭城（今天的徐州）有关。对项羽来说，衣锦不还乡如同锦衣夜行，所以建都彭城，可以满足自己的虚荣。但是，徐州是四战之地，无险可守，重要的是离真正的政治中心——关中太远。尽管刘邦和他是江苏老乡，但两人的不同选择，注定了未来各异。

正是这一决策，让西安正式开启了自己光彩熠熠的历史。尤其是文景的"休养生息"，让本就是农业先进的关中"藏富于民"，这也给西安带来了巨大的发展。

《汉书·食货志》记载，当时"京师之钱累百巨万，贯朽而不可校。太仓之粟陈陈相因，充溢露积于外，腐败不可食"。于是也便有了接下来汉武帝的文治武功。在霍去病出击匈奴打通河西走廊、张骞出使西域之后，西安更加被推上巅峰，成了连接欧亚的桥梁、丝绸之路的起点。西安的"诸田"，如田蔷、田兰等，从汉高祖九年（前198年）到司马迁撰写《史记》的时代（前104年），至少94年的时间，长盛不衰，和韦家的栗氏、安陵的杜氏等人因经营商业而身家"巨万"。到汉平帝元始二年（2年）时，长安城中有万户，成为中国历史上第一座规模庞大、居民众多的城市。

正是西安在西汉200年来的表现，为它在日后能继续成为新莽、西晋、前赵、后秦和西魏、北周的都城奠定了基础，直至隋唐降临。

只是，就像刘邦最终弃洛阳而去，但他在分封族内子弟和各位异姓王时，将洛阳留在自己手上，并没有分封给任何人所表现的那样，长安虽是朱砂痣，但洛阳依旧是每个朝代心头的白月光。和秦时相似，时间的钟摆在汉唐之间，也曾数度摆向过洛阳。

七国之乱时，窦婴正是坐镇洛阳、控卫关中，最终将七国联军拖垮；到了汉武帝，以洛阳为"天下冲阸（è，意为控制，扼守）"，河洛地区"在于土中"；到了新莽之后的东汉，更是在洛阳建都，并将其建成首善之区，因为其东西宽6里，南北长9里，所以称为六九城。直到末年董卓为胁迫汉献帝迁都长安，一把火将洛阳周边二百里烧成了焦土。但董卓一死，汉献帝便回到洛阳。到曹丕于黄初元年（220年）篡汉称帝后，曾下令重建洛阳城，而洛阳也终称洛阳。《三国志·明帝纪》记载曰："是时，大治洛阳宫，起昭阳、太极殿，筑总章观。"虽然其最后又毁于匈奴人发动的西晋永嘉之乱，并逼得晋愍帝迁都长安，但是在北魏孝文帝从大同迁至洛阳之后，于曹魏和西晋洛阳城的格局上，扩建了外郭城，形成了皇城、内城和外郭城的三重模式，这不仅让当时的洛阳，急速扩展至70平方公里、人口60万，俨然又成为一世界性的大都市，更重要的是，其所打造的都城模式被后代的都城所继承。与此同时，大禹治水时开凿的龙门，也开始开凿石窟……只可惜北魏分裂为东魏和西魏，其中西魏都西安，东魏则迁至邺城。这一来，洛阳又遭大劫……

今天，当我们回首西安和洛阳的"二人转"，你会发现它们一会儿这个唱主角，一会儿那个站在舞台中央，可以说是轮番上阵，谁也别瞧不起谁。

在我看来，影响它们在时代中的"位置"，主要有以下几点原因：

一是看执政者更看重的是自身的执政安全（险固），还是"得中原者得天下"——尤其是在山东半岛及长江中下游地区已然纳入中央之国范畴的情况下，"得中原者得天下"的概念已然开始形成。

二是看国力是否强盛。国家初建或者走下坡路时，执政者大多喜欢建都西安，这样能更好保证自身安全。一旦到了王朝的上升期，或者兴盛阶段，因为不怕外敌骚扰，往往会迁都洛阳，方便中央治理。

三是看来自西北施加的压力大不大，正如西周毁于戎狄，西汉则通过和亲稳固边疆，到了东汉，因为匈奴部分西迁，给了政权在洛阳生存的空间。

四就是看皇帝所代表的背后利益集团，到底来自哪里。对刘秀来说，南阳和河北是他的"基本盘"，所以他得看住洛阳。对董卓来说，他的军力在凉州在关西，所以他必须要尽可能地向西靠拢自己的势力。

而到了隋唐，不论隋文帝也好唐高祖李渊也好，他们的上位都来自关陇贵族集团的扶持，西安才是真正的大本营。所以，不同的天子，会有不同的选择。

但不管怎样，它们都互为掎角，一损俱损一荣俱荣。没有了关中，洛阳岌岌可危。同样，没有了洛阳，西安就失去了自己的"东大门"。此外，在国家遇到危难时，西安和洛阳也可相互作为避险的回旋之地。

所以你也会看到，把关中到河洛看作是中央皇室"基本盘"的，都能维持很长时间，相反，把洛阳及以东的区域看作基本盘的，如曹魏、西晋、北魏这些朝代，在洛阳的国祚都没有超过50年。

这也就是洛阳和西安千余年来一家亲——西周以洛邑统御关东、秦汉均以三川为天下重地，相反东汉人称洛阳为东京称长安为西京，这也是西安亦称"西京"的由来——而钟摆在两者之间更是不曾停下自己律动的原因。

甚至，在未来的日子里，它还将加快自己的节奏。

# 一切都是为了有饭吃以及吃好饭

## 七

开皇十四年（594年）前后，又一次旱灾出现在西安一带，庄稼几乎颗粒无收。看天吃饭，是农业时代的一个主要特征。西安位于渭河谷地，逼仄的地理条件使之无法供养庞大的人口。

有意思的是，"是时仓库盈溢"，但主政的隋文帝依旧取消了"战略性"赈灾，鼓励灾民"外出就食"，而他本人，也亲率一干王公大臣前往洛阳就食，开了"逐粮天子"之先例。

日后，这段故事也被李世民引申和渲染，构成李唐取代杨隋的合法性。但隋文帝真的如同李世民所说的那样不堪？显然历史还得细看。

在这段"逐粮"经历的背后，是西安在汉经营之后，正逐渐成为一个体量惊人的"巨无霸"。一方面，汉长安城的范围为隋所继承；但另一方面，由于"凋残日久，屡为战场"，虽然这期间有许多政权在这里建都，但类似于北周这样的政权，对它的恢复和建设非常有限，根本无法恢复它当年的繁华不说，城市还显得过于狭小，宫宇亦多朽蠹，加上渭水河床南移，城内潮湿，易被水淹，供水、排水严重不畅，污水往往聚而不泄，生活用水受到严重污染，已经不能适应社会发展和人们生活的需要，所以隋文帝又在汉长安城东南的龙首山南，以龙首山"川原秀丽，卉物滋阜，卜食相土，宜建都邑"为由，再建新都——因隋文帝在北周时曾被封为大兴公，所以城亦为大兴城。其宫亦为大兴宫。

日后，其为唐所继承，为唐长安。大兴宫也因此被改名太极宫——作为隋唐的帝国正宫，此地为隋唐两朝帝王听政视朝之处，每逢皇帝登基，册封皇后、太子，宴请各国使节等也多在此殿举行，其北门正是李世民弑兄夺权的玄武门。同时，也正因为长安城东迁，离先秦咸阳城遗址较远，所以到唐时又复设咸阳县。

今天若以西汉长安城东南角（内侧为未央宫）的位置为圆心，从西周时的丰镐、秦都咸阳，以及汉唐长安城、隋大兴城，都同处在一个半径不到20公里的区域内——这也让西安在日积月累中，成为"关中核心区"的范围和位置所在。

（《周秦汉隋唐之间：都城的选建与超越》，侯甬坚，《唐都学刊》2007年第2期）

如此一来，西安成了中国古代作为都城时间最长的城市，也俨然成了一个"都城"博物馆。

战火和时间湮灭了大兴城的模样，但是从唐长安城复原的图纸上，我们依旧能看出其当年的风光。全城由宫城、皇城和郭城组成，先建宫城，后建皇城，最后建郭城。其在方整对称的原则下，沿着南北中轴线，将宫城和皇城置于全城的主要地位，郭城则围绕在宫城和皇城的东西南三面——这种布局无疑体现了以帝王为中心和中央集权，同时，以其雄伟的气势来展现皇权的威严。特别是把宫室、官署区与居住区严格分开，是一大创新。

此外，它还对环境美化和给排水问题，也给予了高度的重视。通过开凿水渠，引水入城，解决用水和生活物资运输的问题，再在两岸种植杨柳，形成了"渠柳条条水面齐"的怡人景色。

不得不说，在这样短的时间内，又得考虑地形、水源、环境、交通、军事防御、城市管理和市场供需等各种配套，能拿出如此精妙的"作品"，让人不得不佩服当时的中国所能达到的经济和科技水平，以及身为中国人的智慧。

日后日本飞鸟、奈良时代的都城藤原京、平城京，就是仿效大兴城的布局特点而建造的。这大概也是唐朝改朝但不换城，只换了个名字的原因。

尽管在大兴城的营建过程中，史称"制度多出颎（jiǒng）"，但"高颎虽总大纲，凡所规画，皆出于恺"。也就是说，其时身为左仆射的高颎虽是一把手，但主要做事的，还是"恺"，他就是中国古时知名的建筑大师、鲜卑人宇文恺。

这是一个很少人所知的名字，但对宇文氏，却知者甚多。因为北周皇族正是宇文氏。不过，北周时，身为外戚的杨坚为确保上位，屠尽宇文氏，连自己的外孙也不放过，让宇文氏遭遇大劫。

出身在贵族家庭中的宇文恺，也被定为诛杀之列，甚至已被押赴刑场。但由于其家族与北周宗室有别，其二兄宇文忻又拥戴隋文帝有功，更重要的是，他本人的才华深得隋文帝的赏识，遂被"驰赦之"。但是他自此也不曾远离政治的险恶半步。

让他保命的才华，不是骑射，也不是日后的八股，而是"解属文，多伎艺"，也就是他精熟历代典章制度和多种工艺技能，其中最为擅长的便是城市规划和建筑设计。

换句话说，隋文帝应该庆幸，自己没有杀掉这个能人。正是得益于宇文恺，他才能住进自己的大兴城。

不过，新都也有毛病，那就是大兴宫整体地势偏低，每年夏天，此宫湿热难耐，皇帝不得不出宫避暑，这也给唐时大明宫、兴庆宫的修建埋下了伏笔。长安城也因此变得更加规模庞大。这也带来了一个后果，那就是粮食不够吃了。

西安的体量虽然更大，但是它面向的关中平原，远远比不上洛阳所面向的华北平原。在中国几大平原当中，东北排第一，华北居第二，长江中下游则是第三，只有3.6万平方公里的关中平原根本排不上号。

不过，作为上古时期的天府之国，它应付秦王国以及供给周天子还是绰绰有余，尤其是郑国渠的开凿，让关中维持了秦汉多年的经营和消耗。但时间一长，它也逐渐走上了生态环境与生产能力下滑的下坡路，对经济和人口的供给能力也随之下降。

由于森林砍伐、水土流失严重、土地盐碱化、肥力减退等，关中地区的灌溉农田，从西汉时期的4.45万顷，锐减到了唐代宗大历年间（766—779年）的0.62万顷。相反，日益增多的公职人员队伍与开销巨大的军队，以及为加强中央集权而徙天下豪强至长安附近，导致关中所产的粮食在平时就已经难以满足关中地区日益增长的人口所需，其吃饭问题，很多时候靠"东粮西运"来解决。换句话说，此时的洛阳不仅是"东大门"，还是帝国粮食安全的重要依赖。

在很长一段时间内，"东粮西运"有这样两条路径。走陆路，主要是从洛阳走潼关（由于政治及黄河改道等，在秦汉后，潼关取代了函谷关的地位）到西安，靠人工，以及牛马驮运，但是一路上千丈悬崖比比皆是；走水路，则是由洛入黄，再向西走渭河，再到西安。

新的问题又随之出现，那就是漕运通畅，则帝国兴盛；漕运败落，则帝国衰败。如果再叠加旱涝等自然灾害，帝国的日子也就不好过了。

尽管渭河催生了今天的关中平原，但是，它也有明显的弊病，那就是河道弯曲，水浅沙深，导致船只航行不畅，尤其是大型漕运船只无法顺利通过渭河到达西安，加上渭水在洪水期泛滥比较严重，不能维持安全稳定的航道，很难修建码头不说，连城池都受其影响。而且，粮船在逆流而上时需要使用纤夫，但经常泛滥的泥滩河岸让他们也很难行走。

隋文帝对此也很苦恼，但是他好歹还有宇文恺。

# 八

相比大兴城，修建广通渠对宇文恺来说，应该算是"小菜"了。

这是一条和渭水相对平行的渠道，毕竟是位于渭河平原，所以修运河的难度比较低。它和郑国渠一样，基本上没花多长时间。

其从大兴城西北引渭水，一路笔直东行至潼关入黄河，长达300公里，因渠经渭口（在今陕西华阴市东北渭河入黄河口处）广通仓下，故名"广通渠"。

此渠一开，果然"广通"，"漕运便利，关内赖之"。同时，它还像郑国渠那样灌溉了两岸的农田，自那以后"时百姓承平日久，虽数遭水旱，而户口岁增"，所以，其又有"富民渠"之称，可以说，是当时的民心工程。

宇文恺也因此被加官晋爵，出任莱州（今山东掖县）刺史，从黄河流域一口气跑到渤海，也就是今天的烟台，但依旧"甚有能名"。

不过，跑得再远，他也没逃掉命运的鞭挞。开皇六年闰八月，宇文恺之二兄上柱国、杞国公宇文忻因谋反被诛，宇文恺也受株连而解职，"除名于家，久不得调"。等到文帝要造仁寿宫，他才被重新想起，回到自己的老本行，最后，因在独孤皇后去世后营造皇陵太陵，而复爵安平郡公，邑千户。

虽然如此，他还是得为广通渠感到遗憾。因为它依旧没有解决根本问题。虽然运粮无须担心渭河的问题，但是从洛阳经黄河到广通渠这段路又该怎么办？尤其是黄河陕州（即今三门峡）段特别凶险，"多风波覆溺之患，其失尝（常）十（之）七八"。

"这三门峡本是黄河上第一道险滩，有'神门''鬼门''人门'三个峡口。黄河水从这三道峡口奔腾而出，飞流直泻，像从几丈高的房坡上往下跌。"我在李準的《黄河东流去》中就看到这样的描述，"这些年，行船走的是'鬼门峡'……几千年来，这'鬼门峡'下边的漩涡里，也不知道沉了多少条船，死了多少人……"（《黄河东流去》，李準，人民文学出版社2005年1月版）

加上粮食运输也是个耗费资金的大工程，即使有粮食正常运到西安，隋文帝也得"广积粮"，不敢乱消费，造成补给困难，毕竟近有内忧，远有外患——突厥，这个在540年出现于中国史册的民族，正取代匈奴成为中华帝国的一大边患。

在我看来，这也正是他在开皇十四年选取"逐粮"的一个重要原因。他要留着粮食应付更致命的突发情况。

不过，这种逐粮天子的经历，还是让隋朝进一步认识到洛阳的重要，并由此开启了更大规模的基建。在隋炀帝继位之后，首先就是迁都洛阳，修建洛阳城。

宇文恺再次被重用。《隋书·炀帝纪》记载，大业元年（605年）三月丁未，隋炀帝"诏尚书令杨素、纳言杨达、将作大匠宇文恺营建东京，徙豫州郭下居人以实之"。又据《资治通鉴·隋纪四》记载，"每月，役丁二百万人。徙洛州郭内居民，及诸州富商大贾数万户以实之"。意思也就是，随着诏令的下达，投入这个大型工程的民夫高达200多万人。除了周边的老百姓，其他各州富商大户也都相继被迁入洛阳城，来增加城市人口。

这无疑又是一座在短时间内经周密规划、设计、建造而成的大型城市，从开建，到大业二年（606年）四月，杨广备千乘万骑，入于东京，只用了10个月左右的时间。

和大兴城一样，新建的洛阳城也挪了个地方。汉魏时的洛阳遗址，位于今天白马寺以东3公里，在洛水的北边，但是宇文恺在建设洛阳时，特别注意到洛河点缀城区的作用，所以跨河而建，将洛水变成了内河。这样一来，洛水自西而东穿城而过，把洛阳分成南北二区。由于地形的关系，东京不似大兴城那样强调南北中轴线和完全对称的布局方式，其宫城和皇城一北一南，建于全城西北部至高之处，其正南门，与龙门、伊阙相对。两者的东边，则是有尚书省、大理寺、司农寺、光禄寺、太常寺等机构办公的东城。

虽然规模略小于大兴城，也许是被王权收拾得有些后怕和敬畏，所以，在营建东京时，宇文恺"揣帝心在宏侈，于是东京制度穷极壮丽"，并以天象一一喻之。

比如说，他把洛水看成天上的银河，而皇帝居住、办公的地方，则是"紫微宫"（唐称洛阳宫），其象征着紫微星，即天之中央的北极星。宫城因此得名为紫微城。该命名理念日后被故宫紫禁城所继承。紫微宫有三大殿，依次为：乾阳殿（唐称乾元殿）、大业殿（唐称贞观殿）、徽猷殿。

宇文恺还将架在洛水之上和皇宫正南门相连的最大的桥，称为天津桥——显然，它和今天我们所熟知的那个叫天津的城市的名字意思不同，后者为天子之津渡，前者则是天上的津渡，在这里停、发驶往银河的船。

此外，其所修建的上林西苑，引涧河汇水成海，周十余里，海中造蓬莱、方丈、瀛洲三神山，高出水面百余尺，台观殿阁布置在山上，风景非常壮观。缘渠作十六院，门皆临渠，堂殿楼观，极为华丽。为了引洛水入苑，宇文恺还修筑了形如偃月的月陂。

如果说以上还停留在诗意和浪漫的层面，但接下来，宇文恺却不能不考虑现实的问题，那就是粮食的供应和储存。这不仅关乎大兴城的危亡，其实也关乎洛阳自身的粮食安全。于是，在新都修建的过程中，洛口仓、回洛仓相继在洛河沿线设立。其中，回洛仓在洛阳城北3.5公里，是首都洛阳的粮库；洛口仓也叫兴洛仓，位于洛河入黄河之口，它既是东都洛阳的外围粮仓，又是用兵东北的军粮转运站，在隋地位极为重要。

但也因为其建于城外，隋末天下大乱，李密夺取回洛仓，洛阳城一时陷入无粮境地，而李密更是因为手握粮草而士气大振。后来，回洛仓又成为李世民和割据洛阳的王世充争夺的焦点，正因城外粮窖被占据，王世充落败。日后唐朝从中吸取教训，在洛阳城内重新选址，于东城北修建了新的国家粮仓——含嘉仓。不过，又有说法，含嘉仓其实是和洛口仓、回洛仓一并出现的，唐代只是增置。但不管如何，其一开始并没发挥太大的作用，到了唐代，它才开始大规模存粮、作为仓城使用并发展为天下第一粮仓。

作为配套，隋炀帝还倾其国力开挖京杭大运河——605年，征发河南、淮北诸郡男女百余万人，在鸿沟水系的基础上开凿洛阳到江苏清江（今淮安市）约1000公里长的"通济渠"（因为它利用的正是当年汴河的河道，所以唐宋以后，又被称为汴河），以对接黄淮；又在610年重新疏凿和拓宽江苏镇江至浙江杭州间长约400公里的"江南运河"；同时对连接长江和淮河的邗沟进行了改造。这样，洛阳与杭州之间全长1700多公里的河道，可以直通船舶。

隋炀帝还在608年，开凿从洛阳经山东临清至河北涿郡（今北京西南）长约1000公里的"永济渠"。如此一来，以洛阳为顶点的"人"字形运河系统，就此构筑。这也意味着，洛阳成了重要的节点枢纽。

这条有别于自西向东最终汇入大海的长江、黄河的人工运河，贯穿了南北内陆交通，弥补了自然河流的不足，自开凿后，大运河"船舶往来，商旅辐辏"，"舟行如梭，不舍昼夜"，成为连接大中国的生命线——来自南方的糙米、粟、小豆以及丝绸，沿江南运河—长江—邗沟—淮河—通济渠—黄河—洛河这一路线，源源不断地输往洛阳。

在这里，洛阳的粮食可以通过永济渠往北输送，更好地帮助隋炀帝三征辽东；或者，经洛河、黄河，由广通渠运往长安。

在这些作为之下，洛阳面目一新，更是有"天下之中"的意味。与此同时，宇文恺也一举博得隋炀帝的欢心，被进位开府仪同三司。尽管在大业八年（612

年）十月，便卒于工部尚书之位，但他和鲁班、毕昇、祖冲之等人代表了中国古代科技所能达到的高度，如果中国能一直这样走下去，就不会有日后忍辱偷生的经历。

他死而不知的还有，他所营建的洛阳，并没有给这个帝国带来好运，相反，因为催逼甚急，反而成了压垮这个帝国的巨石。最终，隋炀帝在扬州，被宇文氏后人给砍杀。冥冥之中，因果循环。

让洛阳更觉得难堪的是，隋炀帝当政14年，却端着碗里的看着锅里的，对南方表现出异乎寻常的热情，不仅三游扬州，而且还死在扬州。

对此后人有无数种说法，有说对南方显示皇家排场，有说思念旧游（杨广曾担任过扬州总管），但在我看来，它更像是一个巨大的隐喻，那就是随着长江中下游的日趋发展，尤其是西晋八王之乱后的衣冠南渡，它正在取代战乱不断的中原，成为新的经济中心。隋炀帝开挖京杭大运河，更是助力了南方，也让他成了洛阳、西安的掘墓人。

# 繁花着锦，终究美人薄暮

## 九

每次夜间站在杭州的西湖文化广场，看着面前河道上那些船只的剪影，我不仅感慨这哪里是水，而是1000年来流动的诗和财宝。某种意义上，京杭大运河的开掘和修缮，让杭州一跃而起，真正进入了大都市的行列。

因此得益的还有不少。此前因吴王夫差开邗沟而修建的扬州城，因为是水运枢纽，又靠近食盐产地，到唐时风光一时无两，甚至可与西安争辉。数得上来的，还有无锡、镇江、淮安以及徐州，它们都因运河的到来，溢价更高。

但京杭大运河的意义显然不止于此。它让被称为"江表"的长江中下游地区，为中原进一步认知。也让黄河文明和长江文明有了一次重要链接。通过这一纵贯南北的水路大通道，南方这个产粮之地更是成了帝国生存之依赖。

这一趋势，也让开封在为秦所毁、一度成为泽国之后，成为时人不敢忽视的存在。原因无他，京杭大运河是在鸿沟水系上修缮的，让开封不仅处于运河沿线，更是卡在洛阳/西安与南方对接的咽喉部位。这对洛阳/西安的威胁，逐渐藏不住。

尤其是洛阳/西安变得越庞大，它受制于开封就越深。只是，正如冷空气来临之前的几天，会特别暖一样。此时的西安和洛阳，依旧繁花着锦、烈火烹油。

贞观三年（629年），唐长安再次遭遇大灾，为了避免百姓活活饿死，政府特许百姓离开长安自寻出路。当时的玄奘正是混在灾民之中出了长安，自此踏上了西行取经的道路。不过，等到玄奘在古印度留学取经17年之后归国，在政府官员的迎接下和西京留守、宰相房玄龄的接待下，迎接他的人群，从西郊一直排到了朱雀门，导致道路被阻，玄奘一时无法进城。

尽管西安还是摆脱不了粮食危机，但在唐太宗李世民的治理下，已见盛隆。唐太宗开创的贞观之治，加上日后由唐玄宗李隆基开创的却又亲手毁掉的开元盛世，让长安城的辉煌达到了一个顶点。

在人口上，常住人口一度达到了破天荒的185万，流动人口则有51万之多。除了汉人，鲜卑人作为南北朝时期贵族的后裔，在长安城拥有更加广泛的势力。

与此同时，贞观四年（630年）突厥政权崩溃后，许多归降的突厥首领也被唐太宗安排在长安城落户。此外，因为丝绸之路的开辟，来自沙漠绿洲上的粟特商人也早早进入了西安，成为连接唐朝与西域国家之间贸易的重要力量。

不得不说，当时的大唐是中华民族历史上最为开放和包容的国度，正如唐太宗所说："自古皆贵中华，贱夷狄，朕独爱之如一，故其种族皆依朕如父母。"而这种开放和包容，也让西安的发展拥有了无数的可能性。

在信仰上，除了一度尊崇的佛教，民众们还可以信奉祆教和景教。在娱乐上，贵族们可以玩上由波斯传来的波罗球（宋代马球的前身）。此外，长安城还盛行胡风。其中，胡旋舞风靡一时，"禄山胡旋迷君眼""贵妃胡旋迷君心"，而能歌善舞的"胡姬"让李白也曾一度痴迷，"落花踏尽游何处，笑入胡姬酒肆中"。（《长安何谓 | 胡人塑造的都城》，任疆，澎湃新闻2019年7月12日）

在都城营建上，随着大明宫、兴庆宫的建设，唐长安就此集齐了三大内，即大内太极宫，东内大明宫，以及南内兴庆宫——太极宫的重要不用再提，大明宫则在高宗因身体原因从太极宫迁居于此之后，就此开启作为大唐帝国新的政治中心的序幕。

这个从名字上常常会让人误认为是明朝宫殿、事实上是提醒当政者要勤政贤明的东内，占地3.2平方千米，是明清北京紫禁城的4.5倍，被誉为千宫之宫、丝绸之路的东方圣殿。担任将作大匠一职的人，更是声名显赫的大画家、《步辇图》的作者阎立本。

至于兴庆宫，前身是唐玄宗做藩王时期的府邸，在其登基之后大规模扩建而成。唐玄宗和杨贵妃长期居住于此，李白也曾多次醉酒献诗于兴庆宫中。

如果说三大内见证的是皇家气派，那么，东西两市的建立和兴盛，见证的则是底层的烟火——它是交易商的乐园，也是剁手党的天堂。由于东市靠近三大内，主要做的是政府采购以及高端生意，常见的是"奢侈品"商铺。相比而言，西市更平民，更大众，也更具有人气，聚集了酒肆、衣行、柜坊、药店、珠宝店、铁铺、绢行、声色艺伎等220行，所售商品也以日常商货与小额消费为主。从西域、中亚来的客商，大多就近选择到西市。所以西市的客源更加复杂，也更加国际化。

其中，从这里走出去的著名商人有被称为"唐朝扶风小儿"、曾被冯梦龙载入其主编的《智囊全集》的窦义，他先是靠经营麻布鞋起家，后主营丝绸等出口货物，与胡商米亮等人结成生意伙伴，把丝绸生意做到了罗马，号称"窦家店"。而另一位丝绸商人邹凤炽则住在西市西南的怀德坊，实力与窦义不相上下，"其家巨富，曾见唐高宗请买终南山中树，愿每株树给绢一匹，自称树尽而绢不竭，从此富名遍传天下"。

正因为无数人在东西市进进出出，买卖砍价，"买东西"也就此成为中国人对"购买"的一种约定俗成的称呼。与此同时，我们把自己所从事的领域称为"行当"，如三百六十行行行出状元。

尽管唐时的长安城一开始实行的是封闭式的里坊制，坊市分家，但随着工商业的发展，以及外贸市场的建立，逐渐向开放式街巷制转变。这也意味着，西安逐渐突破了作为政治、军事的单一职能，工商业也逐渐成为城市的重要组成部分。

在繁华面前，没有愿意看到美人薄暮的那一刻。但摆在西安面前的是，它的基础越来越跟不上自己的野心。

## 十

京杭大运河虽然让粮食供应有了相对保障，但是从遥远的南方运过来，显然成本也异常巨大。《旧唐书》里面就有相应的记载，仅仅是从洛阳含嘉仓转运进入陕西，1石粮食就需运费500文。关中地区在高峰期粮食缺口达400万石，仅仅从洛阳到陕西一带的运粮费，就需要200万贯。这无疑是沉重的财政负担。

尽管在唐玄宗时期，京兆尹裴耀卿曾提出了改革漕运的重要方案，比如实行分区域负责办法，实现"江南之舟不入黄河，黄河之舟不入洛口"，并在漕运经过的沿岸广设粮仓，以提升效率。此外将通过大运河的漕运从全程通航变为分段通航，例如在黄河三门峡段开凿18里山路，通过陆运以避开三门峡的黄河天险，然后再继续船运……这节省下了大量不必要的成本，也让杜甫写下了"忆昔开元全盛日，小邑犹藏万家室。稻米流脂粟米白，公私仓廪俱丰实"，但是这样的美好生活如同昙花一现。

到了白居易生活的年代，米价比起唐初还是翻了一倍，为10文一斗，诗人顾况曾拿他的名字开玩笑，"顾睹姓名，熟视白公曰：'米价方贵，居亦弗易。'"。

终唐一代，唐高宗到过洛阳"就食"，唐玄宗也去过。所以唐朝的皇帝都有一个雅号，逐粮天子。而一代女皇武则天，更是在天授元年（690年）自立为帝时，弃西安而定都洛阳。其在位20年内，除两年居于长安城外，其余时间都在洛阳。这里除了远离支持李唐的关陇贵族集团，还有更方便蹭饭的意思。

正像武汉成形没多久，便取代了荆州在荆湖地区中的地位，以便更好对接东南沿海，长安的粮食危机，以及它的尾大不掉，也一定会逼着统治中心在经历过美好的关中岁月之后要往东移。

这也让洛阳一度走上自己城生的巅峰，进而成了中国传统文人的精神家园。曾授荥阳县主簿后因功授任洛阳尉的王湾在镇江的北固山下遥想洛阳，"乡书何处达？归雁洛阳边"。被贬为江宁（今江苏南京）县丞的王昌龄在芙蓉楼送辛渐，让他转告，"洛阳亲友如相问，一片冰心在玉壶"。而在洛阳客居的李白，也在这里享受属于他的相思，"谁家玉笛暗飞声，散入春风满洛城。此夜曲中闻折柳，何人不起故园情"。

也正是在洛阳，李白和杜甫第一次相遇。这遂成就了一段千古佳话。尽管有着不同的性情和阅历，但世人依旧将两者合称为"李杜"，除了各自的艺术成就，更因为他们之间的一见如故。"醉眠秋共被，携手日同行。"多年后，闻一多就曾感叹他们是"青天里太阳和月亮碰了头"。

只可惜的是，洛阳最终都没能成为两个人的安身之地。也正是李白，写过这样的诗句，"俯视洛阳川，茫茫走胡兵。流血涂野草，豺狼尽冠缨"（《古风·其十九》），以及"洛阳三月飞胡沙，洛阳城中人怨嗟。天津（指天津桥，在洛阳西南洛水之上）流水波赤血，白骨相撑如乱麻……"（《扶风豪士歌》）。

此刻的洛阳，正笼罩在安禄山的"淫威"之下。755年，让唐由盛转衰的安史之乱爆发。作为这场动乱的一大主角，安禄山曾一度夺取洛阳，并自称"大燕皇帝"，和西安针锋相对。

大概是不甘再做比他小十数岁的杨玉环的"干儿子"，安禄山之所以敢兴风作乱，也跟实力有关。那时候的他，兼任了三个地方的节度使，手上的兵力达到了惊人的20多万，而整个唐朝，能和他相抗衡的，也只剩下一个朔方节度使，如果打起仗来，唐玄宗只有逃跑的份儿，基本上没人能救得了他。不过，对唐朝政权最致命的，还是安禄山既控制了洛阳，又以精兵攻击睢阳（今河南商丘）——它虽然只是一个普通的城池，但却是南下江淮的必经之道，只要得手，基本上就切断了西安与江南的联系。

好在有名臣张巡为保全唐朝政权，死守睢阳，据说杀妻妾以充军粮，尽管城池依旧失陷，但也为唐朝召集部队平叛赢得宝贵时间。

但李白再也没能等到胜利的那一时刻。为了避险，李白只能"东奔向吴国"，到一位被称作"扶风豪士"的人家里做客。因受到热情款待，为表感谢，也借此抒怀，即席写成《扶风豪士歌》。不幸的是，一心"丈夫赌命报天子，当斩胡头衣锦回"的李白，最终还是误入永王叛军，被捕流放夜郎，一年后遇赦，但没多久便于762年逝于安徽当涂。一说因病，又一说是酒醉后在江上捞月失足而溺水。这也意味着，日后的李杜，再也未曾相见。

如果说李白向东南，杜甫则向西南。写《闻官军收河南河北》时，杜甫已经在成都城西落脚，虽有"黄四娘家花满蹊，千朵万朵压枝低"的闲情逸致，但更多的是"痴儿不知父子礼，叫怒索饭啼东门"这样的无奈和悲凉。尽管安史之乱被平复，让他"却看妻子愁何在，漫卷诗书喜欲狂"，接下来，发誓要"白日放歌须纵酒，青春作伴好还乡。即从巴峡穿巫峡，便下襄阳向洛阳"，只是，路途艰辛，让他的青春早就在颠沛流离中流逝。最终，杜甫在由潭州往岳阳的一条小船上去世，43年后才归葬偃师，算是回家。

此时的安史之乱早已结束。但它带来的藩镇割据，让延续帝都之命的西安，所面临的困境依旧没有解决。

782年，淮西节度使李希烈拥兵叛唐，并于日后攻陷开封称王，给唐朝的统治带来了巨大的压力。其时的唐德宗李适（kuò）面对着遍地战火，却又国库空虚，关键粮食还供应不上。最后因为没办法招待好前来勤王的泾原兵，结果遭遇兵变。

好在贞元二年（786年），败退淮西的李希烈被部将陈仙奇毒死，开封之危始解。虽然禁军中有人摘下头巾，开始在路上大喊："拘吾于军而不给粮，吾罪人也！"意思是饿急眼，啥也不顾了，但镇海军节度使韩滉此时自江浙运来米三万斛。唐德宗得知后立刻欣喜地奔告太子说，"米已至陕，吾父子得生矣"！

只是有点黑色幽默的是，关中的饥荒持续了数年，军民都饿得又黑又瘦，饿久了之后突然吃太多，又撑死了五分之一的人。

长安显然已经到了力不能任的地步。这种拉胯的局面在李克用的手上开始被终结。这个日后为后唐太祖的沙陀族人，曾两度对西安用狠，不是"争货相攻，纵火焚剽"就是"乱兵入长安，焚掠坊市与宫城"，而凤翔、陇右节度使李茂贞的养子李继鹏"欲劫皇驾幸凤翔，纵火焚烧宫门，烟炎蔽开，京城大乱，诸军互相剽掠"。

最终，在904年，以开封为根据地的朱温，在取得阶段性胜利之后，为了更好地控制朝政，带着唐昭宗迁都洛阳，并强令长安附近百姓迁徙，为了防止有人对西安念念不忘，"毁长安宫室百司及民间庐舍，取其材，浮渭沿河而下"。

据说，当时从房子上拆下的木头，被扔在河中一个多月都没漂完。自此曾经繁盛无比的长安城"遂成丘墟",与政治中心渐行渐远。

西安没落,洛阳也没能独善其身。频繁的战火,对它造成了巨大的杀伤,也让它没有太多时间休养生息。而它的水路也在唐末遭到了严重堵塞,人们又无法清除掉淤泥,导致洛阳虽然晚于西安失宠,但同样抑制不住下滑趋势。

更要命的是,世易时移,开封的成长,让洛阳不再无可替代。随着朱温先弑唐昭宗、后逼其子唐哀帝李柷禅让,并建立后梁,开封第一次摸着"国都"的荣耀。

# "短暂"开，接着"封"

## 十一

我对开封其实熟知已久，这得多亏自己的安徽老乡包拯，以及多年前由金超群、何家劲主演的《包青天》。

每天晚上的黄金时间，当满面黝黑、额顶"弯月"又一脸正气的"包青天"，在"开封有个包青天，铁面无私辨忠奸，江湖豪杰来相助，王朝和马汉在身边……"的主题曲中，出现在屏幕上时，总能让全村老少齐刷刷放下碗筷，目不转睛。最后，再在黄安的一首《新鸳鸯蝴蝶梦》中恋恋不舍地离开。

开封之所以能在隋唐之后成为新的帝都，如前所叙，因位于豫东平原，本身就是一个水系发达，交通便利之地。春秋时期开凿鸿沟，隋又在此基础上开通济渠。正因为汴河对开封意义非凡，所以开封在北周时始称汴州。日后，又有汴梁、汴京之称号。

对开封的经营，自唐之后，又一次紧锣密鼓。时任永平军节度使兼宣武军节度使（又称汴宋节度使）、李渊的玄孙李勉，自宋州来汴州，对南北朝时的汴州城进行了大规模的"重筑"，"这次重筑又被称之为'筑罗城'，主要是将汴州城的南壁往南扩充，把汴河围入城内"，其所筑唐汴州城奠定了今日开封城墙的基础。（《开封城墙的历史沿革及其影响》，刘顺安，《史学月刊》2002年第10期）

到了785年前后，宣武军节度使治所更是从宋州移至汴州。因位居中原，管辖汴、宋、颍、陈、濮几州军政，又得大运河的水运之利，宣武军成为最强有力的藩镇。这一切最终成了朱温得以崛起的有利因素。

这个出身宋州砀山（今安徽砀山）不事生产的地痞无赖，起于草莽之间，因逢天下大乱，从而开启了自己帝王创业之路。因镇压黄巢军有功，他先是任河南中行营招讨副使。次年拜汴州刺史出宣武军节度使，继而又晋封梁王。正是依赖开封，进而经略河南，最后更是由梁王进阶为后梁开国皇帝。

在后梁之后，几个短命的小朝廷虽和洛阳拉拉扯扯，但最后大多选择迁（定）都开封，除了和后梁敌对的后唐选择了洛阳，后晋、后汉和后周都将开封当成了自己的大本营。正是石敬瑭下诏，"汴州宜升为东京，置开封府"。开封始有"东京"之称。而到了后周，因周世宗励精图治，兴修水利，疏浚河流，将蔡河、五丈河和汴河沟通起来，当地的漕运能力大增，更是"水陆会通，时向隆平，日增繁盛"，也因此"别筑罗城"，扩大规模。这一切都为赵匡胤陈桥黄袍加身、入主开封，打下基础。

不过，相比洛阳、西安，开封也有明显的缺点。由于位于洛阳的下游，开封的地理条件其实并不好，经常要受到黄河的"调教"。甚至，它的土地大多是黄河泛滥所形成的，大多属于盐碱地、沙土地，很难发展农业。更要命的是，一马平川无险可守。尤其是后晋的石敬瑭，用割让幽云十六州，并向契丹称臣，认比自己年轻的耶律德光为父的代价，换来了皇位，也换来了遗臭万年。自此，中原大地因为失去屏障而门户大开。只能说，相比被战火蹂躏的洛阳、西安，开封是不得选之选。

赵匡胤显然对此心知肚明。加上其本就出生在洛阳夹马营，所以当上皇帝之后，也曾将目光投向了身边的洛阳。

还有一种说法是，正像武则天迁都洛阳是为了避开关陇贵族的干扰，赵匡胤迁都洛阳，也是为其子继承大统创造条件。当时他的兄弟赵光义从建隆二年（961年）就当了开封尹，后来又爵封晋王，早已在开封拥有了强大的力量，其子若想登位，势必艰难重重，有可能会发生流血政变。事实也同样证明，留在开封最终让赵光义得利。

为此，赵匡胤曾下诏西幸洛阳祭祀天地，以试探群臣反应。《续资治通鉴长编》记载："上生于洛阳，乐其土风，尝有迁都之意。"

但是久居开封的百官显然不想再折腾。起居郎李符第一个站出来，上书"陈八难"："京邑凋敝，一也；宫阙不备，二也；郊庙未修，三也；百司不具，四也；畿内民困，五也；军食不充，六也；壁垒未设，七也；千乘万骑盛暑扈行，八也。"换成今天的说法，就是迁都是不行的，不要说想去的那些地方，各种基础设施都没有完善，行政功能也不齐全，更重要的是，没吃饭的东西。

在赵匡胤谒祖陵、祀南郊毕，作有长期停留并迁都的想法之后，铁骑左右厢都指挥使李怀忠更是直指："开封漕运便利，供馈无阙，若留在洛阳，谁会想和官家一块挨饿？"

毫无疑问，赵匡胤迁都的最大阻力自然来自兄弟赵光义。他认为留在这里不方便，太祖带点赌气地说："你以为我只想迁洛阳吗？其实过段时间我还是要迁到长安去。"赵光义"叩头切谏"，赵匡胤又说出自己的理由："吾将西迁无它，欲据山河之胜而去冗兵。循周、汉故事，以安天下也。"意思也就是，迁都是为了据天险去冗兵安天下，然而，赵光义抛出的一句话，彻底地堵住了皇帝哥哥的嘴："在德不在险。"意思也就是说，守天下不是靠险而是在于德。这样一来，显得赵匡胤迁都是德行有亏。

这让我又一次想起了当年的小人物娄敬。娄敬的"在德不在险"，让刘邦知难而退，弃洛阳而选长安，赵光义的"在德不在险"，却让赵匡胤同样弃洛阳而选开封。

各种阻力，让这个本就得位不正的皇帝，只能选择依从。等待赵光义离开之后，"上顾左右曰：'晋王之言固善，今姑从之。不出百年，天下民力殚矣。'"。日后的事实也证明，赵匡胤的担忧不是空穴来风。

在这"一进一出"之间，洛阳"成功"地错失了人生的两大机遇。有时想想，如果北宋迁都洛阳，中国的历史会不会重写？但是，我也更相信迁都西安、洛阳，正如李怀忠所指出的那样，终究也不再是长久之计。

这一犹豫，让开封从此进入了人生的高潮。

# 十二

这是一个有别于西洛二人转的城市。从形态上，开封就别具一格。

由于受制于既有城市形制，又因地处平原无高地可依托，所以开封没有采取长安、洛阳城那种将皇宫置于全城之北高地的规划模式，而是以宣武军节度使衙城为中心向四周扩展，从而形成宫城（大内）、内城和外城同心式的三重城格局。

外城自然由后周罗城而来，因为是京师防御的第一道屏障，所以对它的修葺和防御建筑体系的建立也备受皇室的重视。北宋时期对外城进行过10余次不同程度的增修。内城则是未扩建之前的旧京城，主要是商业区和居民区，同时也是北宋中央和地方衙署、商业和寺观集中的地方，可以看成是在外城和宫城之间建立起一道"缓冲区"。

至于大内，前身自然是宣武军节度使衙城，为帝王生活和议政的场所，但是规模狭小。由赵匡胤颁诏组织大批人力扩建，前后持续四年多的时间。营建后的皇城周回五里，殿宇巍峨壮观，富丽堂皇。宋真宗大中祥符年间将皇城城墙由土筑改为砖砌，是东京城三道城墙中唯一的一道砖砌城墙。其范围位于今龙亭公园一带。(《开封城墙的变迁》，铭源，知乎）传说，龙亭本身是一大殿，坐北朝南，殿前有东西两湖，东湖为宋朝"太师"潘美的宅邸，西湖为宋朝抗辽名将杨业的府第。作为天下首府的开封府，则在今包公东湖北岸。它和龙亭公园隔西门大街南北相望。

某种意义上，正是地理位置不佳，没有山河固险，加上宋时重文轻武，让北宋只能在城墙上大做文章。

城墙外，是辽、金、西夏等游牧民族的轮番袭扰，城墙之内，一代文人名士辈出。今天，我们很多人了解开封，除了包青天，还可以从寇准、欧阳修、范仲淹、韩琦、王安石以及三苏身上"窥一斑而知全豹"。

当然，还有一把钥匙，那就是张择端的那幅名画《清明上河图》。

为什么它叫"上河图"？有人认为"上"是动词，上河即是上河市，和上街一样，不过也有人认为上河即汴河，是对汴河的尊称。汴河漕运关系到百万东京人的口粮，对开封意义重大，故称为"上河"，还有人认为"上"是方位词，从地图上看，汴河居北，处上位。但不管怎样，这幅图透露出来的北宋开封城的繁荣气息，让人惊异于那段享国只有167年的耀眼光芒。朋友杜恩龙在著作《〈清明上河图〉里的中国》中，曾循着画面的开始，细致地解读了这里的"世界"，这里不仅有古代农村的自由广场——晒场、被"砍了头"的柳树、人扛人的一种方式——轿子、古代最危险的交通事故制造者——惊马、抽水机时代之前的提水工具——辘轳、煤炉、纸马店、水陆连接点——码头、交通拥堵人声鼎沸的虹桥、测风仪、铁器铺、牙人、预知未来的算命铺、军巡铺、孙羊正店、宋瓷、栀子灯、十千脚店、外卖小哥、彩门欢楼、各式各样的车辆，以及有别于茅草屋的瓦房……

不得不说，张择端用几乎实景记录的笔法，再现了当时开封的风土人情，人生百态，以及在飞速发展之中的商品经济和科技力量。此外，我们从中还能看到，宋时的街市已经彻底突破了里坊制，形成了市坊有机结合，以行业街市为主的全城商业网。

某种意义上，这也和开封的城市布局有关，因为没有明显的对称性，以及明显的南北向轴心线，所以街道布局也不是十分规整的，并不适合建立坊市的界限。也正是打破了这一界限，让开封的城市形态顺应了经济发展，最终繁荣如斯。

当然，在这背后，也是得益于北宋时期经济的变革，一是推广耐旱、早熟的占城稻，二是土地所有制改革，由国有向私有转化的同时，且"不抑兼并"。虽然这促成了宋代愈演愈烈的土地兼并浪潮，以及兴盛的租佃关系，但这也直接推动了土地垦殖面积的扩大，激励了诸多地主家庭、小农家庭努力提升土地利用率，避免因好逸恶劳、不善经营而被淘汰。最终，这直接刺激了粮食的生产，进而刺激了人口的"生产"。

此外，不抑兼并也会使土地能够集约化，提高了生产效益，从而使部分农户失去土地，部分农户由于效益的提高而从土地上解放出来。

那么，多出来的人口怎么办？乱世造反，治世进城。于是，随着农民的进城务工潮，开封的工商业也就这么发展起来了。

当然，宋代还有一个很有趣的变化，那就是放宽宵禁制度，这样一来，夜市兴盛，而GDP也因此被拉动。所以，后世称宋朝其实是"工商立国"，实不为过也。尽管"它们都对根基于农耕社会的中国传统政治形成了前所未有的冲击"，但是，"站在现代人的视野来看，这是一个旧秩序正在瓦解、新世代的曙光乍现于地平线的时刻"。（《王安石变法，为何避免不了失败命运》，陈季冰，冰川思享号2021年12月18日）

在画面中，我们还不能忽视的是汴河。《清明上河图》共绘了25条船，除两艘小船之外，其余都是制作精良很难找出两条完全一样的大型船只。可以看出宋代造船从设计到施工都积累了丰富的经验。画面上第一个出现的码头边上，正有一条运粮船，岸上一主人正在指挥卸船，"从重量感来看应该是粮食"，从中也可以看出当年汴河的主要功能。而那些扛包的苦力，每人手上都拿一根小棍，它应该就是码头为工人计算报酬的一种方式。"据《东京梦华录》记载，东京汴梁有很多粮仓，如东水门外的虹桥元丰仓、顺成仓，东水门的广济、里河折中、外河折中、富国、万盛、广盈、永丰、济远等官仓。但是《清明上河图》中没有反映，大概也被张择端艺术化地去掉了。"（《〈清明上河图〉里的中国》，杜恩龙，上海教育出版社2021年6月第1版）

不管如何，在帝都这一身份的加持下，开封很快也成了国际性的大都市，而且以百万人口，力压只有数万人的巴黎、伦敦，越拖到后面，就越没有迁都西安、洛阳的动力。即使神宗时，开封到洛阳的河道曾经被短暂疏通了一段时间，但迁都也是纸上谈兵。

从以前的西安、洛阳二人转，到北宋时由开封唱独角戏，使前两者无疑形成了巨大的心理落差。但是塞翁失马，焉知非福。

因为天塌下来，先由开封顶着。

# 十三

北宋时期的洛阳，从西安、洛阳二人转时的东都，变为了西京。虽然"在德不在险"，但是北宋还是以其为中心设置河南府，辖今日巩义、登封、渑池、偃师、孟津、伊川、新安、宜阳、洛宁、嵩县等地，基本等同于今天的豫西地区。

到赵光义上台之后，对洛阳的经营同样也很完善，不仅有皇宫，而且还有一整套的管理班子。这说明赵光义在对待洛阳的问题上多少保持着清醒的头脑。

更关键的是，随着皇室的东迁，洛阳和西安再也不需要像以前那样，背负着沉重的粮食压力。

这也让洛阳最终还是触底反弹。尽管人口不如开封，但也比得上罗马、伦敦、巴格达。而且，由于是千年古都，这里从来不缺世家子弟，北宋学者邵伯温的《邵氏闻见录》便记载，"洛阳多大家，世以谱牒相付授"。

又写："洛中风俗尚名教，虽公卿家不敢事形势，人随贫富自乐，于货利不急也。"当梅花、桃李以及牡丹相继盛开之时："于花盛处作园圃，四方伎艺举集，都人士女载酒争出，择园亭胜地，上下池台间引满歌呼，不复问其主人……"

不得不说，做过帝都，又有山水之美，加上频繁的动乱，让这里的人更喜欢追求眼前的俗世快活，所以洛阳不像西安尚有秦汉游侠之风，而多了些平淡冲和，以及平安喜乐，从而出现衣冠人物之盛、雅集结社之普遍等现象。《司马光集》曾有"西都，缙绅之渊薮，贤而有文者，肩随踵接"。

邵伯温之父邵雍因爱洛阳"山水风俗之美"而迁居于此，并写下"一去二三里，烟村四五家。亭台六七座，八九十枝花"这样的咏怀诗句，并在这里和司马光、富弼、张载等人过从甚密。据说欧阳修也来过这里赏牡丹，"洛阳地脉花最宜，牡丹尤为天下奇"。在洛阳过年时，还写下了"去年元夜时，花市灯如昼，月上柳梢头，人约黄昏后；今年元夜时，月与灯依旧，不见去年人，泪湿春衫袖"。

相比较此时为陪都的洛阳，西安虽然已是和"都"没有任何关联，但是它依旧被划归为京兆府，就连身为首都的开封，都只能叫"开封府"。此外，北宋还派重臣范仲淹、狄青、种世衡等镇守陕西边塞，西夏、金国多次染指均大败而归。

在经济上，根据西安市地方志，由于郑白渠、三白渠的整修，尤其是引泾灌溉工程——丰利渠的开凿，给关中这片土地带来了久盼的膏泽和很大的实惠。这也给西安在工商业上带来了触底反弹，北宋熙宁十年（1077年），长安城商税年收入38000余贯，在全国大城市中居第16位，在黄河流域各府州中居第5位。北宋大观元年，更是升京兆府为大都督府。元祐二年（1087年），漕运大使吕大忠把《开成石经》由故唐尚书省西南隅移置于长安府学北面，即今西安碑林所在。这也是西安碑林的创始。

只是，这样悠闲的好日子，也随着金兵在1126年的两次南伐戛然而止。可悲的是，面对金军的第一次围攻，开封城的官员在迁都还是坚守的争论中还没弄出眉目，金军就已经渡过黄河，抵达城下。到了第二次南伐，更是破城而入。次年，便酿成了全国人民所熟知的靖康之难。

我曾看到这样一个评论，说的是历朝历代的都城，就这个开封最不靠谱。无险可守不说，四水灌都带走了太多的气数。水生财的同时，也洗尽了锋芒，所以有宋一代，富而不强。这导致再坚固的城墙，也无法保全朝代的安宁。

覆巢之下焉有完卵。洛阳也在金兵的南伐中备受打击。由于义军的反抗，洛阳曾一度收复。然而随着宋高宗赵构重建宋朝，危险又一次降临。"赵构是（宋钦宗）赵桓的弟弟，他正在黄河以北集结勤王兵力，没有在开封，所以幸运地逃出魔掌，就在应天府（河南商丘）宣布登极。宋帝国的重建引起金军第三次总攻，这一次金军用一年余的时间，把黄河以南、淮河以北，包括开封、洛阳、长安（陕西西安）几个重要城市在内，约35万平方公里的土地，全部占领。"正是这种来来回回的拉锯战，让洛阳不堪其扰，城内无论是宫殿还是民宅悉数被毁，曾陆续成为隋、唐、武周、后梁、后唐、后晋、北宋七朝的理政之所，存世530余年，是中国历史上使用朝代最多的皇宫——紫微宫，继安史之乱之后，再被重锤，彻底被毁。最后，只得在隋唐洛阳城东城的遗址上另筑了一座新城，也就是今天洛阳最早的建成区：老城区，但是和唐宋时的洛阳相比，新城就像缩水了的衣服。到了元之后，洛阳连都城的名号都没保住，只留下了"河南府府治"这一身份。

西安同样受伤不浅。此前，当时的宰相李纲曾建议迁都西安。然而，由于内部的政治斗争，加上金军的打击，"赵构渡过长江，向南中国逃亡，定都临安（浙江杭州）"。（《中国人史纲》，柏杨，山西人民出版社2008年10月版）西安再次与帝都擦肩而过。不过，南宋再也不会为吃饭问题而发愁了。

如果说晋时衣冠南渡给南方带来了发展的大机遇，那么，安史之乱时的南迁，加上这一次的"衣冠南渡"进一步促进了南方大开发——尤其是北宋时期在瓷器、造船、冶铁、纺织以及科技、外贸上的优势，充分地给南方进行了洗礼。

当然还有一个深层的原因，那就是唐末宋初时，中国气候开始变冷，游牧和农耕的分界线开始南移。黄河水文恶化、西北凋敝的同时，游牧民族再度兴起，它们将自己的"牧场"向南持续推进，进一步威胁到中原的生存。

加上南宋在压力之下，开始大力推广"稻麦复种"耕作制度，也就是每年水稻收获之后再种一轮冬小麦，与此同时，后人誉之为"衣被天下"的"女纺织技术家"黄道婆在向黎族妇女学习棉纺织技艺并有改进，总结出"错纱、配色、综线、挈花"的织造技术，促进了长江流域棉纺织业和棉花种植业的迅速发展……这一系列的举措，让长江流域最终接棒黄河流域，成为天下经济的重心。自此，南方彻底地让北方相形见绌。一步错步步错。此后，西安和洛阳再也没有机会逆转形势。

就连身为名义首都的开封，也在西湖的暖风中，被人忘却，"直把杭州作汴州"。

# 2

黄河二章：黄河东流去，
从盛世走向新的一个盛世

直到今天，我都还记得那句广告词：中原之行哪里去？郑州亚细亚。

和这句广告语一同出现在电视画面的，是一座现代化的大楼，门面上的三个大字"亚细亚"，金光闪闪，吸人眼球。

楼内的阶梯则盘旋而上，商品分门别类地归置在漂亮的橱窗里，放大了对消费者的诱惑。更重要的是，门口还设有迎宾小姐，就是一句话不说，单凭那副甜甜的笑意，足够让人陶醉了。不明白的人还以为亚细亚网罗了全郑州的漂亮姑娘。

就连亚细亚这个名字，都朗朗上口，让人想起韦唯在北京亚运会上演唱过的那首《亚洲雄风》。事实上，正是受这首歌的启发，这家商场的总经理王遂舟才有了这个灵感。亚细亚，正是亚洲（Asia）音译名。

无疑，这幅画面给我呈现了一个现代的郑州。那个时候的郑州，意气风发。正是亚细亚搅动了中国零售百货业的一池春水，让腰包刚鼓起来的人们，有了释放的途径，而且，这座城市也在陈义初的手下，翻天覆地。

这个曾在开封拖拉机电机电器厂工作过的上海人，1992年调任郑州市人民政府副市长兼郑州高新技术产业开发区管委会主任、党组书记，直至卸任郑州市长，在这10多年时间内，曾在郑州城市发展、城建发展上，多处出击。他主导修建的"四桥一路"——由河医立交桥、大石桥、新通桥、紫荆山立交桥四座立交桥与金水路高架路（南阳路至文化路）构成的城区快速路，至今还让郑州人享受它带来的红利。

也正是郑州软硬条件的提升，让宇通、三全、郑州日产这些知名企业开始生长。其中，由郑州轻型汽车制造厂利用部分国有资产，与日本、泰国有关各方共同组建了中外合资企业——郑州日产，它也是日产公司在国内的第一家合资公司。2007年，该厂被海马投资集团股份有限公司全资收购，设立全资子公司海马（郑州）汽车有限公司。

这样的郑州，根本让人联想不起，它在很长时间内，充当的只是一个河南劳动力的输出枢纽，也让人忽略了，来自中原大地的呻吟。

# 黄河，跨不过去的坎

## 一

在这些呻吟中，开封无疑最大声。如果说一度和西安唱二人转的洛阳是河南省的"大号"，那么，它就是这个"大号"练废后的"小号"，而郑州则是"小号"的"小号"。但没想到的是，这个"小号"的"小号"，居然反客为主成"大号"了。

作为西安、洛阳、开封中离当下最近的一个都城，开封还是在元朝实行行省制度之后，顺其自然地成了河南省的省会，尽管洛阳才是"河南"的起源，但它依旧得听命于开封的麾下。也正因此，今天的河南人更认为开封具有河南味，而非洛阳。

至于郑州，更不用提了。在很长时间内，它都是开封府下辖的小县城，是夹在开封和洛阳之间的随从和驿站。但是它的名字，其实在春秋战国时便见端倪。那个时候，韩国的首都正在新郑。

虽然新郑是新郑国之意，历史要远远悠久于郑州，但是自隋唐之后，郑州便后来居上，基本上取代了当年新郑的区域，两者的总体规模别无二致。

不过，郑州长期以来也一直被笼罩在洛阳和开封的光芒之下，没有多少可歌可泣的故事。到了民国之后，它甚至由州改县，比起大名鼎鼎的西京洛阳以及开封府，一个郑县更像是拿不出手了。

只是，足够有底气，并不意味着开封就没问题。一个就是无险可守。当年金人攻入开封，并鸠占鹊巢，可视为一例。二个就是头顶上的黄河，就如达摩克利斯之剑，动不动掉下来，不是削掉一块头皮，就是砸着脚后跟。

崇祯十五年（1642年）9月14日，距离魏王假三年（前225年）水灌大梁已1000余年，同样的招数又一次被启用。和罗汝才联手率50万大军第三次围攻开封的李自成，在久攻不下之后，决定掘开黄河。

这一夜，决堤的黄河水"怒浪巨涛吼若雷鸣"，及至15日夜半，开封城"水深数丈，浮尸如鱼"。因为没有文献记载，今天对决堤的原因大家依旧争论不休，有说是李自成久攻不下泄愤而为，有说是明军自身掘开黄河想淹死围城的闯军。但不管如何，灾难以及随后发生的各种抢掠等次生灾害，无疑无比深重地伤害了开封，其自宋保留下来的外城的城墙几乎为厚重的淤泥所覆盖，仅剩下西墙中段的部分残垣暴露在地面以上。

多年来，开封和黄河一直爱恨交加，既得益于它的哺育，也因黄河之水天上来，到开封时已经成为一条著名的悬河，也就是河床要比两岸高，甚至比开封铁塔还要高出13米，也就是所谓的"豆腐腰"。因此，不怕天灾，就怕人祸。

正是这种自春秋战国大梁时期就摆脱不了的水患兵火，让开封古城屡建屡毁、屡毁屡建，形成了考古发现的特殊的"开封城摞城，龙亭宫摞宫，潘杨湖底深藏多座宫"的奇观。

更要命的是，由于黄河屡次决口，比如夺泗入淮，夺淮入海，通济渠逐渐淤塞为陆，加之元时将京杭大运河截弯取直——也就是无须中转洛阳，而是从山东绕泰山而过便可直奔北京，通济渠漕运功能丧失后，久被朝廷废弃，最终变成历史。

但明清时期的开封，依旧按部就班发展，甚至明太祖第五子朱橚（sù）还在此盖起了一座城中之城——周王府，比明清时期身为河南府府城的洛阳还要大。尽管为李自成所毁，但到了清朝，河南巡抚张自德重修开封府城。"清代开封人口中已没有了王公贵族，也没有了巨额禄米发放，城市居民乃至文武官员所需粮食主要来自市场。"（《明清时期的开封商业》，许檀，《中国史研究》2006年第1期）随着周王府邸荡然无存，开封东西南北四门及城中均设有粮食市场了，而开封城南40余里的朱仙镇也在大运河被截弯取直之后，成了"南粮（货）北运"的水陆枢纽，遂摇身为清代著名的四大商镇之一。

此外，由于开封依旧是洛阳、西安、北边山西和南方对接的重要通道，所以，晋商、秦商在这里比较活跃。山西蒲州、太平、稷山商人还组织了蒲州、太平、稷山三会，尤以太平会规模为大。他们在开封经营的主要有金融、粮食、烟草、皮货以及酒、油等业。其中，金融业资本最为雄厚的，毫无疑问，出挑者当为平遥票号。

某种意义上，尽管一次次被摧毁，开封又一次次重新站了起来。但终究，黄河还是成了它"跨不过去"的一道坎。

道光二十一年（1841年），汹涌的黄河水再次淹没开封城，大水直冲北城墙，部分地段倾塌渗漏，南门及水门洞均进水。这次大水围城达8个月之久。好在这次没有漫灌全城，日后重新加高的城墙就是今日的开封城墙。

只是，兵来将挡水来土掩，但是，开封却阻止不了铁路的错失。

# 二

1898年，当卢汉铁路动工建设之后，开封人发现，这条连接北京和汉口的南北铁路大动脉和自己没有什么关系。

事实上，按照最经济的走法，这条铁路在穿过河南时，一定是走开封再经明清时期水陆交接的重要枢纽——周口，最后到武汉。

然而，在前期的勘测当中，大家发现，开封的地理位置虽佳，但它的地质条件却撑不起它的野心——极易遭黄河水患，所以火车不适合在这里穿越黄河。最后，来自开封和洛阳之间的郑州，成了最好的替代者。

在一番勘探之后，郑州的荥泽口——也正是起自洛阳市北之邙山的"邙山头"附近成了铁路过河的最终选择。此地在历史上就是有名的黄河渡口，"滩窄岸坚"，建设铁路大桥质量将有保障。

当然也有另外一种谣传，来自时任直隶总督兼北洋大臣的袁世凯。这个河南项城人担心铁路的到来，给安静的社会带来诸多动荡因素，毕竟铁路的两边，在战乱时代往往会成为主要的战场。所以他不想让卢汉铁路经过自己的老家周口。于是，卢汉铁路只能绕道西迁。

正像津镇铁路改津浦铁路，让扬州失势南京得利，而汉口也因为是卢汉铁路和粤汉铁路的连接枢纽，人气更是旺盛——铁路在开启了对农业文明的"降维打击"的同时，让中国政治格局以及城市布局，又一次面临大洗牌。

1905年，为了弥补卢汉铁路由开封改道郑州的不足，由法国和比利时修建的汴洛铁路（开封—郑县—洛阳）开始修建。它也成为日后贯穿中国东、中、西部的陇海铁路（江苏连云港—甘肃兰州）的第一段。尽管这对开封来说有点"亡羊补牢"的意思，但还是为时已晚。相反，它让郑州成了重要的"十字路口"。

这给开封带来了一个致命的影响：身处内陆，加上又不是重要的交通枢纽，也让开封在很长时间内都保持着传统的经济结构，直到河南巡抚刘树棠在开封城外卓屯建立河南机器局，才结束了开封无制造业的历史。到1910年，回族实业家魏子青创办了开封普临电灯公司，它也是河南省第一家民办商业电厂——正因此，鼓楼街亮起第一盏电灯，吸引了很多商家来此落户，街道开始兴旺。再加上自来水等公司，开封具备了向近代城市转变的物质条件，但是抗战的爆发，让开封原本就薄弱的制造业遭受了毁灭性的打击，很多企业被迫停工甚至遭到破坏。

似乎看到了郑州的价值，魏子青还于1914年在郑州投资成立明远电气公司。其在郑州解放后被更名为黄河机工队郑州电力厂，继而又被更名为郑州电力公司。

花园口大决堤，更是成为压倒开封的最后一根稻草。1938年，为了阻挡日军的推进，对人民刻薄寡恩的蒋介石下令新八师掘开郑州花园口地区的黄河大堤，以水代兵。

结果日军攻势只是短暂地受了影响，很快就攻占郑州直逼武汉，但是决堤的黄河，向东南沿贾鲁河等河流一路狂奔，在将河南的东部、安徽的北部、江苏的北部以及山东的南部地区变成了一片汪洋的同时，也让八九十万群众成为最直接的牺牲品，与此同时，无数难民的出现也给洛阳、西安造成了巨大的压力。直到9年之后退去，被黄水席卷的地方，依旧黄沙遍地，寸草不生。

在新中国成立之后，开封和西安一样，虽说一度成为首都的备选，但是在铁路上，它比不上郑州，在水路交通上，虽然有通济渠，不提是否通畅，肯定是航行不了现代的大轮船。此外，尽管1950年，新中国再次成立了"中央黄泛区复兴委员会"，并于开封成立了中央黄泛区复兴委员会复兴局，但是黄河给这座城市带来的阴影，依旧无法消除。结果，不要说成为首都，它连自己的省会地位都没有保住。

1954年，河南省人民政府由开封迁往郑州，正式宣告了郑州的崛起。

为使开封市不因省会迁郑而受太大影响，1954年11月，经国务院批准，郑州专区（特殊年代省级行政区和县级行政区之间的一种区划形式，其存在于1949年到1971年，从1967年到1971年，专区逐渐改为地区）由荥阳迁至开封市开封县（今开封市祥符区），并改名开封专区。此时的开封专区一度下辖开封县、通许县、杞县、尉氏县、兰考县、新郑县、密县（新密）、巩县（巩义）、东明县、荥阳县，以及原属洛阳的登封、原属河北后被划给山东的东明。不过荥阳县曾在1958年、1971年两度划归郑州市。

瘦死的骆驼比马大。但是对开封的伤害在所难免。省会的迁移，带走了无数城市精英，他们随着政治资源的西迁而离开。省会迁离开封的第三年，郑州的国内生产总值就超过开封。

尽管在这期间，开封也一度重燃对工业、制造业的追求。比如1949年5月，为适应后方建设和战争需要，满足百姓用药需求，河南省第一家制药企业——公营河南制药厂诞生，它也就是开封制药厂（今开封制药集团）的前身；还比如，推出过如矛盾牌肥皂、洗衣粉，宋城牌胶鞋，铁塔牌油漆、火柴，龙亭牌墨水，喜鹊牌缝纫机，菊花牌味精等"开封制造"。甚至，开封柴油机厂生产各类柴油机，远销山东、河北、内蒙古、青海等地；开封机械厂生产的中州牌120型拖拉机先后获得省优质产品奖、国家机械工业部优质产品奖，但是，苏联援建的项目没有一个落在开封。

另外，它在错过了卢汉铁路之后，还错过了京九线，与陇海铁路相交于更东一点的商丘。好在它留下了河南大学。

不得不说，当这个国家开始由农业文明向现代化的工业文明跃进之时，错失国家布局的大好机遇，让开封每况愈下，只能眼睁睁地看着郑州逐渐做大。

# 火车拉来郑州

## 三

今天有这样一句话，郑州是被火车拉来的。

不对也对，没有火车在1906年4月1日这天通过郑州车站，郑县也很难初显近代城市雏形——当时，郑州以车站为中心，相继兴建了大同路、德化街、苑陵街等街道，火车站成了日后郑县最繁华的地方。

汴洛铁路同样也让郑州受益匪浅。1907年3月21日，汴洛铁路开封至郑州段竣工通车。《郑州市志（城市建设卷·交通邮电卷）》记载："清朝末年，卢汉、汴洛两条铁路建成，郑州成为繁华商埠……"

这两条铁路在郑州交会，一方面让郑州取代洛阳拥有了重要的战略位置。尤其是随着解放战争关键时期的淮海战役拉开序幕，郑州的战略地位更是骤显。它不仅直面战役的主战场，还是我军后勤保障的关键节点。所以，1948年10月，郑州一解放，便很快设市。

另一方面，也更重要的是，让郑州在商业上左右逢源——它不再是像以前那样只是依赖于汉口的一个货物集散地，而是有了更多的"自主权"——毕竟，来自陕豫的货物可以在这里改道陇海铁路出海。这还帮它进而切入工业化的进程中：当时关中棉区、晋南棉区、豫西灵宝棉区、洛阳棉区、豫北新乡安阳棉区的全部棉花在运往武汉、天津、上海、青岛等终端市场前均需在郑州打包后转运。后来，商人们干脆就地开办工厂，把棉花纺成布匹衣物出售，进一步提高产业附加值。

1920年5月，由上海商人穆藕初创办的豫丰纱厂在郑州正式开工。由于完全采用美国设备，纱厂很快便成为行业翘楚，不到两年的时间就发展成了拥有5000多名工人和50000锭纱锭的大型企业，成了民国北方棉纺业独树一帜的品牌工厂。

20世纪二三十年代郑州本地的各项产业在棉纺业的带动下进入了高速发展期：为棉业提供机器打包服务的"豫中"、"协和"和"大中"三大机器打包厂成了河南棉纺业的知名工厂。新中国成立前的郑州已是一座轻工纺织业完备的经济强市。1951年，国营郑州棉纺织厂在原郑州豫丰纱厂的旧址上改建成立，它日后改名国棉二厂。

今天郑州中原区的东北部，老郑州人管它叫西郊，尽管并非中心，但一度承担了郑州整座城市税收的一半。在这里，有这样一条棉纺路，路两旁坐落着数家棉纺厂。从1953年，50000锭规模的国棉一厂、100000锭规模的国棉三厂相继动工，到1958年，国棉六厂建设，这样一来，除了国棉二厂，其余5家均在这样一条路上。那个时候，这里是郑州工人待遇最好的地方。人人想进棉纺厂，要嫁只嫁棉纺郎。

在这背后，是国家在"一五"计划中开始大规模扩大纺织业产能，并以京广线沿线为依托，确定了六大纺织基地。既是棉花产地，也是交通枢纽的郑州，适当其时。在六大纺织基地中，除了郑州，还有北京、西安、石家庄、邯郸和咸阳。

某种意义上，铁路交通以及因此而起的产业布局，让郑州在新时代中，成了新的宠儿。相比较古城洛阳和开封，郑州更像是新的图纸。无论是现实需要，还是意识形态，选择郑州当省会，更像是新生人民政权的破旧立新。

随之而来的，除了从开封西迁的资源，它一定还有更多的"进补"。

## 四

1957年，在周总理的亲自批准下，我国最大的铝工业基地——河南铝业公司，建址在上街。因为铝厂的建设，来自全国四面八方包括东北工业基地的工人纷至沓来。他们自豪于"周总理亲自批的"的同时，努力把上街打造成了中国的"铝都"。

上街原本属于荥阳县，今天和郑州主城区还隔着个荥阳，被巩义、新密以及荥阳三面包围（北面是黄河），但也正因为和巩义（有铝资源）、新密（有煤炭资源）很近，加上位于陇海铁路干线，所以被辟出来发展铝工业。谁来管呢？自然得交给郑州。它也成了今天郑州所辖六区五市一县中的一区。

上街也因此直接跨越了农业型城市（县城）阶段，进入工业化城市阶段。因为富得流油，这里在20世纪80年代一度被称作郑州的"小上海""小香港"。

在纺织业、铝业之外，郑州还筹建了被称为"河南电力工业摇篮"的363电厂——发展工业，没有电是不行的。此前的郑州电力公司，规模毕竟小了点。

它是苏联援助我国156项重点建设工程之一，代号"363"。在363工地举行典礼时，它才定名为郑州火力发电厂。由于资金紧张，它一开始选择建在贾鲁河畔，可以像众多的南方电厂一样直接用河水冷却机组而不必再建耗资巨大的冷却塔。据当时参与该厂建设的建设者后代胡传杰说："363电厂建好后，首先给西郊的几个棉纺厂供电。'一五'期间，郑州、洛阳先后被国家列为国家重要工业基地，洛阳的第一拖拉机厂、矿山机械厂等急需电厂配套，洛阳电厂建设时用的电也是363电厂送去的。还有三门峡水利枢纽工程建设时，也要用363电厂的电。""随着电厂建设的迅速发展，我省一批大容量电厂相继建成，363电厂的使命已经完成。1979年10月，363电厂并入郑州热电厂，改名为郑州热电厂发电所。"日后，该厂教育场还被水电部扩建为河南电力技工学校。(《"老电工"讲述郑州第一个火电厂的故事》，刘长征、沈翔，《东方今报》2014年9月25日)

1956年，郑州又开始动工兴建由德意志民主共和国援助的郑州第二砂轮厂。随后，郑州新建扩建了郑州铝厂、郑州轮胎机械厂、郑州工程机械厂、郑州柴油机厂等47家以重点工业为主的骨干企业……

尤其是陇海路62号的郑州轻型汽车制造厂更是成为郑州的产业明星和汽车制造业的起源，其前身"郑州汽车制造厂"于1969年12月生产出全河南第一辆汽车——郑州牌130汽车，郑州也逐渐形成了汽车、煤电铝、食品、专用设备、纺织工业等五大传统产业链，尤其是煤炭、电解铝、水泥更是被视为郑州GDP领跑的行业。

随着几十万棵法国梧桐和无数新移民"扎根"郑州，给人灰色调印象的郑州，第一次拥有了"绿城"的称号。

不过，"新省会"上任的郑州，烧起的不止这一把火。对赖以起家的铁路交通，郑州同样大做文章。

"新中国成立前，由于分线管理，郑州一度拥有平汉郑州站和陇海郑州站两个火车站，双雄并立，各自为政。新中国成立后，人民政权统一管理铁路，郑州两站合一，结束了混乱局面。同时，铁道部对全国的铁路进行了规划，1950年第一次提出在全国新建两个大的编组站，一个是首都枢纽的丰台西站，一个就是郑州枢纽的郑州北站。"

发表在《河南日报》上的一篇题为《铁路枢纽的"前世今生"》的文章写道："1955年10月郑州枢纽正式动工修建。全部工程分五个阶段实施，1956年郑州枢纽一期工程投入使用，分离出货运站、编组站和客运站。1985年3月主体工程郑州北编组站全面建成，郑州枢纽成为全国铁路的重要路网性枢纽之一。"

还有一把火，是1983年正式开启的大规模的撤地区设市的改革浪潮。开封地区也因此拆分，其下属的辖县，分别划给了开封和郑州。但是，当时开封地区发展最好的也恰好是离郑州最近的，如登封、新郑、中牟等几个县全部作为嫁妆送给了郑州，而开封只留下了几个平原保农县，如开封县、兰考、尉氏、通许和杞县。可以看出，在省会面前，曾经的开封再怎么强势，也是风流总被雨打风吹去，没有了话语权。

余下各自悲欢。随着新郑和郑州合二为一，尽管和过去的"新郑"依旧还是有所区别，但是郑州终于和新郑的历史"融会贯通"。

因为登封的"加入"，嵩山也因此成了郑州在西南的屏障。与此同时，郑州还可以借此"拥有"北魏时于嵩山少室山创建的少林寺，并将这个和自己在历史上没有任何关系的名刹，顺理成章地打造成了自己的王牌旅游名片。

这也让洛阳很是神伤。

# 西洛重启

## 五

我常常想，如果没有郑州的横空出世，这个世界还会不会回到西洛二人转？

不能说有，因为洛阳、西安在当时都是半斤八两。南宋之后，经济中心的持续南移，尤其是海上丝绸之路的开辟，让沿海的泉州、广州以及宁波、青岛成为世界上有名的商港，南京更成了仅次于临安的重要军事、政治和经济中心，时人称曰："国家之根本在东南，东南之根本在建康。"

某种意义上，忽必烈选择在金朝的中都建立自己的元大都，正是为了兼顾南北。随着中国历史上出现了第一个由少数民族建立起来的全国性统一的政权，中国的版图扩展到北方草原，这也意味着，南北之间的关系也逐渐取代东西，成了中国发展的主要矛盾。尤其大运河截弯取直，在进一步确立北京城地位的同时，也给它们来了一招"釜底抽薪"，最终成也运河，败也运河。

尽管南京、北京出现在舞台中央的历史并不长，但亮眼得让人们的心里似乎只有它们，将西安、洛阳、开封尘封起来。所以，当大家都一样灰头土脸，就没必要再折腾。

但也不能说没有。作为曾经的古都，它们有着天然的地理优势，还意味着"法统"。比如说朱元璋曾经想迁都西安，可惜因为太子朱标"中道崩殂"而夭折。不过，西安还是享受了很长一段时间边城贸易带来的红利。"为巩固边防，明朝在沿边各地设立了9座边镇，其中陕西布政司管辖4座，即榆林、宁夏、固原、甘肃四镇，下辖24个卫所，有'马步军十四万四千九百九十一人，马八千三百七十一匹'，这些兵马一年消耗的粮食'数千百计'，消耗布匹'一百万余匹'。"（《失落的秦商》，陈忠海，《中国发展观察》2017年第21期）这对交通便利，有着近水楼台优势的秦商来说，无疑是一次巨大的优势。被海上丝绸之路打压得死去活来的他们，又一次苦尽甘来。

也正是在老朱的手上，以前的京兆府正式被改名为西安府，以祈祷西方安宁——这是西安作为地理名词第一次出现。

和今天我们所理解的"西安"不一样的是，那时的西安是个庞大的存在，一度领6州31县，其中包括长安和咸阳，直到民国时才改府为市——不过，"西安"的出现还是让今天很多西安人耿耿于怀，因为它潜藏的意思就是，这里已不再是中央之地，而只是围拱中央的边陲。而且它还"鸠占鹊巢"，让长安这个很有古韵的名字，变成了附属。

到了鸦片战争之后，随着敌人开始从海上来，远离沿海反而成了优势，而且让人在日后的历史中，不断回望西安和洛阳二人转的岁月。

1900年的庚子事变，在八国联军攻入北京城前，尽管犹豫再三，慈禧还是决心"西狩"，最终的目的地正是西安。

在这一逃难过程中，不但晋商抓住机会，成为这个流浪朝廷的"财政部"，而且西安还在两宫驻跸长达一年的时间内，成了这个国家的临时政治中心。

洛阳则在北洋军阀混战时期，成为直系军阀吴佩孚的大本营。其于1923年8月迁河南省长公署至此，改洛阳为河南省会。1927年5月冯玉祥攻占洛阳后，也在此就任河南省主席，设豫西行政长官公署于老城内的福王府。

其次它还在1932年一·二八抗战（中日双方精锐部队的第一次大会战）之后，成为国民政府的"行都"。正是在洛阳召开的国民党四届二中全会中，蒋介石被提议出任军事委员会委员长，这也是"蒋委员长"一称的由来。也正是在这次全会上，决定"以长安为陪都，定名为西京"，随即成立了以张继为委员长的西京筹备委员会和以褚民谊为主任的该会驻京办事处。

不过，由于《淞沪停战协定》的签订，国民政府以对日妥协换取了暂时的和平，10个月之后，"他们又跑回南京、上海享受'抽水马桶'了。这个'昙花一现'的'行都'，连同扬州迁来的几家妓女馆，一同又迁走了"。（《黄河东流去》，李準，人民文学出版社2005年1月版）

好在"西京"的筹备没有中止。一是因为战事的威胁从来就没有解除，二是许多爱国人士纷纷发出了"开发西北"的呼声，"认为西北是中华民族的出路，要恢复中国版图，必须以我民族发祥地的西北做大本营，要集中全力来开发西北"。

某种意义上，当沿海沿江各省都处在侵略者的炮火之下，西北的重要性又重新被发现，它的开发已然上升到了国防战略的高度。1938年由商务印书馆出版的《中国疆域沿革史》、1947年由内务部编印的《中国行政区域志》，以及当时的中学地理教科书，均将西京市列为全国六大行政院直辖市之一。

特别要说明的是，由于西安靠近当时的红军在二万五千里长征之后的新的政治中心——延安，也让西安成了国共博弈的中心。

1936年12月12日，震惊中外的西安事变爆发，而它的和平解决，则为抗日民族统一战线的建立准备了必要的前提，成为由国内战争走向抗日民族战争的转折点。皖南事变后的1942年，国共又差点在西安重启谈判……

洛阳则在1938年之后又一次找到"存在感"。随着开封被日军占领，它成为河南省的临时省会，并且成为阻挡日本军队西进的重要屏障。次年，国民党一战区长官司令部驻洛。只可惜的是，它也为洛阳带来了狂轰滥炸。国民党把抗战以来节节败退没能收复一座城市的原因归结为"有城墙，不易反抗"，于是下令拆除了洛阳城墙，让洛阳城墙损毁甚多。在这样的"理念"下，洛阳的失守也在所难免。1942年，"水旱蝗汤"轮番袭击洛阳，前三者好理解，"汤"则是指汤恩伯。

相比洛阳，西安在抗战中不曾沦陷，但也好不到哪里去："全市仅有两家小型工厂（大华纱厂和西京电厂）。因为几乎每家都不够吃，所以每天大家都在为吃啥犯愁，沿街的土房前乞讨的穷人不少…… '电灯不明、马路不平、电话不灵'是当时西安的真实写照……"（《86岁"老革命"再忆西安解放》，郭沛然，《西安晚报》2019年5月6日）

这无疑是西安、洛阳"城生"的又一个艰难时刻，但幸运的是，它已是黎明前的黑暗。随着相继解放，它们又先后回到了人民的手中。

更幸运的是，工业化的到来，再次重启了这两座城市。

# 六

1970年4月1日，中国邮政发行了面值5分的《女拖拉机手》普通邮票。主图为一位英姿飒爽的短发女性，正面带微笑地驾驶一辆拖拉机。这个拖拉机正是一拖研制的东方红54型履带拖拉机。

而在1991年发行的《社会主义建设成就（第四组）》特种邮票1套4枚中，成立于1956年的洛阳玻璃厂则成为第1枚邮票的主图。

一拖正在今天洛阳的涧西区。它是苏联援建的"156项工程"（实际施工150个项目）之一。虽然筹备处向中央建议，"经济条件上以哈尔滨为最上"，综合考虑"则以石家庄设厂最为恰当""最为有利"，但是，中央最终还是从国防安全考虑，决定在中原地区的河南选择厂址。在因古城遗址和古墓太多而放弃了洛阳西郊、东郊（白马寺一带）和洛河以南等地之后，最终敲定在洛阳市涧河西部建设拖拉机制造厂。

随着一拖的到来，洛阳矿山机器厂、洛阳轴承厂、洛阳热电厂也相继落地。随后，国家又把铜加工厂、高速柴油机厂两个苏联援建的重点工程放在洛阳。"156项工程"有6个项目落户洛阳。

某种意义上，新中国的成立虽然意味着中国人民终于站起来了，但要站立得更稳，还必须要建设国家、发展国力。和传统农业文明中的对抗需要的是粮食、马匹、冷兵器不一样的是，进入工业革命之后的世界，竞争的是工业。

发展工业刻不容缓，但是新中国成立之初，面临着一个并不太友好的世界环境，为了国防安全，以及应付在沿海打仗的可能，中国需要建立一个重要的、稳定的产业大后方。

洛阳再一次脱胎换骨。在新中国成立之后，析洛阳县城区为市，与洛阳县并置。1954年，洛阳市更是被升格为河南省直辖市，次年，洛阳县被撤销，大部并入洛阳市，余部划入偃师、孟津、宜阳等地。此后，涧西区、西工区和郊区更是相继设立。

随着市政府于1956年由老城区民主街搬迁到西工区人民西路6号，也就是现在的周王城广场所在地之后，令该区迅速成为洛阳市中心。但是，由于一拖等工厂的落地，涧西区同样也成了一个与沈阳铁西区齐名的高光的存在。

除了以上企业之外，洛阳还拥有中国船舶材料研究所、中国空空导弹研究院、中航光电研究所、黎明化工研究院等一大批全国顶尖的科研院所。

"工业基地建设促进了洛阳城市跨越式的发展。1953年，洛阳城市人口有11万人，到相关重点项目投产的1959年，市区非农业人口已达到34.96万人。"与此同时，洛阳也"由一个典型的消费城市转变成一个工业城市"，但更重要的是，"洛阳工业基地的建立，推动了国家工业的发展，加速了工业化的进程"。

为了加强战备、改善工业布局，促进国民经济的发展，1960年末，焦柳铁路（河南焦作—广西柳州）开始修建。这是一条串联起了焦作、洛阳、平顶山、南阳、襄阳、宜昌、荆州、常德、张家界、怀化、柳州等重要中部城市，可谓是京广线以西的重要南北向铁路，也是中西部地区重要的路网干线。

焦作是全国著名的"百年煤城"和老工业基地，所以，这条铁路的修建，在让洛阳成为铁路的十字路口的同时，更多助力了洛阳的工业发展。

那时候的洛阳，身边也许只有西安能与之一比了。如果说洛阳有涧西，西安就有东郊。遍布在这里的，有陕西重型机器厂，有我国炮瞄、地空制导等多种雷达研制生产的摇篮地之一——陕西黄河集团有限公司的前身——黄河机器制造厂。

值得浓墨重彩写下一笔的还有，位于新城区幸福南路109号的老钢厂（原陕西钢厂），"1958年建厂。20世纪80年代它最辉煌和鼎盛的时期，近万名职工在机器的轰鸣声中，见证了'铁在烧'的火热生产场景"。

此外，总部在西安经济开发区泾渭工业园的陕汽，其于1968年在岐山县渭河南岸的麦里西沟建厂，是典型从山沟沟走出来的企业，1970年建成之后，便很快成功试制出第一辆"延安"SX250型重型军用越野车，彻底结束了我军"有炮无车"的历史……（《"三线建设"中的老厂房》，刘强，《西部大开发》2019年6月5日）

有一种说法，落户这个城市的苏联援助项目为全国之最，甚至超过了中部六省之和。

在这期间，西安的科技事业也从无到有。尤其是为适应新中国大规模工业建设需要，交通大学在1956年从上海内迁至西安，创造了宝贵的"西迁精神"——2005年12月6日，经西安交通大学党委常委会批准，该精神被概括为"胸怀大局，无私奉献；弘扬传统，艰苦创业"。尽管今天的交通大学依旧重归上海，但是它也给西安留下了西交大这样的名校。此外，在"三线建设"中，上海、东北等地的大批院校、研究院所和企业迁入西安，实现了西安科教资源的跨越式发展。除了西交大之外，西安今天还拥有西北工业大学、西安电子科技大学等6所"双一流"建设高校。

这也让西安在20世纪50年代编制的第一轮西安城市总体规划（1954—1972年）中，确定了城市的功能分区：中心为商贸居住区，南郊为文教区，北郊为大遗址保护区、仓储区，东郊为纺织城，西郊为电工城。

正是逐渐构建起强悍的科教体系和工业体系，西安的市区工业产值也突飞猛进。它甚至一度成为政务院（国务院）的直辖市以及计划单列市。

到20世纪80年代，西安推出了第二轮城市规划，确定"显示唐长安城的宏大规模，保持明清西安的严整格局，保护周秦汉唐的重大遗址"的古城保护原则，"进一步加大了历史文化名城保护力度"的同时，将其建设成为"一座保持古城风貌，以轻纺、机械工业为主，科学、文教、旅游事业发达的社会主义现代化城市"。

这在凸显西安作为世界著名古都的自我意识萌发的同时，也构筑起以西安作为西部特大城市和陕西省省会城市的构架。

对洛阳来说，西安的经历无疑是一种"启示"：它能做到的，为什么自己就不能做到？

的确，如果没有郑州横空出世的话，洛阳也许真的能代替处境尴尬的开封，成为河南的省会。只可惜，时代并没有给它重望历史的机会。

不要说成为省会，甚至，连做回原先的洛阳，它都求而不得了。也就在撤地区设市浪潮中，除了全国闻名、与自己亲同骨肉的少林寺，彻底回归无望。而且，它东部的那些资源强县、工业大县也尽落入郑州之手。

另外，此前一度行使当年河南府的"职能"，管辖今天洛阳和三门峡两地，亦即豫西的洛阳地区，也被拆分。其大部分下辖县，像偃师、新安、孟津、宜阳、伊川、洛宁、栾川等地被并入洛阳市，但是灵宝县、卢氏县等4个县，划入了新设立的三门峡市管理。

更让我在"齐鲁壹点"的文友韩昶国神伤的是，他的家乡汝州也划给了因发现了丰富煤矿资源而于1957年设市的平顶山。他在《心里总是离洛阳很近》中写，洛阳才是自己的家乡，平顶山更像一个长大后才忽然闯进生活里的怪物。

只是，这也并不意味着，郑州就会一帆风顺。

# 中原塌陷？西部塌陷？

## 七

直到今天，河南建业的老板、原为濮阳"滑"姓家族后人的胡葆森，还记得自己刚从香港回郑州创业时，很多人都劝他不要回，因为河南的市场发育程度并不高，欠缺规范，属于投资的"盐碱地"，怎么都开不出花儿。

但是，在胡葆森看来，"盐碱地"有"盐碱地"的好处，竞争者少，有施展的空间。而且，他走的是差异化路线，要做就做当地质量最好价位最高的小区。

现实却给了他当头一棒，他刚刚注册公司时，"有些政府官员认为河南的房地产不能让外资企业插足，否则将难以控制。胡葆森的申请因此迟迟得不到批准"。一篇有关胡葆森的生存之道的文章写道："胡葆森的申请因此迟迟得不到批准，他想了各种办法，最后还找到主管副省长，晓以'报效家乡'的迫切心愿。副省长批了字，此后才一路绿灯。"

日后的过程更是冷暖自知。公司成立两个月后，胡葆森在郑州东郊拿到了第一块地皮，因为自有资金不多，也不知道融资前景如何，他一开始只申请了6.7公顷。但市规划局说，那片荒地总共有46.7公顷，你和"国信"两家分了吧。于是，他只能硬着头皮吃进了24.3公顷荒地。此后，他聘请河南省规划设计院出面设计，并开发了自己的第一个住宅小区——金水花园。但偏偏开盘时，又撞上了国家因为海南等地的房地产泡沫而推出的《关于当前经济情况和加强宏观调控意见》——也就是国内房地产的首个调控政策"国16条"。银根迅速紧缩，紧接着就是长达5年的全国房地产市场萎靡期。在压力最大的时候，胡葆森每天要吞两片舒乐安定片才能睡着。

"为了化解僵局，胡葆森从香港学来了'按揭贷款'售楼法，并推出'十年还本'模式，这一举措取得了巨大成功。金水花园很快销售一空，建业成立以来面临的第一个危局就此化解，也奠定了其在河南本土房地产市场的位置。"（《匠人胡葆森：一辈子只干两件事——盖房子和搞足球》，陈天伦，搜狐财经2019年11月28日）

命运却很搞笑。当他转危为安时，王遂舟却在1997年正式下课了。前期像坐了火箭似的亚细亚，转眼就急速坠落。

今天，当我们梳理它的大败局，可以总结出这样的教训：一是大扩张造成了水土不服，如布局北京、广州、上海、福州、成都、西安的"仟村百货"，陷入了"开业之日即亏损之时"的噩梦；二是"重名声轻实效"，内部管理混乱，激励机制不到位，元老纷纷另立山头，选择的新人又力有不逮。

财经作家吴晓波的《大败局》就此指出："他确实非常擅长做策划、包装、传播，是个绝顶高手，但对于公司管理，他确实没有太高的兴趣和能力，一直到这个企业垮了，他都没建立起什么有效的约束机制，内部采购流程什么的，非常乱。"

结果亚细亚热闹归热闹，营业额1个亿、1个亿地往上涨，但是利润从来没有突破过1000万，再加上金博大、丹尼斯等商业新贵的兴起和外资商业企业的进入，亚细亚三年河东三年便是河西，似乎在所难免。

和它一起陷入困境的，还有郑百文。这个前身是郑州市百货文化用品公司，曾被誉为中国"国企改革一面红旗"的明星公司，也因为弄虚作假蒙混上市，以及秉持"负债经营对公司有利"的理念下的高负债率，很快从股价"跳水"走向死亡的深渊。

今天的胡葆森，除了因意外在1994年结缘足球，并成立河南建业足球俱乐部之外，抵制住了买壳上市、兼并弱势企业、参股优势企业，以及跨地域经营、跨行业经营等诱惑。

因为他深知，"由于地域的决定性影响，河南商人不可能有轻灵飘逸的经商风格——那是江南、沿海地区商人才有的特质"。多年的自给自足的小农经济的影响，以及战火的洗礼，让这里的人"坚毅、厚重、大气、执着"，但与此同时，性格中也有些负面的东西，那就是小富即安，以及对新事物反应整体上比较迟钝，等等。

尽管郑州多年来深受政策的宠爱，也被列车带来的新风所感染，但是，它毕竟是生长在长久以来苦难深重的河南躯体上，而且，是生长在一片有着沉重历史的土地上……

# 八

如果你有机会走一走洛阳城，不妨去看看那些从历史中走出来的深宅大院，如营林街路北18号的史家大院，老城南关的贴廓巷庄家宅院，农校街的张家宅院……它们在让你见识到河南人的耿直、勤奋的同时，也让你感叹，他们真的是有钱，也真的不知道怎么花钱。

这其实也是整个中西部的写照。在关中平原上，有秦商营建的旬邑唐家大院、大荔朝邑大院、韩城党家大院、长安郭家大院、泾阳县安吴大院、三原县孟店大院等明清私人宅院；在山西，有晋商营建的祁县乔家大院、平遥马家大院、灵石王家大院。

事实上，就连郑州，也有一处和祁县乔家相齐名的大院——来自巩义的跨越了明、清和民国三个时期的康百万庄园。

我曾在《宁波帮：天下第一商帮如何搅动近代中国》里这样评价宁波帮：他们一手金融，一手企业。不像传统的晋商和徽商，通过票号或者垄断性生意赚到钱，就用于奢侈性消费，或者回家购地置业那样，他们则把赚来的钱都投入近代企业的创造之中。这也是我之所以把他们称为"天下第一商帮"的由来。

更重要的是，当这个世界天翻地覆，从农业中国开始转型到近代中国，他们不惜杀死自己赖以生存的钱庄，也要创建新型的银行。

相反，远离沿海的晋商、秦商，却喜欢将自己窝在深宅大院之内，不管外界如何天翻地覆，我自岁月静好。

也正是这种思维和心态，让相对有集体、有纪律，整齐划一，偏保守和封闭的公有制经济在这块土地上找到了合适的生长传统和土壤——这也是洛阳和西安20世纪七八十年代工业之所以发展的又一个原因。

但这也带来另一个问题，那就是更讲究个体奋斗与创新的民营经济，则相对缺失。更要命的是，公有制经济唱的独角戏，也加深了这个城市内在的优越感和对秩序和稳定的热衷感。等到这个国家开始从计划经济逐渐向市场经济转型，再到1992年邓小平南方视察，与市场经济亲密拥抱之后，就不免显得格格不入，惊慌失措。

今天，我们常常把20世纪八九十年代，洛阳、开封乃至大半个中原的失落归结于河南对郑州的有意扶持，而它们被漠视——这种树靶子的做法简单粗暴，很能转移注意力，让人无须过多费脑子。

也有更进一步的认识，那就是冷战之后的和平以及改革开放让沿海相对内陆重新取得压倒性优势。当我们开始拥抱全球，以经济建设为中心，这些远离沿海的城市，优势和劣势之间再次易位。

但这仍然是只知其一不知其二。它们需要真正认识到，对它们最大的打击显然不是这些机会的错失，而是在穿过失落的尽头，不出意外的是，生长在农业文明上的传统和封闭，以及身为多年帝都给它们的心理又添上的那堵"墙"。这堵墙既让它们优越感十足，又遮挡住向外看的视野。它们很难看到外面的风景，外面的风景也很难看到它们。

天涯论坛上曾有这样一篇帖子，直击开封的灵魂：1993年开封市的市本级财政收入为2.17亿元，而到了2002年，这个数字变成了1.96亿元，觉醒10年之后，财政收入反而减少了2000万元。"显然，这种来自外部的担忧并不能真正让开封觉醒，开封人的集体'无意识'状态也让'开封复兴'这个宏大的命题变成了一则苦涩的寓言。"

那么，这种无意识状态又是因何而来？"文化是开封的灵魂，历史上，开封一次次地在灾难的大漠上重新站立起来，人们不离不弃，逃了又来，重新垦殖，重新营建，重新唤醒古都气韵。但在今天，当它面对的不是洪水猛兽，而是资本和财富的时候，曾经让它盛极一时的市井文化和贵族意识成了它最大的羁绊和镣铐。"（《开封，复活还是死去？——从"中博会"看开封的生存危机》，冰冻千年，天涯论坛）

也就在亚细亚倒下前后，双汇、金锣也先后被逼出开封，与此同时，洛阳的"春都火腿肠"为减轻损失，在原材料中加入火灾中被熏过的肉，导致消费者用脚投票。也正是春都的倒下，成全了双汇的崛起……

# 九

在由黄汉城等人著的《中国城市大洗牌》一书中，谈到西安时更是口不留情："有人说，陕西从地图上来看就像是一尊跪着的兵马俑。今天，当中国沿海已提前步入后工业文明的时候，这个西部省份还保留着一些封建时代的遗风。尤以它的省会最为典型。"

"作为十三朝古都，西安曾经在计划经济时期阔过。那时候西安位列中国八大城市，集中了全中国最多的苏联援助项目，资源随手可得。这种经济蒸蒸日上的好日子，掩盖了西安底子里'皇城文化'的劣根性。但是到了1978年，问题就完全暴露了。"因为随着改革开放，"有形之手"慢慢退居到了幕后。"有了自主权限的人和钱都跑到了沿海，这些变化让西安这个习惯了政府安排的城市，突然变得有些无所适从。沿海地区的经济突飞猛进，'增量'蛋糕足够大，各个职能部门就不会太去计较利益得失，大家都想着怎么做大蛋糕。而随着市场体制深化，西安不再有计划青睐，习惯守成的西安人眼睛只盯着'存量'的蛋糕。资源就那么一点，不抓紧夺，连块渣都不剩了。"

于是，在这场注定是零和的游戏中，"决策者相互倾轧，执行者相互扯皮，地方保护主义、功利主义盛行……这进一步加重了整个城市的恶性循环"。社会上洋溢着"崇官轻商"的氛围。大家"要么当主人，要么当附庸；要么支配别人，要么被别人支配"，在社会关系上倾向于"树根状"，裙带关系盘根错节，比起更讲契约关系的沿海，这里少有服务意识，做事更缺效率。这又进一步放大了权力的傲慢与保守的本性。（《中国城市大洗牌》，黄汉城、史哲、林小琬，东方出版社2020年1月版）

"陕西坐拥众多军工、科技、航天、高校，但由于其国家指令性强，产业化程度低，并未对陕西经济提供太大助力"，知乎上的一篇文章在描写陕西的历史时不无感慨，"除了省市矛盾，陕西省同高校、科研军工院所之间也有许多扯不清的矛盾。陕西高校众多，多数都为中央部属高校。即使非部属的西安工业大学、西安理工大学、西安建筑科技大学、西安工程大学也都有着曾经部属的辉煌背景。高校与科研院所吃中央财政，关起门来办学、研究，与地方关系不大。"

换句话说，尽管工业化重启了西安、洛阳，让这片土地得到了巨大的进补，但一直吸收不良。

相反，靠着大补丸，而不是靠着锻炼而得到的健康身体，一旦没有了外力的支撑，很容易就一泻千里。

正是这种封闭以及地方保护主义，让西咸最终分家。自汉将新城县并入长安县之后，西咸在大多数时间本为"一体两面"。尽管唐时咸阳复设，明时更是迁移到渭水驿（现秦都区所在地），但它最终还是和西安同在一个西安府（京兆府），然而，关中传统区划在解放后被打乱，给了咸阳再次"独立"的机会。

尤其是西安的一度直辖，让陕西当地对做大西安顾虑重重，生怕又被中央"抱走"，所以不仅急赶着把咸阳切分出来，而且还逼着西安拱手送上几个平原县。相比较郑州在开封地区拆分时的收获颇丰，只能感叹，西安时运不济。

如果要评选最"亲如一家"的城市，西安和咸阳一定能入选。今天，两者是全国市中心距离最近的城市，而且建成区都是你贴我，我挨你。在地图上可以看到，由于咸阳的存在，西安没有办法向西北突围。这样，西安就像一个压了重担的人，很难挺直腰杆。

咸阳的日子同样也不好过。因为省会的阴影一直如影随形。在很长时间内，由于西安的名气过大，很多人来这边旅游，往往只会留意东线的华山、兵马俑等，却忽视了西线的茂陵、乾陵、昭陵、袁家村、马嵬驿等。

某种意义上，咸阳的旅游资源被西安给掩盖掉了。但更要命的是，因为两者分家，对古咸阳的文化遗产的继承问题，又平添无数扯皮。

这也让西安从1983年，开始在GDP上第一次落后郑州。两者一直你来我往到1993年，自此郑州便一路领先。

但是，这也只是低质量低层次的竞争，因为1990年，郑州GDP总量在全国城市中仅列第29，只比江苏盐城（第30）稍好，还不如山东淄博（第27）；迟至2005年，也只勉强爬升到第27位。这更加反衬出西安的难堪。

而到了2006年之后，西安更是让人窝心：除了经济增长缓慢之外，连续两任市委书记落马、地铁三号线"窝式"腐败、空气污染严重，以及秦岭违建问题禁而不绝……

就像慈禧和光绪最终还是选择"还都"，西京市筹备委员会也终在1945年4月被撤销，此外，直辖仅一年多便降格为省辖市；与此同时，秦商又一次销声匿迹……西安终于活成了贾平凹书中的"废都"。

一切都像是轮回。机会来了又去，倏忽即逝，人们拼命地伸开手掌去抓住，最后只落下指间的余温。

20世纪90年代的中西部，无疑是塌陷的。这不免让人怀疑，这真的是一种宿命，还是盐碱地上，真的开不出花来？或者，即使生长了，也很难长成参天大树。

自诩是喝着盐碱水长大的胡葆森，把"追求卓越，坚忍图成"当成企业的经营理念，并奉为圭臬——因为任何人要在盐碱地里生存，都需具备坚忍不拔的品质和百折不挠的勇气，所以他的建业队在航海体育场一度"专治不服"。他选择相信家乡，相信中西部，"对河南这个投资环境，我有一些不同看法。毕竟政府官员的观念也在逐渐开放，投资环境只会越来越好。另外，河南是历史文化积淀非常深厚的地区，虽然它的表面覆盖着一层盐碱，但只要你活下来了，把根往下扎，穿过盐碱层，就能汲取到传统文化的丰富营养"。

很多人没有挺到那一天，但他似乎看到了未来。

# "郑中心"

## 十

2003年，为了打开自己过于狭小的城区格局，郑州正式东扩，在荒野与鱼塘之中，建成了面积150平方公里的郑东新区。

这一年，陈义初卸任郑州市长。在卸任市长之前，他顶着压力，修建起了郑州新郑国际机场，还筹建了空军马头岗机场。尽管当时有人认为，作为铁路交通枢纽，没必要再费时费力费钱建机场。郑州人往往会对远道而来的客人们说，从郑州到北京坐火车很方便，睡一晚上就到了，办完事再睡一晚上就可以回来。但是陈义初认为，"一个城市如果没有飞机，就不能算真正的开放"。他要用继续向世界开放，来进一步刷新郑州乃至整个河南。

也正是在这一年，河南当地作出了实施区域性中心城市带动战略、加快中原城市群发展、实现中原崛起的战略决策，并确定以郑州为中心，一个半小时经济圈内的开封、洛阳、新乡、焦作、许昌、平顶山、漯河、济源9个市组成中原城市群。

某种意义上，这是河南锐意打造郑州的开端。提升省会首位度，避免沿海城市虹吸，成了河南必须要做的选择题。

利好还在等着河南。次年，国家又在政府工作报告中首次明确提出一个战略，那就是促进中部地区崛起，2006年，该战略正式出台。

三年后，河南迎来了一位"个性书记"卢展工。他曾在浙江、河北工作多年之后，又于新世纪初奔赴福建，先后担任省委副书记、省长、省委书记，在这里一待便是近9年的同时，还曾提出"海西经济区"，并力推该战略纳入国家"十一五"规划。

在我看来，国家对河南的各种手笔，无疑寄托了自己的希望，那就是进一步打开河南的视野，让河南更能吹进沿海的新风。另外就是通过和沿海衔接，和西部衔接，加快中原城市群发展，让中原崛起这一战略能真正落地，以实现国家整个区域发展的协调。

这既可能亦可行。一是因为东部的一些先发城市已经走过了高速发展阶段，投资空间相对较小。像北上广深已进入质量型发展新常态，而具有广阔市场的中西部将成为产业转移的新天地，同时，它也是共同富裕的必然要求。

国家的谋划依旧层出不穷。2012年，先有《关于大力实施促进中部地区崛起战略的若干意见》发布，又有《中原经济区规划（2012—2020年）》在11月17日正式获批。2016年，再推出《促进中部地区崛起规划（2016—2025年）》……

有文章这样解读中原经济区的建设：首先这一地区是中国的粮食主产区，具有保障中国粮食安全的意义；其次是中国农民人口聚集最多的地区，也是农民问题最突出的地区；再次是城镇化水平低；最后是中国工业化由东向西推进过程的支点，也是承接东部产业转移的重要地域。因此，建设中原经济区必将为整个中国农民问题的解决提供重要的区域支撑。这也意味着，中原经济区建设的核心任务，是要积极探索一条不以牺牲农业和粮食、生态和环境为代价的"三化"协调发展的路子。所谓"三化"，指农业现代化、新型城镇化、工业化。换句话说，农业现代化可以让河南能继续充当中国的"粮仓"，但新型城镇化、工业化，也能提升整个区域的发展水平，让多余的劳动力有了被吸收和容纳的渠道和空间。某种意义上，这也是河南有所突围也有所作为的大方法。

不过，建设中原经济区也不是无的放矢，乱抓一气。在国务院批复的《中原经济区规划（2012—2020年）》中是这样描述的：中原经济区是以郑州大都市区为核心、中原城市群为支撑、涵盖河南全省延及周边地区的经济区域。

这也对郑州提出了要求，那就是努力在这"三化"当中真正成为河南乃至整个中原的老大，否则很难收获承认，就连自己，也只能成为为沿海输送劳动力的中转之地。

这逼得郑州只能闻鸡起舞。幸运的是，2010年，在多城的竞争中，郑州抱得了美人归。

美人即富士康。这个在1988年被深圳引入内地的著名代工企业，在20年的时间内，得益于中国经济的发展，高歌猛进；但是20年后，由于土地成本、人才成本居高不下，传统型低利润的劳动密集型企业尝到的"甜头"越来越少，与此同时，产业升级也让深圳将富士康代工外迁。在外迁的过程中，有不少城市向它伸出橄榄枝，包括安徽的蚌埠，但最终还是河南，靠着自己的隐忍坚韧、自尊自强，以及一腔热诚，拿下了富士康。

根据《南方周末》2010年8月报道，为了表示自己的诚意，时任河南省长顶着35℃的高温天气前往新郑机场，专程等待郭台铭的到来。两个人前后会谈不到半日，但两个月后，在郑州东南的新郑机场周边的大片空地上，一个规划占地面积达10平方公里、计划用人30万的富士康工业园开始生长。这是继武汉富士康科技园区之后，又一个巨无霸级的富士康项目，面积是富士康大本营深圳龙华园区面积的4倍多。

在正解局的《从"大郑县"到"国际郑"：郑州如何被富士康改变？》一文中，将富士康的到来看成了郑州转变的一个巨大的突破口，或者说，它就是郑州请来的一个网红带货主播，用它庞大的粉丝给平台带来巨大的流量。

文章说，虽然我们不能把郑州的经济发展归结为富士康的一己之力，但不可否认，富士康确实改变了郑州。

在外贸上，这个不沿边不靠海的城市，增速喜人，"2010年全市直接进出口总额51.6亿美元，增长43.3%，2011年更是达到了160亿美元，比上年增长210.1%。郑州的外贸综合排名也一下跃升到全国第18位，此后一直在全国前20名内"。

还有一个更直观的改变，那就是人变多了。最多的时候，郑州富士康有30多万工人。除了他们之外，依托于此的第三产业从业人员的数量更为庞大。"《2010年郑州市国民经济和社会发展统计公报》显示，在富士康落地郑州的第一年，全市从业人员469.3万人，其中第三产业从业人员为209.5万人。第二年，全市从业人员就涨到了514.4万人，第三产业从业人员涨到250.4万人，增长了19.5%。"某种意义上，郑州以一己之力，抑制住了河南这个人口流出大省的人口外流。这也为它在第七次人口普查中，跃居14座特大型城市之一创造了条件。有了人，城市就有了更大的活力。

更重要的是，借助富士康代工巨大的进出口流量，郑州建立了与世界经济的紧密联系。它不仅给郑州带来了中兴、创维、天宇、OPPO等300多家产业链上下游的相关企业入驻，从之前的煤炭、钢铁、纺织等低端行业，走向了高端制造和高科技产业。今天的郑州，业已形成了以智能终端为代表的世界级电子信息产业集群。

而且，它还扩大了航路的影响力，"2020年，郑州机场的邮货吞吐量63.94万吨，全国排名第6，全货运航空公司31家，全货机航线51条，通航的城市63个"。一条带着河南走向世界的"空中丝绸之路"因此繁忙了起来。某种意义上，郑州用和富士康之间的互相成就，打造了一条内陆城市的出海之路。

不得不说，正是这种航空港的建设，让郑州再次拆"墙"，开始融入世界，也给了很多不靠边不沿海的城市一个突围的案例。正因此，郑州航空港经济综合实验区成为我国首个上升为国家战略的航空经济先行区，被委以"引领"郑州国家中心城市建设、带动河南融入全球经济循环的重任。

除了航空港之外，作为"火车拉来的城市"，郑州也在高铁时代积极有为。2009年，位于郑东新区的高铁站郑州东站开始修建，3年后正式投入运营。目前，以郑州东站高铁站为中心点，北上石家庄、北京，南下武汉、长沙、广州，东达南京、上海，西到西安，已经形成了全国大型的高铁"米"字形枢纽。

与此同时，横跨欧亚大陆的中欧班列（郑州）综合指标位居全国前列。某种意义上，郑州俨然成为全国人流、物流、资金流、信息流的集聚高地。这也让郑州的雄心又一次暴涨：成为世界的"路口"。

相应地，一开始被称为"中国最大的鬼城"的郑东新区，在今天俨然已经发展成为整个中原最好的城区。也正是在郑东新区和航空港的基础上，源于2008年的一个构想，被视为全省经济发展"一号工程"的大郑东新区，也逐渐成形。这个大郑东新区在今天还包括郑州经济技术开发区、白沙产业集聚区、官渡产业集聚区、金岱工业园区、郑州国际物流园区和郑州出口加工区等。

而在西郊，也随着房地产的"西部大开发"，新建楼盘此起彼伏。2010年左右，周边还是比较"荒芜"的西郊热电厂，也很快被包围。这也导致这座经历了半个多世纪、为郑州的发展做出巨大贡献的老厂，在2019年前后彻底熄火。

有电力系统的员工在听到这一消息后言，水光潋滟晴方好，山色空蒙雨亦奇……又言，萧瑟秋风今又是，换了人间……

今天的郑州，明确了自己的功能定位，那就是"一枢纽一门户一基地四中心"：国际性现代化综合立体交通枢纽、中西部对外开放门户、全国重要的先进制造业基地，而四中心则是：国际物流中心、国家区域性现代金融中心、具有国际竞争力的中原创新创业中心、华夏历史文明传承创新中心。

不过，这一切都不如"郑中心"来得形象。2016年，郑州获批建设国家中心城市。这不仅是因为它的地理位置，以及在产业上的破局求生，更因为是这个国家，对郑州寄予了更高的期望。

## 十一

对开封来说，这无疑是很上头的诱惑，也是念念不忘的回响。

这些年来，眼看着从自己躯体里脱离出去的小弟，翻天覆地成大哥，它既眼热，又无比焦虑。一方面，它和郑州之间，还不像洛阳和郑州那样，相对保持着距离。两者边界处相隔不足30公里，"在郑州的极化效应下，大量要素流向郑州。如果这种情况不得到及时改变，那么开封的发展将会受到严重的制约"。如果说以前的资源西迁是行政命令，但今天市场的手，比当年还要更翻江倒海。

但另一方面，它们离得这么近，那么，开封是不是可以成为郑州都市圈的功能城市，将郑州的部分职能转移到开封，让郑汴实现一体化？毕竟，它的很多优势如文旅、教育，也为郑州的发展所需要。

1996年，面对着经济社会发展的水平、地位在省内逐渐下滑的局面，举止失措的开封，只好举行"寻策问计到河大"活动，当时，河南大学教授、中原发展研究院院长耿明斋提出了"应该把开封放在中原城市群的大格局里，借助周边环境求发展"，这也成了其在2005年提出"郑汴一体化"这个构想的基础。在他看来，中原城市群建设，目标应该是城市和城市之间的一体化发展。

事实上这也正切合河南全省的期望。如果我们仔细审视"中原经济区"这个规划，你会发现其暗藏玄机。尽管郑州是毫无疑问的中心，但是被纳入中原经济区核心区范畴的，还是汴、洛、焦、新、许等几座城市。这也意味着，河南虽然要发展郑州，但是也不能任由郑州一家独大，相反，郑州需要充当一个引擎，来带动像洛阳、开封这些城市的发展，也就是说，河南要通过"团战"来取得胜利。

这既是现实要求也是历史的必然。对河南来说，一个郑州撑不起中原崛起，它需要更多城市能站出来。如果这些城市做不好，就像当年中部塌陷一样，也同样能拉扯郑州的后腿。

反过来说，尽管它们在市场经济中遇到了困难，但哪个省份会像河南那样拥有两座千年古都？如果能顺利转型，它们就不是包袱，而是别人无法复制的优势。

在郑州的影响大于开封的当下，这种一体化看上去更像是开封抱郑州的大腿。这让人是可忍孰不可忍。但不得不说，它的提出，让开封在面对经济社会发展的水平、地位在省内逐渐下滑的局面时打开了一扇窗。

有时我便想，幸好当年给开封留下了"河南大学"。尽管留在开封，让河南大学的发展不如郑州大学，但是，正是有这样一个挂着"河南"名号的大学，让开封从自怜自艾的心墙中拔出脚来，有了一些大格局。不像以前开封嫌弃郑州是暴发户，郑州嫌弃开封冥顽不化。

这也让"郑汴一体化"俨然成为河南在规划中原城市群建设过程中提出的重大战略部署，也是中原城市群建设的先导工程。

尽管很多开封人对这一体化充满着怀疑，甚至有人戏谑，开封以后就是郑州的东郊了，更是严重地刺激了开封人的感情，但是一体化的工程还是次第铺开。

2006年，双向10车道的郑开大道建成，城际公交通车，开全国先河。到了2014年12月28日，郑开城际铁路更是正式开通运营，这让开封一跃成为郑州的"后花园"。不少郑州人选择到开封过周末和消费，很多外地人到了郑州，也会自然而然地选择去开封遛上一圈。尤其是它自宋而来的夜市，更是吃货的向往。

开封的旅游收入也因此呈现大幅度的增长趋势。今天的开封，也借势在打造自己的"宋文化"，到了2020年，开封全市旅游接待总量5312.6万人次，旅游综合收入334.2亿元，4A级以上景区11家。

不过，相比较排除了城市之间流动要素的障碍、壁垒，实现了以道路为代表的互联互通这种基建上的一体化，开封更需要的是和郑州的产业一体化。对它来说，"郑汴新区"的建设才是一体化中的重中之重。

该新区之所以能成立，也在于开封自身的努力。1992年，开封成立了汴西新区。多少年来，开封的城市中心是鼓楼，千年不变的中轴线是中山路。随着城市框架的拉伸，这座城市的中轴线已经悄然移到了金明大道——这条对传统的开封远得不能再远，甚至是彼时的人们对城市边界模糊认知的大道，见证了汴西新区从无到有、从荒芜到繁茂，也让开封一路往西，然后迎头便撞上了郑州正在锐意打造的大郑东新区。

尽管比起大郑东新区，汴西新区能级不够，但是多年下来，它也在努力将自己打造成为开封改革开放的试验区、科学发展的示范区。所以，当它们一旦握手，会交织起什么样的火花，不仅对开封是一个诱惑，同样对整个河南来说，也是一个非常大的想象空间。

在2009年的河南省"两会"上，加速汴西新区建设、大力打造郑汴新区已成为全省的共识并写入《政府工作报告》。两会后没多久，汴西新区便更名为开封新区，一下子显得档次高大上了不少。

只是，让耿明斋感到遗憾的是，由于各种各样的原因，郑汴新区未能推进到国家城市新区层面。更事与愿违的是，郑汴一体化的结果也不曾证明有多成功。

也正是在2020年，开封的GDP只有2371.8亿元，只比2019年多了7个亿而已，相反，郑州的GDP则是12003亿元，早已进入万亿俱乐部的行列。看得出，除了旅游，"郑汴一体化"并没有给开封带来更多的实惠。相反，郑州还有一些怨气，觉得正是开封的拖累，让它在和长沙的比拼中，迟迟没有翻身。

对郑汴来说，事情既然开了头，似乎就不得不继续走下去。现实也很快就让郑州清醒过来，自己不仅有义务帮扶开封，而且自己的发展，更需要开封。

# 十二

这些年来，随着外来投资、高新技术的开发，郑州的摊子铺得越来越大，出现了城市过度膨胀的问题，像西郊热电厂熄火就跟这个有很大关系，而航空港也在2019年扩大到488平方公里。

相反，整个郑州三环才不到200平方公里。这种膨胀也容易导致耕地、林地等城市肺区的功能区域被占用，可想而知，空气质量因此下降。

其次，《关于郑州市国土空间总体规划情况的报告》中曾显示，到2035年，郑州人口将会达到1800万。这也意味着，巨大的人口数量需要更多的就业机会以及更多的资源与能源消耗，两者之间的不平衡更加突出——某种意义上，它需要开封为其分担压力。

再次，随着区域经济发展进入了新阶段，各自为政很难，尤其是单个城市的集群必然比不过两个城市的集群式发展，必须要深度融合。

更重要的是，尽管开封的地理和文化曾经一度束缚过它，但是随着经济发展到一定的层面，正如马斯洛需求理论中，人在满足了最基本的生理、安全需要之后，还需要更高级的审美和自我实现，那么，有着宋韵水城，北方罕见；明清城墙，全国第二的开封，就成了这个时代的香饽饽。

所以，在2020年，河南当地印发《2020年郑州都市圈一体化发展工作要点》，要求郑州作为中心城市，辐射带动周边开封、新乡、许昌、焦作四个城市。

这也要求开封，一方面需要保"墙"，不能让这些宝贵的历史记忆一次次被损毁，但另一方面还需要持续拆"墙"——它应该更清醒地认识到，开则兴，封则衰。和郑州相融是必然的趋势，不能因为一时的不理想，而重新回到"以邻为壑"。

开封当地媒体曾有建议，为了解决郑州过度膨胀的问题，可将省会迁回开封，让郑州集中发展经济，做经济中心。省会新址应选在开封新区的杏花营一带，实际位于郑汴之间偏近开封一侧。这对郑州不会产生任何负面作用，却能助力一个在国内外有着巨大影响力的古都名城的崛起。但我个人认为，这和当年因为战乱而在洛阳、开封之间来回折腾不同，现在郑州坐稳省会位置，肯定不会拱手相让。毕竟在当今中国，政策资源，对一个城市才是最重要的资源。经济会跟着政策跑的。

我倒是很欣赏这样一个建议，那就是郑州和开封重新合并为一个新的城市，城市的名字不叫郑州也不叫开封，而是叫东京。东京的东区为政治中心，西区则为经济中心。这既是对历史的回应，也能让中原出现一个真正的"龙头城市"。

事实上，这也是耿明斋的想法。在他看来，郑汴新区最终是要连在一起的，郑汴一体化的最终目标，应该是通过新区的连接，让两市合组为一个特大城市，现在不要管这个大城市叫什么名字，功能怎么划分，先干起来再说。

郑州国际航空港的扩展也许能让它成为撬动郑汴新区的一个重要支点。2019年，耿明斋作为省人大代表，再次提出"河南有必要构建国家级的郑汴新区"，在他看来，重庆有两江新区，成都有天府新区，贵阳有贵安新区，郑州能否以郑汴港（由郑州主城区、航空港区、开封主城区共同组成三角区域）核心区为基础，打造国家级的郑汴新区？而在此之前，全国人大代表、开封市委书记吉炳伟在2016年出席十二届全国人大四次会议河南代表团全体会议时也曾呼吁，建议将郑开新区（也就是郑汴新区）上升为国家级新区。

打造这一新区，一方面能让郑州国家中心城市建设有一个很好的抓手，能将区域内的割裂的航空港区、郑东新区、经开区、汴西新区、开港产业带等经济区（带）统一和融合起来，另一方面，如果郑州有这样一个国家层面内涵最丰富、级别最高的城市新区，那么对提升郑州在国家层面的影响力有很大的益处。

在我看来，随着郑州、开封发展的节奏在加速，郑汴新区的构建也越来越清晰。未来的郑汴，一体化甚至有可能被同城化所取代。

不过，就像有人减肥有人饿死没粮一样，当郑汴放下心结谋划着要一起快乐地玩耍时，洛阳的心里却是两个大写的字：不服！

# 十三

2000年底，来自老城区东都商厦的一场特大火灾，让洛阳损失惨重的同时，也炙烤着洛阳，让此前有些慢吞吞的它，终于变得大张旗鼓。

先是大拆违，那些影响消防通道，影响人民生命安全的建筑物被大批拆除。

2001年，140万平方米的违章建筑被夷为平地；接着是大改造，尤其是被搁置了10年的中州路改造，不到半年，三下五除二就搞定了。此外，王城大道、定鼎北路也开通了，这下洛阳整个市区变得通透很多。

新的公园也因此冒了出来。像拥有一个庞大水系的洛浦公园，在夜景照片中，曾美得胜过不夜的上海滩。此外，占地3000亩的隋唐城遗址植物园，以及周山森林公园、上清宫森林公园、中国国花园以及牡丹广场等一大批旅游设施景点也先后建成，龙门石窟旅游度假区、白马寺佛教文化区、小浪底旅游度假区等十大旅游精品景区也开始建设。牡丹花会、河洛文化旅游节、关林国际朝圣大典等节庆活动也声响不小……这在改造了城市景观，让有山有水的洛阳重新有了当年的"味道"的同时，也推动了洛阳旅游业的发展。

更重要的是，和建成区隔洛河相望的洛南新区也在洛龙区的躯体上开发建设，并于2005年正式将市政府迁入此地。这也意味着，洛阳正式南扩。此前，在隋唐时还将洛河变成内河的洛阳，由于饱经战火，最后退缩到了洛北，即使又多了西工区、涧西区，以及随后的瀍河回族区、1982年因建设洛阳炼油厂（今洛阳石化总厂）而设立的吉利区，洛阳基本上都是东西方向沿着中州路发展，而偌大的洛河南岸地区，在当时归属郊区（2000年改为洛龙区），还是待开发的处女地。不过，时间一久，洛阳的城建就变得越来越畸形。所以，向南发展，成了洛阳自我改变的大机遇。

很多洛阳人曾一度被这种发展所激动。在他们看来，尽管这里面有些挥金如土，有些更像是政绩工程，但是它让这座城市敢于去梦想，让这一城之人又有了爱家的理由。但是他们也许不知道的是，这种狂干猛上的背后，其实也藏着各种不为人知的"故事"——多年后，从三门峡调回洛阳的时任市委书记孙善武因贪腐，以及多次依托工程敛财，而站上了被告席，最终被判处死缓，而他的妻子、儿子、女儿和女婿也分别被判处4年到13年不等的有期徒刑。更要命的是，由于大搞建设，邙山墓葬群、栾川平乐古镇、唐睿宗孺人的墓葬均遭到毁灭性破坏。

这种伤害再一次证明了古都的转型，是一次抽丝剥茧的向死而生，是一场由表及内的重整山河，非有大智慧大勇气以及心无杂念的大牺牲，转型难能成功。

但我还是相信，在穿越了战火，以及经济周期等多重考验之后，这个有着尊贵血统的城市，显然也不会允许自己继续堕落。

它抓住的机会，正是中原经济区的建设。在2010年，洛阳市政府就不无激动地表达决心，"我们应该抓住这个机遇，把洛阳建成中原经济区中的一个核心增长极，从而加快推进福民强市进程"。2011年9月28日，国务院正式印发《关于支持河南省加快建设中原经济区的指导意见》，赋予洛阳"中原经济区副中心城市"这一定位，更是振奋了洛阳人心。2013年底，洛阳召开市委经济工作会议，会上明确提出，要把洛阳建设成为名副其实的中原经济区副中心城市。

随后洛阳进一步阐释了名副其实的中原经济区副中心城市的四重含义：重要增长极、文化示范区、最佳宜居地和开放创新城。

比起开封，洛阳无疑是有着优势的。当年的工业化建设，让洛阳爱恨交加，甚至有虚胖之嫌，但底子总是在那里。

如果趁着这个科技时代，利用以前的优势，走"再工业化"的转型升级之路，并利用军工优势促进军民融合发展，那么洛阳的躯体也能锻炼出让人眼馋的肌肉来。

今天的洛阳，便有这样一个训练自己的密码：565。

所谓"565"，即为洛阳所构建的现代产业体系。第一个"5"，包括先进装备制造、新材料、石油化工、电子信息、旅游等五大主导产业；第二个"6"，包括机器人及智能制造、新能源、生物医药、现代物流、电子商务产业、金融业等六大新兴产业；第三个"5"，包括文化、科技服务、牡丹、健康养老、高效农业等五大特色产业。

得益于"创新产业双驱动"，曾经赢得"河南工业看洛阳，洛阳工业看涧西"这一声誉的涧西工业区，更是交出了一份厚重的成绩单。从"嫦娥"飞天到"蛟龙"潜海，从盾构钻地到军舰遨游，"天眼"探空，"墨子"通信，"玉兔"登月，C919展翅，"复兴号"飞驰……这里的"大国重器"，其实都烙上了涧西印记。

这也让洛阳多次受到了国家的赞赏。2020年5月8日，国务院办公厅印发通报，对2019年落实重大政策措施真抓实干成效明显的地方予以督查激励，其中洛阳等10个城市入选"促进工业稳增长和转型升级、实施技术改造成效明显的地方"名单，这也是它继去年荣膺该称号后再获殊荣，成为河南省唯一连续两年获得该项督查激励的省辖市。

也正在这一年底，河南省发改委提到，近年来"在做强做优郑州国家中心城市、建设郑州都市圈的同时，致力培育壮大洛阳副中心城市"。

尽管只是个"副中心城市"，但洛阳好歹还能回望自己作为河南府的光辉岁月。因为这一职能，它重新将平顶山、焦作、三门峡、济源这些河南中西部城市给捏合成了一个朋友圈。而且，现在非洛阳辖区内的三门峡、焦作孟州等都是制造业基础不错的地方，能纳入到洛阳都市圈，对洛阳肯定也是一个支撑。

此外，为了改变小牛拉大车的格局，洛阳再次谋求区划调整。洛南新区依旧是洛阳的一个重要发展方向——在跨过洛河之后，洛阳再次跨过伊河，发展伊滨。尽管今天的伊滨区还套在洛龙区里面，属于洛龙区的一部分，但是它已经被定义为"洛阳的明日新城"，和洛龙区共同壮大了洛南新区。

不过，做大洛阳，还需要洛阳趁势北上、东进。2021年3月，国务院批复同意撤销县级偃师市，设立洛阳市偃师区，以原偃师市的行政区域为偃师区的行政区域。撤销孟津县、洛阳市吉利区，设立洛阳市孟津区，以原孟津县、吉利区的行政区域为孟津区的行政区域。这样一来，洛阳城区的面积一下子扩大了约1.8倍。在外界评论看来，作为洛阳下辖的唯一的县级市、河南省经济扩权市，偃师撤市设区，确实给洛阳注入了新的动力和能量。

大洛阳的诞生，让洛阳的地位一锤定音。在2021年4月发布的《河南省国民经济和社会发展第十四个五年规划和2035年远景目标纲要》中，在明确郑州为全省城市的"主中心"之外，还将洛阳确立为一个中原城市群副中心，南阳、安阳、商丘则为区域中心城市。这样一来，形成了"一主一副三区域"的城市格局。

愿景很美好，洛阳依旧有"淡淡的忧伤"，一是洛阳的产业依旧还处在新旧动能的转换之中，原本作为地区优势的不少央企正在外迁，新兴产业整体仍然在培育之中，这给它带来的阵痛依旧还将持续；二是作为历史文化名城，洛阳饱受战火摧残，再加上发展重工业导致文物被毁，让洛阳今天的文旅资源优势发挥还不完全。接下来，如何在发展和保护中寻找平衡，对洛阳来说也是考验。

更对洛阳带来影响的是，今天的河南借着国家发展中西部的东风，依旧在大踏步"布局"，在洛阳之后，为了力救在郑州、武汉、西安、重庆等四大国家中心城市夹击中整体塌陷的南阳，河南省第十一次党代会又明确提出，支持南阳建设副中心城市。这也意味着，洛阳的副中心地位又迎来了挑战。

但是，作为千年古都，也是中原城市群的重要成员，河南依旧需要洛阳的迎难而上。河南应该清楚，洛阳只有做好了，郑州才有帮手，更重要的是，能为河南压住豫西的阵脚，避免这些城市被更西的西安所虹吸。

所以，在2022年，"郑州都市圈"扩容，从当初的"1+4"，增加到和武汉都市圈并驾齐驱的"1+8"，其中，新增的四个除了平顶山、漯河、济源，还有一位，就是洛阳。

这既是一种认可，也是一种示好，更是一种责任。面对郑州伸出来的双手，毫无疑问，洛阳在接下来要做的，就是抛弃对郑州的怨念，面向未来，以全新姿态携手出发。毕竟，加大和郑州的合作是双赢。而且，如果主副中心城市面和心不和，那闹的不仅仅是笑话。

尽管行政区划的变迁，以及地位的浮浮沉沉，让郑汴洛之间的关系犹如西咸一样，充满着各种矛盾、爱恨，以及不可言说的情绪。但是，时代发展的需要，又将各自为政的它们捏合在了一起——随着郑汴一体化，以及郑州都市圈和洛阳都市圈的相互融合和链接，它们已然"三位一体"。今天的洛阳，是郑汴洛的洛阳；今天的郑州，是郑汴洛的郑州；而今天的开封，也是郑汴洛的开封。

以前的西洛二人转，变成了西安和郑州（郑汴洛）的二人转。正是同进步，共命运，也让河南形成了一个巨大的隆起地带，中原城市群渐渐名副其实。

也正因为这种"集体的优势"，让河南在和四川的比较当中，占得先机。2016年，尽管成都GDP达到12170.23亿，已经成为西部地区最大的城市，甚至已经跻身国内一线城市。但拥有18个地级市的四川，GDP却比河南低8000亿左右，也就是一个郑州的差距。

在这种很有意思的反差背后，是成都的吸血式发展所导致的大成都小四川。恰恰好，这些年的西安所对标的正是成都。

# 大西安，小陕西？

## 十四

多年来，"西安一直很羡慕一个城市，或者说很嫉妒一个城市。这个城市是成都。以张宝通为代表的陕西学者在媒体上多次发声，要学习成都模式，做大西安。"西安本地的《西安商业评论》说，"所谓成都模式，就是成都在过去十几年，通过不断地'兼并'周边城市，做大规模，做大体量。目前，它的GDP已经是西安的两倍。"

在它看来，还有一个城市——武汉，也是西安相对艳羡的城市。今天的武汉，拥有江岸、江汉、硚口、汉阳、武昌、青山等13个行政区及武汉经济开发区、东湖新技术开发区等6个功能区，而没有一个下辖县。正是在大武汉战略的带动下，武汉的GDP也很快就进入万亿俱乐部，而西安直到2020年才首破万亿大关。

某种意义上，以前和洛阳二人转的西安，把视线转向成都，并对标成都，无疑凸显出它内心里的那个"大大"的梦想。汉唐时期的辉煌，萦绕在心间，挥之不去，让它觉得少了这个梦，人生都不完整。

所以，为了实现这个梦，西安乃至整个陕西也自2002年，重新在探讨西咸一体化。尽管进程不大，但也催生出了一个国家级新区——夹在西安和咸阳主城区之间、两头庞大中间的西咸新区。此外，它还投入巨资建设大唐西市、大唐不夜城，以及大唐芙蓉园。不过，对西安来说，在大破大建的同时，更需要来一场灵魂深处的革命。

2017年，随着时任市委书记王永康在古城墙上转了一圈，却捡了27个烟头之后，一场"烟头不落地，西安更美丽"环境大整治在西安市全面展开。有人把它称为"烟头革命"，它也是王永康出现在西安人视线里的第一次。

今天，当我们重新回顾这场"革命"，你会觉得它小得不能再小，毫无革命可言。但又确确实实是一场大革命，因为它通过"烟头"，撬开了这座城市的城墙思维，改变了这座城市的传统节奏。它要烫醒依旧在沉睡之中的西安。

这一年，让西安再次被敲打的，是在西安当地举行的一次重要会议上，所抛出的振聋发聩的"西安十问"，从西安的工业为什么不大不强；同处内陆的成都能发展起民营经济，西安为什么不能；地处中国大地原点，拥有航空、铁路综合交通枢纽，为什么西安的开放经济发展缓慢……十个方面，来进行批评与自我批评。无疑，这既体现西安当地对自身病症的清晰认知，也表达出了对超越发展的迫切期望。

改变从此开始。首先，和洛阳在工业上重新再出发一样，西安也将创新视为引领发展的第一动力，提出将军工优势转化为经济发展优势，以及创建军民融合创新示范区的建设方案，此外，还要将西安"打造成硬科技之都"，并举全市之力打造"全球硬科技大会"。

2017年11月，第一届硬科技大会在西安召开，以"硬科技改变世界，硬科技引领未来，硬科技发展西安"为主题，以硬科技产业"八路军"为重点，分别是人工智能、航空航天、生物技术、光电芯片、信息技术、新材料、新能源，以及智能制造。

对拥有西安交通大学、西北工业大学、西安电子科技大学等7所"双一流"建设高校，有着强大的科研实力，尤其是在航空、航天、超高压输变电设备等高端装备上，处于我国顶尖水平的西安来说，这无疑是一次"迟来"的爱。但好在它终究只是迟到而不是缺席。

如果说洛阳有"565"，西安则有"6+5+6+1"。在日后发布的《西安市现代产业布局规划》中，西安明确了自己需要建立的现代产业体系：电子信息、汽车、航空航天、高端装备、新材料新能源和生物医药6大支柱产业集群；人工智能、5G技术、增材制造（3D打印）、机器人、大数据与云计算5大新兴产业；现代金融、现代物流、研发设计、检验检测认证、软件和信息服务、会议会展6大生产性服务业。此外，推进文化旅游产业转型升级。

这一系列的举措，让西安从千年古都，很快蜕变成外人眼里的"硬科技之都"。有媒体宣称，"2018年，全市新增国家级高新技术企业781家，总数达到2620家，同比增长42.5%。依托西北有色金属研究院、西北工业大学孵化的西部超导、铂力特2家企业在科创板成功上市。易点天下网络科技股份有限公司成为西安市首家独角兽企业，估值超过70亿元"。

不过，西安还需要补这样一个"短板"，那就是政府效能太差，也留不住人。同样是在2017年，西安成立市投资合作委员会，坚持把招商引资作为"一号工程""大招商、招大商"，次年更是确定为西安的营商环境提升年，"打造最优营商环境"也多次出现在西安政府文件中，更多地为人所熟知。吉利新能源汽车从洽谈签约到开工建设，仅用了105天，刷新了中国汽车整车项目落地的最快纪录。

此外，被刷新的，还有中国最快落户纪录。你很难想象，为了"抢人"，西安连警察都被推到了一线，召开轰轰烈烈的誓师动员大会。然而，效果格外的好。西安在一年中新增落户人数等于过去七八年的总和。

2018年前后，西安交通大学也感受到了来自西安当地的关爱。在西安当地发给它们的一封信中，不仅称颂它们铸就的"胸怀大局、无私奉献、弘扬传统、艰苦创业"的西迁精神，而且还赞赏它们在刚刚闭幕的2017年度国家科学技术奖励大会上再次载誉而归，主持的7个项目获得国家科学技术奖，获奖数位居全国高校第二，"这是西安交大的骄傲，更是西安城市的光荣"。

此前，由于不是省属高校，西安交大在西安得到的关爱远不如西北大学。这也导致它在全国的竞争力一度下降。《西安商业评论》感慨，"郑南宁在任时期，连学校周围的一片地都争不过地产商，王树国校长一上任，省、部、校联动在西咸新区立即拿下了新校区的地"。这也让王树国由衷表示，"交大是国家的交大，是交大人的交大，是陕西的交大"。正是打开了两者之间的隔阂，也让西安得以依托交大打造西部科技创新港。

不得不说，正是这些动作，让西安开始触底反弹——思维变了，营商好了，经济也就活了。换句话说，影响力变大了。

但西安得到的还不止这些。也就在2017年1月21日，陕西提出由西安市代管西咸新区、深入推进西咸一体化。

# 十五

此前，这个在2014年被批复成为国家级新区的西咸新区，本来是想争取双赢的局面，结果一度陷入了"多头唱戏"的困局。也就是说谁都想负责结果谁都没法负责，最后只能在互相扯皮当中，浪费光阴。

但现在好了，随着陕西的"一锤定音"，这个拥有空港、沣东、秦汉、沣西、泾河5个组团的土地，几乎被西安一口吃进——尽管当地媒体《华商报》分析说："这里，有一个细节需要说明的是，西安并非全面代管……准确地说，2017年以来，是以西安代管为主，加上局部区域的咸阳托管。"但此举还是意味着，西安在短期内一次性增加了上百万的人口规模，总面积也一举超过了1万平方公里。在影响力提升之外，西安在规模上也将同样"回归"大西安，它的腰终于挺起来了。

更重要的是，列入国家重点文物保护的秦咸阳宫遗址、秦阿房宫遗址、秦直道遗址，列入省级文物保护的郑国渠遗址、望夷宫遗址、秦汉时期沙河古桥遗址，以及众多馆藏的秦代文物和遗址的存在，让西咸新区内拥有周、秦、汉、唐等中国各时期的文化遗存。此前，由于西咸的合合分分，西安之前张扬的多是唐文化元素，但是西咸新区的纳入，让西安再次重回"咸阳"，有资格也有条件做大并彰显周秦汉文化，一改它的影响力和地位不相称的局面。

等待西安的，还有铁路枢纽的建设。随着首条同时穿越秦岭和大巴山脉的西成高铁（西安—成都）正式通车，它将西安和西南对接，将黄河流域与长江流域连接。加上西安到北京高铁的开通，西安将和京津冀、成渝、大湾区、长三角组成中国经济版图的"钻石地带"。这不禁让人感叹，高铁时代的到来，让以前只有陇海线"一根筋"的西安，成为四通八达的"八爪鱼"。

这也让西安继郑州之后，成为第九个国家中心城市，而关中平原城市群也于同年获批，西咸区划优化调整，被明文写入国家规划。

2021年，西咸新区按照"全面授权、不留空白"的要求，交由西安市全面管理，并划分共管区与直管区。新区管委会除作为省级派出机构定位不变，直管区所有权限均由省里交由西安市里。陕西西咸新区变了为西安西咸新区。

被明确化的西咸新区，正举全区之力推动秦创原建设，和西安建设硬科技之都无缝对接。所谓创，自然是创新之意，而原，更有陕西特色，让人一眼想到龙首原，以及白鹿原那样的黄土台地，高高耸立，所以在这里，有"创新高地"的意思。而秦，自然指的是自秦以来一脉相承的陕西——这个别出心裁的名字，既体现了老秦人不达目的不罢休的那股拧劲、闯劲，也彰显了陕西在科创上的潜力和志向。

春风得意马蹄疾，一日看尽长安花。今天，当我们重新回过头审视郑州和西安的日新月异、一日千里，以及洛阳在发展上的波折，你一定会有这样的发现。

其一，在数千年来的集权传统之下，中国城市的发展，无疑和执政者的素质、远见以及魄力有关。一个城市，如果能拥有一位理解它、热爱它的执政者，应是巨大的造化。

其二，开放是中国城市发展壮大自己的一个必然选项，也是抹平地区差异的一个重要途径，同时也有助于思维破局。相比沿海城市，郑州和西安窝在内地，在开放上一度不占据优势。所以，一方面需要向沿海学习，另一方面推动港口、机场，以及铁路尤其是高铁的建设，让自己和世界紧密地联系在一起，成为全球化最为重要的组成部分。

但更重要的，是时代的需要，又让两者重新站在了舞台的中央。对郑州来说，人生的前期是因为铁路，但今天的它，则得益于中部地区崛起和中原经济区；对西安来说，则是格局再造。

2011年，首列中欧班列（重庆—杜伊斯堡）成功开行，意味着中国在大规模的基建投资之后，开始从海洋战略再次走向海陆并举。

2013年，为了促进经济要素有序自由流动，开展更大范围、更高水平、更深层次的区域合作，并将政治互信、地缘毗邻、经济互补等优势转化为务实合作、持续增长优势，中国发出了"一带一路"倡议。党的十九大报告中也同样提到，未来中国的发展格局，应是"东西双向开放"，迅速缩小东西差距，实现东西两翼齐飞。

那么，该由谁来充当这个国家向西开放的桥头堡？显然，作为古丝绸之路的起点，占据中国地理的几何中心，因开放曾一度筑就汉唐气象的西安，应该当仁不让。

自古以来，每一个崛起的中心城市，总有一些特殊的历史时期关键点。当机会来到面前，也需要身处其中的城市做好准备。在深刻领悟的同时，并由合适的人，在合适的时间内，抓住这合适的关键点。只要抓住，这个城市就会爆发性成长，成为国家乃至世界的"中心城市"。

某种意义上，西咸一体化之所以在卡壳多年之后再次被迅速推动，也是为了更好地做实丝绸之路经济带的新起点，加快建设内陆型改革开放新高地，以及深化开放平台建设，构建国际开放门户，最终承担起国家赋予的重任。

今天，当国运、时代、经济、政治和个体一起，被编织成了一个美梦的新周期，梦里，当年的盛世光环似乎又在熠熠生辉，而我们的每个脚印，都像是通向光明的康庄大道。然而，当我们沉浸在梦回唐朝的宏大叙事中，却总是有意无意忽略，正如前期的军工和科教的落地，都是外力的推动，今天西安的发展，也在很大程度上得益于时代的红利。所以，我们既不能贪天之功，更要警惕，过去的那种传统思想、保守观念，会不会卷土重来，将我们开辟好的土地又一次盐碱化。

# 十六

2021年底，偌大的西安，却是一幅门可罗雀的景象。大街上的灯光，依旧明亮，但看不到人来人往。大明宫国家遗址公园大门紧锁，临近火车站的五路口十字、北大街十字、西华门十字、小寨十字以及钟楼转盘，都畅通无比，康复路、西大街沃尔玛、小吃名街回民街以及大雁塔也是人气惨淡……

一次至今都没搞清楚源头的新冠肺炎疫情，让这个城市彻底地按下了暂停键。这不知是西安第几次被新冠肺炎疫情搅得人心惶惶，但这一次最严重。消息出来，让人恍惚回到了2019年底的武汉。

几十年前的西安，曾经留下过西郊闪爆这样让人抹不去的记忆，但几十年后，它还会发生这样重大的问题，甚至比以前还过犹不及，就不免让一些自媒体感慨，这次疫情，对于沉浸在大唐盛世的宏大叙事中的管理者，就像迎头一闷棍。看似庞大而无所不能的行政体系，一波疫情就被打回原形。

所以，我们依旧需要持续的改造，在摆脱"大秦"权力至上的膜拜和"大唐"万国来朝的幻想，踏实学习现代城市的治理和文明，华丽的外表之外，需要的是内功，需要有听得下批评的雅量和勇气。

曾在封城中被"扣"在西安50多天，连虎年春节都只能在酒店度过的朋友忻志伟还发现，除了在城市治理上还有所欠缺，相比较自己长期生活的宁波，西安下辖的中小城市发展相对偏弱，分工协作不够紧密，产业链不够完善，而且在营商环境上，似乎也没夸得那样好。比如说，在全国百强县（市）区榜单中，宁波有7个县（市）区上榜，而西安所辖县（市）区无一入围；在全国营商环境百强县（市）榜单上，宁波也有3县入围，西安仍无一上榜。

要知道，营商环境是县域新兴产业发展的"隐形发动机"，是创新企业生存发展的土壤，是推动有效市场和有为政府更好结合的重要举措，对县域经济实现高质量发展具有重要意义。无一上榜，也意味着西安此前尽管做了很多工作，但仍有很大的提升空间。

同时，西安的创新潜力有待深入挖掘，成果就地转化水平不高。还是以西安交大为例，据他了解，该校有多个创新创业项目，因为相关政策、产业链配套、物流跟不上等，无奈外迁珠三角、长三角地区，殊为可惜。

创新不是一个孤立的行为，而是一连串行为产生的结果，科技成果要市场化、商业化，需要后续一系列资源的配套、跟进，方能落地、开花、结果。

换句话说，我们既要追求"大"，也要立足"小"，也就是抓好每个小细节。但是，在另外一个层面，我们既要欢迎"大"，也要防范"小"——那就是"大西安小陕西"。

此前，由于西安的萎靡不振，整个陕西也要为它买单——GDP一直在全国第19～25名之间轮替。

在落后的陕北如榆林、延安发现了储量惊人的石油、煤炭、天然气之前，陕西的状况正如路遥《平凡的世界》中的省委书记石钟所说："散落在关中平原上星罗棋布、大大小小的帝王坟冢就是历史的见证。关中地区是陕西的白菜心地带，在历史上也是中国的白菜心。而白菜心之外，陕西这棵白菜还有很大一片都是白菜帮子。"

我们都喜欢"大"，但这个"大"是建立在存量，而不是增量的争夺上，它无非就是零和游戏。就像西咸新区落入西安之手，对西安是好事，但对咸阳未必。

对咸阳的痛，也许宝鸡能理解。当年周人由宝鸡迁往西安，成就大业，现在，前有陕汽后有法士特等东迁西安——在产业上本来最能和西安形成互动的宝鸡，看着自己的毛被西安一点点薅光。曾经的陕西第二大城市，这几年被其他城市一个一个超越。

虽然现在陕西对此有所警觉，力推关中城市群。但多年来西安在西北的一家独大，让这个由陕西6市、山西2市、甘肃3市的城市群，比起中原城市群，不管是在规模上，还是质量上，都有一定的差距。

《西安商业评论》毫不客气地说，关中城市群或者大关中尽管已经提了很多年，但事实上并没有形成协调发展的生态链，刻薄点说，连城市群的雏形也没有形成。所以，在它看来，在"一带一路"建设背景下，西安的最大竞争对手其实是郑州。换句话说，也是学习对象。未来的西安，需要像郑州确立在中原城市群中的地位以及价值一样，它也需要在关中城市群中发挥更大的作用。

与此同时，当它让自己变成"西宝（宝鸡）渭（渭南）商（商洛）铜（铜川）"的西安，变成"西天（天水）平（平凉）"的西安，变成"西运（运城）临（临汾）"的西安，也才能和"郑汴洛"的二人转持续唱下去。

相应地，对郑州而言，西安也是一块很好的"正衣镜"。

# 黄河东流去

## 十七

今天，很多人在谈论西安和郑州时，都会下意识地觉得，郑州不如西安那样像是一个大都会，哪怕西安的GDP已经多年落后郑州。

事实也如此，郑州人看郑州，这里低调，包容，不爱宣传，不做作，出了好几个"感动中国十大人物"。外地人看郑州，一定都会想到的是火箭般的崛起，往好处说，是新贵，往贬义说，是暴发户。似乎也是如此，比起西安、洛阳，郑州更像是一个穷家庭走出来的穷小子，即使发了大财也遮不住一身的寒酸。

很大的原因出在郑州自身，"火车拉来的城市"这一形象定位，让很多人对它的印象存在巨大的偏差。

但郑州真是如此吗？如果我们尝试着回望这片热土，你就会发现，自己的视线在掠过北魏时所建的嵩山少林寺，春秋战国前后便出现在政治舞台上的新郑，以及曾被"视为"商都的郑亳之后，依旧没有看到尽头。

2009年前后，我第一次去郑州，在黄河风景名胜区，看到了背依邙山，面向黄河的炎黄二帝塑像。雕像中高者为炎帝，矮者为黄帝。两者威武雄壮，屹立天下。这让人不禁意识到，郑州还是汉族人文始祖的故里。所以不免感叹，郑州自身虽然成名很晚，但是它在中华文明的凝聚和发展之中，却是不可缺失的一部分。

所以，接下来的郑州，需要两手抓两手硬，一手抓继续改革和突破，在产业进步的同时，形成一个全方位的提升，不论是从城市建设上还是管理思路上，继续向沿海先进城市学习。另一手抓，则是积极挖掘自己的人文底蕴，在向世界展示自己现代风貌的同时，也要勇敢地告诉大家，其实我也是有"文化"的。

不知道大家有没有留意，今天就有这样一个说法，那就是这个国家除了西安、南京、北京、洛阳、开封、杭州和安阳之外，还有第八大古都：郑州。

说到底，一个没有文化的城市，终究没有自己的底蕴和灵魂，相反，一个过于有文化，而掉进历史窠臼的城市，也有可能陷入因循守旧。

打捞历史，可以让郑州重新寻回骄傲，但现在的问题是，正让它感受骄傲的产业也存在着"问题"——那就是相比西安，它更多的还是代工以及低端制造业，它更多得益于河南作为人口大省的"人口红利"，而缺失内生力。

这大概也是它在GDP上很长时间超不过长沙的一个原因。与此同时，它的扩张也很大程度上依赖于土地财政。

2020年，17座万亿GDP城市里，郑州的土地财政依赖程度是28.9%，排名第一。这也导致一旦遇到房地产调控或者其他突发情况，这个城市就会受到巨大的冲击。2021年夏天郑州暴雨事件之后，建业地产向河南省政府发出求救信《关于企业出现重大风险和危机并请求帮扶救援的报告》。在这背后，是建业一直挥之不去的梦魇：高负债率。即使在建业地产最为辉煌的2020年度，资产负债率仍然高达91.10%。有人认为，就算没有那场暴雨，建业地产的危机也大概率只会迟到，不会缺席。

郑州的科教水平也很拉胯，其最大的短板就是优质教育资源不行。河南大学留在了开封，郑州大学虽然发展势头不错，但毕竟是"郑州"的，不是"河南"的，况且成立时间较短。

更要命的是，郑州大学还在2000年将郑州工业大学、河南医科大学给合并了，这也导致整个郑州，除了郑州大学，几乎没有什么拿得出手的高等院校。

在这上面，河南当年"错失"中科大无疑是最令人遗憾的事情。因为世界形势突变，中科大离京外迁。它最开始心仪河南，甚至带着国务院科教组组长刘西尧给河南省的亲笔信，但最终被河南拒绝，只好转迁安徽。

日后流传的最权威的说法是，怕大学师生挤占河南的副食口粮。曾有人猜想，如果当初河南留下中科大，哪怕去安阳，日后也有机会把它弄到郑州来，这样一来，郑州有可能就不止郑州大学这么一所211了。看看合肥，今天成为综合性国家科技中心，就不免替郑州感到伤心。再转身看看身边的西安，郑州更要哭出来。

好在2021年9月，河南大学郑州校区正式开学。在郑汴同城化之前，河南大学选择这种方式，让自己成为省会大学，也让郑州增添了教育资源。

所以，未来的郑州，一方面要继续做大做强郑汴洛，在互补和协作中，求得新的生长空间，但另一方面，要不断地西进，像当年西洛二人转那样，和西安也不断地取长补短。毕竟，今天的西安立足"硬科技"，而郑州主打交通枢纽和工业制造，两者在产业上具有极强的互补性。"在此之外，同样着力发展汽车产业的两地，在有关制造业各细分领域的联合以及教育、医疗、旅游等多个产业方面，西郑两地优势互补的画面清晰可见。"（《黄河"几"字弯都市圈：西安郑州联合发展》，悦君，悦西安2020年3月28日）所以可以清晰想见，郑州向西，西安向东，手一定会拉得更紧。而这必将有利于开封，同样也有利于在两者之间的洛阳，它将接受西安和郑州的双重辐射。

不管如何，就像当年我们需要西洛二人转一样，今天的中国，同样迫切需要西安和郑州（郑汴洛）的二人转。

不仅因为两者各自关联中部崛起，以及向西开放的大战略，是各自都市圈的中心城市——前者引领中原发展、支撑中部崛起；后者则立足古丝绸之路起点，作为向西开放的战略支点，辐射带动西北及周边地区发展——更重要的是，它们的携手发展，关系到整个黄河流域生态保护和高质量发展的大格局。

# 十八

2019年9月，黄河流域生态保护和高质量发展被官方定义为与京津冀协同发展、长江经济带发展、粤港澳大湾区建设、长三角一体化发展同等地位的重大国家战略。2021年10月，中共中央、国务院正式印发了《黄河流域生态保护和高质量发展规划纲要》。

这是一个迟到但必然要被重视的战略，作为中华文明的始源地，黄河流域在长时间内落后于有着成都、重庆、武汉、长沙、南昌等诸城，并有长三角加持的长江流域，以及在对外开放中走在前列的珠江流域，这和它的地位并不相称。

这自然跟南方自身发展有关。从数次的衣冠南渡，到新中国成立后的改革开放、沿海开发，南方都走在了时代的前列。富饶的鱼米喂养了它们的肉体，更重要的是，面向海洋，让它们从农耕的封闭中挣脱出来，有了冒险和创新的精神。

相反的是，尽管成就了早期的中华文明，让中华文明的明月从黄土高原上升起，但是黄河因水土流失等一系列问题所造就的暴烈性格，不断地抹平了它自己的创造。夺泗入淮、夺濉入淮、夺涡入淮、夺颍入淮……以及，"三年两决口，百年一改道"，成了黄河流域发展史上不可忽视的字眼，而这些字眼的背后，是黄水泛滥、黄沙遍地，与此同时，黄河的入海口也是几易其地，很难拥抱海洋文明。

在这方面，长江又要沾光不少。她的径流量要比黄河大，入海口却在数千年来没有太大的变化。这有助于其中下游地区出现成规模的城镇聚落，并有时间发展壮大。等到近代海洋文明兴起，位于长江入海口的上海，更是成为这个国家最耀眼的存在。

对黄河唯一利好的是，它在1855年8月1日，又在河南兰阳（今兰考县境）铜瓦厢决口改道，漫经豫、鲁两省各州县，至山东张秋镇穿过，夺大清河至利津县入渤海。可以说是生生在人口稠密的繁华之地，完成了由南至北的转移。此时的清政府正内忧外患，被太平天国起义弄得焦头烂额，根本没有力气面对黄河又一次的任性。但也正因此，黄河在一夜之间，结束了700多年由淮入海的历史，再次涌入渤海。今天，位于东营市垦利县境内的黄河入海口，便是在这次改道中形成。

因为有了黄河，山东不仅多了优美的生态风光，而且，省会济南也大受其益。人们的饮用、出行都离不了她，甚至，她保证了城区的泉水喷涌。2016年，济南摘得全国首个水生态文明城市桂冠，黄河功不可没。

当然，在这背后，是对黄河一系列的改造和完善。从新中国于开封再次成立"中央黄泛区复兴委员会"以来，我们一直在不断加大对黄河流域的治理，比如植林种草，绿化大地，改善局部气候；控制人口数量，提高人口素质；科学种田，实施节水灌溉新技术；以及统一规划、协调开发黄河水资源；南水北调，跨流域调水……

尤其是中游三门峡大坝和小浪底大坝的修成，基本形成了"上拦下排、两岸分滞"处理洪水、"拦、调、排、放、挖"处理泥沙的综合治理方略，让黄河自此变得相对温顺，成为"人民的幸福河"。

今天的黄河流域，再次一片富饶景象。上游的山脉构成了坚毅的骨骼，无数的支流交织成了密集的血管；而周边的森林，以黄淮海平原、汾渭平原、河套平原为主要载体的粮食主产区，以及以山西、鄂尔多斯盆地为主的能源富集区，生成了丰盈的肉身与苍翠的鳞片，让人走出当年的粮食和能源危机所带来的阴影。

与此同时，随着西安以及郑汴洛等一系列沿黄城市，摆脱了旧有的落后帽子，不仅将黄河点缀得熠熠生辉，而且带动了黄河上中下游数个新型城市群的出现，给它注入了无穷的动力。黄河这条巨龙，有了重新腾空的迹象。

面对着这样一条巨龙，我常常想，未来的她，一定是一条以先进制造业为主导，以创新为主要动能的现代化经济廊道。神龙摆尾，总能险中求胜。

作为"黄河几字弯都市圈"中的两座城市，郑州、西安无疑责任重大。因为它们上接兰州以及西宁，下连济南、滨州、东营，"若以郑州和西安为枢纽，更容易在构建黄河流域中心城市现代化产业体系上，通过两地实体经济、科技创新、人力资源以及交通通信方面的优势，衔接东部和中西部地区，实现各城市实体经济联动发展"。(《黄河"几"字弯都市圈：西安郑州联合发展》，悦君，悦西安2020年3月28日）

所以，当郑州和西安携手，背后跟着一帮兄弟姐妹一起龙腾万里，黄河流域的高质量发展将不再是疑问，与此同时，黄河之水天上来，奔流到海不复回。

很喜欢这样一句话：尽管它们都遇到这样或那样的困难，但都见证过中国继往开来的盛世年代，我们不能埋没它们，就像我们不能埋没这些盛世。

因为这些盛世，必将激荡着我们这一代中国人，努力创造新的盛世。

# 3

孤帆远影碧空尽，唯余运河天际流

扬州是一个很美好的城市。我所知道的扬州，是"故人西辞黄鹤楼，烟花三月下扬州"，是"二十四桥明月夜，玉人何处教吹箫"，是"天下三分明月夜，二分无赖是扬州"。但我作为安徽人，更知道的是"扬一益二"，是徽商在扬州城翻云覆雨，筑盐为塔，是史可法力保扬州，以身殉国，而他正是桐城左光斗的弟子。

尽管"上有天堂下有苏杭"，但很久以来，扬州的盛名都不逊那两座城市。事实上，它最早并不仅仅是一座城市，而且是属于夏朝时划分的九州之一，范围颇广，相当于淮河以南、长江流域及岭南地区。到汉武帝时，在全国设十三刺史部，其中有扬州刺史部。今天的安徽省会合肥，就曾经做过扬州刺史的治所。

不过，日后享用这一光辉之名的城市，是在公元前486年建城的。只是它的修建，是出于军事目的，和当年的吴国霸主夫差有关。

当年的他，刚刚打败南边的越国没多久，正是信心爆棚。站在这片长江下游北岸、俨然就是长江出海口的丘陵地带（因为广被丘陵，所以它日后亦称"广陵"），他的眼光越过淮河，眺望北方。

只是，这片土地虽然水系四通八达，但与淮河并没有任何联系。要想北上争霸，需要打通长江和淮水之间的联系，这样才方便运送军事物资。这让我总是不由自主地想起秦时开凿的灵渠，沟通了漓江和湘江，让偏远南国自此和长江流域紧密联系起来。

在扬州当地评选的"扬州十大历史事件"中，"吴王夫差开邗（hán）沟、筑邗城"遂成为扬州建城2500周年的第一件大事。

邗城即扬州的前身，在当时是吴王夫差所建的"战略大后方"，而邗沟则成为扬州最重要的血脉，或者说是源头。其大致由邗城（今扬州）向北至末口（今淮安河下古镇）。因为要尽量利用天然湖泊以减少人工，邗沟线路曲折迂回。但是，自从吴王夫差开挖邗沟的第一锹土始，扬州便开启了从"蛮夷"直通繁华之路。

在成为一线城市的背后，是这条沟通了长江和淮水的邗沟，在脱离了军事的躯壳后，长成中国最为知名的运河。

# 天下之盛，扬为首

## 一

今天，当我们回过头来看扬州，你就会发现，扬州之所以成为扬州，其一在于它的交通便利，能吸引很多人经此南来北往；其二则在于它占据了贸易线的中心位置。

不过，这个位置是一步一步在加强的。在扬州之所以成为扬州的过程中，需要感谢两个吴王，除了吴王夫差，还有另外一个吴王，刘邦的侄子吴王濞。

汉高祖十一年（前196年）七月，淮南王英布反。时年二十的刘濞作为骑兵将领跟着去平叛。次年平叛后，刘濞被封为吴王，辖东阳郡、鄣郡、会稽郡三郡53城，都广陵。广陵即为扬州的又一称呼。

在扬州，刘濞干了这样一件事，那就是招天下亡命者"西开铜山铸钱、东煮海水制盐"。为了运输海盐，刘濞又开了一条邗沟，和前面的那条邗沟南北向不一样，这条邗沟为东西向，经过泰州，到达如皋，也就是后来通（南通）扬运河的前身。它的存在，使江淮水道与东边的产盐区连接。

有资源又有通货，再加上交通便利，吴国很快便成为西汉初期各诸侯国中最富强的一个。南朝时期的鲍照在《芜城赋》中曾形容扬州"当昔全盛之时，歌吹沸天。孳货盐田，铲利铜山。才力雄富，士马精妍……"这也让刘濞借势坐大，当汉景帝听取晁错的建议削郡之后，刘濞打出"清君侧"的旗号，发动了"七国之乱"。尽管其最终落败，但扬州人民并不关心他的政治成败，相反记住了他对于扬州地区经济发展所做出的巨大贡献。

在今天扬州的黄金坝，还有一座"邗沟大王庙"。其坐南朝北、青砖黛瓦，相传始建于汉，供奉的是吴王夫差，副位则是"汉吴王濞像"。

有趣的是，虽然是"大王庙"，但日后的人们把它当成了"财神庙"。到了大年初五的财神日，不少香客不远万里来此烧香，邗沟上满是一幅"帆樯如织、首尾相接、爆竹喧天、箫鼓竟夜"的热闹场景。虽然这里面也有其他的传说，但在我看来，他们何尝不是财神，他们开掘的水路就是财路，为这个城市带来了滚滚财富。

到东汉时，对邗沟的整治继续进行。"由当时全国最大的漕粮中心洛阳入汴渠，至徐州入泗水、淮水，再转经邗沟可直达江南，广陵又扮演了'粮食转运站'的角色。南北朝时，广陵改名为吴州。"（《繁华梦醒，扬州着急了！》，白羽，瞭望）

不过，这个城市还需要记住的是杨广。杨广，亦即隋炀帝。他的名声并不太好，就在生命最后的日子，大业十四年（618年），他经常在江都（扬州）城内摸着自己的头说："好头颈，谁当斫之？"结果一语成谶，禁卫军将领宇文化及等人满足了他这一心愿。

但是对扬州来说，他却是抹不去的人物。因为没有他，也就没有"扬州"。也就在20岁那年，他担纲主帅，与高颎等人南下平陈，获胜后改吴州为扬州——此为"扬州"之始。

更重要的是，为加强南北的经济联系，杨广决定以扬州为中心，在邗沟的基础之上进行南北扩掘和连接，以开挖京杭大运河。

《资治通鉴》一书记载，隋炀帝在开通济渠的同时，"发淮南民十余万开邗沟，自山阳至扬子入江。渠广四十步，渠旁皆筑御道，树以柳"。这是在邗沟旧有基础上的一次大规模的整修扩大，形成了后代运河的规模。与此同时，"敕穿江南河，自京口至余杭八百余里，广十余丈，使可通龙舟，并置驿宫、草顿，欲东巡会稽"。意思也就是，从今天扬州对岸的镇江出发，向南修建运河直抵杭州。

不过这条江南河到底是杨广修的，还是在前人的基础上修的，到今天还存疑，但不管如何，它依次从南到北连接了钱塘江、长江、淮河、黄河、海河等水系，在构建了扬州—洛阳以及洛阳—北京这两段极其强大的水运系统的同时，第一次实现了全线贯通。有文指出，"这样即可以保证隋帝国首都洛阳的粮食需求，同时也可以保证隋炀帝东征高句丽战役的粮食运输的军事需求"。

这对扬州的地位无疑又是一次重要的加持。它的"中国运河第一城"的名声也由此而来。尽管到元时，因北京城的崛起，大运河截弯取直，不再绕道河南，而是直接经山东北上，但这也没有影响到扬州。

翻看今天的扬州地图，你依旧能找到古邗沟的身影。它位于扬州城北，一头连接古运河，经由黄金坝的调节，将运河水引入另一头的瘦西湖，再由二道河经过南门遗址重新进入运河，最终完成一次完美的循环。这样一来，它不断地为这个城市进行绿水的更替，既让瘦西湖成了"销金一锅子"，也让这座城市始终散发着水汽氤氲的美感。

2021年时，在瘦西湖畔万花园景区施工工地上，经过两个多月的考古挖掘工作，沉睡了千余年、面积近3000平方米的扬州唐城"西门遗址"重见天日。据专家介绍，该遗址城墙上共开了4座城门，其数量超过当时的国都长安，直接印证了唐代扬州商业的繁华。

"唐朝的扬州发展成为全国最繁华的工商业城市，有'天下之盛，扬为首'之说。唐朝时扬州是南北货物的运输中心，在以长安为中心的水陆交通中，扬州始终起着骨干作用。来自各国的商人在扬州城内从事商贸活动。扬州市场上出售的商品种类繁多，品质高。在扬州唐代遗址发掘出土的文物中，仅瓷器一项就来自不同地方，出自不同窑口……

唐代扬州的商业活动不再局限于城内，逐渐向城外发展。夜市在唐代扬州也发展起来，商业活动不局限于白天，夜间也照样进行。唐代扬州的繁华不仅表现在商业方面，还表现在以青楼和酒楼食肆为代表的服务业。众多饮食商肆，酒楼饭馆茶庄遍布城内，百种饭食，异常弥满。"（《试从交通角度分析近代扬州现代化进程缓慢的原因》，肖雅，《世纪桥》2015年第5期）

这样的枢纽和商业氛围，让它也成为战乱时期，北方中原人士迁徙的必经之地。西晋时期的"永嘉之乱"、唐时的安史之乱皆是如此。某种意义上，这也为扬州带来了大量的人口。澳大利亚社会学家安东尼亚芬安妮曾经这样描述历史上的扬州："有时候商人云集，有时候士兵云集，有时候混而有之……战略地位的重要性使得扬州在发生政治冲突的时候成为军事堡垒，在统一时期又转变为繁荣的商业中心和文化中心。"

生于安史之乱废墟之上的杜牧，曾在自己30岁大好年华时，到过这个声色之都。前前后后3年左右的时间，他白天在牛僧孺下面做幕僚，晚上便到十里长街一带到处游玩喝酒吟诗，日子过得最是风流快活。

于是，也便有了"娉娉袅袅十三余，豆蔻梢头二月初。春风十里扬州路，卷上珠帘总不如"，以及"十年一觉扬州梦，赢得青楼薄姓名"。

不过，对扬州来说，这场梦太短，它想要的是头枕大运河，做千年的春秋大梦。

只是，它还需给这梦想加上厚厚一把盐。

# 二

盐，谁都知道，是人类生活必需的物资。春秋时齐国管仲就提出"官山海"政策，也就是实施盐铁专营。正是这一政策，让财富迅速积累到齐国君主手中，为桓公霸业奠定了坚实的财政基础。这也意味着，谁若能抓住这一物资，就像今天谁手里握着芯片、人工智能、生物技术等硬科技，谁就能领先经济。

某种意义上，吴王濞之所以能做强做大，并有叛乱的底气，正是他拥有了一片近海产盐地。在相当长时间隶属于扬州府的盐城，皆为东晋安帝义熙九年（413年）时，因"环城皆盐场"而得名。

与此同时，其所在的两淮盐场（因位于淮河故道入海口南北而得名），面积广袤，向北与山东接壤，向南则与两浙交界。素有"两淮盐税甲天下"之说。在《明史·食货志》上曾经记载："淮南盐为煎盐，淮北盐为晒盐。"

正是这一盐场的存在，让扬州深得其利。在南北货于此中转交易的同时，它也成了盐业流通的重镇。它的政治地位也水涨船高。

元至元十四年（1277年），始置两淮盐运使司于扬州，管理两淮盐政。元至正二十六年（1366年），朱元璋就在被剿灭的张士诚的地盘上设立了两淮都转运盐使司，设治于扬州府城。对朱元璋来说，控制两淮盐场，意味着就是有了统一全国的资本。

也正是在朱元璋手上，为了解决边疆的粮食供给，而开始实行"开中法"。也就是说，只要你把粮食等物资送到了指定地区，就可以换取政府发给的盐引，凭着这盐引再去盐场获取相应的食盐来销售。尽管军粮储运地点多在北部、西北、西南等边关重镇，而支取食盐的地方却在东部特别是东南沿海地区，需要大量的人力和金钱成本，但是这里面蕴藏的厚利，还是让很多商人趋之若鹜，晋商就此做大。

不过，1492年，明朝开始改变这一政策，准许盐商无须再运送军需到边疆，可直接用银两换取盐引，即所谓的"开中折色制"。这样一来，谁靠近盐场谁沾光。

到万历年间，为了挽救日益严重的财政危机，两淮盐法道袁世振创行"纲法"，"规定凡纲册上有名的商人世代继承食盐专卖，无名者不得行"。亦即一改以前的自愿交易制，而由政府特许的商人世袭承包盐引——特权造就垄断，垄断造就巨商。

优势一下子落在了徽商的头上。这个主要来自今天黄山地区，和扬州府同为南直隶（后为江南省）的商业群体，一开始并没那么有名，做的也只是山货、木材、茶叶，以及文房四宝之类的生意，但是靠近两淮盐场和江浙盐场，让他们在明朝成化以后逐渐进军盐业，并最终崛起为晋商之后的又一股重要力量。

扬州城的徽商，也因此成了100多年前全球最有钱的人。他们不仅独霸盐利，势力很大，而且几乎垄断了这里的典当业。

清代扬州戏曲家李斗（1749—1817年）所著的《扬州画舫录》曾记载在扬州经商的著名徽商有马、鲍、郑、巴、江、黄、吴、徐、程9个家族81人。清代扬州的八大总商，徽人就常占其四。

其中，身为两淮总商前后达40余年的江春，更是"以布衣上交天子"，而折射出徽州盐商的财雄势大。乾隆下江南，都由其接待，每次都是无比铺张。为了迎驾，江春一人建造的楼廊、亭台就有302座之多。

有这样的野史，说的是乾隆在扬州大虹园游玩时，曾感慨此园很像京城北海中的"琼岛春阴"，唯一的差别就是没有喇嘛塔（今白塔）。江春听闻之后，派人连夜运来盐包，并按照别人绘制的白塔模样，重新堆砌起了一座，远观丝毫看不出破绽。次日当乾隆再次经过那处美景时，不禁赞叹其建塔神速，白塔竟像是从天上飞来一般。

相比较喜欢过苦行僧式生活，有钱就攒起来，讲的是仕途经济的晋商，徽商在讲究向皇权"报效"的同时，多了很多"旨趣"的东西。

有专家看过很多讲扬州的古书，里面谈论的通通都不是生活必需品，都是玩的东西。为扬州写过无数诗的郑板桥，就这样写过："画舫乘春破晓烟，满城丝管拂榆钱。千家养女先教曲，十里栽花算种田。"可以看出，当时的扬州，早已越过温饱阶段，关注的一是花，二是戏，它们都是一些深层次的现世享受。所以，在徽商的带动下，扬州这个商业城市，又一跃成为巨大的消费城市。

在这一时期，扬州的饮食、园林、脂粉业等飞速发展。瘦西湖也在这时形成了基本格局。扬州学会会长韦明铧有过这样的评价：

盐商喜欢优美的居住环境，于是形成了成熟的园林建筑市场，养活了大批的花匠、瓦工、木工；盐商喜欢灯红酒绿，于是扬州出现了发达的戏曲艺术和戏院；盐商喜欢山珍海味，于是出现了淮扬菜系和名厨；盐商喜欢悠闲，于是出现了大量的茶馆和澡堂；盐商喜欢逛妓院，妓女又好打扮，于是扬州出现了香粉业。

清末民初最有名的扬州香粉就是汪礼珍的夫家谢馥春的香粉——汪礼珍正是

扬州末代盐商汪氏家族第四代长女，而谢馥春在今天已经成为知名的国妆品牌。

2021年初，我漫步古运河旁边的东关古街，依旧能找到历史可追溯到1830年的中国第一家化妆品企业的影迹。尽管馥园一副疏于整理的样子，但是院内的3株百年牡丹，还是向我们诉说着当年的繁荣气象。

某种意义上，扬州得感谢这些徽商的到来，尤其是明末清初，扬州因战乱而被破坏殆尽，但在徽商的大力推动之下，很多"坏道"、"废桥"、"街肆"和"码头"皆得到较好的修缮管理，使得扬州城更加美丽多姿。

难怪近代人陈去病在《五石斋》中有这么一句话："扬州之盛，实徽商开之，扬盖徽商殖民地也。"

只是，这个世界从来都是祸福相依。在肥美的土地上，也会长出恶之花。

# 三

今天的扬州，还流传着"扬州瘦马"的故事。

"瘦马"非马，而是贫女。因为她们大多瘦弱，又弱小可欺，所以被称为"瘦马"。当然，也有刻意"饿"出来的，以满足见惯丰乳肥臀的盐商的变态心理。

她们大多是在七八岁时，就被牙公牙婆或人口贩子买去，之后，等待她们的就是漫长的集中营式的魔鬼训练期。一开始被卖时，她们只值几文钱，等到被调教得琴棋书画样样不落时，她们就有可能值上个几千两银子。

当然，也不是所有人都那么"荣幸"，一些被挑剩下的，往往会被送入烟花柳巷，秦淮河畔，最后成残花败柳，老无所依！

在这种暴利的投资的背后，无疑是一本女性的血泪史。她们的血泪，像那运河水，日夜不绝。

除了养"瘦马"之外，有钱的盐商还热衷于追逐"丑"。大姑娘大热天在脸上涂酱油，在太阳底下暴晒，比谁更丑些。一切都是因为，正常的都已经看腻了……

在改变价值观的同时，他们的存在，还让这个城市都变得懒散下来。

"徽商的到来改变了明初扬州之淳朴民风，使得扬州市民阶层以末作依附商家而占其余润，社会上游荡成性，积习成俗。"（《明清徽商与扬州文化》，梅丛兰，《景德镇高专学报》2007年第3期）换句话说，跟着这些盐商，别人啃骨头，他们喝汤也能喝饱，干吗要拼搏？！

正是有大量无所事事的闲人，让扬州形成了"皮包水"（茶馆）和"水包皮"（澡堂）的社会风气。闲居茶肆，啜茗清谈，吃酒看牌打马吊，遂逐渐成了扬州人的普遍习惯。"慢节奏"自此成为这个城市的特征。

扬州人太爱打牌了，从《扬州画舫录》中，我们就可以看到，那时的扬州人喜欢的是"马吊"，"马吊四十张，自空堂至于万万贯。十万贯以下，均易被攻。非谨练，鲜无误者。九文钱以上，皆以小为贵，至空堂而极，作者所以为贪者戒也"。

当年的潮女郎汪礼珍也不例外。94岁的时候，即使心脏装上了起搏器，依旧每天坚持锻炼、打牌、看书、练字，与往年无异。

如果审视2021年发生在扬州城的疫情，你就会发现，我们其实是在为当年的"盛况"买单。因为这年疫情的风暴，是从麻将馆蔓延开来。官方最初的数据显示，其确诊新冠肺炎病例的发现来源，麻将馆暴露人员占64%！

自7岁就到扬州一住13年的朱自清，可惜的是自己是客籍，父亲又是在外省当差事的时候多，所以对当地贤豪长者的雅事，"如访胜，吟诗，赌酒，书画名家，烹调佳味，我那时全没有份，也全不在行"。他对扬州的另一个印象就是"在中学的几年里，眼见所谓'甩子团'横行无忌"。"'甩子'是扬州方言，有时候指那些'怯'的人，有时候指那些满不在乎的人。'甩子团'不用说是后一类；他们多数是绅宦家子弟，仗着家里或者'帮'里的势力，在各公共场所闹标劲，如看戏不买票、起哄等，也有包揽词讼，调戏妇女的。"这样解释下来，感觉就跟我们身边的那些小混混有些相似。

大家都在混着度日，却不怕饿肚子。这种节奏对提倡996的今天，倒是一种令人向往的存在，但是"慢节奏"久了，往往导致人们懒散，不太愿意追求进步——某种意义上，比起2021年的疫情，这更像是扬州之疫——这种植根于灵魂的问题，容易让扬州在急速变化的世界面前，可能措手不及。

更致命的是，就像今天很多人都热衷于脱实向虚干金融一样，靠盐和运河就能赚大钱，谁还有心思干实业？

也就在盐商群体将大量资金注入非工业用途之时，出生于江苏海门（今属南通）的张謇，以状元的身份回乡下海创业，从1895年在南通的唐家闸创办了中国近代规模比较大的大生纱厂开始，他几乎以一己之力造了一城。其一生创办了20多个企业、370多所学校。

根据《南通县图志》的记载，1920年，唐闸人口近万户，接近5万人。通扬运河沿岸工厂林立，商业繁荣。因为张謇，这个弹丸小镇在当时国外发行的世界地图上，被赫然标出，与京沪同在。我们同样也很难想象，在初唐时还只是一个入海口处胡豆洲的通州，居然在清末民初率先进入了现代化，成为中国近代第一城。

与此同时，和扬州一样同为运河沿线城市的苏州、无锡，更是成为近代民族工业的发祥地之一。1895年，曾和张謇一样同为状元的陆润庠受张之洞之命创建苏纶纱厂，它也成了苏州民族工商业的奠基石。

而在这一年的冬天，无锡官绅杨宗瀚、杨宗濂弟兄创办了业勤纱厂。休闲读品杂志在《无锡近代工商业的兴起及特点》一文中提及，当时该厂"资本20万元，纱锭8000枚，商标为'四海升平'，由杨宗瀚任经理，业勤纱厂的开办标志着无锡近代工厂的诞生"。

人们更熟知的还有荣宗敬、荣德生兄弟。1900年，他们在西门太保墩与朱仲甫合资筹建保兴面粉厂。3年后，该厂改名为茂新，并与福新面粉公司共同构成新中国成立前最大的私营面粉企业集团……

这些来自身边的活生生例子，让扬州的繁华变得有些面目可疑。

当那些盐商追逐着"乌纱帽"和"绣花鞋"时，不知道他们还有没有心思思考，万一这些泡沫破灭了，这个城市该怎么办？

事实上，人无远虑必有近忧。

道光十八年（1838年），53岁的湖南人陶澍升任两江总督，统管清朝最重要的税负重地江苏、安徽、江西三省。为了增加清政府的国库收入，他新官上任三把火，革除了此前由盐商垄断两淮地区盐业经营的做法，并下令只要有银子，都可以向官府购买盐票进行贩卖，史称票盐法。这让成于垄断的扬州盐商备受打击。

而在此之前，接驾所带来的巨大成本，明面上高达1120万两白银的"捐纳"，还不算私底下为维持和各级官员之间的关系而送出的贿赂，或是勒索之资，让"以布衣上交天子"的江春也招架不住，日益败落。最终在他死后，家族因交不起巨额罚款而惨遭抄家。这样的遭遇也预示着，这些盐商再风光无限，在朝廷眼里，依旧只是被圈养的猪、用过就扔的厕纸。它可以让你一时兴，亦可以一时败。

尽管韦明铧经过对浙江余姚诸氏盐商的考证，证明扬州盐商真正的衰败期，并非在清朝，而是在民国。但是，扬州却因此受到严重牵连。

更要命的是，大家都以为否极泰来，谁知伤害才刚刚开始。

# 错失铁路，让命运断崖式下坠

## 四

1861年的春天，尽管城里还在闹着太平军，但一群金发碧眼、操着洋话的不速之客还是登上了镇江北固山，直奔甘露寺。他们希望将甘露寺变成自己的"势力范围"。

也就是在这一年，根据清政府与英国签订的《中英天津条约》，镇江开埠。这也让它成为长江下游继上海之后的又一通商口岸，比汉口、九江和南京都早。

北固山，本是中国人登高怀古思三国慕孙权的地方。它位于今天镇江的京口区。三国时孙权曾在此地京岘山（北固山东南）东筑城，其城凭山临江，故习称京口。它也是今天镇江的古称。京口有三山名胜区，除了北固山，还有金山（原为长江中的一个岛屿，因始建于东晋的金山寺而闻名遐迩，到光绪末年始与内地连城一片），以及焦山（今天万里长江中唯一的一座四面环水可供游人观光探幽的岛屿，因东汉隐士焦光而名）。

因为这三座小山北坡陡峭南坡平缓，易守难攻，它们一同镇锁着长江，镇江之名由此而来，并且沿用至今。

在北固山上，有寺名甘露。京剧《甘露寺》说的是，刘备按诸葛亮的安排，将计就计，在此寺中招得孙尚香。幸运的是，大概是刘皇叔保佑，英国人的计谋没有得逞，但是在他们步步紧逼之下，镇江西门的银山被开辟成了租界，而且面积从最初的120亩扩展到156亩，这片土地北临长江直抵西津渡码头，东面与镇江老城相连，地理位置极为优越，而且，英国人仅以每亩地一钱一分为代价，便换取了这156亩土地的永久性租约。

和扬州一样，镇江也是运河和长江的交汇处，只不过前北后南。"京口瓜洲一水间，钟山只隔数重山。"王安石所写的这首诗，很形象地写出镇江和扬州的亲密关系。只不过，京口更靠近长江，而作为扬州运河的入江口，瓜洲却远离扬州的主城区。

在京杭大运河开通之前，镇江便有"徒阳运河"亦即"丹徒水道"，沟通长江水系和太湖流域，这也让它在西汉初年，就已是万户以上人口的大县。

魏晋南北朝时陈朝的开国皇帝陈霸先，在梁元帝手下当差时，曾奉命镇守京口。后因政见不同，"自京口举兵十万，水陆俱至"建康（南京），偷袭昔日一起参与平叛的"战友"王僧辩。结果不费吹灰之力，就将大权在握的王僧辩围在了办公室。也许过于顺利，让他疑惑不解，"何意全无备？"王僧辩自然也反唇相讥："委公北门，何谓无备？"从这里可以看出，京口之于南京的意义，它其实就是南京的"北大门"。

镇江之于南京的重要性，按唐人杜佑的说法，就如同孟津（黄河关口）之于洛阳。所以把能征善战的陈霸先放在这里，也不是没有道理，王僧辩最后要怪只能怪自己瞎了眼，没有防备该防备的人。

随着京杭大运河的开通，镇江更是成为黄金十字水道的枢纽。这进一步确立了镇江作为江南入江通道主入口的地位。毫无疑问，镇江水运的畅滞，在统一的封建国家中开始具有全国性的意义。而镇江的城市地位也进一步随之攀升，已跻身当时东南名都大邑之列。自中唐始，镇江便为漕运咽喉，经这里中转的两浙漕米已占全国漕运量的四分之一以上。

安史之乱后，国家拆江南东道为浙江西道、浙江东道和福建道。浙江西道下辖江南运河流域的润、常、苏、湖、睦、杭六州，而治所设在润州——润州则是镇江另一称呼。

这种繁华常常让人对战乱中的中原充满着别样的情绪。辛弃疾在《永遇乐·京口北固亭怀古》中，曾叹"千古江山，英雄无觅，孙仲谋处。舞榭歌台，风流总被，雨打风吹去"，又叹"四十三年，望中犹记，烽火扬州路"。

只是很有意思的是，文人骚客们到京口，写男人；过了江，却写女人。也许，相比镇江，扬州更脂粉味一些；相比扬州，镇江更多英雄气概。即使是女人，梁红玉也会击鼓战金山。而白蛇娘子到这里，也是水漫金山斗法海。但不管如何，这都不影响位居长江与运河的十字交口，给它们带来的繁华。

但可悲的是，数百年之后，我们又一次"英雄无觅，孙仲谋"，甚至连梁红玉这样的女人都找不到了，只能任由外人在我们的国家作威作福。

尽管他们的到来，让镇江成为由江入海第一个开埠的城市，随之港口地位被强化，在长江航线上"通商各国船只之众，固以上海为巨擘，其次当以镇江为最"，由于华洋杂处，商贾云集，市面逐渐繁荣。倾销洋货，收购北货，形成钱、木、江广、江绸、绸布"五大业"，与此同时，它的经济腹地不断扩张。

《江苏省会辑要》的作者在提及镇江贸易腹地时也认为，镇江"开埠之始，因地当长江与运河之交，为南北水陆交通之枢纽，背域广大，北自山东河南、江苏北部，南自安徽及江苏南部"。而英国领事马安在他的贸易报告中，干脆称镇江能够"向一片约与整个法国一样大的农村供应商品"。1866年，镇江更是形成江南著名的米市。

在镇江这种高光时刻的背后，无疑是中国面临了"千年未有之变局"。西风劲吹，给中国带来了无尽的耻辱，但是洋货、洋布及洋油的倾销，抢占了市场，也让中国感受工业化大生产带来的巨大冲击，与此同时，西方火轮船的横行霸道，虽然使帆船成了落后的生产力，但也让中国感受到大航海时代的降临。镇江之所以被英国人看重，无非跟它"通江达海"的位置有关，这有助于西方资本追随着它的坚船利炮，长驱直入。

对扬州、淮安这些运河城市来说，这却不是什么好消息。它们的地位被对岸削弱，而且要直面来自海洋的竞争。尽管在清初，帝国还死守着禁海令，但是比起运河，外部广阔的海洋，很难受到人为的干扰，正所谓"海阔凭鱼跃"。相反，身处内陆的运河，在农业时代还勉强可用，但到工业时代，就很难运送钢材这样的物资了。

而且，它往往会因为一场战争，而陷入尴尬的境地。就比如清末时的太平天国起义，让杭州和扬州都曾深陷太平军之手，南北漕运也就基本上陷入停滞状态。

更要命的是，明清以来，运河的河床泥沙淤积越发严重，就在扬州城被太平军第一次攻占后两年，也就是咸丰五年（1855年），黄河在河南兰考铜瓦厢决口，夺大清河由山东利津入渤海，并在东平县境腰斩会通河，致使京杭大运河航运被拦腰截断……这种此消彼长的状态，让清朝只能选择海运。

（同治）《续纂扬州府志》便详细记载道："道梗阻，江浙全漕改由海运，其时江北各邑漕米统归上海，兑交海船运赴天津。"

后太平天国被平复，漕运又有了重新恢复的可能。但问题是，治水的成本、维护运河的成本让连吃败仗、赔款辱国的政府已经无力负担了。尤其是1872年，随着上海成立了轮船招商局，以前由漕运承担运粮工作逐渐转入海运承担运粮工作。当漕运功能彻底丧失，那些"靠山吃山靠水吃水"的城市，又该怎么办？

不过，面对这样的一个变局，扬州也不是没有办法，那就是以变应万变。

换句话说，那就是与时俱进。

# 五

40岁那年，刘鹗（1857—1907年）满腔热血，提出了这样一条建议，那就是修筑一条从镇江出发，往北经扬州、高邮、宝应、淮阴（清江浦）等地，过济南再到天津的津镇铁路。

作为一个商人，他更像一个文学家。但作为《老残游记》的作者，他又更像一个狂热的铁路建设分子。他曾经梦想参与卢汉铁路（卢沟桥—汉口，1901年北京正阳门站通车后改称京汉铁路，亦称平汉铁路）的建设，结果被盛宣怀给挤出了圈外。但是这并没有改变他在这方面的热情。

可以看到，这条津镇铁路沿着中国历史上那条著名的大运河，将鲁、苏诸多经济中心联系起来。同时，它也以直线的方式串联起了苏北。如果这个建议能实施的话，苏北也不至于像今天这样被人揶揄。

和他英雄所见略同的，还有近代最早的留美学生、当时为江苏候补道的容闳。他不仅建议开建津镇铁路，还建议开设公司，向外国商人集资。

我无法得知，这种建议里有没有包含刘鹗的"私心"。因为他是镇江人，据《宋史》三百六十九卷记载，刘氏家族的迁镇始祖是与岳飞同时代的刘光世将军，因镇守镇江有功死后被追授为太子太师鄜国武僖王。刘鹗多以家世始于镇江而自豪。尽管他出生于南京六合，但当时他的家还在镇江。

而运河沿线的淮安府和扬州府，都跟他有着亲密的关系。他是在扬州师从安徽人周太谷创建的中国最后一个儒学学派——太谷学派。

日后刘鹗主张开矿筑路，正是实现学派教养天下的主旨。1884年，他又在淮安南市桥开设一家烟草店，这是他走向社会的第一步。

只是这个世界并非投桃报李。它往往比他所写的《老残游记》还要黑色幽默。

今天，我们已经很难想象，在自己的土地上修筑铁路，还会遇到"国际纠纷"。

先是德国跳出来，要求津镇铁路必须得向他们借款，不然不许穿过山东省境。此前，它通过《胶澳租界条约》，让山东成为自己势力范围。如果这样，津镇铁路就必须向西绕离山东，但它又必然会与卢汉铁路接近，这立马遭到了拿到卢汉铁路贷款权的俄、法的强烈抗议。就在中国人焦头烂额时，英国人又跳了出来，联手德国共同对中方施压。

1899年，在内外交忧中，清政府只好与英、德敲定《津镇铁路借款草合同》，但好巧不巧，次年便爆发了义和团运动。1900年，八国联军侵入北京，清政府一时自顾不暇，筑路也就无从谈起。也正是在这一年，刘鹗曾向联军处购得太仓储粟，设平粜局以赈北京饥困。正是这一举动，为他埋下了后患。

三年后，谈判继续展开。然而，没多久，收回路权运动在中国气焰高涨，人们纷纷要求废除津镇铁路借款草约，自行筹款修铁路……

如果说时势逼人，但更要命的是，与刘鹗关系密切的这些城市，却并没有将他的好心放在心上，说不准还嫌弃他"多管闲事"。

淮扬一带的乡绅以各种激烈的手段来破坏铁路的建设，与此同时，扬州盐运使衙门和漕运使衙门也纷纷表示反对。

而在镇江，虽然对建设铁路也并非全民反对，但是，"不论，计划如何，当时的情形是，镇江商会中最为重要的人物吴泽民迷信风水，认为镇江修筑铁路会破坏镇江大好气势，影响商业繁荣，就联合镇江籍官员、翰林坚决反对，使得清政府变更计划……"（《民国镇江城乡经济衰退的腹地因素分析》，郑忠，《中国农史（南京）》2008年第3期）

还有一种说法是，镇江想把铁路的终点站放在瓜洲，但是扬州又不愿意将这个黄金渡口白白让人，所以双方一直争执不下，最后南京乘虚而入。

今天，当我试图走入那个年代的心理，扒出这些举措背后的成因，不能否认的是思想的保守、格局的浅薄，以及极具那个时代特色的民族主义情感。

他们认为，修建铁路有可能会毁坏沿线的田地、坟墓，还有可能让洋人利用铁路侵入中国内地，是可忍孰不可忍。

也许有时也是一种偏执。守着运河做梦太久了，也容易让人形成惯性的依赖思维。换句话说，就是让人产生严重的路径依赖。今天有这样一句话，你的优势，也许会成为进步的阻碍。这种"优势陷阱"类似于一种茧房效应，你的关注范围，退缩到你最擅长的那些事情里，很难想起去主动关注茧房之外的其他事情，最后，当这个世界开始突变，你最容易做的，就是措手不及，或者抱残守缺。

但更多的也许是利益。正如前面所说，水路即财路。这条运河不仅催生了无数城市，也养肥了很多人和利益集团。他们在盐业上"食盐而肥"，在漕运上也同样不放过这样坐地收利的机会。有清史研究者注意到，"清朝中后期，乾隆皇帝过世之后的嘉庆时代各级官吏贪腐成风。这是一个王朝中后期必然面对的问题：官员随意地敲诈勒索，对漕粮进行'浮收勒折'（类似明代时期的'火耗'）。漕运沿岸的大小官员常收取几倍于规定漕粮的数量来攫取利益，通过收高额过路费的方式满足自己膨胀奢侈的欲望。"这也让它们成了运河的"寄生虫"。

它们不愿意放弃宿主，正像晚清的中国，明知道改革是生存之道，但是改革却让它们失去利益，所以宁愿坐等同归于尽，也不愿意拿自己动刀。

这带来的结果显而易见。等到中、英、德于1908年再次签订借款合同修筑这条南北铁路大动脉时，它已经不再是原先的那个模样了。其北端的终点依旧是天津，但是到了徐州，却转向奔往安徽，"改经安徽的宿州（今宿县）、蚌埠、滁州（今滁县）而达终点浦口"。意思也就是，它们从江苏转道安徽再重新进入江苏。这样一来，它"完美"地绕过了江苏腹地。所以，它也不能叫津镇，只能改叫津浦铁路了。

这一年，因为津镇改道津浦，刘鹗早期在浦口购买的地皮，开始翻倍。显然这并不是他真正想要的。更让人生气的，是有人想原价购回这些地皮。被他拒绝之后，一封故意构陷的举报信重提他当年在北京的往事，清政府遂以私售仓粟罪把他充军新疆，次年他死于乌鲁木齐。

眼不见为净的是，以前是"唯我独尊"的淮扬，彻底地被边缘化。唯一感到"欣慰"的是，它的遭遇并不是独有的。

# 六

事实上，在淮扬之前，周口、开封就已经成为"前车之鉴"。

卢汉铁路穿河南而过，从直线距离上看，它最靠近的城市应该是省会开封。不论是从成本，还是做大省会的角度，最佳的修筑方案都应该是从北京到开封，再经明清时期水陆交接的重要枢纽——周口，然后再南下汉口。

然而，黄河却让开封的希望落空。众所周知，因为泥沙淤积，黄河到中下游已经成为一条著名的悬河，也就是河床要比两边高，甚至比开封铁塔还要高出13米，所以此段的黄河也被称为"豆腐腰"。在这里筑路穿越黄河，不只是考验技术。为了保证安全，铁路线只能移至上游，因为地质条件相对适宜，郑州的荥泽口——也就是郑州人常说的"邙山头"附近成了铁路过河的最终选择。

当然也有另外一种谣传，来自时任直隶总督兼北洋大臣的袁世凯。这个河南项城人担心铁路的到来，给安静的社会带来诸多动荡因素，所以他不想让京汉铁路经过自己的老家周口。于是，卢汉铁路只能西迁，绕道郑州。

这一绕，彻底将开封给绕蒙了。自此，它江河日下，连自己的省会地位都没有保住。1954年，河南省人民政府由开封迁往郑州。要知道，和开封相比，刚开通火车时的郑州像极了一个小角色，只是一个不起眼的郑县。

与开封一同失落的还有周口。这个当年的陈国，包公曾于此放粮之地，因三川汇集（沙河、颍河、贾鲁河在交汇），曾繁盛一时。商水县旧志曾称其"水陆交汇之乡，财货堆积之薮，南接楚越，北通燕赵，西连秦晋，东达淮阳，豫省第一大都会也"。然而，随着铁路开通，"向之航河转运者，均改集火车载运矣。贾鲁河上，帆航之盛，不可复观""周口商务，因以重受打击，萧条日甚"，不少商务和商业人口陆续转入有铁路经过的漯河。其传统大宗茶贸易"十减八九，茉莉园存者，今不过一二处"。

不得不说，以铁路为代表的近现代交通体系，对传统中国的影响是巨大的，古城的衰落，新城的崛起，都在隆隆的火车轰鸣中变成沧海桑田。

扬州、淮安应该抱着开封、周口痛浮一大白，就连镇江，也要呷上一口干醋。虽然它还有开埠之利，日后亦有沪宁铁路经过，但是错失津镇，让它再也成不了东南铁路枢纽。尽管在1928年到1949年它当上江苏省省会，但这已经是它到目前为止最后的辉煌了。

常想，如果镇江没有错失这一良机，也许在民国以后，它真的能取代南京，甚至能威胁上海的地位。不过，这倒成全了南京。在成功获取津浦铁路的修筑权后，"南北洋联成一气"之余，南京也彻底坐稳自己在江苏乃至全国的位置。

对南京还有一个利好是，它还是同年建成的沪宁铁路的北端终点。这样一来，在津浦铁路和沪宁铁路（日后它们共同组成了著名的京沪铁路）居中而坐的南京，势必取代淮扬，成为新时期的"超级枢纽"。

蚌埠也因此成了"安徽的漯河"。这个原属凤阳县，本来是一个不足500户人家的偏僻小渔村，因为有淮河和铁路过境，居然后来居上成为皖北重镇。1913年，安徽军阀倪嗣冲率领安武军驻扎在蚌埠，首先在火车站对面偏西处（今淮河大旅社至延安路一带）兴建安徽督军公署，由此开始倪嗣冲在蚌埠督皖的七年历史。

还有徐州。说起来，徐州和淮扬一样，都得运河之利。它是运河在江苏段的"北大门"，再向北就是鲁西南。运河、漕运曾影响了它的选址和建设，也推动了其科举和文风的兴盛，以及水神信仰的盛行。更重要的是，由于徐州北接齐鲁文化，南连长江文化，东通海洋文化，西达中原文化，是几大文化的交融、激荡之地，让徐州在中国文化传播史上具有非常的地位。尽管水路交通优势在近代丧失让运河沿线城市都深受其苦，但是铁路的到来，让徐州重焕青春。而且，除了津浦铁路之外，东西向的陇（兰州）海（连云港）铁路也从徐州经过。这让徐州成了铁路交通重要的十字路口。

这也让它在抗战期间，成为阻击日军的重镇。在1948年底至1949年初，它还成为决定中华民族命运走向的淮海战役的主战场。

扬州也并非没有意识到错失铁路所带来的失落。我曾看过一篇写扬州跨越百年的铁路情结的文章，它是这样描述扬州日后的几次挣扎：

比如说1906年的江北铁路计划，拟以清江浦为中心，准备修建三条铁路，一至瓜洲，名清瓜线；二至徐州，名清徐线；三至海州也就是今天的连云港，为清海线。这样一来，可以将津浦、陇海以及沪宁三线连成一片，使清江浦、扬州成为江北铁路的枢纽。1908年，清徐线开工，但是到1910年也只是完成了18公里多，最终因经费严重不足无力续建。

辛亥革命后，孙中山曾到镇江考察，提出修建瓜洲到清江的铁路，但此方案被北洋政府否定。1925年，北洋政府修成陇海线徐海段，初步形成江苏境内的铁路格局。扬州再次被这一铁路网所抛弃。

到了1958年，全国上下一片"大跃进"。为了给扬州地方大炼钢铁提供运输方便，有提议立即修筑扬州—六合的铁路，一时舆论沸沸扬扬。不久随着大炼钢铁运动结束，扬六铁路的议论很快沉寂下来，铁路与扬州擦肩而过……直到2004年，因为建设苏中的第一条铁路——宁（南京）启（启东）铁路，扬州站才得以建成。

这不能不让人感叹，这个世界一步错，步步错。长期没有赶上铁路的扬州，只能眼睁睁地看着世界天翻地覆，我自犹怜。

朱自清的《背影》，写的就是扬州人外出时的无奈选择。他们出门打工，或者求学，北上则选择浦口走津浦线，南下则渡江从镇江走沪宁线。扬州再也不复当年运河时代的左右逢源了。

超级枢纽地位在新时代的错失，让扬州本就薄弱的实体经济更是雪上加霜。据1937年12月江苏省政府公布的《工厂登记规则》记载，截至1936年6月底，扬州合乎工厂法第一条规定使用近代机器的工厂只有两家，而且资金少，规模小，工人屈指可数。即使到解放初期，也只有近乎一穷二白的"两爿半厂"：扬州发电厂、麦粉厂和蛋厂，而蛋厂因为上半年开工下半年歇业，故称"半爿厂"，工业总产值只有1亿元。

今天我们重新审视扬州，其实也不是完全因为扬州自身的命运，而是在它的身上，体现着中国城市数千年来的沉浮密码。

# 重新寻找做梦的"枕头"

## 七

2021年初，我站在瘦西湖的门口，不禁有些恍惚。那时正在修缮的瘦西湖，冷冷清清，目光所到之处，尽是围挡，透过空隙，看到的是工业化的大机械，在抽干了水露出丑陋面目的河道上忙忙碌碌。让人生出此身是姜夔的感觉。

"淳熙丙申至日，予过维扬。夜雪初霁，荠麦弥望。入其城，则四顾萧条，寒水自碧，暮色渐起，戍角悲吟。"这位南宋诗人面对此情此景不禁"予怀怆然，感慨今昔"，遂写下了这首《扬州慢》，长叹"二十四桥犹在，波心荡，冷月无声"。

最近我常"爱屋及乌"，因扬州而洛阳、开封，因洛阳、开封而定陶、临清，因定陶、临清而……如果说以前雄霸城市热搜榜两千余年，今天的扬州不免让人觉得失落。

在时代的鞭子面前，这些历史上红极一时的商业口岸，转眼就成了抽疯的陀螺，不是变为时代的背影，就是飞逝不见。

然而，当它们繁华落尽，也许更能让人看清事物的本质，更能发现人与自然的共鸣。

今天我们总结扬州的成败，总是少不了这样一句话：成于运河，败于运河。或者，成于漕运，败于漕运。这个也不能说不对。事实上，成为"超级枢纽"，不论在哪个王朝，在哪个时代，都是一个城市兴旺发达的一个主要因素。扬州败于运河，不是因为这个道理不对，而是时代变了，它不再是超级枢纽了，接触不到世界最新的能量了。

我们要避免落入这样一个困境，就必须要在新时代中，重新确立自己的枢纽地位，或者成为枢纽中的一个环节。

中国能长盛不衰，即使遇到困厄也能触底反弹，正在于它处于农业文明与游牧文明的交会之地，同时又面向海洋文明。

我们得努力让自己为这个世界所需要。正像借助成为大湾区西部的枢纽城市，中山、珠海重新焕发青春；借助"一带一路"，西安又重新回归荣耀的原点。

与此同时，随着亚欧大陆桥的开通和西部大开发战略的实施，成为中国通往中亚、中东、欧洲的重要通道，也让成都以及兰州一改"偏远"的定义。

当然，要想成为枢纽，首先要做的是提升交通效率，不然空有一身本领而无法发挥。我们或许错过了水运时代，也错过了普铁时代，但我们不能错过正在进行的高铁时代。武汉从沿海时代的低迷，到今天的高光，一方面在于这个国家对中部的重视，另一方面，那就是高铁让它对自身"九省通衢"这一地位有了重新发现。

当然，成为枢纽，提升交通效益只是第一步，更重要的是，发展"枢纽经济"，也就是说，能把人留下来，让物能在这里中转乃至沉淀，而非只是一个"过境通道"。

某种意义上，成为枢纽，不是目的，而只是产业组织方式变革的手段，它包括交通枢纽、城市枢纽、产业经济枢纽、人文交往、资金结算、物流枢纽等内容，我们需要通过枢纽，链接产业的上下游，让产业在此落地，实现有效布局，并最终实现产品向四周辐射。

或者，能参与到世界产业分工，让自身的产业迈向全球价值链的中高端，这样的枢纽，才是一个真正的枢纽。

不是所有的城市都有成为超级枢纽的机会，甚至想成为周边，都勉为其难，但是，它们也不是没有生存甚至立足的可能。就像一个班级中，有天赋优异的，有颜值超群的，当然也有具有个人特色的，换句话说，拥有超级赛道的。

几千年来，扬州就像一个天选之子，它不仅坐拥超级枢纽，而且拥有盐业这样的超级赛道。可以说，集万千宠爱于一身。然而，它的失落，也在于其不仅失去了超级枢纽的地位，也丢了自己的超级赛道，关键是，没有及时换道。

相比扬州而言，杭州尽管受益京杭大运河，它的第一次腾飞也是因此而起，但是，它并非一个地理"天赋型"的城市。虽然有江，但是它的源头来自皖南山区，和长江不可同日而语，虽然沿海，但比不上同省的宁波、舟山。宁波是"书藏古今、港通天下"，杭州只有一个杭州湾。但是，杭州之所以能成为今天的网红城市，除了省会的加持之外，更重要的是，它找到了新的超级赛道，并在这条赛道上坚持不懈，最终让自己迈向"中国数字化第一城"。如果说，运河是古代城市最佳的流通渠道，那么，数字化则是当代城市的"运河"。谁成为这条运河上的枢纽，谁才是王者。

今天，我们同样要给合肥送上自己的敬意。似乎还在几年前，它常被揶揄为"两个胖胖"。但现在的合肥，却不会有人随便拿它开玩笑了。

一方面，这个曾经受到蚌埠严重挑战的安徽省会，多年来一直处于铁路交通的"盲肠"。但是，随着合肥快速迈向"时钟形"高铁大枢纽，它终于可以在面对早早进入普铁时代的蚌埠以及芜湖时，"翻身农奴把歌唱"了。

另一方面，是合肥找到了自己的立身之本，那就是成为科技城市。从传统家电，到京东方，到内存芯片，再到新能源汽车……这个与中国科技大学有着"一城一校"之缘的城市，在成为知名的"风投之城"的同时，硬是无中生有地构建出"芯屏汽合""集终生智"等八大产业体系。看到朋友发出来的评论说，合肥最大的成功，在于跑好了科技这条赛道。它带来的好处在于：这个城市未来不需要经历转型之痛，而其他很多城市，过去无论是资源型，还是重工型，最后必须都要花费巨大代价，向科技的赛道转型，当那些城市向这条赛道转型的时候，要花费很多的时间成本、机会成本，注定晚了半拍，同时转型成本也是有些城市，不能承受之重。从这个角度来说，合肥未来还将继续超越一些城市，也是那些想继续挤上科技赛道的城市所羡慕的。

当然，回过头看，一个城市想要押宝科技赛道，之前几年甚至十几年必须是冷板凳式的无回报的默默投入和付出，这考验的是一个城市的定力——不过，这又是另外一个话题，的确引人深思。

说实话，当一个城市拥有属于自己的超级赛道，不断地推出超级物种，它也就会吸引人气和资源，从而让城市拥有进一步提升的空间，甚至有成为超级城市的可能。

直到今天，我都不认为风光两千余年的扬州，曾经是真正的超级城市。这和当年扬州"强干弱枝"有关。在明清相当长时间里，江北只有淮安、扬州两府，以及曾属于凤阳府的徐州，顶多日后再加上海州和通州，归根结底，还是人口不足。战争，以及淮河连年的水患，让江北人口增量有限。

这也导致扬州再厉害，也无法形成"都市圈"，更遑论成为中心。除此之外，由于自身实业的欠缺，它只有消耗，而没有外溢。

某种意义上，就像今天提倡省会首位度的城市，首位度有了，但不能带领大家一起往前奔，也只能徒有其名。

某种意义上，这也是泰州在20世纪90年代从扬州分家的一个重要原因。加上本已是大哥的南京，以及逐渐做大的南通，这样一来，扬州更没有成为中心的可能。毕竟时代曾经给了你机会，你没有好好珍惜。

　　但好就好在，这个频繁出入世人梦境的城市，在失落多年之后，依旧没有丧失追求梦想的能力。

# 八

　　1995年前后，原籍金湖的先宏明再次"成为"了扬州人，虽然他在扬州一天也没待过。

　　说起再次，是因为金湖在1959年建县之时，曾隶属扬州专区。这个介于高宝湖（即高邮湖和宝应湖）与洪泽湖之间的县城，主要脱胎于扬州下属宝应县高宝湖湖西地区。但是，在先宏明出生的1977年，金湖县业已改隶淮阴地区，亦即今天的淮安。

　　他记得从出生，一直到1995年前后，他的父母便在江苏省水利建设（筑）工程公司下辖的船厂工作。江苏省水利建设（筑）工程公司总部在扬州，但船厂则在金湖。不过随着船厂整体合并到该公司的子公司江苏省水利机械制造总厂之后，父母便随单位整体搬迁回扬州。但是，他已在此之前考上大学，自此离开家乡。

　　根据资料，江苏省水利建设工程公司是在1952年创建。在先宏明的印象中，它成立的背景应该是为了治理淮河。事实也如此，"1951年，毛泽东主席发出了'一定要把淮河修好'的伟大号召，数万中华儿女从祖国各地云集江淮大地，掀起了轰轰烈烈的治淮运动。1952年，江苏水建这支当时的治淮队伍应运而生"。（《点滴凝聚治水辉煌　薪火传承六十华诞——江苏省水利建设工程有限公司60年奋斗篇章》，缪宜江、顾永明，《江苏水利》2012年9月）

　　这里得说的是，也正是在这一大背景下，声势浩大的京杭运河扩建工程于1958年拉开战幕。为了让运河变得更广更深，运河的航道重新做了调整。这也让扬州茱萸湾到瓜洲的运河河段，成为完全意义上的、名副其实的古运河了。

　　直到今天，围绕着运河的改造和生态修复，依旧不断。2018年6月，浙江省大通道建设推进部署会在杭举行，除了集中签约了杭温铁路等重点项目之外，还包括了京杭运河浙江段航道整治工程；2022年1月，在山东省第十三届人民代表大会第七次会议上，省政府工作报告便提出："现代水网方面，加快京杭运河山东段升级改造，基本完成小清河复航工程。"2月，京杭大运河泗阳桃源大桥、泗水大道提升改造、343国道泗阳来安至众兴段工程也集中开工……

　　这些对扬州的触底反弹无疑是个利好，但更利好的是，将江苏省水利建设工程公司放在了扬州。

　　这既是对扬州处于江淮之间的地位的又一次承认，希望它能在治理江淮水系上发挥引领作用，同时也是对扬州的一次有力的"赋能"。

　　毕竟，治水是一个涉及监测、运输、制造等方方面面的大工程，需要无数工业配套，这无疑会推动着扬州从消费城市向生产型城市转型。

　　船有了，车也跟着过来了。20世纪五六十年代，扬州古运河除瓜洲之外的又一入江口，位于宁、镇、扬"银三角"地带的仪征，在开启化纤产业的同时，也点燃了汽车产业的星星之火。它们先是以汽车修理和小配件生产为主，到了1984年，在改革春风吹拂下，江苏仪征汽车制造厂的前身江苏省供销系统进口汽车定点修理厂——仪征商业供销机械厂改制，进入汽车制造行业。

　　1985年，它用北京牌BJ130汽车底盘改装出了YQ130双排座载货汽车。1986年，它又试制出YQC620客车和YQC621系列专用车，其中，YQC621后来正式注册商标黎明牌。

　　今天，我们已经记不起国产汽车品牌中，还有这么一款黎明汽车。但是，它刚出来的那一刻可是享誉一时，远销东南亚、中东、非洲等地，而且打败众多竞争对手，被公安部选为公安系统指定用车。其普及率，一度超过北京吉普。它还出过一款黎明轿车，两厢的旅行版，后驱，普桑的工作台。这也帮助该厂在1992年的汽车产值一度达到10.8亿元，利税1.86亿元，位列全国最大企业500强榜单。1993年，它甚至为仪征市建设了第一座三星级酒店仪征黎明大酒店。

　　和黎明一样，在当时整个扬州小有名气的还有扬柴，其于1965年研制出了我国第一代195型柴油机，后主攻柴油轻卡动力，独领风骚数十年；有创建于1970年的国营江都汽车总厂，由于江都区古称仙女庙，所以其在1986年参照丰田海狮研发的轻型客车，被称为女神汽车。它也是全国首家向苏联等国出口轻型客车的企业。

　　最有名的自然还数亚星。1981年，它的前身，也就是扬州人都很熟悉的江苏省扬州客车厂，试制成功了JT663产品，这也是我国第一台使用了客车专用底盘的产品，结束了客车一直使用卡车底盘的历史。1988年，它又与西安公路学院共同开发出了全国第一台特色卧铺客车JS6970……日后，它更是推出第一台后置式底盘客车JS6970H、单车型销量最高纪录的客车JS6820……这也难怪让它自豪地喊出，在中国，专注于客车制造60年以上的公司，只有亚星，没有之一。

这些汽车厂的横空出世，无疑让扬州拥有值得骄傲的汽车产业。尽管黎明前总会有黑暗——由于布局分散、技术缺失、大项目空白等，20世纪90年代中后期，扬州汽车产业走向没落——但是，它打下的产业基础，还是让财大气粗的上汽看到了合作的可能。

此时的上汽，由于和大众、通用的合作，早已名声在外，但是它也有苦闷，那就是自己的核心技术和生产线均由对方所掌控。"熟悉上汽集团的人都知道，在业内外，一提到上汽集团，人们会首先想到上海大众、上海通用、上汽通用五菱等整车企业，而上海汽车———这家资产庞大的上市公司似乎常常被遗忘。从上海汽车原有的公司框架中，我们能看出其中的原因。总股本为25.2亿股、总资产100亿元的上海汽车，属下主体包括汽车齿轮总厂、中国弹簧厂、汽车配件厂等4家企业，清一色是零部件企业，虽说它同时拥有上海通用20%的股份、上海汇众50%的股份等，但由于总体上缺乏整车产品的支撑，似乎让人总有'少根弦'的感觉。"（《上海汽车收购仪征汽车，3亿买的是蛋糕还是鸡》，丁波，《解放日报》2003年3月27日）

而要补上这根弦，就必须发展自主品牌。而发展自主品牌，就必须有自己的整车厂。某种意义上，陷入困境的扬州汽车产业需要上汽的支援，相反，上汽要想突破瓶颈，摆脱合资公司的外方控制，也需要扬州这边的厂房、设备、土地，还有整车生产经验等。

两者先是在1996年前后一拍即合。到1999年，仪征汽车与上海汽车资产重组，组建了仪征市汽车工业公司和上汽仪征汽车有限公司。

随着热恋的深入，上汽更是花近3亿元收购上汽集团仪征汽车有限公司99%的股份，2004年，又将剩余的1%拿下。这样一来，该汽车公司被上汽彻底收编，名称也改成上海汽车股份有限公司仪征分公司。

上汽大众也尾随而至。当一汽大众南下佛山建厂时，上汽大众把目光盯在了上汽开辟的这块根据地上……

一切的一切都极力表明，尽管错失诸多红利，但是在每一片土地都很珍贵的中国，却不会任它沦落。苏中的崛起，需要扬州能站起来。尤其是在"长三角一体化"的今天，居于长三角腹地，与南京、上海三点一线，扬州需要重新发现自己的优势。虽然南京、上海的崛起，遮挡了扬州的光芒，但是扬州如果愿意放下历史的包袱，它也一定能很好地接受南京和上海的辐射。这是多少人梦寐以求都得不到的机遇。况且，沿江开发战略的实施，也把扬州重新摆在了一线阵地。

上汽大众将基地放在仪征，不仅可以呼吁上汽集团"长三角一体化"的构想，而且在南京、扬州、上海这紧密的区域里，共享规模经济、物流和人力资源优势，从而降低成本、保证质量。某种意义上，这也是潍柴在2010年之后相继收购扬柴和亚星的一个重要出发点，一方面借用当地的汽车产业链，另一方面借此实现自己在长三角区域的迅速扩张。

扬州无疑期盼这样的时刻。它让扬州工业在20世纪90年代便呈现"'车、船、机、箱、器、化、服、特'八龙齐舞"的盛况。随着中航工业沈飞所在扬州设立协同创新研究院后，"一个新的产业集群——航空产业集群即将枝脉舒展，上演'8+1'现代产业发展新传奇"。更让扬州骄傲的是，"扬州造"开始亮相世界各地——成立于1985年的宝胜电缆，产品出现在了从国家电网、上海中心、北京新机场，到杭州G20、厦门"金砖"、青岛"上合"等重大工程市场；从航空航天、中国中车、中船重工、"三大核电"，到振华港机、中国商飞、上海电气、国际聚变项目（ITER）等高端装备市场……宝胜集团也因此成了扬州首个百亿级的企业。另外，2018年开通的港珠澳大桥，有3000多吨的大型号螺纹钢就是由扬州市秦邮特种金属材料有限公司量身定制的。（《扬州工业之崛起：从"两爿半厂"到"8+1"产业集群》，石默然，《扬州日报》2019年8月26日）

让扬州"想过去，看今朝，此起彼伏"的是，连淮扬镇铁路在2020年底正式开通运营。从杭州到扬州，高铁3个小时左右。想起2017年我第一次到扬州，先到南京，再从南京中转，前后五六个小时，就觉得朱自清的时代，离我一下子远了。

尽管在"高速铁路对百万以上人口城市的覆盖率超过了95%"（2021年8月24日由中国交通运输部给出的数据）的今天，且距离中国采用完全自主知识产权建成的第一条高铁——2009年通车的武广高铁已经过去了好几年，这条迟来的铁路，让人很难有新鲜的兴奋感，但它对扬州的意义却无比重大——这个曾经枕着大运河梦想千百年的城市，终于找到了新的"枕头"。

和扬州一样，镇江和淮安也在痛定思痛。由于思维的落伍，以及经济中心的转移，在相对富裕的苏南，镇江起了个大早，赶了个晚集，收入水平比苏南其他城市差上不止一截，想有职业发展请沪宁线上出门右拐，让人一度觉得它在苏南都名不正言不顺。

不过，今天的它，也从俯瞰醋坛到仰望星空，在布局工程电气（如拿到过的国家科技进步奖特等奖、一等奖的大全集团）的同时，着力航空航天产业，"镇江全市现拥有涉航企业83家，初步形成以通用航空全产业链为特色的镇江航空航天产业园，以高性能纤维及复合材料等为特色的丹阳航空航天产业园，以空天信息技术应用等为特色的京口航空航天产业园，形成了特色鲜明、互补互促的航空航天产业集群"。（《镇江怎样"跑起来"？》，任俊猛，上观新闻2020年5月19日）

淮安也让人惊喜。在十数年前，以富士康落户淮安为发端，一个"南有昆山、北有淮安"的台资集聚新高地的战略部署正式拉开。今天淮安已经成为继深圳、东莞、昆山之后的第四大台资聚集地。

某种意义上，扬州、镇江、淮安这些沿运河城市再度重生，和运河改造有关，和它们充分发挥地处长三角、毗邻南京和上海的特殊优势有关，当然也跟它们摆脱并突破过去的思维定式和习惯开始锐意"奔跑"有关。

这一定会让它们找回踏实的感觉，而好梦依旧会不期而至。

# 4

当年的"长江五虎"，今啸皖江经济带

帆船时代，顺江而下进入安庆城第一眼所看到的，一定是振风塔。这个位于长江之北，面江而立，海拔高度82.76米的"万里长江第一塔"，塔如其名，风雷振荡。它也几乎成了我对安庆的第一记忆。自从我12岁那年到安庆一游，我对安庆的所有回想，除了这座振风塔和塔所在的迎江寺，其他已几无印象。

　　直到今天，我还保存着和父亲在振风塔正北假石山上的留影。那时我毕恭毕敬地坐在一具假石的半腰，父亲则站在一边，一手撑在假石的上方。假石的背后，则是一株小树，瘦弱得根本没法遮住振风塔的雄姿。

　　那个时候的父亲，贫穷、窘迫，但眉宇间还是透着一股英年的帅气，就像我们当时所身处的那个城市，老底子里还是有值得骄傲的存在。只是时间犹如迎江寺前的流水，奔流不息。多年之后，当我重新找到原先的那个地方，假石已经无法容纳我那肥硕的身躯，而父亲更是被岁月摧残得已经垂垂老矣。倒是背后的那株小树，早已成材，铺天盖日地将空间占得没有一丝留白，透不出振风塔一点影子。

　　和振风塔一样，迎江寺也是安庆的网红打卡点。都说无塔不成寺，但相比较明代穆宗隆庆二年（1568年）才开始动工的振风塔（又一说此为重建），迎江寺出生犹早，远在北宋便由僧人涵万立愿劝募，并于开宝七年（974年）建成。虽因战乱屡遭破灭，但在后人前赴后继之下，寺庙渐趋丛林规模，办学传戒，遂成安徽省首刹。

　　在迎江寺门票的背面有一简介，提及其大门两侧各置铁锚一个，其重约三吨，是该寺有别于海内外寺庙的独特之处。据民间传说，安庆地形如船，塔如桅杆，若不以锚镇固，安庆城将随江水东去。

　　某种意思上，安庆是一个因江而生的城市。江是产婆，也是悬挂在安庆心头上或明或暗的隐忧。

# 分疆则锁钥南北，坐镇则呼吸东西

一

万里长江自西而来，在相继接纳岷江、嘉陵江、汉江以及赣江等支流之后，自九江来了一个急转弯，掉头向东北呼啸而来，在皖西和皖南的山区之间冲刷出了一片大平原，安庆便是这个大平原的狭长谷地，与此同时，安徽的重要支流，与古皖国、皖山一起让安徽得名为"皖"的皖河，也由此注入长江（交汇处俗称皖口）。

这也让安庆成为开阔却不失险要之地，"分疆则锁钥南北，坐镇则呼吸东西"。向上，可控洞庭、彭蠡，往下，一泻千里，直面的便是毫无屏障的长江中下游。与此同时，因境内水道弯曲，安庆成为天然避风港，水域全年都较为稳定，可全年通航。

西汉元封五年（前106年），汉武帝刘彻巡视南方，登上安庆沿江丘陵高地——盛唐山，面对极佳的风水景观，作盛唐山之歌颂之。日后，东晋诗人、堪舆风水家郭璞在登临盛唐山观望长江之后，就迫不及待点赞说"此地宜城"，所以安庆又称"宜城"。盛唐山山脚下的盛唐湾古渡口，也因此被称作了宜城渡。

然而，安庆城的修筑直到南宋嘉定十年（1217年）才"姗姗来迟"。这一年，金兵南侵的号角步步紧逼，作为朱熹的门徒而入选《宋史》的黄榦，此时正开府安庆，为了安全，下定决心将府治从安庆城西北的潜山县，沿皖河南迁至皖口（一说是潜山县梅城）。有了山水的屏障，进可攻退可守，万一不济，还可以有长江这条黄金水道。

"黄榦是宋代著名理学家，理学大儒朱熹的女婿。他白天组织军民筑城，晚上到书院讲经论史，一座凝聚着黄榦文化精神的新郡城就这样诞生了。"你很难想象，作为一个理学家、一个官员，黄榦在建城时自己赤膊上阵。因为他的付出，安庆城自此作为一个城市出现。

然而，迎江寺外以锚镇固的安庆城，每夜枕着大江的涛声入眠，难免不会有被水裹挟的噩梦。皖口很快就被证明为一次不成功的选择。

"可能是这里地势比较低洼的原因，景定元年（1260年），沿江制使马光祖又将府城迁徙到盛唐湾宜城渡，即今天安庆市的位置……皖口作为府城的时间只有几十年，尔后长期遭废弃。"（《行摄皖河古镇》，汪军，"汪军东西均"博客2014年8月7日）同时，为了造安庆城，几乎拆光了皖口。但是，它却让盛唐山和宜城渡在时代更迭中感受到造城的荣耀。此外，陈独秀和海子的老家——怀宁县也始迁附郭。安庆城自此府、县同城而治。

新的安庆城，依盛唐山起伏的丘陵而建，设有东南康济门、西正观门、北集贤门、西北万观门以及南盛唐门、东枞阳门，共6座城门。出集贤门，便是古驿道，由此不改向，可以直达京城。它是陆路进安庆的主要城门；出枞阳门往东，便是朱家坡，再往前走，就可以看到迎江寺门前的那一对大铁锚。另外，出康济门，便是宜城渡。不过，由于它不在正南，因此在民间被称为"小南门"。

相比而言，位于正南也是盛唐山之阳的盛唐门，无疑是整个安庆最有人气的通道，安庆地方文化研究者吴牧在《登云坡》一文中写道，"当年，京城从水驿送到安庆府的圣旨、诏谕，以及官员所乘之船一律从盛唐山渡口靠岸，安庆地方官员出正南门举行隆重的迎接仪式"。

不过，和国内大多数古城以南门作正门、北门是后门，南北门连线即所谓子午线作为古城中轴线不同的是，安庆城的正门是正观门，俗称八卦门，而枞阳门才是后门。过去，周边六邑（桐城、怀宁、太湖、宿松、望江、潜山）来安庆府，多走皖河水路，大新桥码头下岸，然后径直一条路，再从正观门入城。

不得不说，安庆城的创建，让它成了长江进入安徽流域的第一座城市，也成为明末清初开桐城派先河的钱澄之（钱田间）笔下所称的"长江万里此咽喉，吴楚分疆第一州"。与此同时，也让汉口至南通近千里之间在长江北岸有了唯一的重要港口城市。

在相当长时间内，来自上下游的诸多货物，大多选择从安庆中转或流通。加上安庆府整体地势呈西北向东南倾斜，五山一水二分田，所以自身有着丰富的农业资源，除了水稻之外，还广泛种植茶业、烟草和药材……当腹地盛产的棉花、茶叶、稻米等农产品源源不断地涌进安庆码头，并随着货轮发向全国各地，安庆不仅名扬全国，而且也为自身的商业发展孕育出了肥沃的土壤。

二

在安庆的老字号中，有"胡玉美""麦陇香""江万春""余良卿"。它们和徽州人开办的"老宝成""胡开文"，浙江人开设的"正泰昌""宝成""宝庆"等，一起集中在著名的倒扒狮街上。

这条街因为明代隆庆年间所建的"倒扒狮子"石牌坊而得名——别人的狮子正襟危坐，这个牌坊上的狮子则是倒立的。看到这样一个说法，狮子倒扒寓意财不外流，亦代表谦恭诚信。和倒扒狮街一样有名的，还有四牌楼和国货街。

安庆的成功还不止于此。财运和人气的积聚，让安庆像是突然打通了自己在文化上的任督二脉。明清两代，不仅出了大思想家方以智，父子宰相张英、张廷玉，状元赵文楷等。文人、作家更是数不胜数，其中，还出现了以桐城籍文人为开创者和主要作家的散文流派——桐城派。此外，让安庆在近代扬名的还有皖派篆刻、徽班艺人，以及黄梅戏。

近50年来，安庆人在全国各地各行各业开枝散叶，光是安庆籍院士就有30余位。

不过，网上有说法，把这归功于振风塔的修建。说的是在明代以前，安庆没出过什么状元，文风比较凋敝，一些星相家就故弄玄虚，说江水滔滔让文采在这里难以扎根，所以须建塔镇之。果真，此塔建成之后，境内文风果然昌盛，人才辈出。听上去很有道理的样子，但在和皖江文化研究专家汪军兄做过交流之后，才知此乃附会之说。

事实上，在被称为振风塔之前，该塔原名万佛塔，主要是因为安庆城后门无大山依靠，因此建振风塔以弥补先天地势上的不足。

不管如何，是为了振兴文风而建，还是希望如桅杆带动安庆这艘船，从它的出现和更名，可以看出这块热土，对功名以及家国的热衷及追求。与此同时，振风塔还可以作航行中的"灯塔"，天晴日丽之时，又有西湖三潭印月般的景致。

过去安庆有一首名联就是这样说的：镇海门门镇海镇海门头镇海楼楼形镇海，迎江寺寺迎江迎江寺腹迎江塔塔影迎江。

镇海门其实就是盛唐门。镇海门上有门楼，亦改镇海楼。如果说振风塔的更名是附会，镇海门的更名则真实地反映出了沿江城市的内心世界。只是这样一来，"盛唐"不存，尤其是日后猛烈的造城运动，更让它失去了往日的风貌，只留下了一个"登云坡"供大家凭吊。

但此时的安庆，无须靠"盛唐"来证明自己了。它本身就是金字招牌。先是康熙六年（1667年），江南省被一分为二，一江苏一安徽，安徽的安便来自安庆。

接着在乾隆二十五年（1760年），安徽布政司从当时的南京迁往安庆，至民国二十七年（1938年），安庆一直都是安徽省会。这种政治上的加持，让安庆的风光显得一时无两。根据资料，1819年前后安庆府人口达到600万，这在当时全国只有1亿多人的嘉道时期，俨然一个超级城市的规模。

只是成也萧何败也萧何。此地虽然"宜城"，但是作为长江的黄金水道、商业的重要枢纽，以及长江中下游的门户，安庆的历史从来不缺少外来的觊觎、血腥的搏杀。

相比宜城的另一面，让人头疼的水患倒是显得很稀松平常。

# 安庆与曾国藩

## 三

自1860年6月开始，整整14个月内，安庆城都被湘军围了个密不透风。领头的将军，是曾国藩的弟弟曾国荃。

他不愧称"曾铁桶"，擅于"围城打援"。在这个漫长的时间里，他们不仅切断了安庆城内的物资补给，而且击退了以英王陈玉成为首的太平军四次大规模救援行动，甚至连陈的大将程学启也被诱降。最终，陈玉成只能看着自己经营多年的地盘，望而兴叹。

这是一个多福也多灾的城市。作为长江的咽喉，在动乱时代，它往往会像汉江上游的襄阳的一样，为人所惦记。在马光祖建城之后15年，蒙古人挥兵南下，一路势如破竹，安庆守将范文虎见长江上游多城皆落入敌手，居然主动投降，并为虎作伥，直到攻入临安。想想坚墙厚石，并没有呵护安庆城周全。这让文天祥在被俘后途经安庆感叹："风雨宜城路，重来白发新。长江还有险，中国自无人！"

不过，元至正十八年（1358年），面对天完红巾军陈友谅、赵普胜等人的围攻，临危受命的元将余阙却展现了自己的血性：在杀敌无数，身受重创之后，见大势已去，引刀自刎，坠清水塘中。"其后余阙妻室子女投井自尽，部下士卒随其投水赴死者亦不记其数。"（《"大观亭历史文化街区"保护与开发》，刘东，《安徽文化论坛2014》）日后，他被陈友谅厚葬于正观门外。明嘉靖四年（1525年），安庆知府陆钶深感余阙之节义，于其墓之西山建一亭，是为"大观亭"——自此，安庆城又多了一处标志性建筑，与此同时，由于其是血性的见证，也成了安庆人文精神的象征。

今天的安庆，迎江区的设立，无疑出自迎江寺，而大观区的设立，也无疑是出自这大观亭。

不得不说，旧时在安庆为官，也是风险很大的事。和余阙的命运相似，安徽巡抚蒋文庆和怀宁县典史也在1853年2月相继丢掉了自己的性命。

这一月，太平军首克安庆。正是占领了安庆，太平军很快占领了下游的铜陵和芜湖，最终在短短不到一个月的时间，便攻破南京，最终定都于此，并改地名为天京。这是太平天国的胜利，但安庆却自此进入了一段很特殊的岁月，作为太平天国天京西大门而存在，到天国后期，更是成为英王陈玉成的地盘。

不过，要命的是，安徽省会由安庆改为庐州（今合肥）——这是安庆的省会地位第一次遭受了威胁。这种局面一直维持到1859年湘军的到来。

此时的曾国藩，正靠着湘军声势日隆，不到知天命之年，便已经署理两江总督。清政府对他的寄望显然有目共睹。他也深知，如果要救清政府于既倒，不能不进攻安徽。进攻安徽，则以安庆为要。"若克安庆，则绝金陵贼粮之源，以杀江淮各贼掎角之势。""安庆一战关系淮南全局，将来即为克复金陵之张本。"他把这个艰巨的任务交给了自己的亲弟曾国荃。

曾国荃先是一一扫荡了安庆城的周边，并于1860年6月攻克了枞阳镇，实现了对安庆的全面包围。在曾国荃的战术下，安庆城吃不消了。最终，9月5日前后，在被湘军用挖地道埋炸药最后炸塌城墙的一顿操作下，宣告失守。在曾国藩呈奏的《克复安徽省城贼众尽数歼灭及攻剿详细情形折》中，充斥着"以枪炮群子轰击，毙贼无数""我军以枪炮三面夹击，子如密雨，贼之伤毙者尸满田垄"等描述，让人不忍卒读。至于失守后的安庆城，呈现在湘军面前的景象，即使再冷酷的人看了也不寒而栗。活人没了，就连菜园里的蔬菜和野草都已吃完，所有动物，甚至老鼠，都吃光了……

湘军在安庆保卫战中付出了巨大的伤亡，但他们还是不忘往这悲惨的世界再加了一把盐，曾国藩下令"兵丁大索三日"。在写给曾国荃的信中，他这样很赤裸地告诉曾国荃："克城以多杀为妥，不可假仁慈而误大事。"意思也就是，兄弟呀，你在破城之后，要多杀狠杀，千万不要假仁假义，从而耽误了大事。

接到指示的湘军们，明目张胆地屠杀淫掠，城内剩余不多的4万余人亦死于湘军屠城，安庆几乎变成了一座空城。

2021年4月1日，当我在倒扒狮酒足饭饱，跟着汪军兄步行至任家坡原是任家老屋的英王府（一说是位于倒扒狮街马王坡的清节堂）。在周围灯火的映射下，这幢在曾国藩幕僚赵烈文眼里"不华美亦不甚大"的小院子，显得面容惨白，让人更是"上头"——其斑驳的墙面上像是刻上当年厮杀的呐喊和呻吟。据汪军兄说，它其实还是曾国藩的督帅行署，本有三路，但中路和西路已毁，今天只留有东路。

正是在昔日对手的"老巢"中，此前常在船上办公的曾国藩开启了自己主政安庆的日子。除了对城池做了一定改造，又添筑一道月城，并一北一南再开两门，一玉虹一金保，曾国藩还在这里开始了自己的工业实践：也许是与太平军作战的艰辛，以及攻城的艰巨，让他痛感湘军兵器的落伍。想想打下安庆都要这么久，要想攻占南京，又该耗费多时？！某种意义上，这也是曾国藩在安庆创办军工厂的一个现实考量。

但和我们印象中"安庆军械所"有所不同的是，曾国藩创办的这家工厂其实叫"安庆内军械所"——加了"内"字，这其实是向心怀猜忌的清朝统治者表态，这家工厂只是军队内部的，所有经费都是从军费中出的，不需要朝廷再拨另外一分钱。

为了创办这家军械所，曾国藩可是下了一番苦功夫。他不仅邀请了当时中国最好的科技人员，比如著名数学家李善兰、同是无锡人的华蘅芳和徐寿，以及龚芸棠、徐建寅、张斯桂、吴嘉廉等人，他们不仅擅长经史子集，还更爱格致之学；而且，还接纳了从太平天国方面投奔过来的容闳。作为中国近代史上首位留学美国也是第一位从美国知名学府耶鲁大学毕业的中国人，其在1863年9月，应张斯桂、李善兰邀请，来安庆会见曾国藩，并住在督帅行署。正是靠着这样一帮优秀的中国大脑，尽管设备简陋、资金紧张，可这所内军械所还是在1862年研制出了我国第一台蒸汽机，同年底，试制成功一艘小火轮——此乃后来自制现代轮船"黄鹄"号的雏形，成为具有里程碑意义的大事件。

尽管在1864年，随着南京被清军攻陷，曾国藩将安庆内军械所搬迁到南京，改名为金陵内军械所。但是，这依旧抹不掉安庆内军械所存在的意义。

它无疑是中国近代工业不容忽视的"源头"，正是在金陵内军械所的基础上，署理两江总督的李鸿章又筹建了金陵机器制造局。作为中国四大兵工厂之一，该局在日后赢得了"中国民族军事工业摇篮"之誉——不得不说，尽管只是出于维护传统统治的本意，但曾国藩等人的作为，还是让安庆这块热土，因缘际会地成了中国近代工业的发端和肇始之地。

## 四

安庆本身也因此受益匪浅。这个商业的码头就此被植入了工业的基因，并走上近代化的进程。这也让安庆在安徽最早创办了邮政局（1875年）、电报局（1875

年）、电厂（1907年）和自来水厂（1910年）……

安庆之所以能在清末民初还能和重庆、武汉、南京、上海一起成为名噪一时的"长江五虎"，正得益于前期的积累，以及后期的根基犹存，加勉力更生。

此外，安庆之所以在2005年被国务院正式批准成为国家历史文化名城，和这一段经历不无关系。在批文中便有这样一段："二、安庆市城市发展历史悠久，文化遗存丰富，历史遗迹保存较好。安庆市城市发展历史，特别是近代城市发展历史，在我国城市发展史上具有重要地位。"

曾国藩对安庆的影响，还体现在文化上。今天，我们在提桐城派时，总会提及两个外乡人：一个是严复，一个便是曾国藩。正是在桐城派渐趋于衰弱的清朝末期，曾国藩"出而振之"——他对自强、卫道的追求，与桐城派对义、理的坚守不谋而合。"作为洋务运动的倡导者，曾国藩则借桐城派为洋务运动摇旗呐喊，整合整个社会精英。1859年，曾国藩作《圣哲画像记》，将姚鼐列入三十二圣哲，并宣称'国藩之粗解文章，由姚先生启之'，桐城派因此声名重振。"所以，网络上有文章就这样直言不讳地指出，安庆欠曾国藩一座雕像。

安庆曾有两处"曾公祠"：一处在双莲寺后，一处在湖南会馆，纪念的是曾国藩、曾国荃兄弟。但是到今天都已踪迹全无……这也透露着这个城市对曾国藩的矛盾心态：感激他给老家带来的造化，但是谁也忘记不了他的双手也曾沾满了安庆人民的鲜血。

不过，正如安庆人民对曾国藩的心理，曾国藩对这座城市，其实也很矛盾。他虽然以此为基地搭建了中国近代化的工业蓝图，但是，他却不希望让这座城市变得更"开放"。

1840年鸦片战争之后，中国在西方列强的逼迫下，开放了很多通商口岸。这是耻辱，但也让中国打开了闭关锁国的大门。上海因此从一个小渔村，成为和重庆、武汉、安庆、南京并重的"长江五虎"之一。安庆作为长江重镇，自然也被洋人看在眼里。但它显然走了另外一条路：洋人第一次提出安庆开埠，恰逢太平军占领，因两者关系恶化而被拒绝。1861年之后，英国人又率先提出沿江开埠的要求，它们甚至把安庆放在了芜湖和大通之前，曾国藩极力拒绝了。

这无疑是弱国在大国环伺下的抗争。曾国藩也有他的考虑，他不愿意将见证民族自立开端的安庆城拱手让给洋人。况且厘金约占安徽全省厘金三成的安庆，是湘军生存的根本，外人最好不要插手。另外，阻止安庆开埠，可使得长江中、下游沿江口岸商埠首尾不联，可以以此来制约洋人。

正是在曾国藩、官文、李鸿章、裕禄等清廷大员的力争之下，直到1902年9月5日签订《续议通商行船条约》，安庆才成为通商口岸。不过，在同时开辟的通商口岸中，只有安庆既不设海关，也没有租界和领事馆，不许外国船只靠岸、外国军队驻扎。

尽管以英国为首的西方列强一再敦促清朝政府尽快履行安庆开埠，但直到1906年，安庆一直以经济困难为借口，"暂不开辟为商埠"。由此，外国商船上不了安庆，要么只能开往南京，要么只能开往武汉，安庆被其他长江四虎远远甩了下来。

这大概是安庆对曾国藩"五味杂陈"的又一大原因吧。

# 芜湖"捕蝉"，合肥在后

## 五

John Knight Shryock，亦即J.K.施赖奥克，应该是安庆的老朋友了。20世纪第一个十年，他受美国圣公会派遣，作为传教士来到中国，共在中国待了9年，其中有8年是在安庆，并于1923—1927年担任安庆圣保罗中学堂（今安庆二中前身）校长。

他显然知道安庆被拒绝开埠的那段历史，"虽然有人曾试图让安庆成为签约开放的城市，但由于当地人的反对而未果，因此虽有各国轮船公司的江轮经过安庆，但当地只有中国公司的码头"。（《近代中国人的宗教信仰——安庆的寺庙及其崇拜》，J.K.施赖奥克，安徽大学出版社2008年1月版）

安庆城内一些西方教会也因此不再奢望迁移城外新租界设立新教区，施赖奥克治下的圣保罗中学堂也只能和美国圣公会同仁医院、培媛女学堂一起大规模购置百花亭地块。

在施赖奥克眼里，这一时期的安庆是"一个慵散、保守但居住舒适的城市，它曾在太平天国运动中惨遭破坏，花了多年时间才渐渐恢复"。

他相信"繁荣应该最终来临"，但不得不说的是，"安庆目前所以还显得重要，主要是因为它是省府所在地，"而且，"安庆还没有火车，而且看来近期也不大可能通，这对城市影响颇大"。

安庆其实也有通车的可能。清末曾规划南京—安庆—武汉、北京—安庆铁路，而民国元年安庆—正阳关的安正铁路更具备开工条件，其经本省绅商发起，曾由日本东亚兴业公司借款测量。

程小苏《安庆旧影》记载："犹忆民国元年（1912年）柏文蔚督皖，倡办安庆至正阳关之铁路，名安正铁路，正招集股本，未几柏去倪来，因而中止。"查阅《安徽通志稿》，关于安正铁路的记述如下：其"计划自本省省会之安庆经桐城舒城六安以至淮河畔之正阳关约一百七八十哩之铁道为联络扬子江与淮河之重要路线"。

想象一下，"此路若成，诚贯通皖北之大动脉也"。安庆不仅占据水运黄金枢纽，而且在铁路交通大发展时代，依旧会有存在感，甚至有能力保自己省会地位不失。

到民国时，安徽省对在安庆建设铁路依旧寄予期待。汪军兄在民国二十一年《安庆省会建设计划目录》中看到省建设厅厅长陈鸾书于弁言中这样写："武汉以下，京浦以上，中流数千里，适中枢纽之地，莫安庆若，南接南浔景饶，北连蚌合浦信，而宁粤路线，且以此为中枢，地形便利，发展随之，此其趋势之必然者一也。"可以说，陈鸾书提出以安庆作为宁粤路线中枢的构想，看得出他那对安庆无以复加的重视。但是，依旧和以前一样，这样的构想只停留在了纸面上。蹉跎一时，似乎便成了一世。

此后的安庆，在铁路交通上几无起色，直到1996年，才有合九铁路（合肥—九江）跨境而过。即使如此，安庆站也完全位于支线上，且没有南下联络线，导致安庆长期处于铁路支线末端。

相反的是，安庆下游，位于安庆与南京之间的芜湖，却借势"猛抬头"。和安正铁路几乎同时动议的，还有途经合肥的裕溪口至卢汉铁路（即京汉铁路）的江北铁路，以及芜（湖）广（德）铁路。修建芜广铁路的最大目的，应该是连接浙江。

只是该线修建的艰难程度和漫长岁月出乎人们的想象，甚至转卖给了江南铁路股份有限公司，但在江南铁路手里，它不仅以原芜广路的铁路路基，在1934年修成了芜湖至孙家埠（位于今宣城宣州区）76公里铁路并通车，而且目标直指广德更东边的钱塘江出海口——嘉兴市乍浦——孙中山的遗志是将乍浦建成东方大港。这也让位于陶沟的芜乍铁路芜湖总站（后改名"芜湖西站"）成为芜湖历史上的第一个火车站。

同年3月27日，南京至芜湖段开始测量。次年5月，南京中华门经芜湖至孙家埠175公里干线通车（后又扩展修筑中华门—尧化门段，与沪宁铁路接轨）。

时不我待的是，日寇的步步紧逼，打乱了芜乍铁路的计划。随着时势急变，铁路于孙家埠掉头南下，在江西鹰潭贵溪与浙赣铁路连接——该路若修通，不仅让南京与南昌间的铁路里程由1300多公里缩短到800余公里，国防意义重大。若沪宁铁路失守，南京也有其他退路。只可惜的是，1937年底，日军攻陷上海、进逼宣城，让这条即将建成的京赣铁路就此停工，甚至为了不资敌南进，还被下令拆毁，只留下了一条残缺不全的路基……这一耽搁便是十数年。但比起蹉跎了无数光阴的安庆，芜湖还是足够幸运——新中国的成立，不仅让这条沟通安徽、江西两省的铁路干线，重新活了过来。与此同时，"京芜线"也改成宁芜线，在1958年也全线贯通通车。

这种经历，无疑让芜湖尽早地感受到了有别于水上运输的"新速度"，同时也让芜湖除了在长江上与南京为邻之外，在铁路交通上也早早紧靠南京——日后芜湖拿南京作"徽京"，和这种交通的捆绑也不无关系。

随着芜铜线、皖赣线、宣杭线以及芜湖长江大桥的相继建成，宁芜铁路成为南京通往华南的铁路通道，芜湖也逐步成为皖东南的交通重镇。

# 六

芜湖在开埠上也早于安庆——在1876年9月13日签订的《烟台条约》中，芜湖成为安徽第一个开放口岸。

次年2月，英国人便在芜湖范罗山设立领事署。此外，海关、天主教堂、弋矶山医院、萃文中学、圣雅阁中学也相继而建……

西方的到来，不仅给芜湖带来了独特的城市景观，而且让芜湖成为长江沿岸著名的商业码头。根据《芜湖市志》，"从芜湖开埠至廿世纪初，各国商人陆续来芜开设的洋行商店计有27家，其中主要的有英国的怡和、太古、亚细亚等洋行；日本的三井、三菱、铃木、戴森昌、大阪等洋行；美国的美孚洋行等。这些洋行除经营进出口业务外，一般都兼营运输业务，于长江边设有专用码头和趸船，建有仓库和堆栈，把芜湖作为他们倾销商品和掠取原料的市场"。

与此同时，镇江的米市迁往芜湖，大批米号、米行、运米轮船在芜湖起运，使芜湖米市"堆则如山，出则如江"，1898—1904年，芜湖米市稻米出口每年多则500余万担，少则300余万担。到1918年，更是增至800多万担。除了粮食之外，丝、茶也是经芜湖出口的主要物资。

随着对外贸易的发展以及与外界交往的频繁，芜湖的城市人口规模迅速扩大，从1882年市区人口6万人，到1934年急增至17万人，比当时的安徽省会安庆人口还多45000人。更重要的是，人们的观念也发生了变化，大家在消费上不再崇尚简朴，士绅也不再以从商为耻，相反乐意经商。

我曾看到这样一组数据：1883年芜湖的商号由1877年的121家增至262家，增长了1倍多。1891年商号又增至499家，到1901年商号更增至722家。

　　这种转型提升,让芜湖隐然生出取代安庆的心思。新中国成立之后,它和火车拖来的蚌埠,一度加入了省会争夺战。那个时候的安徽经济版图,呈现出"北蚌埠南芜湖"的态势,但是它们距离南京如此之近,有得也必然有失——毕竟在狭窄的空间里发展出两个省会,有点勉为其难。最后,是位于安徽的"地理中心",有过省会经历,也有铁路交会的合肥,在1952年成了最终的幸运儿。

　　这场省会争夺战让芜湖感觉到难受,但安庆更难堪。因为相比较芜湖和蚌埠,原先的省会安庆,竟像个局外人。

　　直到今天,我们还耿耿于怀于合肥抢了安庆的风头,但仔细想一想,一个没有铁路交通和外界连接,偏居皖西南,和武汉、南京的关系,甚至还不如皖北的阜阳、淮北等城市,如何充当这个省的省会?另外,作为农业社会的优等生,安庆在工业社会中却没有好的资源,它不像铜陵、马鞍山、淮南、淮北这样的城市,可以凭借着丰富的矿产资源,从无到有成为相对较发达的新兴城市。

　　当然,作为一个本因军事而立的城市,多年的经历证明,只要出现战乱,安庆总是"首当其冲"——最近一次便是1949年的"百万大军过长江",安庆又一次成了渡江战役的重要战场。幸运的是,在历史的转折时期,安庆选择了顺应潮流,和平解放。

　　这也让安徽省会有过多次迁移,六安、蚌埠、芜湖、屯溪……都曾充当过安徽的省会。为了省会安全,也不宜将其放在安庆。

　　这是坏事,也是好事。在失去了省会的地位和面子之后,多年来被追光灯所遮蔽的"短板",也开始凸显出来。

# 不再是省会后，安庆为何一落千丈

## 七

在让我们痛苦，却不得不承认的缺憾中，"地形逼仄，格局过窄"是这座城市最显而易见的那一个。地理影响了心理，而心理又无法在地理上有所突破。

事实上，也曾有过机会摆在了安庆的面前——在1952年2月到1965年5月期间，以及1980年1月之后的一段时间，安庆曾跨江发展，"收编"过对岸池州的部分区域。在我的印象中，今天归属池州的东至，曾一度属于安庆地区。

但是，安庆在地市合并时错将江南的大渡口归还贵池（今池州市府所在地），等池州在1988年8月被国家复设之后，安庆失去的便不只是大渡口，而且是跨江而治、建设"双联市"的美梦。它逼得安庆又全线退回江北。

两地行政被分割，导致了安庆的跨江通道迟迟不能落地。在芜湖长江大桥全线贯通后一年的2001年，安庆长江大桥才开始动工。与此同时，池州被划分出去，编制少了，但官员还是那么多，这导致安庆的官场有些人浮于事，加剧城市的保守。

其二就是经济体量不大，导致安庆被冷落和忽视。尤其是工业化和城镇化的突飞猛进，既推动了一线城市和大城市的建设，也让安庆身处武汉、南昌以及合肥、南京的包围之中，像陷入了一个三体世界，只能成为被虹吸的对象。

21世纪前后的安庆，成了人才的重要输出地——看看安庆人在外创建或领导的优秀企业，比如说潜山人王文银创办了正威集团，韩定旺创办了卫康制药，而阎焱是软银赛富亚洲投资基金首席合伙人，太湖人李斌创办了蔚来汽车，望江人陈奇星创办了长盈精密，宿松人洪清华创办了驴妈妈，孙涛勇创办了微盟。更何况还有多年名声在外的桐城人，其中有李缜创办了国轩高科，毕国祥创办了天津宝迪，桂四海则在香港组建了远航集团有限公司成为新一代"船王"，还有吴曼青出任中国电子科技集团有限公司总经理，彭寿出任中国建材国际工程集团有限公司党委书记，当然还有一位就是在南京创办了雨润集团的祝义财……这让人感慨，安庆一直在支援全国，但就是心里"没有自己"。也许，安庆只能靠着这些

"安庆军团"才能维系自己"长江五虎"的威名了。

其三就是安庆"一再失去形成现代化城市群落的机遇"。在《大国出行：汽车里的城市战争》一书中，我曾探讨过中国城市的发展，必须从以前的单点突破，到产业联合下的城市集群的竞争。这也是安徽要积极融入长三角，合肥要建立自己的"省会经济圈"的原因。但是"反观安庆，对江池州市经济向来弱小，而且长时间因长江阻碍，池州也与马（马鞍山）芜（芜湖）铜（铜陵）看齐，和江北安庆无法构成城市群落"，而从江北来看，安庆也没什么好的帮手，与安庆共同构成拥有争夺经济发展资源的话语权。

下辖的桐城倒是可以与安庆同频共振，但让人遗憾的是，安庆的失落，不仅让原先铁板一块的安庆府，变得很"散装"，各自为战，而且安庆"先是分割桐城为两县（桐城和枞阳），后是再割桐城沿江黄金岸线成就宜秀区。一个可以成为安徽第一经济强县、文化强县的桐城，就此成为袖珍小县，就此失去了与安庆共同构建'安庆经济圈'的支撑"。

这是我在网上看到的一篇题为《浅析安庆被边缘化并继续走向衰落的原因》的网文所剖析的原因，发于2009年，但观念至今似乎没有过时——某种意义上，安庆小牛拉大车，既没有保护好从桐城分出去的枞阳，最终在2016年拱手让给了铜陵，也让今天位于合肥与安庆之间的桐城，极力追求融入合肥都市圈。

# 八

另一让人咂牙花的是产业的失落。

尽管曾国藩为安庆打下了工业的基因，直到20世纪80年代初，安庆下辖各县区都有拖拉机了，二产也门类齐全，包括机械、制造、纺织等行业——甚至，安庆还造出了在安徽起步较早的安达尔汽车。但是，地形逼仄、建设不力导致产业落地困难，而思想保守、缺乏长远眼光，更让产业很难为继。

让人意想不到的是，安庆在20世纪90年代的企业改制过程中，破"三铁"（铁饭碗、铁交椅、铁工资）让很多员工下岗、企业关门停业，如原来的变压器厂、纺织厂、钢铁厂、机床厂统统消失，安庆的人才又一次大规模外流。如果你在2000年前后去江浙，就会发现只要是制造业的工厂，里面的车间主任或分管生产的厂长，基本上都是安庆出来的。

主观和客观的各种原因，导致了安庆的经济命脉被破坏得很厉害。1990年，浦东开放，让身居江浙沪一侧的安徽，看到了"借光"的好机会，为此提出开发皖江（长江安徽段），呼应浦东，迎接对方辐射的决策。1995年，安徽更是进一步提出了"外向带动、整体推进、重点突破、形成支柱"的总体战略。尽管如此，但是，在早期的开发中，离江浙沪更近的芜湖成为龙头。只可惜因为各种原因，芜湖并没有因此成气候，安庆更是没有花头。2008年，安庆GDP总量被芜湖首次超过，落为全省老三。也正是在这一年，安庆GDP增速更是跌倒了谷底，成全省倒数第二——如果没有1974年创设的安庆石化，安庆在产业上几乎就没有什么动静了。但即使有这座沿江建设的石化企业闹出了"动静"，但它有时更让人无奈。

它曾以一己撑起一城。"在祖国50周年大庆之际，安庆石化总厂以骄人的业绩向共和国献上了一份厚礼：今年1—9月份，共入库增值税、消费税'两税'4.24亿元，同比增长98.13%；据统计，今年上半年安徽省'两税'增收11亿元，其中安庆石化总厂一个厂就增收2.1亿元，占全省增收额的19.1%。"（《十里油城耀皖江——安庆石化总厂发展记略》，张静、周扬群、张建科，《安徽税务》1999年第12期）而且，让这个城市的居民有不少成了让人眼红的"工人"。和当地的出租车司机聊天便知，直到今天，安庆大半人口还和安庆石化有着或近或远的关系。你很难想象，这个曾经的安徽省会、文化中心，居然摇身一变成厂城一体的"石化城"。

然而，当我们开始讴歌扬子江畔"那高耸入云的塔器炉罐，如颗颗珍珠，耀眼夺目"，"那纵横交错的条条管线，如跳动的脉搏，连接着祖国母亲的心房"时，也很难选择性忽视，它们也如同面前横贯的那条江一样，正将隐忧逐渐送到安庆的面前。

尤其是随着时间的推移，很多人越来越真切地感受到身边有这么大一家石化企业所带来的困扰。

说到"身边"，那是因为随着安庆城市的再造，原先远离市区的石化厂，居然成了市区中的庞然大物了。这就像今天安庆的另一个景点——菱湖，在曾国荃包围安庆时，还只是城郊，现在也同样是安庆的城市中心地带了。只能说，那个时候的安庆太小，而我们对安庆的扩张又估计不足。这也意味着，安庆石化已经逼近了市民的日常生活。

早期的"天涯论坛"上，就有"关于安庆石化对安庆的污染问题"的帖子。无处不在的灰尘、废气和焦煤味，让人一回安庆就要犯鼻炎。尽管濒临大江，但安庆人并没有优质的生活用水和饮用水，而油改煤装置的噪声，更是和水污染一样，成为又一让人头疼的问题……更要命的是，随着管线和老装置的老化，还是会出现突发的一些如爆炸、爆管等事故，让人更是将心提到嗓子眼儿上。

直到2013年，《每日经济新闻》的记者在安庆的黄土坑西路，还能闻到一股浓烈的刺鼻气息，还是看到厂区的几个烟囱冒出黑烟。安庆石化正在新建的800万吨炼化一体项目，让很多人都心生"逃离安庆"的决心，甚至恨不得对石化痛下杀手，因为它和对面未拆除的居民区仅一街之隔。这也导致了一种恶性循环，因为石化，很多招商的企业不愿意来，没有企业来，安庆就越发地离不开石化。整座城市对石化充满着矛盾的心态。

这一切都让安庆像陷入了发展的魔咒之中，然而，有"短板"不怕，它可以打醒沉睡的人，对人才济济、曾抖落过无数硝烟而重新站起来的安庆来说，在跨过自揭其短的时光之后，它终究还是能再次站立起来。

# 重回"咽喉"

## 九

2013年，也就在《每日经济新闻》的记者走访安庆之前，安庆刚刚爆出了一个特大新闻：由某位副市长兼任安庆市环保局局长。

这种做法之所以吸引了媒体和环保行业人士的高度关注，在于其在全国唯安庆独有。

这反映出了安庆将治理污染当成了这个城市日常管理的重中之重。在多年睁一只眼闭一只眼而形成的死结当中，安庆决心破茧重生。

接下来的安庆，给人留下了两个深刻印象，一个是铁腕治污，一个是殡葬改革——在这场强推的改革中，自6月1日起死亡人员一律实施火葬，并对部分群众家中的现有棺木强行拆解。尽管这个改革更符合环保，以及减少未来与子孙争地的困局，但有着慎终追远和浓厚祖先崇拜传统的中国人，一向对坟墓是十分重视的，所以对这种改革，叫好声有之，反对声更不少。

不过，多年来生活在安庆的汪军，对安庆最大的印象，则是来自官场的整治。一大批学历不够的老领导提前退休，将位置让给了一批有本科学历以上的中青年干部。他们想干事，能干事，但在前几任领导手上，没有平台和空间。

根据澎湃新闻的报道，在当时的主政者眼中，制约安庆发展最根本的因素就是"人"，"极少数中层干部不得力、不出力。一些工作精准度、精细化不够，没有见到很好的效果"。所以在反"四风"（形式主义、官僚主义、享乐主义和奢靡之风四种不正之风）中，安庆"连公务员办公室电脑上的游戏都没有放过"。所以，安庆当地不仅提倡"干部要敢于担当，不能'滥做好人'，遇到困难就躲，遇到问题就绕"，而且敢于问责，年初的一场森林大火，"一下烧掉了36顶乌纱帽"，被免职的最高级别官员是市林业局局长。

数年之后的安庆，主政者更迭频繁，但对安庆的改造，几乎都是一脉相承的。在他们眼里，安庆要想发展，只能深化开放，"促进思想观念、体制机制与发达地区等高对接"，要坚持"创新是引领发展的第一动力"，塑造更多依靠创新驱动的引领型发展；要讲效率和效益，还要讲"竞争"，"一匹马如果没有另一匹马紧紧追赶着并要超过它，就不会永远疾驰飞奔"。此外，要引导企业强化市场主体意识，千方百计增强内生动力，"企业围墙外的事由政府来做，围墙内的事企业自己做"。

这也让安庆在"十三五"时期继续努力，从强化顶层设计和发展决策开始，期望补缺补差。

一是解决自身问题，从民生、教育到城建上，让安庆全都焕然一新。安庆师范学院改成安庆师大，一中、四中纷纷创办了新校区。这种好运同样带给了安庆第一人民医院和中医院，它们也都有了新院区。此外，安庆的职业教育发展迅速，不仅建了30多所职业中专，也成立了职教集团，集团化运作，多年来连续排省内前列。

对安庆来说，最痛苦的还是400多条背街小巷的治理。但是，借着争创全国文明城市的"东风"，安庆"背水一战"。从2014年开始，安庆把很多钱投入很多看不见的地方。从门前的臭河臭沟清理，到底下管道的雨污分流，安庆一一落实。这也让它成功跻身第五届全国文明城市入选名单，实现了全市530万人民的创城之梦。这无疑是一场翻身仗，让安庆自此得以重塑。

重塑的还有自身的水利工程。西边的望江、宿松诸大湖得到彻底整治，早在2015年，安庆便从连接新老城区的康熙河入手，开启水环境的综合治理战。自2018年9月到2020年5月，安庆第二"绿肺"秦潭湖在经过了近两年的清淤扩湖工程后，水域面积从76公顷拓宽到了110公顷，蓄水量达到200万方——这不仅保证了安庆在2020年长江流域特大洪水面前，没有"失陷"，更重要的是，呼应了长江流域生态化修复和建设。

在抗旱上，安庆还新建了面积庞大的下浒山水库。这不仅能保证桐城、怀宁的供水，也让安庆在洪涝面前，有效减轻压力。

不过，让安庆重新恢复"新动力"，关键还得看交通网络的建设。多年来，安庆曾因陆运取代航运而愈加落寞，但今天的安庆，早在2015年底，便随着望东长江公路大桥北岸连接线正式通车运营，实现了县县通高速，与此同时，县与县都有国道相连——这不仅可以"全面对接沿江产业带和沿路产业带，织密长三角一体化交通网络"，更重要的是，还可以让安庆各市县不再在交通上被分割，身近心远。

不仅如此，安庆人把目光更锁定在高铁上，错失了普铁时代，安庆不能再错失高铁时代。

2020年12月22日，历经4年多的建设，京港高铁合安段正式开通运营。这也意味着，"千年古城安庆有了直达省会合肥的快捷通道，两地之间时空距离最快缩短为73分钟"，同时，"也开启安庆及周边县城百姓出行的'同城时代'"。（《千年古城安庆"搭乘"高铁再出发》，吴少妮，《人民铁道》报2022年2月26日）但这显然不是安庆得到的唯一高铁"红利"，起于上海终于成都的沿江高铁（并不是单一高速铁路，而是由多条高速铁路通道组成），也将安庆纳入其中——安庆摇身一变，成了沿江高铁和京港高铁的交会点。再加上安九客专、南北向的六（六安）安（安庆）景（景德镇），以及早早开通的宁安高铁，可以确认的是，安庆正在形成米字形高铁枢纽，而各区县处处受益。

这不得不让人感叹，当年以安庆为宁粤路线中枢的构想虽然无奈"沉没"，但在今天的高铁时代，似乎又一次重出江湖。

2022年8月11日，当我在桐城东站乘坐G7405奔赴杭州时，第一次感受高铁给安庆出行带来的"无数可能"。以前我们只能先坐到合肥，然后从合肥走南京、镇江、常州、无锡、苏州、上海这样的"老路子"，或者选择走溧水、宜兴、湖州这样的"新方式"，根本想象不到，还可以逆其道而行，先从桐城到安庆，再从安庆过江，向东北折返，经过池州、铜陵、芜湖，再到湖州……

这样的路线无疑表明，作为以前为人不屑一顾的交通末端，今天的安庆已身处铁路交通的"大循环"之中。这让安庆由"边城"快步向联动长三角与中部地区的交通枢纽迈进。

似乎是"喜上加喜"，改革的春风从东往西"继续吹"。2010年，皖江城市带承接产业转移示范区获批。随着沿海开发逐渐成熟，以及国家对中西部崛起的希望，让长江这条东西主动脉再次走进了这个时代——安庆作为长江咽喉的地位，再次凸显。

在2020年底全文发布的《中共安徽省委关于制定国民经济和社会发展第十四个五年规划和二〇三五年远景目标的建议》中便明确提出，打造芜湖、马鞍山、安庆江海联运枢纽；加快建设合肥、芜湖、蚌埠全国性交通枢纽，推进合肥、芜湖、安庆、蚌埠、阜阳5个国家物流枢纽承载城市建设，争创一批国家物流枢纽。

陆运、航运，再加上1993年，安庆天柱山机场便开通民航业务，安庆竟成了一个集水陆空于一体，在某方面连合肥都要艳羡的交通要道：头顶京津冀，脚踏珠三角，东依江浙沪，西搂环鄱阳湖城市群。去上海吃个早餐，在成都再来个夜啤酒……

十

向上生长的安庆，终于感受到了招商的乐趣——以前招商，是要什么没什么，现在的安庆，却已经进入"选资"阶段，也就是说，不是什么产业都能进得来。

这自然和安庆近年来把招商引资当成了一把手工程有很大关系。这种重视，随着安庆的生态环境、民生环境的提升，以及成为交通重要节点，而变得事半功倍。更重要的是，和安庆的持续深化开放有关。

过去的安庆像被"曾铁桶"所围一样自绝于外，导致顽固性较强，但在积极融入长三角，不断地"促进思想观念、体制机制与发达地区等高对接"之后，安庆也在全面提升自身的营商环境，同时在招商引资时更注重"招真商真招商"。

为此，安庆推动"全员招商"。所谓全员招商，就是要求安庆上下都要为招商服务，但"其实也不是让每个人都去招商"，而是希望通过这种方式，让全社会形成重招商、重投入、重发展的理念，让大家感受到推动发展的决心和意志——一切进步不是嘴上喊出来的，而需要真刀实枪干出来的。与此同时，也让各级职能部门通过参与招商，感悟这项工作的难易，从而在以后的工作中少说风凉话，更懂得给予配合和服务。这样就形成了部门与部门之间的合力。

有了"全员招商"，还需要的是"专业招商"。从社会上得到的招商信息，最终还是要通过专业化的平台和人员去落地，去转化。

为此，安庆多年来一直在努力打造专业化园区，这些年更是突飞猛进。正是在国家级开发区——安庆经济技术开发区的"母体"上，诞生了总体规划面积22.44平方公里的圆梦新区，它的目标定位既宏大，也吐露出安庆在新时代的雄心，"为安庆市建设现代化区域性中心城市提供战略支撑"。除了要求宜业宜居宜游宜购宜养之外，还将围绕构建产业新体系，聚力打造两个千亿级战略性新兴产业基地：以整车制造为龙头、零部件产业集群为支撑、智能汽车为先导的新能源汽车及零部件生产基地；以轨道交通装备、工业机器人、高端数控机床、节能环保等为主体的智能装备制造产业基地——30年前，由安庆汽车厂组装的安达尔轿车因故消亡，但安庆的造车梦在这块土地上熊熊燃烧。2020年，总投资30亿元的安庆振宜新能源出口生产基地涂装车间项目在此开工。

除它之外，安庆还汇聚了江淮及福田雷萨2家整车制造企业，汽车零部件企业近60家，从单纯汽车零部件生产加工到依托汽车整车带动向产业链上下游延伸，不断提升创新能力促进汽车产业向中高端转变，做强区域品牌。

数字智能时代，又该如何发展？来自宜秀区的筑梦新区正跃跃欲试。其类似于孵化器，以引进孵化新技术、新业态、新模式、新产业为主攻方向，致力打造创新创业新平台、产业引导新基地、经济发展新引擎。

53岁的刘斌便放弃了国外的高薪，在这个新区一间不大的实验室兼办公室里，誓言"要在安庆设计出我们自己的高端工业芯片"。

除此之外，安庆在招商上还打出了另一张牌，"内搭平台、外联老乡"。尽管这些年来，安庆人才外流严重，影响了安庆的发展，但是人才在外地发展起来，一旦有机会反哺家乡，对家乡的提升也是不言而喻的。

在四川安徽商会葛秘书长的朋友圈中，我看到了这样一则消息：2022年新年伊始，正威国际集团总投资100亿元的正威潜阳新材料产业园、总投资20亿元的正威东方玉材料产业园相继在安庆潜山、宿松开工。

全国政协委员、正威国际集团董事局主席王文银表示，"对家乡发展充满信心，也愿意将更多资源和项目带到安庆"。安庆新闻联播对此认为，"正威旨在发挥资金实力强、产业链条长、市场覆盖率广等优势，致力穿珠成线、连线成面布局战略性新能源和电子信息新材料产业，这将极大推动安庆市产业层次大提升"！

此外，2021年10月22日、12月16日，安庆主要领导先后率队到美的集团登门招商，只隔了几个月，双方便在2022年1月6日签订合作框架协议。2月16日，签订正式投资协议并奠基——这是美的集团新能源汽车零部件战略新基地项目，投资110亿元，既开创了安庆百亿制造业项目先河，又支撑并推动了安庆转型升级的梦想。毋庸置疑，在这背后，肯定透着美的董事长方洪波浓浓的"乡谊"。方洪波，1967年出生在安徽枞阳。今天的枞阳，虽然早已从桐城拆分，并最终脱离安庆成了铜陵的一分子，但是这改变不了"桐纵一家亲"。

而在安庆正北，多年来一直充当各区县发展"领头羊"的桐城，也在动力电池产业上跑出了加速度：2022年8月8日，桐城国轩年产40GWh动力电池项目一期投产暨二期开工仪式在安徽省桐城经济技术开发区举行，而为安庆带来这个项目的"大咖"——国轩高科董事长李缜，即是桐城人。

这些产业的引进、孵化和落地，让安庆终于有机会，也有希望走出安庆石化在安庆一企独大、拆不掉又搬不动的局面，但是，这并不意味和安庆石化就此失去它的意义。

# 十一

2021年4月1日，当我赶到安庆市主城之西、石门湖两岸，距离安庆石化只有十几分钟车程的安庆高新区管委会，还是看到了这样的发展蓝图——围绕着石门湖，开发11.73平方公里的凤凰片区，和21平方公里（规划）的山口片区，远期规划皖河片区100平方公里。重点发展化工及新材料、装备制造业、生命健康、先进制造和现代服务业，其中化工新材料和医药为两大首位产业。

可以说，相对圆梦、筑梦的从0到1，这个源自大观经济开发区的高新区，更体现了安庆传统产业的转型升级。

在对方看来，以前安庆为石化所困，那是因为多年来从事的是低端的石油加工，这也体现了中国石化企业长期存在的"低端过剩、高端短缺的结构性矛盾"。这种矛盾导致了企业、行业效益不佳，更容易造成资源、能源消耗和排放高，环保压力大等问题。但是，我们是不是就应该因噎废食呢？

显然，这对支撑了安庆多年，帮助安庆走过了漫长灰暗岁月的安庆石化来说，并不公平，而且，如果我们一边力撑环保，一边提升技术含量，向产业的上下游发展，推动产业链不断向高端延伸，那安庆石化会不会又有存在的大价值？！

毕竟，这些年来，中国高端聚烯烃、专用树脂等化工新材料，功能材料、医用化工材料、高端电子化学品等专用化学品以及石化过程中的催化剂等特种化学品，国内市场长期处于供给不足的状态，有的甚至严重依赖进口。

在高新区管委会一楼大厅四周竖立的宣传栏上，我们可以看见，该园区已入驻像曙光集团、泰发能源、会通新材料、兴达泡塑、艾坚蒙（IGM）、飞凯高分子、登王化工，以及普利制药、海辰药业、联环药业等一批具有较强创新能力和市场竞争力的骨干企业——其中，艾坚蒙正是液晶显示屏、印刷油墨、芯片光刻胶等行业不可或缺的原材料——光固化引发剂领域中的世界级"翘楚"企业之一，其于2019年在安庆投资了年产1万吨光固化引发剂系列产品项目，它也就此成为安庆市迄今为止最大的外商独资项目。

也就在2019年，安庆高新区获批国家化工新材料高新技术产业化基地。根据报道，单是2021年，安庆高新区就成功牵手18个大项目，总投资额超200亿元。而在中安在线于2022年9月刊发的《联动长三角与中部地区的"安庆作为"》一文中更是指出，"截至目前，入驻战略性新兴产业企业45家，规上工业企业57家，去年产值增速33.6%"。

有了这些园区，便意味着产业有落地的平台，但与此同时，"人"的问题也需要解决。所以，在招商方面，安庆既强调事前培训，也制定严密的考核体系，将招商工作作为考核的第一权重。此外，还在园区大力推行改革，一是绩效挂钩，谁做得好，招得了商，谁就能拿高人一等的绩效，而不是固定的死工资；二是将除了国家政策不允许之外的，包括土地招拍挂、安评环评、工商登记等行政审批权力全下放园区，这样节省中间环节，而且做到权责利统一。

似乎是为了更好的服务和迎来送往，在安庆东部新城行政中心主楼，进门右拐便是招商中心。

这是一个因产业而冉冉升起的新城。它不仅让安庆新添政务、文化和商务中心，同时也让安庆顺着长江铺展开来，而不再局限于以前那巴掌大的地方。但今天的安庆，在稳步向前的同时，显然还有两个未了的情结：

一是"合纵"。毕竟和江南"分割"太久，让自己无法跨江发展，也将池州推向了其他人的怀抱。事实上，从武汉到南京这漫长的长江段，需要再添一个强市，以辐射皖西南以及赣东北。安庆与池州如果能再次合二为一，无疑双赢。如果还保持这一局面不变，它也一定是两败俱伤。

二是"连横"。今天的安徽，为了提升省会首位度，在强推省会战略。但是安徽并不能只有一个合肥。安庆并不需要"排斥"合肥，毕竟和强者在一起，总会有进步，但我们需要记住的是，相对于六安和皖北人居多的合肥，皖江才是安庆真正的"根"和真正的源流。

以前，安庆左顾右盼，无人助力。今天，情形已经发生了根本的改变。下游的芜湖虽然在省会争夺战中败于合肥，此后在发展过程中也遇到了一些瓶颈，但是，积极对接江浙沪并努力融入南京都市圈，还是让芜湖在近些年突飞猛进，不仅在安徽全面推进与江浙沪协同合作中和马鞍山等城市一起成为"排头兵"，而且还致力打造省域副中心，以及智造、创新、开放、生态"四个名城"。至于马鞍山，这个因钢而兴的城市，根据2022年初发布的《政府工作报告》，也在全力建设现代化"生态福地、智造名城"，奋力打造安徽的"杭嘉湖"、长三角的"白菜心"——某种意义上，安庆如果能和马鞍山、芜湖联手，打造皖江城市群，和合肥交相呼应。这样，安徽的发展便拥有双核动力。

此外，在连横之中，安庆可以承认芜湖的成绩，但也别忘记自己才是皖江流域唯一一座国家历史文化名城。它应有自信，也有责任带领大家一起共同构建长江沿岸文化高地。

有诗云："东有迎江寺，西有大观亭。吾曹不努力，负此江山灵。"1921年8月，著名学者胡适回家乡安徽，在省城安庆讲学，与皖派诗人赵纶士、徐天闵、吴镜天、汤葆民等相互唱和，以安庆为诗，此为七首之中的第一首。那个时候的安庆，正意气风发，丝毫没有想到日后的拐点。

但是，只要吾曹努力，终究苦心人天不负。

# II

CHAPTER

# 第二部分

# 进击的中坚

和西安、洛阳、开封、扬州一样，中国也有不少城市，如南京、杭州、合肥、武汉、长沙、重庆、成都，也是从历史的深处走出来的。

尽管比不上西洛开那样曾经风头无两，但是它们也有着相似的机遇，那就是大多背靠着大江大河，也曾做过各类割据势力的政治中心、军事中心，这也让它们多多少少拥有一定的天赋，不过，比起享受过历史红利期后急速走下坡路的西洛开，它们还拥有着更多的独特优势，比如说这个国家的经济南移，更重要的是，这个时代正逐渐从内陆的、定居的农业文明走向开放的、冒险的海洋文明，意味着它们一定会借势而起、后来居上。

与此同时，它们的崛起，也让"胡焕庸线"成了这个国家最鲜明的虚拟标志线。

正是面向更广阔的世界，让这些城市有着不同于传统中国的信仰，同时充满着对新兴的工业文明的热情。比如说它们大多曾经是通商口岸，在面对先进生产力和生产方式时选择了拥抱，而不是退缩到高墙厚屋。这就像武汉在张之洞督鄂时的一跃而起，像成都、杭州身为休闲城市却不忘工业化，此外，也像它们面对铁路的态度，因为津浦取代津镇，让处于运河都市圈的南京，就此摆脱了扬州的阴影；相对应的是，古老的济南，也因为胶济铁路的开通，命运从此和过去天差地别。

与此同时，曾因赣江串联珠江、长江而在内河时代盛极一时的江西，却因为铁路的错失，而从经济前沿一度沦落为"内陆腹地"。

这种在剧烈的时代变迁当中，能与时俱进，向前看远远要超过向后转，让这些城市没有将自身的历史变成包袱，而是变成前进的垫脚石。但更重要的是，随着区域经济的发展，都市圈和城市群的出现，让它们不再是"一个人在战斗"，而是在不断的竞合中让各自的价值最大化。所以，它们至今还处于这个国家发展的主流话语体系当中，成为这个国家至今还有所依赖的重要力量。

如果说在"古典的重生"中，我们关注和探索的是那些古典城市没落或失败的原因，那么，在接下来的这一部分内容中，我们关注更多的是像南京、杭州、合肥、武汉等城市，它们之所以能在时代的进程中走向成功的经验。中国需要这些能够成功的城市，也需要它们能从成功走向成功。

当然，我们还需要注意的是，正如工业革命有第一次、第二次到今天的第四次，即使是先进的文明，也有时代性。

我们拥抱这些先进的文明，也需要及时地转型升级。如丰腴之地的东三省，曾一度引领风骚，但今天因为工业自身的变故，它们在这个国家发展的话语权急剧丧失，但是，拥有厚实基础以及资源的它们，一旦成功转身，谁敢否认它爆发出的能量？！

5

从南京到合肥：徽京的呼叫转移

在看似唾手可得的合肥城面前，手握十万大军的东吴大帝孙权意气风发，心情应该像他脚下的那片土地，逍遥津。

但现实往往和想象南辕北辙，他不仅没有攻下合肥城，而且在守将的反扑下一败涂地。尽管对方只有八百死士，但依旧给他带来巨大损失：两员大将被斩杀，尤其是损失了江表十二虎臣的老六——身高七尺七寸的陈武。若不是吕蒙、甘宁的冒死保护，并全仗骑术高明跑得快，他都有可能成为阶下囚。

复盘这场在公元215年以弱胜强的战例，你会发现这里也有无数客观原因，比如说孙权围攻合肥城时，由于"会疫疾"，最终只得选择围城"十余日"便退兵而走。但在撤退时，各种原因导致主力和后卫之间，出现了严重的脱节。恰恰好，负责殿后的正是孙权所率领的一班高级将领。大概看到这样的一个局面，对方易守为攻，选择突击。

但说到底，孙权最大的不幸，是遇到了一位很强悍也很智慧的对手。他不是别人，正是张辽。这个曹操当年的手下的"五子良将"之一，并非浪得虚名。在正史《三国志》中，他应该是"披甲执戟"。尽管为吕布手下的降将，但最终因累累军功，如劝降昌豨、阵斩蹋顿、大破乌桓、驱逐辽东大将柳毅……让曹操一直高看一眼，并长期镇守合肥。

这无疑是对合肥的地位的一种承认。尽管在三国时期，合肥的名声不如孙吴的建业（今南京）、刘蜀的成都，甚至就连今天荒芜已找不到来路的邺城（是曹魏的大本营），但是，它是一枚重要的战略棋子。

《读史方舆纪要·南直八·庐州府条》曾对合肥作过如此评述："自大江而北出，得合肥，则可以西问申、蔡，北向徐、寿，而争胜于中原；中原得合肥，则扼江南之吭而拊其背矣。"可谓一语道破了合肥的地理重要性。

尽管不像南京那样濒江近海，也不像寿春（今淮南寿县）那样北临淮河，但是由于南淝水和东淝水的存在，让合肥"通江达河"，居中沟通了长江和淮河水系——其中，南淝水向东南注入巢湖，再经裕溪河（原名濡须河）入长江；东淝水则向西北出寿春入淮河。逍遥津正是淝水上的古渡口。而恰恰因为两淝交汇，此地遂有"合淝"之名——其可见于包拯夫人的碑文之中。最后不知谁图省事，去掉三点水就成了"合肥"。

这也意味着，合肥若在孙吴的手上，就可以北攻中原，成就霸业。若在曹魏手上，不仅可以成其为在淮河以南最重要的粮食基地，还能顺江而下，对东吴施加压力。某种意义上，合肥更像是悬挂在孙吴头上的一把明晃晃的刀子，一天不拿走，一天不安心。这也是为什么吕蒙非得要在裕溪口修建两座堡垒，目的就是要直接堵住曹魏沿合肥入江的企图。

不管是为了防守还是为了进攻，孙权都必须拿下合肥。所以，在张辽威震逍遥津之前，孙权便曾攻打过合肥。即使为张辽一度吓破了胆，孙权还是在公元230年、233年以及234年三度攻打合肥。但对孙权来说，合肥成了他终身迈不过去的坎——在张辽之后，满宠又让他失望而归。其中，满宠为避孙吴"依恃水势"之利，而向西更治合肥新城。终吴之世，孙吴不能有淮南尺寸之土。这也意味着，一座合肥城，就死死地困住了想要北上，进而吞并中原的孙权。回过头想想，如果不是合肥，孙权真的一路打到了中原，那么，三国的命运会不会改写，司马氏有没有机会代魏，一切都是未知数。

正是具有如此重要的地理优势，在日后的长江南北政权争夺中，它依旧扮演着重要的角色。南北朝如此，隋朝统一陈朝，从这里出发，南宋时期的采石矶大战也发生在附近……

直到今天，合肥的逍遥津还有张辽的雕像。这个在南宋前还是合肥城外的地方，今天已是合肥老城的市中心。因为免票，它也成了市民晨练和带着孙娃子闲逛的乐园。只要选择从正门进入，便能迎面撞上这位三国曹魏猛将。

其跨马执刀，雄赳赳气昂昂地镇守在公园的主干道上。尽管出现了三国时期还没有的马镫，甚至连长柄大刀在当时是否存在还存疑，但它的存在，让很多人意识到，这个祥和却又显得平庸的公园，曾经是三国时的主战场之一，同时也提示着这座城市，曾经有过的荣光。这大概是合肥面对南京最扬眉吐气的历史时刻。

但是，这也是它面对南京为数不多的风光。

# "江南分省"造就精神分裂的皖苏

## 一

相比较汉武帝元狩元年便始见县名的合肥，南京的成名算是比较早的了。在很长一段时间内，它或者因吴王夫差为了铸造兵器在今天的南京市朝天宫的后山建设城池，而被称为"冶山"，也叫"冶城山"；或者因公元前333年，楚威王打败越国，杀越王无疆，尽取越国所夺吴国地域，而在石头山（今清凉山）筑城，称为金陵邑……到三国孙吴时，南京又称之为建业，意为建立帝王大业。

尽管这个帝王大业，最终还是为合肥所阻，但是，南京在历史上的地位却自此开启：六朝古都，十朝都会。

西晋灭亡，司马睿以南京为都建立了东晋政权，此时其名建康；东晋以后，宋、齐、梁、陈先后在这里建都，史称"南朝"。它和吴、晋，合为"六朝"。

在这之后，徐知诰于937年于此代吴称帝建立南唐，其名江宁府；北宋后，江宁府先为升州，继为建康府，到了1277年，改名为集庆路——此名一直延续到1356年，朱元璋率军攻入集庆路，改名应天府后，将其当成争霸天下的大本营。

又十二年，朱元璋荡灭群雄，正式于此称帝建国，国号大明，年号洪武，以开封府为北京，应天府为南京——这大概就是南京之名的由来了。

尽管此名只用了10年，便因"北京"开封府被废而废，改称京师，但是随着燕王朱棣在靖难之役之后登上皇位，并"天子守国门"而迁都其就藩之地——此前为北平府的顺天府，原京师应天府遂成了老都城。应天府与顺天府一南一北，南京与北京的说法开始产生。

有时我常想，为什么历史中会有那么多大牛选择南京建都，去过南京便知，大概在于南京北有大江，东接丰饶的长江三角洲，既扼长江之险，又自古经济繁荣。虽然也经常缺粮（原因之一为大量驻军），但是长三角的供应，让它衣食无忧。此外，南京周围又低山盘曲，城东钟山若长龙蟠绕，城西石头山似猛虎雄踞，是"龙蟠虎踞"之地。

有人也曾比照西方的历史，发现南京很像拜占庭。当原先的文明中心罗马

（对应中国的长安、洛阳）被蛮族攻陷之后，残存的东半部在拜占庭建立了新核心。"汉学家牟复礼曾说，'从来没有一座大城，曾像罗马与君士坦丁堡支配罗马各个时期的历史那样单独支配过中国的文明'，但他仍然认为，南朝时的建康起到了'第二罗马'的作用，因为这座城市坐落的位置'异常良好'，在一千年来都能'完全依赖大区里的财富'，重建文明。"（《被群嘲的南京，其实是中国最坚韧的古都》，维舟，《城市观察员》2021年8月19日）

相反，四周开阔，即使有大蜀山，海拔也只有284米的合肥，尽管也是处于山区向平原过渡的丘陵地带，但是如果没有出像张辽、满宠那样的猛人，实在是易攻难守。

这也让合肥在与南京的对比中，逐渐落入下风。随着元明的统一以及频繁的灾荒，合肥也逐渐失去了其军事价值和经济价值。

相反，随着中国的经济中心南移，沿海和长江流域遂取代黄淮成了中国的经济"基本盘"和战略要地。

在合肥"泯然于众人"时，日后的安徽历史文化名城——安庆却依托长江脱胎而出。作为"长江万里此咽喉，吴楚分疆第一州"，是万里长江进入下游的一个重要节点，安庆的军事战略地位在长江时代尤为突出。其新城于南宋创建的初衷，是阻敌（金兵）南下，同时也可以保护长江下游的安全。历史也从反面来印证了这一设想。1275年，襄樊失守被贬为安庆知府的范文虎以城降元，导致这座"江上一巨屏"向元军彻底敞开，最终断送南宋江山。到1860年，曾国荃用围堵战术，攻下太平天国英王陈玉成占领的安庆，让太平天国的首都南京就此门户大开，四年后，为清军攻陷。

尽管因战争而建，不是自然经济发展的结果，但安庆还是因为俱佳的地理位置，成了长江中下游商品流通的大码头和中转站。而且，它还是汉口至南通近千里间在长江北岸的唯一的重要港口城市。此时的芜湖还龟缩在太平府，马鞍山铜陵还仅仅是村镇，江南还能拿得出手的也就一个小小的池州府……这也让安庆的名声隆隆日上，逐渐盖过了合肥。更重要的是，财运和人气的积聚，让安庆像突然打通了自己在文化上的任督二脉，明清两代，不仅出了大思想家方以智，父子宰相张英、张廷玉，状元赵文楷等，文人、作家更是数不胜数。

某种意义上，安庆之所以能脱颖而出，在安徽设省时成为其首任省会，与长江上下游的关联尤其是作为南京门户至关重要。

这种门户在明朝以后更为突出。尽管南京作为明朝首都只维持了区区数年，但是以其为中心，南京"经营"起了一个更广大的地盘——南直隶。

明初，朱元璋将帝都设在应天府，并将周边苏州府、凤阳府、扬州府等14个府级地区，确立为直属地区（和日后北京周边相对应，称之为南直隶），其中也包括安庆府，以及以合肥为府城的庐州府。面积为20多万平方公里。

当我们对南直隶稍加观察，就不难发现，这个包含了今天皖苏以及上海两省一市的版图，是以明初首都南京和朱元璋的老家凤阳为南北圆心画出的一个椭圆。某种意义上，朱元璋通过此举，提升自己老家淮西的地位，同时也让首都直辖区得以"跨江（长江）跨淮（淮河）"，进取中原，弥补了南京只能憋在长江南岸，控北不力的遗憾。

更重要的是，在北方经过辽、金、元的400多年的统治，不利统治的因素多，深耕南方和稳定南方可以保证帝国拥有自己的大后方。有文提及洪武二十六年（1393年），南北方的夏税秋粮第一分别是山西和南直隶，山西收取了2800937石，南直隶高达7234820石，前者仅占后者的38.71%。不仅如此，比较南方地区的赋税，南直隶是第二名浙江2.63倍，其赋税总额占全国赋税的1/3，足见经济实力之强。

所以，迁都虽让南京元气大伤，但是在南直隶的"加持"之下，南京的地位依旧水涨船高，明代中叶，南京城人口达120万，成为当时世界上最大的城市。终明一朝，南京一直是南方的政治、经济、文化中心。

今天，我们总是习惯于将南京称为"徽京"，这不是戏谑，而是历史的事实。它的源头，正是这个巨无霸式存在的南直隶。

在这样的南京面前，无论合肥还是安庆，都是无可挑剔的小弟，根本就不曾想到，自己也会有与南京并驾齐驱的一天。

## 二

1661年，事态有了急剧的变化。这一年，天下英才半数尽出于此的江南，斯文扫地。包括苏州府、松江府、常州府、镇江府四府，以及溧阳县一县的进士、举人、贡监生员13517人，被执政者降革，甚至施以鞭笞，许元文、吴伟业、徐乾学、韩炎、汪琬等名士亦不能免。所谓的"罪名"，则是抗粮不缴。

这一年，也是清朝全新启动的一年。在前任皇帝出家还是病死的猜疑中，年仅8岁的玄烨即位，开启了自己"向天再借五百年"的一生。但是，甫一登基，他面临的不仅是权臣的制约，还有来自财政的压力。

常年的征战让中央政府入不敷出，"由于明末长期的战争，户口田土锐减。在明朝的绝大多数时间里，登录在赋役簿籍上的土地数量平均约为7亿亩，人口5000多万。到1645年，这个数字降到仅仅4.05亿亩，人口仅达1000多万。在以地、丁为征收对象的社会里，这意味着国家赖以维持生存的财富的顿减。同时明末的加派业已废除，而清初又面临严峻环境又需要统治者筹措资金来支持战争的进行。"到最后，"兵饷缺乏，至今已极"，而官吏催征无术，"逋欠如故，拖欠仍复累累……"

尽管作为税赋重地，康熙《江南通志》曾言"江南田赋之供，当天下十之三；漕耤，当天下十之五；又益江淮之盐策，关河之征榷，是以一省当九州之半未已也"，但是自明末以来，势力已然盘根错节且根深蒂固的地方士绅地主，在缴税纳粮上并不积极。顺治曾为此大为光火，在1658年曾布长篇谕旨痛斥"江南无锡等县、历来钱粮、欠至数十万"。为了清理江南多年遗留下来的"毒瘤"，朝廷甚至一度将催征钱粮积弊纳入地方官员的考核，任务如期完成，官员加官晋爵；未完成，则面临着严峻的惩罚。

基于此，各级官员在朝廷的步步紧逼之下不得不不惜一切代价加大清理力度，大胆催征。（《关于江南奏销案：是满清统治者的"一时冲动"还是"蓄谋已久"？》，南书房，百度号2019年11月；《关于江南奏销案的再思考》，岁有生，《兰州学刊》2008年第4期）

上有所好下必甚焉。其中尤以罗织罪名杀害苏州金圣叹、倪用宾等人的抚臣朱国治为最。其为开脱自己催征不力之责，上疏言曰"苏、松、常、镇四府钱粮，抗欠者多"，然后分别造册清查，把江南钱粮之逋欠，分为宦欠、衿欠、役欠等三欠，"限文到二月内照数严追完解，以济军需可也"。这导致了前文所提到的江南士绅中的代表人物被一网打尽。

不过，由于造册匆忙，并未认真严核，诬陷冒名之冤案也自然层出不穷，以至于当时的乙亥进士叶方蔼仅因积欠银子一厘，合铜钱不过一文，也被降职调用。因此社会上有了"探花不值一文钱"的戏谑。

这场清初的"江南奏销案"，由于和知识分子之间的相爱相杀，让人总是联想起"丁酉科场案"。在他人看来，清政府为解决自身的财政困难，总归会有一些动作，但是动作幅度过大到这样的程度，便难免会看出它的别有用心，以及对整个江南的戒心。

事实上，早在顺治二年（1645年）五月，多铎率清军占领南京后讨论南直隶的设官问题，是到底遵循明制，还是如何安排，会议共提出七种不同的主张，每个主张都将建制规格高于一般行省，但一一被摄政王多尔衮否决。他最终作出的决定是，废除明朝时的两京制，将南直隶改为江南省，应天府则为江宁府。

这改变的不仅是行政形态，而且是意识形态，它让人意识到，此前有百般荣誉、享有帝都特权的南直隶，也只是一个普通行省了。

如果说，以前明以南京为国本，是巩固自己的大后方，清政府则通过打压南京的政治地位，防止江南持续做大做强，压缩其反抗自己的资本，避免成为潜在的割据势力。尤其是在清军南下的过程中，看似文弱的南直隶民众展现出惊人的铁血和反抗精神——如史可法在扬州宁死不降，更是让他们心有余悸。

为了严密掌握江南，清政府还在江南省境内设置一总督三巡抚，总督为"江南江西河南三省总督"，1647年置，驻南京，两年后改称江南江西总督。1652年，总督府一度迁往南昌，改名江西总督，不过很快恢复旧制——它也成了清朝最为权重一时的两江总督的前身。很多人以为两江，指的是江苏和安徽，事实上它指的是江西以及当年的江南省。

至于巡抚，一是江宁巡抚，又称苏松巡抚、江南巡抚，为江苏巡抚前身，因常驻苏州府，后又有苏州巡抚之名。朱国治当时做的就是这一职位；一是凤阳巡抚，其时立时废，立时因分管海防，故驻临海的扬州府属泰州；还有一位则是安庐巡抚，中间也有过废立，后称"安徽巡抚"，驻安庆府。

另外，江南省还设有按察使司与布政使司。布政使司又分为左、右布政使司各一人，分管全省的民政及财政大权。

这些政治措施的出台，让江南很难再生出"异心"，但是它并不能彻底地改变江南版图过大、过重的缺点。随着经济的日益恢复，江南省庞大的经济体量，和繁杂的政务，与其原有的治理体系越来越不相配。某种意义上，这也是"江南奏销案"之所以爆发的一个潜在根源。为了提升效率，尤其是为了应对历年积欠钱粮最多的地区就是江东五府，康熙登基之后，江南省开始实施左、右划片分治，右布政使改驻苏州，专辖由江宁巡抚负责的江、苏、松、常、镇五府；左布政使仍驻省城江宁，辖剩余诸地。

"只是这一次分治并非是有就此分省的意图，仅是根据实际政务需要做出的改革，因而也没有考虑两布政使司辖地面积悬殊的问题。"（《"散装江苏"的诞生——江南分省与其他》，余弦Inverse，知乎）但是，它显然让江南分省进一步成为可能。

1666年，随着江南省原管辖江北大片地域的凤阳巡抚被裁撤，辖地按东（淮安、扬州二府与徐州）西（庐州、凤阳二府与滁、和二州）分归江宁巡抚、安庐巡抚——正是这次的区域调整，让日后的安徽与江苏的格局就此奠定。次年，江南左布政使改称"江南安徽等处承宣布政使"，简称"安徽布政使"，江南右布政使改称"江南苏松常镇太等处承宣布政使"，简称"江苏布政使"，江南省的两部分从此在名义上也逐步分开。

这次分省，对维护清政府的统治无疑至关重要。它改变了江南省尾大不掉的架势，也能更有效地治理当地。但是在我看来，它也带来了最为直接的三点影响。

一是，为了避免长江南北辖域面积大小难以平衡的难题，也可以避免南北分裂，相反还能通过南北混搭的方式，以江南带江北实现"共同富裕"，江南分省采取的是东西分治，而不是南北分治，这直接导致在西边的安徽没有一处出海口，是典型的内陆省份，而在东边的江苏"霸占"了今天长达954千米左右的海岸线。这也不可避免地让苏皖在未来的发展有了先后之分。这也是安徽在改革开放后相当长时间内落后于江浙沪以及山东的一个重要原因。另外，由于安徽位于江苏的上游，不论淮河还是长江，所以在很长时间内都要为江苏"挡枪"——虽然苏北也会有水患，但安徽人被洪水逼得出门讨饭的事情，似乎在江苏就不曾发生过。

二是，两省同时跨江跨淮，意味着，它们均被淮河和长江自北而南切割成了三份。这也导致了两省在全国是最"精神分裂"之地。在江苏，被人揶揄的苏北和富庶的苏锡常，总让人觉得不搭，前者如徐州更靠近山东，后者更接近正统的吴文化。加上江苏下辖各市相对富裕，也各有绝活，所以更加互相看不起，离心力大于凝聚力。这也是今天常说的"散装江苏"的由来。安徽其实也不遑多让，它的皖北、皖中（又称江淮）、皖南三块区域，分属中原文化、江淮文化、徽文化（靠近南京的还有吴文化）。

三是，江苏省会的争端由此开启。由于江苏布政使、江苏巡抚都在苏州驻扎，加上江苏按察使在雍正年间也迁往苏州，所以苏州理所当然被认为是江苏省的省会。南京对此自然不服。尽管是落毛的凤凰，但终究是凤凰，做过江南省的中心，还是两江总督的驻扎地。民国时期，两江总督署又成了总统府，地位依旧卓著，它不是省会谁能做省会？可以说，由于特殊的省情，南京和苏州在未来很长一段时间内互相瞧不顺眼，但都无可奈何。这一现状曾在1928年有所改变，北伐胜利后的南京被提升为特别市，苏州本来指望名正言顺地接盘省会的地位，但孰料螳螳捕蝉黄雀在后，镇江一度成了江苏省的法理省会，理由是，苏州的位置过于偏东，不利于对全省的管理。这倒是间接"助攻"了南京一把——随着南京在解放后褪去"国都"的辉煌，实力稍弱的镇江只能将省会拱手送还。

只是，南京的日子并不好过，省内，它夹在苏南和苏北之间，两头不讨好。省外，它的影响力也似乎在急剧缩水。随着安庆的上位，以及做大做强，以前的它还是小甜甜，现在则变成了牛夫人。

然而，冥王星离太阳再远，还依旧被"留"在了太阳系。南京再弱势，它还是决定了安庆的生死，甚至合肥的复活。

# 南京依旧是"徽京"

## 三

"车行12点20分，已抵合肥。合肥，现在已经改为省城，人口有40多万。从前的合肥，不过三四万人，解放以后加多，真是蒸蒸日上。城墙已经拆除，有几条马路，横贯南北。市上盖的房子，非常之多，一两年后，草盖民房，将以瓦房代替，那时合肥更好。"

1955年，皖籍著名作家张恨水只身南下，先到安徽，再去上海，然后折返去山东。他在合肥的行程，被他写进长篇系列游记《京沪旅行杂志》，发表于香港《大公报》。相比合肥，他所在的老家潜山因为是皖国都邑、安庆府昔日治所——安徽的"皖"便来源于此——所以更像是初当省会才三年的合肥的"前辈"，但是他依旧对合肥的未来寄予了更大的希望。

不是所有人都像张恨水那样对合肥有好感。因为不是谁都能想见，这个在解放时，城区面积仅5平方公里，人口不足6万，"一条马路三盏灯，一个喇叭全城听，小河流穿城过，一座小楼才两层"，地小促狭，沉默多时，并没有承载省府功能的城市规模的小县城，真的会长成日后的模样。

今天，当我们回过头探明真相，首先肯定的是，它一定跟江南分省有关。没有这次的分省，南京依旧是不可动摇的中心，也就没有安庆甚至是合肥的机会。

但同时，也源于其当年在南北对峙时期通江达淮的地理位置，让人重新发现了合肥。由于居皖之中，它很容易将触手伸向四周。

相反，安庆由于偏居皖西南，和皖北的联系尤为不畅，很难将安徽这个人口大省捏合在一起。更致命的，还在于安庆自身特殊的地位。

自江南分省以后，安庆成了安徽的省会，但是它依旧无法改变自己作为南京门户的角色。这是安庆的造化，同时也是安庆的不幸。

作为军事重镇和长江中下游的节点，安庆"逢乱必战"。太平天国取南京要攻安庆，曾国藩收复南京也要先攻安庆。这导致安庆一度繁荣的工商业，也在刀兵之中一度烟消云散。这种来回的拉锯，让这里的人们大多有"前途未卜"的忧虑。陈玉成、曾国藩，以及李鸿章家族，都成了这个城市的过客。即使曾国藩曾为这个城市创建了近代工业的开篇之作——安庆内军械所，但随着南京收复，它转眼便迁移到南京，成为金陵军械所。

"更重要的是"，我的朋友、当年《看历史》杂志的记者毛剑杰还指出，"此时上海已然崛起，毫无悬念地将安庆乃至整个安徽抛向了近代化大潮的边缘——容闳从美国采购回来的机器，最后就留在了上海的江南制造总局里。"

抗战时期的打击成了压垮安庆的最后一根稻草。1937年底，日军选择从海上以及淞沪战场进攻南京，但是安庆同样也在劫难逃。1938年6月12日，安庆沦陷。日军攻占安庆的目的，显然不再是剑指南京，而是上游的武汉。总之，身为门户的安庆，在和平年代也许会左右逢源，但在战乱期间，只能是左右为难。

如果安庆只是一个军事重镇，那也没什么，这就是它的宿命，但是成为省会，就不能这样活了。因为它需要肩负更多的是全省的责任，需带领全省向前奔，不要搞着搞着，省会被人攻占了，这会让全省一下子就失去了支柱和方向。

新中国的成立，尽管改变了中国在国际的命运，但是成立初期并不安定的形势，还是让人担忧。"如把省会定为安庆这样一个沿江战略重镇，并且是在南京和武汉之间，一旦战事再起，极有可能被敌军一日连下两个省会城市。"

所以，安庆被抛弃已经自然而然。尤其是1954年，长江洪水横扫安庆，便再也没有主政者公开提省会迁回安庆一事了。

在我看来，舍安庆，取合肥，既是整合安徽的使然，同样也隐藏着一个重要的逻辑，那就是"去南京化"。它从此将安徽的省会开始与南京解绑，无须再充当其长江的门户，这样一来，可以走上"独立自主"的发展道路。

合肥的上位，也不是没有竞争者，芜湖就是其中的一位。这座位于安庆和南京之间，名始于汉代，本意是指长满杂草的湿地的城市，经过无数芜湖人的耕作，到南朝时期，已是"良畴美柘，畦亩相望，连宇高甍，阡陌如绣"，一派人丁繁茂、江南田园的风光，与此同时，从这里产出的芜湖稻米享誉全国。除了长江，源自黄山深处，绵延皖南山岭平原徜徉600余里的青弋江也在芜湖穿城而过，并在芜湖人熟知的"宝塔根"处，与长江交汇。正是得益于此，芜湖才从一个小聚落，成长为国内著名城市，而发家自徽州的徽商在走出安徽之前，也往往首先要以芜湖为前哨站，这里也是他们经商的最佳跳板。

1876年，英国借口"马嘉理事件"逼迫中国签订《烟台条约》，让芜湖成为安徽的第一个开放口岸。这次条约的谈判人，正是被称为"李合肥"的李鸿章。

他亲自为家乡树了一个重要的竞争对手。随后，他又将长江下游的米市从镇江迁移到芜湖。这座城市更加繁荣起来。1934年，芜湖便有工厂9座，整个地区则有56座，在全省的近代工业企业中，占比超过了1/3。相比之下，安庆地区都不如芜湖风光，只有21座。

也正是为了对接长江中下游最重要的稻米产区，早在抗战之前，南京就将自己的铁路修到了芜湖。这条京芜铁路先是修到中华门，后扩展至尧化门段，与沪宁铁路接轨。为了修筑这条铁路，南京的名园刘园就此消失。

此后，为了保证南京在战乱时期若沪宁铁路失守还有其他退路，京芜铁路还向南修到江西鹰潭贵溪与浙赣铁路连接——尽管这一计划曾被抗战打乱，但新中国成立又让这条沟通安徽、江西两省的铁路干线，重新活了过来。与此同时，"京芜线"也改成宁芜线，并修复了中华门至尧化门间的联络线，于1958年也全线通车。

这些铁路的建设，在铁路交通逐渐取代水路交通的时代，对一个城市的发展至关重要。它们无疑进一步推动了芜湖的崛起——它不仅是事实上的"安徽第一港"，而且还从单一的"米粮贸易中心"变为"米煤贸易中心之商埠"。（《安徽第二城，究竟如何"起飞"？》，肉蛋葱鸡，澎湃新闻2021年9月1日）

至于这个有着河蚌，是中国的"珍珠港"，老是让人给念成"棒埠"的地方，更是一座被火车拉来的城市。1912年，一头连接天津，一头连接南京的浦口的津浦铁路全线开通。它在徐州与陇海铁路交会，日后它与原京山铁路京津段、原沪宁铁路共同组成了普铁时代的京沪铁路。位于这条重要动脉和淮河交会之处，蚌埠一跃而起。从以前仅有百余人口，被称为"七户半"的小地方，摇身而成为皖北第一重镇，仅用20年时间就发展为安徽省内人口逾10万的3个城市之一。在这期间，淮盐和粮食转运，让蚌埠尽得商业之利。军阀倪嗣冲督皖时，一下子就盯上当时刚刚起飞的蚌埠。结果，他没把安徽督军公署设在省会安庆，也没设在自己的老家阜阳，而是设在了蚌埠。

相反，在相当长时间内，合肥都偏离了中国的几条铁路主干线。除了京沪铁路过蚌埠，途经安徽省内的两条国内大动脉的另一条——京九铁路也没经过合肥，走的是阜阳。始建于1904年、东西向的陇海铁路则从安徽的最北边掠过。由张之洞主修的卢汉铁路，更是没安徽什么事儿。直到1936年1月，为了考虑淮南煤炭外运，兼以发展皖北、皖中并联系皖南之交通，在张静江的主持下，修建成了淮南铁路。从淮南田家庵经水家湖再经合肥，最后到长江边的裕溪口——合肥才与铁路有了第一次亲密接触。

这一切，都让芜湖和蚌埠对省会不免生出觊觎之心，甚至都未必将合肥放在眼里。但问题是，它们都面临了和安庆相似的困境。如果舍安庆是因为必须"去南京化"，那么，我们就没有理由选择芜湖和蚌埠。芜湖离南京那么近，蚌埠虽然相对较远，但它在相当长时间是作为南京的北大门而存在。

所谓成也南京，败也南京。合肥就此成为那个幸运儿。只是，它的上位，虽然是为了"去南京化"，但现实却南辕北辙，反而将兄弟城市进一步推给了南京。

## 四

2000年，南京提出了都市圈这一概念。次年，在江苏省计委的召集下，江苏省的南京、镇江、扬州和安徽省的芜湖、马鞍山、滁州6个城市计委负责人首度就"南京都市圈"建立和发展问题进行了探讨——这一举动无疑将南京努力跨省发展，要和合肥争夺谁才是这里的真正老大的意图，弄得路人皆知。

这是南京迫不得已的做法。在江南分省之后，南京不仅丧失了西边的大片土地，更重要的是，由于分省，南京靠近安徽的东南，三面为安徽所围，距离今天的芜湖、马鞍山以及滁州，都比苏北的徐州、宿迁、淮安要近。南京要想拓展自己的经济腹地，只能是向西跨省。

事实早就证明，和芜湖等地的联动，拓展了南京的生存空间。这在改革开放后，更是作用巨大。随着宁芜铁路汇入沪宁杭铁路网，将南京&皖南与苏锡常&上海紧密地连接在了一起。"安徽的丰富资源经过南京的整合与周转，满足了苏南浙北强大的生产力，最后由上海的世界级经贸港转化为真金白银的财富。包邮区就此携手腾飞，一跃成为中国经济发展的旗手。"（《被嫌弃的"宁芜铁路"的一生》，陆聪明，南京小资生活2021年4月2日）

被日寇蹂躏，又遭遇内战的炮火，南京在新中国成立后，曾一度"百业凋零，经济落后，人民生活十分贫困。据有记载的1952年数据，当时全年地区生产总值不到4亿元，人均地区生产总值仅为155元，相当于国际上最不发达地区的水平"。（《新中国成立70年南京的辉煌成就与深刻启示》，中共南京市委党史工作办公室，《南京日报》2019年9月）但是，它和安徽东南联系的紧密，却给了它很好的"进补"。

某种意义上，正是这种交通的捆绑，也让芜湖"不由自主"地投向了南京。

直到2000年前后，当我从山东去芜湖的安徽师范大学看望同学，然后再返合肥，还需要一早赶往长江渡口坐船去江北，才能坐上火车——这种被"天堑"所支配的格局，让合肥在面对南京对芜湖的争夺时，即使不说实力差距，也常常力有不逮。

民国时候的芜湖，同样需要南京。民国的南京，是首都，就像今天的津冀，都想和北京捆绑，芜湖也概不例外。即使到了新中国成立之后，南京再次输给北京，成为一个普通的省会，但是，南京的复苏也很惊人。

除了得益于皖南的资源支持，作为六朝古都、民国首都，瘦死的骆驼比马大，南京依旧保留下了无数的科教资源，"解放之际，南京就承接了许多国家级的科研机构。新中国成立后，南京也是最容易吸引中央单位在此设立科研机构的地方之一"。而在高等教育资源上，不提别的，南京大学、东南大学、南京航空航天大学、南京邮电大学，哪一个不是如雷贯耳？"中国科学院系统，在这里设有南京分院，有7个中科院二级单位，比如，有被誉为中国现代天文学摇篮的紫金山天文台，有世界三大古生物研究中心的南京地质古生物研究所，有我国唯一一家以湖泊流域系统为研究对象的中国科学院南京地理与湖泊研究所，有研究实力雄厚、分支学科齐全的中国科学院南京土壤研究所，等等。"（《为什么是南京？⑤：转型时期南京的科教和产业气质》，佚名，中国经济信息社江苏中心）

与此同时，山东临沂诞生的华东野战军特种纵队修理厂，其随军转战，留在南京成立了南京汽车制造厂。正是这家汽车厂，诞生了中国第一辆轻型载重车——跃进汽车。

更重要的是，临江面海的区位优势，让南京在和平时代尤其是改革开放后的沿海开放战略中占尽风光。大量央企布局于此，有或曾有扬子石化、金陵石化、南化、南京汽车厂、南京无线电厂、金城机械厂、晨光机器厂等。这些企业都有着很强的科研实力和创新潜力。它们的存在，无疑推动着南京从消费型城市转向生产型城市。

而生产型城市的定位，更意味着南京需要整合周边更多的资源。周边城市也很欢迎，因为这也意味着自己的发展会得到更多的机会。

经济的相互需要，以及与南京土壤相接，更有语言、风俗、文化相近的原因，今天的芜湖，以及夹在两者之间因钢立市的马鞍山，更多地喜欢南京。无论是生活、居住、工作还是购物，这里的人都爱往南京跑，反而去省城合肥的比较少。

与江苏省接壤边界达400多公里并与南京隔江相望的滁州，更是将拥抱南京做到极致，从2002年开始加入南京都市圈，2003年提出"融入长三角"……十数年来，滁州将南京抱得越来越紧，甚至在南京设立江北新区之后，更是明确提出，改革开放后的滁州已经走过"大包干""大扬子""大滁城"时代，即将迎来"大江北"时代。

为此，滁州推出以"苏滁现代产业园"、滁州市经济开发区"原创城""汊河江北水岸科技新城""南谯科创城"这"一园三城"为主体的国家级产城融合示范区，以对接江北新区。其中，位于滁州市来安县的"汊河江北水岸科技新城"与南京江北新区仅一河之隔，是滁州市东向发展的桥头堡。如今的滁州，胃口已经不再满足于简单的东进，而是希望能推动与南京"同城"。事实也如此，从滁州乘坐高铁到南京，只需10多分钟。滁州距离南京禄口机场也只需一个小时左右。

这样的战略和产业布局，让滁州变化惊人。此前，滁州在安徽省内的排名，要远远落后于合肥、芜湖、安庆、蚌埠、铜陵等城市之后，根本排不上号，现在，它一跃成为安徽省的经济大市。2019年，滁州市GDP总量2909亿元，人均GDP7.07万元，位列安徽省第4名，仅次于合肥、芜湖、马鞍山。

对滁州来说，拥抱南京，其实更像是回归。在江南省时期，它就是南京下辖的直隶州。甚至连南京太仆寺都设立在此。该单位主管马政，负责人的职位类似于孙大圣的弼马温。王阳明就担任过南京太仆寺少卿。

这无疑让合肥感到很尴尬。合肥成为省会是"去南京化"的结果，但是永远敌不过现实的利益。直到今天，南京轻松地将引力渗入到自己的地盘，并借此大肆地划分势力范围——以前是徽京，结果时代转了一圈，依旧像徽京。

在外界看来，促成这一局面形成的原因，除了南京"近水楼台先得月"的区位优势，让芜湖、马鞍山、蚌埠等城市有了与其合作的基础，也在于合肥本身体量一度较小，不能很好带动周边城市发展，进而凭空为南京创造了"群众基础"。

说到底，还是自己做得不够好。

# 合肥的发展，有深圳的影子

## 五

在中国城市数千年的沉浮之中，机会曾经都有来敲门。有些时候，没人应，机会逗留一段时间就甩手而去，有些时候，看似沉重的大门，却被人打开了。

上海曾经给合肥推开了一条缝。尽管一穷二白，但来自上海的企业内迁，还是给合肥工业发展打下了基石。从1954年9月上海华丰和记面粉厂内迁合肥变身合肥面粉厂起，合肥前前后后从上海承接了56家工业企业，从而填补了合肥机电、纺织、日用化工等20多个工业门类空白。这也让合肥在当时好歹还有几个能让全国人民记住的品牌，比如荣事达、美菱阿里斯顿、江淮汽车和芳草牙膏。

但问题是，这种企业的内迁都是因为行政的指令，随着中国转型进入市场经济，没有谁想跑到这个看似没有什么出路的城市了。

但最终，将合肥的大门打开的，还是中科大。2021年的端午假期，合肥市委书记虞爱华面对央视《对话》的镜头侃侃而谈，他特别提到了一项投资，而且一投就是50年，而这正是合肥与中科大"一城一校"之缘。

这需要感谢的是从1968年4月成为安徽省革委会主任，并在次年11月开始任省委书记的李德生。正是他，在"京校外迁"时接纳了中科大。即使当时合肥已有重点大学合工大，他依旧明确表示"安徽人民即使不吃不喝也要把中国的科学苗子保住"，并腾出了原合肥师范学院和银行干校。同时，为了在局势好转后挽留想要迁回北京的中科大，不集中供暖的合肥给中科大装了暖气，中科大是合肥首家。

不仅如此，当时穷困落后的合肥，生怕老师学生缺电不能好好学习、研究，干脆给了中科大最高级别的供电保障——政府可以停电，中科大绝不能停电。

你很难想象当年的沙场老将对教育会有如此大手笔的举动，何况20世纪六七十年代的中国，正值政治动乱、读书无用之际，合肥对教育如此礼遇，不可谓不超前。但正是这样的举动，给合肥种下了科技的种子。

我们今天再来看中科大，便会发现它在安徽的躯体上遍地开花，拥有光学精密机械研究所、等离子物体研究所、先进制造技术研究所等一系列研究机构。而合肥也伴随着中科大的发展，拥有了同步辐射加速器、HT-6M受控热核反应装置、换流器HL-1装置、HT-7托卡马克、EAST托卡马克、稳态强磁场、加速器驱动嬗变研究装置、未来网络试验设施等已建或新增在建的国家大科学装置。同时，也因为这些大科学装置，合肥拥有了一大批科学家和科技人才，"在肥服务院士135人，各类人才190万人"。这让当年只能发展些轻工业的合肥，居然有了成为中国科技城的蔚然气势。

相反，被称为"徽京"的南京，只有高效低碳燃气轮机试验装置（和连云港一起），以及中国南极天文中心。

虽然以上这些都是基础科学研究成果，但这些种子的种植，却给合肥孕育出科技创新思维和格局。它让这个丧失沿海、多年来一直陷入闭塞之一省省会，虽然不失"土气"，但由此也开始"科里科气"。正是这种科里科气的熏陶，让这个城市认识到，科技虽然不能一时填饱肚皮，但它对城市的未来至关重要，所以它愿意为科技投入。

也正在它"嗷嗷待哺"的这段时期，2005年，合肥又一次走向了命运的转折——除了"大拆违""大建设"，合肥还确立了"工业立市"的战略。此后，又做出"工业强市"重大决策。在此之前，合肥一直以科教兴市为主打，但是和"工业立市"相比，科教虽然是基础，但它并不能直接转为工业，无法支撑产业和地区优势。

但搞工业立市，也有个问题，就是不能走传统的老路径，那必死无疑。所以，提出工业立市的合肥，主要看中的是汽车、装备制造、电子信息及软件产业、生物技术及新医药产业等八大产业。这里除了汽车是自己的老本行之外，更多的都是战略性新兴产业。它也有几个特点：一个就是创新驱动，一个就是科技含量高。还有就是，回报高。在桐城籍著名作家、现任合肥市文研所所长洪放看来，走"科技"加"工业"的道路，显然对这个早先并不是太受国家政策重视，实力也谈不上有多好的城市来说，是一条正确的路径。

除了依托安徽丰富的教育和科研资源，合肥还能静静等待它们的高端研究成果走向市场转向为产业的那一天。同时，它们还可以为那些创新产业提供科研支持。但光靠着它们也不行，合肥还依旧需要向外看，趁着其他城市对这些战略性新兴产业还欠缺认识，还没回过神来，先下手为强，进行精准搏杀。

2008年，需要斥资175亿元人民币兴建第六代生产线的京东方刚刚结束了亏损，又在这一年重蹈覆辙亏了8个亿。没有人能相信它们口中描绘的春秋大梦。然而，合肥却向它伸出了友谊的双手——尽管全年财政收入只有可怜的300亿，不及南京的二分之一，它却拿出了大量的优惠政策，甚至是全年财政的三分之一投向京东方。在全国各大省会大举营建地铁的火热年代，它竟暂停了地铁项目。可谓是"砸锅卖铁也要办成这事"。

也就在这一年前后，合肥拒绝了看似很有"钱途"的富士康。

作为著名的代工企业，富士康在1988年被深圳引入内地之后便成了一棵摇钱树。但20年后，本土土地成本、人才成本越来越高，使得传统型低利润的劳动密集型企业尝到的"甜头"越来越少，与此同时，产业升级也让深圳将富士康代工外迁。

据说，富士康首选的便是合肥。但是，合肥却以代工不适合合肥发展思路将富士康拒绝。倒是安徽方面希望富士康能在蚌埠设厂，却又被富士康拒绝。结果在安徽与富士康谈判破裂后，另一人口大省省会——郑州于2010年主动接盘。

在很多报道中，这个案例被反复提及，但每次读来，都让人依旧热血沸腾。合肥穷是穷，但还是有几两硬骨头。这让合肥坚守住了自己的初心。

从中我们也可以看出，合肥不仅敢冒险，也很会冒险：一是它看中的大多是新兴产业，是增量，不是存量，所以避免了和江浙沪的竞争。

二是它愿意做的是"雪中送炭"，而不是"锦上添花"。只有在别人落难时，你的支持才会赢得别人的芳心。等到别人做大时，你再去抢杯羹，凭啥？

当然，合肥打动京东方的，以及更多企业的，还在于合肥的地理位置。除了位于长三角经济带，离上海、南京都很近，离北边的北京、西边的长江中上游地区、南边的珠三角距离都很均等，"更重要的是水、电：一条6代线一天要消耗2万多吨水，合肥有长江和巢湖，水资源充沛，还是电力输出省"。

和京东方的结合，让合肥受益匪浅。

# 六

随着京东方在合肥先后建设了第8.5代TFT-LCD生产线，第10.5代TFT-LCD生产线，今天的合肥，成为全球唯一拥有6代线、8.5代线和10.5代线三条高世代线的城市。毫无疑问，在显示器领域，合肥已成为全球的领跑者。

更重要的是，由于京东方的入驻，"吸引了基板玻璃、偏光片、模组方面的

100多家上下游配套企业，带动了合肥超过千亿的投资（例如从2015年到现在，美国康宁公司已有9个项目落户合肥，合肥已经成为康宁全球最大的制造基地之一）。以至于开发区的地皮都不够用了，合肥不得不（兴高采烈地）向中央请示用地问题。"

"京东方只是整个'显示屏'产业链上的一个明星。在整个产业链上，合肥还投资并引入了彩虹、康宁、联宝、三利谱、维信诺第6代柔性屏、双子COF卷带、视涯硅基OLED等等，延伸到'从沙子到整机'的完整链条。"（《靠手艺还是靠手气？风投之城合肥的发迹史》，端木清树，《财经新知》2021年8月12日）

这个成功的案例也进一步启示了合肥，那就是可以通过引入头部企业，撬动产业上下游落地，进而形成产业链—产业集群—产业基地的演进。有了这些产业基地，不仅能夯实合肥的血肉，还将进一步推动合肥高校的科研资源得以落地转化。

而且，意外之喜的是，这也挽救了合肥以前赖以为生却渐显危机的家电产业和汽车产业。事实上，引进京东方，也解决了彩电产业的显示屏供应的困境。此前，合肥每年在显示屏上的年采购金额都能达到500亿至700亿元。如果没有京东方，不要说这些钱都砸到了其他地方，而且也会让很多家电企业出于降低物流成本的考虑而迁到离液晶生产基地近的地方。同理，这也是合肥在京东方之后，要大力发展存储芯片的原因。

2016年，合肥以刷新当年京东方的投资额，和兆易创新一起出钱建设专攻DRAM代工的合肥长鑫项目。长鑫经过数年打磨，到2020年5月，推出纯国产DDR4内存——光威弈系列Pro。与此同时，围绕合肥长鑫、晶合、通富微电、联发科技、北方华创、江丰电子、上海微电子等企业，再次形成了产业集群。

多年后，当合肥再次给没米下锅的蔚来砸下百亿时，我总是不由自主想起京东方，想起长鑫。作为汽车业的未来，合肥的这个百亿也很可能给自己换来千亿、万亿。

这些美好的现实和期待，让合肥坚定不移围绕产业链"双招双引"，用国有资本股权投资撬动培育新兴产业，支持双创人才团队建设——亦即在做大国有平台的基础上，通过"国资引领—项目落地—股权退出—循环发展"的产业投资运作模式，灵活运营基金投资利器，撬动社会资本，实现"四两拨千斤"，将自己的新产业体系，由"芯屏器合"（音同"心平气和"，其中"芯"指芯片产业，"屏"指新型显示产业，"器"指装备制造和机器人等产业，"合"指人工智能和制造业融合为代表的新兴产业）"集终生智"（音同"急中生智"，其中"集"指集成电路，"终"指智能家居、汽车等消费终端产品，"生"即生物医药，"智"指与工信部共建的"中国声谷"以及以科大讯飞、华米科技等为代表的智能语音及人工智能产业）进一步改进为"芯屏汽合""集终生智"。

我一直很惊异于谁想出了这八个字，不仅形象地描绘出合肥的产业体系，而且暗合了合肥产业体系构建的进程。它何尝不是"急中生智"的结果，而且在一步步推进这些体系构建时，它还能"心平气和"，不为外界所干扰。

多年后，深圳市原副市长、"大湾区"设计者唐杰在一次题为《推动转型与创新增长的政策体系研究》的主题研究中这样说，他从合肥的做法中看到了当年深圳的影子。除了历史把中科大"送给"了安徽合肥，它还在大规模科学研发上投入极高。

唐杰曾去看过合肥，发现合肥还有两个条件是中国很多城市没做到的，一个是立法，如2021年底正式颁布发行了《合肥市科技创新条例》，它是合肥市首部关于科技创新的地方性法规，共九章四十九条，重点在创新平台、成果转化、产业创新、人才支撑、科技金融、知识产权、创新环境等方面作出规定，推动全市形成创新主体活跃、创新人才集聚、创新能力突出、创新环境优良的生动局面。

"立法深圳做了，还有一个是深圳没做的。我去合肥，合肥人跟我说所有重大项目不仅仅是政府决策的，也不仅仅是市委决策的，还不仅仅是市人大常委会决策的。政府把项目引入后，要报给市人大财经委，财经委审完之后报给主任办公会，主任办公会以后给常委会。我特别好奇，你们不嫌这样的流程很长吗？他说不长。我说有什么好处呢？他说人大财经预算委有大量社会人士，主任办公会里面有大量从政府出来的老领导，人大常委会的人主要来自：政府部门、大学、金融界、产业界。

"为什么合肥的项目相对成功呢？这就是成功的关键：广泛征求意见，最后还要通报给政协，能够明确建立容错纠错机制，建立一个科学的决策制度。"

正是前有冲锋陷阵，后有容错纠错，让合肥在摸索的过程中避免了走更多的弯路，同时也让合肥在发展过程中实现了复杂性提高。

"什么叫复杂性提高？深圳最早做箱包、旅游鞋、电风扇，后来做得越来越复杂，现在做到5G最复杂的部分，这就是复杂性提高，"唐杰说，"大家可以看到，当生产越来越复杂的时候，你的收入就会越来越高。"换句话说，当我们的工业还只是停留在代工，停留在大路货上时，那肯定是赚不了大钱的，就像以前说的，10亿双袜子才能换一架飞机，但是，如果你掌握了核心科技，"你做的东西别人做不了的时候，你有定价权的时候，才能获得高收入"。深圳如此，合肥今天也是如此。

这样的合肥，不仅找回了自己存在的价值和尊严，而且获批综合性国家科学中心，甚至在追求融入长三角多年之后被接纳，更自豪的是，它被确定为中国长三角城市群副中心城市。

# "合"而肥，不和则瘦

## 七

"学习合肥、追赶合肥。"多年来，芜湖对合肥一直犹如一生不服的三国魏延，而将南京视作"徽京"，现今面对着合肥突飞猛进，终于放下了自己傲慢的心结，喊出了这破天荒的口号。

这是一种自知之明。尽管已成长为安徽省双核城市，国家区域中心城市、长三角大城市，还有就是华东地区重要的工业基地和全国综合交通枢纽……但是比起合肥，还是自愧不如。而在GDP上，芜湖在2017年才首进3000亿元大关，反观合肥，则是7213亿元，足足有芜湖总量的2.4倍。到2020年，合肥又跻入万亿俱乐部。

对芜湖来说，学习合肥的地方有很多，比如干部既要熟企业，也要懂科技，政府部门要站在企业角度为招引对象解决问题、补齐短板，服务好产业链、供应链、价值链。

但更重要的是，要对这个城市有"等不起"的紧迫感、"慢不得"的危机感和"坐不住"的责任感。不然，不要说赶超合肥，甚至第二的位置都可能在连续三年全省GDP增速第一的滁州的冲击下有所不保。

我依稀中记得，自己是在2020年的桂林，刷到陷入焦虑的芜湖打算要重新出发的消息。很有意思的是，桂林和芜湖面对各自的省会都曾有"彼可取而代之"的念头，但最终都功亏一篑。只是，今天身为国际旅游城市的桂林，面对发展并不迅捷的南宁（2020年GDP只有4820亿），但芜湖却被合肥实实在在"征服"了。

也正是在这一年，芜湖和蚌埠为安徽向全国贡献了两个梗：芜湖起飞，蚌埠住了。自此，"芜湖起飞"响彻整个江城。它们借助建设安徽省域副中心的东风，将"双招双引"作为一号工程，并实施"紫云英人才计划"，全面推动产业升级、打造一流创新生态。除了获批中国家电智能制造基地，芜湖还着力打造机器人产业、航空"全产业链"，如中电科芜湖钻石飞机制造有限公司生产的首架"安徽造"钻石飞机顺利下线并成功试飞交付，以旷视科技等人工智能龙头企业为牵引，芜湖谋划建设"中国视谷"……在2022年初安徽省政协十二届五次会议上，数位省政协委员联名提交提案，希望依托海螺、奇瑞、楚江等龙头企业，组建国家新能源汽车产业创新中心、高性能导体材料领域国家级制造业创新中心等，以及高位推进芜湖航空货运枢纽港项目建设，将芜湖列入国家高铁货运物流规划布局城市，支持芜湖打造长三角世界级港口群腹地资源配置中心，"进而构建空水公铁多式联运交通体系，提升芜湖在长三角中的重要节点、战略链接地位"。

在自助者天助之的同时，芜湖也一改对合肥的态度。如果说十几年前，芜湖人还喜欢到南京置业，那么，今天的芜湖却开始将视线投向了西北。比如，在芜湖无人不知的地产大品牌——伟星置业要将总部搬到合肥，这种"背叛"让芜湖伤心不已。不过，位居安徽民企4强的金鹏控股，也将自己的金鹏地产总部从滁州迁到了合肥，看得出它们对合肥都有着相似的期待。

还有安徽师范大学与合肥达成合作意向，拟将肥西师范学校成建制并入安徽师范大学，建为安徽师范大学合肥校区。2022年，这一意向终于开花结果。2月15日，有记者就了解到，安师大合肥校区校园总体规划修编服务已正式启动采购。根据规划，这里拟建设一个高等研究院，以及学前与特殊教育学院、未来设计学院、空天信息学院、人工智能学院等4个学院，学生规模8000余人、教职工500余人。除了大学，安徽师范大学从幼儿园到高中的附属学校也将全部落户合肥。想当年，安师大和安农大都是"国立安徽大学"的嫡传，这次重返合肥，也算是一了自己的夙愿。

更重要的是，在蔚来落户合肥前后，安徽省内知名车企奇瑞也将自己的新能源汽车工厂建在合肥。对芜湖来说，这无疑又是一种背叛。但是在商言商，合肥有科研氛围，而且因为有江淮和蔚来，已逐渐形成相关产业集群……

这些一拥而来的企业，让合肥终于感受到了被认可的荣耀。在南京面前，拥有了"科技"护城河和省会政策加身的合肥，像是三国时的张辽。

它的"反击"也接二连三。其一，在2011年，它与芜湖、马鞍山三分巢湖。这个位于安徽中部，原辖居巢区、和县、无为县、含山县、庐江县，面积9394平方公里，人口460.5万（2010年），因第五大淡水湖巢湖得名的地级市，在过去曾是南京和合肥的"缓冲地带"，在今天也是合肥防止南京对其虹吸的保命地带，但是它也阻碍了合芜马的一体化。如今障碍已除，芜湖、马鞍山和合肥之间实现了"零距离"。

合肥不仅顺手捞走了最富的巢湖市区和巢湖湖泊，让合肥从此昂首步入了

"长江时代"，并加入长江经济带。通过合肥港，来自合肥的汽车和白色家电将源源不断地输往世界。而且，还可以将芜湖、马鞍山重新"拉回"到身边。

这里尤其要说的是2016年12月29日开工建设的引江济淮工程。这条江淮运河的建成，将结束安徽长江、淮河两大水系水运分割的历史，也让安徽出现平行于京杭大运河的我国第二条南北向水运大通道。未来的合肥，将实现"河海直达"，打造江淮联运中心和国际贸易始发港。它不仅可以串联阜阳和蚌埠，强化两者的航运地位，更重要的是，它削弱了南京相对合肥来说的黄金水道优势。

其二，合肥与芜湖的陆路交通也在大张旗鼓地建设起来。随着安徽省第一座公路及铁路两用大桥芜湖长江大桥在2000年9月通车运营之后，长江不再成为芜湖和合肥之间的天堑。2020年6月，设计时速350公里的商合杭高铁合湖段开通运营。其始自合肥南站，驶向安徽芜湖、宣城和浙江湖州等方向。

尽管在普铁时代，合肥只是一个边缘，去其他城市只能到蚌埠转车，和芜湖、宣城的沟通甚至不如南京，但是，居皖之中的地理位置，让它成为高铁时代的宠儿——以合肥为中心形成了"米"字形高铁布局，尤其是连接河南、安徽与浙江三省的"华东第二通道"的商合杭高铁的建设和通车，补齐了"米"字形高铁网规划的一"捺"，意味着合肥东拥长三角西连中西部，上可以直达北京下可以远抵港深，这不仅大大拉近了合肥和全国主要城市之间的时空距离，也让"得合肥者得天下"已然成为并不戏谑的口号。

唐杰也感叹，"大家看合肥的位置就知道，显然比深圳的位置好，深圳的区位是出海最好，开放大循环最好，但要走向对内和对外两个循环，看起来还是合肥更好"。除了高铁彻底改变了自己的空间位置之外，中国万亿城市，如成都、重庆、武汉、长沙、南京、无锡、苏州、上海都分布在长江流域，"中国大量的产业向长江黄金水道集中，是大势所趋。这一条深圳要高度关注"。

这也是芜湖的一大利好。此前，尽管有宁芜铁路，但是它在高铁的建设一直发力不足，直到2015年，宁（南京）安（安庆）铁路开通，芜湖才有高铁经过。但是，这个设计时速只有250公里的高铁，比起商合杭，依旧有着100公里的量级差距。

大家都以为这已很快了，但还有更快。"十四五"期间，合肥还准备和芜湖打造出一条磁悬浮快速通道。看得出，合肥拉拢芜湖的心已经跃然而出。

这些无疑重塑了整个长三角的格局。它对南京来说，无疑是一个"危险"的信号。像商合杭这些高铁的出现，让长三角两大副中心合肥和杭州不再需要南京这个中介，就能实现直接牵手。这在极大拉近浙皖两省时空距离的同时，也让芜湖、宣城等皖南城市在融入长三角时，有了更多的选择。这样，可以摆脱对南京铁路交通的依赖。

有人指出，这次新一轮的"去南京化"，将使合肥真正拿回辐射省内城市、寻求出跨省合作的交通"主动权"。

但合肥的宏图显然不止如此。此前，安徽还提出合（合肥）淮（淮安）城际高铁规划，然后延伸至连云港即合连高铁，再直通青岛。只是，由于各种原因，合淮高铁偃旗息鼓，但合（合肥）新（徐州新沂）随即落地。

在抄南京后院的同时，让合肥更有点"徽京"感觉的，则是"合肥都市圈"的创建及成形。2007年，这个都市圈还只是以合肥为中心，以六安、巢湖为两翼的经济圈，小得可怜，连"南京都市圈"的缩小版都比不上；但是，到2013年，滁州整体加入；到2016年，国务院审议通过的《长江三角洲城市群发展规划》将其纳入，标志着合肥都市圈上升为国家发展战略；到2019年，蚌埠也加入其中；再到2021年，铜陵也申请加入其中……

可以说，今天的合肥都市圈已经渐渐成形，某种意义上，合肥作为省会龙头，已渐渐为省内各地市所共认。

# 八

合肥的发展，尤其是成为副中心，着实刺激到了南京。

网上看到这样一篇文章，来自南京农业大学的一位讲师，对合肥和南京之间的竞争有这样一段神评：当把合肥拎出来与南京并谈的时候，我们得意识到合肥真的是越来越令人瞩目了。言下之意，以前的合肥面目模糊、存在感不强，因为与南京差距过大，两者之间的竞争关系不值得一提。但今天不一样了，随着合肥抓住信息产业的机会，以创新驱动城市发展，从而聚集了一批高新产业——这种发展之势迅猛任谁也不能忽略，让合肥陡然生起赶超南京的心思。

这种"霸气"发展无疑有利于促进长三角一体化，毕竟谁都不希望自己的身后跟着一个拖油瓶。但是，这也加剧了长三角城市间的竞争关系。现在倒好，轮到南京紧张了。在南京、杭州、合肥这三个长三角副中心城市中，南京前有经济实力雄厚的杭州、苏州，后有合肥，压力可能是最大的。这真是三十年江东，三十年江西。

但是合肥的崛起，对南京也不无启发。比如说产业承接与升级关系到城市的竞争力与活力，因循守旧必将被赶超。

此外，合肥这些年来，在"工业立市"上一直始终如一，哪怕换了几任核心领导，也是劲往一处使。所以合肥这些年虽然背负了不少压力——比如说巨额的债务，但是相对稳定。

幸运的是，这个在历史上曾因繁盛而引起无数觊觎之地，既能在一次次战火之后没有一蹶不振，反而如不死鸟，同样也能在面对冲击之时，东山再起。

针对城市面积发展受限的问题，南京提出大力建设江北新区，改写当地只偏于江南的历史，形成大南京格局。

同时，南京还引进了阿里巴巴、京东、小米、科大讯飞等重量级企业落户，并围绕人工智能、软件信息服务、新能源汽车、生物医药、集成电路等展开产业创新集群。尤其是在2019年初，南京提出"打造新能源汽车产业地标行动计划"，目标是达到"全省第一、全国第三、全球有影响力"的产业水平，并专门打造了多个新能源汽车产业基地……这无疑改变了南京偏重于石化钢铁等重工业形象，开始实现人生的再一次转型，但是这也让南京和合肥在同一个赛道上有了最为正面的较量。

"举个例子，合肥重金押注半导体产业，早于南京4年搞半导体集群，本来南京没有半导体产业的，两者差异化共存，结果南京请动了台积电来南京"，"你们的岱岱"在《合肥最大的问题：离长江太远，离南京太近》一文中就指出，南京一发威，合肥就得紧张，"南京这个动作严重打脸合肥，南京直接将晚于合肥四年的半导体产业，拔高到两者平行的地步，现在每年半导体大会都要在南京举办，南京投资中科院系，把剑桥唯一的海外研究所都整来了。还有LG化学，还有新能源锂电池全球四大巨头齐聚南京，南京甚至在新能源产业上对合肥都产生了竞争压力"。

尽管博郡、拜腾等此前布局南京的造车新势力眼下正深陷泥潭，不禁让人为南京雄心勃勃的梦想捏了把汗，但是南京也同样坚定不移。2020年1月，长安汽车公告称，一汽集团、东风集团、兵装集团和南京江宁经开科技发展有限公司共同签约，在南京发起设立T3科技平台公司，再次瞄准新能源智能汽车相关产业。

发力新能源、软件、芯片等产业也让南京获得一个利好，那就是帮助这个建立在消费底色上的工业城市，从2006年至2018年，其便在服务业占GDP比重超50%的"通道"内连续10年"爬坡"，终于在2018年上半年完成惊险一跃，突破

"6"字头大关。

今天的南京，在围追堵截当中，依旧站稳了脚跟。2016年，它成为全国第11个"万亿俱乐部"城市。在这一年的《长江三角洲城市群发展规划》中，它更是被定义为长三角城市群中唯一一个特大城市。

有材料表明，2021年初，南京的高新技术企业有4680家，虽然少于杭州的5528家，但大于合肥的3328家；而在上市公司的比拼上，南京也同样完胜，有117家，而合肥仅为51家。在服务业上，"工业立市"的合肥占比就更少，直到2015年才首超40%。

也就在2021年，为了进一步整合"散装江苏"，同时也是为了继上海之后助力长三角地区打造世界级城市群的新支点，国家首次正式批复同意了首个都市圈发展规划——《南京都市圈发展规划》——这是一个横跨皖苏两省，除了南京市全域，还包括江苏镇江、扬州、淮安，以及安徽芜湖、马鞍山、滁州、宣城等9个地级市、33个市辖区、11个县级市以及16个县，总面积6.6万平方公里的都市圈，让南京俨然又找到当年南直隶的感觉。只不过相比较过去的辉煌，如今的南京都市圈是缩小版的南直隶。

这样的都市圈，显然对合肥都市圈也形成了一个巨大的冲击。如果说以前对"徽京"的争夺，还是虚虚实实，常停留在隔空对话，现在直接是刺刀见红——皖南及滁州等地，将成为大合肥与大南京宣誓"主权"的正面战场。

某种意义上，虽然急欲"去南京化"，但南京依旧是合肥的一块最为重要的"试金石"。它能否在和南京的竞争中取胜，哪怕能赶上南京，决定着合肥能否成为一个真正的"徽京"。不然，它要一辈子活在南京的阴影下。

但是，这并不意味着合肥和南京就是针尖对麦芒。对合肥来说，南京依旧很重要。首先，南京是国务院规划定位的长三角辐射带动中西部地区发展的重要门户，也是东部沿海经济带与长江经济带战略交会的重要节点，所以它也是合肥融入长三角最能摸得着的一个大城市。换句话说，是一块巨大的跳板。

其次，差异化发展让合肥与南京不会因为靠得过近而衍生抢人抢地盘等问题，相反共创出合作的空间。就像成渝斗了一辈子最终还是携手共进，也正像杭州充分借力上海发展红利，吸引诸多人才落户杭州投资杭州，最终走出一条数字经济的独特道路，合肥也可以借势南京的发展，将自己的独特之路打造得更扎实。尤其是近年来南京在"退二进三"上走得比较迅猛，对服务业相对落后的合肥来说，也是一个重要的互补。

事实上，也有人提出，尽管南京都市圈和合肥都市圈之间的暗战必不可少，但是，在城市群的视野下，谁说两者之间只有竞争没有合作。换个角度来看，芜湖、马鞍山以及滁州不一定就是战争的前沿阵地，也可以作为合肥和南京合作的"缓冲带"，承接双方产业的转移，拉近两者之间的感情。话再说回来，南京提升了芜湖、马鞍山等地的经济水平，到最后还不是让安徽得益，让合肥得益？

今天的合肥面对南京，无疑感情复杂。这是由历史和现实所决定的，刻在骨子里的感情。我想，在未来相当长一段时间内，这种感情都不会烟消云散。

在这样一段感情面前，合肥只需谨记的是，可以寻找依靠，但不能依赖；承认差距，但不能拱手认输。这是合肥当年面对孙权时的样子，也应该成为自己未来的样子。

2021年，在经过10个多月的改造之后，合肥的逍遥津公园焕新回归。作为公园标志性雕塑，张辽雕塑的基座由以前比较简陋和早已陈旧的混凝土材质，改造成了红棕色的整石，与张辽塑像的恢宏气象相协调。

远远望去，金戈铁马，气吞万里如虎。

# 6

济青双峰，引领大山东

1997年，我因为考取山大，第一次到了老舍笔下的济南。

　　凌晨，从济南站出来，坐上了开往新校的大巴。摇摇晃晃中，我的热情也被一路的黑灯瞎火，以及那些在天空的微明中，一闪而过的火柴盒式的剪影，一点一点地扑灭。这完全和我想象中的高楼大厦天差地别，让我不由得怀疑老舍的审美。

　　这种不爽的印象，在日后的4年里，被新校区周边破旧的道路挖了埋埋了挖，给催生得无以复加。多年后，当我站在青岛八大关某处高地，看着面前的蓝天碧水、绿树红瓦不禁感慨，山大若是在青岛多好。

　　其实山大在青岛待过，待的时间还不短，几乎近20年，而且还恰恰是这个有着120多岁"高龄"的高校青春初发的时期。1928年，日本在济南制造了济南惨案。在蔡元培的建议下，山大离开紧邻中原腹地、四省通衢，为兵家必争之地的济南，前往青岛办学。作为海滨城市，青岛不仅气候和风景宜人，而且较少受到战乱波及。

　　这近20年，其实是分成了两段时间，1930年至1937年，以及1946年至1958年。中间空缺的那段时间，是因为抗战爆发，山东大学的师生并入迁移到重庆的中央大学。但是1946年，山大还是选择在青岛复校。

　　尽管只有近20年，但青岛却给了山大最美好的回忆。对山东大学来说，如果济南是白月光，那么青岛就是朱砂痣。

　　在前后五任校长，尤其是杨振声（1930—1931年）、赵太侔（1932—1936年；1946—1949年）的努力下，山大延揽了大批名师如梁实秋、闻一多、沈从文前来任教。当他们离开之后，老舍和洪深、王统照又来了。

　　1934年，物理学家王淦昌从德国留学回来，便受聘到山东大学物理系任教。在他印象中，"那时学校规模不大，有文、理、工三个学院七个系，学生也不多，但教师阵容比较齐整。记得文科有张煦、老舍、洪深、游国恩、萧涤非、孙大雨等著名学者，多是当时学界之彦。理科有黄际遇、任之恭、何增禄、王恒守、郭贻诚、王普、汤腾汉、傅鹰、刘咸、童第周等专家，又都各有所长。工学院虽是新建，也聘有唐风图、尚津、周承佑、张闻骏等一批知名教授"。除此之外，山大还经常邀请蔡元培、章太炎、胡适、冯友兰、顾颉刚等学者名流来学校讲学。这也让王淦昌认为，这个教师阵容，和全国著名大学相比，实无逊色，可以代表那时山东大学的学术水平。

今天的青岛，依旧还存有梁实秋以及老舍的故居。正是在这个"真正令人流连不忍去的地方"，梁实秋开始翻译莎士比亚的著作，并与杨振声、闻一多等7名"酒徒"加上方令孺一名"女史"共同组成了"酒中八仙"，可以说，美食与美酒填满了他的青岛记忆。直到1934年，才举家迁往北平；至于老舍，则在青岛市黄县路12号的居所里，完成了他那本脍炙人口的《骆驼祥子》……多年后，我还从他那间故居，特意买回来了这本书。多次翻阅的同时，不禁感叹，在这样一个优美的环境中，老舍却不忘身边的那些劳苦大众。这种精神，其实也是山大办学的根由：为国图富强。

相应地，正因为山大的到来，给青岛带来20世纪30年代文化的繁盛，渐渐改变德意志殖民地的文化基因。同时，它还为青岛埋下了现代科学的种子。

杨振声在对青岛的地理环境、自然资源、古迹文献等做了认真的考察分析之后，力倡开办海洋生物学、海洋学、气象学以及考古学。而赵太侔也同样将海洋学科作为重点规划，并成功聘请童第周担任海洋研究所所长，聘请朱树屏担任水产系主任、曾呈奎为水产系教授——日后，当山大离开青岛回迁济南，它所留下的海洋系、水产系，在当时的鱼山路校园，组建了山东海洋学院，也就是今天的中国海洋大学。与此同时，山大的曾省教授和青岛观象台台长蒋丙然还负责筹划了青岛海滨生物研究所。在众人共同努力下，该所发展成为太平洋科学协会中国分会四个著名海洋生物研究机构之一。

不得不说，今天以旅游城市面目为人所知的青岛，得益于山大以及同人们的贡献，进一步奠定了它在近代中国海洋科学体系中的地位，并由此逐步发展为中国著名的海洋科技中心。今天，青岛打造海洋生物制药产业高地，一切都源于那个年代的风华。

事实上，山大给青岛留下的还不止这些。在20世纪50年代后，医学院从山大分立，成为青岛医学院（现青岛大学青岛医学院）。今天，很多老青岛人还将青医附院叫作"山大医院"，渊源即在于此。

即使如此，青岛对山大的离开还怅然若失、耿耿于怀，山大留在青岛不香吗？毕竟，留在"中国青岛"比在"山东济南"，不是更能吸引人才吗？而且青岛面向海洋，面向世界，岂不是更能加速自己国际化的进程？这种疑惑其实也一度像灯笼一样，明晃晃地挂在了山大的心头，直到今天，还是有不少学子在私下里探讨，山大如果一直留在青岛会咋样，会不会发展得比今天还要好？

但这个世界很多事情不能假设，而且现实也很残酷，因为济南同样也需要山大。尤其是在20世纪50年代，与山大同为山东教育一左一右两护法的齐鲁大学被拆分，其血脉被分散到全国各地高校，济南更需要有山大来压阵。

尽管比起青岛，济南或许不那么漂亮，不那么开放，但它毕竟不是交通末梢，毕竟是老牌省会。

# 济南，三"分"山东有其一

## 一

济南，因西汉初设立济南郡而得名，顾名思义，济水之南。而济水，与长江、黄河、淮河为天下四渎之一。但今天，济水已不见，据说是黄河泛滥和夺道的缘故。横在济南头顶上的，已换作黄河。

这也让济南呈现出南高北低，东西狭长的地形。它的南部，恰是泰山山脉（或余脉）倾斜的山区和丘陵——而历山也就是今天的千佛山便是其中的典型——这也让它的底下多是一些可溶性石灰岩，经过多次构造运动和长期溶蚀，形成大量地下溶沟、溶孔、溶洞和地下暗河。等到地表水渗入地下之后，它们便沿着这些通道由南而北潜流，穿城而过。但是这股自由奔放的力量很快便撞上了"北墙"。在济南的城北，多为燕山期辉长岩–闪长岩侵入体，岩质坚硬，为不透水岩层。所以一方想奔跑，一方又不想放手，最后在济南市区多个存在着裂缝的角落，于无声处听惊雷，喷涌而出，最后蔚然大观。至今，济南有泉池数百，包括趵突泉、黑虎泉在内名泉七十有二。

所以，比起省会，让济南更得名的，是泉城。而且，还是独一无二的泉城。因为相比较别处的泉水大多来自深山老林，高山深谷，济南的泉水却出自平畴。

今天的济南，便有一条东西主要干道泺源大街。其"泺"，见于商代末期帝乙、帝辛（纣）克东夷时甲骨文卜辞，即为趵突泉。从这里可以看出，关于济南泉水的文献记载可以上溯至3500多年前（即前1542年）。也正因为"众泉汇流"，便催生了与黄河南堤大致平行东流，在寿光羊角沟入海的小清河，以及今天济南城中的一颗明珠，也是中国难得一见的泉水湖——大明湖。

有山有水的济南，在三皇五帝时代，据说就有舜耕于历山。《史记》记载："舜耕历山，渔雷泽，陶河滨，作什器于寿丘。"这句话的意思就是，舜在历山下种地，在菏泽捕鱼，在定陶烧陶器，在曲阜做生意（当然此历山是不是和舜耕的历山画等号，还存疑）。也正因为舜耕于历山之下，所以济南在齐国时拥有了自己的前身份：历下。

今天的山东，简称鲁。泰山，以及沂蒙山、五莲山等鲁中山脉，将山东分成南北两半，也让山东在春秋战国时自然形成了齐国和鲁国两大势力。所以，今天的山东又称为齐鲁大地。其中齐国大致是今天的胶东鲁中，首都临淄，即今天的淄博。此地重商，出过范蠡、管仲这样的经商天才；鲁国大致是今天的鲁南，首都为出了大圣人孔子的曲阜。

尽管在《战国策·齐策》中，“临淄之途，车毂击，人肩摩，连衽成帷，举袂成幕，挥汗成雨”，比当时的历下要风光得多，但济南位于鲁中山地北麓东西大道西端，“西走赵、魏，北输沧瀛，而川陆孔道，并会德州、临清、济宁之间”，且城北有济水直通渤海，使之成为兵家必争、群雄逐鹿之地。

晋平公伐齐、韩信破齐，都曾战于历下。尽管济南郡的首任郡治为章丘平陵城，但很快它就西迁至有着丰富水资源的历下——其时的历下，为西汉景帝时始设的历城县的县治。直到1937年，历城县治从历下迁出。它们都在济南日后的城市化建设中成了中心城区。

与此同时，尽管算不上山东绝对的地理中心，但2600年的建城史还是使这里德重礼义、名士辈出、人才荟萃、文化积淀十分丰厚。唐朝诗人杜甫在“历下亭”曾吟唱“海右此亭古，济南名士多”。除了唐将秦叔宝，此地还诞生过“济南二安”——曾在镇江北固山上将栏杆拍遍，叹息“千古江山，英雄无觅孙仲谋处。舞榭歌台，风流总被雨打风吹去”的辛幼安（辛弃疾），以及写过“生当作人杰，死亦为鬼雄。至今思项羽，不肯过江东”的李易安（李清照）。而铮铮铁骨的还有铁铉，他在面对朱棣南下发动靖难之役时，硬是守住了济南城，逼得朱棣只能绕道而行。只是，秋后算账，铁铉被处以磔刑。济南人慕其忠烈，为他修祠纪念，即在大明湖畔。

这也让济南在明初济南路改济南府时，于省会争夺战中击败临淄和青州，担起省府的角色。“此省会之始也。”与此同时，济南开始大规模修缮府城城墙，将以前的土城内外瓮以砖石，改造为砖城，并设有泺源门（西门）、历山门（南门，又名舜田门）、齐川门（东门）以及汇波门（北门，习称北水门）共四门（清光绪时又增开了四个便门）。到清朝咸丰年间，为防止捻军攻打济南，又在府城之外再修一道城墙，是为圩子墙（该墙在同治四至六年被改筑为石墙）。尽管城北因为大明湖，在当时是沼泽地，所以独缺北圩子墙，但内外城墙的存在，还是让济南像俄罗斯套娃似的，被一层层保护起来。它也因此成为兵书上所谓“三里之城，七里之郭”的古代城防体系最发达的坚城。

政治地位加上有安全感，让位于交通要道的济南，出现了“远方之货至，富人争市以博利"的景象。尤其是府衙所在的历城县，更是首屈一指的繁华之所。

这里除了济南府署、历城县署之外，还有巡抚部院署、巡视盐政行署、承宣布政使司署、都转运使司署，以及皇子朱见潾（明英宗朱祁镇的次子）的德王府，"繁华热闹的CBD区域就分布在这府衙林立的老城区。大明湖附近形成了独具文化特色的商业区，经营书籍、碑帖文具和古玩的店铺比比皆是。而在居民集中的西关附近则形成了各色商行，俗称'五大行'，即中药行、杂货行、绸布行、鞋帽行、钱行……绸布行和鞋帽行不仅有济南本土的商号，也有转运自南方的精美货物，其中最著名的就是一直到民国时期还长盛不衰的孟家'祥'字号"。（《济南"CBD"史略》，徐敏，《济南时报》2016年6月2日）

刘鹗到济南时，选择在小布政司街的"高升店"客栈住下。这也让他在第二天很方便赶往大明湖参观。他先是见到了康熙三十二年（1693年）所建的历下亭，以及铁公祠，并于铁公祠畔欣赏了"佛山倒影"。

次日，他又到南门内看舜井，接着去历山看舜耕之地，再去明湖居听了一下午白妞、黑妞的说书……前前后后，他将自己在济南待的三日，详细地记录于《老残游记》中，从中一窥明清时期济南那已然发达的社会氛围。

不过，将济南夸得再好看，但把它放在整个山东省内，它那点繁荣其实也算不了什么。

## 二

明清时期，由于特殊的地理位置，加上京杭大运河自元之后被"截弯取直"，主体南北贯穿山东，并与黄河在济南的西北交接，山东存在着明显的三个经济带。它们各行其是、各行其道，济南即使贵为省府，也只能徒叹奈何。

一个自然是靠陆运起家的，由济南、周村、潍县等组成的鲁中陆路市场城市群，其中潍县于隋开皇十六年（596年）始设。日后，它和盛产煤炭的坊子一起组成了著名的"风筝之都"潍坊市。而更亮眼的则是在商代至战国时期称於陵、今天属于淄博的周村，因为靠近当时的政治中心，更是成为齐国腹心地区内的主要城邑。《史记》称齐国丝绸为"冠带衣履天下"，丝纺贸易规模居各诸侯国之首，而周村更是西汉时期丝绸之路上重要的货源地和集散地，或可称为"丝路之源"。所以它也是鲁商的发源地之一。相比而言，济南都不如它的商业地位高。

一个是靠漕运而兴盛的大运河沿线城市，它们集中在山东的西部，如济宁、聊城、德州。时有"南有苏杭北有临张"一说。其中"临"为聊城的临清，明时，临清钞关的税收居运河八大钞关之首，占全国钞关税收的1/4。到了清代，更是被乾隆誉为"富庶甲齐郡"。而"张"则是阳谷县的张秋，《寿张镇志》记载，张秋镇全盛之时，城有九门九关厢，72条街，82条胡同，俨然都会之观也，有"小苏州"之称。

至于阳谷，在《水浒传》中，它是武大郎的迁居之地，而武二郎则因打虎在这里谋得了步兵都头一职。当然这只是闲话。

我们还不能忽略的是，即使在农业中国，从最南边的日照岚山区绣针河口到最北边的滨州无棣县漳卫新河河口拥有着3000多公里海岸线的山东，自然会冒出一些相对出挑的沿海城市。和陆运、漕运走的路线不一样，它们靠的是海运。

比如说北宋时期就港盛州兴的胶州，以及在朱元璋眼里为"高丽日本往来要道，非建府治，增兵卫，不足以镇之"的登州、莱州两府——前者府治蓬莱，后者府治掖县。在明清时期的地图上，两者正好从东到西占据了胶东半岛伸向渤海和黄海的顶端。

但显然，比起蓬莱、掖县，位于半岛北侧与大连隔渤海相望的烟台，表现得更突出，也更为人所熟知。

我知道它，是因为大苹果，还有张裕葡萄酒，但更重要的原因还在于，这个古称芝罘，曾吸引过秦始皇和汉武帝刘彻登临之地，在鸦片战争之后被英国人盯上，并于1861年开埠。为了它，英国人甚至舍弃了原先敲定的登州府（蓬莱）。

这也让此后的烟台，在与世界的交流中开始兴盛。除了1867年，烟台便开通了英国航线，商业嗅觉敏锐的福建商帮也在这里兴建了福建会馆。而我所知的张裕葡萄酿酒公司，也在1892年开始筹建。此后，"北极星"钟表的前身——烟台宝时造钟厂也于1915年开办，它是中国第一家机械制钟工厂……

相比而言，归属莱州府、位于胶东半岛南侧、环抱着胶州湾的青岛，则没有这样的好运。首先，由于偏处海隅一角，只能被动接受农耕经济中心对它的微弱辐射；其次，清朝实施的严厉海禁，让古称少海、胶澳，今天位于青岛市境内的半封闭海湾——胶州湾空有一串优良港口。青岛的名称正是来源于胶州湾海口北侧那座面积仅0.012平方公里，海拔17公尺有余的小岛，因"山岩耸秀，林木翁清"，故有此名。无疑，它也是此时青岛的真实写照：遗世而独立。

这种被人所忽视的状况延续了很多年，直到李希霍芬的到来。这个面相和铁血宰相俾斯麦有些相像的德国人，让青岛为之一变。

# 青岛，因李希霍芬改变命运

## 三

今天，很多人提起李希霍芬，都觉得他是一个罪人。正是他打破了青岛的岁月静好，从而迎来了一段屈辱史。

李希霍芬其实是一位地质学家。在独立考察中国之前，他曾在美国的加利福尼亚州做地质勘查，发现了金矿，并间接导致了加利福尼亚州后来的淘金热潮。但"对它（中国）的考察有望在学术上和现实中获取广泛的成就"的渴望，让他宁愿承担巨大的考察任务，也决定"为之奋斗人生中最重要的几年"。此后，从1869年至1872年，李希霍芬以上海为基地，在4年时间中，用7次旅行，对当时的大清帝国18个行省中的13个进行了地理、地质考察，进入了欧洲人几乎从未涉足更谈不上进行过科学考察的广大中国腹地。也正是他，指出罗布泊的位置（新疆已干涸的咸水湖，旁边有古楼兰遗址）。国人至今耳熟能详的"丝绸之路"概念由他首次提出。正是看到他"对于中国主要地质构造及地文之观念，其伟大之贡献，实无其他地质学家足与伦比"，中国地质学家翁文灏督促民国政府成立了地质研究所，开始了全国范围的地质调查。不过，让他的影响破圈跨出学术界，而且还让中国人对他百感交集的是，他对山东的考察与研究。

在山东期间，他不仅考察了各地矿藏、特产和贸易，而且还将范围扩大到当地居民精神面貌、生活水平、道路状况、交通工具以及植被情况上，并时时被山东人民善良淳朴、吃苦耐劳、知足常乐等品德所折服。"这甚至成为其后来推荐德国政府选择占领胶州湾并将山东纳入势力范围的依据。"而且，在他眼里，"山东半岛以西的广大腹地，宛如一条飘逸的黑绸带，上面缀满乌黑闪亮的煤和铁"。他为此还重点考察今天位于潍坊的坊子煤矿，并由此萌生出修筑一条铁路连接腹地煤矿和输出港口的设想。（《李希霍芬——青岛屈辱史的间接"罪人"》，周兆利，《青岛日报》2013年11月）

尽管并未身临青岛，但是凭借理论数据的预窥，以及基于这一设想，让他相信青岛可以成为"华北最大和最好的港口"。

事实也如此。今天，当我们再次翻开地图，你就会发现，从青岛向西经潍坊、淄博，再到济南，是鲁中山地北麓一溜的平原通道，如果没有黄河迎面堵截，它可以继续伸向山东西部乃至华北平原。这也让青岛拥有了属于自己的广阔腹地。相反，早早开埠的烟台，却因为背面都是山，像昆嵛山、牙山、大泽山等山地，隔绝了烟台与山东腹地的商道联系，经济腹地始终只能局限于鲁东北。某种意义上，选择青岛，不仅可以和济南府实现有效联系，并且可以将这种联系作为与整个华北联系的起点。

在李希霍芬看来，这不仅是山东丰富的矿源的前途所在，而且等于打开了通向中国市场的一扇门户。某种意义上，他的这些判断，为德国人接下来的行动提供了依据。

1897年，山东发生巨野教案，德国神父能方济和韩理迦略被杀，德国政府正好借此悍然出兵占领胶州湾地区，并于次年与清廷签订《胶澳租界条约》，将胶州湾划为殖民地，并正式命名胶澳租借地的市区为青岛。这也让那座"山岩耸秀，林木蓊清"的小岛，就此退位为"小青岛"。

"青岛被割占直接影响到了两个帝国皇帝的命运。对于德皇威廉二世来说，这次殖民扩张让他尝到了甜头，很快他在这条不归路上越走越远，直到挑起第一次世界大战。而在中国，康有为则就此事件第五次上书清廷，指出再不变法'则将国亡也'。听从了劝告的光绪皇帝开始进行轰轰烈烈的'百日维新'，但很快失败。之后，慈禧发动政变，将光绪皇帝囚禁，康有为、梁启超等人也被迫流亡日本。"（《失而复得的胶澳：收回青岛九十年记》，孙英男，《半岛都市报》2012年12月7日）

但这些都不影响德国人沿着李希霍芬的思路把青岛港和胶济铁路建设置于整个殖民地建设的首位——这年的9月2日，德国对外宣布青岛作为自由港向世界开放，这让青岛成为山东第二个对外开放的口岸。与此同时，东起青岛，西止济南的胶济铁路也在1899年开建，历时数年之后，这条营业线路长度384.2公里的东西大动脉，于1904年建成通车。加上青岛至济南以及博山的支线，全线长436.39公里。

这样一来，尽管"远离京津、上海等传统商贸中心，陆路交通没有京津一带发达，也缺乏上海与腹地沟通联系的密集水运网"，但是"背倚广阔腹地充当山东乃至华北与国际市场对接的通道和门户"，还是让青岛的未来有着巨大的想象空间。

# 四

"从地理位置上看，青岛虽处于上海、天津一南一北两大贸易区的挟制中，但内地资源广博，丰富的矿产可供其大量吸纳，还可以从两大贸易区输入棉花、蚕茧、皮革、羊毛等原料。在进口贸易上，尽管须承受来自上海、天津方面的排压，但进口贸易的触角可以延伸到胶东半岛、山东内地乃至沿黄流域纵深，这种区域优势使青岛腹地的构建呈现诱人的远景。"

这让青岛很快就后来居上。"青岛港进出口货物在1900年仅为27.13万吨，到1911年时，已增长到106.91万吨。"（《青岛城市的形成》，宋连威，青岛出版社1998年8月版）

"而青岛港的贸易总值从1901年的3985845海关两，发展至1913年的60448850海关两，13年中增长了15倍，其增长速度之快，是全国所有其他通商口岸不能企及的。"（《近代山东城市变迁史》，王守中、郭大松，山东教育出版社2001年3月版）

相反，在胶济铁路贯通之前，对外贸易已达4500两白银的烟台，在青岛的冲击之下，则是日渐衰落，"到1907年，青岛的进口额已超过烟台，至1909年，青岛的出口额也超过烟台，自此，青岛取代烟台成为山东的经济贸易中心，并在1911年成为中国第六位重要的海港"。（《近代青岛城市规划与城市发展关系的历史研究及启示》，李东泉，《中国历史地理论丛》第22卷第2辑，2007年4月）

今天看来，青岛之所以成功，正在于一开始便以港口、铁路以及城市进行三位一体建设，以及用铁路将这个海港城市的建设与经济腹地的建构进行了有效的统筹，而让它从一个小渔村，变成"东方的瑞士"，与德国人的巨额投资也不无关系。

你很难想象，在前后13年的时间内，德国人在青岛投入了数亿马克的巨额资金，仅仅用于青岛港和市政建设的投资就高达1.82亿马克。当然，这不是德国人爱心泛滥，而是因为在扩张的路上，把青岛当成了自己在远东的桥头堡。与此同时，德国人为了显示其经营势力范围的能力并不亚于他们的宿敌大不列颠，决心把该地建设成为德国"殖民统治的典范"，所以不吝惜金钱。

今天，当我盯着胶东半岛上那个原本并不起眼的小点，不仅感慨李希霍芬的眼光和"格局"。不知道他会不会下中国围棋，如果会，那么布局青岛，就像围棋战中的"占角"，为自己牢牢守住好大一块进可攻退可守的地盘。

事实也如此，通过经营青岛，德国人不仅可以坐收渔翁之利，而且还可以为自己深入山东内地，并进而侵略中国创造了巨大的条件。这怪不得让鲁迅认为，"自利氏（李希霍芬）游历以来，胶州早非我有矣。今也森林民族，复往来山西间，是皆利忒何芬之化身，而中国大陆之沦陷之天使也，吾同胞其奈何"。用大白话讲就是，李希霍芬出现之后，胶州就已经是别人的了。

"它既是未来四通八达的铁路网的终点站，也是从海路进入华东、华北地区的唯一天然入口。"正如李希霍芬所言，青岛的区位位置在山东乃至中国日益凸显。此前，山东腹地的很多物产，都必须要南下上海、镇江港，或者北上天津。但有了青岛之后，"鲁西北由原来的天津直接腹地变成了青岛与天津的竞争性腹地，而鲁西南则由原来的镇江港腹地纳入青岛腹地的控制范围"。这样一来，在南北虹吸中流失的山东腹地又得到了回归和重置，换句话说，以前因地形阻隔以及条件有限而有些离心离德的山东，又重新被整合到了一起。（《青岛经济腹地的奠基及其历史成因》，于佐臣，青岛市情网2011年10月11日）

尽管和青岛相隔淄博、潍坊，但青岛的崛起，也让济南为之一振。

# 火车来，商埠开：济南开埠成就近代改革开放的壮举

## 五

1902年，袁世凯的继任者，已经65岁的周馥，决定冒着山东之大不韪，打破青岛自1897年被德国人占领的5年间，五任山东巡抚都不曾踏足以示割地之辱的"惯例"，而提出了一个大胆的想法——访问青岛。

这一提议颇令同僚和当时的胶澳总督特鲁泊惊讶，甚至被当时文人讽刺，但是他依旧在这一年的11月，踏上了海风乍寒的青岛。此时距离他成为山东巡抚，刚刚过去了4个月左右。

不得不说，我这位早年多年应试不中，后改投淮军协助李鸿章兴办洋务30余载的安徽老乡，有着令人惊叹的格局和世界观。

周作人便记得自己在江南水师学堂时，北京练兵处要派学生出国去学海军，叫各省选送，"我们便急起来行动，要求学堂里保送我们出去，一面又各自向各省当道上禀请求……可是都如石沉大海，一去没有消息。只有山东给了回电给学堂里"。那个时候他不知道山东巡抚是什么人，"就这一件事看来，可以说是胜于东南各省的大官远甚了"。直到周馥在1904年9月升任两江总督后，他才第一次见到他。

某种意义上，向青岛学习属于这位老乡"一以贯之"的做法，当然，在周馥访问青岛的背后，其实也藏着其对济南多年发展不前的担忧。

尽管烟台的开埠曾给济南带来了一股新风，如1875年，山东巡抚丁宝桢在城北泺口以东的新城创建了山东机器局，购买外国机器造起了洋枪洋炮。1898年，济南设立了洋务局，专办教案和洋务事宜。而山大的前身——山东大学堂也得以在1901年由袁世凯创办。但是，周馥甫一上任，便发现在孔孟之道的源头——大舜文化中成长起来，至今互称"老师"、对体制尤为渴求的这座城市，到处弥漫着浓厚的"重儒轻商"之民风。

与此同时，盛行的官僚作风更导致商贸阻滞，偌大的省城，每年的贸易额仅有数百万两，其经济地位在省内非但比不上烟台、青岛等"约开商埠"城市，甚

至也不及周村、潍县、济宁等地。

很难说这次青岛之行为周馥找到解决济南问题的答案，但是，看着一个昔日小渔村，蜕变成了商贾众多、船流如织、店铺林立的大埠，与暮气沉沉的济南气氛大为不同，对他的触动不能说不深。"受到德国人经营理念的启发，提出了一项与德国人'相维相制，而因以观摩受益'的新政策，有力地促进了济南的改革与开放，成为清末济南走向现代化起步的一块里程碑。"（《济南开埠与对德国文明的"观摩受益"》，王守中，《东方论坛》2012年第1期）

在济南短短两年多时间内，周馥遵循其前任袁世凯提出的"新政"，力主除旧布新，扶持农桑和手工业。他在济南设立了工艺局、树艺公司、桑蚕总局、缫丝厂、染织厂、志诚砖瓦厂、金启泰铁工厂、济和机器公司以及一家银行。

更重要的是，出于发展济南的需要，以及打破德国人的势力范围，他还赶在胶济铁路通车之前，与时任北洋大臣、直隶总督的袁世凯联名上奏，请求在本已是黄河、小清河码头，又即将成为津浦铁路（前为津镇铁路）与胶济铁路枢纽的交通重镇——济南，开设通商口岸，"以期中外咸受利益"。

这份奏折对济南的发展居功至伟，随着胶济铁路开通，济南也开埠了。所以老济南流传着一句话，叫"火车来，商埠开"。但因为缺钱，商埠的建设磕磕绊绊。隆重的开埠典礼，则要等到1906年1月10日。只可惜的是，此时的周馥已调任两江总督，在开埠典礼上出尽风头的，则是杨士骧。

毫无疑问，商埠自然是依火车站而建。当年的胶济铁路济南车站，位于济南老城外，也就是今天的济南经一路。其于1904年修建，1915年建成并投入使用。和它相距数百米的则是津浦铁路济南站。因统辖权不同，两条铁路在济南会而未交。

"胶济铁路济南站见证了那个时期中国人南下逃亡、不想当亡国奴的一个过程。当年，梁实秋、沈从文、梁思成、林徽因等知名作家、学者都是如此取道天津，乘船至烟台或青岛后，沿胶济铁路到济南，再转津浦铁路南下逃亡。"（《胶济铁路济南站：从火车站到博物馆》，钱欢青，新黄河客户端2021年10月）直到日军于1938年占领山东，为了侵华需要，将铁路原来的线路管理模式改成了区域管理模式，将这两座济南站合二为一。至1940年改造完成，从此津浦铁路济南站成为唯一的济南站，而胶济铁路济南站则被改建成了铁路办公用房。但让人遗憾的是，这座带有浓郁德国风情的老式火车站，在1992年被拆，原址上建了新的济南站——它也因此成为我自皖来鲁后认识济南的第一眼。倒是胶济铁路济南站却留了下来，在今天变身胶济铁路博物馆。

也正是铁路带来的人流、物流，让商埠区在短短10年内，逐步形成了以老火车站为半径轴心，以此向东南西三面辐射，进而向外扩展的格局。

# 六

1908年9月，一条平行于胶济铁路的时髦"大马路"应运而生——其东起十王殿，西至北大槐树，北临胶济铁路。这是济南历史上的第一条马路，也是第一条新概念马路，"因为清末以前的济南，过去只有官道、街道和石板路，都很狭窄。即便长清官道，也只是能并排三辆马车的夯实土路，况且过去的马车宽不过六尺（2米）。济南开商埠后修建的第一条马路，其宽度就超过了济南府历史上任何一条官道，成为商埠开发的奠基之作"，它也成为济南人出西关走北店子过黄河去东昌府的重要商道。而在十王殿旧址，还有座正冲馆驿街的欧式古楼，"1908年建成，最早是津浦铁路北段总局济南办事处，名唤津浦铁路宾馆。上世纪初孙中山、蒋介石、胡适等政教要人都曾在此下榻"。（《百年经一路：创下多个"济南第一"的大马路》，黄鸿河，济南发布客户端2021年1月5日）

但这条创下了无数个第一的大马路，显然不是济南唯一的现代景观。日后，二马路、三马路……也相继修成，原先的小商埠骤然变大，进而约定俗成，口语中干脆将它们换称为一大马路、二大马路、三大马路……直到八大马路。后来又改为经一路、经二路……相应地，南北向的马路则以"纬"打头。最终，商埠形成了以经二路为东西主线，以纬二路和纬四路为南北支架的新城区格局。

一根虹吸的巨泵也因此启动。城北黄河水运码头泺口古镇因此衰败，老城里也"财神爷搬家"，向西流入商埠。今天位于济南天桥区的官扎营后街一度成了繁盛的粮食交易中心。其中的成丰面粉厂也成了济南第一高。

为了连接城区和商埠，济南还在圩子墙永镇门（又称迎仙桥圩子门，位于今顺河街英贤桥附近）与永绥门（又称杆石桥圩子门，位于今杆石桥东）之间增开了普利门，取"普遍得利"的意思。原为小胡同的柴家巷也因此野鸡变凤凰，改名普利街。

因为其西接商埠的东西主干道——经二路，东经估衣市街（今共青团路）与西门相通，一时间群商毕至，扩街盖起了不少二层洋楼和无数铺面，其中就包括普华鞋店、赞玉堂、泰康食物店、治香楼百货店、老茂生糖果庄、裕兴颜料公司、大生东杂货店等老字号，其繁华程度并不亚于现在的泉城路。

它的存在，使得济南这座典型的单一的封闭型内陆城市，逐步发展成为老城与商埠并重，政治、文化和交通、商贸并举的现代"双核"城市。济南的城市面积由此扩大。与此同时，济南的"人气"变得更加旺盛。

看到一篇文章说，1904年开埠之前，坐船、坐马车、骑毛驴进入济南的洋人外侨不过360人。火车开通后的1918年，济南德、日、英、美、法外侨增至1005人，到1932年则超过了1万人。而此时济南人口也较开埠之前翻了一番，增至近40万人。济南能在2021年被国家认定为"特大城市"——它的基础就是从这时开始打下的。

今天，我们对济南的开埠念念不忘，对开埠的推手袁世凯、周馥心存感恩——尽管老袁开历史倒车被刻在历史的耻辱柱上，但他对济南乃至整个山东的一系列作为，还是不能因人废事——除了改变济南的城市格局、推动济南的城市化进程、改变济南市民的生活方式，更重要的意义在于，虽然对洋商有"市场准入"和"国民待遇"，但是和上海、南京、宁波以及烟台、青岛的开埠不同的是，济南的开埠并非在西方势力的胁迫下而开，纯属自愿。所以西人和洋商在这里必须得听中国政府的号令，外国人不得干预。而且商埠中不准划分租界，这就保证了国家主权。

根据资料，作为"华洋公共通商之埠"，商埠内分为福、禄、寿、喜四区，地租有所不同。各国商人以及华商在商埠内均要照章租地，按照统一规划建造店铺和住所。商埠内的建筑，大部分都是西式风格，与老城的古朴交相辉映。而此地的民居，因为大多是坐落在胡同里，所以这些胡同大多被叫作"里"。

这也让济南的开埠成为中国近代改革开放进程的一大创举，也见证了被视为腐朽封建的旧中国，内部其实也有着改革开放的意愿。

"从占地面积、目标设计和财政支出等方面来看，济南商埠及其潍县、周村两附属地属于清王朝最后几年向世界开放的最大商业区。清廷显然想把这种'自开商埠'的中国模式与外国人控制的'约开口岸'分庭抗礼"。济南当地文化学者牛国栋在《济南开埠，116年前的开放之举》一文中也充分肯定，"济南商埠也成为近代史上山东乃至黄河流域，最早按照精心规划建立发展起来的商业化区域，为其他内陆城市提供了范例"。

不得不说，因缘际会，以及恰逢能人，让济南在近代化大转折时期，抓住了机遇。因为拥有两条铁路，又能直通出海良港，济南遂得以和青岛形成了山东

"双子星"的格局，并就此奠定了下来。两者一损俱损一荣俱荣。

因为青岛，很多人选择了济南，将它视作商品出海口与内地市场的关键环节；反过来，因为济南，人们更相信青岛。尤其是津浦铁路的修成，让青岛通过与济南的联系，真正实现与整个华北的沟通。它的经济腹地又豁然洞开。

# 工业化，让西风（济南）暂时压倒东风（青岛）

## 七

直到今天，我都会这样表述自己的看法：相比青岛，我更早知道烟台；但相对济南，我更早知道青岛。这是因为1919年的那场震醒全国的五四运动，它有一句著名口号：誓死力争，还我青岛！

尽管在民国时期，济南风头很劲，但维系着国仇家恨的青岛，更引人注目。德国人去了，日本人又来了。1914年，为重新瓜分世界和争夺全球霸权，"一战"在以德奥为主的同盟国与以英法俄为主的协约国之间拉开。在甲午中日战争之后野心爆棚的日本，借英日同盟之名，趁机染指青岛，并拒绝归还。直到中国人民的怒吼，以及全世界出于利益分配下的交涉，青岛终于在1922年回归祖国。

某种意义上，那个时代的青岛，是国际力量博弈的中心和焦点。它的回归也成了近代中国"外争国权，内惩国贼"的巨大胜利。

与此同时，收回青岛给了青岛一次巨大的飞跃。它在结束外人统治的历史之后，改辟为商埠，对外开放市场。加上压抑的民族精神得以伸张，所以经济不仅得以恢复甚至发展。除了山大来青岛建校，"包括纺织、烟草、火柴、面粉等工业在内的轻纺工业发展势头快，呈现'上（海）、青（岛）、天（津）'局面，青岛港航贸易在北方占据重要地位，金融业也得到迅速发展"。此外，"发展了崂山旅游，召开了许多重要科技文化体育活动"，这也促进了"青岛成为北方有较大综合实力和广泛影响的沿海工商城市，这在一定程度上实现了民族精神的振兴"。（《史鉴》，马庚存，青岛市史志办公室）

不过，日本人并不甘心就此放弃青岛。在归还青岛的过程中，它们除了漫天要价，从北洋政府手中勒索了6100万日元，合银圆5445万元，更要命的是，日本还得以保留了诸多特权。在青岛，不仅日本工商业者有增无减，而且其海军第二舰队、海军陆战队都肆意停泊胶州湾、登陆市区。这也导致在1928年，为抵制国民革命军北伐，保护奉系军阀等亲日势力，日本以保护侨民为借口，由其国内派出约5000人兵力在青岛登陆，最后顺胶济铁路抵达济南，从而酿出了震惊中外的"五三惨案"（亦称"济南惨案"）。

此外，在抗战爆发后，日本人又卷土重来。考虑到青岛的地势不易守，国民政府实行"焦土抗战"，以打击日本人"以战养战"的阴谋。1937年12月18日晚，随着市长沈鸿烈的一声令下，"包括日本九大纱厂、四方发电厂、啤酒厂、炼油厂、两个橡胶厂、机车厂以及码头、车站、两个自来水水源地等重要设施同时点火引爆。'从沧口、四方到市内，连绵30华里，爆炸声连续轰鸣，火焰冲天，日本人的工厂尽成焦土，只有国人经营的华新纱厂未遭破坏。'"1938年1月10日，日本军队不费一枪一弹占领青岛，此时剩下的是一座工业废墟、堵塞的航道和仅有5万人口的"空城"。（《焦土抗战：给日本人留一座空城》，王建亮，《青岛早报》2015年7月9日）

曾经在沦陷前到过青岛的美国著名记者、作家埃德加·斯诺不无遗憾地评论："当初不设法把一些机器移入内地供中国人使用，毕竟是一种失算，不过这依然是一种进步的象征，至少中国高级当局下令破坏了一个敌人的根据地。"

很长时间内，这次在青岛实施的焦土政策，常常让我莫名地想起长沙的文夕大火。美好的东西，在"国破山河在"的情境中，常常保不住。我们只能用悲壮的自残，来抵抗外敌施加的屈辱。这是弱国的悲哀。但它也锤炼了我们不屈的意志。

面对被战火摧残得元气大伤的青岛，济南其实也没有好到哪里去。

首先，我们永远也无法回避发生在1928年5月的那场惨案。日军不仅沿街屠杀市民，甚至将山东特派交涉员蔡公时及16名外交人员捆绑起来，割下蔡的耳、鼻、舌，挖去眼睛，然后将他同众人一起拖至院里枪杀。可怜蔡公时履职一日，便壮烈殉国！8日，日军更是在炮火掩护下，向普利门、麟祥门、柴家巷、迎仙桥一带发起猛烈攻击，可叹古城精华顷刻化作废墟！前前后后，日军在济南肆虐了一年时间，直到次年5月，才在内外压力下，在全国人民的怒吼声中撤离济南——不得不说，日本对济南留下的伤害之大，让全城至今铭记在心。除了立碑纪念之外，每年的5月3日，济南还会拉响警报，以警后人。

其次，我们不能忽略张宗昌督鲁时的所作所为。这个"狗肉将军"为了维护自己的统治，到处挥洒金钱，"仗义疏财"，但钱从哪里来？从开设银行滥发纸币中来。到最后，倒霉的还是山东的百姓。此外，他还习惯横征暴敛——1930年山东省立民众教育馆出版的《山东歌谣》，还有这样一首"张宗昌，坐济南，鸡狗鹅鸭都上捐，一两银子八块三"的歌谣——更是将济南推向了崩溃的边缘。

某种意义上，抗战及内战时期的济、青，同病相怜。它们之间的命运"分野"，得等到新中国成立之后。

由于德、日的侵略历史，青岛在很长时间内，一度被有意无意地"屏蔽"了——毕竟沿海不好进行战备。所以，山大在经历了青岛的黄金岁月之后，也迁回济南，再加上苏联送上来的大礼包——156个重点援建工程，基本上落在了东北、西北、西南和中部地区，最不济也是支援济南这样的内陆城市，和青岛没有什么关联。

更关键的是，在计划经济时代，由于没有对外开放，青岛和烟台等沿海城市失去了国际贸易港口的地位，转而以国内航线为主。

这一切，都让青岛的经济一度停滞不前。1949年还位居全国第6的它，到1979年，GDP已位居武汉、大连之后，为第9。到1995年，在主要城市中更是下滑到了第14位。让它骄傲的青岛港，在改革开放之初也是满目疮痍——2008年，当地媒体在《青岛港：30年的三个跨越》一文中是这样回顾青岛港当年的窘迫景象："港区陆域狭小，库场明显不足，道路坑洼不平，泊位严重老化，疏运能力严重不足，港口布局严重不合理。"1978年、1981年、1985年、1988年，港口都出现了严重的压船压货情况，"在青岛港总裁常德传的心目中，这是青岛港的耻辱"。这也让济南一度看到了重新坐稳省内老大的机会。

相反，作为交通枢纽和洋务运动中的示范城市，济南在中国的工业化进程中，得到了国家的关爱。

# 八

对济南的工业来说，20世纪五六十年代无疑是一个黄金时代。国民经济第一个五年计划时期，国家投资济南工业6881万元，扩建改造了121个大中型骨干企业。

济南机床一厂、济南机床二厂、济南汽车总厂、济南铅笔厂、济南重型机械厂也因此相继落地，其中，前身为1944年日军在济南进德会游艺园所设兵工厂的济南第一机床厂，到1957年，已被第一机械工业部誉为全国机床行业"十八罗汉厂"之一，成为共和国基础工业的四梁八柱。这一年，济南铅笔厂生产的"友爱"牌铅笔开始出口亚非拉国家，而济南汽车配件厂也即将更名济南汽车制造厂，开始了自己的"汽车梦"。只用两年左右的时间，它们就照葫芦画瓢，组装出新中国第一部重型汽车——黄河牌 JN150 八吨载货汽车，结束了我国不能生产重型汽车的历史。也正是这家工厂，生产出我国第一辆红旗牌汽车（一汽生产的红旗，一开始其实叫东风）。

但让整个济南更振奋的，还是济南钢铁总厂的"横空出世"。据冶金工业出版社 1991 年出版的《济南钢铁总厂志》第一卷上册记载，1957 年 2 月，根据境内铁矿、煤炭资源丰富的良好条件，山东省人民委员会向中央提出，在山东境内建设一座中型钢铁联合企业的报告。同年 7 月，国家计委、冶金部等在北京召开地方工业会议，决定投资 1.45 亿元，在山东建一座年产生铁 35 万吨、钢 30 万吨、钢材 25 万吨的中型钢铁联合企业。为利用钢铁厂煤气，同时建一座年产 5 万～10 万吨的化肥厂。经过多方勘察论证，最终选址在济南东郊鲍山脚下建厂。此地靠近济南市区，周围矿山资源丰富，交通便利，水源充足，电力可靠。1958 年 2 月 4 日，国务院批准上报的设计方案，在现址建设济南钢铁厂。

那时的济南上下，充满着建设热情。7 月 1 日，6000 余名建设者冒雨在施工现场举行了隆重的开工典礼，1 号 255 立方米高炉 10 月 10 日便进入炉体安装阶段，12 月 24 日竣工后即点火烘炉，25 日出铁，"从开工到出铁共 176 天，绝对工期仅 96 天，比计划提前 3 个月投产，创全国同类高炉建设时间最短纪录"。自此，济钢成了济南响当当的一个名字，"最鼎盛时期的 2006 年，作为特大型钢铁企业的济钢，年产各种钢材达 1200 万吨，已经跻身全国十大钢铁企业行列"。（《工业遗产寻访｜"济钢"——泉城济南的一个工业传奇》，郭学军，齐鲁壹点 2020 年 9 月 1 日）

印象中，济钢离山大很远，日后坐飞机来济南，从遥墙机场坐大巴到市区，我才第一次见到它的面目，方正的门楣上"济南钢铁总厂"几个镏金大字，特别醒目。

让我记忆深刻的，还是位于和平路上的济南轻骑摩托车厂。印象中，它是被红砖墙给圈了起来。今天，谁也不会想到这里面生产出来的轻骑，堪比宝马、奔驰。

与此同时，在济南拖拉机厂的基础上成立的小鸭集团，也曾一度让济南成为亚洲首台滚筒洗衣机诞生地，也让小鸭圣吉奥成为民族品牌的骄傲。

不得不说，正是盛产这些优秀的工业品，并通过老火车站发往全国各地，计划经济时代的济南，简直就跟东三省一样，头戴"共和国长子"的光环。

与此同时，于 1955 年 8 月 15 日正式开业，位于今天的泉城路，前身为"济南市百货公司第二零售商店"的"济南百货大楼"的出现,让济南乃至山东有了第一家国营大型综合百货商店,也让济南"第一高"从当年的商埠官扎营后街,悄悄地向东南方向移动了3公里——从这里也可以看出,随着计划经济的到来,济南的CBD再次向老城靠拢,向政治中心靠拢。

济南跑得气喘吁吁,但是问题也很大。因为支撑济南工业的基本是重工业,这对于以泉水发达,一度比肩江南的济南来说,反差比较鲜明。济南若想保住自己"泉城"的名号,做好对资源的保护,就不能不抑制住自己对重工业的狂热。因为你搞不清楚,哪里才是泉脉。这也是济南地铁上马比较晚的一个重要原因。

更要命的是,随着计划经济向市场经济转变,很多国企由于技术落后、生产效率低,而且管理体制僵化,机构重叠,政企不分,统得过死……结果跟不上步伐,纷纷落伍不说,而且,像曾名列中国纺织界"沪津青"之后,历史上出现过七大棉纺厂、两大印染厂的辉煌时代的济南纺织,主力军几乎全军覆没。

当地媒体《山东商报》曾在一篇文章中回忆20世纪80年代初的济南,"(1983年)全市工业总产值为48.2亿元,农业总产值为9.3亿元,农民人均收入330元,用于城市建设的总投资达5亿元。但发展动力不足:经济发展平均增长速度低于全省平均水平,农民人均收入也低于全省平均水平,城市商业服务业更是个薄弱环节。1983年济南市出口商品收购额仅为2.85亿元,无法与东南沿海的一个县相比,合资企业更是凤毛麟角"。那个时候的济南,也有"第一",那就是在全国十几个重污染城市中,济南遥遥领先。

当时的主政者曾在上任之前的一趟街头走访中,就撞见了48堆马粪。

这样的济南,显然需要重整旗鼓。这也让它再一次走上开放、改革的路子,甚至主动向沿海城市学习:第一次是1984年11月19日至12月9日,济南当地派出11人先后到上海、杭州、广州、佛山、深圳、珠海、北京等市参观学习;第二次是1986年6月12日至27日,又有12人去了江苏的南京、扬州、常州、无锡、常熟、淮安等地参观学习。

一圈下来,让济南感悟到,不解放思想勇于创新真是不行了。此后的济南,开始简政放权,还首创"纵横弹跳"模式——也就是说济南的发展状况和省会的地位决定济南不能按常规的发展模式,亦步亦趋,必须想别人不敢想、做别人不敢做的事情,以超乎常规的构想实现突破。济南同沿海和南方城市相比,更封闭守旧,要使改革有突破、见成效,非"弹跳"不可。而"弹跳"既有纵向的改革,又有纵向横向的联结。

这些举措果真让济南一举突破自己，到1987年12月14日，济南市工业总产值首次突破"百亿"，比1983年翻了一番，比上一年度增长了20%。上一年，全国工业产值只有9849亿元，济南也只有86.93亿元。如果按照年均增长7%～8%的速度，济南大体上到1990年才能过百亿。

《人民日报》对此也给予报道：在我国工业年产值过百亿的城市中，又增添了一个新的伙伴——山东省济南市。

这的确值得自豪，但让济南依旧尴尬无比的是，它眼看就要追上青岛，青岛却突然来了一个加速——因为，沿海开放了。

# 中国青岛，山东济南：谁是山东第一城？

## 九

也就在济南发展具有决定性的1984年，青岛也掀开了自己新的面纱：首批沿海开放城市之一。山东境内，除了青岛，还有就是烟台。

这年的5月，青岛第一家中外合资企业青岛华和国际租赁有限公司成立，这也是山东省的第一个利用外资项目。

10月，国务院批准了青岛进一步开放、兴办经济技术开发区的规划方案，青岛经济技术开发区成为国务院批准设立的首批14个国家级开发区之一，并于1985年3月28日正式动工兴建。这是青岛扩大对外开放的重要历史性标志。

对青岛有利的局面接二连三。1986年，青岛被划为计划单列市。这也意味着，青岛收支直接与中央挂钩，由中央财政与地方财政两分，而无须上缴省级财政，不用再给山东省里的穷兄弟输血了。

在这一系列大手笔的背后，是国家实行改革开放，发展外向型经济。但也藏着另一个重要的原因，那就是胶东籍官员的全面崛起。

由于屡遭外侮，胶东半岛也成为一个富有抗争传统的地方，红色力量很早就在胶东扎根并生长。姜春云的岳父李佐民便是莱西党组织的创始人之一，更是胶东革命武装力量的创始人。前前后后，胶东半岛为共和国军队奉献了四个军，个个都是王牌军。而且在四野（东北野战军）与三野（华东野战军）中都占有不俗的地位。这也能解释，为什么南下的干部中有不少胶东人。日后，他们更是走向了更高的领导岗位。与此同时，胶东走出的干部，在山东政坛占有极其重要的地位，有道是"山东干部看胶东"。

胶东半岛生活或战斗的经历，让他们对这一片热土深有感情，更重要的是，对海洋经济、外向型经济更有感悟。

被誉为"改革开放推手"的谷牧，正是出生于旧属登州后为威海管辖的荣成。所以，等他担任国家高级领导职位之后，积极落实中央指示，并推动进一步开放14个沿海港口城市，使我国对外开放呈现出崭新局面。多年后，他在沿海地区对外开放工作会议上说，外向型经济在沿海地区将会变成活生生的现实，"我有这个信心"。

某种意义上，正是这些优势的胶东籍官员的存在，让中国释放了被压抑多年的向外看的热情，并积极与世界达成对话和交流，但与此同时，也让山东持续多年实行"均衡战略"，青岛、烟台和济南齐头并进，省会未必是老大。

赶上了好时机的青岛，也在用行动不断地颠覆着城市思维、城市模式，改变着城市行为、城市方向，为今天的"国际化"追求奠定了基础。

也正是在这一宝贵的时期，它开始了西扩战略，以解决"青黄不接"的问题。

所谓"青黄不接"，指的是今日青岛东西海岸——青岛城区与黄岛之间不能对接。翻开今天的青岛地图，你会发现胶州湾像个漏斗一样，嵌在青岛与黄岛之间。也由于胶州湾的阻隔，这两个地方在很早之前就各过各的日子。那时的黄岛，属于昌潍专区的胶南市，直到1958年才随着胶南市改属青岛而从此和青岛搭伙。

尽管一开始它只是一片荒岛、滩涂和渔村，但它切实地帮助青岛突破了多年来制约青岛战略发展的地理瓶颈，这才有了日后的青岛经济技术开发区，以及西海岸新区（2012年底，由原黄岛与原胶南市正式合并成立）。这样一来，困扰着青岛城区的布局、发展和产业结构调整等困局，自此豁然开朗。

不过，交通上的困境还是制约着青黄融为一体的步伐。当时若开车从青岛到黄岛，只能环胶州湾，两地得需要3个多小时的车程，交通成本非常高。

为此，在1986年，青岛与黄岛轮渡航线开通。这也进一步推动了经开区的建设；到1992年，青岛开发西海岸的决心更大，开通了环胶州湾高速。但是，不论轮渡和高速，它们都容易受天气影响；到2011年6月30日，"北桥南隧"——全长近8公里，最深处在海平面以下82.8米的胶州湾隧道，以及总长度超过40公里，在港珠澳大桥通车前曾是世界最长的跨海大桥的胶州湾大桥一南一北相继通车，并成为那时候的中国第一和世界第一，让黄岛一下子近在眼前。这是青黄相连3.0版，这也是终结"青黄不接"的关键节点，青岛黄岛两地开车上下班，自此成为现实。日后，随着青岛市轨道交通线网中的骨干线，也是青岛市交通基础设施建设攻势的重要攻坚项目——青岛地铁1号线的修建，东西海岸地铁线开始融合并网，更是彻底结束了"青黄不接"的历史。

与此同时，曾因压船压货，被视为耻辱的青岛港，也在1988年开始了对老港区的全面改造。"先后拆除了30多座老仓库和旧建筑，修复和改造了塌陷或停用多年的老泊位，扩大70多万平方米货场，彻底改造了百年老港。2000年后，青岛港连体一二号码头，建成了中国沿黄河流域最大的粮食接卸基地。此后，青岛港改造了七号码头，打造出中国沿海港口第一大散杂货装卸公司。"此外，青岛港还瞄准国际航运市场船舶大型化、深水化、专业化的发展趋势，先后建成投产了世界最大的集装箱码头、世界级原油码头、矿石码头、煤炭码头。随着东西海岸联系越发密切，青岛港也向胶州湾西海岸进军，先后建成了油港区和前湾港区。《青岛港：30年的三个跨越》一文最后由衷赞叹，"如今的青岛港，已经从一个百年老港发展成为三个现代化新港。改革开放初，青岛港的码头岸线长度为5585米，2007年已经达到了16202米"。

在打开了一片新天地的同时，青岛还加速了工业化、城市化的建设。

＋

1982年，曾是青岛一家工厂青年车工的周厚健，作为恢复高考后的第一批大学毕业生，刚刚从山东大学电子系毕业，"带着毕业时老师'第一不要做官，第二不要做人的工作'的告诫，来到江西路11号的青岛电视机总厂的车间，成为一名技术员"。在我看来，生于山东牟平的他，本是烟台人，到青岛电视机厂工作，应该有这两个好处：一个属于"归乡"，另一个是专业对口，但我相信他当时一定没想到，自己因缘际会地参与到了中国家电事业发展的蓝海当中。

在青岛电视机厂，沉默寡言潜心于电路板与科研中的周厚健，从底层做起摸爬滚打，在车间干过技术员，在工艺科干过研发、副科长、科长，很快，他便成了厂里的技术大拿之一，"还解决了困扰全厂的新产品技术难题"。

最后，他还是走上了"做人的工作"这条路：1987年晋升为青岛电视机厂厂长助理。1992年，更是升任青岛电视机厂厂长。

有人生不逢时，"僵卧孤村不自哀"，但对周厚健来说，却是"春风得意马蹄疾"。除了个人位置的提高，更重要的，是时运的提升——他所处的青岛，不但成了沿海开放中的一员，而且当地主政者除了致力于国际化都市的新构想，对工业品牌的建设还尤其重视。更重要的是，富裕起来的国人，对家电的诉求，无比迫切。2018年12月，《青岛日报》以两个整版的位置，推出《40年，时间潮水有海信》。文章中除了提及周厚健的人生经历，还开门见山地指出，"回看改革开放40年的历史，没有哪一个行业像中国的家电行业这样，如此切身地见证、深度地参与，留下鲜活如昨却又刻骨铭心的集体记忆"。

而海信，它的前身正是青岛电视机厂。"1994年，周厚健征集全厂意见，取'海纳百川、信诚无限'各一字，正式将青岛电视机厂更名为海信。从此，'青岛'变为'海信'，海信也从计划经济时代的工厂，转型为市场经济时代的现代化企业。"（《家电巨头进入"新老交替"时代》，侯隽，《中国经济周刊》2022年3月）对技术的热爱，以及年轻、有闯劲，让他打破大锅饭，提升技术研发在企业中的地位，并确立"技术立企"的战略，这也帮助海信在20世纪90年代开始的家电"价格战"中，打造属于自己的护城河。

曾一度时间，我家电视用的就是海信。每次开机，只上过几天小学的父亲喜欢跟着电视，读上一遍开机语"Hisense"，发音别扭却不失真诚。

正是这种高歌猛进的发展，让青岛再接再厉，于正式实施副省级市行政级别的1994年，由计划单列市升级为副省级城市。

在中国现有的15座副省级市：广州、武汉、哈尔滨、沈阳、成都、南京、西安、长春、济南、杭州、大连、青岛、深圳、厦门、宁波中，只有大连、宁波、厦门、深圳和青岛不是省会城市，可以看出国家对它的重视。

这也让它很快就甩开了济南。1990年，济南的GDP为131亿元，青岛则为176亿元，看起来，差距还不算太大，但是，到了2005年，济南为1877亿元，青岛则为2696亿元，两者的距离隐然有拉大的趋势。到了2015年，差距更是拉得有些惊人，济南为6100亿元，青岛则为9300亿元。次年，青岛的GDP更是达到10011.29亿元，成为全国第12个GDP总量跨越万亿元的城市，也是中国北方继北京、天津之后，第三个GDP过万亿元的城市。而济南则要等到2020年，GDP才首破万亿，为10140.91亿元。

在差距的背后，是青岛越来越强烈的"雄心"。2008年，中国足球职业超级联赛第24轮，山东鲁能客场挑战青岛中能，双方虽然在90分钟之内以1∶1握手言和，但场外球迷之间却演绎出了一场"火星撞地球"。对鲁能多年来位于山东政治中心、一直压在自己头上有所不满的青岛球迷，在口号中毫不示弱，攻击"'鲁'能是山东的"，相反，"'中'能是中国的"。也正是借由这场比赛，"中国青岛，山东济南"的说法不胫而走。今天，很多人已经不清楚这句话的来源，但听闻之后都不免会心一笑。

青岛绝对有这个实力，不论从在省内的发展，还是在全国的地位上相比，青岛都是超过济南的。这也让青岛不免心生遗憾，如果自己是山东省会，那该有多好。尽管木早已成舟，但这种遗憾还是让青岛揪着每一个重要经济指标，和济南较劲。

2009年，国务院正式批复《黄河三角洲高效生态经济区发展规划》，将黄河三角洲地区的发展上升为国家战略，成为国家区域协调发展战略的重要组成部分。在其中受益的自然是济南。但是，青岛不甘示弱，日后也争取到了《山东半岛蓝色经济区发展规划》。

这两份规划在山东也被称为了"黄蓝战略"。看上去就是给两地各一颗棒棒糖，你们就不要争来争去了。

只是，这种"划圈而治"并没有让青岛变得消停。随着国家在2010年明确提出建设北京、天津、上海、广州、重庆5个国家中心城市之后，它又开始加入对国家中心城市的争夺中去。这让山东感到为难，因为竞争国家中心城市的，基本上是省会。但舍青岛取济南，青岛又不干。到最后，手心手背都是肉。2017年2月，《山东半岛城市群发展规划（2016—2030年）》发布，该文件明确指出，"支持济南、青岛建设国家中心城市"。

看上去这是对济南、青岛一视同仁，但是，在军事术语中，这大概就叫"分散兵力"。

现实也隐射了它们的前途：迄今为止，省内两个城市同时争取国家中心城市，没有一个成功案例。即使是广东省内的广州、深圳，也只有广州成为国家中心城市，深圳到2022年底都没有获得这一资格。

# 内外双修，唱好济青双城记

## 十一

2002年，在青岛蒸蒸日上之时，中共青岛市委党校经济学教研部程国有便在当地发帖直指，青岛人思想保守落后。

在他看来，这种保守落后的根源，正在于青岛有得天独厚的自然地理环境，是个适宜人居住的地方，历史上又是山东半岛的经济文化中心，再加上青岛一批全国知名企业的不断宣传，以及青岛周围没有什么发达城市，所以造成青岛人目空一切的自豪感。

这种保守，一方面表现在青岛人并不像江浙人那样，善于流动，善于经营，相反过于以本土文化为荣，小富即安。

另一方面也表现在小青岛思维、小家子气和没有战略眼光。这在青岛城市规划上就可以看出来，除了海滨一线像国际城市，但城市越往里走塌陷得越厉害。

不得不说，这种保守，导致了青岛虽然有很多知名品牌，比如澳柯玛、海信、海尔、青岛啤酒、中车四方等，但在民营经济上欠缺活力，结果几十年来，翻来覆去的还是这些品牌，而且和济南相似，基本上不是国企就是集体企业——某种意义上，青岛虽然是"国际的""洋派的"，但骨子里其实还是"山东的"。

更要命的是，它还导致青岛喜欢与省内城市相比较，与落后地区相比较的习惯，也就是"柿子捡软的捏"，而没有树立与发达地区而且是一流发达城市比较的习惯，比如学会与上海、天津、北京、香港比较。

这段话说得有点狠，隐隐地让济南有种"躺枪"的感觉。但你也很难说它说得不对。事实上，青岛要想发展，的确要摆脱窝里横的局面。

今天，当我们重新再读这篇文章，依旧为作者对这座城市的赤子之心而感动，可谓是爱之深恨之切，虽然听上去很刺耳，但不失先见之明。

在我看来，青岛将自己的目光锁定在济南身上，不仅显得自己格局不够，而且，忘了自己发展的来路，忘了两者一损俱损一荣俱荣的道理。

当然，面对青岛的咄咄逼人，济南其实也做得不够好。多年来"养尊处优"让它很难接受青岛的挑战——对于很多济南人来说，青岛不过是"东夷"之地，刚富了几年就把自己当贵族，它凭啥这么了不得？而且，青岛早早成为计划单列市，导致坊间关于"胶东强势，青岛不向山东交税却举全省之力发展青岛"的风言越传越广，也让济南焦躁不安、举止失措。

无疑，这样一拨"鹬蚌相争"，让济青两败俱伤。自2008年，"纵横弹跳"多年的济南也开始后劲不足。

这一年，济南GDP为3017亿元，仅超过郑州十几亿，超过长沙又多2亿。次年，抓住金融危机后大基建建设良机的长沙，更是反超济南。相反，济南不温不火，尽管"学挖掘机哪家强？山东济南找蓝翔"，但"造挖掘机哪家强？湖南长沙看中（中联重科）三（三一重工）"。这种学和造的差距，让济南和长沙高下立判。到2010年，济南连郑州都打不过了，落后130亿左右，自此便被对方紧紧压制。某种意义上，正是济南的表现，让它成为全国典型的弱省会城市。也正因此，它一度获称"钝感之城"。

相反，孱弱的济南也给青岛带来了巨大的被动。看到这样一篇跳出青岛看青岛的文章，便很清醒地指出：在全中国前三发达的省份，江苏做到了比较均衡的区域发展，广东、山东都是省内分化严重。但广东相对要好点的是，它周边的广西、福建、江西，都不算很有钱的地方，粤东、粤西、粤北只能乖乖抱住省府大腿，相反，山东北有龙头京津，南有土豪江苏，西有国家中心城市的郑州——这也导致了，济南如果能力不足、向心力不够，鲁西便心向郑州，例如菏泽、聊城就加入以郑州为首的中原城市群；鲁南心向江苏，如济宁、枣庄、临沂便加入了徐州淮海经济区，而鲁北的德州更不用说，一定会加入京津冀圈子——这不能不让人感叹，当年曾被青岛港整合在一起的山东，又一次面临"四分五裂"的局面。这也带来了另一个重要问题：青岛的经济腹地去哪里了？

没有了腹地的青岛，吞吐量甚至被唐山港给比了下去。因为人家不仅背靠曹妃甸，而且还依托"一带一路"，把内蒙古当成了自己的腹地。而近在咫尺的大连，对青岛的威胁也很大，因为它的整个经济腹地，不仅是辽宁，还是整个东三省。

再举一个例子，今天的青岛人都期盼着能把青岛打造成下一个深圳。但他们应该知道，深圳之所以腾飞，是背后有广州、香港这些超级城市，以及佛山、东莞、惠州、江门、中山、珠海、澳门等明星城市的组团，它们通过高铁、高速公路、轮船等，基本上都可以在1小时左右互通。靠着这些城市组团，哪怕全球贸易放缓，广深也不怕没有生意可做。但是今天的青岛呢？不仅在1小时经济区的城市组团进度上，长期滞后于北京领衔的京津冀、上海领衔的长三角和广深领衔的珠三角，而且和省会济南也没有搞好关系。这样的青岛，前有经济腹地的丧失，后有大连、威海、烟台，以及日照的竞争，而苏北的天然良港连云港也在发力"千万标箱、东方大港"建设，它拿什么去成为下一个深圳？！

事实也证明，即使这些年来青岛的发展还算可以，但放在全国范围内横向比较，还是逆水行舟不进则退。

1990年还是全国第11位的青岛，到了30年快要过去的2018年，不仅没有提升，甚至还落后一位。要不是东北经济衰退让沈阳排名跌落，青岛可能还得往下掉一名。这也导致它在2017年初和济南一起落选了新一批国家中心城市的名单，相反，在1954年才取代开封成为河南省省会、连副省级城市都不是的郑州，却异军突起成了幸运儿。

正是省会弱势，与此同时，作为山东经济上限的青岛又未能引领全国，导致整个山东处境尴尬。2009年，山东的GDP被江苏再次反超。但是，和以前相比，这次被反超，山东就再也没能像2004—2008年那样实现逆转。相反，差距越来越大。

2018年，广东和江苏的GDP都在9万亿量级，位列第三的山东则只有7万亿级别。到2020年，民营经济发达又有数字产业加持的浙江，GDP也达到64613亿元，成为全国第四经济大省，同比增长3.6%，已经有赶超山东的势态。在货运量上，2013年之前一直是榜首的山东，在2014年，也开始被广东反超。

更让山东尴尬的是，作为人口大省，这些年来，山东面临着比较严峻的人口外流形势。

"据中泰证券研究所数据，2018年山东人口净流出为20万人左右，仅次于北京的22万，排名全国人口净流出第二位。但北京人口净流出有其特殊原因。这也意味着，从市场化角度来看，山东的人口流出是全国最严重的。与此同时，同为东部沿海地区的广东、浙江人口均在净流入，其中广东在2018年净流入超过80万，浙江近30万，中部地区的安徽也有近30万人口流入。"

更要命的是，很多由驻鲁高校培养的人才，最终也留不下来，"前程无忧于2019年1月发布的《2018求职者简历数据报告》也证实了这一点。该报告显示，2018年本地人才（本科及以上人才）流失率排名中，山东流失率为28.8%，排名第9位。虽然位次不高，但排在前面8个省份分别是江西、广西、河北、安徽、黑龙江、河南、湖南、湖北，全部是非东部省份。这也说明，在东部沿海省份中，山东对于本地人才的吸引力是最低的"。(《济南、青岛国家中心城市之争尘埃落定？》，杨百会，《中国经济周刊》2020年10月26日)

在一些人看来，国家之所以在2017年将国家中心城市送给了郑州，不仅因为这个火车拉来的城市，是重要的交通枢纽，也是这个中部崛起时代的排头兵。

摆在面前的态势已经很明了了。山东显然也意识到发展的问题之所在。它明白，济青隆起，山东才隆起。所以，要抛弃狭隘的"零和思维"，要共谋发展。不能一争就吵，一拍就两散。拆散"双子星"，对谁都有弊无利。

中国类似于山东这种情况的有很多，比如说浙江的宁波和杭州，辽宁的沈阳和大连，河北的石家庄和唐山，福建的福州和厦门，广东的广州和深圳，以及大四川时的成都和重庆……它们曾经也斗个死去活来，谁也瞧不上谁，但是，随着城市群的聚合效应对城市发展的推动作用越来越强，"1+1＞2"的增量发展比比皆是，这也注定着济青不能再单打独斗。

在我看来，于2018年建成通车的济青高铁，无疑是山东省修补济青关系亡羊补牢的举措。在当年，它被当成山东省的"一号工程"，也是中国第一条以地方投资为主建设的高铁示范工程，由中国农业银行山东省分行等共同组建的"银行业进行联合放款组织"支持建设，可以看出山东对这条铁路的关注和期待。

毋庸置疑，它的修成，既有效地缩短了从济南到青岛的时间，而时间距离的缩短，带来的是心理距离的缩短。更重要的是，作为中国"八纵八横"高速铁路网青银通道的东端部分，青岛自此也被纳入山东以至于全国的高铁网络之中，变成高铁干线尽头的一颗明珠。

在这种联手之外，山东"十四五"规划建议还提到，将继续实施"强省会"战略。这意味着，"双峰并峙"将成为山东城市格局在未来的一种常态。

新的双峰并峙，意味着不再"摊大饼式"发展，也不是划圈而治，而是在良性的互动之下，统筹推进省会、胶东、鲁南经济圈一体发展。

当然，我们也应该认识到，包括济青在内的很多"双子星"，之所以关系紧张，也在于双方对城市能级的争夺。而能级的背后，则是巨大的利益、政策和资源。理不开这个心结，也很难让大家心平气和地坐在同一张桌上。

某种意义上，这也凸显出山东在2020年9月所作出的决策的重要性。那就是从全省的高度来重新定调济南和青岛：前者将建设国家中心城市，后者以建设全球海洋中心城市为奋斗目标——某种意义上，这对"海洋资源禀赋独具优势，海洋生态环境良好，海洋科技实力雄厚"的青岛来说，更符合它的定位。

尽管再次丢失国家中心城市的资格，但闪电新闻对此评论说，这并不意味着青岛就此败走麦城，"'全球海洋中心城市'其实是一张相当有含金量的世界级名片，其对标的是全世界的海洋先进城市，在目前世界海事界具有首创性和唯一性。即便是在国内，其竞争之激烈程度同样不可小觑。除了青岛，目前包括深圳、上海、天津、大连、宁波、舟山在内的国内其他6市已经明确表示将建设全球海洋中心城市"。所以，青岛接下来依旧是重任在肩，同样需要济南在一旁鼎力支持、擂鼓助威。

不得不说，来自省府的一锤定音，叫停了两者之间的内耗，让两者不再将目光仅仅盯在"谁是山东第一城"的争夺上，而有了更高的视野。

# 十二

也正是在郑州升为国家中心城市的2017年，济南知耻而后勇了。

用当时主政者的话说就是："郑州被确定为国家中心城市，对我们来说是个很大的刺激，以郑州为核心的中原城市群还包纳了山东两个市。我们再不奋起直追，很有可能形成中间塌陷。"

如何避免中间塌陷？当年选择过"纵横弹跳"的济南，这次又重拾"思想解放"。为此，济南开展"思想解放大讨论"，并找短板，唤醒热情，确立发展目标，即"打造四个中心，建设现代泉城"。所谓四个中心，大概就是到2020年基本确立全国重要的区域性经济中心、金融中心、物流中心、科技创新中心地位，从而建设与山东经济文化强省相适应的现代泉城。也正是这个口号的提出，唤醒了济南的上下，引领了济南的奋进。

对济南还有一个重要"进补"，那就是成功合并莱芜。这也让山东省自2000年滨州、菏泽两地区撤销设立地级市以来地市格局首次发生变动。虽然莱芜身为山东的最小地级市，2017年GDP只有896亿元，是济南当年GDP的12%左右，但苍蝇肉也是肉。

在我看来，莱芜被并入济南，是让在地图上呈"人"字造型的济南，补上了最后的"一捺"。这样的济南，才真正地"站稳"脚跟。虽然在省内还是比不上青岛，但是最起码，不至于被烟台按在地上摩擦好多年了。

当然，很多人对城市通过合并来提升自己，保持着相对的质疑，因为这种提升不是内生的，而是通过1+1拼凑出来的，况且，这种1+1能否大于2，还存疑。在我看来，一个城市要想发展，外力可遇不可求，所以更主要的，还是打造自己的内生动力。事实上，济南在接下来的日子，在外力和内生上，两手抓两手都要硬。比如说，持续推进济南营商环境，这里面就包括持续深化"一次办成"改革、"五减改革"，全面推行"秒批·秒办""极简审批"，还将"拿地即开工、建成即使用"推成全国模式……

更让泉城人欣喜的是，2019年，济南克服了重重困难，完成了由于泉城特殊的地理构造，曾被很多人看成是"不可能"完成的任务：轨道交通1号线提前12个月、3号线提前15个月建成通车，从而打开了济南比较憋屈的交通局面。

自从山大毕业之后，好多年我都不曾回济南，总觉得这个"济村"除了泉水实在没啥让我留念的，甚至因为环境以及城建，趵突泉长期都不曾流水了。而济南中心像样的地方，也就北京成功申办奥前后打造的泉城广场，以及被改造的泉城路。

然而，等我在2011年回来参加同学聚会，发现济南变得有些陌生——泉城广场的北侧似乎有了不少休闲娱乐的咖啡馆、西餐厅。与此同时，有着6万座席的奥体中心，取代了"圣体"成为鲁能队的新主场。再过几年，这种陌生感变得更加浓厚。尤其是站在解放阁附近的宽厚里，让我简直看到了老土的济南也有了"小资"的一面——事实上，这些年在北京、上海、杭州、成都等城市工作并生活过，见惯了南锣鼓巷、宽窄巷子、河坊街，我本来对这种地方免疫，但是它能出现在济南，足够让我兴奋。它让我感觉到，济南不再只是个城市，而是有了都市的味道。

当然，更多的感受还来自从遥墙机场到市区的路上。每每穿过高楼林立、坐落着奥体CBD和汉峪金谷的东部新城，便感觉济南换了人间。从章丘平陵城到府城，再到东部新城，济南的商业CBD也在岁月流转中不断变迁，凸显出济南进化的同时，也让人发现，济南正在进行现实和历史的对话和交融。

同样，也就在这条路上，老济南的象征——济南钢铁总厂也在发生着巨大的变迁。这个于1958年建厂的老厂，无异于钢的城，曾承载了很多济南人的青春和命运。但随着2017年3月16日9时16分济钢四米三产线最后一块钢板出炉，6月29日3200立方米高炉正式熄灭，它变得门前冷落鞍马稀——虽然这一场景让很多人泪如雨下，但它的钢铁产线全线停产，对济南乃至整个山东的未来却意味非凡。

一方面，要为济南以及整个黄河流域生态留下更多的蓝天、白云和碧水；另一方面，改变山东作为传统工业大省、多年来陷于"大象经济"（它是指大煤炭、大钢铁、大水泥等高能耗、高污染的企业占比大）的困局，而转向发展新产业、培育新动能。

只是，新动能又在哪里呢？济南又如何成为"四个中心"？除了解放思想、提升营商环境，培育像韩都衣舍这样的互联网品牌，更多地还在于利用好回归后的山大，加上山财、山师等高校所培育和塑造的科研、人才优势。

今天，我每每看到"浪潮"这样的字眼，总会想起山大路上的那家名叫浪潮的集团。这家集团的缔造者正是1983年毕业于山东大学的师兄孙丕恕。

正是在他的主持下，浪潮于1993年研制出中国第一台小型机服务器。与此同时，浪潮集团的山大校友占9%、高管占16%。尽管在我读书时，这个靠近山大新校的集团公司，看上去就像是一个电脑卖场，但多年之后，它俨然已经成为中国本土顶尖的大型IT企业之一，而且是中国领先的云计算、大数据服务商。

也正是由浪潮参与并承担建设，位于经十东路的国家超级计算济南中心在2011年正式揭牌。该超算系统最亮眼的地方，是装备了国内首台全部采用国产自主中央处理器和系统软件构建的"神威蓝光"千万亿次计算机系统——该系统的诞生，标志着我国成为继美国、日本之后能够采用自主中央处理器构建千万亿次计算机的国家。在2011全国高性能计算学术年会（HPC China 2011）上，继由国防科大研制、落户在国家超级计算天津中心的天河一号A之后，神威蓝光位列"2011中国高性能计算机性能TOP100排行榜"第二。而它正是由国家并行计算机工程技术研究中心研制，获得科技部863计划支持，于2010年9月开始由浪潮集团承接该项目一同设计和建造而成的。

这个"超算界下一顶皇冠"让济南受益匪浅。不仅能因此聚合无数相关科创企业，吸引科研院所和科学家入驻，以形成"超算生态"，而且可以强力赋能其他产业，让济南有热情，也有能力将大数据与新一代信息技术、智能制造与高端装备以及医疗康养结合，做成自己的"十大千亿级产业"。

某种意义上，得益于身为山东省省会以及省内医疗、教育资源最为集中的地区，"在2017年，济南的三产比例分别是一产4.4%、二产35.7%、三产59.9%；青岛的三产比例分别是一产3.2%、二产40.4%、三产56.4%。济南三产比例更高，更偏服务业；青岛二产比例更高，更偏制造业"。某种意义上，在抛弃对"首位度"这一虚名的争夺之后，你会发现，济青之间其实有着很多互补的地方。（《互相瞧不起的济南和青岛》，史昂，风声评论2019年4月）

让济南更值得兴奋的是，那些"大象"们也利用自己的条件，开始努力"变身"。像提出到2030年打造万亿级企业这一战略目标的山东重工，除了在大本营之一潍坊布局有全球最大柴油机产业集群之外，还在莱芜布局了总投资1535亿元的绿色智造产业城——2022年8月，来自全国各地的100家媒体齐聚"泉城"，见证了位于莱芜区的中国重汽"智能网联（新能源）重卡项目"的落地。这也是山东重工重组改革中国重汽四年后"强势跃升"的缩影。同时，林德液压、凯傲集团这些产业链合作伙伴也在济南投资建厂，形成协同效应。另外，像济南二机床，在2021年初也牵头成立了机床产业链上下游单位组成联合体，开始执行国家精密机床新材料生产应用示范平台建设。大家相信，得益于这样一个创新联合体，二机床的基础铸造件、济南纳诺人造大理石材料、泰山磨具的超硬砂轮的质量将达到一个新水平，形成更强市场辐射力……

可以这样说，济南乃至整个山东都不缺资源禀赋，但缺的是如何去高效利用。所以，只要懂得锐意"图新"，加上山东是全国工业门类最为齐全的省份，尽管没有互联网大厂，但可为工业互联网的落地以及制造业的数字化转型提供了良好的场景和应用基础……这一切都会给予济南打造四个中心的底气，也会将它推上这样一个"宝座"：高水平规划建设济南新旧动能转换先行区。

无疑，这是国家给予济南又一次"脱胎换骨"的机会，济南能否做好，决定着其能否向智慧城市转型，能否为其他城市的转型升级提供样板，并注入信心。

更重要的是，还决定着其能否深度对接京津雄，能否"从大明湖时代迈向黄河时代"，成为沿黄甚至国家中心城市，进而彻底加入华北平原经济腹地的强力争夺，真正承担起为山东和青岛扩张、巩固腹地的责任。

# 十三

济南的努力，也被青岛看在了眼里。2019年，青岛当地的干部不断被"敲打"："济南干部这两年来在双招双引、项目落地方面的状态和成效，的确值得青岛干部学习！""济南正在铆足劲冲刺一万亿GDP大关，我们要有紧迫感啊！"

对青岛来说，它同样需要抛弃幻想，再接再厉。1985年，张瑞敏挥起锤子，在一片惋惜声中，砸毁了质量有缺陷的76台冰箱；1992年5月，青岛再次召开"6000人大会"。讨论结果之一是，青岛市委和市政府搬迁，在荒凉偏僻的东部另觅新址，让出寸土寸金的繁华地段，用于招商引资、发展经济……正是思想解放，让海尔成为国货品牌，而青岛也一度辉煌。如今的青岛，需要再次解放思想，落实发展新理念。

在党的十八大以后，"腾笼换鸟、凤凰涅槃"遂成了青岛的新口号。除了积极启动史上规模最大的老城区企业搬迁，比如像青岛钢铁、海晶化工这样的坐落在老城区的老工业企业，需要从老城区迁出，与此同时，推动产业优化升级。

青岛钢铁在搬到西海岸经济新区之后，改名"青岛特钢"，专攻"专精特新"。这一举动也让青岛钢铁有了破茧重生的希望，在产品结构升级换代后，其拳头产品钢帘线、胎圈钢丝、焊接用钢盘条市场占有率居全国前列。

在《人民日报》于2018年"庆祝改革开放40年·百城百县百企调研行"栏目推出的报道《青岛：改革创新提升发展加速度》以及《光明日报》所推出的报道《青岛：当好新旧动能转换的排头兵》中，我们还可以看到，青岛用改革创新来推动发展，除了青岛钢铁的变身之外，海尔则打造了空调互联工厂，海信大力发展新一代信息技术，接入网光模块产品规模已实现全球第一……像青岛港还自主研发全球领先的全自动化集装箱码头，与传统码头相比，作业效率提升30%，节省人力70%。此外，像青岛国际院士港还签约引进袁隆平等海内外院士，让在海水里种植水稻变成现实。

2020年4月28日，青岛更是趁热打铁，由市国资委等五部门印发实施《市属企业加快布局"新基建"实现数字化智能化转型升级三年行动计划（2020—2022年）》，明确加速布局"新基建"，通过股权投资、基金投资等方式，前瞻布局5G产业链和5G融合专网、集成电路、人工智能、大数据中心、云计算、物联网等数字经济基础设施和核心产业，来培植壮大数字经济新动能，提升青岛市数字产业竞争力。

自身意识，加政策的加推，让青岛在大数据产业上颇有一些作为。2021年，工业和信息化部公布了2021年大数据产业发展试点示范项目，入选名单涵盖了国企巨头、互联网大厂等，可以说代表了中国大数据产业的最高水准。青岛企业大放异彩，上榜的有青岛柠檬豆"面向中小企业的工业供应链大数据平台"，以及海尔·海纳云"面向城市公共安全的应急大数据研究及应用"。

前者成立于2015年，作为工业互联网的先行者，服务定位于解决制造企业的采购供应链问题，利用新技术对接的方式解决企业供应链创新难的短板；后者则通过融合物联网、大数据、人工智能等先进技术，构建以"大数据平台+智能运营中心"为核心的全场景、个性化的智慧城市应急解决方案，曾入选2020福布斯中国高增长瞪羚企业榜、2020青岛高科技高成长企业榜单等，以其高成长性获得行业认可。

不过，对海尔来说，更值得称许的还在于，作为传统家电制造型企业，其通过孵化出工业互联网平台卡奥斯，转型为生态型平台企业。"在青岛，卡奥斯COSMOPlat与青岛市政府共建青岛工业互联网企业综合服务平台，截至2021年底赋能青岛企业3561家，新增工业产值超210亿。"（《产业升级高阶战开打！山东拿了哪些好牌？》，蔡宇丹，齐鲁壹点2022年11月）这也让它成为中国制造这场转型升级战中必不可少的新型组织和枢纽龙头，而在山东第二批战略新兴产业集群中，青岛工业互联网产业集群也因此名列首位。

包括海尔、海信，以及澳柯玛在转型升级上的努力，也让青岛的半导体产业在低调中迅猛发展。虽然芯片危机在2020年下半年开始爆发，但是上升期就提前遭遇过"卡脖子"困境的青岛企业，早就先后涉足芯片领域，闷声造"芯"。"海信造出中国电视企业第一块画质芯片，以冰箱起家的海尔由最初的MCU主控芯片到发展智能家居在核心芯片上的纵向延伸，再到2020年底澳柯玛携手芯恩，这种'核心零部件＋整机'的产业链垂直整合，逐渐建立起了'家电加芯'的基本范式。"在传统优势家电企业之外，芯恩、京东方、富士康更是在青岛跑马圈地，"从引入落地的项目不难看出，青岛'押宝'仍立足于自身深厚的产业基础。制造业基础雄厚、体系健全是根，作为国内重要的家电整机生产基地，自带庞大充足的'芯'需求。更重要的是，'低调'的青岛汽车产业链，尤其是新能源汽车，以及轨道交通制造产业都将为高精尖芯片技术落地提供丰富的应用场景。"青岛当地的广播电视台尽管曾发出"全球缺'芯'、提前进入肉搏期，青岛可有一战"的疑问，但显然它对青岛在赛况胶着的"芯"路上有着充当"黑马"的自信。

异军突起的还有青岛的虚拟产业。2022年9月，青岛虚拟现实产业园正式挂牌。日后，由南昌虚拟现实研究院牵头并联合青岛虚拟现实研究院共同组建的国家虚拟现实创新中心也得以落地。前者集聚了歌尔声学、PICO、金东、宇科等110余家企业，汇集了北航青岛研究院等10余家虚拟现实研究机构，占全国虚拟现实科研力量的70％的产业园——它的创建，势必让青岛抢占虚拟产业的未来。后者则是又一个国家级平台。

这也让人相信，就像错过互联网，却没有错过工业互联网，青岛乃至整个山东在错过了电脑和手机之后，也不会再错过VR和AR！

不过，在我看来，未来的青岛要想持续腾飞，还需要注意的是：首先，稳固好胶东"基本盘"，带动整个胶东的发展。如果胶东四分五裂，青岛只有敌手，没有朋友。如果能将坐拥青岛港、烟台港、日照港、威海港的胶东半岛真正捏合在一起，在双循环大背景下，其优势不仅在山东，在国内都是独一无二的。

其次，拓展自身的生存空间。一是积极推动撤市设区进程。自2012年建设西海岸新区之后，青岛多年来便"按兵不动"，好在2017年9月，国家同意撤销县级即墨市（由青岛市代管），设立青岛市即墨区。此次区划调整后，青岛市行政区划由6区4市变为7区3市。市区面积达到5200平方千米，占青岛市总面积的46%。但对一个追求"国际化"大都市的青岛来说，这依旧不够；二是积极延伸自己的交通网络，让自己从交通末梢变成交通枢纽。尽管有济青城际铁路让自己加入高铁网络，不过，对青岛来说，它同样不够。

更重要的是，作为一个把建设"全球海洋中心城市"作为自己重要目标的城市，青岛不仅需要关心海洋、认识海洋，与海洋和谐共存，更要经略海洋，坚决把海洋作为高质量发展战略要地和构建人类命运共同体的"蓝疆"。

近千年来，作为农业中国，我们吃尽了土地的红利，而身边那一望无际的蓝海，将成为我们下一个宝藏。2018年，国内海洋经济约8.34万亿，占GDP的9.3%，未来想必会更多。对青岛来说，它有着滨海的机缘，更有无数前辈所种下的海洋科技的基因。

让我感觉欣慰的是，今天的青岛，正有意识且努力地去把握海洋带来的战略机遇，这表现在它对海洋医疗医药产业的打造上。

你很难想象，在高新区，明药堂医疗股份有限公司可以将普通螃蟹壳制成医用口罩，它不仅具备普通口罩的被动吸附功能，还因为熔喷布中所含甲壳素具有天然的海洋正电荷，能够吸附空气中带负电荷的尘埃粒子。另外，华仁太医药有限公司还努力将牡蛎制作一种用于人体补钙的碳酸钙胶囊……这让人不禁慨叹，螃蟹壳、牡蛎、海带、海藻这些普通海洋元素在青岛摇身一变，成了生物医药产品中独特的元素。

相比较早就进入开发"程序"的高新区，以老酒出名的即墨，虽然直到2017年才拆市设区，但它并没有玩了个"寂寞"——由科技部和山东省、青岛市共同建设的青岛海洋科学与技术试点国家实验室便落地于此，并于2015年正式开园。除了打造"蓝色药库"，海洋超算平台、新型海洋高端装备等成果也同样斐然。有意思的是，济南的第一条地铁的车辆是青岛制造，而这个实验室的超算则是由济南研发。从这里可以看出，济青是可以在新时代成为一对高技术含量的CP

组合。

此外，作为一个以外向型经济而起家的城市，青岛也不能忘记，自己兴于开放、立于开放，开放是最大优势所在、特色所在、希望所在。

2018年的上合组织峰会对青岛来说，无疑是一个里程碑式的机遇。凭借这一年的第十八次上合组织峰会，青岛成为继北京、上海之后，中国举办该峰会的第三城。借由这次峰会的举办，青岛不仅向来自12个国家的国家元首或政府首脑、10个国际组织或机构的负责人展示了自己在新时代的形象，更重要的是，可以重点推进与上合组织相关国家的务实合作。也正是在这次峰会举行前几天，商务部正式复函，支持青岛创建全国首个"中国—上海合作组织地方经贸合作示范区"。这让青岛看到了"办好一次会，搞活一座城"的期望。而在2020年的全国两会期间，青岛更是向国人发出了6个"恳请"，除了"恳请支持青岛建设全球海洋中心城市"之外，还有就是"恳请支持在青岛建设上合组织成员国的技术转移中心"，等等。

除了利用好上合组织对自己的支持，青岛还需要下好中日韩经济合作这步棋。

近年以来，随着全球经济一体化的加速形成，处于亚洲东部地区的中日韩三个经济体之间的经济合作，也变得日趋紧密，也使得泛黄海经济圈成为亚洲经济发展不可忽视的重要力量。而作为泛黄海经济圈中的重要城市，青岛需要积极参与，这不仅拓宽青岛的经济出海，推动青岛走上和上海、深圳差异化竞争的道路，与此同时，也让与其关联的胶东以及济南深受其益。

这样的青岛，一定是拥有属于自己的骄傲。如果说济南主内，在内陆打开局面巩固根本，那么，青岛就主外，作为港口交通中外、推动提升……这种"内外双修"，在让山东重回"双子星"大格局的同时，也一定会驱动山东回归国人视线。

不过，在写下这段文字时，又看到了这样的消息，说济青的国家城市之争又起波澜。先是在2021年8月，山东省委、省政府又推出"一群两心三圈"区域发展总体布局，其中一群为山东半岛城市群，两心是济南和青岛，三圈则是省会经济圈、胶东经济圈，以及鲁南经济圈。按照以前的理解，济南争的是国家中心城市，青岛争的则是全球海洋中心城市，但是在当地的山东卫视新闻联播报道中，又成了共争国家中心城市。不知道是电视口误，还是青岛放不下这个执念？不过，到了2022年1月，《山东半岛城市群发展规划（2021—2035年）》正式出炉，再次"强力纠偏"，新规划强调的是济青双城联动，协同推进国家自由贸易试验区、自主创新示范区、城乡融合发展试验区、人工智能创新应用先导区、物流枢纽联盟建设，分别以两市为中心构建1小时通勤圈，合力打造高水平协作发展样板，建设全国最具创新力、竞争力的发展轴带。与此同时，新规划没有再出现"建设国家中心城市"的提法，而是"支持济南建设黄河流域中心城市，支持青岛建设全球海洋中心城市""2035年济南青岛进入现代化国际大都市行列"——山东当地知名客户端"齐鲁壹点"对此认为，这一规划的推出，意味着"不是比拼、竞速，而是济青如何唱好'双城记'"。

但不提"共争"，济南的心里依旧有着自己的小九九。2022年7月，济南当地又印发《济南市新型城镇化规划（2021—2035年）》，其中明确了济南的主要目标：2025年，现代化强省会建设取得重大进展；2035年，国家中心城市地位基本确立——对这段话，我有点把握不住，济南还是想争取国家中心城市吗？不过，也有可能，济南是在做一个文字游戏，那就是国家中心城市的招牌，即使争取不到，但是，要通过努力，让自己变成一个被大家认可的"事实上"的国家中心城市。对这一点，我觉得也未尝不可，毕竟，济南有这个追求，有这个雄心，总是好的，它一定会惠及青岛，惠及整个山东。我同样相信，它也一定不会冲击济青双城记，相反这种双城记将进一步加强。

未来值得期待。也就在济青明争暗斗如火如荼的2012年，山大重归青岛。这一年的3月17日上午，山东大学青岛校区奠基仪式在青岛鳌山湾畔正式举行。这是新时期的山大继威海分校之后，在山东全省布下的又一颗棋子。某种意义上，济南、威海、青岛，构成了山大冲击世界一流水平的"铁三角"。与此同时，经由山大，济南和胶东半岛又一次深情相拥。

它们历经炮火，历经磨难，有过离别，也有过误解，但终究还是在一起。

很多人都会永远记得这样一个细节：在这场奠基仪式上，春雨绵绵，但正式开始时，竟然雨停天晴……

# 7

两湖双娇，助力中部崛起

长沙有时很大。这个只有6个市辖区，加浏阳、宁乡两个县级市，以及长沙县的湖南地级市，总面积竟达到11819平方公里，比起同为省会但拥有13个辖区的武汉，还足足大了3249.85平方公里！

但长沙有时很小。很多时候，人们喜欢说大武汉，却不会说大长沙。因为武汉的建成区面积为628平方公里，比长沙反而大了193.18平方公里。

除了这些，长沙的人口在"七普"时才过千万，而武汉则已经有1232.65万。在GDP上，武汉2020年为15616.1亿元，长沙则是12142.52亿。某种意义上，在武汉面前，长沙像是一个十足的小弟兄。

但长沙有时还是很大。2009年前后，当我在湖南省博物馆的楼道上，向下瞻仰那具跨越千年却保存完好的女尸——长沙马王堆一号汉墓的墓主辛追，就不禁感叹，这块土地"成名"是如此之早。辛追是长沙国丞相利苍的妻子，而长沙国则是西汉诸侯国的一员。相反，此时的武汉，归属江夏郡（一说此郡于汉武帝元狩二年即前122年初置），但由于三千里云梦泽的存在，长期无法建设城镇，只有两座小山——长江南北岸的蛇山、龟山跳脱而出。

三国时，东吴孙权出于军事目的，在蛇山一带修筑军事要塞，命名为夏口城。夏口后来变鄂州，鄂州到了元代才成为武昌。

也就在这期间，由于武汉周边的沼泽逐渐干涸，江汉平原的东部开始得到开发，其时的鄂州府才于北宋末年地位有所提升。岳飞在北上收复荆襄六郡（襄阳、郢州、随州、唐州、邓州、信阳），南下平定湖湘地区的钟相杨么起义时，均将鄂州作为基地。这也是武汉地位崛起的一大象征。此后，在武昌的咄咄逼人下，长沙的锋芒才逐渐收敛。

但不管如何，是你追我赶，还是我上你下，它们都是"一母同胞"的兄弟，而在今天，它们更是要为中部的崛起，而共同奋进。

# 长沙，荆湖地区从来没有缺席的主角

## 一

在两湖分治之前很长时间，长沙和武汉同属于楚地，它们有着一位共同的母亲——荆州。

它显然不是今天的荆州。今天的荆州，在过去被称作江陵，位于长江北岸，江汉平原的西部。李白的"朝辞白帝彩云间，千里江陵一日还"写的就是这个地方。它的前身正是楚国的国都"郢"，《史记·楚世家》记载，楚文王元年（前689年）自丹阳迁都于此（一说为前704年），至顷襄王二十一年（前278年）秦将白起拔郢止，楚国在此建都400余年，为当时南方第一大都城。某种意义上，楚国鼎盛时期的政治、经济、文化中心始终在江陵。今天荆州的纪南城遗址，正是这段历史的见证。

楚人的精神是"霸蛮"，楚人的传统是"我蛮夷也"。所以，当中原的周王朝瞧不起楚国的始封君熊绎，结果熊绎的后人熊渠便高喊着"我就是蛮夷怎么着"而东征西讨，在占领各个要地之后，分封自己的三个儿子为王——要知道，王在当时只有周天子可称。更牛的还有楚文王他爸楚君熊通，他自称武王，公然建立楚王国。

尽管秦将白起最终终止了楚国的历史，但这段"不服周"的历史依旧在这片土地上流传并沉淀下来。事实上，三闾大夫屈原也是这种精神的代表，当他听闻白起占领纪南城之后，他宁愿于同年农历五月五日，自沉汨罗江。

按照今天的行政划分，出生于楚国丹阳秭归的屈原属于宜昌人，但在那个时候，宜昌也属于荆州。尽管在很长时间内，由于江陵长期作为荆州的治所而存在，故常以"荆州"专称江陵，但事实上，荆州却是一个庞大的存在。

这个出现在《尚书·禹贡》上的名词，原是与冀州、兖州、青州、徐州、扬州、豫州、梁州以及雍州并列的天下九州之一。

到西汉时，全国设有十三州刺史部，荆州也位于其中。那时的荆州包括南阳郡、南郡、江夏郡、桂阳郡、武陵郡、零陵郡和长沙国。

到东汉时，荆州更是成为当时人口第一大、面积第二大的区域（仅次于益州），按现在的行政区划，涵盖了七省一直辖市一自治区。即：湖北和湖南两省的大部分，河南、广东、贵州、广西三省一自治区的一部分，以及陕西、江西、重庆两省一直辖市的一小部分。

可以说，已经跨过长江直抵南海了。某种意义上，今天的两湖双娇——武汉和长沙，都属于古荆州的管辖范围。

这也是长沙之名的由来。中国古人讲究"上有星象，下有星野"。荆州上空有轸宿，旁边有一颗附属于它的小星——长沙星，也正好对应现在的长沙城。所以长沙又称星城。其城内天心阁前身天星阁，正和"长沙星"相对。不过，让长沙之名第一次现身的，却是在《逸周书·王会篇》中，与"鳖"关联在一起。其记载："路人大竹，长沙鳖。"孔晁注：长沙鳖"特大而美，故贡也"。说起来，长沙的第一道美味，应该属于长沙鳖。

这个很早就出现在历史上的城市，在天只是"小星"，但还是比武汉来得风光。在成为长沙国之前，长沙便做过郡治——秦灭楚后，设洞庭郡，郡治在临湘县。这就像鄂州和武昌一样曾让人傻傻分不清，临湘和长沙也同样如此。

今天的临湘县属于岳阳，靠近洞庭湖，但它是在北宋至道二年（996年），由王朝县更名而来。而在此之前，它是今天长沙县的前身。

从临湘的名字上，可以看出长沙"濒临湘水"。又一说法，古长沙得名是由于古人发现湘江边白沙如带，所以先名"沙"，后加上的"长"，实为惊叹词。今天长沙大名鼎鼎的橘子洲，就是湘江中的沉积沙洲。

湘水自广西北上，穿长沙而过，将橘子洲拥入怀中，再接浏阳河，然后汇入云梦泽萎缩之后的另一个遗迹——八百里洞庭，并在岳阳接长江之后，东流而去。

某种意义上，长沙之所以比武汉更早成形，跟云梦泽有很大关系。在相当长的时间内，洞庭湖北岸的江汉平原大部分还在水底，但是随着江水夹带的泥沙入湖，并且在湖底堆积，今天为人所熟知的江汉三角洲才逐渐形成——从这个平原的平均海拔不过20多米，就可以估摸猜出它的来源。武汉三镇的成形，正是得益于云梦泽萎缩之后，长江和汉水的重构。到1542年，长江北岸的最后一个通道，郝穴堵口实施，此前江北的云梦大泽更是彻底变成大片平原。这也让位于长江南岸的洞庭湖成了长江洪水调蓄的重要场所，也是今天长江中下游的"长江之肾"。"另一肾"则是再下游的鄱阳湖。

尽管今天的洞庭湖区主体位于湖南，但是长沙相对洞庭，还有一段路途，不像常德和益阳更靠近长江沿岸。而且，和一览无余的江汉平原相比，长沙位于平原与丘陵的过渡地带，可算是绝佳的中间位置。这也意味着，长沙既有水陆优势，又保证了足够的安全，不至于常常受到洪涝灾害的困扰。

而且，在排除洞庭湖的影响之后，"湘江流域的城市，还有株洲、衡阳、郴州，然而这些地方周边山脉纵横，可利用土地资源相对有限，而长沙所处的湘浏盆地，地势平坦，土壤肥沃，有着充足的城市发展空间，"当地媒体《潇湘晨报》在解读"长沙何以成湖南省会"时说，"今天的现实也证明了这一点，长沙的城市扩张规模，远远超出最初的预计却依然有着足够的可用地理空间"。所以，长沙很早就能成为郡治，走上了区域中心城市的发展之路，并在刘邦大封异姓诸侯王时，成为吴姓长沙国。

《汉书·高帝纪》说："高帝五年诏曰，其以长沙、豫章、象郡、桂林、南海立番君吴芮为长沙王。"言下之意，长沙国的管辖范围不限于长沙，而且还延伸到了今天的江西南昌。虽然这有待进一步考证，但是，长沙、南昌的关系比较紧密却是不争的事实。

辛追正是出现在这一段历史当中。

## 二

约在汉高祖九至十年，这个美丽的女人追随着丈夫利苍，以及刚满周岁的儿子利豨来到长沙国。历史上关于她的资料并不多，不过对她的丈夫有所描述。

利苍，正是荆州人。早年他曾和刘邦一起打拼天下。在长沙国丞相一任上也尽心尽职，并力劝第二代长沙王吴臣诱杀了自己的姐夫，亦即叛乱的淮南王英布。因为这一对汉朝示忠的举动，让吴姓长沙国在刘邦清算臧荼、韩信、英布等异姓诸侯时，独独留存下来，最后共传五世，历46年，"以无嗣绝"。

与此同时，利苍被封为第一代轪侯，直至高后三年（前185年）去世。十数年后，辛追追随而去。他们双双葬于今天长沙芙蓉区东郊浏阳河旁的马王堆。

马王堆无疑是奢华的，除了墓葬的结构宏伟复杂，还有丝织品、帛书、帛画、中草药等遗物3000余件。尤其是叠放起来只有火柴盒大小的"素纱禅衣"，更是让人为西汉时的长沙手工艺水平之高叹为观止。

从这里也可以得出，其时长沙的社会经济发展颇具规模，加上承担了汉王朝在岭南地区藩屏的重任，所以在汉朝的地位已经举足轻重。

当然我们也得承认，尽管长沙这个时候还算不错，但在以中原为正统的当时，今天长江以南的湖南、江西等省，即便经过了楚国对江南的开发、经过秦国的统一和郡县的设置，并逐渐编户齐民而进入国家序列，但在中原的视角里，还是南方夷越之地，司马迁说"豫章、长沙，是南楚也。南楚好辞，巧说少信。江南卑湿，丈夫早夭"，无疑饱含贬义。到西汉末年，莽改制称帝，更是改长沙郡为"填蛮"（也有书上写为"镇蛮"）。

2021年9月中旬，当我漫步在芙蓉区的定王台时，尽管已经找不到那座在1938年"文夕大火"中被摧毁的古台，但我依旧能感受到绵延千年的生离死别。

因为母亲地位卑贱，汉景帝之子刘发被打发到长沙就藩。从这里也可以看出，当时的西汉对长沙的态度。由于挂念自己的母亲，刘发曾派人运米去长安，再从长安运土回长沙，选择城东的高地筑台，以便时刻登台遥望。因为其死后被追谥为长沙定王，此台故名定王台。虽然从长安运土到长沙有些不太可能，但它无疑是孝道的见证。所以，历代以来，无以数计的先贤登临定王台，让这里变得文化昌盛，骚客流连。其中朱熹、张栻、姜夔、许有壬、李东阳等大家来此登临的诗作刊印在清末的《定王台志》中。

1980年，在其旧址上，建起了长沙市图书馆。自此，这个区域在孝道、文脉、书香中嬗变，在荒芜、繁华间前行。

日后的长沙，背负偏见，但还是一路狂奔。隋唐时，长沙郡改潭州，长沙为潭州的州治。星城因此又名潭州。但更值得大书特书的是，五代十国时，它竟成了一国国都。

该国即为历史上唯一以湖南为中心建立的割据政权——南楚，也因为创建者是许州鄢陵（今河南鄢陵，一说为今河南扶沟县）人马殷（852—930年），所以又称马楚。辛追所葬之墓之所以被称为马王堆，也正因为其曾被讹传为马殷之墓。

如果说吴姓和刘姓长沙国的设立，让长沙开始成为湖南地区的政治、经济和文化中心，到了马殷之手，长沙更是见富庶景象。从受唐所封潭州刺史、武安军节度使，到以潭州为都，并改名长沙府，领地29州，仿照天子礼制，建造宫殿，设置百官以自立，马殷注意恢复生产，鼓励贸易，发展金融，下令铸行了楚国的"铅铁钱"，并下令民众纳帛为税，以鼓励民间从事桑蚕。

今天的马王街、开福寺、碧湘街、小瀛洲等十几个地方都与马楚有关，其中碧湘街就是当年马楚豪华的碧湘宫所在地。

只是和五代十国大多皇帝相似，马殷本人生活荒淫，纵情女色，在与南汉争夺岭南区域时于封州一败涂地，三年后病死于长沙，加上身后还出现"五马争槽"——马殷的五个儿子马希声、马希范、马希萼、马希广、马希崇为了皇位大打出手，让马楚死于内耗，为南唐所灭。而南唐则在宋开宝八年（975年），面对赵匡胤的中原大兵，由李煜奉表出降。这也让长沙最终归入了大宋版图。

为了加强对地方的控制，宋太祖时置诸道转运使以总财税，分全国为十三路。太宗则以边防、盗贼、刑讼、钱谷之任皆委于转运使，分全国为十五路，分别为京东、京西、河北、河东、陕西、淮南、江南、两浙、福建、西川、峡、广南东、广南西，以及荆州湖南、荆州湖北。荆州湖南路简称为荆湖南路，荆州湖北路则简称为荆湖北路。

湖北、湖南之名自此开始。两者大致以洞庭湖为界，将荆州一分为二。前者以江陵府为治所，后者则以潭州为治所。

从这里也可以看出，尽管城头变幻大王旗，但长沙在历史的演变中，一直充当着荆湖地区的主角，从郡治、府治、国都，以及今天的省会，各种角色都充当过，从来没有在历史中缺席，所以很长时间以来，它都是两湖区域尤其是荆州地区不可忽视的存在。

直到武汉姗姗来迟，又后来居上。

# 从武昌，到三镇鼎立

## 三

"湖广之形胜，在武昌乎？在襄阳乎？抑在荆州乎？曰：以天下言之，则重在襄阳；以东南言之，则重在武昌；以湖广言之，则重在荆州。"

自1659年始，明清时期地理学家顾祖禹一边教私塾，一边参考二十一史、100多种地方志和其他大量文献，并尽一切可能"览城郭，按山川，稽道里，问关律"，实地考核异同，最终历时30余年，完成了《读史方舆纪要》的创作。也正是在这本书里，他面对湖广，结合历史事件发出了这样的感慨。

襄阳自不用说，金庸在写《射雕英雄传》时，曾提到郭靖守襄阳。作为南阳盆地、汉水边上的重镇，打下襄阳，来自北方的力量就可以顺着汉水南下武昌——这条大河自秦岭南麓逶迤而来，流经陕西、河南，然后在龟山之旁入江——进而沿着长江东进，横扫江浙。反过来说，南方势力溯江而上占领襄阳，也会拥有一块北进的巨大跳板。

岳飞人生的成名之战，就是收复了荆襄六郡，从而让南宋有了西通川陕、北图中原的战略要地。所以对天下而言，最重要的是襄阳。

但话又说回来，岳飞收复襄阳，正是依靠武昌。岳飞曾在这里驻守7年左右的时间，经历过抗金战役大小无数，他的英雄故事大都与武昌相联系。在初入武昌时，岳飞曾作《满江红·登黄鹤楼有感》："何日请缨提锐旅，一鞭直渡清河洛。却归来，再续汉阳游，骑黄鹤。"而在今天武昌的沙湖，还有一"岳家嘴"，据说正是岳飞屯驻和操练水军的地方。那时的沙湖，面积足有今天的十倍之多。

只可惜，"岳飞最终没能'直抵黄龙府'，也未能'再续汉阳游'，空将一腔报国志化为'潇潇雨歇'。然而，他'精忠报国'的遗志却成为武汉这座城市世代传承的力量"。（《英雄的城市，"不服周"的人》，皮曙初，《半月谈》2020年3月24日）也让这块土地的"不服周"再添一层底色。

所以，我也更看重顾祖禹说的最后两句话。它无疑透露出两个信息：一个是武昌在全国的重要性，俨然比荆州更大；另外一个则是，此前具有重要的军事战略地位，是湖广地理中心的荆州，虽然也很重要，但已然退回到湖广这个更狭小的范畴了。

武昌的异军突起，无疑跟它身为汉水与长江的连接点有关。如果说重庆是因为位于嘉陵江和长江沿岸，是当年巴蜀交通最大公约数而崛起，那么，武昌也和它如出一辙。甚至因为长江，它对东南的战略地位比襄阳更胜一筹。

而且，随着晋代司马南渡，中国经济中心开始南移，到南宋更是不可逆。为了保护东南，并连接江浙的财税重地，荆湖地区也必然要把自己的经济中心向东移动，从更上游的荆州移到现在的武昌。这样一来，武昌成了东南门户，荆州则成了武昌的门户。

要知道，荆州位于武汉上游，拥有着重要战略地位的巨无霸，在"郢"都之后，还做过齐和帝萧宝融、梁元帝萧绎和梁王萧铣的国都。到了五代十国，荆南节度使高季兴割据荆、归、峡三州，称南平王，国都亦设江陵。但是，随着各方势力不断的争夺和拉锯，荆州的地盘也越来越萎缩，到北宋时，以前的治下长沙都能和它分庭抗礼了。

但这并没有阻挡荆州地位下滑的趋势。到了元代，江陵府甚至被忽必烈一手给划到了河南江北行省，彻底地"踢出"了荆湖地区，和以武昌为治所的湖广行省中间犹如隔了一条"银河"。

众所周知，行省制度是中国行政制度的一大变革，延续至今。它是元朝根据军事行动设置的，所以行省也变动频繁，到中期，才渐渐形成比较稳定的一个中书省（中央政府直辖区）和十个行中书省的格局。河南江北行省是其一，其二就是这湖广行省。它是将鄂州行省并入潭州行省，并以新得广西地属之而得名。所以那时的湖广的确和"广"搭边。一开始，该行省治所潭州路——这大概也是长沙在两湖分治之前的最后辉煌了——没两年，它就让位武昌。在我看来，与武昌水陆交通便利、扼守东南相比，长沙偏离长江航道，就成了一个不大不小的劣势。

尽管到朱元璋时代，对前元粗糙的行政区划进行了细分，将长江以北、大别山桐柏山以南的河南江北行省南部并入"湖广"，长江不再成为行政区划的界限，与此同时，又将两广与江西、湖南分开——这也意味着，湖广开始专指湖南、湖北，荆州又重新被拉回湖广。某种意义上，这大概是两湖最亲密的时代了。

只是荆州依旧没有改变被边缘的位置。在由湖广行省改置的湖广布政使司中，武昌仍然是当仁不让的治所。这也意味着，武昌也就从宋朝之前与江陵的下级、平级关系，变成了妥妥的上级，超出了半个身位。自此，就像牌桌上的洗牌，在时代大手哗啦啦的拨弄中，一切都被重新安置，一切都似是而非。

在武昌走势向上的同时，武汉三镇的格局，也在明之后开始逐渐形成。

## 四

成化年间（1465—1487年），从西北逶迤而来的汉水多次冲破堤防，终在汉阳西排沙口、郭茨口间决而东下，形成合而为一的河道，流入长江。这也意味着，它再一次改道了。只不过，这一次改道，让它就此拥有了相对稳定的入江口。

此前，汉水是在更南一点的龟山旁汇入长江，据《禹贡》，龟山原名大别山，后又因东吴大将鲁肃的衣冠冢在此，称鲁山，入江口也因此称鲁口；又因汉水在中下游称夏水，所以亦称夏口。此前孙权筑城于蛇山，正对夏口，所以亦称夏口城。

关于汉水为何得名夏水，有诸多说法，其中之一作"大"解。按《中华大字典》夏字条引《方言》说："自关而西，秦晋之间，凡物之壮大者而爱伟之，谓之夏。"事实上，在春秋战国时期，夏水恰恰是因水的流量甚大而得名。如果真是因为如此，那么我们就很好理解，为什么汉水会如此改道。

同样，也因为汉水也叫夏水，而夏水又汇入长江，所以也不难理解，为什么当年此地叫江夏郡。今天的武汉，还有一个行政区，叫江夏区。

今日的武汉，无疑要感谢这次改道，因为它带来了一个很重要的地理改变，那就是与武昌隔长江而望，有着"高山流水"典故的汉阳被一分为二——此前还只是与汉阳连在一起并隶属汉阳的荒州——因汉水入江口得名的汉口，也因此析出（不过它一直要到1899年亦即清光绪二十年设立夏口厅，汉口始与汉阳分治，1912年改为夏口县）。

这个一直没有如汉阳、武昌那样环绕四周的古城垣之地，却因为连通长江、汉水，以及洞庭湖三大水系，一下子变成了拥有巨大运输潜力的港口。

如果说在相当长时间内，武昌更靠近行政、军事，那么，汉口一出生，则具有浓厚的商业气质。更利好的是，"此时的中国，正进入资本主义萌芽时期"。很多陕西商人顺汉水而下，然后到汉口中转。周边的地主、农民、手工业者和全国各地的商人，也逐渐在此聚集。

五百年前一沙洲，五百年后楼外楼。"随着汉口的人数增加，汉口城市规模扩大了。人们围绕码头建立房屋，进而形成街市。几乎每一个码头对应着一条巷道，即使在现在，这种对应关系依然存在。翻开地图可以找到万安巷和万安巷闸口，保庆正街和保庆闸口。即使名字对应不上，但是几乎每一个现在的街巷都对应着一个码头。"(《失落的汉正街的码头》，郑德，《第二届"U+L新思维"全国学术研讨会论文集》2006年4月15日)

而在这些与码头紧密相连的街巷中，尤以汉正街在今日闻名。因其紧靠改道后的汉水，所以成为过往船只避风的好地方，故筑基造屋的人便多起来，到明万历年间（1573—1620年），汉正街一带便形成市镇了。

不过，17世纪初的汉正街只有几百米长，但商业的复兴，以及宗三庙、杨家河、武圣庙、老官庙、集稼嘴等码头的修建，尤其是随着乾隆四年（1739年）修起条石路面，同治三年（1864年）的郡守钟谦钧又主持修建了万安巷等新码头，汉正街一跃成为这个国家最知名的一条商业街。

这里得顺便提一下集稼嘴，它的前身其实叫接驾嘴，因为粮食进出，尤其是清朝晚期，武汉市五分之一的粮食由此收进卖出而有今名。有人写集稼嘴往事，便提到那一带汉川人特多，码头的头佬是高公桥品字茶馆的老板潘大爷（汉川人），在集稼嘴的一河两岸，他说了话就能办事，政府也奈何不得。

汉口建县后第一部志书，也是汉口新中国成立前唯一一部志书——民国《夏口县志》在1920年曾载诗三首，记述当时汉正街之繁华。

其一写："十里帆樯依市立，万家灯火彻夜明。"另外两首，一者赞颂"汉口通江水势斜，兵尘过后转繁华"，另一者则专门描述汉市人物之逐利心情，"看他汲汲争名客，笑尔纷纷逐利人。以势以财以权力，年年月月又晨昏"。

这也让汉口到清嘉庆年间，发展成全国闻名的大码头，与河南朱仙镇、江西景德镇、广东佛山并称的四大名镇之一，以至于"十府一州商贾所需于外埠之物，无不取给于汉镇"，成为"楚中第一繁盛处"。

不得不说，汉口的破壳而出，让以前只有武昌、汉阳双城的武汉，渐成武昌、汉阳、汉口三镇鼎立之势——它们至此成为结合军事政治、近代工业、国际商贸为一体的东方芝加哥。可以说，大汉口造就了大武汉。

但更重要的是，它在造就了好些个行业：码头建造业、码头行栈业、船舶修造业，尤其是造就了码头工这样一个人数众多的行当的同时，更是塑造了武汉的烟火气和城市文化，"在很多人的心目中，一根扁担、一碗热干面是老汉口的形象符号，而粗门大嗓、风风火火也是老武汉人给人的标准印象。这些形象与符号的背后，其实是一幅幅大码头上人声鼎沸、急急匆匆、物贸丰盈的生动场景"。(《英雄的城市，"不服周"的人》，皮曙初，《半月谈》2020年3月24日)

有人说，武汉人之所以喜欢吃热干面，那是因为面条事先煮熟，过冷和过油后，再淋上用醋、辣椒油等调配的芝麻酱，既方便，热量又高，非常适合跑码头的人吃。

这样的热闹、喧嚣，充满着各种算计，但又繁荣的汉口，自然也得到了外国人的青睐。1861年，汉口开埠。英国最先与汉口通商，外国各路商人也"立即趋之若鹜"，美、法、德、荷、西、比、意、日，以及丹麦、奥地利、瑞士、秘鲁等国先后来汉通商。与此同时，外国商人也开始在汉口开办原料加工厂，如威廉·乌克斯在《茶叶全书》中所说："一八六一年汉口开放为对外通商口岸，俄人乃（于一八六三年）在此建立其砖茶工厂。"某种意义上，丰富的自身资源和四方汇集的资源，必然诱发在汉口当地兴办工厂的欲望。

我曾在《盘活：中国民间金融百年风云》一书中关注过汉口那条不亚于上海外滩风情、与汉正街相交的沿江大道，"因为面对长江、水路畅通，沿江大道又成了西方列强落脚的首选。在这条长达3600米的大道上，遂有了占地两平方公里有余的欧式楼群，堪称西洋建筑博物馆。这些用钢筋混凝土筑就的大理石房子，有着坚船利炮式的冰冷肌体，坚固、高大，却又无比的风光。它们迎着江风，以殖民者的强硬姿态站稳了身姿，挡住了长江上往北眺望的视线。离这条大道只有数步之遥的，曾以钱庄闻名的汉润里，只能无奈地躲在了视线的死角里"，"在这些高楼里，住着的不是别人，正是各大洋行，以及中国钱庄的未来对手，乃至敌人的外国银行。洋行中，自然少不掉四处'开拓'，日后更是被称作'洋行之王'的怡和洋行，它在1862年到来，最初主要经营轮船业，后扩大经营进出口贸易业务。与此同时，它还将自己兼营的金融业务一并带过来"。

租界的建立，商品贸易的需要，再加上这段时间长江近代轮船运输也在日益发展，码头在汉口更是遍地开花，并由过去那种传统码头转型升级为近代轮运码头，至1926年，汉口有大大小小洋码头87个，从江汉关一直延伸到丹水池、谌家矶一带，武汉码头的发展进入"大江经济时代"。

在我看来，当楚人"不服周"的传统精神融入近代商业文明，或者说，近代商业文明遇上了楚人的传统精神，两者一定会碰撞出火花。码头上的船来客往，让武汉的人群构成更多元，也进一步打开了武汉的视野和胸襟。而风里来浪里去，也让武汉变得更冒险、更拼搏，今天，武汉喊出"敢为人先，追求卓越"也并非没有根由。不过，它也让武汉多了一些小市民式的精括，以及打码头的江湖习气。

这对长沙而言，同样是一次全方位的冲击。

# 分闱，分治，以及湘军和铁路：长沙再崛起的基础

## 五

不说不知道，一说吓一跳。有这样一个数据，明洪武至清乾隆末，湖南进士只有710人，仅占全国的1.8%。这阶段收入《中国大百科全书》各卷的湘人只有李东阳、何孟春、杨嗣昌、王夫之、髡残、舍起灵等6人，仅占全国的1.0%，与进士的比例也比较接近。

"这种严重不公的局面，让湖南士子们愤懑不已，直叹'可怜湖南数千里赋税之地，渐弃为科第沦落之乡'，'同有三载观光之愿，而险远不前；同受圣朝教养之恩，而以向隅为泣'，情词真切，形同泣诉。"

在这背后，无疑跟武汉的崛起，而长沙只能成为这种崛起的背景有很大关系。尽管明时的长沙，得益于洪武之治，重归繁荣，甚至在1377年，由长沙守御指挥使邱广耗费巨资，将年久失修、毁坏不堪的元代长沙土旧城改为砖石建筑，成就长沙历史上绝无仅有的"坚城"。此外，经济作物的增长推动了长沙地区手工业生产向商品经济方向有了较大的发展，但是，武汉才是湖广的行政军事中心，而主持乡试的湖广贡院也设于武昌。

"湖南学子赴武昌应试，路途遥远，近者相距千余里，远者二三千里，往往得提前十天半月甚至两三个月出发，不像湖北考生有近水楼台之便利。"所以，不要说考出一个好成绩，湖南学子能按期赶到已属万幸。说不准，还要赌上身家性命。因为他们大多需要过洞庭湖。但乡试期间，正值盛夏酷暑，洞庭开始泛滥。"据光绪《湖南通志》记载，桂阳考生扶朝盛踏上赴考之旅后，其母每天都提心吊胆，总害怕儿子过洞庭湖时遭遇不测，在家终日以泪洗面。扶朝盛回来得知后很心疼和自责。就算自己不怕危险，让父母遭此大罪，亦于心不安，扶朝盛从此便不再去应试。"

这也让湖南考生的基数变得越发减小，考中的人数自然更少。所以，难免会让人将这种局面看成不公，并愤而反抗。

到雍正继位之后，曾典试两湖的吕谦恒，在河南道御史一任上再次为此上

奏，认为"夏秋之交，洞庭泷涛壮猛，湖南士子赴乡试，苦遭覆溺"，所以他建议"宜分设棘闱"。（《近代湖南人才井喷是从科举两湖分闱开始的吗？》，杨锡贵、杨依人，《文史博览》2018年6月；《清代湖广"南北分闱"考析》，高淑兰，《湘潭师范学院学报（社会科学版）》第31卷第1期）

不得不说，这种遭遇折射的是长沙乃至整个今日湖南的失落。但幸运的是，它们也无须忍受这种不公太久了。

一方面，朝廷的确注意到了这种局面，但另一方面，是两湖分治和当年的江南分省一样，正从台下逐渐走向了台面。

尽管今天，依旧有人怀念明人吴敬盛笔下所描述的两湖，"江汉若带，衡荆作镇，洞庭云梦为池……"，恨不得它们能重新"在一起"，但是在我看来，两湖分治和江南分省不仅有着相似的大环境，也藏着相似的诉求——那就是怕过大的疆域造成行政管理的不便，还怕地方力量太大容易尾大不掉，不太能维护中央集权。

尤其是发生在万历年间的贵州兵乱，更让人感受到了两湖面积过大，对帝国的行政体系造成了巨大的压力。万历二十四年（1596年），承袭父职，任播州（今遵义地区）宣慰使的杨应龙公开反叛，挑起战端，短短数月之内，贵州各地告急，而且战火还一直蔓延到湘西，此时明朝的湖广巡抚还远在武昌，鞭长莫及。随着一代名将李化龙再度出山，总督湖广、川、贵军务，兼巡抚四川，杨应龙被教会如何"做人"，而杨家725年的基业也尽毁其手，但是这种惨痛的"胜利"，还是让明朝开始意识到两湖面积过大对管理提出了过高的要求。万历二十八年（1600年），内阁大臣沈一贯上奏，建议增设一名能够统领湖南战事的长官。为此，万历皇帝难得处理了一回政事，亲自批示了这一请求。此后，偏沅巡抚自贵州巡抚析置，"旧驻节沅州，兼辖偏桥卫……后偏桥卫割隶贵州，偏沅巡抚都察院移驻长沙，仍名偏沅巡抚"。（清《（雍正）湖广通志》）自此，湖广境内有偏沅巡抚、湖广巡抚并立，不过，该巡抚罢置不常，但两湖分治之意，却开始潜滋暗长。

不过，比起江南分省，两湖分治还多了一些民族因素的考量，毕竟相比湖北，湖南除了湘江流域岳阳、长沙、湘潭、衡阳等一些城市，其山区依旧处于少数民族杂居的状态。所以，两湖分治也比较方便进行民族管理。

也就在江南分省推进的前后，湖广承宣布政使司也在康熙三年（1664年）进行分治，分湖广右布政使司驻长沙；左布政使司驻武昌，两地事实分治。到康熙六年（1667年），湖广右布政使司改名湖广湖南等处承宣布政使司，左布政使司改名湖广湖北等处承宣布政使司。雍正元年（1723年），两布政使司又改为湖南布政使司，湖北布政使司，次年，改偏沅巡抚为湖南巡抚，湖广巡抚为湖北巡抚。湖南和湖北正式成为两个省。

和江南分省是东西切分不一样，两湖分治则是南北切分。相似的是，它们都没有以长江为分界线。这样无疑有利于对长江的管理。

但不管如何，"依照自然地理形势划分后的两湖行政辖境，使偏沅巡抚辖有湖广行省的南境，洞庭湖以西以南和五岭以北的广大地区成为一个有机的行政整体。"（《明清两朝偏沅巡抚试探》，杨锡贵，《文史拾遗》2014年第1期）进而能更一步适应了湖南社会经济文化的发展和社会的治理，对后来的历史发展产生了深刻而持久的影响。更重要的是，它也最终确立了长沙在湖南全省的中心地位。在这样的背景之下，湖南学子参加科举苦于洞庭阻碍，纷纷要求在湖南设立考场，也就是"南北分闱"，显得就顺理成章。

相应地，两湖分治也进一步让"南北分闱"成为现实。在吕谦恒上奏雍正之后，此前似乎陷入死局的分闱，一下子柳暗花明。

雍正元年七月二十九日（1723年8月29日），雍正帝传谕礼部，"于湖南地方建立试院，每科另简考官，俾士子就近入场，永无阻隔之虞，共遂观光之愿"，如果准备工作来得及，"于明春即分湖北、湖南两闱考试"。有了尚方宝剑，湖南趁热打铁。次年2月，湖南第一次单独举行乡试。至此，湖广南北分闱政策正式落地生根。

这对湖南科举以及人才的勃兴，无疑至关重要。在有清一代，湖南共有进士715人，在全国位居第14位，占全国2.67%，但在顺治时期，只有21位，康乾各有40余人，到了乾隆，便破百人大关，为127位，到了光绪，更是178人。

到了近代以后，湖南更是涌现出了如魏源、曾国藩、左宗棠、谭嗣同、黄兴、蔡锷、宋教仁等重要人物。

与此同时，长沙也成了全国闻名的科举重镇，学风炽热，人才辈出。"715名进士隶籍长沙府的就有412名，占全省的57.6%，嘉庆前后，长沙府的科甲已跨入发达的行列。此后扶摇直上，举世瞩目。如咸丰至光绪，长沙府的进士计179人，位居全国第三。"由完全自由竞争获得的魁科人物（会元、状元、榜眼、探花、传胪）在长沙也不少，共有15人，正好占湖南总数的四分之三。"尤其是咸丰同治光绪朝，长沙府培育了12名魁科人物，遥居全国各府榜首。"到了近代，长沙依旧光彩亮目，"如湖南近代34位重要人物，有23位出生在长沙府，占全省的三分之二强……",此外,非长沙籍的人才,如魏源、严如煜、李元度、蔡锷等都是长沙各省级书院(清季湖南及长沙的省级书院数量居全国第二)的高才生。可以这么说,近代湖湘人才基本上是由长沙或长沙的书院走向历史舞台的。(《近代湖湘人才辈出最直接的原因是什么?》,沈登苗,澎湃新闻2019年9月26日)

在湘江西岸岳麓山下,便有一座穿越千年,由北宋潭州太守朱洞创建的书院。它和河南商丘的应天书院、河南登封的嵩阳书院,以及在南唐创办的江西白鹿洞书院,合称"中国四大书院"。朱熹曾与主教岳麓的张栻在此论学。历史上,它曾数度存废,但它培养的学生考上举人、进士的,占了湖南的半壁江山。

两湖分闱之后,学院更是借势而起,"清代岳麓书院的人才大潮初现于乾隆盛世,嘉道之世猛涨,咸同以降则成蓬勃之势,形成庞大的群体,所谓'中兴将相,十九湖湘',而十之八九又皆出自岳麓。彭浚、胡达源、龚承钧、曹诒孙、尹铭绶等则以名列鼎甲得称科场英雄"。(《岳麓书院史》,朱汉民、邓洪波,湖南大学出版社2017年1月版)此后科举废、新学兴,对岳麓书院造成了冲击,但新的湖南大学,却在它的躯体上生长起来。今天的岳麓书院,俨然成了一个文化景点,而其大门口的那副对联,正宣扬着其历久不衰的辉煌,以及身为湖南人的骄傲:"惟楚有材,于斯为盛。"

只是,岳麓山并不高,穿行在今天湖南大学的校园内,被建筑和树木遮蔽得根本都看不清真颜。但一位滴滴司机不无骄傲地对我说:"山不在高,有仙则名。"

今天,当我们在谈起长沙乃至整个湖南在近代形成的现象,必须要承认的是,两湖分治,让它有了制度基础,而两湖分闱,让它有了人才基础。

但我们也不能忽视的是,经济发展,让它有了物质基础。与此同时,湘军崛起,让它有了政治基础;粤汉铁路,则让它有了交通基础。

# 六

随着洞庭湖南北岸的发展,及清中叶对长江中游的大举开发,南宋时流传的"苏常熟,天下足",自康熙时已然变成"湖广熟,天下足"。

这也带动着长沙的米市开始兴旺发达。长沙米市的雏形可追溯到北宋晚期,当时的潭州已能制造载米万斛的大船,往来湘江,运送大米。"到清雍正(1723—1735)初年,湘江上运米之船'迁艘云集',直销汉口,再抵江浙,盛极一时。长沙附近的易俗河已成为百谷总集之区,'粮仓相比,米袋塞途,年贸易额达200

余万担。'其时江浙一带人口稠密地区的粮食供应均仰食于湖广，湘米年输出在500万石左右。"（《湖南粮食：从古至今书写传奇》，冯钧、廖洁、明健飞、周聪颖，红网）这也让长沙米市与九江、芜湖、无锡三地米市并称为中国的四大米市。

更重要的刺激，还来自岭南广州的发展。由于清政府的闭关锁国，有着航海基因（郑和下西洋）的中国，只能由广州"一口通商"。这种局面一直持续到鸦片战争的爆发，以及中英《南京条约》的签订。

由于身处运河—长江—赣江—大庾岭—广州这样一条"京广大通道"之上，包括今日南昌在内的整个江西自古都受益匪浅。来自岭南的货物，在翻越大庾岭（五岭之一，位于赣粤间，腹地在江西大庾县）之后，进入赣江流域。正因为位于这条贸易线，三国时隶属豫章郡，后称洪州的南昌，曾富裕无比，一度被称为"南都"。与此同时，江州、吉州、景德镇等重要城市也相继诞生。

尽管湖南人做生意不如江西人，但长沙的再度崛起，还是让南昌感受到了巨大的威胁。来自岭南的货物，不仅可以通过赣江发向全国，还可以翻越五岭经湘江过洞庭湖向内地辐射。位于长沙和株洲之间，长期隶属长沙，因为紧傍湘江，一说此地因处湘江之曲而多"潭"而得名的"莲城"湘潭，就一度是广州至汉口之间的最大的中转港和外贸物资集散地。

经济基础决定上层建筑。江西当年书院的繁荣——除了白鹿洞书院，还有培养出了一名状元文天祥、40名进士的吉安白鹭洲书院——与其经济繁荣有很大关系。对于长沙来说，也同样如此。相反，江西在近代没落，也和其痛失贸易红利有关。中英《南京条约》签订之后，中国人跟外国人做生意不再局限于广州一处，货物也可以经由上海、宁波分发，甚至因为上海位于长江与东海的交界，区域优势更加明显，所以去上海的更多，这就极大地削弱了赣江水路的流量。

这对长沙同样有影响。但是，长沙架不住历史对它的青睐——太平天国起义，带来了湘军的崛起。据清《湘军人物年谱》所载："咸丰三年七月，罗泽南、李续宾率杨家滩团练一千一百余人进驻长沙城南书院，分两营……两营称为湘军，湘军名由此而始。"

当然，湘军背后的灵魂人物，自然是曾在岳麓书院求学、道光十八年（1838年）中进士的曾国藩。"从1853年初曾国藩在湖南长沙奉旨办理团练组建湘军，至1864年攻陷天京，曾国藩将其解散为止，在近代中国的历史舞台上，湘军活跃了十二年之久，在清王朝镇压太平天国革命战争中，扮演了重要角色，挽救了清朝行将覆亡的命运。然而，湘军不仅征服了太平天国，而且对近代中国社会也产生了不

可估量的影响。"(《论湘军的崛起及其影响》，严安林，《云梦学刊》1990年第1期）

在长沙人、致力于研究清史的谭伯牛的著述中，他是这样解读湘军这个"湖南军团"，给长沙以及整个湖南留下了怎样的遗产的。

第一，由于军功，湖南人在当时做高官的特别多，同治、光绪年间，所谓"督抚遍天下"。最多的时候，全国有2/3以上的省份，总督、巡抚都是来自湘军，蔚为壮观。像曾国藩以及曾国荃都相继当过两江总督，此外，刘坤一也当过该职。这从一个侧面也反映出当时的湘军集团对于地方职位的把持与垄断。它给长沙和湖南虽然没有带来直接影响，但大家都知道，朝中有人好做事，而且有利于结成巨大的网络。

第二，那些不愿意继续做官的，都纷纷回到老家。当然，他们大多不会空着手回去的。克复南京、平定东南，尤其是那些在江浙富庶地区担任知县、知府，或者掌管进出口税，以及盐道、粮道的人，很多成了富豪。他们回到长沙，肯定要兴建楼亭广阁，修饰山林道路。它在让长沙的基建突飞猛进的同时，还带动了当地的消费。

一个最明显的例子，就是湘军回湘之后，长沙就出现了相对高级的扬州妓女、苏州妓女。由小见大，青楼女子都这么高级了，那么相应的饮食、文艺演出，各种排场，马车啊服装啊衣料啊，全部都较以前有很大的不同。

在很长时间以来，我对长沙在今天成为著名的"脚都"，以及娱乐之城，都充满着好奇，以及难以理解。为什么这样一个有着楚人血性的地方，偏偏成了一个温柔乡？为什么武汉没变得那么哈皮，南昌也没变得那么哈皮，偏偏夹在中间的长沙这么哈皮？看到了这一节，我终于有些恍然大悟，敢情都是被这些湘军给"惯"出来的。

第三，也是最重要的，还是这些湘军的回归，有钱置业，同样也有钱投资在教育上。以前湖南这边很难请到名师，就算有了名师也留不住，但现在不同了，湘军有钱了，就可以请名师，名师有钱也教得用心。同时对于同族同乡的孤寒子弟，对那些家庭贫困的学生，他们也可以帮衬。这样一来，本来对科举就有情结的湖南，一下子又文风更加昌盛。即使走不了科举，他们也有机会出国留学，最后逐渐带动整个湖南的民智和见识。

这里就有戊戌六君子之一的谭嗣同，虽然因故未能出使日本，但他毕生都在追求"日新"。梁启超称其为"晚清思想界的彗星"，虽生命短暂，却始终站在历史潮头，最先呼出近代启蒙的最强音"冲决网罗"。

此外，曾是曾国藩座上宾的陈宝箴，于光绪二十一年（1895年）升任湖南巡抚之后，竟成了唯一倾向维新变法的实权派风云人物。

他在湖南大力举办新政，刊《湘学报》，办时务学堂（其为新湖南大学的又一源头），以及开矿山，成立湖南矿务总局。他还与长沙绅士王先谦、张祖同、杨巩、黄自元等商议，创办了长沙乃至湖南最早的企业——和丰火柴公司和宝善成机器公司。他还接设了湘鄂两省间的电线……这些举措一改湖南往日闭塞的局面，也提高了湖南士绅对新事物的接受程度。

所以，在湖南就出现了一个很"悖论"的现象：因为湘军的存在，这地方很保守，但因为民智提升，它又是戊戌变法后最开明最讲革命的地方——你很难想象，在这样一块保守的土地上，竟然萌发了最革命的种子。

不得不说，湘军的出现，不仅延续了清朝苟延残喘的气脉，而且对长沙乃至整个湖南都有"再造之功"。这让谭伯牛这样的长沙人谈及湘军，都充满着别样的感情。

相反，江西却在清末开始走下坡路了。按照网红作家卢克文的说法，这和江西大员在朝廷中全员覆没有关。当年的江西，经济繁荣带动书院兴盛，书院兴盛又让江西籍人才遍布朝野，从唐到清，江西人出了28位宰相、62位副宰相，明朝时更有"朝士半江西"的说法。这让江西在各朝各代都能把握发展的话语权。但是，由于经济的没落，到了清末，朝廷上也就只剩陈孚恩这样能说得上的话的人。和曾国藩一样，他的发迹也是因为回乡搞团练，救南昌有功，但是他倒霉就倒霉在站错队，跟慈禧的对头——也就是咸丰死后的顾命八大臣中的肃顺、载垣交好，最后在慈禧夺权的过程中，被一起打包发配新疆。结果，江西其他官员也跟着一起倒霉。这样，江西从此在京城没有一个三品以上的官。

这也导致，江西在整个国家决策中没有了话语权。最后，当谭嗣同上折子说京广铁路要从湖南过不从江西过时，没有人能给江西说话了。

京广铁路，在当年其实是分为两段，一段是卢汉铁路（亦即京汉铁路），也就是从北京卢沟桥到汉口的铁路，它是甲午中日战争后由清政府准备自己修筑的第一条铁路。还有一段则是粤汉铁路，则是1900年才动工的从武昌到广州的铁路。之所以要分成两段，那是因为长江的阻隔，没办法让两者合二为一，直到武汉长江大桥的修建。

在谭嗣同上折子之前，粤汉铁路曾一度打算经江西南下。这个线路有其历史传统和合理性，在宋代以后至清代，北方连接广东的商道均经过江西。而且取道江西，相比绕道长沙，要更直接。但架不住湖南人的热情更高。

不得不说，这带来了无数连锁反应。先是江西一蹶不振。它的日子本来就很难过，如今，铁路又绕它而过，连点回血的机会都没有了。

和它同样难受的，还有荆州。由于是堆积平原，可以种粮食，但限于技术很难建设铁路。所以，粤汉铁汉绕过江西，卢汉铁路则绕过了荆州（后来的焦柳铁路，也是取道枝江）。这让荆州在湖广越来越被边缘化，甚至独立出去的宜昌都比自己的"母体"更强悍。

相反，成了新的"京广大通道"上重要节点的长沙，在西方列强眼里，无疑成了一枚可口的"小鲜肉"。1902年9月，随着《中英续议通商行船条约》在上海签订，长沙与万县、安庆以及惠州、江门被开为通商口岸。从此，长沙门户洞开，洋货在长沙大行其道。

尽管直到1936年粤汉铁路才全线贯通，但1911年，完成长沙至株洲段。1916年6月，完成广州至韶关段。1918年9月，完成武昌至长沙段，让长沙与武昌再次联为一体。1930年出版的《长沙县调查笔记》说，长沙火车上通武昌，下达株洲，旅客往来，久称便利。1935年出版的《湖南实业志》写道："粤汉铁路湘鄂段修成后，长沙之商业地位，更形重要，以前之岳州及湘潭，至此日形衰落，长沙渐成湘省货物进出口之总汇。"

与之相对应的则是株洲，这个今天和长沙、湘潭毗邻的城市，直到1898年，还只是湘潭县管辖的一个小集镇，但随着株萍铁路和粤汉铁路在此会聚，它竟然成为枢纽。某种意义上，株洲和蚌埠一样，都是火车拉来的城市。

不过，相比长沙和株洲的得意，更得意的，毫无疑问是武汉。

# 沿海开发让中部塌陷？事实不止于此

## 七

也就在陈宝箴巡抚湖南之时，比他小6岁的张之洞从两广调任湖广总督已经数年了。某种意义上，他是为了卢汉铁路而来。

从52岁的壮年，一直在这个位置上干到了71岁的暮年，正可谓把自己最宝贵的最有经验的"青春"，奉献给了这片他看重的热土。

这是一位具有远见卓识的清末中兴名臣。要想富，先修铁路。在他看来，相比修其他线路，"宜自京城之卢沟桥起，经行河南，达于湖北之汉口镇，此则铁路之枢纽，干路之始基，而中国大利之所萃也"。今天看来，这条铁路无疑就是中国中部的一条南北大动脉，而且在当时远离被列强势力侵入的沿海，保证中国在面临危机时，能尽快运兵，但是，在张之洞看来，这条铁路的功用应不止如此，"窃以为今日铁路之用，尤以开通土货为急"。总之，"不近海口，敌不可资；广开商旅之利促进煤铁开采；方便漕饷之运；有利军队调动"。

这条铁路的修建，在帮助武汉打破了仅依赖于水道与驿道的传统交通网络格局，自此迈入了火车时代的同时，也让1858年便辟为通商口岸且于1861年三月开埠的汉口，更加热闹和繁荣。

在江湖和商业之外，武汉的工业也蒸蒸日上。因为修建铁路，就需要有产业配套，比如说，钢轨从何而来？得建铁厂。所以，武汉便有了当时中国第一家，也是最大的钢铁联合企业，比日本最早的钢铁厂"八幡制铁所"还早7年——汉阳铁厂。它的出现，推动了武汉地区的工业聚集，以及早期的城镇化。接下来，铁厂的铁如何炼成，得需要有煤。江西萍乡的优质煤的勘探发现，解决了这一问题。

某种意义上，这也是长沙和武汉最为亲密的一段时光。来自萍乡的煤炭，可以通过株萍铁路运抵株洲，在此转水路运往汉阳，日后还可以走粤汉铁路经长沙到武昌。湘潭也因此受益匪浅，1958年创办的江麓机械厂，正是从汉阳兵工厂演变发展而来。当然这是后话。

也正因为"湖北有铁有煤,铁厂枪炮厂应为一体",让张之洞在与李鸿章的"竞争"中,将枪炮厂最终落地在武汉,而非李鸿章所着意的天津或通州。也正是这个日后被改名"湖北兵工厂"的地方,生产出了国内军工产品的名牌:汉阳造。

这些冶金工业、兵器工业和无烟火药工业的出现,曾一度辉煌于世,被外国人认为是"中国人觉醒的标志",而它们也一度让武汉乃至整个湖北都受益,湖北建立了以重工业尤其是军事工业为龙头的工业内部结构,成为全国最为知名的重工业基地。

但对武汉来说,张之洞的意义还体现在"布纱丝麻"四局上,这四局的创办,让武汉乃至湖北的轻工业也因此一跃而起。

1890年,张之洞奏请将其在广州筹设的织布官局迁往武昌,设立湖北织布官局。同年,该局在武昌文昌门外开始动工,张之洞亲自在湖北织布局门口题写一副楹联:布衣兴国、蓝缕开疆。事实也证明他的努力不曾白费,自从有了这个织布局之后,江汉关进口洋布每年减少10万多匹。也正是在甲午战争这一年,张之洞又相继筹办了湖北纺纱局、湖北缫丝局,又于1897年建设湖北制麻局。正是在他的大兴洋务之下,受地理和环境影响,自古以来便以传统的农耕经济,以及手工纺织业等轻工业为主,没有一家官办或民营近代工厂的武汉,开启了近代化转型之路。

此外,曾担任过学政,并于1898年发表《劝学篇》的张之洞在教育上也大张旗鼓。他创办的自强学堂,成了武汉大学的前身。它和日后的华中科技大学,以及中国地质大学、华中师范大学、华中农业大学、中南财经政法大学、武汉理工大学构成了武汉高校林立的蔚然大观。

一时容光焕发的武汉,也逐渐迎来了自己的"政治巅峰"——尽管两湖分治,武昌依旧是湖广总督的所在地;辛亥革命首义于武昌,湖广总督瑞澂不战而逃,敲响了清政府的丧钟。也正是汉阳造步枪,打响了武昌起义第一枪〔在1911年武昌起义爆发之前,湖北新军第八镇(师)的士兵,几乎全部配备汉阳兵工厂生产的汉阳造步枪〕,此后,起义军正是拿着汉阳兵工厂所产枪支及轻型山炮,与清军进行拉锯战;北伐时,武汉又成了首善之区,地主逃难时有"一等的跑上海,二等的跑汉口,三等的跑长沙"之说。1927年,武昌、汉口、汉阳三镇合为京兆区,定名"武汉",作为中华民国临时首都——武汉之名由此开启。尽管三镇日后依旧分分合合,但它们已然内化为"武汉"的一部分。与此同时,由三镇合一的武汉，无疑更具实力，成了"大武汉"的存在。

今天，我们常常津津乐道这样一个现象，那就是从湖北到国内任何一个省份，中间最多只需要跨越两个省份。比如说到新疆，从湖北出发只需要经过陕西和甘肃，到黑龙江，只需要经过陕西和内蒙古，即使到香港特别行政区，也只需要经过湖南（或江西）和广东……从中可以看出，湖北其实有些居天下之中的意思，而合三为一同时又是长江与京广铁路交会之地的武汉，更俨然是天下的地理中心。

就连出生在长沙的易中天都对武汉充满着敬仰之情。在文章中，他提到的武汉是"大"武汉，而不是小家子气的武汉——它甚至无法说是"一个"城市或"一座"城市，因为它实际上是"三座"城市——武昌、汉口、汉阳。

三城合而为一，这在世界范围内，恐怕也属罕见。除了特快列车在武汉一个市就有可能停两次，它还架起了长江第一桥——武汉长江大桥。它是上海以外又一个被冠以"大"字的城市。"保卫大武汉"，就是抗战时期一个极为响亮的口号。

甚至，根据《吕氏春秋》中所言，"古之王者，择天下之中而立国"，易中天认为，如果不是用纯地理的，而是用文化的或地理加文化的观点来看问题，那么，这个"天下之中"就该是武汉。因为中国最主要的省份和城市，全都在它周围。这也让武汉占尽了"九省通衢"的地利。

而且，有着"茫茫九派流中国，沉沉一线穿南北"的武汉，有着气吞山河的气势，相比而言，开封太开阔，成都太封闭，杭州太秀气，而南昌、长沙、合肥则气象平平。在他看来，武汉似乎真的有了当国家首都的气象。

易中天曾将武汉的命运归结为"得天独厚，运气不佳"，首先是国运不佳，打断了武汉的近代化进程，其次是四通八达、九省通衢，在和平时是左右逢源的优势，到战时便变成了易攻难守、腹背受敌的劣势。

太平天国起义时，太平军曾于1852—1856年，先后3次攻克武昌，4次占领汉阳、汉口，尤其是在这几次作战中，他们还开创了江面快速架设浮桥、围城打援、城镇防卫的先例。

到了抗战，日军在攻陷南京之后，为了摧毁国民政府的抵抗意志，便急不可待地攻占武汉。尽管中国军民以不屈的意志，让日本人速战速决的念头就此消失，但武汉在敌机无差别的轰炸下，受损严重。

此前因为距离遥远而不得不分治、分闹的长沙，因为粤汉铁路，命运也和武汉捆绑在了一起。在长沙会战中，日本人3次进攻3次失败，但因为国民政府实行焦土政策，长沙在一场中国抗战史上与花园口决堤、重庆防空洞惨案并称的三大惨案之一的文夕大火中，成了在第二次世界大战中毁坏最严重的城市之一（与斯大林格勒、广岛和长崎并列）。

正是这样的遭遇，让易中天感叹的是，尽管和南京、重庆同饮一江水，"结果人家一个当了首都，一个当了陪都，只有武汉夹在当中，两头不沾边"。而长沙也自不用说。

新中国成立后，武汉和长沙依旧是一对"难兄难弟"。前者虽然一度成为直辖市，但有趣的是，当时的湖北省省会也没有搬迁。最后，直辖市机关在汉口，省会机关在武昌。两个机构在同一个城市，这也是难得一见的现象。但到1954年，这个直辖市的名头被撤销，武汉重回湖北省省会。再后来，武汉变成计划单列市，很快这待遇又取消了。

后者也面临着来自岳阳的挑战。有人就建议将岳阳作为湖南省会，理由是岳阳靠近长江，有发展水路运输的便利。但洞庭湖有时不太好的"暴脾气"，还是让长沙守住了自己的历史荣誉。同时，由于湖广总督等设置成为明日黄花，长沙和武汉已平起平坐。

只是，这种建立在同病相怜，而非并驾齐驱的平起平坐，无疑让武汉和长沙都很尴尬。它们以为自己已经触底，但没想到更大的失落，还在后头。

# 八

今天，我们在谈及武汉时，毫无疑问的一个词，就是"大学城"。得益于前辈的开拓，武汉的大学数量已位居全国前列，几乎仅次于北京，而且在质量上也同样遥遥领先。除了武大之外，还有华中科技大学为985院校。

211高校更是多达7所，如中国地质大学、华中师范大学和华中农业大学等。这也让武汉每年拥有近130万在校大学生。

这无疑让人很羡慕。就像昔日的江西一样，人才是一个区域发展的最佳要素。但问题是，拥有了大量资源的武汉，却偏偏留不下人才来。

很多毕业生一到毕业，就挥手自兹去，呜呜列车鸣。根据武汉大学和华中科技大学各自发布的《2017届毕业生就业质量年度报告》，武汉大学的应届毕业生中只有25.46%选择留在湖北就业，而华中科技大学的这一比例则是24.67%。那么，他们留在武汉的就更少了。

这里就包括祖籍湖北京山，1983年毕业于武大经济系的陈东升，以及和池莉同在仙桃中学，日后考上了武汉大学计算机系的雷军。前者在学校几乎敲遍了学校知名教授的家门，这种对知识的如饥似渴，让他有力量创办了泰康人寿；后者则仅用了两年时间，就修完了所有学分，甚至完成了大学的毕业设计。日后，他与另一个湖北人周鸿祎一起，成为中国互联网第一张桌子——TABLE（T为腾讯、A为阿里巴巴、B为百度、L为雷军，E为周鸿祎）中最重要的组成部分。中国5个互联网大佬，湖北人就占据了2席。

除此之外，人人公司的陈一舟既是武汉人，也是雷军的同学。微信产品的负责人张小龙，则是从华中科技大学走出来的。

同样，这所前身为华中理工大学的985、211，还为中国的互联网版图提供了另几位人才——PPTV创始人姚欣，以及海豚浏览器创始人刘铁锋、杨永智。

毫无疑问，他们用自己在中国商业舞台上的成就，印证了湖北人是顶天聪明的一群人，有着众多的"最强大脑"。但问题是，这些"最强大脑"基本上都"流落"外地，在外地成名，即使武汉本地也曾冒出了一些新兴的互联网公司，不是像PPTV或者卷皮网那样，从本地搬走（相反同期的电商企业韩都衣舍依然在济南，网龙仍在福州，美图秀秀等依然在厦门），就是销声匿迹。

难得做出点名堂的，如"室内开花室外香"的海豚浏览器，在2014年成了搜狐的囊中物；手机游戏平台九游，则被同是湖北人的企业——何小鹏创办的UC收购。

今天致力打造新能源智能汽车的何小鹏，曾在广州读书，创业轨迹也主要集中在珠三角和长三角，和武汉无关。

所以在相当长时间内，武汉都是一座尴尬的"大学城"。人才众多，但最终都是为人作嫁。位于京广铁路干线的长沙，也同样如此，和武大、华科一样，湖南大学和中南大学每年本科毕业生本省的就业率同样不到30%，绝大部分毕业生都涌向了珠三角地区。如果说武汉还可以因为自身实力，早早迈入了千万人口的大关，长沙却迟迟没有达到超大城市的标准。这和其人才流失也有着必不可少的关系。

在这一现象的背后，是时代这样的大手：1985年2月18日，中共中央、国务院批转《长江、珠江三角洲和闽南厦漳泉三角地区座谈会纪要》，决定在长江三角洲、珠江三角洲和厦漳泉三角地区开辟沿海经济开放区。三年后，国务院进一步扩大了长江、珠江三角洲和闽南三角洲地区经济开放区的范围，并把辽东半岛、山东半岛、环渤海地区的一些市、县和沿海开放城市的所辖县列为沿海经济开放区——随着沿海开放的逐渐深入，沿海的深圳、珠海、福州、宁波、上海、烟台、青岛、大连……逐渐成了改革开放的明星城市。全国资源在向它们倾斜的同时，无数国人也纷至沓来，寻找机会。

在这样的大势面前，即使在"一二五"期间曾迎来武钢、武汉重型机床、武汉锅炉厂这样的重工业，以及像武昌造船厂这样从以前的老企业改造过来的新企业，武汉依旧力有不逮。更遑论在一五期间表现甚至不如身边创建了六○一厂，并成为新中国成立后首批重点建设的八个工业城市之一的株洲。长沙它给我留下不多的印象，就是1978年第一机械工业部建筑机械研究所落户长沙。

如果说比不上沿海也就算了，但"叔可忍婶不忍"的是，它们甚至还比不上西部的成渝。

早在1964年，国家为了应付可能发生的世界战争而建设中华民族的"战略大后方"而开始了三线建设，四川成了这场建设的最大获益者。成都在今天的辉煌，和那场建设息息相关。虽然湖北也成了大小三线建设的重点地区之一，但是主要集中在鄂西这些大山环绕之地。就连一度选址在武汉青山的二汽，也在反反复复中最终落户在了十堰，而当时的十堰只是一个有近百户居民的小镇子。但是因为二汽的到来，到"七普"时，它已经有320.9万常住人口。

这也意味着，不管是发展沿海，还是打造战略后方，武汉和长沙都不占地利。何况，两者都靠近广东，而且有京广铁路穿境而过，正是被虹吸的好对象。新时代的变迁，让易中天所感慨的"两头不沾边"，进一步演变成了中部塌陷。

2004年的中国城市竞争力排行榜上，武汉排到了第24位，在全国百强城市的排名榜上，也早已经排在了前10名之后。即使日后有所提升，武汉在中国城市竞争力排行榜上也始终很难闯进前十名。这种排名让人很难与它曾经的地位联系起来。

面对武汉的落寞，易中天可惜如今"人心不古"。"人们提起武汉，已不再肃然起敬，不怎么把它当了不起的大城市看。当然，知道武汉的人还是很多。但他们的'有关知识'却少得可怜：一是武汉热，是'三大火炉'之一；二是武汉人惹不起，是'九头鸟'。——都不是什么好词儿。"

武汉人自己也哀叹，这个时代对自己的不公。如果它能享受到京、沪、津、渝和沿海城市那种优惠政策，或者具有广州和南京那样较为宽松的发展空间，也许武汉的日子就不那么难过；如果没有京广铁路，它会不会没有那样被虹吸？又如果，周边的地市都能跟得上来，像荆州能找回自己过去一半的荣光，是不是就可以分担自己的压力，也能一起共担建设重任？现在武汉大是大了，但一个人拼命，始终发展得很吃力。

某种意义上，武汉的悲叹，也是长沙的悲叹。它们似乎都在新的时代里，失去了方向。但是，它们要想继续发展，并不能过分地强调客观原因。

事实上，它们都有着霸蛮以及不服周的精神，独立性强，但很多事情就怕过犹不及，过了头，不服周就变成了盲目的优越感，变成了谁也不服气谁，谁都想压谁一头。这在丛林时代，是非常好的准则。但在全球化竞合的时代，它同样潜藏着危机。

如果我们再审视武汉还会发现，这个古云梦泽地带，不仅有外向型的江水，同样有着众多内敛型的湖泊。除了东湖、梁子湖，以及曾经的郎官湖之外，遍布武汉三镇的，是上百座大小山峦，以及近两百个湖泊坐落其间，水域面积占到全市国土面积的四分之一。

这种山水的分割，让武汉在面积开阔的同时，又保持着某种心理上的封闭。一如武汉的真正成形，也只是近百年的事情。所以一旦时移世易，武汉人便很容易在开放和保守之间来回切换。所以这个一度被称为"大武汉"的城市，居然在相当一段时间，日子缩回到以前的家长里短，啤酒鸭脖。

直到今天，在武汉的市井生活中，素有"白天逛汉正街，晚上游吉庆街"的说法。《生活秀》的来双扬就在吉庆街上经营着"久久酒家"，它的招牌菜，就是武汉人有事没事当瓜子啃的透味鸭脖。很多食客盘桓于此，既为鸭脖，还为来双扬的风韵。

相比而言，长沙除了GDP多年不如武汉之外，长沙人还更多地满足于"自得其乐"的境地。一方面，这个地方本来就有着强劲的消费传统，另一方面，长沙房价数年来一直"低位运行"，让长沙人更有意愿吃吃喝喝，顺便捏个脚，泡泡解放西路的酒吧，或者到"琴岛"和"欧阳胖胖"唱个歌。近年来又多了"茶颜悦色"以及"文和友"。

更重要的是，随着走娱乐路线的湖南卫视的崛起，它们用《快乐大本营》《天天向上》等综艺，以及后来的《超级女声》等选秀节目，更是加深了人们对长沙除了哈皮，还是饕餮们喜欢打卡的网红的印象。

它们真的就此"自甘堕落"了吗？真的只能看着别人进步而无动于衷吗？

# 武汉到底在哪里？长沙又到底在哪里？

## 九

在2003年的全国"两会"上，武汉市第15任市长李宪生曾三声追问："武汉在哪里？"似乎，武汉都找不到自己了，但也透着一股不甘的架势。

武汉人憋了太久，极需要一次振作。以前武汉是驾乎津门，直追沪上，现在不能连苏州、无锡都比不过吧。都说触底反弹，有着光荣传统的武汉，期待否极泰来。

为了这次振作，武汉还闹过一次"幺蛾子"：那就是传闻其要成为第五个直辖市。这让很多武汉人在向往中都猜疑了好长时间，但这也导致湖北省的政策，不敢太往武汉倾移，往往瞻前顾后。一些大的项目，宁愿放在襄阳，或者宜昌。好在最后成为直辖市的传闻终究是传闻，这让湖北多少有些心定。

还有更大的好处，那就是它让湖北终于意识到，武汉兴，湖北兴。

湖北太需要武汉这个首位度极高的省会，当好龙头了。如果一个省只有一个二线城市，其余的都是四线城市，甚至五六线，那这个省的未来也是触手可及。

另外，在多年的发展过程中，湖北的产业结构已经变得雷同，未能实现错位发展。一些地级市在产业布局上常常要和武汉攀比，像鄂州、黄石就与武汉在冶金、建材产业上结构趋同，重工业产业档次没有拉开。

对武汉来说，以前都是单兵作战，自己一个人拖着大车往前冲，吃力又不讨好。所以也极其需要重回集体突围。

通过都市圈的一体化发展，形成错位竞争，遂成整个湖北需要统一的共识。

2003年，一个以武汉为核心，其周边100公里为半径，聚集了周边黄石、鄂州、孝感等8个城市的"武汉城市圈"横空出世。2004年，湖北省决定成立推进武汉城市圈建设领导小组。担任小组组长的，正是当时的湖北省省长，可以看出湖北的决心之大。2007年12月，武汉城市圈被国家批准为两型社会综合改革配套试验区。

但是，武汉要想发展，还是需要自助。让武汉有所质变的，还在于发展过程中对自身性格和结构缺陷的不断反思。2011年的湖北省"两会"上，当时的省主要领导直言不讳地称："现在全国的白色家电中心不在武汉，而是在合肥，为什么？合肥市委市政府算大账不算小账，在投资环境方面抢先一步。我们解放思想还不够，这个白色家电中心，可以说是拱手让人的。"并要求武汉打造全国投资环境最优城市之一。也正是在这一年中，武汉群情振奋，全城到处喊起"建设国家中心城市，复兴大武汉"的口号。

在这一时期，武汉还办了一件大事，那就是留下了二汽，也就是日后的东风。

自从在十堰那个山坳里创业以来，迅速发展的二汽已经极不适应那个狭窄的环境了。它们急切想要往外走，去拓展自身的生存空间。有领导便提出"三级跳"的设想：第一级，跳到襄樊；第二级，跳到武汉；第三级，跳到惠州。

这是一个极大胆却又阻力重重的决定。去往惠州，到改革开放的前沿广东，对二汽的今后发展，一定有所裨益。而且，如果能和广汽联手，一定会给广东制造出一个巨大的产业集群。产业和市场，以及与外界的关联，都在那里，怎么可能不让二汽心动，但问题是，这对湖北的感情造成了巨大的伤害。

2018年，我在创作《大国出行：汽车里的城市战争》时曾走访十堰、襄樊和武汉，了解到当年二汽迁都时，十堰对此忧心忡忡，就怕二汽走了，把他们这些人全抛弃了。湖北当地也担心，万一"迁都"与十堰发生利害冲突，谁来摆平？

最后，三级跳中的第二跳，就成了终极一跳。这既走了出去，又没有跨省，肉烂在锅里。

不过，今天的二汽，应该庆幸自己留在了武汉。一方面，这没有拉开自己与老工业基地——十堰的距离，同时，还可以借助两者之间的襄阳，来实现更多布局。今天，当我们从二汽在十堰的载重车基地出发，经襄樊轻型车生产基地，再落脚武汉经开区的神龙轿车基地，你就会发现，这是一条保持着完整互动的由重、轻、轿组成的产业链，呈劲龙腾飞之势，龙头便在武汉。它无疑和湖北着力打造的"武汉城市圈"极为吻合，互为借势。

另一方面，作为少数几个既有铁矿石又有钢铁厂的城市，武汉可以为二汽的发展，增添无数动力。

与此同时，武汉留住二汽，既为自己留住了在汽车产业上的想象空间，又为自己的产业转型提供了重要的切入点。

从当年的冶金工业、兵器工业，到日后重组的宝武钢铁集团，这个城市受益于重工业良多，但也因钢铁产量渐趋饱和以及高能耗、高排放等环境隐患的暴露，而深受其困。

所以，当我漫步在沌口，看着东风本田、东风有限、东风集团、神龙汽车、东风乘用车、纳铁福传动、法雷奥车灯等知名车企，如同一颗颗明珠，沿着长达13公里的东风大道铺展开来，不禁心潮澎湃。但更让人惊喜的是，夹杂在这些明珠中间的，还有海特生物、鼎龙化学、金发科技、同济现代医药等现代新型企业……它们的到来，让东风大道两侧各6公里内，一度聚集起近2万家企业，其中整车企业5家、汽车总装工厂12个、汽车零部件企业500多家、"世界500强"企业54家，每年汽车产量超过百万辆，家电产量超过千万台，企业营业收入总和超过1万亿元。

无疑，这也让武汉这个昔日的"中国钢城"，摇身一变为"中国车都"，而汽车也正式变成武汉的支柱产业。

不仅如此，和这个"车都"形成东西呼应的，还有位于洪山区的光谷。很少人了解这个在武汉异军突起的"黑马"，如果寻找它的源头，肯定包括武汉邮电科学研究院。1976年，正是在这家研究型的科学院，由后来被称为"中国光纤之父"的赵梓森院士，于一间自厕所改造的实验室，在没技术、没设备、没人员的情况下，硬是用酒精灯、氧气、四氯化硅等最基础的原料，制出了我国第一根实用型光纤，并成功实现了黑白电视信号的传输。

不得不说，在这个世界上，你所走的每一步都算数。武汉优越的科教资源，以及不服周的意志，还是为它在低迷中埋下了一颗发展的种子，以及千载难逢的发展契机。

随着20世纪末，继IT产业之后，世界光电子产业勃然兴起，成为全球高新技术产业的最新前沿领域，武汉意识到，自己可以充分发挥区域科教优势，整合国内外资源，走自主创新、发展特色产业之路，抢占全球科技领域的"制高点"，从而用"光"的速度演绎新的辉煌。于是，2000年，湖北省、市领导作出建设"武汉中国光谷"的重大决策，次年，国家计委和科技部正式批复同意，依托武汉东湖新技术开发区建设国家光电子产业基地。

它的出现，重新定义了武汉的中心。以前，武汉的中心是见证老武汉繁华的江汉路，是富人最多也最繁华的武广商圈，在武昌则是中南商业大楼，但过了华师广埠屯，则越走越荒凉，是武昌汉口汉阳谁都看不上的地方。但随着多项产业的引入，这个一开始只是24平方公里、地图上看不过2厘米的"弹丸之地"，人气竟越来越旺，居然变成了高楼林立的世界500强企业总部基地，面积也随之扩张了20多倍。

今天的光谷，不仅拥有全球最大的光纤光缆研制基地，其光纤光缆更是占领了25%的国际市场份额，销量居世界第一，而且还是全国最大的光器件研发生产基地、国内最大的激光产业基地，培养出了包括长飞光纤、华工科技等全球知名的行业领军企业。

与此同时，光电子产业的发展，让光谷进一步形成了"一芯驱动"和核心屏端网络产业集群布局。其中，位于未来科技城的国家存储器基地项目，实现了中国集成电路存储器规模化发展"零"的突破。

同样在这里，武汉尚赛光电OLED发光材料提纯实验室，成功研发出一系列OLED核心发光材料——这个涂在导电玻璃上，通上电，就可以发光的有机材料，1000克售价达20万元，可谓是"固体黄金"——让公司成为华星光电、天马微电子等国内面板公司及三星、LG等日韩企业的紧密合作供应商。而拥有全球最大的单台低温多晶硅工厂、可独立生产华为手机屏幕的华星光电子，则成了华为、三星和小米等全球前六大手机品牌供应商——这条一环套一环的供应链，让光谷形成了万亿级光电子产业集群。

与此同时，工艺5G智能制造生产线、9nm光刻实验样机、华为麒麟810芯片、64层3D闪存芯片等重大成果也相继诞生于此。

良好的科研氛围，以及相关产业链的建立，吸引了更多的世界500强、上市公司和行业领军企业入驻。当很多湖北人源源不断外流之时，雷军却逆流而归了。

2017年，小米将自己的"第二总部"设立在了武汉。五个月不到，小米科技、金山软件、顺为资本在武汉举行仪式，宣布入驻光谷金融港。除了小米之外，旷视科技、思特沃克、小红书也将其当成了第二总部。

李书福也来了。这个曾在湘潭早早布局过棋子的"汽车疯子"，这一次把自己的目光投向了武汉。但是他要这里做的，却是智能手机终端项目。

某种意义上，他盯上武汉，看上的正是这里形成的"光芯屏端网"的优势。而湖北方面自然也很开心，它们希望吉利在深耕湖北的同时，能深化在新能源汽车、智能网联汽车、智能终端等领域合作，加快要素集聚。

但光谷显然没有把光电子产业当成自己唯一的"金饭碗"。2007年，它还获批设立了武汉国家生物产业基地。这也让它在能源环保、生物工程与新医药、软件等产业上形成了竞相发展的格局。

多年的发展，让光谷从一个城乡分界线，变成流光溢彩之地。这不禁让人又不知道，武汉到底在哪里？说实话，我也不知道武汉在哪里了。它是在美丽的东湖，是在汉正街，是在热干面、鸭脖，还是在车都、光谷？

这样的"疑惑"，也在长沙的身上，不断闪回。

十

2021年9月，一个阳光火辣的正午，我在岳麓区的中联重科智慧产业城内走走停停。

这个位于西郊的产业城还像一个庞大的工地，建筑工人挥汗如雨，却不曾停歇，让我都不敢矫情。尽管眼到之处，一切都还处于雏形，那个标明"中大挖上车线"的，也只是个骨架立在那里，但是我已经感受到，一个兴旺的带有智能因子的产业城，正蓄势待发。

也就在车间建筑的外立面，中联重科张贴的宣传画上，"中联重科，思想构筑未来"的几个大字，醒人耳目。

这个名字读起来有些拗口的重科，它的前身正是第一机械工业部建筑机械研究所。在落户长沙之后，更名为长沙建设机械研究院。

如果说武汉的光电子产业得益于武汉邮电科学研究院，那么，这家长沙建设机械研究院给长沙带来的"再造之功"也是天大的。要知道，第一机械工业部建筑机械研究所是中国创立最早的应用型研究院，集工程机械科研开发和行业技术归口于一体。所以，它的到来，给长沙带来了一大批工程机械业的科研人员、专家。

除此之外，长沙还需要感谢自己自古以来的教育传统。正解局就这样认为，"实际上，仅从科教资源看，长沙是中国被低估的城市之一……""仅中南大学机电工程学院，就拥有国家'高性能复杂制造重点实验室'、教育部'现代复杂装备设计与极端制造重点实验室'、教育部'铝合金强流变制备技术与装备工程研究中心''深海矿产资源开发利用技术国家重点实验室'（与长沙矿冶研究院联合建设）等科学研究基地及1个湖南省高校基础课示范实验室和1个首批湖南省研究生培养创新基地，建设有3个国家级工程实践教育中心"。此外，湖南大学以及长沙理工大学的机械工程专业都是优势学科。这种科教资源，和长沙建设机械研究院以及江麓机械厂这些力量结合，便让长沙在娱乐的表象下，"重金属"的气质正潜滋暗长。

1992年，曾在国营西洞庭农场当过知青，后毕业于西北工业大学航空发动机系的詹纯新，在担任长沙建设机械研究院副院长之后，借着企业改制的浪潮，带着7名职工靠50万元借款，创立了院办企业长沙高新技术开发区中联建设机械产业公司——它正是今天中联重科的前身。次年，因为开发生产了第一代混凝土输送泵——HBT40泵，当年完成销售额500万元，实现利税230万元。1994年，随着原长沙建机院混凝土机械研究室、机械厂成建制并入中联公司，中联公司从此有了自己的研发队伍和生产基地。

此后的中联，沿着"产业科技化、科技产业化"道路一路前行。同时，2000年和2010年，中联分别成功在深交所和港交所上市，以寻求资本的加持，这让它一举跃居为我国工程机械制造龙头企业之一。它的销售收入，也从2000年的2.45亿元增长到2010年的463.23亿元；2019年，中联重科塔式起重机产品销售额突破百亿大关；2021年中国工程机械年度产品TOP50榜单中，中联重科6款产品荣耀上榜，其中，起重机ZAT18000H荣获全场最高奖"金手指奖"。也就在这年于长沙举办的2021国家工程机械展览会上，中联重科携带60多款产品参展，并表示未来会在全地面起重机、矿山机械、塔式起重机以及履带式起重机等产品方面有所突破。

某种意义上，我所走访的那座产业城，正承担了其未来突破的重任。

相比较詹纯新在体制内打下了一片天，1979年考入位于长沙的中南矿冶学院（现中南大学）材料科学专业的梁稳根，则走出了另一条路。

毕业后，他先是被分配到洪源机械厂，抱上了铁饭碗，也自此结识了后来的创业团队成员。虽然27岁便当上了厂里的体改委副主任（副处级），但提出能否承包一个车间，推行改革自负盈亏的想法，却没有被准许。为了产业报国的梦想，他和袁金华、毛中吾、唐修国等人辞职下海，并最终创办成立了涟源茅塘焊接材料厂。为这事，梁稳根的父亲一怒之下，拿着扁担追着他要把他撵回工厂。不过，在将涟源茅塘焊接材料厂经营成为娄底地区最大的民营企业后，梁稳根看到了这个行业的天花板，决定转型，实施"双进"战略：进入中心城市——长沙；进入大行业——装备制造业，首先进入工程机械制造业。1994年，三一重工在长沙成立。在经历了十几年的艰难与困苦、创新与奋斗之后，一举将三一打造成了中国工程机械行业的标志性企业。其曾先后研制出了中国第一台拥有自主知识产权的37米泵车、全球臂架最长的86米泵车、亚洲第一台千吨级全路面起重机、全球起重量最大的3600吨级履带起重机等标志性产品……

其实对这些"庞然大物"，我这个学文科出身的，自然搞不明白，但是三一在向科研进军的同时，布局保险、租赁、汽车、金融等多个领域，并拿下三湘银行的牌照，此外，又于2012年收购欧洲第三大混凝土搅拌车以及特种搅拌设备生产商——Intermix Gmbh公司100%的股权，还是让人看出了三一的雄心。

除了詹纯新、梁稳根之外，毕业于中南大学的何清华在1999年领衔创办了山河智能，与此同时，铁建重工于2007年落户长沙，无不跟长沙这一丰厚的科教资源有关。

它们的存在和发展，也让长沙县拥有工程机械、汽车及零部件、电子信息三大支柱产业。加上长沙黄花综保区、长沙临空经济示范区核心区、长沙经济技术开发区也坐落于长沙县，这也让湖南拥有了中西部排名第1的经济强县。从经济形态看，长沙县一直更像长沙的主城区。与此同时，它们也显然让长沙意识到，一条属于自己的独特发展之路正在面前延伸。抓住它，而不是忽视它，将改变自己的生存。有这样一个很有意思的细节，那就是铁建重工创办之初要在全国寻找落户地点，首选武汉而非长沙，但长沙在得知消息之后，多次上门沟通，给予政策支持，这才赢得了对方的信任。

有资源，有态度，更重要的是，"四大金刚"又恰逢时代的又一转折：20世纪90年代，我国出现大规模基础设施建设的高潮，但工地往往是进口设备一家独大。当时，90%的混凝土机械和挖掘机械需要进口，桩工机械则完全依赖国外。这虽然让中国的企业家感到难堪，但是它也意味着机遇——那就是如果能勇敢地加入这一战局，在"引进—消化—吸收"的同时，努力通过自主创新掌握发展主动权，那么，它也一定会成为时代的宠儿。

这在混凝土输送泵的制造上体现得格外明显。根据正解局的报道，1992年，中国市场几乎被国际品牌垄断，但通过三一等企业的努力，到2004年，国产品牌就已占到95%。而隧道掘进盾构机，5年前，还是天价"洋品牌"独霸中国市场，但是随着铁建重工研发出TBM（岩石隧道掘进机）、大直径盾构机，国内市场几乎天翻地覆。

而更好的机遇则在2008年之后到来。席卷全球的金融危机，曾让世界一片惨淡，但是中国为了应对金融危机、对冲经济下行，曾提出后来被称为"4万亿计划"的大规模基建投资计划，更让长沙这"工程机械F4"吃香喝辣。

当数十万台起重机、挖掘机在全国各地的工地上开动起来，长沙也在2008年逆流而上，GDP增长一度高达37%。这也让长沙在日后压制郑州，成为中部第二城。相比以非金属矿物制品业、电子通信产业作为支柱产业的郑州，以专用设备制造业、电子通信产业作为支柱产业的长沙，无疑要略胜一筹。

在2015年，长沙超出郑州1319亿元，达到了近20年之间的最大差值。但郑州也不甘示弱，在头顶着"国家中心城市"的帽子，以及河南省"强省会"战略推动下，曾在2019年一度反超长沙，可惜的是，第二年，长沙又以100亿元的微弱优势再次反超郑州。到2021年，这种差距已经拉大了500多亿元。

站在夜晚的橘子洲头，看着湘江东岸的璀璨灯火，将整座城市渲染得五彩斑斓，不禁感慨，我们以为它是个软妹子，其实它已长成了一位硬汉子。但它不是变异，其实是一种回归，是对过往血性的重新找寻。

不得不说，正是在低迷中没有放弃对过去荣耀的维护，以及对未来的追求，让它们终究还是守得云开见月明。

# "重回"大湖广、大荆州

## 十一

早在2004年，"促进中部地区崛起"便在政府工作报告中首次明确提出，这也意味着，在沿海开放战略中成就颇丰的这个国家，显然意识到，一花独放不是春，更多的中西部城市需要迎头赶上，才会真正的民族复兴。

与此同时，随着沿海开发的深入，它们也急切需要中部的腹地，以提供后续的动力。未来的中部，将很好地承担起沿海产业转移的重任。

12年后，国务院再次批复同意《促进中部地区崛起"十三五"规划》。这个规划对中部地区提出了更高要求，它不再只是沿海的附属。根据国务院批复精神，中部地区将建设成为全国重要先进制造业中心、全国新型城镇化重点区、全国现代农业发展核心区、全国生态文明建设示范区、全方位开放重要支撑区。

尽管在规划中，中部地区包括山西、安徽、江西、河南、湖北、湖南六省，有以合肥为中心的皖江城市带、以南昌为中心的鄱阳湖城市群、以郑州为中心的中原城市群、以太原为中心的山西中部城市群，以及以武汉为中心的武汉城市圈、以长沙为中心的长株潭城市群，但是，作为天下的几何中心，曾经"一湖分两岸、荆楚本一家"，即使分开了，也在中部城市中数一数二的武汉、长沙，显然成了这一大班中被寄予厚望的特长生。

这种寄望，既是对武汉、长沙的认可，也是一种加持。

也就在《促进中部地区崛起"十三五"规划》获批同年，武汉继北京、天津、上海、广州、重庆、成都之后，被批准建设国家中心城市。

这既从体制上解放了武汉，让武汉不再不尴不尬，而且，因为对未来的看好，武汉也成了人口流入增速比较迅速的城市。根据一份年鉴，武汉净流入人口从2009年的74.45万人增至2014年的206.49万人，到2015年已突破230万人。

2009年，发展迅速的光谷被国务院批准为全国第二个国家自主创新示范区，2011年又被中组部、国务院国资委确定为全国四家"中央企业集中建设人才基地"之一。

今天的武汉，还在不断"提速"。不说不知道，此前在铁路建设上"敢为人先"的武汉乃至整个湖北，却在高铁时代落伍了。但在2019年，湖北省铁路里程新增820多公里，是近10年来，新增里程最长的一年。与此同时，铁路营业里程突破5000公里，高铁营业里程突破1600公里，增幅也是10年来最大。尤其汉十高速铁路通车，结束了鄂西北多县市不通高铁的历史。而在接下来的"十四五"高铁建设规划中，湖北将推动并开工建设武汉至南昌的直达高铁、武汉至贵阳的直达高铁等5条高铁。随着郑万高铁、黄黄高铁、襄荆宜高铁等一批铁路线建成，以武汉为中心的"米"字形高铁网逐步形成。

在这其中最重要的，还是沿江高铁。这条连接东部上海，途经江苏省、安徽省、湖北省、重庆市，止于四川成都的沪渝蓉高铁，基本上是与长江水道共跳"贴面舞"的一条高铁，由上海至南京至合肥段、合肥至武汉段、武汉枢纽直通线、武汉至宜昌段、宜昌至涪陵段、涪陵至重庆段、成渝中线铁路等7个项目构成。从这里可以看出，武汉是这条沿江高铁的中心节点，它一头连接上海、南京和合肥，一头连接重庆和成都，这让武汉又重新找回"天下地理中心"的快感。只不过，在以前主要以长江水道连接东西的日子里，武汉名义上也是，但表现得却很糟糕，越想左右逢源，越是"两头不靠"。后来，我对比着高铁想了想，找出以下两点原因：一方面，内河水运总不及铁路交通，尤其是近几十年来，长江因为环境问题而脾气变得捉摸不定；另一方面，长江流域各城市间的交流不能说没有，但是东部产业往往因为"蛙跳效应"，直接转移到西部去了，导致中部被遗忘。如今，随着沿江高铁的开通，武汉终于补上了自己缺失的重要一环，而长江经济带也将名副其实。

未来的武汉，将依托长江经济带，既可以上连渝、蓉，又可以下接沪、合，让长三角、中部以及成渝经济圈能真正"三位一体"。这对武汉的汽车产业，乃至光电产业都有着至关重要的意义。教育部重点研究基地中国现代城市研究中心主任、华东师范大学城市发展研究院院长、终身教授曾刚在接受南风窗长三角研究院专访时曾指出，武汉光电产业尽管很厉害，但呈"两头大、中间细"的"哑铃状"分布特征——产值主要集中在高精尖军工装备和低端应用产品，而份额最大的中端市场则为长三角地区的上海和合肥二城所占。如果能和沪、合等城展开合作，让长三角的管理技术和产业资本向西涌流，并最终沉淀下来，是否意味着一个高效互补的光电产业联盟有望诞生？与此同时，"随着武汉光谷培育出中国第一颗3D NAND闪存芯片，以及能在病患胃里秒变'机器人'的小'胶囊'，光电产业链的不断延伸，使武汉与长三角集成电路和生物医药研发重镇无锡等地在产业合作空间上的交集也正不断扩大"。

这样的高铁狂飙，也拉近了武汉和荆州之间的距离。此前，荆州就像铁路禁区，继卢汉铁路、焦柳铁路之后又于沿江高铁和呼南高铁上屡战屡败，但是，自古以来就位于重要的地理位置，日后又成武汉的长江"门户"，荆州依旧有被重新发现的价值。所以，先是有2012年7月开通的汉宜客专，接下来的武贵高铁，也将荆州纳入其中。某种意义上，它重新勾连起荆州和武汉之间的"感情"，也让荆州在武汉的大发展中，能进一步借光。

对更多的普通人来说，坐拥武汉、武昌、汉口以及汉阳、光谷五大火车站的武汉，将成为一生中避无可避的地标。不管如何，这一辈子你很可能要经过武汉，甚至落个脚。换句话说，它是人生一个重要的网红打卡点。

不过，有了铁路，并不意味着内河水道就失去了它的意义，相反，它可以通过水铁联运，让这个水道的价值更加凸显出来。今天，很多沿江城市还在加强与内河的联系，比如说合肥修了巢湖港，河南也开通了漯河港和周口港，对武汉来说，更是可以利用长江，将水铁联运玩出花来。

比如在2021年6月首次贯通的"日本—中国（武汉）—蒙古"海铁联运国际新通道，就具有时效性强、稳定性高、辐射面广和综合成本低等优势——100辆日本汽车"坐船"经过武汉阳逻港，再通过中亚班列运抵蒙古国乌兰巴托。前前后后，它只需要17天，比起此前日本经俄罗斯到蒙古，足足节省8天时间。

无疑，这种新通道的打造，不仅进一步促进湖北对外开放，同时也推动武汉落实长江经济带发展战略，在成为连通东亚地区国际铁水联运大通道的同时，努力成为国内大循环的重要节点和国内国际双循环的战略链接的重要抓手。

尽管今天的城市竞争中，北上广深一直是亮点，杭蓉渝也在努力抢占风口，但武汉也同样敞开着怀抱，在热烈地迎来送往。这里不仅有大江东去，也有写意的东湖。不仅有鸭脖、藕汤、热干面，还有汪集鸡汤、清蒸武昌鱼。不仅有黄鹤楼、汉正街，还有车都之脊（东风大道）和光谷。这里有生活的谈资，也不乏向上的激流。

尤其是我发现，武汉的一头是信息产业高地，另一头是制造高地，加上巨大的高校资源，几者联手，会带来怎样的想象空间？这叫人一想起就激动。今天的武汉，又一次梦回当年。

只是过犹不及，在情绪上常有些打摆子的武汉人，如今又开始蜜汁自信——

在网络上我们可以随处看到这样的比较：武汉可不可以超越上海？或者，武汉什么时候能超越上海？似乎当年和大海一起同称为"大"，就总以为只有上海才能成为自己的对标对象。

这种撩拨往往会让人认不清楚现实。如果说以前的武汉，是现实发展追不上思想，今天的武汉，则是思想跟不上现实发展。就像起了个大早的武汉都市圈，相对雷声，雨点有点小，到10年后，连最基本的电话区号都无法做到统一。所以武汉需要在这方面奋起直追。

风水轮流转，这次居然让长株潭城市群后来居上。

# 十二

长株潭之间一开始其实也"一言难尽"。首先体现在城市的GDP上，和成都、南昌还有合肥在各自省内一家独大相似，长沙也是独领风骚。第二名岳阳为4402.98亿元，足足比长沙落后8000多亿元。株洲、湘潭更少，前者3420.26亿元，后者2548.35亿元——就是把两者合并在一起，它们的经济总量与均量都不到长沙的一半，这让长株潭之间的政治经济地位不相匹配。

与此同时，三市产业外在链接多，内在链接少，产业协作程度低，出现同质化竞争等现象，这也导致三地一体化，从20世纪中后期的"纸上谈兵"进入21世纪初的"落子推进"，前后经历了40多年，直到2007年才获批"两型社会综合配套改革试验区"。

然而，尽管实施"交通同网、能源同体、信息同享、生态同建、环境同治"已有10年，但到今天，一体化总体看依然属于1.0版。

所以湖南省政协在调研之后，于2019年弃长株潭一体化，而首次提出"大长沙城市圈"概念。"由于三市经济地位差距短期内难以缩小，长沙独大的趋势还会继续保持。因此，明确提出和构筑'大长沙城市圈'的时势已至。"

这个城市圈将将自己定位为长株潭城市群建设的升级版，同时也要突破长株潭三市的行政区划边界，在范围上扩大到南抵衡阳蒸湘区、北达岳阳城陵矶港在内的"大湘江湾区域"，包括长株潭和衡、岳、娄、益、常五个市的大部分地区，这可为湖南下一步申建国家中心城市和自贸区奠定基础。（《大长沙城市圈：长株潭一体化的升级版》，白杨，《湘声报》2019年11月1日）

在这一建议落地之前，另一份《长株潭一体化发展五年行动计划（2021—

2025年）》却在2021年6月正式公布。在这份由湖南省委办公厅、省政府办公厅印发的行动计划中，明确提出"支持长沙县撤县设立星沙区，拓展城市发展空间，加快建设国家中心城市"。

在《中国新闻周刊》看来，做出这一决定，显然不容易，这意味着该省将"失去"唯一的全国十强县（2020年GDP1785亿元，排名全国百强县第8，中西部第1），但从"全国范围看，除了南昌县，全国类似长沙县这样形态的郊县，早已不复存在。北京、上海、广州、深圳、天津、南京、东莞、佛山这些大城市早已进入'无县时代'"。武汉也同样如此，这也是武汉建成区要大于长沙的原因。但更重要的是，它有助于推动整个湖南高质量发展，提升长沙首位度，拓展城市发展空间，加快建设国家中心城市。因为在长沙县撤县设区后，长沙市不论是城区面积，还是常住人口都将得到全面提升。以前的长沙，看上去很小，现在看上去同样会很大。

最终，2022年2月24日晚，《长江中游城市群发展"十四五"实施方案》和《长株潭都市圈发展规划》正式获得国家批复，为这些争议画上句号。

获批的实施方案提出：长江中游城市群发展要彰显江西、湖北、湖南三省优势和特色，以培育发展现代化都市圈为引领，优化多中心网络化城市群结构，提升综合承载能力，在全国统一大市场中发挥空间枢纽作用，打造长江经济带发展和中部地区崛起的重要支撑、全国高质量发展的重要增长极、具有国际影响力的重要城市群——这也意味着，未来的江西、湖北、湖南将要努力撑起长江中游城市的天空，而长株潭也将继南京、福州、成都都市圈之后，成为全国第四个获批的都市圈。

在"中华城事"的眼里，这一点都不奇怪，一是因为长株潭是全国最早规划、最早发展的都市圈之一，被称为"中国第一个自觉进行区域经济一体化实验的案例"，二是发展多年的长株潭都市圈在交通、体系等方面尽管有着这样或那样的问题，但均有明显先发优势。"三市即一市"的概念，在当地早已深入人心。某种意义上，长株潭被国家认可，在平息各种争议的同时，也让长株潭齐心发展。

当国家战略机遇、发展平台机遇、政策红利机遇加速涌来，很多企业也春江水暖鸭先知。中联重科与湘潭市政府签订战略合作协议，依托湘潭在特种钢材、新材料等领域的优势，携手打造中联重科配套产业园。三一集团在长沙投资了智联重卡千亿园区，在株洲"落子"石油装备产业园、智慧钢铁城项目，在湘潭布局有风能叶片项目。《第一财经》在2022年2月25日的专家评论说："放眼整个中国，在越来越重要的城市群及区域发展格局中，中部地处京津冀、长三角、大湾区和成渝城市圈'四极'勾画的菱形内核，有望成为中国经济五大增长极之一。国家认证的中部第一个都市圈颁给了长株潭都市圈，既是对长株潭探索一体化发展40周年送上一份大礼，也是对湖南践行'一枝独秀不是春，万紫千红春满园'区域均衡发展新理念的肯定。"

报道的标题：《中部首个"国家级都市圈"来了，不是武汉郑州，是它！》，赤裸裸地对武汉造成了"伤害"，但是长株潭来了，武汉还会晚吗？武汉要做的，应该是祝福，然后再一起努力。

不过，在拓展自身的同时，长沙还需要做的，是提升自己产业的多元度。尽管贵为工程机械之都和娱乐消费之都，但在互联网浪潮和近年来新兴的人工智能、工业互联网、大数据中心、5G等新基建、数字化、智能化产业中，长沙并不具备优势。需要特别提醒的是，尽管工程机械制造让长沙掐住了时代发展的脉搏，但正如ET财经观察所看到的那样，"工程机械是传统产业，比起石化这些万亿量级行业来说，产业发展空间有限"，所以，这也逼着长沙在未来要继续转型升级，"一是往智能制造转，二是利用在工程机械行业积累的经验和技术拓宽产品线，往城市轨道交通装备、机器人及智能制造、航空航天、农业机械等领域拓宽"。2022年3月1日，我国大飞机C919全球首单落地，这一天长沙大飞机产业及研发基地项目开工，"这个项目建成后将成为世界第二大地面动力学实验平台。依托这个平台，后续将引入一批全球航空航天上下游产业链项目汇集到这里"。"这可能是你的另一个想不到，盛产娱乐明星、挖掘机的长沙，如今还能生产航空发动机，中国每生产10台中小航空发动机，9台产自长沙！"不过，在我看来，长沙的未来，一方面寄托于自我奋斗，但另一方面，也可以将视线投向身边的武汉，并寻求助力，毕竟，在互联网浪潮以及数字化产业发展中，身为车都和光谷的武汉做得还相对不错。

2021年5月23日，湖北、湖南心平气和也意气风发地坐在了一起，为"2021年长江中游三省市常务副省长联席会议暨首届共同推进长江中游城市群高质量发展研讨会"进行研讨，并献言建策。还有一省，则是和它们同样相爱相杀却越发离开不了的江西。著名经济学家、国家发展改革委原副秘书长、促进中部地区崛起办公室原副主任范恒山在专题发言中，认为长江中游城市群不仅是长江经济带的重要骨架，也是中部地区的核心支撑，在区域发展乃至全国发展中具有举足轻重的地位。应当按照国家在2021年发布的《关于新时代推进中部地区高质量发展的意见》，合作建设高能级高品位的长江中游城市群，同时依托其引领带动中部地区加快崛起。

他说自己在十多年前，就在有关场合谈道："综合而言，中部地区将会是各区域中发展潜力最大、成长性最好的地区。我们看到，这种潜力正逐渐被激发出来，而中央的战略指导和政策跟进起到了十分关键的作用。"

不过，实现中部地区高质量发展得下苦力，首先得紧扣关键、力克短板，比如，协同发展的挑战，"虽然从整体上说，中部地区具有承东启西、连南接北的中心与枢纽地位，但基于内部而言，其板块的黏合度并不高，有的专家甚至认为中部地区在地理上难以构成一个完整的区域板块"，"从产业结构看，除个别省份外，中部地区大部分省份间差异较小，同构度高"，还有就是，这块地方"钟灵毓秀、鸾翔凤集"，"滋养了人们自信自强和不服输、敢拼搏的品格，有利于树立进取意识，积极开展创新与突破"，但是，它"也容易导致单打独斗、自以为是和逞强好胜，对资源整合、地区联动、机制耦合等造成不利影响"；还比如，纵深开放的挑战。尽管今天中部崛起战略的实施，以及高铁等基建的建设，让中部不再因为身处内陆中心地带，而无法通江达海，但我们还是得警惕各种区际阻碍和行政限制，以及产业的蛙跳效应。

未来，长江流域的中游城市群需要加强合作联动，这"有利于实现合理分工，从而减少乃至避免资源要素的低水平重复建设，推动做强做大地区比较优势；有利于在更大范围内整合和配置资源要素，提高整体创新能力，实现优势互补、相互支撑；有利于打通行政阻隔，实现优质公共服务的跨地区共享，让发展成果惠及更多的人群，加快改善提升民生福祉；还有利于凝心聚力、攻坚克难，有效化解棘手难题和重大风险"，相反，不合作则意味着，"很难形成功能耦合、结构协调、相互支撑的城市群"。而且，"具体而言，长江中游城市群在高端要素流动、优质公共服务共享、重要产业统筹、协同创新体系构建、功能平台打造、治理规制对接等方面合作都存在明显不足，深化的空间较大"。某种意义上，这也是湖北、湖南拉上江西一起玩的重要原因。这也让我相信，未来的日子，武汉、长沙以及南昌，又将手牵手、心连心。

当然，作为当年"两湖熟，天下足"的宝地，长沙和武汉还不能忘记自身在农业上的责任。幸运的是，今天的长沙还是我国杂交水稻的研究中心——这个由袁隆平创始的享誉世界的绿色革命基地，正在东郊马坡岭。而武汉同样利用自身农业高校、科研院所众多，拥有10多位涉农两院院士，农业科研实力雄厚的优势，全面提升"武汉·中国种都"竞争力，聚力打造华中地区唯一、全国五个之一的国家现代农业产业科技创新中心。

随着武汉和长沙的知耻后勇，乘风破浪，又让很多人生出振兴"大湖广"乃至"大荆州"的雄心。当年的荆州是天下九州之一，有千里沃野、万里河山。今日的它仍然是南北之要道，荆楚之心脏，洞庭湖之上首，江汉平原之管带。

我们不能遗忘荆州，它既是历史的荣耀，也是未来的寓言。对武汉和长沙来说，荆州的荆，它从来都是筚路蓝缕，披荆斩棘。

**8**

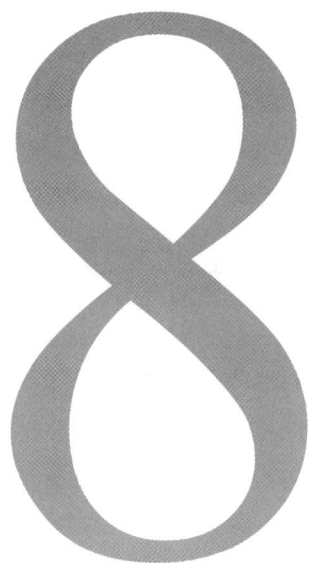

CP杭蓉：中国腰部的力量“担当”

964年11月，宋太祖赵匡胤终于做出了兴兵伐蜀的决定，通过水陆两路夹攻成都。仅仅66天后，后蜀后主孟昶见大势已去，便举城投降。其宠妃花蕊夫人因此愤然作诗道："君王城上竖降旗，妾在深宫哪得知？十四万人齐解甲，更无一个是男儿。"

据说，成都之所以又称蓉城，也跟这位夫人有关。因其偏爱芙蓉花，于是孟昶就命人在城墙上种植芙蓉花，花开时节，成都"四十里城花作郭，芙蓉围绕几千株"。倒有一些周幽王为了讨好褒姒而搞出烽火戏诸侯的意味。所以，成都战败，也不是跟花蕊夫人没关系。

也许是眼馋天府之国的富饶，也许是为了打压成都防止割据再次出现，宋军简直搬空了成都，甚至连孟昶的溺器也被打包送走。此前，由于蜀中比较安定，赋役俱省，斗米三钱，加上府库之积，无一丝一毫入于中原，所以钱币充实。而其溺器都是用七宝装成。除此之外，"丝织业也有长足的发展。政府仓库中积蓄了大量绢帛丝绵。宋灭后蜀之后，将成都府库中'轻货纹縠，即自京师至两川设传置，发卒负担，每四十卒所荷为一纲，是为日进'。这样不停地搬运，'十余年始归内府'"。(《宋代成都的丝织业》，许蓉生，《西南民族大学学报》2006年第11期)

从中可见当年成都的GDP应该领先全国。但它造成的结果也显而易见，成都元气大伤。来自中央政权的持续剥削和抢夺，最终引爆了规模巨大的王小波、李顺起义。

也就在成都归顺中央政权的后10年，偏居东南、以杭州为都的吴越国国主钱弘俶遵循祖辈武肃王钱镠的遗训，率所辖13个州、55万军民归顺北宋，是为"纳土归宋"。

在今天看来，这个举动成就了一段顾全大局、统一中华的佳话，但更重要的是，这种"休兵息民"的战略方针，在战乱频仍的五代为两浙人民营造了较为和平、稳定的生产生活环境。杭州日后能有大发展，跟钱氏有很大关系。

尽管今天的成都，和杭州不相上下，同为休闲城市的代名词，而且与杭州互为新一线城市头把交椅的主要争夺者，但草蛇灰线，伏脉千里，从它们当年面对时代大势所做的不同选择，你就会发现它们有多相似，就有多不同。

# 成都，成于何处？

一

出成都东站往北，坐C字头的高铁，只用18分钟就可以直奔广汉北站。这差不多刚刚出了成都六环。从广汉北站打车往西北，则是什邡。

我无疑掉进了这个天府之国的粮仓。行驶在去往什邡的北京大道上，你就会发现自己被大片大片的绿色所包围。此时正是6月，水稻疯长。它们不停地掠过你的视野，甚至将平时鸡犬相闻的村落，分割成一座座漂浮在绿洋上的孤岛。

这就是典型的成都平原。比起成都向西有横断山脉，向东有龙泉山脉，北边的广汉则低平、肥沃。除了青白江流经此地，还有鸭子河、石亭江也自西北流入。

所以你不难想象，为什么这块处于黄河和长江之间的平原，会被称为陆海以及天府之国，为什么举世闻名的三星堆会出现在这个地方。与此同时，老子李耳会来到成都的青羊肆传道。这个青羊肆，也就是今天的青羊宫。

事实上，在战国以前，这两个名号还是属于关中平原，到了汉代以后，这两项桂冠则被成都平原"摘得"，关中反而"号为近蜀"。

这自然和李冰治水，修建成都西北的都江堰有关，它将岷江分成了外江和内江蒲阳河，然后再通过多次分流，让水涝多发之地变成了水旱从人的天府之国。

仔细审视这些水系，你会发现它就像一张叉开五指的手掌，紧紧地把住了成都平原。其中，蒲阳河是大拇指，它向东蜿蜒，接青白江，到成都东北的金堂为中河。

而其支流，一为江安河，是小拇指，自西贴着成都城区一路向南；还有两条支流：走马河、柏条河，在我看来，它们更像是中指和食指，因为它们撑起了今天成都的城市布局。走马河进入成都后，为南河，柏条河进入成都后，为府河。最终，并行的二江于九眼桥再次合流，为府南河。有句诗便赞："两江珥其市，九桥带其流。"换句话说，这两条江就像是给成都戴上了耳环。不过，在晚唐时，成都由二江穿城，改成了二江抱城。

至于无名指，则是毗河。它是柏条河进入成都之前的再一次分流。它和中河于成都金堂县赵镇汇合后汇入长江的支流——沱江。

可以看出，这些水系的出现，将成都平原梳理得井井有条，不仅使得成都平原诸城市伴水而生，并通过水路相联成一体，方便商贸往来，而且使得成都彻底脱离中心聚落时代，成为布局严整的古代农业文明城市，城址也自此不再改变。

但更大的影响则是这个城市的人文气质。正是身处沃野千里、水旱从人的成都平原的中心，让这座城市具有极大的自我修复能力，也给了成都人安享生活最为充分的条件。

安逸和巴适成了他们评价一件事物好坏的标准，而大气、豁达和乐观也就此成为他们的人生底色。到今天，成都人的嘴头还经常挂着"不存在"这三字，也就是"没啥""别放在心上"。感觉跟成都人做朋友没有心理压力。与此同时，不怕吃了上顿没下顿，也让整座城市充斥着旺盛的消费欲望。难怪后人曾感叹"锦城满目是烟花，处处红楼卖酒家"。今天的成都，更是成为深具烟火气的美食之都，火锅、抄手、担担面、冰粉、冒菜……似乎成都人把人生的精力都放在了吃上面。不得不说，道文化能在成都盛行，和成都人内在的不拘礼法、放浪形骸的自由浪漫有很大关联。

只是，温柔乡有时不免就成为英雄冢，百炼钢在这里也得化作绕指柔，所以古人之所谓"少不入川，老不出蜀"。这不免让人作文感叹，"蜀地能培育出'三苏''三杨'以及司马相如、李太白这样的天之骄子，却从来没有诞生过刘邦、李渊、朱元璋这类枭雄的土壤。除了谯纵以外，那些在曾在四川称王称霸的帝王们，没一个是蜀人"。

相反的是，这里的女人却大多独立，甚至不免表现得强势。这是因为精于织锦浣纱的她们，无须依赖男人就能生存。

成都除有吃有喝之外，还有蜀锦蜀绣。由于身处农业精华区，四川的丝绸业发展迅速。蜀锦蜀绣冠绝天下，蜀锦成为中国四大名锦之首，更是政府的主要税源。今天的成都，之所以被称为锦官城，也和丝绸有关。

同样，正是有浣纱女在南河浣花溪濯锦，"峨眉山上月如眉，濯锦江中霞似锦"（《艳情代郭氏答卢照邻》，骆宾王）。流经成都的府河、南河也一并被称为锦江。常态化的成都，也一定是这样的，人们通过这两条河道进行频繁的贸易往来，对外输出蜀锦、纸张，输入茶叶、药材、柴炭和粮食，日子过得富足而又安逸。

也正因为无须依靠单一的经济才能生活，这里的女人变得相当自立。尤其是织绣濯锦，让她们为这个城市所需要，所以她们变得越发强势。莫怪今天的四川男人多是耙耳朵。

这样的成都，吸引的不仅是本地人，而是很多身处战乱时代的外地人。秦代"移秦民万家入蜀"。三国至东晋，随刘备入蜀的移民达数万家。西晋甘肃陕西大旱，流民十万人入川"就食西蜀"……他们在这个城市一旦安定下来，便往往被这个城市所同化。这也让整个成都变得开放和多元。

但成都平原虽大，终究还是窝在四川盆地之中。

## 二

今天，我们站在成都平原之中，举头四望都是名山大川。

出广汉，向北到广元，就是剑门关。所以，想来一趟也不容易。李白就说："蜀道之难难于上青天。"所以成都这个地方，很长时间也犹如它那独特的入冬难见三天太阳的气候，呈现出相对封闭的状态。有时容易怪力乱神，但更要命的是，容易造成割据的局面。

事实上，在孟昶的后蜀之前，还有王建所建的前蜀，历二主而亡。当然，更有名的割据政权应该归属于三国时的蜀汉。它们都眼馋西蜀之利，这也往往造成天下未乱蜀先乱，天下已治蜀未治。每次改朝换代，对成都都是一次伤筋动骨。

幸运的是，这一次，在宋太祖搬空成都若干年之后，大宋还给成都送来了一位好知府赵抃（biàn）。这位在《宋史》中和包拯齐名的铁面御史，怼天怼地怼皇帝，"宰相陈执中纵容嬖妾锤挞女奴迎儿致死，开封府迎合仁宗意思，曲为回护。赵抃愤然弹击陈执中，并对保持缄默的谏官张择行和持反对意见的谏官范镇一并弹劾，从而引发台官们和范镇之间一场长达一年多的争论"。（《"铁面御史"赵抃生平考述》，张其凡、白效咏，《暨南学报（哲学社会科学版）》2008年第5期）然而，在他的铁面之下，却有柔情。

来成都上任时，他一琴一鹤一老马，不给当地制造麻烦。此外，他还极力反对"内臣入蜀"——这些被宋仁宗派来，为宫中爱妃织造新款蜀锦，为宫廷版刻新书的太监，长期逗留于成都，不仅带坏了当地官场风气，而且加重了百姓负担。他建议朝廷赶紧制定规章制度，要么不来，要么少来，"降圣旨指挥，许令（内臣）住益州不得过十日"。他还建言禁绝四川官员的宴请馈赠，不要再"鼓铸大钱"，"以安存远方，宽贷民力"。总之，他不愿意看到这块赋税负担历来不轻

的土地上，还要被无休止地烦扰、苛剥，那样的后果会不堪设想。（《成都"老市长"赵抃》，易旭东，四川省地方志工作办公室）

今天的成都，对赵抃依旧心存感恩，把他视为和治水的李冰、化蜀的文翁、扶助蜀汉的诸葛等人一起，为推动成都生生不息最为重要的一分子。

他无疑是爱成都的。曾去青城山拜谒以《蚕妇》诗而闻名、隐居于白云溪的张俞不遇，而写"背琴肩酒上青城，云为开收月为明"；亦曾在江源（今崇州）拜访旧友张景通，歌以"徙命乘轺入锦川，岷沱寒霁好人烟"。

他还在青白江上乘舟，见那从雪山融化下的雪水汇成的江水澄碧，如同一匹素白的绸带，不禁感慨道："吾志如此江清白，虽万类混淆其中，不少浊也。"此语无疑是以江明志，誓要清白做人，虽万类混杂，也绝不同流合污。据说青白江原为清白江，正是由此而来。

这样的爱，让赵雷所唱的《成都》，都显得虚弱和矫情。只是，了解赵抃的人都知道，他虽然爱成都如是，但他的内心，却有一块坚定不移地留给了杭州。

# 都是休闲之城，杭蓉却大有不同

## 三

在很长时间内，成都和杭州尽管一东一西，但是交流并不少见，也互为镜像。

君不见来自青城山的白素贞，一路向东，飞越千山万水，相中了来自钱塘的许仙，于西湖边的断桥相会，此后历经磨难，成就一段千古传唱的爱情故事。

有人吹去历史人文的浮尘，就发现了成都与杭州之间某些隐藏的关联："当我们感叹杭州的苏小小时，却想起了成都的薛涛；当我们吟咏断桥那许仙和白娘子的爱情故事，却会感受到司马相如和卓文君的甜蜜爱情；当杭州附近的绍兴人陆游的文字大大赞美了成都，而成都附近的眉山人苏轼却在杭州留下了不朽的苏堤；当河南人白居易和杜甫从京城长安出发，却一个向东，一个向西，分别来到的是杭州和成都。"

和成都一样，杭州也是身处平原之地。这个位于太湖流域的南部，以太湖为中心的浅碟形洼地，是"七山二水一分田"的浙江中最大的堆积平原。这里水网稠密，河网密度平均12.7千米/平方千米，为中国之冠。这也给了位居平原之上的杭州、湖州以及嘉兴一个天生的优势。今天的湖州，有古镇南浔，而嘉兴，则有桐乡的乌镇。它们都是以水乡而闻名。相比而言，出产湖丝的南浔，在明清时期更是风头甚劲，诞生了无数富翁，其中就有"四象八牛七十二金狗"，其中称象的财产达1000万两白银以上，称牛的财产在500万两以上，狗地位相对最小，但财产也得在100万两白银以上。

杭州不用多说，有"浓妆淡抹总相宜"的西湖，以及与西湖、西泠并称"三西""芦锥几顷界为田，一曲溪流一曲烟"的西溪。还有一条钱塘江自西南逶迤而来，穿城而过，由杭州湾汇入东海。此江原名浙江，因秦王政二十五年（前222年）秦灭楚，于今杭州地置钱塘县，遂有此名。据地质学家多次考证，今天的杭州西湖原本与此江相连，后来因地壳变化，方才与钱塘江逐渐分离，自成一湖。

事实上，杭州的杭，古便通"航"，而在隋首次置杭州时，它也曾写作"邟"，而"邟"的本义，即是用舟船代替车马作为城市交通工具的水城。

多年以后，在余杭临平的茅山，考古学者在考古发掘过程中，出土了独木舟、牛脚印、红烧土田埂等文物。其中，这条全长7.35米、最宽0.45米的独木舟，也是国内考古发掘出土中最长、最完整的史前独木舟。

如果说富饶的成都平原孕育出了三星堆文明，大得江、湖、海之利的杭州，也有新石器时代的文化遗存——良渚文化。

两者相距1800多公里，相隔千年，都是中华文明的曙光。与此同时，被认为是良渚先民首创的玉琮，日后也在三星堆中被发现。这不禁让人感叹，成都和杭州其实早在婴儿的啼哭、雄鸡的晨鸣中，就已借江相拥。

来自南方的鱼米以及丝绸，也让北方统治者欣喜若狂。尤其是魏晋南北朝时期的大混乱，让北方经济严重受损，更使得发展迅猛的南方，成了中国新的经济增长点。也正是在隋朝一统全国之后，始建于春秋时期的京杭大运河，再一次被发扬光大。和秦始皇修建的大气磅礴的长城一样，这条横跨南北的大运河，同样是中华民族的象征。不过，长城挡不住北方游牧民族的步伐，但京杭大运河直到今天，还在发挥着重要作用，它不仅有利于国家加强对南方的管理，而且还可以加强首都与富庶经济区的联系，从而实现南粮北运。

对杭州而言，京杭大运河被打通无疑意味深长。它不仅让杭州成为重要的码头，而且将杭州与南方诸多重要的城市串联在一起。杭州也因此迎来了人生最为重要的一次崛起。

但我们也需要注意到的是，因为与周边四通八达，又无险可守，杭州不敢过于"造次"。这大概也是钱氏在中原王朝面前选择了纳土归宋的重要原因。

反过来说，这个钱氏也很有自知之明。但这也让他的姓氏，也自此在《百家姓》中排在了赵家之后。

同样，由于杭州在这方面的"缺憾"，赵构的南宋小朝廷一直不敢将杭州当成自己的"大本营"，只能作"行在"，然而，"暖风熏得游人醉，只把杭州作汴州"，最终，湖山醉美的杭州，还是软化了统治者的脚步，进而摇身一变为事实的首都。

不过，也正因为背负着一个"偏安一隅的小朝廷"的骂名，而都城杭州也成了皇室官宦纸醉金迷、荒淫无耻的"销金窝"，让杭州在千年的正统史书中，登不上"大雅之堂"，"于是一个经济发达、文化繁荣、科技兴起、城建发展的南宋杭州被遮蔽了"。（《从〈南宋都城临安研究〉说起》，王安祥，《联谊报》2017年3月23日）幸运的是，20世纪80年代在史学界发掘、研究南宋杭州第一人的林正秋，在《南宋都城临安研究》中，指出杭州作为南宋都城，绝不是南宋朝廷一时的胡乱选址，而是在流亡过程中，经过前后对比，具有战略眼光的一次抉择。

如果只是胡乱决策，很难想象，南宋前后能享国152年。与此同时，名人志士都乐于亲近杭州，甚至以葬在杭州为荣。

## 四

赵抃是在人生的暮年来到杭州的，前后两次。

第一段时间很短，便改知青州，第二次是由越州任上，以资政殿大学士、谏议大夫移知杭州。这也成了他仕途的最后一站。作为铁面御史，他这辈子都在起起落落中循环往复。因为反对王安石变法，让他到杭州，有些靠边站的意味。但是杭州却给了心灵莫大的安慰。

他曾在青州想念杭州，"早暮涛声绕郡衙，湖山楼阁衬烟霞"，感叹"东州久发南归梦，却念重来未有涯"。而在杭州，他也曾走访了很多名胜，《杭州八咏》中，他写介亭，"介亭群石似飞来，深插云林两两排"。写望海楼，"景觅东楼天下少，帘帷长对海门开"。写有美堂，"城在东南诚第一，江湖只向坐中窥。斯堂占胜名天下，况有仁皇御制诗"。

看他的诗歌我才知道，自己曾经多次涉足过的吴山，还有这样一个重量级的历史遗迹。据说是北宋仁宗嘉祐二年（1057年），龙图阁直学士梅挚出守杭州，仁宗皇帝曾赐他"地有湖山美，东南第一州"的诗一首。日后，他在吴山之巅的太岁庙侧建一堂，取诗中"地有湖山美"句中的"有美"二字作为堂名，并请欧阳修作文，大书法家蔡襄书写。只可惜的是，今人只知欧阳修的《醉翁亭记》，而遗《有美堂记》。

无疑，赵抃很珍惜杭州这来之不易的"成果"。在杭州当市长时，他曾顶住压力，在两浙饱受蝗灾之时，拒修杭州城以与民休息。但他也不是毫无动作，相反也奏请朝廷重修了故吴越王钱氏之坟庙。

日后，他的莫逆之交，也曾数度在杭州任职的苏东坡，同样也将杭州当成了人生的栖息地。"我本无家更安往，故乡无此好湖山。"后来更是作诗回忆说："居杭积五年，自忆本杭人。故山归无路，欲卜西湖邻。"

正是前有白乐天，后有赵抃、苏东坡充当了杭州的义务宣传员，杭州成了和成都一样闻名的休闲之地。而马可·波罗更是为杭州"添油加醋"，在他的笔下，杭州"这座城市的庄严和秀丽,堪为世界其他城市之冠"。

"历朝士大夫们在经历了数十载宦海沉浮之后,把儒家理想彻底放下,晚年回到苏杭,在他们优雅的园林中,在西子湖畔的鸟语花香里,归于佛老,在江南进入化境。"这种状态一直延续到近现代,"累了的达官显贵们,今天爆发了的长三角新贵们,都把她当作一个别墅区来放松休闲"。顺便将当地的房价一直哄抬得居高不下。

与此同时,由于大量北人迁居杭州,杭州人成为江南人中的北方人,喜欢吃面食,性格当中有硬朗的一面,号称"杭铁头",对应的是苏州人被戏谑为"苏空头"。

加上在南宋时被统治者立为正统思想的程朱理学,以"存天理灭人欲"作为招牌口号,更让杭州人"近朱者赤",变得压抑而又理性、务实。

在《南方周末》著名评论员李铁眼里,尽管同为休闲之城,但成都和杭州不在同一个境界。休闲对于成都人来说就像天赋人权一般,是人人都要享有的。"师万物、法自然"、重"道"而不循儒家"纲常"、追求完美人性和自由的他们,将休闲变成生命本真状态的自由表达,变成生命的归宿和常态。工作只是暂时的,甚至工作也要休闲着干才行。在我看来,成都的休闲其实是成都人自己的休闲。

相反,杭州的休闲是外人的休闲。他们来了,看了,然后留下来了,或者又回去了。这就像每年一到"五一""十一",来自五湖四海的面孔便挤爆了断桥、攻占了吴山。至于杭州人,尽管风景摆在眼前,但高昂的消费,背负的房贷,让他们哪里有时间去参与这些热闹,有这时间还不如多赚点钞票。

所以,对杭州人而言,休闲则是对文明异化的一种逃避和休息,是生命的艰难跋涉之后的喘息或者停歇。休闲是暂时的,是为工作积蓄能量。

然而,尽管有着这样或那样的不同,但它们最终还是不约而同地,走上了各自人生的"反面"。

# 杭州的工业化初体验

## 五

1928年，张静江二度出任浙江省省府主席。这个从湖州走出来的残疾少年，和他那些被列为"象"的先人一样，都有着敏锐的商业头脑。

这也让他有机会在日后成为商业大亨，以及革命的最忠实的伙伴。孙中山逝世前立遗嘱，指定的第一个签字人就是张静江。他甚至靠着一己之力，将蒋介石扶持上了"领袖"的地位。但是，北伐之后，在建国方略上和昔日的小弟有所不一——前者想建设，后者想"剿共"进而武力统一全国，加上受"四大家族"的排挤，他被打发回了老家任职。

今天西湖边北山路上，有他住过的新新饭店，还有他的静逸别墅。正是在这个地方，张静江一边踱步，一边向好友们阐述自己对这座城市的构想："我确实有一番雄心，集中一批人才，使杭州迅速崛起，成为东方的纽约。"这个无法在全国范围内实现自己建设理想的大人物，退而求其次，将杭州当成了实现自己理念的蓝本。

这并不是一个虚幻的理想。此时，距离鸦片战争打开中国的国门已经过去了近百年。沿海开埠让沿海地区迅速卷入资本主义世界市场，上海、广州、厦门、福州、宁波因"五口通商"迅速崛起。其中尤以上海的变化最为耀眼。此后通商口岸由沿海向腹地发展。1861年，汉口被辟为新的通商口岸。即使身在内陆的重庆也没有逃过魔爪，1890年，在《烟台条约续增专条》中，重庆成了商埠。

相比以上几个城市，杭州成为通商口岸要晚得多，直到1895年才在《马关条约》中被日本人"拿下"。而且，太平天国起义也让杭州遭到严重破坏，人口从100万一度锐减至20万以下。更要命的是，太平军切断了京杭大运河的交通运输，逼迫商人们通过上海走海路，这极大地动摇了杭州这座大运河起点城市的商业地位，也增加了上海的人气和财气。等杭州开埠之后，上海已然让其望尘莫及。"当租界为上海带来大量外国人口和西方现代工业之时，杭州城郊的日本租界并没有发展成新的现代工商业中心，而成了赌博和嫖娼之徒频频光顾的场所。"界面新闻在《杭州是如何成为"上海的后花园"的？》一文中不无遗憾地指出："进入20世纪，杭州已经沦为一座发展停滞的、边缘化的城市，与之相对的，工业化的上海取代了杭州在经济和文化上的中心位置，并开始对杭州施加影响。"

这种影响让杭州五味杂陈，但是开放精神让它很好地接纳了上海的存在。19世纪八九十年代后，苏、锡、杭、嘉、湖等地与上海港的联系更趋密切，除了为数更多的各类木帆船在两地穿梭往来，还有无数条小火轮。到1909年8月30日，沪杭铁路更是全线通车。其中，艮山门是杭州至上海的第一站。

事实证明，身边有这样一个巨无霸，也未必都是"灯下黑"。交通的便捷，让杭州很好地享受到了上海在进出口贸易方面的产业外溢，同时，也带动了浙沪之间的人流、物流以及信息流。进而，让杭州的轻工业发展和相关地区的近代化进程全面加速。

这些都无疑支持了张静江一次重要的尝试，那就是在中国时局较为动荡的当时，在没有一分钱经费的情况下，举办了空前浩大的西湖博览会。今天杭州的北山路，还有张静江当年为之付出的痕迹——西湖博览会博物馆旧址。这座浙江省近代保留下来的极少数大跨度公共建筑，既是杭州留存不多的民国记忆之一，更是研究近代杭州经济、会展业发展、公共建筑变革的最佳实物案例。

也正是在这里举行的第一届西湖博览会上，展出了重工、轻工、棉纺、机械、手工、化学、电子、仪表、矿冶、建材、食品、水产品、烟酒、粮油、五金、交电、邮政、日用工业品等数万件物品——正如当时的会歌所唱，"熏风吹暖水云乡，货殖尽登场，南金东箭西湖宝，齐点缀锦绣钱塘"。无疑，这次博览会的召开，不仅刺激了江浙民族工业的发展，更对杭州这个城市起到了巨大的推动作用。

某种意义上，尽管此时的杭州很美丽，很吸引人，但它在真正确立为旅游休闲城市之前，它还有着其他更为重要的城市职能，那就是发展实业，全速推进现代化。即使是西湖，也只能充当实业救国的"道场"。

只可惜的是，抗战爆发，打断了杭州的现代化进程，与此同时，张静江先避居汉口，后经香港赴瑞士、美国，寓居纽约，并于此病逝。

但是，杭州并没有放弃自己昔日的尝试。

# 六

1958—1960年，杭州在第二轮城市总体规划中，提出了"奋斗三五年"，把杭州建设成"以重工业为基础的综合性的工业城市"的号召。

今天，当你漫步在西湖周边时，很难想象杭州当年曾布局过众多的工业板块，像武林门电子工业区、北大桥化学工业区、半山重工业区。

作为和成都一样闻名的丝绸之城，杭州也大力发展纺织业。杭一棉、杭州第一毛纺厂、杭州丝绸印染联合厂等10多家大型国有工厂相继出现在了今天的金华路上。

然而，谁也没想到，这种大干快上，给杭州带来了巨大的伤害。随着废水、废气和噪声的"入侵"，西湖原有的园林景色和自然风光受到严重破坏。它病了，而且病得不轻。

说起来，尽管身处杭嘉湖平原，但杭州在小环境上，还是比不上成都。由于地形的限制，西湖群山、西溪湿地、京杭大运河，以及从西南向东北绕城而过的钱塘江的存在，让杭州的老城陷入"三面云山一面城"的格局，城区面积只有400多平方公里，尤其是城域面积越往南越狭窄，形似腰鼓，又称"腰鼓城"。"'三面云山一面城'在给杭州带来得天独厚山水资源禀赋的同时，也产生了明显弊端——城市发展空间受限，只能在'螺蛳壳里做道场'，对人口和产业的综合承载力不足，对周边区域的辐射带动力不强。"（《杭州区划调整落地，千年古都呈现新格局》，何晟，《钱江晚报》2021年4月9日）

尽管这些工业板块都尽量远离西湖，但在今天看来，它们就在西湖的门口。

事实上，杭州也并不适合发展重工业，一方面是因为杭州并非一个资源型城市，其所需要的煤和矿石都需要外输；但另一方面，杭州在很长时间内只能寄望陆运，而非水运。虽然京杭大运河成就了杭州，但它很难适应工业化社会，尤其有些河段因为各种原因淤塞。但是要想走海运，钱塘江特殊的地形也让杭州不像宁波、上海那样，属于港口城市。很多人对钱塘江的印象，是八月十月的海潮，壮观天下无。钱塘江入海处是个喇叭口，外松内紧，潮水易进难退，加上泥沙淤积，导致河床存在庞大的沙坎，这也使得它是个看潮的胜地，却非出海通航的佳处，所以杭州要想发展工业，成本比较大。

如果说张静江想把杭州打造成"东方的纽约"，那么，在一个伟人看来，杭州更应该成为"东方的日内瓦"。这个伟人的祖籍同样是在浙江，在一生中至少34次到浙江，在浙江生活、工作了至少145天（根据浙江省委党史研究室的资料记载）。他就是周恩来。1954年，他曾在日内瓦尽显外交风范，舌战以美国为代表的16国，不但打击了美国霸权主义的嚣张气焰，也大大提高了中国的国际威望。

将杭州打造成"东方日内瓦",既是看中了两个地方都有一湾碧绿的湖水,同时也寄托了这个伟人对杭州的期望,那就是杭州也能像日内瓦那样成为生活质量居于世界前列的,有着世界影响力的会展、旅游城市。

接受这一指示的,正是四川开江人王平夷。1962年,他出任杭州市委书记(其时市委第一书记、市长长期由省委领导兼任),也因此成为杭州名义上的一把手。这也让杭州和四川的交流再"添"重要一笔。他在杭州任上最重要的业绩,就是保护灵隐寺不受破坏。

和拨乱反正一样,杭州也在痛苦的抉择中,自1983年开始纠偏,从工业城市重新退回到"历史文化名城和全国重点风景旅游城市"的定位。

尽管得益于市场化改革红利的持续释放和企业家群体的奋力开拓,进入20世纪八九十年代之后的杭州已然在纺织服装、食品饮料、包装造纸等轻工领域积累起先发优势,多种所有制经济也得到不同程度发展,并涌现出像青春宝的冯根生、娃哈哈的宗庆后,以及万向的鲁冠球这样的"三架马车"。但是到底要不要工业的争议,依旧如影随形。

"'杭州是风景旅游城市,有着旖旎的山水风光,因此有人认为在杭州不宜发展工业。这实际上是把工业和旅游对立起来的片面认识,发展旅游不能也不该排斥工业。'当时分管工业的副市长沈坚在一篇署名文章中如此写道,从中不难窥见两方意见的激烈交锋。"(《压舱之石坚如磐——寻访杭州"工业兴市"战略实施历程》,齐航,《杭州日报》2021年6月3日)

当杭州因为工业变得不那么美丽之际,成都也难逃争议。

# 成渝之争

## 七

相比杭州，成都的现代化进程要晚得多，由于没有及时赶上农业文明向海洋文明转型的机遇，它真正地成了一个偏安一隅的内陆省会。尽管通过岷江、沱江等水系，成都还可以和长江流域有着联系，但偏偏，重庆却抢先了半个身位。

这个巴渝文化的发祥地，但直到12世纪之后，因宋光宗赵惇先被封于此，为恭王，后又越过皇兄庆王立为了太子，并最终继承了宋朝的王位，可谓是"多重喜庆"，才被改成今名的小城，多年来只能任由成都充当省内的老大，无论从人口到商业，都不能和成都相比。但是，居于嘉陵江和长江的交汇之处，与长江中下游沟通便捷，"千里江陵一日还"，还是让它在近代化进程中成了受宠的那一位。

随着重庆的开埠，它也开启了赶超成都的光速发展史。"在开埠的第一年，重庆就建起了四川第一家民营新式工厂——森昌泰火柴厂。到了1915年，重庆的城市人口已经有了51.7万，超过成都的45万。在抗战爆发前，重庆工业已位居大后方第一，其产值是第二位西安的50倍。"（《成渝双核型空间结构及竞合关系研究》，杜鹃，西南交通大学2007年硕士论文；《试谈1954至1997年重庆产业衰落的行政因素》，袁长富、付令，《江西金融职工大学学报》2009年第S1期）

成都也不是没有机会。清末时，川汉铁路曾提上议程。官办的川汉铁路总公司也在1904年1月正式设立。这是全国最先成立的省级铁路公司。如果这条铁路能够顺利完工，成都就拥有了出川的重要交通动脉。但是，国破山河在，川汉铁路历时10年都未能修成，最后留下了一段悲壮的"保路运动"被写入了历史。

日后，清廷虽然被推翻，但是四川又很快陷入军阀混战的局面。据不完全统计，从1912年至1931年，四川军阀之间共发生过大小混战478次。这也让成都在时代巨变中，无奈地被自我放逐。在1949年以前，成都全市工业总产值仅为1.08亿元。

但幸运的是，正如其历经多次割据和战乱，依旧能及时修复自身，成都不管是否情愿，还是被硬推上了舞台。

它的第一次大转折，来自1955年。这一年，川（四川）康（西康）合省。以金沙江为界，以西各县划归西藏自治区筹备委员会，以东各县则划归四川。四川得到的就包括今天著名的康定、西昌、泸定、雅安，还有产铁尤丰，更兼产煤的荥经。这样一来，从1939年1月1日正式建省到西康省撤销部分并入四川省，西康省的建制共存在了16年9个月。尽管属于边陲之地，但因为蕴藏丰富，川康合省对整个四川都意义重大。

也正是在这一年，解放时总面积29.9平方公里城区面积18平方公里，不到现在锦江区的1/4的成都，在经过合并调整之后，以两江环抱的"旧城"为基础，向四周紧凑发展。其城区也被划分为东城区、西城区，以及市郊区，即大金牛区。

在此前刚刚出炉的新中国成立以后的第一轮成都城市总体规划中，成都也被定位于省会，精密仪器、机械制造及轻工业城市。

更大的加持还在20世纪60年代以后。这段时间，中国所处的国际环境日益恶劣。为了防备打仗，应对敌人的突然袭击，新中国自1964年开启了自己的大三线建设，决定"在纵深地区，即在西南和西北地区（包括湘西、鄂西、豫西）建立一个比较完整的后方工业体系"。

其中，"所谓后方，一个是西南，一个是西北，现在最靠得住的还是西南"。而最"基本的一点，就是搞四川这个第三线"。

这也是长达10余年，延续时间最长、规模最为宏大的一次工业体系建设。简单地说，就是在以四川为中心的广大西南地区建立相对于全国独立的、"小而全"的国民经济体系、工业生产体系、资源能源体系、军工制造体系、交通通信体系、科技研发体系和战略储备体系。为什么要这样做？一句话，就是建立中华民族的"战略大后方"。

得益于这样的建设，绵阳的电子，德阳的重工，攀枝花的钢铁，宜宾的化工……逐渐成为一股新兴"势力"。作为省会，成都更是因此被进补成了一个胖子。当时成都还没有修二环路，东面多是农田和荒地，被成都人习惯称为东郊。也正是在这里，"四厂两校"拔地而起。此外，还有无数新建的企业，其中最具代表性的，就是成都量具刃具厂。今天成都二环路，还有一个著名的立交，叫刃具立交。

根据看来的杨传球先生的口述史，所谓"四厂"指的是784厂（107信箱、锦江电机厂）、715厂（82信箱、宏明无线电器材厂）、719厂（69信箱、新兴仪器厂）、773厂（106信箱、红光电子管厂）。它们的到来，为成都在今天能成为一个现代化的电子工业基地打下了基础！所谓"两校"是指"大成电"和"小成电"，"大成电"就是现在的电子科技大学，当时叫成都电讯工程学院；"小成电"是中专学校，叫成都无线电工业学校，1970年停办了，原址划归7号信箱（在现在万科·金域蓝湾这一块）。

随着建设的持续，到了20世纪80年代，在东郊不足40平方公里的土地上，规模以上工业企业就有169家，从业人员达15.3万人。无缝钢管产量居全国第一、电缆产量居全国第一、光学玻璃产量占全国的60%。

成都在悄然之间改变着自身的气质，由消费型城市转变为具有现代工业体系，工业门类比较齐全，特色比较明显，以电子工业、机电等为代表的城市。

这也让成都在1982年的第二轮城市总体规划编制，提出构建东城生产、西城居住的城市格局，从而建成具有高度文明和历史文化传统的社会主义现代化城市。

日后的成都还抓住了这样一个机会，那就是在1988年，邓小平在会见捷克斯洛伐克总统胡萨克时，提出了"科学技术是第一生产力"的重要论断。在听到来自时代的号角之后，成都立马向四川呈交了《关于推进成都科技密集开发区建设工作的报告》。日后，拥有高新西区（位于郫都）、高新南区（位于武侯、双流）的高新区，在一片农地上正式拉开了建设的帷幕。两年后，高新区管委会获批成立。

也正是在这一年，国务院正式批准成都市的区划调整方案，将东城、西城、金牛3个区调整为锦江、青羊、武侯、金牛、成华5个城区。与此同时，在位于龙泉山脉的龙泉驿境内，成都又创办了成都经济开发区。

值得成都铭记的，这一年，台湾作家三毛"流浪"到成都。成都虽小，但文艺感犹存。

还有就是，成渝高速开工建设，并在5年后全线通车。这对日后打造成渝双城记意味深长。

"1994年底，成都的人口规模和建设规模均已突破了当时的规划规模。第三轮城市总规出炉，提出成都以中心城为核心，沿交通干线形成六条发展轴。从那时起，成都越来越接近于现在的模样。二环路、机场高速路、人民南路立交桥拔地而起。"（《70年，成都城市"生长史"》，谢燃岸、柴枫桔，封面新闻）

但更加刺激成都的，还有与拉近距离之后的兄弟城市——重庆之间的"明争暗斗"。

# 八

这个很早就"身在曹营心在汉"的山城，在抗战时期，因为是陪都，在中东部沦陷之时，全国工业等资源全面内迁，让重庆揽到了大量的资源——就比如今天重庆长安汽车的前身，正是金陵兵工厂。即使新中国成立之后它一度回归四川，但特殊的地理环境，让它在"三线建设"中同样备受重视。

"在备战备荒的特殊时期，国家相继作出了'以重庆为中心，用三年或者稍长一些时间建立起一个能生产常规武器并且有相应的原材料和必要的机械制造工业的工业基地''以重庆为中心逐步建立西南的机床、汽车、仪表，和直接为国防服务的动力机械工业'等战略决策……"这让重庆在汽车工业上也得益不少，"在周恩来总理的关怀下，四川汽车制造厂在当时的重庆双桥动工建设，并利用法国贝利埃公司的技术和设备，发展中国的重型汽车制造工业"。(《大国出行》，王千马、何丹，浙江大学出版社2020年1月版)尽管还是顶着"川"字头，但备受国家重视，还是让四川意识到，重庆有可能守不住。尤其是在1983年，重庆成为全国第一个计划单列市，成为第一个在经济上拥有省一级管理权限并升格为副省级城市的地级市，更让重庆与四川渐行渐远。

成渝之间的竞争在重庆直辖之后变得更甚。

成都经济开发区一度成为成渝之间的"主战场"。重庆分家之后，让四川的汽车业一下子回到了新中国成立前。根据资料，当时老四川全省汽车工业产值达13.6亿元，而重庆直辖市直接带走了11亿元——为了在汽车业上找回自尊，不拱手让出自己的消费市场，今天位于龙泉驿的经开区，就此布下了重要的棋子。

龙泉驿原是简阳县下辖，明时曾于此设立驿站而有今名。它也是全成都最早发展房地产的区域，但是这种造城运动给龙泉驿留下的是阳光城、银河别墅这样的烂尾项目，直到汽车产业接棒。2005年，一汽大众迁入经开区，龙泉汽车城从此起步。2007年，首款"龙泉造"捷达下线。日后相继进驻此地的还有一汽丰田、东风神龙以及吉利汽车。在整车之外，博世、江森、德尔福等汽车关键零部件配套企业，哈曼、孔辉科技、阿尔特研发中心等汽车高端研发企业，大旗聚业、九峰汽贸等汽车现代服务企业也簇拥于此。凭借汽车产业的贡献，龙泉驿区成为四川首个GDP过千亿元的区（市）县。

在电子信息产业上，两地也展开了同样的较量。这次轮到高新区成了先锋。"迈普、卫士通、国腾、中电第30所、第29所……这些当时电子信息产业的'明日之星'，在不知不觉中与成都高新区一道融入了全球电子信息产业高速发展的'黄金时代'。"

但让高新区迎来人生"里程碑"的，则是在2003年，"当年8月，全球第一大芯片制造商英特尔向全球宣布，投资3.75亿美元在成都高新区设立芯片封装测试工厂。在当时，这是改革开放以来成都投资额最大的外资项目。同时，这也是成都电子信息产业真正意义上从'门外盘旋'，到融入全球产业分工的一个标记点。从此，京东方、富士康、戴尔、德州仪器……这些闻名全球的电子信息类企业纷纷寻来，在成都高新区投资设厂"。（《成都高新区三十载风华正茂》，文力，《人民日报（海外版）》2018年12月12日）

其中，引进京东方让成都最为"惊心动魄"。

2005年，京东方（前身为北京电子管厂，1993年改制）的创始人王东升回成都电子科技大学参加毕业10年的校友聚会，放出了正在寻找合适的城市建厂扩产的风声。那时的京东方，正要兴建4.5代液晶显示生产线。

"这是当时中小尺寸液晶屏的最高级别生产线，广泛应用于手机、掌上电脑、数码相机、车载显示器等。"但是2005年巨亏15.87亿元，2006年亏损扩大至17.71亿元的京东方，显然掏不出兴建这条生产线的31亿元，只能由落地的城市负责。但成都也难，2006年时的财政收入只有278亿元。不过，当时的它并不愿意放弃这送上门的企业，最终在一番考量之后，顶着巨大风险开创了一种政府风投的方式，即通过股份增发，解禁期过了以后通过二级市场再退出来。据财新网报道，项目投资款的18亿元来自有国资背景的成都高新投资集团和成都工业集团的定向增发，剩下的来自国开行牵头的银团贷款。

这不能不让人觉得后怕，"雨前产经观察"在一篇提及成都与京东方合作的文章中，也鲜明地指出，如果3年之后，京东方这个企业垮了，那么投下的钱就完蛋了。但幸运的是，京东方在成都发展得很好，虽然目的不是赚钱，但成都市政府在二级市场退出后还是有不少浮盈。更重要的是，京东方的到来，使得成都围绕京东方"一屏"构建起了新型显示产业生态圈。

这篇文章自然也提到了合肥，正是这座在当年被边缘化的城市，亦以同样的方式投资京东方，以及长鑫/兆易创新存储芯片、蔚来新能源汽车，"一时间合肥模式大火，合肥更是被称为'中国最牛政府风投'"，但在它看来，其实是合肥抄了成都的作业。当然，重庆也不甘示弱。它通过引进培育，从无到有发展智能终端制造产业。尤其是惠普落户重庆，更是带来了一批电子代工企业巨头入驻。日后的重庆，同样积极构建以"芯屏器核网"为主的电子信息全产业链。2012年，京东方也进入重庆，投资328亿的第8.5代TFT-LCD生产线入驻重庆市两江新区水土工业开发区。接下来数年，从建产线到建智能工厂，再到研发中心，京东方一步步深化在重庆的布局。

多年之后，曾在成都任职的某位主要领导还在一个论坛中提到，当年的自己并不担心成都在四川省内的规模和地位，但感到最大的压力是，如何赶上重庆的发展步伐，因为当时的重庆，借直辖之势，发力很猛。

"我在成都工作时，专门订阅《重庆日报》，天天跟踪学习。""回想那时的成渝，城市间互访和交流学习是不少的，但协同规划，共谋发展是不多的。由此，出现了不同程度地你有我有的产业，你争我争的招商引资项目。在电子信息、汽车、石化、总部经济、商业地产甚至制鞋等方面，不少投资者往往是在成渝二地作比选，引发竞争。"

这带来的遗憾显而易见，加深了两地之间无序竞争的同时，也让成都平原这块极为富饶的农业文明区域，一次次地拿出更多的土地去发展工业。随之而来的，是成都固有的生长节奏被提速，不再慢腾腾。

这不仅让重庆头大，也让川人自己膈应。由于资源过度往成都集中，内江、自贡、宜宾、乐山、泸州等地难免会对成都产生"吸血"的阴影。

成都也似乎显得不那么美好了。

# 腾笼换鸟，杭州再启"工业立市"

## 九

同样的抢答题摆在了成都和杭州的面前，那就是要不要发展工业，要不要制造业？是不是应该退回到当年的古典城市之中，专注于小而美？

杭州应该不会同意。很早就卷入现代化浪潮的它，不是说退出来就能退出来的。再说，杭州作为省会，也不是没有压力。成都有重庆这样的竞争对手，杭州也有"近忧"——宁波。这座浙江省第二大城市不仅是国家历史名城，而且因商贸发达，能人辈出，在旧时便是著名的工业城市和通商口岸，到1984年，又成为14个沿海开放城市之一。3年后，宁波再次成为计划单列市。这也让宁波人看待身边的杭州，一直不曾服气。如果不发展制造业增长GDP，浙江经济中心的地位就有可能被宁波取代。

事实上，和杭州同为天堂的苏州，也用自身的发展，让杭州开始有一种紧迫感。在20世纪80年代，苏州抓住了上海产业转移的机会，重点发展外向型经济，从而形成了风靡一时的"苏南模式"。杭州再不努力，苏州都不愿意和你相提并论了。整个浙江显然都意识到了这个问题的严重性。

相比之下，成都更不能承受放弃制造业之重。准确地说，整个四川不能承受成都放弃制造业之重。杭州虽然有宁波挑战，但好歹是在省内，而成渝之间，往小里说，是两个城市之间的较量，往大了说，是两个省。

重庆分家之后，四川能拿得出手的城市没几个。如果不做大成都，四川的资源和人口有可能源源不断地外流，成为和河南、安徽相似的劳动力输出大省。到时候，西部这样大的区域，就只能看着重庆做大做强。

所以不管是成都还是四川，必须也是唯一的选择，就是提升成都的省会首位度。它带来的最直接的好处就是规模效应，规模越大才越能让资本和人才都留在四川。这样的四川，才不负"大四川"之名。

毫无疑问，站在农业社会的生态顶端，让杭州和成都，一个成就天堂，一个成就天府，但是随着时代进入现代化工业社会，撑起天堂和天府的，必须是工业，是现代制造业。

战略不变，但对杭州来说，它需要做的是，改变战术。那就是腾笼换鸟，而且要做更多的新笼子，换更多的鸟。

这也让位于钱塘江西侧、曾被视为杭州"边角料"的下沙走进了杭州的视野。

2002年，我从济南南下杭州。如雷贯耳的，自然是西湖、龙井，还有虎跑。但很快，下沙用自己的实力告诉我，千万不要小看这个地方。

时间往前翻八九年，国家级经济开发区杭州下沙经济技术开发区在此设立。似乎一出生，它便风华正茂。松下成了最早进驻下沙的500强企业。从马达、洗衣机到智能马桶盖、小家电，下沙陆续集聚了松下产业链集群。1994年杭州顶津食品有限公司在开发区成立，这也是康师傅旗下最早设立的饮品公司。同一年，美国玫琳凯化妆品公司在下沙投资2000万美元，创建美国本土以外的第一家工厂。

我后来还知道，下沙不仅集中了诸多产业，而且还是一座大学城，拥有中国计量大学、浙江理工大学、杭州电子科技大学、浙江工商大学、杭州师范大学、浙江财经大学等多所高校，出美女的浙江传媒学院也在这里。

这也让下沙在新时期承担了杭州"抢跑道""上台阶"的重任，但问题是，建成区只有47平方公里的它，依旧不能满足杭州的胃口。

1996年，杭州再次"大动干戈"，进行区划调整。这一年，萧山、余杭6个乡镇（浦沿、长河、西兴、三墩、下沙、九堡）共253平方公里划入杭州市区，这让杭州的市区面积扩大到683平方公里，杭州的户籍人口因此猛增至130余万。

还是在这一年，杭州设立滨江区，这也意味着杭州城区终于突破了钱塘江，从西岸跨到东岸。日后，在台州起家的李书福，将吉利的总部搬迁到杭州。尽管台州和宁波给了吉利无数政策，但杭州在人文和环境上的优势，还是让吉利选择了"迁都"，将吉利的管理总部、营销总部和研发总部搬到了钱塘江东边的滨江。

但这还只是起点。2001年，杭州合并了余杭。同年，被钱塘江分割在主城区之东南，曾相继归属绍兴和宁波的萧山，也撤市建区。

尽管萧山对融入杭州的认同远远不如余杭强，但这些举措对杭州的未来意味深长。

一方面，改变了杭州长期以来围绕着西湖转来转去，城市多种功能过分在湖滨区域叠加的缺点，而开始从西湖时代过渡到钱塘江时代。

这既让钱塘江从杭州和萧山共同的边缘地带，一下子成为城市发展的主轴，也让杭州经济发展有更多的土地、人才等各类要素资源。

另一方面，由于空间的拓展，杭州的主城区有了腾笼换鸟的机会。大江东逐渐成为杭州产业新的集聚点。

多年后，时任杭州市委书记的仇保兴在自己的口述历史中提及，当年杭州东进的时候，曾碰上了一个"拦路虎"——香港大企业家在钱塘江北岸核心地段投资建设的热电厂——它不仅被批准开工建设，而且设备已买好，2500多根桩也已打了下去。怎么办？不让它建吧，人家不仅木已成舟而且是光明正大的，让它建吧，杭州走向钱塘江时代就成了一句空话。"当时市政府常务会议专门就这个问题讨论了一次，意见也不统一。我认为必须要把它拿掉，不管花多大的代价，因为从长远考虑都是合算的。但想不到的是，市政府好不容易作出这个决定，省政府又作了一个决定，这个热电厂还要继续上。"最终，杭州当地还是顶住了压力，赔偿4亿元收回土地。拔掉了这颗钉子，一座有别于古典杭州的钱江新城拔地而起，和对岸的杭州奥体中心交相呼应。

2002年2月，在杭州市召开的第九次党代会上，杭州终于一锤定音：正式确立"工业兴市"战略为全市必须着力推进的"五大战略"之一。

敲下这一锤的，已换成是王平夷的儿子王国平。谁也没想到，这个在张静江去世前后出生的年轻人，会"子承父业"，成为杭州新一任的市委书记。但是他显然比自己的老子有运气，杭州的拓展让他的主政变得有的放矢，而且还降低了对杭州环境的影响。

这一年，杭州按照"保老城、建新城"的理念和"两疏散、三集中"的思路，也就是疏散老城区建筑和人口，降低老城区建筑和人口密度；推动企业向工业园区集中、高校向高教园区集中、建设向新城集中，正式启动实施"市区工业企业搬迁工程"。

随着新的笼子的出现，杭州又找回了自己的"初心"，在继续发展旅游业的基础上，将工业兴市和环境立市协同起来。

为此，王国平还重修西湖十景，又治理了西溪。也正是在他的推动下，西湖于2002年实现了"免费开放"。当时很多人不同意这个提议，说一年少了2000多万元的门票收入，还不如改成水上乐园，收更贵的门票，他当场脱口而出一句国骂。

这位从合肥工业大学稀冶专业毕业的市委书记，习惯性地使用国骂来敲打下属。但这一骂倒是很有效果，不要西湖门票收入的杭州，带动了周边经济的迅速发展，2010年，杭州旅游收入突破千亿元，到2019年，更是近4236亿元。

不过，当原先的笼子被腾了出来，甚至修复得更好，又换什么鸟呢？

## 十

2003年，在上海碰壁之后，阿里巴巴又回到了自己的"出生地"——杭州。尽管此时的上海是阿里巴巴的重要战略市场，同时也聚集了大量跨国企业、著名国企、民营企业的中国区总部，几乎能找到所有世界知名企业，但是，"北京喜欢国企，上海喜欢金融，沿海港口喜欢外企"，还是让这个出生不久的本土企业，感受不到温暖。相反，如果回到杭州，"阿里巴巴则是独生子女"，所以，阿里宁做鸡头不做凤尾。

也正是在杭州湖畔花园的一套未装修的房子里，十几号阿里员工埋头苦干，很快推出了一个免费的C2C购物网站——淘宝网。

事实证明，阿里回杭州太对了。一方面，杭州的发展让阿里从一出生就"自带流量"，更重要的是浙江民营经济的发展让阿里拥有了一块好的土壤。

著名财经作家，2022年又出版过《人间杭州》的吴晓波曾在FT中文网上写过这样一篇专栏，大意是说阿里巴巴当初将总部设在上海，结果没多久就灰头土脸地撤回杭州，但是，背靠着浙江"小狗经济"分工精密的产业链，反而把阿里巴巴给做出来了。

另一方面，尽管一开始只是抱着试试看的心情，杭州还真的是它把当成了"独生子女"来呵护。

今天，我们可以在阿里巴巴内部的视频文件里，找到阿里和杭州当地最初的交集。尽管当初的阿里什么也没有，但是时任市委书记王国平还是陪着浙江当时的老书记到了阿里巴巴当初打天下的湖畔花园。老书记问阿里，这家公司将来能做到多大？当时的阿里也真敢想象，扬言说，希望自己会是一家市值5亿到50亿美元的公司。

2004年1月13日，阿里巴巴同时在香港和杭州宣布，阿里巴巴与杭州高新技术产业开发区管委会签订协议，在杭州高新区购买100亩土地设立阿里巴巴（中国）软件研发中心。

让媒体吃惊不小的是，平常几乎不出席企业发布会的王国平却亮相此次发布会。在会上，王国平透露杭州有关方面将全力扶植阿里巴巴这样的企业，为把杭州打造成中国甚至世界的电子商务之都而努力。在杭媒体记者表示，印象中这应该是杭州第一次提出要建设电子商务之都的设想。

不得不说，正是在政府和企业两个"老板"的推动下，杭州从一座以西湖为标志的旅游城市，变身成为以阿里巴巴为标志的电商之都。与此同时，依托消费互联网的发展，杭州在电子商务、移动互联网、数字金融、软件与信息服务、云计算与大数据等方面领航产业发展，涌现出了阿里巴巴的云计算、网络设备供应商华三通信、智慧安防海康威视等一批顶尖企业。这也让杭州从"天堂硅谷"快步迈向"硅谷天堂"。

这样的杭州无疑更吸引人。越来越多的年轻人，以及资本追随着时代的趋势涌入杭州，这在极大地提升人口的同时，也让杭州拥有了阿里系、浙大系、海龟系、浙商系四大创业新军。它们的出现让杭州积蓄起了更多的能量。

当然，在数字经济狂飙时，我们也不能忽略这样的消息，那就是为了改变杭州大件货物出海问题，2009年，萧山临江海港码头立项。2010年5月，杭州萧山临江工业园区正式启动临江海港码头建设。这也意味着，落户在这里的东方电气、联源重工以及杭州整个区域内企业生产的大件物品都可以走海运，这对临江、杭州的招商引资也有着非常积极的意义，并推动杭州区域生产力布局和产业结构的调整。

此后，大江东产业集聚区也因此成为浙江省重点建设的14个省级产业集聚区之一，也是浙江海洋经济发展示范区的重要产业区域。

找到了适合自己的绿色工业形态的杭州，开始重提休闲，甚至比以前雄心更大，既要做品质生活之城，更要做东方休闲之都，宜居宜业宜游。

2001年底，杭州举行了"2001年中国休闲经济国际论坛"。其间它又向世界休闲组织提出了申办2006年世界休闲博览会的申请，并最终得到来自世界休闲组织的正式授权。这个与2008年北京奥运会、2010年上海世界博览会一起，成为本世纪初在中国举行的三大国际性盛会的大会，更是进一步重塑了杭州的品牌和形象。

像是冥冥之中注定要东西呼应，在申办这一届博览会之前，成都也召开了"城市旅游发展座谈会"，并发出"打造中国休闲之都"的呼声。

出走半生，归来依旧少年。时间只是一种考验，种在心中的信念丝毫未减。但是，你已不是从前的你，我也不是从前的那个我了。

# 蓉杭相拥

## 十一

我是在2009年左右又转战成都的，一待便是多年。来之前，很多人劝我"少不入川"，但是来之后，我却发现现在的成都已经不再是"两江抱城"，它的外延从二环扩大到三环，日后又很快修到了六环。日后，当我站在天府新区高楼大厦之间，看到的是北京，是深圳，却不像是成都。

似乎是在一转眼之间，30年前对地铁闻所未闻的成都，今天正式跻身国内轨道交通"第四城"。从2010年第1条，到2021年的第12条，成都只用了10年时间。今天的成都，地铁线路总长518.96千米，是国内首个一次性开通5条地铁新线的城市，也是全国地铁运营里程最快突破500公里的城市；

似乎是在一转眼之间，30年前外出打工只能依赖一座火车北站进出的成都，今天东西南北各有一座，是为"一城四站"——想当年我从成都回杭州，需要坐绿皮火车，哐当哐当两夜一天，现在十几个小时就可以打发了。此外，天府国际机场的建设，让成都继上海、北京之后，成为中国大陆第3个拥有2个国际枢纽机场的城市。深知蜀道难的成都乃至四川，将道路从高铁延伸到空中；

似乎是在一转眼之间，30年前还只有传统的锦江区、青羊区、金牛区、武侯区、成华区5个主城区的成都，今天中心城区的名单中已新增新都区、郫都区、温江区、双流区、龙泉驿区、青白江区、新津区7个行政区，外加高新区、天府新区成都直管区以及东部新城三个计划单列的准行政区……

2012年，成都的GDP为8138.94亿元，终于首度反超7803.98亿元同为省会的杭州，位列全国第8。在这个世纪初，来自广州的《新周刊》曾将成都封为"第四城"，一时引来诸多揶揄，但今天大家对成都"第四城"的看法，显然赞赏多于戏谑。

让成都继续狂奔的，依旧是这个国家的大政策。为缩小地区差距，实现共同富裕，国土面积占全国的56%，人口占全国的22.8%的西部，在新世纪初，成为这个国家发展的战略棋盘中重要的一极——在杭州得沿海开放之利后，成都则迎来了西部大开发。

2001年6月29日，西部大开发战略的标志性工程——青藏铁路全线正式开工。此外，西气东输、西电东送也相继启动实施。中国的资源分布局面也因此被重写。

这种开发在当时的目的是"将东部沿海地区过剩的经济发展能力，用来提高西部地区经济发展和社会水平，巩固国防，守好战略后方"，某种意义上，中国的强大不能光靠沿海，如果西部改变不了落后的局面，那么，中国依旧不能算强大。另外，西部广阔的区域也能承接沿海溢出的产能，发展西部其实也是支援东部。

成都的枢纽地位也因此进一步确立。因为在周边很难找到比它更大更强的城市，成都也成了中国内陆面向大西部的绝对门户城市。发展成都也就成了西部大开发的最佳选择。而且，随着中国对外开放的加深，连接东西的枢纽之地，地处长江经济带上游，同时与胡焕庸线和318国道重合的成都，更是突出了显著的地理位置。

在2002年至2012年15座副省级城市的地区生产总值排名和固定资产投资总额排名中，成都成了发展最亮眼的那一个。

从地区生产总值看，10年间，成都从2002年的全国排名第七上升到2012年的第三；而固定资产投资总额，成都则自2006年以后就一直位列第一。"从这些核心的经济发展指标可以鲜明地看出，那个曾经以'休闲'示人的成都，在主流城市评价体系中也早已名列前茅了。"

很多成都人，包括当时的主要领导对此都心知肚明，"这是因为2008年以前，东部沿海城市享有率先改革开放的红利，继续保持领先发展位次，而从2008年开始的国际金融危机对经济外向度高、对国际市场依赖大的东部沿海城市影响更大，而内需推动型中西部城市得益于西部大开发、中部崛起等战略深入实施，经济发展速度明显快于东部沿海城市，所以位次不断前进"。

固定资产投资总额的持续增加，还是让这个城市意识到，"与东部沿海城市相比，成都依然拥有更加广阔的发展空间"。那么，"作为西部城市如果能发挥好后发优势，科学地承接好产业转移，坚定不移地大力发展产业高端和高端产业，就能获得持续的经济增长活力"。这些采访均来自《瞭望东方周刊》在2013年11月的报道，报道的题目依旧是《成都：悄然崛起的"第四城"》，和《新周刊》对成都的定位如出一辙。

某种意义上，正是这样的内外环境，让成都日新月异，并不断地开花结果。

2014年10月2日，四川天府新区正式获批为第11个国家级新区——这个规划总面积为1578平方公里的国家级新区，一路向南，甚至将苏轼的老家眉山部分区域也纳入其中。不过，更坚定的，还有成都向东的步伐。随着成都天府国际机场花落简阳，以及东部新城的打造，成都越过相对低矮的龙泉山脉，从以前的"两山夹一城"，变成了"一山连两翼"——换句话说，成都将以龙泉山为界，西边为中心城区，东边则塑造为全新的东部产业新城。这意味着，成都阔步迈向"双城时代"。

一个"第四城"显然掩盖不了成都的雄心。2017年，它和武汉、郑州、西安相继获批国家中心城市。

对成都的政策表述是这样的："以建设国家中心城市为目标，增强成都西部地区重要的经济中心、科技中心、文创中心、对外交往中心和综合交通枢纽功能，加快天府新区和国家自主创新示范区建设，完善对外开放平台，提升参与国际合作竞争层次。"这也意味着，成都跳出盆地，再也不只是西部的城市，而且是中国大布局中的一个旗帜，具有重要的战略地位。打量成都，需要站在整个国家，甚至是全球版图之上。

这也让成都在一份重磅发布的《中国城市商业魅力排行榜》中，占据最显眼的位置。也正是这份排行榜，打造出了"新一线"的城市概念。随着深圳的崛起，北上广深牢牢地占据了一线城市的地位，但像成都、杭州、武汉、天津、南京、重庆、西安这些后起之秀，也成了紧紧追赶的新一线。

排行榜是从商业资源集聚度、城市枢纽性、生活方式多样性、未来可塑性以及城市人活跃度上来计算和权衡的。相比而言，因为有着出色的互联网产业以及由此衍生的新经济，杭州在吸引人才，以及社交等方面，在全国各大城市中遥遥领先，但是，成都在商业资源集聚度、城市枢纽性、生活方式多样性、未来可塑性上都位居第一。

有人也许不理解，作为一个西部城市，"无论看社会消费品零售总额，还是看奢侈品、豪车等高端消费，以及酒吧、快时尚、电影票房等中端消费"，成都为什么都表现得那么扎眼，"甚至在不少指标上超过深圳"。

理解成都的历史就知道，这只是它自古以来的秉性而已。但更重要的是，成都的狂飙突进，既让这个城市的基础设施、商业配套成为全国一流，也让人们的腰包急速鼓胀起来，以2019年为例，全市居民人均可支配收入39503元，实际增长6.3%，比2015年增长40.5%，年均增长8.9%。有钱又乐于消费，成都成功找回了当年身为"温柔乡"的感觉。某种意义上，这也是成都要"打造中国休闲之都"的底气。

尽管在新一线城市的排行中落后于成都，但杭州还是选择了和成都相拥。

# 十二

2006年就和成都有所关联的阿里，在我入川的同一年，作出了一个重要的选择——和成都高新区签署《"阿里巴巴西部基地"项目投资合作协议》。此时，距离时任成都市委书记率团到杭州拜访阿里，还没有过去三个月。

这种速度让阿里也感到叹为观止，在签约仪式上曾对此表示，这么大的一个协议在阿里巴巴历史上是非常少见的，更关键的是，这么大的协议还是在很短时间内达成的。

而且这种战略合作，是在阿里巴巴备受欢迎，到处都有城市邀请它入驻的情况下达成的，这就更显得成都之于阿里的重要。

今天，当我们再回过头来看这场合作，它之所以成功，除了成都在邀请阿里巴巴落户成都的过程中所表现出的诚意让人感动——在时任书记回来之后，便将全市相关部门全部动员起来研究，分成几个团队与阿里巴巴各业务单元对接洽谈，追求"一剑封喉"，还在于多年的发展，让高新区有了成熟的业态。

更重要的是，成都的区域优势和人才资源对很多大企业有致命吸引力。这里有中国西部工业门类最齐全、优势产品最多、实力最强的工业体系。而且，传统制造业改造升级的需求强烈。阿里要想扩大市场份额，不能不进入成都。阿里要想打开西部市场，同样不能不需要成都这样的门户。尤其是在金融危机背景下，外销市场受到很大影响，很多企业转向内销，而成都必然会成为这一转型的重点市场。

还有一个有利的条件，那就是在"三线建设"中对信息产业的培育，以及电子科技大学的创建，加上老牌的川大、西南交大的存在，让阿里巴巴在成都不用为招兵买马发愁。

何况，作为一座来了就不想走的城市，成都有美食，还有熊猫，再说，房价没有杭州贵，生活成本也没长三角那么夸张。

猎聘发布的《2020中国互联网行业中高端人才报告》显示，成都互联网行业职场人幸福感最高，成为全国互联网人认可的"最具幸福感"工作城市。

因此，即使成都给到的条件不是非常特别的优惠，阿里巴巴还是爽快地赴约，甚至从刚开始设想的投资千万，到最后决定投资1亿美元，一下子翻了无数倍。在此之前，成都方面曾给出过一个方案，建议阿里巴巴把研发和相应的数据库管理以及电子商务的结算和运营中心等放在成都，这带有点撒大网的意味，谁也不清楚，最后到底能捞上几条鱼，但没想到，阿里居然要将这里做成自己的西部基地。

结合成都这座城市的特质，阿里将重要的技术团队放在了成都。到2020年中，阿里在川员工达7000余人，排名全国第五。此后，阿里云西部云计算中心及数据服务基地也正式落户成都，分别选址成都未来科技城和简州新城。

看清这一形势的不只是互联网企业，还有先进制造业。2009年10月，吉利并购沃尔沃取得了巨大进展，福特宣布选定以中国的吉利汽车为首的收购团队为沃尔沃的优先竞购方。正在成都的李书福很快便接到当地的邀请，将工厂建到成都来。此前，成都的汽车产业链条齐全，加上成都在汽车消费上的巨大优势，让吉利选择在成都设立了基地。这次，面对成都的盛情，吉利也没有推却。2013年8月，沃尔沃成都工厂正式投产。

在这一年的成都财富全球论坛上，李书福表示，吉利将坚定不移扎根成都发展，促进已落户项目加快建设、加快投产，进一步扩大产能，并逐渐把集团更多重点核心项目转移到成都，壮大吉利成都基地，为成都汽车产业加快发展做出更大贡献。

相应的是，随着吉利汽车和沃尔沃汽车产品的升级换代，成都也将成为吉利面向"一带一路"，面向新能源、智能汽车的全球重要战略基地之一。

这让人不禁感慨，在数千年前良渚和三星堆的交流，来自青城山的白蛇与许仙在断桥相会之后，来自杭州的互联网企业，相中来自成都的码农，与此同时，来自杭州的汽车产业会组建新一代的"川军"。在很多人眼里，这对网红城市，越来越具有CP感了。

这种合作共赢，帮助杭州扩大自己的腹地，同时也让成都吸引人口和人才的回流，继续做大自身的城市规模。

与此同时，也让急速变化的成都，进一步找回自己的初心。


# 十三


2021年，我的小兄弟钱跃东和吴晓波、王坤祚等老师一起合作出版了新作

《云上的中国》。书里提到了这样一个案例，那就是成都创建的TOCC在线平台，很好地推动了"治堵"，并进而让成都更加"养生"。

该TOCC在线平台，用了阿里云飞天平台作为大数据底座，做到了全量数据的汇集和共享。它的数据提供单位多达39家，涵盖航空、公路、客货运输、轨道、公交、出租、网约车、共享单车、公安交管、桥梁隧道等14个大类的交通数据。

这也意味着，公交地铁的每一次刷卡，每辆出租车每笔订单的起始位置和金额，每辆共享单车的开关锁和骑行路线，长途客车的售检票和运行轨迹，机场飞出去多少人，有多少人乘坐列车到达成都……成都TOCC接入的数据，基本涵盖了城市交通的全貌，从而实现了对城市立体交通运行的监测，能够"看得清"。

在2021年5月28日于成都举行的一次高端峰会上，阿里云架构师委员会副总裁张天劼便谈及，四川省的高速公路历程数在全国排名第五，但通行率却排名末位，大量大雨大雾天气所导致的事故使得整个通行率并不高。

为此，阿里把数字能力运用到了成宜高速公路上，打造了157公里全程车路协同道路，每800米立杆感知道路状况，对8种危险场景进行实时感知，利用高德、车载obu、智能网联车与司机进行实时交互，为司机出行安全保驾护航。

这次高端峰会，也见证了成都国家人工智能创新应用先导区正式揭牌。加上此前和北京、上海、合肥、杭州、深圳、天津、济南、西安、重庆、广州、武汉等城市，以及浙江省德清县先后获批国家新一代人工智能创新发展试验区，成都由此正式进入国家新一代人工智能创新发展试验区和国家人工智能创新应用先导区"双轮驱动"的新发展阶段。

今天的成都，显然更像是一个来了就不想走的城市。

它不仅吸引了阿里，还有像腾讯、京东、百度，以及快手、爱奇艺等头部企业，让它成为物流、人流以及信息流的交会之地，更重要的是，它给成都在人工智能新赛道上奠定了良好的"起跑"条件，以及可持续奔跑的体力。

于是我们会看到，今天的成都，会在工业机器人、无人机延展应用、医疗健康、智能安防等领域进行深耕，还会在城市治理和产业升级两条航道上，立志为国家解决"核心算法""操作系统"等卡脖子难题，并为千行百业提供全球领先的AI核心算法和解决方案，用AI赋能城市、赋能行业、赋能社会，最终构建万物AI的美好世界。

此外，它还让创业成为这个城市的现代图腾。根据成都市互联网信息办公室和成都市经济和信息化局联合发布的《2019年成都互联网发展状况报告》，2019

年，成都聚集互联网企业达3400余家，营业收入超过548.5亿元，较2018年增长了25.4%。其中，营业收入超过2000万元的互联网企业共443家，较2018年增加30家。

这个曾在古代有过李冰治水、文翁化蜀，也诞生过"交子"的城市，在不经意之间，有百词斩、天府通、货车帮司机……一大批本土互联网企业其实已经开始走出成都，在全国崭露头角。写这篇文章时我才知道，自己经常用来记录健走的智能运动社交平台"咕咚"，也是"成都造"。到2020年8月8日"全民健康日"前后，该平台拥有1.8亿用户、超过20万个运动团体，在跑步、骑行、可穿戴设备、瑜伽、冰雪运动、家庭健身等领域已具备相当影响力。

在文创产业上，成都也不遑多让。自2004年，成都率先进行文化体制改革，允许民间资本投资文化领域，并首次提出"数字娱乐产业基地"的概念，数字娱乐业在成都飞速发展。为了弥补电竞人才不足的问题，四川三所高校在2017年相继开设了电竞专业。也正是在成都，腾讯开发并推出了爆款手游《王者荣耀》。这也让成都成就了"手游第四城"的称呼。如果说上海"魔都"、合肥"霸都"，那成都越来越像"耍都"。

还得提一下的是，尽管四川人读起来千奇百怪——成都话"辣抓"、温江话"拿扎"、郫都区"挪渣"、大邑话"罗抓"、自贡话"挪扎"、乐山话"罗渣"、达州话"嘞渣"而川普则是"nua抓"——但依旧影响不了成都造的国漫电影《哪吒之魔童降世》走向全国、走上热搜。为哪吒配音的，也是在四川电影电视学院教学生们配音专业课的吕艳婷。

不过，当成都成为大家口中赞誉的"都成"之时，成都还是需要低调，需要向身边的城市学习。

# 成都和杭州需要互相学习什么？

## 十四

相对杭州的科技创新，多年来一直得益于国家政策推进的成都，缺少了那么一点"内驱力"。同时，在智慧城市和营商环境的建设上，还有很大的提升空间。

这些年来，尽管房价惊人，也常常被"996"带偏，让杭州在消费上不要说落后成都，甚至还落后和成都同根生的重庆，但是它的奔跑速度依旧有目共睹。

在我得到的消息中，未来的杭州要继续提升科技创新策源力，突出打造"互联网+"科创高地；继续提升服务品牌影响力，突出打造数字服务中心城市；继续提升资源要素配置力，突出打造国际数字贸易枢纽，另外，还继续提升城市文化软实力，突出打造国际文化旅游名城……当然，我们也知道，尽管在2009年，杭州就立项打造首个出海码头，并于2020年升级了京杭大运河的浙江段，但今天的杭州还是强在电商、互联网、金融，短板是高端装备制造，所以，未来的杭州，还要继续提升高端制造竞争力，突出实施"新智造业计划"。毕竟，如果没有第二产业的支撑，数字经济的发展也会受到极大的制约。

让成都还有一些紧迫感的是，杭州在"先富"和"共富"上的平衡。谁都知道，从全省大局出发，浙江省也要发展一个在国内有一定规模、一定影响力的区域中心城市，以足够吸引来自全国乃至全球的顶尖人才、技术以及资本。这个角色就必然由杭州来扮演，所以它就有了2016年的G20峰会和原定于2022年的亚运会，也诞生了由中组部、国资委以及浙江省委共同推动的杭州未来科技城。但是，比起月朗星稀的大四川，浙江更像是众星拱月。在杭州的周边，不论宁波、湖州还是嘉兴，哪怕最穷的丽水、衢州，放在四川都是老二老三。相反，成都在四川的"一家独大"到今天也没有太大的改变。

今天的杭州，正在致力推进共同富裕示范区建设的大局，这无疑让杭州更得人心，也让杭州的发展有了可持续的空间和造血能力。这也提醒成都，如何做好区域均衡，让自己从"吸血"的旧怨中走出来，一定不能不放在心上。

不能不放在心上的是，还必须认真对待成渝之间的旧怨。相比较两者此前的明争暗斗，身处在长三角之中的杭州，却在积极推动长三角一体化。这些年，杭州积极链接上海，强化与南京、合肥综合性国家科学中心的互动，并在航空产业、生物医药等高端制造领域推进与上海、苏州等城市的合作……

这些都让杭州可以借势而为，从而拥有更为广阔的腹地，但与此同时，杭州也可以通过推进长三角一体化来展现杭州担当和杭州作为。

在这个世界开始由城市竞争进入都市圈城市群时代时，原先的以邻为壑显然行不通了。早在1957年，法国地理学家戈特曼就提出未来支配空间经济形式的不再是单一城市而是多中心的城市群。这也意味着，此前的成渝竞争，不仅与时代背道而驰，也严重影响到了整个四川盆地的良性健康发展，与赋予两座城市带领西南地区快速发展的任务相背离。

幸运的是，对于后者，从2011年国务院正式印发《成渝经济区区域规划》算起，今天的成渝两地，关系也在热火提升，前有"成渝经济区"后有"成渝城市群"，再到如今"成渝地区双城经济圈"……成渝正从看不见的速度中，由背向发展转向相向发展。当它们一旦形成广深那样的双子城，也一定会重塑西部乃至整个中国的发展格局。

对于前者，整个四川都在力推"一干多支、五区协同"的战略。所谓"一干"，即为成都，也就是说，做强成都"主干"，充分发挥引领辐射带动作用，而"多支"，则是积极培育更多经济增长极，如成都平原经济区、川南经济区、川东北经济区、攀西经济区以及川西北生态示范区。

"十四五"开局，四川更是定下目标，以成渝地区双城经济圈建设引领"一干多支"建设，为此，四川准备重点在成都市及成都平原经济区、川南经济区、川东北经济区内经济发展水平和基础条件相对较好的区域中心城市，规划布局一批省级新区，2021年3月29日，绵阳科技城新区便在绵阳科技城创新中心正式揭牌，它是继宜宾三江新区、成都东部新区、南充临江新区后，四川设立的第四个省级新区。我们从这四个省级新区的定位——如绵阳科技城新区利用富集的科技创新资源，提出打造"成渝地区双城经济圈创新高地"，成都东部新区强调要"有利于推动成都重庆相向发展，促进成渝地区双城经济圈建设战略实施"，宜宾三江新区要"培育成渝地区双城经济圈重要增长极"，南充临江新区则"有利于加快培育成渝地区双城经济圈高质量发展新动能"——这种努力围绕成渝做文章，不仅能让成渝黏合得更紧，同时也能借势发展，共同进退。

在报道四川此次布局时，当地媒体如《华西都市报》也不无深意地提及浙江当地的做法——那就是它也曾相继设立宁波前湾新区、绍兴滨海新区、湖州南太湖新区，以及金华金义新区，当然，还包括杭州钱塘新区。（《四个省级新区中的四川"棋局"》，杜江茜，《华西都市报》2021年3月30日）

这个钱塘新区正是2019年所设立的功能区，将大江东和下沙合二为一。相比成都的环线如波浪一样，一漾便漾到了广汉。杭州尽管这些年来一直在东扩西进，从西湖时代到钱塘江时代，从跨江发展到拥江发展，但是它的行政区划大的大，小的小，而且在东进的过程中，由于各种问题造成东部过于凌乱割裂，需要重新整合。

某种意义上，下沙和大江东合并建设新区，就是"整合优化"的一步棋。到了2021年4月，国务院批复同意杭州撤销上城区和江干区，设立新的上城区；撤销下城区和拱墅区，设立新的拱墅区；撤销余杭区，设立新的余杭区和临平区。尤其值得注意的是，钱塘新区由经济功能区进一步赋能升级为行政区。它也将成为杭州在"十四五"期间打造的"一核九星"中的"九星"之一。

在当地媒体看来，这种对城市原有空间格局、功能布局、资源配置的"存量优化"，有利于释放潜在红利。在我看来，尽管城东的产业结构跟杭州的整体气质不搭，但杭州要想再发展，有必要"再造一个杭州工业、再造一个杭州新城"。

某种意义上，尽管在相当长时间内，由于距离相过遥远，杭蓉之间的话题热度不似成渝，同样也不似杭甬、杭宁，但是我们能肯定的是，这对有着诸多相同和不同特质的城市，从来就没有从彼此的身边消失。

尤其是在被时代推进同一个赛道之后，它们不仅相互考量，也相互需要。相应的是，我们这个国家也需要它们的共同崛起，翻开地图，我们会看到，如果长江是一条扁担的话，它们就是扁担的两头，担起了中国的腰部。

君住长江头，我住长江尾。共饮长江水之余，也许它们还可以再同唱一曲：

笑傲江（锦江）湖（西湖）。

9

# 东北一章：苦寒之地，实是"宝"贵江山

很多时候，印象老是欺骗人。一直以为东三省都离今天的俄罗斯近，但现实上，大连距离漠河的中俄边境也有1600多公里。在时差上，大连比莫斯科要快5个小时，也就是说，当大连人开始吃午饭了，莫斯科市民还在早晨的梦乡里喝伏特加呢。

这也就是为什么当年的俄国，在1898年强行租借了辽东半岛后，沙皇一高兴给这里起了个"达里尼"的名字，自然它是俄语，中文意思叫"远方"。日后，等到日本人在日俄战争中战胜了俄国，根据音译将这里改名"大连"。

那时候的大连自然还不大。俄国人是以今天的中山区东西青泥洼村为中心，来建设城市和商港的，满打满算到最后也就是十几平方公里，但是俄国人看上它，并怀揣着建设远方巴黎的梦想，希望将其变为远东城建最完善的城市，显然并不是心血来潮。

这个位于辽东半岛南端，像个尖刀刀尖一样扎进渤海和黄海之间的地方，往北直扑东北腹地，和沙俄在东北北部的活动遥相呼应，东向可威慑朝鲜半岛和日本九州岛。而且，其和胶东半岛隔渤海相望，与烟台、威海互成掎角之势，共同拱卫着环渤海地区。这也意味着，向西可控扼京津，向南登陆山东可向华东长江流域发展。

更重要的是，大连的港口是非常优良的。由于长白山系千山山脉余脉纵贯全区，北高南低，多年来，一直"水深港阔，不冻不淤"，无论多冷的天气，周围海水温度都不会低于4℃，而且，整个城市并不多见沙滩，丘陵与山地多与海浪正面交锋，其岸边是30米深的水下悬崖，天然就有数十个万吨级泊位，基本上不用刻意维护。

某种意义上，这样的大连，不论这个世界是旧传统还是新秩序，都是东北亚突入太平洋的一个重要窗口。其进可经黄海绕朝鲜半岛（朝鲜海峡）出日本海直至太平洋，退可利用其凹部地形（两端山地，中间平原）制守海外。

正是这样优越的地缘，让大连在近代遭遇了数重苦难。但是大连在如同老黄牛那样被抽一鞭子才走一步的晚清，也进一步发现了自身的价值，并自此成长为一颗北方明珠！

与此同时，也顺便点亮了苦难深重但也深藏不露的富饶北疆。

# 大兴安岭，对中国为何这么宝贵？

## 一

问100个人，101个人都会觉得，东北是个苦寒之地。

事实上，这个地方的确冷。2019年的阳春四月，曾经飞过一次长春，在长春的经济开发区，我哆里哆嗦地看着，小河还是一副久冻未开的样子，连杨柳也才刚刚展开眉眼，心里无比怀念南方那只早已立上小荷的蜻蜓。

后来，从大庆坐高铁到哈尔滨，看着外面一片春寒料峭，大片大片的黑土地裸露在阳光下，闪着幽暗却又迷人的色彩，却无一丝绿意。不禁想起白居易的那句"人间四月芳菲尽，山寺桃花始盛开"。

所以，东北人喜欢吃烧烤，因为在寒冬的日子里，最能温暖胃的，就是热气腾腾的烧烤了。大家聚在一起，边吃边聊，眉飞色舞，说尽家事和国事。烧烤对东北人类似于宗教，没有什么事情是一顿烧烤摆不平的。要是不行，那就两顿。难怪有人戏谑，东北人爱打仗，主要是为了吃烧烤。

还有就是，冷的天气里，大家都喜欢窝在家里，或者热和的小空间。因此，适合于小剧场，只有一两个人就能出演的二人转，就这样在东北时兴起来。搞得东北人今天个个都像有点演出的细胞，所以擅长喊麦也自然而然。

也许这就是所谓的上天关了一扇门，就要给你开一扇窗吧。不过，上天对东北还是很厚爱，除了冷空气的淬炼，给了东北人豪爽、仗义之外，还给了他们三座藏有无数珍宝的山脉，以及脚下一片肥沃的大地。

山，是长白山脉和大小兴安岭。

很长时间来，我常犯张冠李戴的错误，以为横贯在中俄之间的，是大兴安岭，后来看地图才知道，是绵延千里的小兴安岭（外侧则是外兴安岭），它一头于伊勒呼里山（内蒙古自治区与黑龙江省的交界）接大兴安岭，一头则于张广才岭接位于东侧的长白山脉。

它的海拔在500～800米，所以，很难挡住西伯利亚的寒流南下，不像成都平原，摆在北边的，是秦岭。这样看来，东北冷也就很正常。

至于大兴安岭，虽然一头也位于中俄边境，但南北长大于东西宽，是中国跨越纬度最多的山脉，倒是将东北和蒙古高原分割于东西两侧。

长白山脉则和大兴安岭平行，其因山白似盐却不咸，而在《山海经》中被称为"不咸山"。作为欧亚大陆东缘最高山系，其东北起于完达山北麓，西南延至辽东半岛与千山相接。

认真审视地图，你就会发现，这三座山脉组成了一个倒立的，越收越紧的口袋，将东三省大部分土地装在了里面。

大致成东西向的燕山山脉则给这条口袋扎了一条绳，而在这条绳子上，有着"两京锁钥无双地，万里长城第一关"之称的山海关，则决定袋口的松紧。松一松，比如说吴三桂冲冠一怒为红颜，清军便入了关。

据说，是在燕山运动时期，由于地势下陷，这三座山脉隆起。它倒是让东北成了类似于成都平原的地方。

由于共处于一条口袋里，并不存在诸如秦岭之于川陕、太行之于晋冀这样强大的自然屏障，所以相对自成一体，就像成都平原的人喜欢搓麻将喝茶吃火锅，这里的人也有着相似的文化和气质，这也能解释，为什么今天说起黑吉辽，就像是同一个地方。

不过，比起成都平原，东北倒不那么封闭。在其南部，虽然有燕山山脉，但到了东南，因为有渤海一头扎进辽东和辽西之间，倒是让它拥有了一个很好的通气孔。

从葫芦岛、锦州、盘锦，到辽东半岛的营口，以及更南端的大连，这些城市环渤海辽东湾而由西到东排列，就像老天给东北特意打开了一个狭窄的缺口。

正是因了这个缺口，东北的夏天，遂一改冬天的模样。

二

来自太平洋夏威夷高压蓄积的势力，搭乘着夏季风的顺风车，携带了东海、黄海、渤海的水汽，掠过大连及辽东湾的这些通气孔，一路挺进，迎头便撞上了大兴安岭，结果只能将大量水汽留在了其以东的地区。于是，林青叶翠，鲜花盛开。大兴安岭也就成了400mm等量降水线的最北段，也由此界定了湿润与干旱的界限。

"地道风物"公众号上一篇《大兴安岭，为何对中国如此重要？》的文章，一赞它"东北脊梁"，二赞它"中国绿肺"，三赞它"天然水库"，"额尔古纳河、黑龙江、松花江、嫩江等河流通过这条山脉凝聚一心，孕育了世界级的优质草原与黑土地。对于整个东北与内蒙古的人们而言，大兴安岭不仅支撑着工、农、牧、渔等产业的命脉，也是维持生命的粮仓与饮用水源"。加上它东侧的长白山，以及周边的大小山脉，你会发现今天的东三省，除了上述的河流，还有大小凌河、浑河、东辽河、牡丹江、鸭绿江、图们江、珲春河、呼兰河、乌苏里江这些大大小小，不是分割各地就是分割边境的名水大川。它们也让今天的东三省拥有了属于自己的松嫩平原、辽河平原以及三江平原。

尽管三江平原和松辽平原不同，并不像是在口袋里，而是挂在口袋底上，但也有松花江通过小兴安岭与长白山脉之间的谷地，将它和嫩江平原串联。

不明白这一点，自然会不懂长白山区是"林海雪原"，但为什么隔壁的长春是"塞北春城"、大连是"不冻港"而千山又古称"积翠山"，为什么《松花江》上会唱"松花江长又长，两岸稻花香"，而我们南方的超市会经常出售五常稻米——东北不是应该和山东、河北一样，是吃小米和小麦的吗？

相比较腹地，作为通气孔的大连，倒是有些悲催。由于主城区没有内河相通，也就是说，没有内河入海口。但塞翁失马焉知非福，这也让它相对于其他有淡水成分的港口，在同样温度下，不容易结冰。这大概也是大连成为不冻港的由来。

不过此时的东北，更加依赖的还是大兴安岭。它对东北乃至中国的意义，更体现在这个方面：那就是数亿年的频繁且复杂的地壳运动，让大兴安岭自北向南，依次形成了浑圆又壮观的诺敏河火山群、柴河火山群、阿尔山火山群与达里诺尔火山群，它们在雕凿了千姿百态的熔岩地貌的同时，还在地下形成了富饶的矿产资源，"这些矿产如坐标一般标记了岩浆与地下水的活跃地带，几乎遍布大兴安岭，仅黑龙江地区就分布着611处矿产地。这片仅占中国3%面积的土地，竟包含全国25%的矿种"。这不禁让人感叹，它挺起的不仅是东北的脊梁，还是中国的脊梁。

大兴安岭也不缺石油。2003年，中国石油工作者还在大兴安岭一带发现了大量石油和天然气储藏——其中，在大兴安岭西麓的海拉尔盆地找到16个凹陷，发现石油资源储量6.5亿吨、天然气资源储量2700多亿立方米。同时，在大兴安岭北麓的漠河盆地也发现了较好的烃源岩，具有很好的石油勘探前景。

不难想象，当数亿年内，无数的植被和其他生灵在这里尽情生长，并不断老去，然后被地壳运动深埋，最终被时间酿成了无比宝贵的能源。

361

这大概也是位于大兴安岭脚下的大庆，能在1959年9月26日发现，继新中国第一座大油田——克拉玛依油田之后的又一个大油田的重要原因。这座油田不仅成为中国最大的油田，也是世界级特大砂岩油田。

　　只是，在很长时间内，我对大庆的印象只停留在铁人王进喜身上，只知道它是中国油城，但后来我才知道，大庆全市有49.8万公顷湿地，有面积大、类型多、分布广、生物多样性等特点，是我国内陆典型的、独具特色的复合型湿地生态系统。

　　其中，位于北二十里泡的中国大庆龙凤湿地自然保护区，是大庆全市最大，也是我国最大的城中湿地。如今已经形成了鸬鹚、白琵鹭全省两大鸟类栖息地，而国家一级保护鸟类东方白鹳也大批量在此安家——所以，今天的大庆，在油城之外，还有"天然百湖之城"的称谓，两者相加，大庆便是"绿色油化之都"。

　　这让我对大庆的敬仰无疑又加深一层，后来又看资料得知，这些星罗棋布布局在东北大地上的湖泊，由于在其他季节不断蒸发，湖水的盐度也不断增大，很多小湖泊便变成了盐碱湖。所以今天大庆大同区，便有古人在此取盐土熬盐。根据资料，这里最早的商业税收应始于金代肇州的盐业税收。

　　正是近水又拥有各种渔盐便利，退可以休养生息，而进可以经略天下——既可以直接从辽西走廊经山海关南下，又可以联手蒙古高原，转道蒙古，伺机逐鹿中原，让人们印象中的"苦寒地带"的东北，早早就有人类活动、发展的足迹。

　　甚至，他们的身影还不时地闯入中原的主流叙事当中。

# "大东北"往事

## 三

大庆肇源的他什海古城，正是传说中的"春蒐城""皇后店"，而他什海的全称"他什耨斡么海"，在契丹语中意为"太子杀害皇后之地"。

太子怎么杀了皇后，有兴趣的话可以查查当地的历史，我们在这里只需要知道的是，他什海既是辽代初期北院枢密使萧思温所建立的"头下军州"性质的城池（头下意同首领，军州类似于藩地，为辽代王公贵族的私家地盘），也是每年春天辽代皇帝在此狩猎视察，与大臣共商国是之地，更重要的，它还是两个皇后——辽代景宗睿智皇后和圣宗仁德皇后的故乡，其中，仁德皇后是太子杀害皇后的故事主角，至于睿智皇后，则是萧思温的女儿、仁德皇后的姑妈。她也就是中国历史上鼎鼎大名的萧绰"萧太后"。

萧太后小名叫燕燕，但叫燕燕的不一定是萌妹子，反而是心狠手辣的女强人。她的身份有很多，其中最亮眼的是政治家、军事家还有改革家。很有点"武则天"的感觉。16岁时，她就进入皇宫，辅佐景宗料理朝政。但景宗如唐高宗李治一样，体弱多病，又耽于享乐，结果在位时的军政大事基本上由萧绰决断。尤其是景宗去世圣宗耶律隆绪继位，开始27年的临朝摄政生涯。在她手上，击退宋朝军队对辽南京析津府（今北京）的进攻，日后又以索要关南地为名与耶律隆绪共同亲征伐宋——忘了是谁写的文章，讥讽耶律隆绪打仗还要带着妈妈出征——但是正是这一仗，让经济文化实力都很强甚至皇帝也同样亲征的北宋，最终签下了"澶渊之盟"，约定以白沟河为界，每年还要送给辽国10万两白银、20万匹绢布。

多年后，当宋真宗想起这段历史，一定会感到屈辱，但是，它也结束了辽宋长达50年的战争，给了双方上百年和平共处的时光。

也正是利用北宋每年给的岁币，辽国征集燕云地区汉族能工巧匠，于今天内蒙古赤峰南部的宁城，修建了中京大定府。

加上辽天显十二年（937年）正式归入契丹版图并于重熙十三年（1044年）至保大二年（1122年）升州为府的西京大同（云州），这个兴起于辽河上游——

西拉木伦河和老哈河流域的民族，自此拥有了上京临潢府（今内蒙古赤峰市巴林左旗林东镇）、东京辽阳府（今辽宁省辽阳市）、南京析津府（今北京市）、西京大同府（今山西省大同市）以及中京大定府（今内蒙古赤峰市宁城县天义镇）这五京。它和南大王府、北大王府、乙室王府、奚王府、黄龙府、兴中府这六府（另说为率宾府、定理府、铁利府、安定府、长岭府、镇海府）一起，共同控制着辽国广大的区域。

其中，兴中府是辽代在原霸州（今朝阳）基础上设置的府，黄龙府即为今日农安古城。金灭辽国之后，于此建设都城，并囚徽、钦二宗。日后岳飞豪情万丈地表示："直抵黄龙府，与诸军痛饮耳……"这也是"直捣黄龙"这一成语的由来。

如果追根溯源，它们都来自东胡、肃慎、濊貊这三大基本族系。也正是这三大基本族系和居于东北南部的古商族（汉族）系，构成了东北民族发展的"基本盘"（历史学家卜鸿儒在《历史上东北民族之研究》中提出了三大族系的看法，历史学家金毓黻先生则在他的《东北通史·总论》中加入了汉族，提出了四大族系的理论）。

其中东胡主要生活在西面，而肃慎主要是在东边。这句话有些拗口，事实上，东胡之所以叫东胡，其实是以更西一点的匈奴为"参考系"，而匈奴又自称胡人。"东胡在地域上继承了古山戎，但自周始，其与山戎是两个平行的部族。齐桓公北伐之后山戎不见于史籍，东胡则渐趋强盛。至西汉时，东胡为匈奴所灭。"（《山戎、东胡考辨》，苗威，《中国边疆史地研究》2008年第4期）

在东胡之后，鲜卑、室韦、契丹、蒙古等部族相继活跃于这片土地上。他们大多以游牧为主。无疑，萧太后就是中间的佼佼者。

肃慎的名字早在《山海经·大荒北经》中便可以见到，其载有"东北海之外，大荒之中，有山名曰不咸山，有肃慎氏之国"——东北海之外应该就是渤海湾之外，大荒应该就是东北广大地区，而不咸山即长白山。由此而知，肃慎应该居于白山黑水之间。

"由通古斯语考证，'肃慎'乃'东方人'之意，之后演变为挹娄、勿吉、靺鞨、女真和满族。"（《对肃慎及其后裔的考证》，赵展，《中央民族大学学报（哲学社会科学版）》2013年第4期）其中，"女真"就是"肃慎"的谐音。尽管过着半穴居的生活，但他们已经学会了家畜饲养，最典型的就是猪，他们养的猪体形巨大，脂肪厚达数寸。由于东北气候寒冷，他们用猪油涂身以御寒。

据说，牡丹江流域的莺歌岭遗址即为肃慎人遗留。还据说，长春之所以又被称"喜都"，是源于他们取得了对敌作战的胜利，就连长春本名的由来，也是源于他们祭天时喊的"茶啊冲"，翻译成今意就是"苍天""天佑之城"。

那么，夹在两者中间更靠近东北南部的，大概就是濊貊了。相比较游牧的东胡、打鱼狩猎的肃慎，这个由濊人和貊人共同组成的民族共同体，其生活方式主要以农业城栅为特点。貊字相对好认，而濊字，有资料标注为huì，意思是（水）盛多，如"云滂洋，雨濊濊。"古同"秽"，放在生活在松辽平原上的濊貊身上，倒也符合现实。不过，也有的地方，注明其作民族解释时，应读wèi。

濊貊诞生了东北地区第一个少数民族政权和高句丽文明。

## 四

有这样一个传奇的故事，索离（橐离国、北夷索离国）有一王子东明，不受国王待见，甚至有被陷害的危险，最后南逃称王，于公元前2世纪建立了大名鼎鼎的夫馀，亦写作扶馀。

尽管改换族号，但这依旧掩盖不了他身为索离乃至濊貊人的身份。换句话说，索离是濊貊人的一个北支。他南逃称王之地，其实亦是濊地。

据考证，这个民族使用殷历，其祭天、占卜和饮酒等习惯，均与商殷相似，此外还有很多有趣的风俗，比如官名以六畜为名，如马加、牛加、猪加、狗加、大使、大使者、使者；还比如扶馀社会中地位较高的人身穿狐狸、狖（yòu）白（一种猿猴）、黑貂的皮毛——这简直就是今天东北人所追求的写照。

因为属于相对封闭的农耕文明，所以存世比较良久，约为700年。但正如人"寿多则辱"一样，它也经历过一些波折。比如说继承人没有解决好，导致面临数度分裂，先是有一部分人跟着解夫娄跑到了靠近日本海的迦叶原，建立东扶馀（原扶馀本部也因此被称为北扶馀），后又有一部分人跟着朱蒙于沸流水（今浑江）畔之纥升骨城（今辽宁桓仁五女山城，亦有观点认为在桓仁县城附近）建立了卒本扶馀，亦即日后的高句丽——它曾在公元3年迁都国内城，同时筑尉那岩城（均在今吉林省集安境内），又于北魏始光四年（427年），将都城迁到大同江畔平壤，与朝鲜半岛南部的百济、新罗形成三足鼎立的局面。至于百济，据说也是扶馀人南下朝鲜半岛所建，所以亦称南扶馀。

这种四分五裂也让它们不能"外侮其辱"，随着西部鲜卑族于285年入侵，扶馀曾被灭国一次。好在有晋武帝施以援手，方才得以复国。而他们也因此将都城从早期的吉林省吉林市，迁往了吉林省长春市农安县（一说是在长春的宽城子）。

但是，给他们最大压力的还是来自逐渐强大的高句丽。470年，高句丽族入侵，破城54座，村落1400个。493年，随着北部勿吉族的入侵，扶馀王逃到高句丽，其国自此灭亡。据说其北部遗民渡那河（今嫩江）而居，号达末娄（豆莫娄）。

高句丽在多次击败百济、新罗，称霸统治朝鲜半岛之后，于6世纪达到鼎盛，其东部濒临日本海；南部控制了汉江流域；西北跨过辽水；北部到辉发河、松花江上游，但是高句丽除了曾定都平壤之外，和10世纪建立的高丽（又称王氏高丽）并无继承关系，更重要的是，"高句丽政权从建立时就属于以华夏民族为中心的'天下一体'之内的夷狄族，它在历史发展过程中，逐渐变不同制为同制，向中原王朝不断纳贡，往来频繁，相互融合，遂奠定了它在东北少数民族发展史的地位，也为华夏一统做出了贡献"。（《高句丽在东北史上的地位》，赵福香、黄甲元，《通化师范学院学报》2021年第7期）

最终，在唐高宗总章元年（668年），随着唐将李勣（徐懋功）率大军攻占平壤，高句丽历28代王之后而亡。随后，唐于其地安置安东都护府。

今天，当我们重新审视东北的发展史，首先，你会发现当年的东北真正地算得上是"大东北"。除了一度将朝鲜半岛纳入了自己的管理体制之下，让发源于长白山的鸭绿江和图们江都曾成了自己的内河，到明朝时随着辽东都指挥使司、奴儿干都司的相继设立，东北的"上限"基本上还扩大为北跨外兴安岭，西至斡难河（鄂嫩河），东到鄂霍次克海（包括库页岛等沿海诸岛），大致包括了现在的辽宁省、吉林省、黑龙江省、内蒙古东北部分及以西、俄罗斯局部、乌苏里江以东、外兴安岭及以北。

其次，还会发现黑水白山好养人。各民族在其中源源不断地生长，并通过相互交流、征伐，不断地融合、再生，很多地方都由原来的单民族聚居区，发展为多民族聚居区。他们也在不断的动态融合中，有了进一步的文化认同，从而创造了无数亮眼的文明——除了高句丽文明之外，698年至926年建立渤海国，居民以粟米靺鞨人为主，都城为忽汗城，即今黑龙江省宁安市渤海镇，有上京龙泉府遗址。其因推行唐化政策，所以社会经济发展较快，成为当时著名的"海东盛国"。926年，忽汗城为契丹攻陷，渤海国亡，在故地又建东丹国。

东北自古就是中国的领土。尽管有海山阻隔，但东北和中原的交流一直不曾断绝。舜曾说过，燕、亳、肃慎，吾北土也。肃慎人就曾向周天子进贡过一种

"楛矢石砮"，它是他们的狩猎工具，是用大小兴安岭一种坚韧的灌木类独特树种作箭杆，青石亦即黑曜石作箭头的长矢大箭。

除了朝贡体系之外，中原政权也很早在这里设治管辖。早在战国时，燕国秦开驱逐东胡，在燕长城之内从东到西设置上谷、渔阳、右北平、辽西和辽东等五郡。某种意义上，辽西和辽东就是中原伸向东北的两只手臂。日后，汉武帝时，又设乐浪郡、玄菟郡、真番郡、临屯郡四郡治理东北和朝鲜半岛，属幽州刺史部。

正因为介于中原和朝鲜半岛之间，辽阳成为东北大地上出现的最古老的城市之一，而身边的沈阳也开始崭露头角。

其中，辽阳曾担任过辽东郡郡治、安东都护府府治，还是日后元代辽阳行省、明代辽东都指挥使司的驻地。至于沈阳，在1993年的沈阳故宫北墙外修建东亚广场时，曾发现了一段古城墙，经考古鉴定，应为辽东郡下设18县之一候城旧址。到了东汉安帝建光元年（121年），玄菟郡郡治又西迁至现沈阳上伯官（原属沈阳市浑南区汪家街道上伯官村，现该村全部划归沈抚新区管辖），至其434年消失，沈阳作为郡治共历313年，某种意义上，它也构成了沈阳历史上第一段最光辉的时期。

相比而言，大连的"现身"就比较晚了，不过它也早已在辽东郡、安东都护府的庇佑下逐渐生长。在很长时间内，它除了充当"通气孔"之外，还是中原移民东北的"踏板"。由于和胶东半岛隔渤海相望，自胶东半岛的烟台、威海乘船到大连，然后经由辽河、鸭绿江、黑龙江及其支流可到东北大多地区。比起经山海关再过困难重重的辽西走廊，实在要方便得多。早在6000年前的青铜器时代，当时的莱国人就将山东莱夷文化带入了大连。日后，随着海上力量的增强，尤其是自宋朝开始鼓励海上贸易，大连的地缘价值逐渐显现。

今天的大连，有座复古的"金州古城"，其源头正是700多年前由一群士兵所建的"亞"字形古城。1375年，明又于此设立金州卫，古城得以用青砖包砌加固。日后，其多次重修，到乾隆时期改为四角方形城。但每一次修缮，都让它愈加雄伟，甚至被誉为"辽南第一雄镇"。史料记载，当时的金州城光城门板就达一尺多厚，门板镶满大铁钉，坚固异常——作为从海上进入东北的交通要道，经营辽东不能不经营金州。

某种意义上，金州之于大连，正如老城厢之于上海，让它们在租界之外拥有了属于自己的"历史文化之根"。

但除了辽阳、沈阳、大连，我们还不能忘记这样一个地方，那就是位于黑龙江下游东岸、下距黑龙江口约200千米的奴儿干（今特林）——它是元代在辽阳行省下所设的管理黑龙江下游及库页岛的征东元帅府（又称征东招讨司）治地，日后被明代继承改置为奴儿干都司。它见证了中国对东北的控制是实至名归，现如今我们在俄罗斯境内发现的永宁寺碑正是这一时期的"作品"。

不过，在友好互动的同时，东北对中原的"压力"也无时不在。除了早期的山戎、东胡等诸游牧民族之外，肃慎后裔的女真，也成了中原不可回避的劲敌。毕竟作为渔猎民族的后代，驰骋、善射，是融入血液的基因。

1115年，金太祖完颜阿骨打统一女真各部，在会宁府（哈尔滨阿城）建立金朝。日后，萧太后的辽国再庞大无比，也为金所灭，而北宋更因金而酿成"靖康之耻"。虽然金被蒙古人摧毁，但在300年后，女真再次卷土重来。

1583年，出生于建州女真贵族家庭的努尔哈赤因祖、父被明朝误杀，走出安逸区，以先人所留下的"十三副遗甲"起兵。他以自己的出生地赫图阿拉（史称"兴京"，其古城位于今天抚顺新宾满族自治县永陵镇）为大本营和根据地，统一女真、创建八旗制度、定国政，并建元称汗重建"大金"，史称"后金"，亦即清的前身。

尽管在此地他只待了三年多，但面对强大的明朝，曾创造了一日克三城的奇迹，只用4天的时间就取得了"萨尔浒之役"的全胜，势力也因此进入辽河流域。在相继攻克沈阳、辽阳和辽河以东70余城后，先迁辽阳再迁沈阳。

当中原伸进东北的手臂被人给束缚住，等待中原的命运不言而喻。与此同时，以前建立在农耕、部落文明而缓慢生长的东北，也随着大金的壮大，以及逆袭，而生出更多新的面目。

# 五

1625年4月10日（农历三月初四），无疑是沈阳历史上最为重要的一天。因为这一天，努尔哈赤从辽阳迁都沈阳。

沈阳，因处古沈水（浑河）之北而得名，不过要得此名，得等到元代于此重建土城之时。正如前文所说，在相当长时间内，它的地位都不如辽阳。努尔哈赤一开始也看重辽阳，并在入主之后不到一个月，为防止自己南下征明时后方空虚，为朝鲜和蒙古所扰，他便于太子河北岸重建新城。但事实证明，计划往往没有变化快。

传说中有很多涉及风水，但更多的说法在于沈阳"四通八达之处"，不过，也有人认为这是为尊者讳，因为辽阳也不差劲，"而定都沈阳谓为控制形胜之利，亦未敢以为然也……"(《辽阳县志》)更可能的原因，这是努尔哈赤的一次"战略退却"，因为辽阳毕竟是明代东北地区的统治中心，明朝在此经营了200多年，影响根深蒂固，除了朝鲜、蒙古的威胁，明朝也不曾放弃收复辽东，所以努尔哈赤需要避明锋芒。再加上沈阳距离爱新觉罗家的老巢赫图阿拉也就是抚顺比较近，真可谓进可攻退可守……

不管出于什么样的目的，努尔哈赤的决定影响了辽阳和沈阳这两座城市的命运走向。自此，两者掉了个个儿，今人只知沈阳，而不见辽阳。

今天，当我们将辽阳和沈阳放在整个东北的大格局里来考量，你会发现，相比较偏东、靠近辽东半岛的辽阳，位于辽东与辽西、辽东半岛与东北大平原的连接点上的沈阳更像是一个重要的枢纽，而且其地质以平原为主，又有辉山作依靠，《盛京通志》载，沈阳的辉山有"包罗万象、跨驭八荒之势。辽水右回，浑河左绕，佳气轮囷葱郁，万年帝业非偶然也"，某种意义上，因风水而选沈阳也未尝不可。

努尔哈赤刚迁都沈阳，便在原先旧城的中心修建了举行"大典"和八旗大臣办公的地方——大政殿和十王亭——它也成了今天沈阳故宫营建的开端。又11年，故宫由继承者皇太极建成。多年后，当我漫步被高楼环拥着的故宫，便被这个采撷了长安、洛阳、开封、金陵几朝汉家宫阙之长的清朝皇家宫殿的气魄所震惊，尽管满蒙汉建筑风格交杂，但几乎是北京故宫的缩微景观和美丽倒影——无外乎它曾被人称为"关外紫禁城"。

有人说，它外表秀气典雅，但内里却处处透着狂妄和勃勃野心，正如在沈阳称帝的皇太极给沈阳定下的新号：穆克敦，也就是盛京。事实也印证了它的狂妄，很快让清军在吴三桂的叛变下，进入关内。出生在盛京永福宫的顺治，也成为入关后进入紫禁城的第一个皇帝。这也让沈阳变成了"一朝发祥地，两代帝王城"。日后，清朝以"奉天承运"之意在盛京城设奉天府，故沈阳又名"奉天"。

只是，成了"陪都"的沈阳，只能感受光荣和寂寥。随着居民也浩浩荡荡被迁走，康熙年间，整个盛京城的居民总数甚至只有5500余人。所以有人说，满族文化对沈阳来说只是渲染而非勾勒，所以日后很轻而易举地被其他外来文化所冲淡。但不管如何，这座故宫见证了大清早期的风云和国运，也见证了这个国家的又一次大一统。

在今天的沈阳故宫里，还留存着很多清代帝王创作的书法作品，像《清玄烨御书梅花诗扇》、《清玄烨临董其昌行书诗轴》洒金蜡笺绫本、《胤禛行书平安如意轴》和《胤禛草书戊申除夕守岁诗轴》绢本等，在凸显沈阳故宫和北京紫禁城的深切关联之外，也映射了这个来自东北少数民族政权对汉文化的认可和吸纳。

毕竟，作为落后文明的游牧民族，可以靠着马上打天下，但不能马上治天下。只有向先进的、更成熟的农耕文明学习，清朝才能在中原彻底立足。

某种意义上，随着清朝的不断"汉化"，以及不断融入广大的中原，统一多民族国家得到巩固，东北如同"陪嫁"一样，彻底地成为中国版图的重要组成部分，相应地，也进一步推动了东北的大开发。

一开始，清朝在东北边疆地区并不设省，而派驻防内大臣。到顺治三年（1646年），内大臣改称昂邦章京（总兵）。初只有盛京昂邦章京1员，但面对广阔的东北力有不逮，遂于顺治十年（1653年），在宁古塔添设昂邦章京以镇守黑龙江、松花江和乌苏里江流域的广大地区，后升格为镇守宁古塔等处将军。这也让宁古塔成了清朝在东北的一个著名地标——我们知道它，是因为清朝的一些案犯，动不动就要发往宁古塔与披甲人为奴。谁要是落得个这样的遭遇，一定会生不如死。因为对很多南方人来说，东北的苦寒简直就是人生之天堑。

然而，依旧有源源不断的人从关内涌入东北。尤其是辽东的人口在明末损失巨大，为解决人口空心化问题，清初施行了长达23年的"辽东招民授官"政策，"招至百者，文授知县，武授守备"，意思也就是，谁能拉来人头，谁就有可能当官。今天大连下辖的瓦房店市，据说正是清朝康熙年间，有曲姓商人建起三间瓦房客栈而得名。

在很长时间内，山东人的闯关东，更是和河南人的"闯陕西"、陕晋"走西口"、福闽"下南洋"一样，俨然成为一种趋势。

前前后后，约有49万山东人被掠为辽东包衣。也正是胶辽官话和大连当地方言的结合，造就了今天大连人一说话就是一股"海蛎子味"。

不过，这种开发也一度遇到了很大的阻力。一方面是因为去辽东新垦的汉人，和当地满人发生了摩擦，另一方面则是因为东北毕竟是"龙兴之地"，也是"祖宗肇迹兴王之所"，大清万一在关内经营不好，想退回关外，到时怕已无容身之地。所以，从清崇德三年（1638年），清政府便开始断断续续修筑柳条边，到康熙二十年（1681年）基本完成——这个分为老边（盛京边墙）、新边（吉林边墙），岸上插柳结绳俨然是一道栏杆（有点类似于今天的铁丝网），岸前开有深壕，每隔一段距离有人把守的边墙，让满人不能随便回来，而汉人也不能进来，尤其康熙七年（1668年），更是"辽东招民授官，永著停止"。

某种意义上，正是这种封禁政策，导致东北人口稀少，土地荒芜，更要命的是国防力量空虚，最终让宝贵的江山被外人所觊觎。

# 吉林"望洋兴叹"

## 六

对今天的吉林省来说，吉林市才是一个抹不去的地标，因为吉林省的名字都是取自于它。所以今天提起吉林，我都要想一遍，它到底是指这个省，还是指那个市。不过，在成为"吉林"之前，它其实有个更土的名字，叫船厂。

吉林在长春的东侧，老边外新边内，位于长白山向松嫩平原过渡地带的松花江畔，盛产人参、鹿茸、东珠、貂、红白蜂蜜、鲟鳇鱼、松塔等名贵地方特产，而且上游的崇山峻岭提供无数宝贵林木，又有发源于长白山天池，再纳辉发河的松花江呈反S形穿城而过，所以是个非常适合运粮造船之地，并由此掌控东北更大范围的区域。

永乐九年（1411年），明时和郑和齐名的太监亦失哈正是于此率领千余官兵以及装满从关内各地运来的布帛丝绸、粮食器具等物资的25艘巨船，扬帆起航，"浮江而下"，开始自己第一次巡抚奴儿干之旅。与此同时，辽东都指挥使刘清也先后三次受命在此督工造船。今天，位于吉林市丰满区阿什哈达村的松花江东岸的阿什哈达摩崖碑记载了这一事件。那时的船厂，应该就在其崖下对岸地势平坦的江畔。

某种意义上，此时的船厂应是联结京师、辽东都司与奴儿干都司的纽带。但是，随着沙俄自明朝中叶之后野心高炽，尤其是在西伯利亚东部的勒拿河流域建立雅库茨克城之后，他们更是以此为基地，越过外兴安岭，频繁侵入中国的黑龙江流域——1652年，"驻防宁古塔章京海色率所部击之，战于乌扎拉村"，这是清军与沙俄的第一场战斗。1657年，沙俄又派正规军在尼布楚河与石勒喀河合流处建立了雅克萨城与尼布楚城——造船不再只是为了宣抚万方，而是保家卫国，抵御外敌。

如果说晚清鸦片战争深受西方列强的蹂躏，让我们记忆深刻，引为大辱，但是英法俱从海上来，不似沙俄陆路相通。"和英法对鸦片贸易颇有兴趣相反，俄国在清朝时与中国贸易，除大量皮毛之外，亦无太多进口货物，故其对华贸易兴趣不大，而所重者领土也。所以俄帝于晚清末叶为一单纯的土地帝国主义，较之英国之十项全能，逊色多矣"。（《从晚清到民国》，唐德刚，中国文史出版社2015年6月版）但正是这种"单纯"，让中国的东北深受其害。

顺治十三年（1656年），负责镇守宁古塔的昂邦章京沙尔虎达奉旨到吉林设厂、操练八旗，以抗击沙俄的军事入侵。吉林水师营自此建立。当时的船厂相比明时，大体位置下移至临江门头道码头至温德河入江口一带的松花江沿岸。日后，也正是在临江门东一带，开始修建吉林城。因是红松木做围墙，故史称"吉林木城"。1676年，镇守宁古塔等处将军移驻吉林城——某种意义上，吉林是因船厂而生，但业已城市化的吉林再叫船厂似有不妥，所以改叫"吉林乌拉"，其中"吉林"为沿之意，"乌拉"则为江之意，综合就是"沿江的城池"，后来在口语和行文中多将"乌拉"省略，简称吉林。

此后的备战依旧紧锣密鼓。1682年，平定三藩之后的第二年，康熙便亲自到了关东，并且开始着手制定驱逐俄国侵略军的具体政策。总结起来具体措施有四点：加强巡逻、加固城池、加设驿站、加紧造船。也正是在吉林，看着碧波荡漾，万舸争流，康熙留下了"连樯接舰屯江城"诗句，这也为吉林赢得皇封的"江城"之誉。

次年，为改变吉林将军管理区域过大的弊端，并能更加有效应敌，康熙增设黑龙江将军，自此开创了东北划分为盛京（今辽宁）、吉林、黑龙江三个行政区的格局。黑龙江将军驻地，先为旧瑷珲（在黑龙江左岸）继为新瑷珲（黑龙江右岸，即今爱辉镇城关村位置）最后是齐齐哈尔——它们均为抗俄而建。首任将军则为萨布素。

此前，生于宁古塔，喜欢挽弓射箭，又自幼熟读《三国演义》《孙子兵法》的他，曾和沙尔虎达转战各地，参加了多次抗击沙俄入侵的战斗。

他的上任，让沙俄感受到了强大的压力。也正是在他联合其他将领，以及黑龙江两岸人民的英勇打击下，沙俄在黑龙江下游的据点基本上被拔除。更没面子的是，俄军被两次围歼，甚至丢掉了雅克萨城。这有力地制止了沙俄向黑龙江流域进行侵略的计划，还为中俄《尼布楚条约》于1689年的签订奠定了基础。

尽管《尼布楚条约》以外兴安岭和额尔古纳河为界划分两国边界，把原属于中国的一些土地让给了俄国，比如没有收回尼布楚，但保障了中国东北边境100多年的安定和平，为清朝后来平定西北、西南地区叛乱提供了稳定富饶的大后方。

而且，作为中国历史上首次与西方国家签订的具有现代国际法水准的正式条约，《尼布楚条约》也是最早明确使用"中国"一词来指代大清的国际文件，国体意义上的"中国"首次正式出现于具有西方外交条约文件上。如果说早期的"中国"是因为"中央之国"，但经此一役，"中国"成为全体中国人对敌打出来的旗号和图腾。

　　从对沙俄的一系列表现，可以看出那时的清朝统治者，身上还流淌着其祖先肃慎、女真的血性，这在重塑了东北版图，促进了吉林、瑷珲、齐齐哈尔等城镇迅速兴起的同时，也为这个国家注入了更多进取的精神。

　　只是，得之血性，失之血性。当东北的防御被寄托在统治者上层，而不是"全民国防"，也就意味着，统治者的智慧、远见和品性，决定着它的安全与否。无疑，这种安全是不可靠的，也是极度脆弱的。

# 七

　　事实也证明，只需要169年，雅克萨就被一纸《瑷珲条约》给彻底断送，与此同时，瑷珲这个见证了抗俄胜利的地方，也因此被钉在了耻辱柱上。

　　在这背后，一如当年从开封逃往临安的大宋，很快就在西湖的暖风中，直把杭州作汴州。清朝也同样没有逃脱这一"其兴也勃其亡也忽"的历史周期律。鸦片战争的爆发，让世界见识了清政府的虚弱，也看到了这个老大帝国的行将末路。

　　1860年11月，俄国又在北京签订了中俄《北京条约》，这同样是一份不平等的条约，它再次确认了中俄《瑷珲条约》的效力，再次承认了沙俄对中国黑龙江以北领土的侵占，并把《瑷珲条约》规定为中俄"共管"的乌苏里江以东40多万平方公里的中国领土强行割占。

　　隶属于吉林将军的海参崴正是在这个条约中，成了俄国人手中的"符拉迪沃斯托克"。此地以产海参出名，其所出产的野生海参属极地参品种，生长周期慢，肉质鲜美。而崴则是"水弯曲的地方"，当年的山东人常说的"跑崴子"指的就是这个地方。如果没有被割让，我国在辽参、鲁参（山东参）、南方参（福建）之外，又多了一道美味。结果这一割，我们不仅丧失一个良港，也和美味遥遥无期。

　　更要命的是，当年清政府并没有意识到出海权的重要性，在确立界碑时因钦差大臣成琦无知且懒惰，中国丧失图们江入海口。

看今天地图可知，珲春的东南端沿着图们江向东延伸，但是到出海口前没多远，便戛然而止。这导致朝鲜在其东北和俄罗斯直接接壤，吉林却因此变成了内陆省。来自日本海的涛声就在耳边，而我们却生死不能相见。"望洋兴叹"几乎成了珲春乃至整个吉林的专属名词。

这也让整个东北的海岸线急剧丧失，除了辽东湾，能当港口的仅剩距离大连不是太遥远的丹东。它是鸭绿江的出海口。

相反，依托着图们江入海口，朝鲜的罗先港，俄罗斯的扎鲁比诺港活得相当滋润，罗先港甚至有可能成全邻国朝鲜打造"世界港"的梦想。

但这还不是中俄《北京条约》带来的唯一恶果。它又为沙俄进一步割占中国西部领土制造了"条约依据"。这个条约极大地破坏了中国的领土完整。

自康乾时期，关内人口剧增，防也防不住，清政府逐渐放开了对东北圈禁的政策。随着官地旗地向民地的大量转化，推动东北封建土地所有制形成和发展，并迅速达到与关内大抵一致的水平。

比如以前被严防死守的盛京，"1857年后奉天地区各牧场、围场及封禁地陆续对垦民开放。据统计，到清末民初，奉天全省垦地面积已达6822.6万亩"。(《论清末东北经济区的形成》，衣保中，《长白学刊》2001年第5期)

而长春更是开始设治，管理流入此地的汉人。相关史料记载，1800年，清政府在今天的新立城镇卫星村设立长春厅衙署。1825年，其从新立城迁至商业比较繁盛的"宽城子"，亦即今天南关区的大马路一带。光绪十五年（1889年），其又升为"长春府"——在沈阳之后，"长春"这个名字中寄托着人们一种对美好境界的追求和向往，由奔腾的饮马河、伊通河和沐石河，而冲淤出的一块丰腴膏美之地，因为聚集着闯关东的人们，从而一跃而起。

相比农业，东北的工矿业发展就比较晚，但起步之后比较迅速。1881年，吉林就出现了东北地区的第一家近代工业——吉林机器局（后改为吉林造币局），安装了从美、德等国进口的机器设备。它也成了东北地区资本主义机器工业的开端。

东北宝贵的资源也要开发利用。"在矿业方面，1887年李鸿章委派李金镛到漠河组织矿务局，1889年初，正式开采漠河及奇乾河两处金矿。1889—1894年，漠河矿务局的黄金产量达115968两，官府及股东皆获大利，成为李鸿章筹办洋务活动获益最大的企业之一。"(《论清末东北经济区的形成》，衣保中，《长白学刊》2001年第5期)

只是，这些作为，对此时已然落后的中国来说，更像是镜花水月。一如落入猛兽群中的动物，越是挣扎，越招惹注意。抢占遂变得愈加紧迫和凶残。

　　扑在东北身上的，除了"北极熊"，还有"美国鹰""法国鸡""约翰牛"，它们不断通过各种条约勒索在东北出口通商的权力。但更让人心头一紧的，还在于身边的近邻——在明治维新中向西方学习而急速壮大的日本。

# 大鼻子走了小鼻子来

## 八

如果要算近代对东北造成最大伤害的，日本一定会位居前列，甚至比沙俄给人的观感还要恶劣。之所以如此，跟日本特殊的地理环境也有很大关系。

这个由6000多个大大小小岛屿组成的国家，更像是"漂在海中的一块破布"，在火山、台风、海啸面前，随时都有沉没的危险。它们急切地需要一块稳定的大后方。这种忧患也进一步激发了它们的军国意识。

相比之下，资源丰富，土壤肥沃，面积是日本的三倍的东北，让日本垂涎。日后的日本，甚至提出了"欲征服世界，先征服中国，欲征服中国，先征服满蒙"。而征服满蒙，对位于辽东一侧的日本来说，自然就要先征服辽东。

如果说东北在近代之惨，一则因为北边的俄国自上而下的高压，二则日本东来，从朝鲜半岛经辽东向东北腹地侵入。加上其他列强上下其手，东北"逃无可逃"。

不过，征服辽东，就必须要先征服大连。作为链接东北腹地的重要港口，大连在明清时曾被重点打造，除了金州城之外，其南端的旅顺口，更是成为李鸿章所主导的"北洋水师总埠"。拿下大连意味着事半功倍。换句话说，随着敌从海上来，在陆权时代还是边缘和通气孔的大连，已经越发的重要，俨然就是门户。

显然，在强悍的日本人面前，再利的枪炮，也弥补不了政权的昏聩无能，最终，这个号称"东洋第一要塞""固若金汤"之地，在1894年的甲午海战中，还是轻易失守。

京津大门被瞬间打开的同时，日军还在旅顺口进行了四天三夜的屠杀。和后来的南京大屠杀一样，这不是一起一般日本军人违反国际公法战争法规的犯罪，而是日本第二军自上而下有组织地进行的大规模屠杀暴行。这是大连至今最为惨痛的记忆。

弱国无军事，更无外交。在次年签订的中日《马关条约》之中，清政府不仅被迫放弃了对朝鲜半岛这个和中原王朝无论是地缘还是经济上都联系紧密的区域的全部掌控，而且割让辽东半岛予日本。

但显然，此时的东北已是多方势力垂涎之地，日本对辽东半岛的独占，显然不符合它们的利益，而此时的日本，羽翼未丰。所以，在俄、德、法的干涉之下，日本只能撤出金州城，将辽东半岛还给清政府，但也趁机勒索清政府三千万两白银作为赔偿。

连同《马关条约》，清政府一并要"赔偿"白银两亿三千万两——这真是让人开了大眼，跑到别人国家欺负人，还要别人赔偿。相反，得了大便宜的人还不满意，还为归还辽东半岛深感屈辱。日俄战争的导火线就此埋下。

在俄德法的"友善"背后，则是另一种狮子大开口。沙俄和清政府为此签订《中俄密约》，在联合"抗日"的同时，"开战时，中国所有口岸均准俄国兵船驶入""中国允许俄国于黑龙江、吉林两省修造铁路以达海参崴（符拉迪沃斯托克），修路事宜由华俄道胜银行经办""俄国可在任何时间用该铁路运输军需品"……

这个密约的签订，让俄国成为三国干涉还辽的最大赢家。这个充当了西方列强侵略中国急先锋的国家，自从将熊爪伸向东北之后，就一直没有收回。甚至，还提出了"黄色俄罗斯"计划，而《中俄密约》中所提的修造铁路，显然正是实现这一计划最重要的一环。这条在日后被称为"中东铁路"（亦称"东清铁路"，沙俄为去中国化，而避称大清铁路），是其连接莫斯科和符拉迪沃斯托克的西伯利亚大铁路的一个重要组成部分。

对参与世界争夺的沙俄来说，这条西伯利亚大铁路意义尤其重大——俄国财政大臣维特说："以必需品供给俄国舰队，并在东方海口中造成它的坚固的支点……它能够控制太平洋上一切国际商业运动。"

相应地，中东铁路也因此成了俄国人眼里的"香饽饽"。一方面，它可以帮助西伯利亚大铁路无须绕道，便能实现莫斯科和符拉迪沃斯托克之间的快速对接；另一方面，可以帮助俄国确立自身在远东的霸权以及在中国东北的优势地位并削弱日本的威胁。事实上，日本人发动甲午战争也跟沙俄想修这样一条铁路有关。

清政府对此也有所警醒，因为远东时局动荡，曾"移缓就急"，暂停修建卢汉铁路，先行修建由营口经吉林到珲春的关东铁路（后改由唐津铁路经山海关、沈阳而达吉林），只可惜"时不利兮骓不逝。骓不逝兮可奈何"，因款项不足，沙俄的暗中干涉，以及中日甲午战争的爆发，选择"以夷制夷"的清政府只能钻入沙俄设的圈套。

今天中俄之间有个著名的边境城市——满洲里。正源于它是中东铁路进入中国东北地区的首站。由于东北地区在当时被惯称为满洲，俄国人称其为"满洲里亚"，译成汉语便成了今天这个名字。

这条铁路从满洲里出发，经海拉尔、博克图、扎兰屯、昂昂溪、哈尔滨、穆棱等地，一直到最东边的绥芬河，与俄后贝加尔铁路及南乌苏里铁路两面首尾相接。

不过俄国人很快又提出了要求，那就是修建以哈尔滨为连接点，向南经长春、盛京，直到大连、旅顺的支线。

修建这条支线，目的自然是大连。显然，在三国干涉还辽之后，野心勃勃的俄国人，要填上日本退出后的空间。日本人懂得大连的价值，俄国人也不可能看不到。

次年，随着德国占领胶澳地区，俄国以此为借口，派出军舰开进旅顺口，向清朝提出租借旅顺、大连和建筑中东铁路南满支线的要求，并"限五日照复"！

此时的大清也没有讨价还价的空间。1898年5月7日，随着《旅大租地续约》（今称，原名《租地条款》）签订，大连落入俄国人之手。

一切就绪之后，中东铁路的建设也次第铺开。为了直接和有效地领导铁路建设工作，俄国决定将设在符拉迪沃斯托克的工程局迁至中国境内。

后来，他们将工程局迁到哈尔滨田家烧锅镇（现香坊区）的1898年6月9日，视为哈尔滨城市诞生的日子，也是中东铁路开工纪念日。

为了赶工期，它们以哈尔滨为枢纽，分6处对向施工。此外，它们还采取分段施工的方式，东西线从满洲里到绥芬河共分13个工段。后来人们耳熟能详的铁路专有名词"段"，便由此而来。这也让它的建设进度惊人，到光绪二十九年（1903年）7月14日，只用了五六年时间，这条干支线分别长1514.3千米和974.9千米，合为2489.2千米的中东铁路就正式通车营业。

在这种速度的背后，俄国人的野心昭然若揭。今天，当我们重新回过头来看这条铁路，你会发现，这条呈T字形走向的铁路，无疑就像是沙俄打入东北的一个巨大的钉子——既钉住了不冻港大连，也让整个东北都在其一手把握之中。它也意味着，俄国争夺远东霸权的重点，从朝鲜正式转移到了中国东北。

中国无疑成了最大的冤大头，此前花了3000万两白银才拿回来的辽东半岛，又原封不动地"送"给了俄国人。

不过，因为这条铁路，东北的城市格局再次发生变化。最醒目的是一座重镇的崛起——日后取代齐齐哈尔成为黑龙江首府的哈尔滨。

# 九

在俄国人到来之前，这个松花江畔，在女真语中为"哈尔温"，亦即"天鹅"的小渔村，一定还是一个动物比人多的蛮荒之地。哈尔滨在历史上第一次值得被标记的事件，大概要等到金朝在今天的阿城建都。

当初中东铁路选择以哈尔滨为枢纽，也正是看中了它的蛮荒。人烟稀少，在拆迁上就不会有太大的阻力。同时，离当时的政治中心北京较远，易于被清政府接受。

当然，哈尔滨也有其他的优点，比如处于松嫩平原，地势平坦，筑路的难度和技术要求相对较低；濒临松花江，便于运输建造铁路所需要的大型机器设备；此外又离常年泛滥的嫩江较远，便于设备维护……

但今天的哈尔滨，已经远非当年的原始模样。同样，也正是在相对"白纸"的基础上进行建设，今天的哈尔滨充斥着异域风情。

也同样是在2019年，当我从哈尔滨火车站一下车便直扑中央大街后，这个在我印象中只有"哈尔滨冰雕节"的城市，一下子就变得形象和丰满起来。那些充满着文艺复兴、巴洛克、折中主义及现代多种风格保护建筑，以及周边店铺中所售卖的大列巴、秋林格瓦斯，让我看到了这里浓郁的欧陆风情。

事实上，俄国人在哈尔滨建成气象站、消防站、尼古拉中央教堂、华俄道胜银行，以及中东铁路制材厂、中东铁路临时机械总厂等的同时，还开办了哈尔滨啤酒厂。这个由俄国商人乌卢布列夫斯基于1900年开办的啤酒厂，也是中国第一家啤酒厂。同样是俄国人，在哈尔滨开了中国第一家面粉厂。其大概位于现"防洪纪念塔"至"九站"区域。

还有一个特别有意思的现象，那就是中东铁路附属地不执行沙皇俄国对犹太人的歧视政策，所以今天的哈尔滨，有不同信仰的人群，包括犹太人的后裔。

哈尔滨的行政区划也鲜明地体现了这条铁路对于自身的意义。大学时曾有两位哈尔滨的同学，来自"道里"。这个名字曾让我好奇了很长一段时间，后来才知道，这正是跟中东铁路有关，大概就是，铁道西部为道里，东部为道外。

其中，道外是中国老百姓的天下，而道里及南岗、马家沟则洋人较多。松花江上的第一座大桥，今天已变成步行桥的松花江铁桥，在连接江南和江北的同时，也是江南道里区和道外区的分界桥——某种意义上，今天哈尔滨的区划无疑是历史沉淀的结果。

和哈尔滨相类似的，无疑是长春。今天长春北边有个宽城区，本跟长春府城"宽城子"南辕北辙，但因为俄国人曾在这里修过"宽城子站"，也就是俗称的"二道沟车站"，所以便鸠占鹊巢、冒名顶替了。某种意义上，宽城区是因铁路而兴。

1905年日俄战争后，日本从俄国人手中抢夺了中东铁路长春到大连一段和相关权益，并改名为南满铁路，又于此修筑"头道沟子车站"，它也是南满铁路长春站的前身。不过，为了区别1910年由清政府融资修建的吉长铁路（吉林—长春）长春站，前者又被称为"日本站"。某种意义上，正是三条不同主权的国家铁路在此交会，让长春比起偏北的哈尔滨，俨然成了一个重要的交通枢纽，也成为整个东北事实的地理中心。

得承认，长春在东北主要几个城市中，一开始属于最不起眼的那一个。比起文化底蕴，它不如沈阳；比起工业和经济发展，它也不如沈阳，也同样比不上大连。甚至比起省内的影响，它还比不过吉林，但就是这样年轻的新城，因为不像哈尔滨跟俄国近，也不像沈阳是中国的古都，遗老遗少也很多，加上交通左右逢源，所以最后成了伪满洲国的新京。

不过，在日俄战争之前，庞大的"北极熊"根本不会想到自己的所有努力，都是在为人作嫁衣。那时候的它，对东北志在必得。

也就在中东铁路竣工的同年，俄国又悍然成立以旅顺为中心的"远东总督区"，任命尼古拉二世之叔叶夫根尼·伊万诺维奇·阿列克塞耶夫为总督，妄图把东北当成俄罗斯帝国领土，接着又重占奉天。但是，如果它不蠢，也会意识到自己是在挑战"整个世界"。

因为对西方列强来说，俄国人的行为无疑打破了它们此前在东北维持的微妙的平衡。它们决定撕破脸面，要"门户开放"。

日本人更是不爽，此前，俄国人贼喊捉贼，让它损失不小。现在，俄国妄图独占东北，更和它的大陆政策相矛盾。如果说现在和以前有什么不同，那就是在勒索了很多财物之后，日本变强壮了，也就有了和俄国人斗一斗的能力。

在历史学者蒋廷黻眼里，"以后瓜分之祸及日俄战争、二十一条、九一八，这些国难都是那个密约引出来的。真可谓是'一着不慎，满盘皆输'"。（《中国近代史》，蒋廷黻，上海世纪出版集团2006年4月版）

# 十

自金州副都统衙门设立以来，阎福升算是最倒霉的一个领导了，即使不是唯一，但他肯定也逃脱不了。因为他刚上任，"小鼻子"走了，"大鼻子"又来了。老金州人应该不会忘记这句话，"'大鼻子''小鼻子'，都不是好鼻子"。

其实他应该是临危受命，也可以说是请命。因为金州是他的根。尽管这个字锡三的山西人，常常让人误认为和阎锡山有什么关系，但他的家族来金州已经很多年，而他本人也是出生在这里。到他这一代，阎氏已是金州的名门望族，从"阎半城"的称号上可以看出当年的财大气粗，据说古城还有一条街就叫"阎家街"，而且他家的古藤也似乎是全城唯一的，其四弟之子也是他的继子阎传绂曾写过他家的老宅："闲窗阵阵动春寒，散策中庭露未干。上院藤萝下院柳，惹人时倚小栏干。"

对这样一个美好的家园，阎福升自然倾尽全力，不允许别人糟践。在甲午战争中，身为金州佐领、金州水师营右翼协领的他，历尽艰难，恪尽职守，抗击日军，最后，受命危难之间，在大家都不敢蹚金州这趟浑水时，于1896年"护理"金州副都统，自以责任愈重，盛名难副，坐镇咽喉金州，力谋固防。

只是，战火洗劫之后的金州，已经是面目全非。自己入主的金州副都统衙门虽然失而复得，但破败不堪，整个古城更是"昔日进项今则毫无"。

所以，他一边"恳请酌给津贴以资当差"，一边动用家资以充军饥，并且筹资修补了一部分被日军炸毁的金州城城墙，而城墙之外，便是俄国人的租界。

两者本是井水不犯河水，但俄国人其实也知道，卧榻之侧岂容他人酣睡。1900年，俄国人便借口"城里有义和团，清朝官员欲暴动"，率兵进入金州，将古城纳入殖民统治。自此，大连后来居上，开始取代金州在这个地方的话语权。

金州副都统衙门只得迁至奉天，以"金州副都统办事处"的名义继续行使副都统权力，而阎锡三则被"流放"到库页岛——几十年前，这还是中国的土地，几十年后，他已经"流落"到国外了。

这让人想起了"萝卜蹲"那个著名游戏，那就是"黄萝卜蹲完白萝卜蹲，白萝卜蹲完红萝卜蹲"。好在，阎福升无须再亲眼看着金州又重新落在"小鼻子"手上了。

1904年2月8日，日本海军未经宣战突然袭击俄国驻扎在中国旅顺口的舰队，日俄战争爆发。谁也没想到，偌大的沙俄居然不敌日本，在美国的出面调停下，签订城下之盟。日后，有无数解读，但在当时《立宪纪闻》中，认为"此战非日俄之战，而立宪专制二政体之战也"，换句话说，明治维新后的日本以立宪战胜了沙俄的专制集权。这也成了当时中国呼吁晚清改革的一个大背景。但不管谁赢谁输，中国一定是输了。

谁能想象，两个和自己不相干的国家，跑到自己的国土上打了一仗，自己受牵连不说，还无法抗议。相反，以日俄两国"均系友邦"为由，宣布局外中立。

鲁迅先生之所以弃医从文，就是跟这场战争有关。在《呐喊》和《藤野先生》中，他都提到自己当年在仙台求学时看到这样的幻灯片。

"自然都是日本战胜俄国的情形。但偏有中国人夹在里边：给俄国人做侦探，被日本军捕获，要枪毙了，围着看的也是一群中国人；在讲堂里还有一个我。'万岁！'他们都拍掌欢呼起来。这种欢呼，是每看一片都有的，但在我，这一声却特别听得刺耳。……但在那时那地，我的意见（即主意、见解）却变化了。"

正如鲁迅先生所写的那样，日本最终取胜。这让日本看到了沙俄的外强中干的同时，进一步加大了自己的扩张野心。

尽管鲁迅先生开始用笔做刀枪，但显然也一时改变不了中国的命运。正像阎锡三视"个人生死无足惜"，但他的后任们，却躺在奉天城里，顶着金州副都统的顶戴，却任凭大连"'小鼻子'去了又来，'大鼻子'来了又去"，一直延续到1914年，坐吃朝廷空饷。而原先的金州副都统衙门，先是在日俄战争中成为日军金州军政署的驻地，以行使警察职权，次年改为金州民政支署，1930年又改设金州警察署。

俄国人的中东铁路也终究没有保存完全。在由日俄签订并没有清政府参加的《朴次茅斯和约》中，中东铁路长春到大连一段和相关权益被日本勒索。就连辽东半岛的租借权，也落入日手。日后，日本强迫清政府承认《朴次茅斯和约》中有关中国的各项规定，并签订《中日会议东三省事宜正约》及附约。

在先斩后奏之外，日本还于1906年建立了南满洲铁路株式会社来管理南满铁路，《剑桥中华民国史》写道："满铁是按照日本商业法建立的一个合股公司，50%的股份掌握在政府手里，余额出售给日本和中国的投资者，但是在1906年10月5日最后期限结束前，没有任何中国人购买股份。由于中国人缺席，公司就这样全部归日本人所有。""南满铁路株式会社的基地在大连。在满铁管理下，该城迅速发展成东亚主要商港之一和满洲的门户。从那个基地出发，公司几乎像一个独立政府那样运作。最初管理铁路的授权不久就扩大了。"为了派兵守卫南满铁路沿线，10月于大连设立关东都督府，府内设陆军部统管驻军。1919年4月，日本将关东都督府改为关东厅，将原关东都督府陆军部升格为关东军司令部。从此，关东军正式命名。而满铁和关东军狼狈为奸。

靠着枪杆子，满铁很快又获得了安奉铁路（安东—奉天）、抚顺铁路（奉天—抚顺）、牛庄铁路（大石桥—营口）的路权，其铁路从奉天再向南偏东延伸，直达中朝边境的安东，与朝鲜半岛的铁路系统连接起来。

大连港也毫无例外地被纳入满铁的旗下。1907年，满铁设大连埠头事务所经营码头业务，筑港事务所经营港口建设，福昌公司承揽装卸作业。1912年，大连港对外贸易额超过营口港，成为东北第一大贸易港。至1942年该港建成项目主要有：寺儿沟码头、大连码头（大港区）、甘井子码头、黑嘴子码头及香炉礁码头一部分。

由于先俄后日，今天的大连在城市建设上也显得"特别拧巴"。东边的大连，是俄式的，有着无数大小广场为中心辐射状的巴洛克式城市。西边的大连，是日式的，有着规整的欧美式棋盘路网，是一个个的小方块。今天的大连出租车司机，最怕的是早晚高峰时期，要在东西两边跑，那意味着要花费很多时间被堵在路上。

某种意义上，正是这些四通八达的水铁两路，以及身为"帝国殖民政策的先锋队"的满铁的存在，让日本在东北的争夺中一步进一步，一环套一环，随着九一八事变的爆发，日本很快在长春成立了伪满洲国。

继而，利用一系列卑鄙的手段，日本在1935年获得了剩下的中东铁路的使用权，拔掉了自己从南满向北满推进的最后一颗钉子。

东北，这个有着"满山遍野的大豆高粱"、"无尽的宝藏"和曾经生活过无数民族的宝地，就这样沦入日本之手。

令阎福升哭笑不得的是，他的继子阎传绂，后来竟成为金州臭名昭著的伪满洲国三大臣之一，让他一世荣光在身后黯然蒙尘。

# 10

东北二章：重振东北，期待雄鸡又"报晓"

不知从何时起，"轻工业靠喊麦，重工业靠烧烤"成了大家一提东北，便不免深情流露的印象。让人都快忘记，这里曾经是如此美丽和富饶。

　　棒打狍子瓢舀鱼，野鸡飞到饭锅里。无数民族起起伏伏，在这片土地上，找到属于自己的喜怒哀乐，也拥有过无比巨大的存在感。

　　事实上，勤劳的人民和地底下孕育的力量，也让这里勃发出无穷的工业热情。你很难想象，一旦其被卷入近代化转型之中，它会拿出怎样惊人的表现。

　　今天，当我们再次回头看它的起点，你就会发现，这也许是很多人一辈子都爬不到的终点。日、俄等西方列强之所以觊觎东北，张作霖之所以能在沈阳成就东北王，不是没有原因的。自然而然，它在日后也成长为了共和国的长子。

　　曾经有老师指着世界地图告诉我们，中国就是一只雄鸡（仅指陆地面积），这里就是鸡的脑袋。朱元璋曾经有一首咏鸡诗："鸡叫一声撅一撅，鸡叫两声撅两撅。三声唤出扶桑日，扫尽残星与晓月。"

　　但是，在那个风雨如晦的年代，这只雄鸡的脑袋，显然有些沉重。

# 日本侵略者疯狂的经济掠夺

## 一

1928年6月4日清晨5点30分，来自京奉、南满铁路交叉处三洞桥的爆炸声，让东北变得一片凄惶。在爆炸中身受重伤的张作霖，被送到沈阳后，当日死亡。

尽管日本政府死不公布凶手是谁，但今天大家都知道，对其恨之入骨的关东军罪大恶极。在它们施以毒手的背后，是张作霖的民族意识，以及其锐意发展的东北民族工商业，正成为日本满铁附属地经济的威胁。

作为旧式军阀，张作霖在今天的风评不高。但我们也不能否认，在他的身上，也有着东北祖先残存的血性。

今天的沈阳还流传着他和日本侵略者斗智斗勇的故事，比如说他经常对日本人口惠而实不至，也就是说"只收钱不履行合同"；又比如说看不惯日本人经营南满铁路时对中国人乘坐火车百般刁难，在京奉铁路修到沈阳后，怒砸2000万大洋修建奉天总站（即日后的"老北站"），并要求规模、样式要超过日本人建的奉天驿。

在张作霖被炸死之后，奉天总站终于完工，尽管距离九一八事变只剩下为数不多的时间，但它的出现，好歹为中国人争回了颜面。更重要的是，它带动了北市场，使北市场成为当时和北京天桥齐名的地方。事实上，就是这个北市场，在很久之前还是一片孤坟之地，为了繁荣民族商业，由张作霖下令修建。

不过，对沈阳乃至整个东三省来说，张作霖的贡献还不仅在城建上，更在工业上。今天的沈阳皇寺广场附近，还有一栋"品"字形的仿欧式建筑办公楼，那是奉天纺纱厂的旧址。这座日后改名为辽宁纺纱厂的工厂，用的是从美商慎多洋行购进的纺纱机、纱布机及发电机等全套设备，还建有铁路专用线、机械修配厂、锅炉房、水塔、货栈等，在1930年有工人1800多人，曾被誉为"天下第一厂"。

你同样很难想象，在当年军阀混战时期，奉军可以做到月产步枪4000支、轻机枪40挺、重机枪100挺、迫击炮80门、子弹无数……这都有赖于奉天军械厂等在背后的"默默支持"。该厂正是在奉天造币厂内所设立，后重新选址，并分别建立枪、炮、炮弹的研发和制造等三个分厂。它也就是日后的东三省兵工厂（沈阳兵工厂）。在此前后，张作霖又先后创办了奉天陆军被服厂、奉天陆军医院、奉天皮革厂及奉天陆军粮秣厂作为配套。

为了扩充东北海军实力，张作霖花巨资购买了一艘德国海军2708吨运输船。随着东北海军"水面飞机队"在1926年3月于秦皇岛成立，它也被改造为水上飞机母舰。国人将这一年视作中国早期海军航空兵的诞生之年。根据记载，张作霖统领奉军的巅峰时期，军队人数多达50万，下辖7个集团军、3个海军舰队和5个航空军队。他甚至还拥有重炮团，辽14式和辽19式重炮曾一度威力无比。

可以说，张作霖的努力，让东北在晚清之后面目一新，几乎拥有了非常完善的军工体系，也逐渐萌芽了以钢铁、煤炭为中心的重工业体系和以粮食加工、纺织、食品工业为中心的轻工业体系；也让他靠着"枪杆子"，成了无可争议的东北王。

1925年，张作霖在第三次直奉战争中占领上海；1927年，打入京城的张作霖自任陆海军大元帅，成为没有名分的"总统"。而日本也在很长时间内，对东北只是蚕食，而不敢一口吞下，甚至只能谋求和张作霖的合作。

尽管出身土匪，闹出过"张作霖手黑"（其实应该是"手墨"），把"传达室"看成"傅连宝"的笑话，但《鲍威尔对话回忆录》也承认，"他年轻时没有受过良好的教育，但他在东北亚地区，跟俄国人和日本人玩弄国际政治这副牌时，却是一个精明的牌手"。当然，这也是被逼出来的。要想在列强的觊觎以及军阀的混战之中立稳脚跟，他就不能不发展工业。不过，丰富的资源，以及源源不断涌入的移民，让他也有了发展工业的底气。

相比较满族文化对沈阳的渲染，张作霖的一系列作为更像是勾勒，它让这个城市从此打上了工业的底色。取之不尽的山珍海味填满了闯关东者的胃口，而这些工业则给了他们赖以生存之道。

身为张作霖之子，张学良虽然更像是花花公子，但是对汽车的热爱，也让他接受了奉天迫击炮厂厂长李宜春等人提出的"应国内需要，宜首先制造载重汽车"的建议，于艰难困迫之中建立起中国汽车产业。1931年，长头、棕色、采用了65马力的六缸水冷汽油发动机的民生牌75型载货汽车诞生。这也是国内的第一辆汽车。更让国人震惊的是，全车666种零件，464种是自制的，剩下的202种才是进口的。在当时国内机械工业水平落后的情况下，竟然能造出汽车，国产化率还能高达70%，可以说十分难得。

同年9月12日，全国道路建设协会为纪念建会10周年，在上海举办路市展览会。民生牌汽车也参加了这次展会，并出尽风头。

然而，这却是它第一次也是最后一次的风光。几天之后，九一八事变爆发，张学良不放一枪，弃守东北，该汽车为日军所掠夺。与此同时，沈阳兵工厂也全部落入日军之手。此外，张作霖控制的边业银行，也损失惨重，不仅被日本人改为"满洲中央银行"，其镇店之宝，从上海购买的作为储备金的7000两黄金，也很快不翼而飞。

它也从另一个侧面表明，经济上再强大，装备再精美，如果没有一个顽强的灵魂，也百无一用，到最后反而助纣为虐。

随着俄罗斯蹲完日本蹲，九一八事变前东北的工业发展格局很快被打破，但与此同时，对方也利用这些基础，基本上形成了一套侵略者工业体系。

## 二

1931年之后的西台屯罗家，对"朋友"日本粮商川岛的变脸，有点措手不及。此前，作为西台屯的大户，罗家为川岛完成收购任务提供了很大的支持。但如今东北的庄稼还没收完呢，川岛突然穿上了日本军官的衣服，带着一群日本兵进了村，以前还客客气气的他，转眼工夫谁也不认了。在机枪面前，这一大块肥沃的土地，最后成了他的财产。川岛再也不用费心"征收粮食"了，他要像主人那样"收获粮食"。

这是来自第五代导演肖风的《大劫难》中所描述的故事。它清晰地反映出日本人对东北态度的转变。除了川岛，伴随着军队，还有无数日本"开拓团"源源不断地涌入东北。它们的第一次武装移民应该是在1932年10月，由下设有4个步兵中队、12个小队的"佳木斯屯垦军第一大队"，每人配有步枪1支，另有迫击炮、机关枪，北上佳木斯，于桦川县永丰镇屯居，后定名为"弥荣村"。之后，日方又进行了4次"武装移民"。

某种意义上，这些移民暴露出了日本的"险恶用心"，那就是借此改变东北的民族构成，造成日本人在东北地区的人口优势，最终反客为主。

到来的还有商人。1906年，日本横滨输入绢物组合长（合作社社长）津久居右卫门与长春商人张松亭等5人，合资3万日元（日资占3/4），在长春城西门外与大西门之间开设了广仁津火柴公司，"这是长春自俄籍塞尔维亚人苏伯金开办亚乔辛火磨（制粉厂）后开办的第二家企业，也是长春最早的中外合资企业。广仁津火柴厂投产后效益很好，长春成为中国东北火柴制造业的发源地"。（《长春曾是东北火柴制作中心》，刘双义、赵娟，《长春晚报》2019年12月31日）日后，为同瑞典厂商竞争，日商在长春又设立长春宝山火柴工厂和长春洋火工厂——正是通过火柴积累了巨额利润，宝山老板田伊织很快开办了宝山洋行，并于1937年在满铁附属地的火柴厂原址处（火柴厂迁走）盖起了百货大楼，它就是老长春人记忆深刻的"二商店"。

它们的到来，让中国的民族工业很受伤，"长达十四年的伪满时期的殖民统治，日本资本掌控了哈尔滨的经济命脉，民族产业惨淡经营……

为推进侵略战争需要，1938年日本关东军将哈尔滨平房地区划为'特别军事区域'，修建飞机修理厂、发电站、细菌实验厂等现代军事工业。同时日本统治哈尔滨后向制粉、酿造、纺织、制糖、水泥、建材、房地产以及商业等各个领域全面投资。日资在哈尔滨设立的工业企业1935年为200家，1938年增加到258家，1944年进一步发展到300家。"（《矍铄的老工业城市——哈尔滨产业遗产历史特征分析》，孙文浩、赵科科，《生态文明视角下的城乡规划——2008中国城市规划年会论文集》）

但日本的掠夺显然还没有这么"仁慈"。来自"国家社会科学基金项目"的《伪满时期东北工业体系殖民地化研究》，曾总结过日本对东北掠夺的几个方面。

首先，它们也有"第一次产业开发五年计划"和"第二次产业开发五年计划"，前者是从1937年到1941年，后者则在前者还没完成时，便迫不及待地制定。

总而言之，通过这些计划，对伪满工业进行统制，将大量资源开采与加工业垄断化。总负责满洲地区工业发展的满洲株式会社也因此疯狂膨胀，以满铁为主导，着眼于能源、钢铁工业的扩张，以1937年底成立的"满洲重工业开发株式会社"（满业）为主导，开始对重工业进行大规模扩建。

其次，在具体操作上，只要是东北有的，日本都照单全收，没有谁能逃得掉它的黑手。比如对钢铁工业、机械工业、化学工业、电力工业、水泥工业等行业大肆扩张和掠夺，对煤炭工业、石油工业、金属开采业等矿业进行掠夺式"开发"，还加强对纺织工业、面粉工业、制油业等行业的渗透和控制……

当然我们也不能忽视的是，日本还善于利用伪满中央银行，实行残酷的货币、信用受理。在垄断东北的金融市场的同时，还帮助日本垄断集团对东北输出资本，进行掠夺服务。

看到这样数据，直到日本于1945年投降之前，东北伪满的工业规模竟然超过了日本本土。东北的工业总产值占工农业总产值的比重由26.9%增加到59.3%，而2003年全国才达到57.5%。其中，"煤产量，1933年为1088.8万吨，1937年增至1438.7万吨，1943年更增至2539.8万吨；生铁，1933年43.3万吨，1937年为81万吨，1943年更增至179万吨；钢，1933年为2万吨，1937年激增至52万吨，1943年更增至87万吨。"

1943年，日本在东北钢铁业最大的统制机构、划归满业的昭和制钢生产能力达到最高，在伪满钢铁业中始终处于垄断地位。

"这只是年产量的递增，从总的情况看，日本侵略者掠夺去的资源数量更为庞大和惊人。据统计，从1935年到1944年，日军共掠走钢材1308万吨（精钢数量不在内），而此时的东北钢材产量占全国总产量的90%。"（《伪满时期中国东北工矿业发展述略》，李雨桐，《长春工程学院学报（社会科学版）》2017年第3期）

此外，在汽车产量上，1940年，就超过了8600辆，也超过了整个关内。与此同时，大量的坦克以及其他的武器装备，从这里源源不断地输出。

对日本人来说，进入东北，直接就是奔着"变现"而来。它们不断通过投资，以及走马圈地，让中国的资源源源不断地为日本所利用，从而达到以战养战的目的，而不是用来服务东北经济、东北人民。它表现得越漂亮，东北和世界就越受伤。

日本人主导的殖民工业体系也没有形成能够实现工业近代化的发展模式。它从一开始，就和农业投资比例严重失调，而且在工业内部，出于战争的目的，刻意以重、化工业为主，导致了东北工业的扭曲，人民得不到更多的生活资料，生活陷入极端的困苦之中。美国《生活》杂志记者贝尔加米尼在《天皇的阴谋》一书中，曾这样描述"王道乐土"下的满洲：东北一日三餐流行"早上大饼，中午西北风，晚上大烟"。

某种意义上，这也是日本人之所以在1941年偷袭珍珠港，以一国敌中苏美英等大国的原因，也是它们败局已定打算放弃日本本岛也要退守满洲的原因。

当然，它也是骄横的日本人之所以会很快输掉这场战争的重要原因。这样的盘剥和涸泽而渔，让它们加速灭亡。

在回到中国人民的手中之后，东北的一身本领，终于有了真正的用武之地。

# 共和国的长子

## 三

在 1953 年版也就是新中国成立后发行的第二套人民币上,"伍角"的图案,是一个运作中的水电站——它正是丰满水电站。

这个水电站位于吉林市境内的松花江上,应在明时船厂的上游,今丰满区南郊。和中东铁路一样,它见证了列强抢占东北资源的野心——因为东北的水利很好,所以伪满在第一个《五年产业开发计划》中决定以"水主火从"的方针来发展东北的电力。1937 年 4 月,丰满水电站开工建设,在付出数千劳工的生命之后,于 1943 年 5 月 29 日首台机组投产发电。它的出现,拦截了亘古奔流不息的松花江,其上游从此多了人造的松花湖。

不过,直到日本投降,丰满发电厂还尚未竣工。加上各种破坏,到 1948 年,仅剩下 2 台大机组和 2 台小机组,合计 13.25 万千瓦。在解放军从国民党手中夺回东北后,即委托苏联彼得格勒水电设计院做出丰满水电站修复和扩建工程的设计(366 号设计),安装 1 台 6 万千瓦、2 台 6.5 万千瓦、5 台 7.25 万千瓦以及 1 台 1250 千瓦小机组,共计装机容量 55.375 万千瓦。后来,又陆续进行了三期改扩建工程。

《中苏友好同盟协定》的签订,让新中国收回了东北所有主权,其中就包括中东铁路、旅顺港和大连港。与此同时,苏联也加大了对中国的援助力度。因为靠近苏联,东北也成了苏联援建项目的重点落户之地,丰满遂因此受益匪浅。

不过,受历史条件限制,丰满设计施工技术水平较低,相比较 2014 年在下游 120 米重建的新坝,丰满只能在"缝缝补补"中挺过了几十年,最终仍难以根除先天性缺陷。即使如此,它在新中国的发展中,也做出了巨大的贡献。

作为当时亚洲规模最大的水电站,"1949 年至 1977 年,丰满电厂累计发电 467.28 亿千瓦时,分别以 154 千伏高瓦输电线向吉林、长春、哈尔滨方向送电,以 220 千瓦高压输电线向沈阳、抚顺方向送电(国家'一五'重点工程),对东北地区电力供应以及下游人民的生产生活起到了重要的保障作用"。(《丰满水电站的开发建设及其影响初探》,王晖、王劲松,《大连大学学报》2011 年第 6 期)

发展工业必须电力先行。在新中国建设初期，除了丰满水坝，还有建于1936年的阜新发电厂，也被恢复和继续扩建。作为昔日的亚洲老大，该电厂是新中国成立以后的156项重点发展的工程之一，也是东北电网主力调峰电厂。

发火电，不能没有能源，所以抚顺、本溪、阜新等城市也一并发展起来。抚顺有抚顺西露天矿、抚顺铝厂、抚顺老虎台、抚顺胜利矿等；阜新则有阜新电站、平安（五龙）立井，以及曾是亚洲第一露天煤矿的海州露天煤矿等。其中，1960年版人民币"伍圆"背面的图案，采用的正是海州露天煤矿繁忙的生产景象。

1949年前煤产量不到200万吨的鹤岗，也在老矿井的改造、新矿井的相继投产中，到1978年原煤产量超过1000万吨；1959年9月，大庆油田也在肇州的大同镇被发现。也正是在大同镇的基础上，有了今天的大庆市。

某种意义上，正是在"完善一个，铺开大网"的建设指导方针下，被注入了资金和人力的东北诸多土地，拥有了远超今天的名气，甚至今天已显生疏的双鸭山，在当年也时有耳闻，让人生出昨是而今非之感。

在它们之外，其实还有很多小地方，也被写进了共和国的历史。我从报告文学作家贾宏图的描述中，知道了二道湾子、纳金口子……

当年，他挤在浩浩荡荡的知青大军北上开荒时，曾经到过这些地方。我查了一下地图，二道湾子在东北有一堆，但纳金口子应该就在瑷珲。

我还特意留意过一个叫甘南的县城——这个常常让人以为是甘肃南部的县城，和中东铁路设站的昂昂溪、日后成为重型机械工业基地的富拉尔基一样，今天都隶属于齐齐哈尔，其地处大兴安岭南麓，东临诺敏河、嫩江。据说盛产以"甘葵二号"为主导品种的优质葵花，还是"中国向日葵之乡"。

这里有一个被誉为"龙江第一村"的兴十四村，是1956年由山东临沂地区移民响应党中央开发北大荒号召组建的移民村。只不过，它的存在也"暴露"出，东北也不全是黑土地，像这个村就是沙包地，15厘米以下全是鹅卵石，漏水跑肥。但是移民们依旧以愚公式的精神，让它劣土变良田。

不得不说，和以前闯关东一样，来自内地的农民，以及日后各地的知青，纷纷从关内涌入关外，来到了黑土地，走进了白桦林，用辛勤的劳动，让北大荒（旧指中国黑龙江省北部在三江平原、黑龙江沿河平原及嫩江流域广大荒芜地区）变成了北大仓。

和闯关东主要是为了谋生不同，他们或抱着为国垦荒的崇高理想，或是为了接受贫下中农再教育……

但不管如何,"这有力地支持了当年东北的重工业建设(工业的发展离不开农业),也保证了京津冀在内的大米供应,让首都再也不被'掐住脖子'"。(《重新认识东北的价值,从黑龙江垦区开始》,王千马,吴晓波频道2019年12月25日)

为什么我的眼里常含泪水?因为我对这土地爱得深沉。正是这些无私奉献的爱和生命,以及地底下孕育的火的热情,让东北的重工业如火如荼地开展起来。

四

在东北早期的企业当中,鞍钢无疑是一颗耀眼的明星。这个前身为日本人所设立的鞍山制铁所,和丰满水电站一样,在人民手中重生。

作为新中国第一个恢复建设的大型钢铁联合企业和最早建成的钢铁生产基地,它被誉为"新中国钢铁工业的摇篮",也被誉为"大庆式企业"。

它在实践中创立的《鞍钢宪法》,以"两参一改三结合",即"干部参加劳动,工人参加管理;改革不合理的规章制度;工程技术人员、管理者和工人群众在生产实践和技术革新中相结合"的精髓,克服了官僚主义作风,受到广泛关注,并在此基础上形成"全员参与、全过程管理"的现代企业管理模式。

牵一发动全身。正因为靠近鞍钢,有着丰富的钢铁和煤炭资源,加上有交通优势,以及人口承载能力,共和国的第一个汽车厂——一汽也因此选择在长春。此前,苏联人曾建议中国的第一个汽车厂,也要像他们一样,建在首都或首都附近。此外,像西安、太原、北京西郊衙门口、石家庄等地,都曾是选择之一,但最终,大家还是把眼光锁定在松辽平原,并经过对四平、公主岭以及长春三个城市的调查分析,一锤定音选择了长春。1953年7月15日,一汽在长春孟家屯车站西侧,也就是今天东风大街南侧举行奠基典礼。

2019年早春,当我站在毛泽东同志起笔题词的"第一汽车厂奠基纪念"这一汉白玉基石旁,还能感受到当年长春心跳的声音——这个和底特律处于相似纬度的城市,成了汽车工业的又一个"应许"之地。"和汽车工业对底特律的塑造一样,在某种意义上,是一汽及拖拉机厂、客车厂、纺织厂这些国企,在新中国成立之后推动了长春的快速发展,也让长春刷出了存在感甚至是优越感。"(《大国出行》,王千马、何丹,浙江人民出版社2020年1月版)

同样，也正因为抚顺至鞍山一线的铁与煤，以及源源不断的大庆原油在其集散，让大连港更是成了辽东第一大港。

1974年，大连选择了大连湾北岸大孤山半岛的鲇鱼湾，砸下了建设新港的第一锤。1980年，由上海港经大连港至东北的全国第一条集装箱水陆联运线开通试运。

港口，再加上日俄当年的经营，让大连在这场重工业潮流当中，也成为一个重要的拥趸。在军工之外，于机车、造船、瓦轴、大化等企业上，多有表现。

与此同时，从鞍钢走出去了无数人才，像全国著名劳动模范、革新能手王崇伦，日后便担任了哈尔滨市委副书记，解决了全市豆腐供应问题，深得民心。不过，作为一座因中东铁路而迅速崛起的东北重镇，哈尔滨显然不只是啤酒、余白肉血肠以及豆腐，还有哈飞集团、东北轻合金公司、哈尔滨电机厂、哈尔滨锅炉厂、哈尔滨汽轮机厂、哈尔滨轴承厂、哈尔滨量具刃具集团……以及身为国防七校（哈尔滨工业大学、北京航空航天大学、北京理工大学、西北工业大学、哈尔滨工程大学、南京航空航天大学、南京理工大学）之一的哈尔滨工程大学。它让我在异域风情背后，还看到了它的厚重。

不过，我对东北工业的了解，更多地来源于沈阳铁西区——它曾出现在纪录片导演王兵的镜头下，也有艾敬唱的"艳粉街"。因其位于南满铁路西侧而得名。自伪满时期，它便是沈阳工业集中的区域，到了"一五"期间，156项重点发展的工程就有3项落在这里，此外，投资超过百万进行企业改造的40多个，新建大中型企业12个。这也让北二路两侧十华里长，密密麻麻全是工厂。全国著名的重型机械有限公司、沈阳鼓风机厂、沈阳制动机厂等一些老工业的厂子全在这里。

其中，尤以沈阳机床最为知名。如果说能源是工业的粮食，那么，机床则是工业母机，没有这个钢铁怪兽，就不能制造"制造"。在铁西区创造出的新中国工业100多个"第一"中，沈阳机床就占了不少：新中国第一枚金属国徽、新中国第一台皮带车床、第一台普通车床、第一台钻床、第一台镗床、第一台自动机床、第一台数控车床……今天建设大路云峰街公交车站处，就有一座雕塑"机床1970"，其正取材于沈阳机床厂20世纪70年代生产的CU163型普通车床，代表着中国当时先进的机床水平。

它和沈阳当时的中捷友谊厂和沈阳第三机床厂一起，让沈阳赢得"中国机床之乡"的荣誉，又与大连机床一起，均进入共和国成立初期全国机床行业十八罗汉行列。

铁西区的实力，也因此大增。1975年，铁西一个区的税收，就已经相当于哈尔滨一个市，更相当于新疆一个自治区。

工厂多了，工人以及其他外来务工的人口，也就多了。因为地处铁西区南部，算不上工业区的中心地带，此前只是一个自然屯的艳粉街，便成了安置他们的居住地。

这种自发的日积月累，使得艳粉街脂粉味全无，倒更像一个棚户区，在一片片低矮的平房中缓慢地步入城市化的进程。

多年后，艾敬还在歌里念念不忘地唱，"我的童年家住在艳粉街，那里发生的故事很多，我没有漂亮的儿童车，我的游戏是跳方格，大人们在忙碌着活着，我最爱五分钱的糖果，我们姐妹三个是爸和妈的欢乐，尽管我家里没有一个存折……"

她很幸运，尽管这里终日不能远离工厂机器的轰鸣，但大家的日子过得还挺温馨，甚至胡同里还会传来悠扬的钢琴声。她的父母也很爱搞艺术，这让她从小就能歌善舞。

不得不说，这是东北最为风光的一段时间。也是工人阶级、知识分子最有存在感的一段时间。他们尽管没有一个存折，但是有着相对尊崇的地位，是"工人老大哥"，而且，由厂子包办了从摇篮到坟墓的一切。他们安安心心地待在看上去很大但也很小的一片天地里，创造出了无数个中国"第一"，快、稳、准完成"不可能完成"的任务。

尽管每一个个体的光芒被群体所掩盖，但它们最终凝结了一种叫"劳模"的精神，曾经引领过全国人民面对艰难险阻依旧英勇向前。


# 五


我曾看到一份《1978年中国内地地级以上城市GDP排名》，粗糙打印的纸上，满溢着东三省的骄傲。

前四名，自然是272.81亿的上海、108.84亿的北京、82.65亿的天津，以及71.70亿的重庆，而沈阳则以43.5948亿，排在了第五，大连则以42.1亿，排在了第七，中间第六的是43.0947的广州。

在8到20名之间，我们还看到了哈尔滨、鞍山、大庆，以及长春的名字，它们分别以39.27亿、32.7895亿、32.5亿和27.93亿，排在了第九、第十三、第十四，以及第二十。看到这个统计到小数点后数位、在那个时候应该没有什么水分的排名，我由衷地感到东三省的实力——换句话说，作为共和国的长子，并不是靠吹起来的。

这份成绩单，也让我们意识到，拥有东北对共和国意味着什么。它就是这个初生的人民政权之福。国家只需要用有限的投入，就会有丰厚的回报。除了推出了第一桶原油、第一炉钢水、第一架飞机、第一条汽车生产线……诸多国货重工之外，它还在"调配"的名义下，将这些产品输向全国。

这让人不禁感叹，没有东北在能源、原材料源源不断的输出，没有它在飞机、造船、机床、汽车、化工、森工、重型机械上闪转腾挪，就很难"使我国在西方严密封锁禁运的环境中，较好地完成了从农业社会向工业社会的转变"，并保证国民经济在各种变故下的正常运行，进而自立于世界之林。

到了"二五"期间，东北工业建设开始由"全国支援东北"转向"东北支援全国"，像攀枝花钢铁公司、第二汽车制造厂、第二重型机械厂、东方锅炉厂、东方汽轮机厂、东方电机厂等一大批国家行业骨干企业，都是在东北无私的对口帮助下，成长壮大。

更重要的是，由于有东北"稳住一头"，为国家提供了巨额财税，南方才能放手"放开一片"——除了深圳、珠海、厦门以及汕头相继成为经济特区，14个沿海开放城市除了大连，其他都在关内。20世纪90年代初，又一次开放浦东——从而推动着这个国家从计划经济急速迈进市场经济。尽管南方才是改革开放后的明星，但"缺少东北，后果不堪设想"。(《关于东北现象的历史回顾与思考》，鱼日赵，新浪博客2018年1月28日）

这样的东北，甚至让和艾敬都差着辈儿的钟美美都深受影响。他在接受媒体采访时，言谈中由衷地流露出对东北的热爱和维护，在他看来，黑龙江省辉煌的时候，江苏和浙江都得低头——这个在2021年前后发布模仿老师的视频而在网络上走红的小男生，儿时的大部分时间，都跟随姥姥姥爷在鹤岗宝泉岭读书，母亲在哈尔滨工作，他频繁往返于两地之间。但是不难感觉到，钟美美对哈尔滨有更强的归属感。

然而，也正如钟美美所惋惜的那样，整个东北，去时雄壮，归时悲凉。

# 体制化和体滞化，造就"东北现象"

## 六

王兵执导的《铁西区》并不像是一曲"赞歌"，出现在镜头中的，没有欣欣向荣，而是高大的厂房成了一片瓦砾，能卖掉的东西都被工人当废品卖掉，卖不掉的也被有组织地卖掉。只剩一根光秃秃的烟囱。百无聊赖的工人谈论的主要话题，是喝酒和赌钱。

纪录片还把镜头对准了艳粉街。大家都梦想着发财，却似乎只能寄望于彩票。而十七八岁的男孩大多聚在一起彼此消遣，或者追逐女孩，经常会上演一些狗血的剧情。

总而言之，狭窄而又坑洼不平的街道，满眼老旧破败不堪的建筑，以及因刚刚下岗而失去工作的人们颓废的神情，构成了20世纪末一个时期内艳粉街的街景图。

尽管有着跳方格的快乐，和五分钱的糖果，艾敬还是努力地走出那片狭小而又开始显得无望的天地。在初中毕业之后，她先是考入沈阳艺术专科学校声乐系，在毕业后又考取了东方歌舞团。为了更好的发展，1988年，她只身来到了热火朝天的南方——距离深圳只有半个多小时高铁路程的广州。

和她一样，我的文友张宁也一度选择了离开。这个1979年生于沈阳的"嫩中年"，他成长的那段时间，沈阳给他的记忆无非就是一个字——衰。各种衰。

工业不仅缺乏生机，而且污染很严重。甚至在1986年8月3日，还创造了又一项第一——只不过这个第一并不光彩：沈阳防爆器械厂成为新中国第一家破产的国有企业。一时间舆论大哗，原来"大锅饭"也是可以打破的。

长大后，张宁很想离开东北，但是成绩不够，好在能支持他离开沈阳。所以在1999年的高考之后，他选择了辽宁师范大学。和安徽师范大学不在省城而是在芜湖一样，辽宁师范大学也不是在沈阳，而是在大连。

和沈阳一样，大连也同处于东北，不免要受到整体环境的影响，而且，在港口上，大连也渐显颓势。和其同处于辽东湾，曾在1861年开埠成为当时东北唯一的对外通商口岸，并于1867年建城的营口，因为距离鞍山、沈阳都比大连近，更容易节省陆上交通成本，所以随着营口港基础设施逐渐完善，沈阳和鞍山的大宗货物都易大连而就营口。这也让大连在面对东北腹地的竞争中，份额不断被蚕食。

好在大连在面对太平洋时，毕竟有着自己无可比拟的优势。在1984年的沿海开放战略中，成了14个沿海开放城市之一，也是东北唯一。次年，实行计划单列，国务院同意赋予大连市省级经济管理权限。

与此同时，在压船压港的重压下，大连港再次蜕变，离开老港区，到距其40公里之外的大孤山半岛的大窑湾——建符合世界潮流的深水大港，从而拿到步入世界现代化大港的门票。"世界有多大船，我们就有多大码头"，大连"东北亚国际航运中心"之梦由此发端。

所以，张宁尽管没能出得去，但好歹还有大连可供选择。他进入辽师大那年，正好赶上了大连建市100年。当年国家曾给它题词："百年风雨洗礼，北方明珠生辉。"从这个题词里，也可以看出那个时候的大连，对标的正是东方之珠香港。

大连的足球也在这几年风光无限，自1994年在客场2∶0战胜辽宁，提前一轮夺冠后，这个城市在中国足球顶级联赛中的球队，就此开启了"八星之路"，尤其1996年、1997年、1998年实现了第一个"三连冠"。隔了1999年，又一个"三连冠"。和球队的成绩狂飙相似，这支球队幕后的金主——大连万达、大连实德，在当年都是名噪一时。正是借着旧城区改造的机会，从军队转业的王健林，赚取了自己进入房地产后的第一桶金。日后，他又靠着企业改制的机会，开启了他和万达的故事。

在大连读书的张宁，亲眼看着王健林一步步走向自己"一个亿的小目标"，又看着实德接棒万达，成为这个足球城的主人。千禧年的时候，他和朋友们挤在人民广场的人海中，看满天烟花，却没有想到烟花易散，人情易冷。

10余年后，再去大连，星海广场的柱子没了，海之韵没有了，服装节没了，足球也没了。曾经称霸联赛的大连实德，后来成了阿尔滨，又成了大连人……但再也找不到以前足球给这座城市带来的乐趣。

换句话说，大连也不可抑制地陷入进了东北沦陷的怪圈，即使被政策加持，也没有改变它最终的命运。

今天，当我们再来看中国各地城市的各项数据，你会发现改革开放40年之后，东北和东南沿海的差距是越来越大。比如说在人口上，以前很多人跑到东北"闯关东"，但现在却是失血和外流。从1980年到2017年，东北占全国人口比例从9.01%降至7.87%。尤其"七普"中，黑吉辽在10年间人口增长上又一次当仁不让占据了倒数头三把交椅，其中黑龙江10年流出人口646万，吉林337万，辽宁115万。

人口下降的同时，东北的人均GDP则从1980年的比全国高39%，变为2018年的比全国低18.9%——这种"双减"，只能证明东北的确出了问题。

与此相对应的，还有东北的经济总量。1978年，其占中国的13.98%，到2017年仅有6.48%，2018年则继续缩水至6.3%。2018年民营企业500强，整个东北地区入围企业只有9家。2019年，整个吉林的GDP总量仅能排在内地第26位，后面仅有甘肃、海南、宁夏、青海和西藏五个省份。

此前是何等辉煌，今天就是何等的凄惶。反差如此鲜明，让人更是意识到，问题不小。

# 七

就在我走访一汽前后，也正是一汽人心思动之际。多年前谋划将集团总部的部分职能从长春迁到北京，甚至已经选好了地址，但最终由于长春当地政府的坚决反对而放弃了。不过，它一直没有放弃在全国布局基地，如西南的成都、华东的青岛、华北的天津，等等。2017年，一汽大众奥迪又将销售事业部从长春搬迁到了北京。

我们不能简单地给一汽贴上"叛逃"的标签。在这背后，其实是一汽的"艰难图存"。如果说当年选址长春给了它极大的发展空间，但随着南方"放开一片"，资金、劳动力、人才逐渐向南方会聚和转移，长春已经不再是香饽饽了，而且远离核心市场。

出走长春，也可以整合在长春难以得到的稀缺资源，进而解决自己在销售、研发和设计等方面的瓶颈。

但是总部未能搬迁到北京，也反映出了东北工业的转型之难。因为对长春来说，汽车几乎成为自己的拳头工业——2019年汽车工业总产值占全市工业总产值的50%以上，而一汽，为长春市缴纳税金241.44亿元，占长春市的26%，吉林省的14%——你可以说长春的汽车工业实力雄厚，但反过来说，也是经济结构过于单一。

单一产业带来的结果，就是市场行情一波动，立马对整个城市造成巨大的影响。换句话说，一损俱损但一荣未必俱荣。

也就在走访过程我还得知，长春不敢放一汽不仅在于GDP，还在于其解决了无数人的就业问题，如前所述，包办了很多人的生老病死。

除了医院、邮局、幼儿园、中小学，一汽甚至拥有过自己的公检法系统。它所在的厂区，有着自己统一的街道规划和管理，而且供水、供电、供暖和宽带都相对独立。某种意义上，一个汽车厂，就是一个自成一体的小社会。

在过去，这是东北重工业当初吸引人之处，也是社会主义优越性的体现，但如此一来，它让无数企业承载了过多的社会功能，更重要的是，也让东北变成了一个"特殊的存在"，那就是几乎所有社会公共服务，都是和就业绑在一起的。

在"体制化"之外，重工业在东北比重过重，还带来了另一个不堪的后果：体滞化。具体而言，它违背比较优势理论，也容易让人产生路径依赖。再加上新中国成立初期"稳住一头"，导致东北的经济运行机制转换严重滞后于南方，这不仅伤害了基础产业，"更重要的是失去了一次宝贵的发展机遇。使得附加值相对较高的轻纺工业、耐用消费品工业、新兴的电子工业，以至于后来的信息产业等，多数都与东北无缘。在供不应求的改革开放初期，南方各省正是抓住了这一难得的历史机遇，培育了各自的经济增长点，迅速占领市场，形成了相对的竞争优势"。(《关于东北现象的历史回顾与思考》，鱼日赵，新浪博客2018年1月28日)

从经济发展趋势来看，重化工业产值的比重一定是呈下滑趋势的，轻工业的比重在上升。谁能在轻重之间寻找到平衡，谁才能抢占未来。

在深圳市原副市长唐杰看来，东北和深圳的差别还在于，东北设备是重型的，深圳的设备一定是轻型的。因为轻型设备可以拆开去分工，但是重型设备就很难拆，很难用分工方式做。这也导致了生产重型设备的企业一定是一个巨大企业。一个巨大企业什么事都自己干的时候，效率就一定会低于社会分工。

这也是东北一"重"独大带来的弊端，让东北延续了产业结构被扭曲的困局，船大难掉头。

更关键的是，这种依赖于计划而不是社会分工的经济，虽然能集中力量办大事，但它的创新也一定是受限制的。这也导致其在某些领域不得不依赖于西方的技术输出，一旦被卡脖子，就不免惊慌失措。

曾有财经自媒体"东西智库"刊载文章关注过大连机床、沈阳机床在新时期不断翻车的命运，指出国外对中国的技术打压，造成了机床和汽车一样，再指望用市场换技术行不通。"1996年，沈机耗资上亿元，引入美国桥堡的数控技术，但外方只发来一个源代码数据包，却不告知核心技术原理及使用原理，由此开发的数控机床成了废品。

1999年，大连光洋进口日本机床时，日方强加了一串"霸王条款"："装机地点、用途要限定；擅自挪动机床，会被自动锁死，机床直接变废铁。"用外国势力对东北的技术霸权，来看"东北现象"，无疑浮于表面，但也不失中肯。

一个巴掌拍不响，今天"东北现象"的出现，显然是各种弊端综合的结果。在市场机制欠缺、经济结构失衡以及政治支持不足、国外打压、人口外流严重等结构性问题和体制问题之外，其实还埋着更致命的"地雷"。

# 再析“东北被边缘化”

## 八

有这样两种观点，曾一度吸引了我。我把它们归结为“贸易学派”和“地理学派”。前者认为，东北经济是在国际贸易中被牺牲了。

一方面是加入WTO后世界市场的形成，以及“两头在外”的经济模式，导致资源配置结构发生了巨大的变化。

比如说铁矿石可以从巴西、澳洲进口，石油可以从中东、非洲、俄罗斯那里想办法，加上国内山西、内蒙古煤矿的崛起，“尤其是大秦铁路重轨运煤专线的开通，使得秦皇岛成为世界第一大运煤码头，阻断了东北煤炭的入关之路。而美国的小麦、大豆，东南亚的稻米等农副产品大量进口，则大大挤占了东北农业的生存空间……”你很难想象，当年喂养了整个中国的东北，会出现了卖粮难、储粮难、外销难等问题，农民收入低、种粮收益下降、大量粮食积压、粮食企业亏损严重等问题也随之而来。

另外一方面，随着海权时代的到来，现阶段的贸易主要还是以相对低廉的海运为主。这也意味着贸易就必须要在沿海地区开展，内陆所具备物资和产品都必须先陆运到港口再海运到国外，所以，人员和货物就集中到沿海，连投资都跑到了沿海，以方便运输、节省成本——换言之，港口决定着一个地区的“生存质量”。

“目前世界十大港口中，我国已占七席。上海港、宁波港跻身世界三甲之列。宁波北仑港成为我国最大的铁矿石码头和集散地。舟山港成为我国最大的原油储备库……以此为依托，宝钢、镇海炼化等一批重化产业集群在沿海崛起，全面碾压东北的重化工业。”（《关于东北现象的历史回顾与思考》，鱼日赵，新浪博客2018年1月28日）

相反，今天的整个东北，还在品尝着沙俄侵略的苦果。因为只有辽宁这样一个开放门户和唯一出海通道，东北的物流无疑变得成本巨大。想想从漠河到大连，有1600公里，已够上天津到嘉峪关的距离了。

相比之下，图们江出海口的地缘价值无疑显现。其东北接俄罗斯远东，西南连朝鲜半岛，东南与日本本州岛隔海相望，西北靠中国东北地区，并隔中国东北与蒙古相望，是世界上独一无二能够影响6个国家的三角洲，也是中国与俄罗斯、朝鲜、韩国、日本进行海上往来最近的地方，以及进入北太平洋和到达北极最便捷的海上战略通道。如果黑龙江、吉林的货物，能直接走图们江出海，那就不用再费心思绕道大连。

此前，曾有中国企业在2008年、2012年相继获得朝鲜罗先港码头的租借权，这对解决东北在图们江出海口的问题上，似乎找到了一种方法，但是落实难。

虽然这对大连的发展相对有利，肥了大连，却瘦了整个东北。况且，囿于体制、环境等原因，辽宁港口间重复建设、过度竞争，让它在自身的建设上同样变得竞争力降低。与此同时，对面胶东半岛上青岛港的兴起，更是给了它当头一棒。

相比"贸易学派"，"地理学派"则认为，是区位优势的变化，导致了东北的浮浮沉沉，而这显然不是主观能决定的。众所周知，由于靠近俄国，东北的发展一直受着这个邻国的影响。以前是，新中国成立后同样是。一开始中苏蜜月时期，东北得到了社会主义老大哥的帮助，在全国各省中是力度最大的，这也是东北成为共和国长子的一大原因，但是随着中苏交恶，导致国家把精力放在了三线建设上，相反，因为靠近苏联，东北工业基地的改造和巩固工作受到削弱和限制。

现在中俄关系虽然实现了正常化，但是苏联的解体，以及俄罗斯实力大降，导致其经济中心远在莫斯科，而无力经营远东，这里不仅苦寒，而且落寞，这也让整个东北丧失了借力点。更要命的是，它不再是南方沿海和内地进入俄罗斯的主要通道。我们今天去莫斯科所搭乘的K3，从北京出发，直接走内蒙古二连浩特出境，经蒙古国再西行，而基本上用不上当年的中东铁路了。

甚至，随着西部大开发，陇海兰新铁路线与国际接通，中国内地与欧亚大陆经济交流的陆路主要通道，或者走中部通道从二连浩特出入境，或者走西部通道从新疆的霍尔果斯出入境。只有一条东部通道，经满洲里（绥芬河）出入境。这也意味着，中国和欧亚经济体的经贸往来不需要过多绕道东北。东北被边缘化也在所难免。

每次看到这里，不免抚"键"长叹，时代给了东北的，又很快将它收回，甚至还欠下了无数本金。不过，对很多普通人来说，这有些过于深奥。在他们眼里，是贸易原因也好，还是地理原因也好，那都是外因，而让东北变惨的，更多不能忽视的，还有内因，那就是体质和思维的"大滑坡"。

# 九

前者源于"掠夺式开发"。换句话说，从过去到今天，东北承受了过多的苦难，也承担了过多的责任。

事实上也的确如此。今天，当我们在这片黑土地上深挖几锄，看着以前被公认为世界最肥沃的"土壤"，变得"土壤结构退化、土质硬化"，或者，抬头向上，你也会发现，天空依然阴霾，但也许没有鸽子在飞翔。因为那些童话般的白桦林，早就改成了大豆地。

正是重用轻养以及无限度的掠夺式开发，让东北体质变差，一到秋冬，毫无例外，东三省的空气污染经常会爆表，同时也让很多资源型城市，在面对巴西、澳洲、中东、俄罗斯能源的冲击之外，还被釜底抽薪。

早在1995年，开发近40年的大庆油田就进入了高含水期。也就是说大庆油田的生产，由油井自喷变为注水加压抽油，不加水就抽不上来了。抚顺、鹤岗等地的煤矿，也早早被透支，在2001年，阜新成了国务院确定的"全国首个资源枯竭城市转型试点城市"。这无疑导致城市建设一落千丈，甚至房价如白菜，一套房子，两三万就能入手，不抵沿海城市一平方米。2022年初，鹤岗政府债务120亿，成全国首个财政重整地级市。

但这还不是最可怕的，最可怕的是东北的精神进化也有停滞不前的危险。网上曾有人反思这样一个现象，那就是东北人受教育的程度不低，初中程度以上者的比例高于全国平均水平，高等教育规模也相当强大，几十年间培养了不少知识分子，但为什么东北的人文环境并没有像人们想象的那样有多大的改善？

也许，残存的落后的渔猎游牧习性，以及多年来深受苦难，让侠义成了这块土地的一体两面。它既让东北人热情、好客、有血性，但也导致这块土地"感性强，理性弱"，"意念和行为受生存本能冲动和感官生理需要的驱使，为获取食物和地盘所以凶狠好斗，不善于理性思考"。

经济学原理告诉我们，任何一个地区的经济增长都无外乎两大动力源——一是全要素生产率的提高，二是人口的增长。当这个地方主要以行政主导资源分配，没有完善的游戏规则，对权力的热爱大于知识，与此同时，个体才能无法得到应有的回报，那么，全要素生产率难以内生性提高，劳动者则要么进入有利于获取资源的"体制内"，成为工具人，要么流向市场相对开放、游戏规则也因此更公平的沿海地区，成为某种意义上用脚投票的"制度移民"。如此一来，经济岂能不下行？

如此一来，他人又岂敢来投资。今天有一句话，投资不过山海关，很伤害东北老乡的感情，但事实是，如果我们摆脱不了亚布力的控诉、雪乡的欺诈，以及把股民、投资机构、投行、银行、金融租赁公司、监管层戏耍一个遍的负面形象，不痛下决心改变，东北就一直会面临"营商环境变质—经济下行—人才流失—财政吃紧—社会保障无力—生育率下降—经济下行—营商环境变质"这一怪圈的威胁。

所以，对东北来说，它要想像刚刚过去的那些岁月一样，再次成为共和国的脊梁，就需要刷新自己的思维，刮骨疗毒，励志图存。

幸运的是，东北这个"龙兴之地"，各民族在这里起起伏伏，但面对危机、面对侵略，从来认命不认输，像一条蒸不烂、煮不熟、锤不匾、炒不爆、响当当的好汉。

也就在下岗潮来势汹汹的那些年，一首《重头再来》在东北热火朝天地唱响起来。在赵本山的《马大帅》中，范伟饰演的范德彪就有这样一句经典台词："论成败，人生豪迈，大不了从头再来！"

# 雄鸡一唱天下白

## 十

2020年的"两会"上，冷友斌提交了关于东北黑土地耕地保护和支持奶牛养殖的建议。对"东北黑土地耕地保护"，他是这样建议的。

加强黑土地保护的研究工作，建立科学合理的轮作和土壤耕作制度；通过有机物料还田，增加耕层厚度，提高耕层有机质含量和水养库容，不断促进黑土地质量提升；落实"科技—管理—生产"三位一体，实现技术研发的原创性、系统性和应用性。此外，鼓励土地流转，扩大经营规模，全面推进机械化，配套相应的补贴政策。

冷友斌，当下的身份，是飞鹤乳业的董事长。他不仅是东北本地人，更是在东北成就了自己的事业。到今天，他一直记得当年在读小学三年级时的体育老师——从北京到自己老家当知青的王树华（音）。正是王老师和王老师的那些知青伙伴，在闲暇之余不是吹笛子、吹口琴就是拉二胡，让从小没见过什么世面的他，打开了人生的一扇窗，让他感觉到，自己也许能过上另外一种生活。

"今天的飞鹤乳业之所以能一飞冲天，除了和这位掌门人从小就生活在农场，熟稔土地和奶牛，更重要的是，'外面'的思维一直在引导着他前进：当飞鹤还是国企，身为厂长的他便推行过薪资绩效考核制度。日后，他又在股份制改革中，自掏腰包买下了飞鹤这个品牌，从零开始。

让人钦佩的是，他还曾顶着内部不同的声音，在克东和甘南两地，花了大价钱自建牧场。正因为奶源掌握在自己手中，让飞鹤在2008年三聚氰胺事件中全身而退，不仅没有受到重创，反而赢得了消费者的信任。"（《重新认识东北的价值，从黑龙江垦区开始》，王千马，吴晓波频道2019年12月25日）

这让人无疑相信，东北尽管面临命运的波折，但生生世世生活在这里的每个东北人，都不会放弃对它由衷的热爱和不断的再造。

通过冷友斌的经历，我们也可以看到，这片黑土地其实还孕育着无数可能。比如说，在农业方面，东北可以通过现代化、规模化、节约化，以期生态修复的同时，还可以像五常大米、飞鹤乳业那样，通过品牌创新、渠道建设，来实现自我增值。

我的一位在杭州的朋友，这几年放着天堂不待，也跑到长白山去当"参农"，最后搞出了一个品牌"参参慢"，口碑还挺好。

在他看来，随着健康取代温饱成了世人关注的重点，有着数不胜数宝贝的东北，其实就是另一个天堂，就看我们选择什么样的方式和它对话。

事实上，和东北近在咫尺的韩国，就在人参方面，形成了一条由人参食品、保健品、化妆品等构成的产业链。

对东北来说，它要振兴，尤其要在工业上找回存在感。

但正如这片饱经沧桑的黑土地，经过一季漫长的寒冬，便是青葱满目的夏，时代的机遇，又悄然摆在了东北的面前——那就是科技的发展和智能化的提升，让东北工业和它的农业一样，有了重新提升的空间。

更重要的是，尽管南方主打的人力密集型、附加值低的"中国制造"为改革开放后的中国赚取了发展的第一桶金，但是要想在新时代的全球竞争中站稳脚跟，需要尽快从"中国制造"走向"中国智造"，打造属于自己的"大国重器"，这样才不会被卡脖子，才不会没有话语权。不过，打造"大国重器"，需要有良好的发展基础和完整的工业体系，作为"新中国工业的摇篮"，能造大炮弹，也能造航母、歼击机、潜艇，以及卫星和火箭的东北，显然具有别人不可具备的优势。

风水轮流转。尽管搞旅游，竞争不过南方，搞金融，干不过北上广深，搞轻工业，又干不过沿海省份，但重工业依旧成为东北乃至中国发展的"压舱石"。

事实也证明，只要调整好机制，拿出滚石上山、爬坡过坎的精神，努力地走在正确的路上：那就是改变对"大项目""强投资"产生过度路径依赖，转变思想观念，从依靠外力转向重塑内生动力，东北的重工业也会焕然一新、从头再来。

有这样一份成绩单：2016年3月，哈电集团自主研制的中国首台300MW核电站反应堆冷却剂泵组通过国家鉴定，一举改变核电站回路"心脏"靠少数国家制造的历史。

沈机则在国外同行严密的技术封锁下，于2012年成功研发出在网络环境下面向用户、基于产品全生命周期的i5智能控制系统，并于2014年初在全球首发了i5系列智能机床，为集团实现由传统制造商向现代工业服务商转型目标奠定了坚实的技术基础。

大学毕业之后的张宁，日后又回到了沈阳。尽管家乡曾让他一度失望，但是毕竟是省会，以及东北的中心，更重要的是，这些年来，沈阳也努力在工业上"改朝换代"，比如说他就听闻这里出了一个"新松机器人"……这让人不禁感叹，昔日的"黑大傻粗"，只要用心打扮，也可以变得分外美丽。

也正是看中东北在工业上有戏可唱，2017年，北京大学新结构经济学研究中心主任林毅夫教授团队发布《吉林省经济结构转型升级研究报告（征求意见稿）》，给东北的工业发展开出了一剂药方。

药方开得并不"潦草"，明确地指出：基于吉林省的潜在比较优势的产业，可以叠加出五大万亿量级的产业集群谱系来统领吉林省未来的经济结构转型升级——大农业产业集群、大健康产业集群、现代轻纺产业集群、现代装备产业集群，"新能源、新材料、新一代信息技术为核心的融合型产业集群"。

在我看来，这个药方主要的特点，一是"补短"，发展轻工业。尽管外界对此有很多不同的意见，但是我们也可以看到的是，今天的产业集群正在悄然发生着转移。袜业集群逐渐从浙江诸暨转移到吉林辽源，服装业集群从浙江宁波转移到吉林延边。泳装产业从福建晋江等地转移到辽宁省葫芦岛……

在这背后，是沿海产业的外溢，以及劳动力价格日渐提升，让拥有广阔天地，以及无数产业工人的东北，有了用武之地。

二是"扬长"，也就是在旧有的产业基础之上进行产业跃迁。除了大农业、大健康，像现代装备产业，以及新能源、新材料、新一代信息技术，都是东北未来主攻的方向。

总而言之，未来的东北，将努力抓住风起云涌的新一代信息技术革命与产业变革的机会，来重塑自己的形象，推动人口回流，让投资再过山海关。

十一

"2018年，是中国一汽建厂65周年，也是红旗品牌诞生60周年。这年4月，马化腾与长春一汽签订了战略合作协议，想要基于高精度地图，在自动驾驶和仿真测试等方面展开合作，未来还要在数字政府、智慧农业和智能制造上发力。"

但这显然并不是两者合作的终点，2021年底，两者在此前全面数字化转型合作的基础上，建立"中国一汽—腾讯联合实验室"。

2019年前后，包括钛媒体在内的很多媒体，都关注到了"产业互联网开往东北"这样一种现象。在腾讯牵手一汽乃至当地政府之外，还有华为与北大荒集团达成合作，推进农业生产现代化及智慧农业建设；京东农牧在吉林省长白山腹地轰轰烈烈地开展AI养猪；以及阿里也积极链接黑龙江，与当地签订共建"数字龙江"的协议，双方将在数字农业、普惠金融、扩大内需、企业上云和数字政府等方面展开深度合作。

只是这些投资也不是做"善事"。一方面，像股市"抄底"一样，在东北行将触底反弹时介入东北，不仅会让自己赢得民心，更有望以最少的投入撬动最多的回报；另一方面，过了这些年，东北也该到了触底反弹之时。尽管东北重工业国企占比较高，没有人能轻易地染指工矿重工业这块蛋糕，但可以通过地产、新能源汽车、现代农业、智慧科技这些薄弱环节曲线切入居民的大宗财富、日常消费领域与东北的产业振兴叠加。

钛媒体相信"马化腾看得明白"，对于缺乏制造业根基的腾讯、阿里等互联网企业来说，进入东北，可以帮助它们联手传统企业，在互联网从"消费互联网"的上半场进入"产业互联网"的下半场之后，讲好产业互联网的故事。

今天，"当5G、大数据、人工智能等新技术逐渐成熟，寻找丰富的业务落地场景成为下一个目标，东北工业基地作为我国形成最早也最成熟的规模工业经济带，自然成为技术流瞄准的优质标的。沈阳有输变电、机床，黑龙江有粮食深加工、畜牧业，吉林拥有石化、农产品加工和汽车产业"。

换句话说，我们可以"借道"东北，将丰富的工业场景资源转化为振兴新优势，推动数字经济和实体经济深度融合。

相应地，东北也需要他们的加入。在我看来，这将是新一轮的知识青年的"上山下乡"。就像当年的知青给冷友斌带来思维的洗礼一样，这些有知识的年轻企业的到来，也一定再次打开东北向外看的视野，同时，帮助东北的重工业进行智能化改造，创建城市的智慧大脑，打造汽车产业的智能互联生态……

某种意义上，它们将进一步帮助东北转型升级，实现工业上的换挡提速，让人进一步重新发现东北的价值。

正因为瞄准了车联网智能生态，让国货品牌一汽红旗再度站上了舞台的中央，与此同时，也让整个一汽乃至长春的命运都发生重大改变。

作为汽车产业"一柱擎天"的城市，长春尤其需要做大做强自己的汽车产业。它不能承受汽车倒下之重。这既需要一汽谋求自我革命，同样也需要长春乃至整个吉林的勉力支持。从剥离一汽身上多余的社会功能，到打造全新的是整个长春新区1.5倍的国际汽车城，并全力支持一汽与腾讯之间的合作，今天的长春，正试图围绕着一汽，解决其大而不强、配套质量规模不足、服务业严重滞后等营商环境的发展瓶颈，并谋求共同进步。

不过，未来的东北要想工业重振，除了转型升级之外，还需要打破此前计划下的条块分割的局面。要像黑吉辽一体一样，产业也需要联动发展。

就像我在《大国出行》里所期望的那样，打造从大庆、哈尔滨、长春、沈阳到大连这样一条汽车走廊。它不仅能进一步"团结"东三省，而且容易形成产业共振。

"身处腹地的长春，太需要周边更多的城市来参与汽车产业的竞争。因为竞争不仅能促使双方解放思想，注重产品本身和创新及顾客的消费体验，而且还会形成产业氛围，有机会促成人才的回流及产业集群的进一步形成。"某种意义上，产业互联网的到来，让这条汽车走廊的打造，已然不是画饼充饥。

但也正如鸡蛋不能放在同一个篮子里，长春在将优势产业做得更强、更有竞争力的同时，还继续依托产业互联网、5G以及人工智能等新型基础设施建设，加快发展新产业，最终实现支柱产业高端化、新兴产业规模化。

今天的长春，除了一汽、中车之外，还在光电信息、新材料和大数据等数个千亿级新兴产业上齐头并进。中科院长春应化所的聚氨酯轴承、光机所的图像处理器芯片……都是21世纪第二个十年来高精尖科研成员。

同样，依托中科院长春光机所等研发力量，一批光电子企业如雨后春笋般在长春快速成长，光栅刻画、交流LED、光学成像……一项项国内领先技术转化为产品。此外，依托丰富的农业资源，长春市围绕粮食深加工、绿色食品和特色资源三个领域，培育出一批如长春天景公司这样具有市场竞争力的企业。（《从"长春探索"看东北老工业基地转型升级之路》，邹声文、宗巍、姚湜，新华社2017年1月5日）

更是在意料之外也是意料之中的，自然是长春在生物制药方面的表现。自20世纪50年代，新中国在上海、武汉、成都、兰州，以及长春等地成立了生物制品研究所以来，长生所发展迅速，更是被认定为省级技术中心、高新技术企业和吉林省知名制药企业。日后，长生所在国务院各部委调整改革的重大变革中与卫生部脱钩，现归中国生物技术集团公司管理。

也正是长生所的存在，加上吉大化学学院、吉大生命科学院、长春中医药大学、吉林省中医药科学院等多家科研机构，长春成为中国生物制药的发源地之一，也是中国生物制药领域人才、技术和产业比较集中的地区——很多人意外地发现，这个"东北几何中心地带，曾经重要的重工业地区"，正一声不吭地成为生物医疗产业的翘楚。

不得不说，正是这样的一柱擎天，又百舸争流，让东北的工业再次找到了存在感。在这背后，既是东北的自助者天助，同样我们也别忽视了，在沿海开放、重心南移多年之后，国家终于给了这个长子一个很热烈的拥抱。

# 十二

2003年10月，中共中央、国务院发布《关于实施东北地区等老工业基地振兴战略的若干意见》。13年之后的2016年4月26日，中央下发《关于全面振兴东北地区等老工业基地的若干意见》。8月22日，国家发展改革委网站公布消息称，为深入贯彻落实党中央、国务院关于实施新一轮东北地区等老工业基地振兴战略的决策部署，《推进东北地区等老工业基地振兴三年滚动实施方案（2016—2018）年》已经印发……从这里可以看出，中央力挺的心态不可谓不热切。

在这个"实施方案"中，有"输血"，比如"加大对资源枯竭城市财力性转移支付支持力度"，也有"造血"，比如"开展'中国制造2025'城市试点示范工作""组织实施一批重大技术装备首台（套）示范项目"等。如果说造血属于授人以鱼不如授人以渔，但输血也同样重要，我们不能眼睁睁地看着城市或企业"饿死在创新的半路上"。

除了大量的资金投入，也有专家建议，"可考虑借鉴我国的改革从'特区''开发区''试验区'等率先突破，示范带动的经验，由中央政府出面组织广东、浙江、江苏等发达省份及深圳等发达地区，与东北三省各选出一个或两个工业城市对口合作，共同设立'改革发展试验区'"。其中的具体方式可以是，"支援省市派出成组干部，以派出干部为主与当地干部混编。目的是引进对口省市的发展理念、政策思路和工作方式，结合本地情况复制发达地区的产业生态"。在我看来，当年的南方得益于"东北支援全国"，今天，也该轮到南方反哺东北了。

今天东北的发展格局，无疑和这个建议有着很大相似之处。我在东北的一些朋友就发现，一是身边的城市不少都多了国家级新区、创新示范区、先进装备制造区这样的"帽子"或区划，如长春新区、哈尔滨新区、金普新区，而辽宁和黑龙江更是相继成为自贸试验区，前者拥有大连、沈阳及营口片区，后者有哈尔滨、黑河及绥芬河片区，而吉林也在2021年积极申建；二是它们的主政者有不少是从南方调任的。

如果说前者是这个国家以点带面，通过确立"第一梯队"来引领发展，那么，后者则是这个国家希望用来自发达城市的干部，给东北换血的同时，也能"换脑袋"。

除此之外，我们还不能忽视的是这个国家给东北上的另一道"硬菜"，那就是大手笔的高铁建设。早在2003年，东北就开通了自己的第一条高铁，秦沈客专，到了2012年，哈大高铁开通，东北高铁建设自此步入了快速发展期。

短短几年时间，东北各大城市间的主要干线已基本打通，辽宁更是在2019年成为全国各省高铁运营里程的冠军。这也帮助我在2019年，很顺利地在东三省打了个"圈圈"——从长春到大庆，从大庆到哈尔滨，基本上都是转眼即到。

东北高铁还有一个"标志性"事件，那就是在4年的建设之后，连接辽宁喀左至内蒙古赤峰的喀赤高铁于2020年建成通车。通车后，赤峰到沈阳只需2小时45分钟，赤峰到大连只需4小时45分钟，赤峰到哈尔滨只需5小时33分钟……这也意味着，以前作为"大东北"一员的赤峰，又重新被纳入东北地区乃至全国高铁网。以东北文化为主，但在1975年被划给内蒙古的赤峰，又"回来"了。

在东三省发布的"十四五"规划当中，"十四五"期间整个东北地区将有包括在建、计划开工以及谋划推进在内的10余个高铁项目。

其中包括敦白高铁（敦化—白河）；实现京沈、秦沈和哈大高铁互联互通的朝凌高铁（朝阳—凌海）；我国第一条穿越多年冻土区的高速铁路，也是国内在建最北部的高速铁路的哈伊高铁（哈尔滨—伊春），最东高寒高铁牡佳高铁（牡丹江—佳木斯），以及兼顾中长途、城际、旅游的客运铁路沈白高铁（沈阳—长白山）……

如果说当年的中东铁路深刻地改变了东三省的经济地理，那么，新一轮的高铁建设，将再次彻底改变东北的经济地理版图。东北的白山黑水，将在高铁的连通之下，走近全国人民。东北生态旅游、健康养生、特色物产，也将迅速推向全国市场。这对东北的振兴，无疑带来了更大的可能。

这种高铁的突飞猛进，也再次深刻地改变了大连。不查不知道，一查吓一跳。今天的大连，居然有数十个高铁（火车）站。

有老的，像建于1901年的南关岭站、建于1903年的周水子站和金州站、普兰店站，以及始建于1931年的大连西站；也有新的，像建于2012年的普湾站、2015年投入使用的登沙河站和杏树屯站。当然，承担大连出行主力的，则是位于中山区的大连站和甘井子区华北路的大连北站。今天的大连，可谓是面朝大海又四通八达。

不过，对大连来说，显然还要解决一个问题，那就是作为沿海开放城市和突入太平洋的重要窗口，还需要提升自己在对外开放上的能级。

此前的港口，由于各种问题，导致竞争力下降，2017年，招商局集团和辽宁就共同推进港口资源整合达成共识。在大连港和营口港合并成功之后，新的辽港集团于2019年挂牌成立——这桩新时代的央地合作，吹响了振兴东北的又一号角，也让大连港升级换代，重回东北亚国际航运中心的梦想。与此同时，将大连打造成海上丝绸之路的又一重要起点。

而范围包含今天金州区全域及普兰店区丰荣街道、铁西街道、太平街道三个街道的金普新区的成立，更被看作东北对外开放的一个重要"抓手"。

在2003年前后被筹划诞生时，金普新区更多的是承载打造"大大连"这一战略的期望——对大连来说，位于辽东半岛的突出部，既给了它发展的机遇，也让它因特殊地理而在发展上受到了局促，所以它急需要"西拓北进"。谁也没想到的是，金普新区最终成为全国第十个、东北第一个国家级新区，而且还是辽宁自贸区在大连的主体区域。在这背后，显然是辽宁乃至整个国家对它的期待已经不同往常。

那就是在重点发展港航物流、金融商贸等现代服务业及先进装备制造业、高新技术产业和循环经济产业的同时，引领辽宁沿海经济带加速发展，带动东北地区振兴发展，进一步深化与东北亚各国各领域的合作。

作为全国最早对日开放的区域，金普新区诞生了中国第一家日本独资企业、第一个日本政府和企业在中国成片开发项目。2021年6月28日，来自官方消息称，它已是"东北地区日资企业最大集聚地，日资累计在金普新区注册企业1800余家，投资总额超亿美元的企业有20余家"。也就是在这一年，金普新区GDP为2576.3亿元，比上年增速为9%；相反，铁西区则是1060亿元，比上年增速为7%；长春新区是869.7亿元，比上年增速为6.5%；哈尔滨新区是869.7亿元，比上年增速为7%；沈阳市浑南区为630亿元，比上年增速为7.4%……可以看出，今天的一个金普新区，比得上中西部的一个地级市了，让人对其作为"东北第一强区"已然深信不疑。

如果说带有殖民色彩的"大连"意味着过去，那么，有着全新起点的金普新区则代表着大连乃至整个东北的未来。它一定会持续擦亮大连"北方明珠"这块金字招牌。

只是，一个大连显然对东北来说不"解渴"，它还需要再造几个"港口"。尽管今天的丹东似乎成为吉林、黑龙江和内蒙古东部的总出海口，但是由于淤积，以及对岸朝鲜的限制，丹东港条件并不优越。相比较而言，位于东北亚地理中心的珲春，需要担负起重振东北的使命，比如说联手朝、俄打造"图们江区域合作"平台，通过借港出海或借（买）地建港出海，以及共同开发利用图们江下游航道，让东北这盘陷入僵局的"死棋"重新被激活。

可以想见，随着海上通道的打通，优质的东北制造将源源不断地输送到韩国、日本、俄罗斯远东，以及太平洋对岸的加、美。在换回大量的资金之后，再用来扶持其他产业的推进。这应该是东北可持续化发展的一条重要路径。

今天的中国急需要东北的振兴。它的振兴，给了中国发展的新动能，也全力塑造了自身在东北亚的影响力。东北弱，强盗兴。东北强，祖国安定。

这也意味着，未来的东北，像哈尔滨、长春、沈阳、大连，乃至黑河、珲春、丹东，以及百年的绥芬河等，都将再次借势而起。不过，和以前不同的是，今天的合作，一定是建立在平等互助的基础之上，没有谁再能让我们低头了。

雄鸡一唱天下白。当我重新凝视世界地图，又一次想起当年老师的那个铿锵有力的比喻，心里不禁溢出无比幸福的期待。

中国，历经千辛，却从不言弃，等的就是这昂首挺胸的一天。

# III

CHAPTER

第三部分

## 向往的未来

我们有很多像西安、洛阳、开封、扬州这样的古典城市，也有像南京、杭州、成都、武汉这些至今为这个国家所依赖的中坚城市，它们在不断地沉浮、衰败或者重生。我们熟知它们的过去，努力看清楚它们的现在，那么，它们的未来又是什么样子？

讨论城市的未来，或者未来的城市，显然谈的不是科幻世界，而是人类的发展对城市的必然想象。作为占全球约2%却消耗了75%能源的城市，它的未来会变成什么样子，能变成什么样子，关系着我们每一个人的生存和生长。

那么，我们又希望这个国家的城市长成什么样子？

首先，它应该拥有自己的文化和气质。没有这些内容的城市，一定会让人觉得乏味。

其次，它应该是先进生产力的代表，既能在科技、管理以及创新上推动经济社会发展、促进国家治理体系和治理能力现代化、满足人民日益增长的美好生活需要，也能帮助这个国家从制造大国变成制造强国，从而在全球竞争中杀出一条血路，并延续未来。此外，它还需要探索体制改革的新路径，在继续改革开放的同时，向世界展示社会主义制度的优越性。

最后，它应该善于经营自己。在制造业之外，还要在金融、物流、会展、旅游、购物、文化、信息和设计等方面"综合发展"。资源的积聚，会让它拥有无可比拟的动能。虽说跛腿也能成为将军，但是不跛腿，一定会跑得更快。

还有就是，就像太阳在太阳系的地位，"阳春布德泽，万物生光辉"。它不仅能吸引人，团结人，用宽广的心胸接纳人，而且也应该在相应的都市圈、城市群中起到示范引领作用，帮助这个国家最终走向共同富裕。

所以，在接下来的这部分内容，我们会通过北京、上海、广州、深圳、香港、澳门这些城市的发展，来观察中国的城市到底能进化到怎样让人骄傲的程度。之所以对这些城市寄予厚望，一方面在于它们或者像北京、广州那样拥有博大精深的历史，也或者像上海、深圳、香港那样平地起惊雷，在与世界的交通和沟通中形成自己独一无二的话语权，但另一方面得益于多年的发展，让它们业已成为中国城市的佼佼者，甚至是全能冠军。换句话说，很少有城市能在短时间内超越它们。

更重要的是，这些城市都是以高质量发展为未来的立身之本，在布局第三代半导体、集成电路、工业母机、智能芯片、生物制药、新能源乃至卫星火箭驱逐舰等先进制造业的同时，努力破解各重点产业链在共性核心技术和关键零部件上的"卡"点，从而在第四次工业革命这一全新赛道上超车，甚至领跑。

今天的北京，将自己定位于全国政治中心、文化中心、国际交往中心、科技创新中心——在这里面，已经没有了经济中心、金融中心、商贸中心等常见表述。

广州，在努力承担国家重要中心城市、省会城市、"一带一路"重要枢纽城市这一期望的同时，也将目光瞄准"粤港澳大湾区核心增长极"。至于上海和深圳，更是向着"全球城市"在全力冲刺……

当然，它们在努力生长的同时，也要注意到我们全人类正在面临人口剧增、资源耗竭、气候恶化、环境污染的困局。

但对这些问题，人类永远不会缺乏想象力。比如说，是不是可以建造像植物种子那样飞行或者悬浮在高空的纺锤状飞行器，建造具备精密储水渠道网络的地下社区"水银行"，建造可以随洋流从赤道到两极漂移的两栖避难城市……很早便有人提出了这样的假想，但随着它们的网络化、智能化以及现代化，也许，这些具有科幻色彩的更新城市，也正在它们对未来的描绘中，悄然诞生。

# 11

北上广，大爷还是大爷

2011年，当同学开车帮我从果园靓景明居的租住屋内运出最后一批行李，并发往外省，我半是留念半是心虚地对这片生活过四年的土地说，我胡汉三一定是要回来的。

果园常常被人误认为是苹果园，但它们在北京恰恰南辕北辙，一个在城西的石景山，一个在城东的通州，唯一的共性，在当时就是远离北京的主城区。住果园之前，我是住城南方庄。那时，我曾在芳城园的临街公寓上找了一居室，每月2000元。钱有些不少，但脚下就是商超，商超脚下则是地铁入口，倒是方便得很。这样的日子，其实并没有维持多久，一两年过后，我便发现工资跟不上租金的涨幅，只好向东到了通州。一样的价钱，房子大了不少，但出行成本却跟着提升无数。先得走到地铁站乘八通线，到四惠或者四惠东再换一号线。几乎每天都要跟着左手右手一个慢动作、右手左手慢动作重播……

那个时候，我还在想着什么时候"回城里"。但依旧没多久，市政府要搬到通州的消息开始疯传，不要说回城里，通州我也同样住不起了。有朋友建议，不妨去燕郊，很多北漂都选择在这里安家。我却深深受到了伤害。这个顶着"北京燕郊"名头的地方，其实属于河北，到时候我算是北漂还是河北漂？再看各种新闻，这里对接北京算不上很完善，每天早上连公交都挤不上，我决定宁死也不受其辱。

只是，多年之后，当我重新将视线投向这个地方时，发现这里的房子我同样也买不起了。

这无疑是一个比上海还显得魔幻的城市，我来北京的时候，北京到处都是一片《北京欢迎你》。我离开北京的时候，北京悄无声息，似乎多你一个不多少你一个不少。

生活在杭州和成都，这里的美食、美色，以及不需要为攒顿饭局提前一个星期通知，还要花几个小时才从东头赶到西头，只为在场面上说一些热情似火但第二天准被忘得一干二净的话，让我渐渐失去了回归的勇气。而且，即使是二线城市，但这里的机会依旧只多不少。2021年5月，当我在南方混迹多年之后逗留北京，望着疫情中人气比较淡薄的大栅栏，忧伤却不无狡黠地对朋友说，我再也回不来了。朋友不禁嗔怪，你说你回来吗？我的朋友都走光了。

这不像夸张。有文也呼应她的说法，说自己关注列表里的博主，不知从什么时候开始，街拍背景渐渐从三里屯变成了武康路，曾经热衷于在北京老胡同探店的他们将阵地转移到了上海"巨富长"或是杭州西湖畔。如果说前几年，逃离北上广的话题，还是让很多人将信将疑，但现在就连普通年轻人中充满活力、收入可观的网红、博主、视频UP主，也纷纷选择逃离北京了。

伴随着这些人脚步的，还有一些高新技术企业。在第一财经统计的最近4年内（统计时间为2017年5月至2021年6月），北京一共有673家高新技术企业异地搬迁，比排名第二的太原高出八倍。相比之下，同为一线的上海只有47家，深圳只有43家。

它们或者像我那样，一步步被挤出了北京，或者是对大城市的生活生厌了，就像一篇文章中所说的那样，大城市可以容纳一个人的所有，不是因为它足够宽容，而是因为它太大了，大到不会在意你是谁。但人是需要回响的。更或者是，北京自己也变了。

在国务院于2017年批准的《北京城市总体规划（2016—2035年）》中，我们可以看到北京是这样自我定位的：北京是中华人民共和国的首都，是全国政治中心、文化中心、国际交往中心、科技创新中心——在这里面，已经没有了经济中心、金融中心、商贸中心等常见表述。一言以蔽之，北京正在努力淡化经济功能。不属于以上"四个中心"的功能，将逐步从北京疏散出去。

但似乎就在眼前，北京还不是这个样子的。那个时候，北京还不曾被环境污染所困扰，还不是"摊大饼"，虽是城市，"可是它也跟着农村社会一齐过年，而且过得分外热闹"。（《北京的春节》，老舍，《新观察》第一卷第二期）

# 北京也开始"哭穷"

## 一

新中国成立后的北京，在工业上也有着匹配其政治地位的雄心。

1949年4月16日，中共北平市委制定《关于北平市目前中心工作的决定》，强调"恢复改造与发展生产，乃是北平党政军民目前共同的中心任务，其他一切工作，都应围绕这一中心任务来完成，并服从这一任务"。

在1953年的《改建与扩建北京市规划草案要点》中，北京便提出，自己应该成为中国政治、经济和文化的中心，特别要把它建设成为中国强大的工业基地和科学技术的中心。在当时看来，经济中心的内核就是工业。而工业化就需要大量的工厂，作为工厂的一个重要附属物，烟囱便随之而生，成为一个城市生产能力的旗帜。

这既是建设新中国，"把消费的城市变成生产的城市"，以带动工业化的需要，同样也是为了确保北京的首都地位。

在新中国成立之前，南京、洛阳、西安等城市都和北京竞争过首都，而且余音未了。不过，西安太偏西，毕竟现在中国不是秦汉隋唐时代的中国，而黄河沿岸的开封、洛阳等古都因中原经济落后，而且这种局面不是短期内所能改观的，加之交通以及黄河的水患等问题，它们也失去了作为京都的地位；唯一能和北京抗衡的就是六朝都会也是前朝首都的南京了。但问题是，南京的基础是"江浙资本家"（换句话说，南京政权是建立在对江浙资本家的依赖上），而作为工人阶级所建立的新中国，需要到新的城市找到属于自己的"基础"。

这也让北京在各种考量中，成为幸运儿。但它也有问题，那就是前身为帝都，北京虽然有着相对比较发达的金融和工商业，但在工业建设上着实不太给力。据说，其在新中国成立初期工业总产值仅9.1亿元，不要说落后于八面来风的旧上海，更不敌身边的天津、唐山——这两座城市在清末民初时期就有采矿、电力、机械、化工等产业基础，尤其是天津，更是在洋务运动中占有重要地位，位高权重的北洋大臣便驻扎于此。

当时，有苏联专家曾给出建议，社会主义国家的首都必须是全国的大工业基地。为了确立工人阶级的领导地位，就必须保证工人阶级的数量，要大规模发展工业，特别要把北京建成全国的经济中心，才能与首都的地位相称。

和这种思路如出一辙的，是对北京老城的改造。新中国的行政中心并没有如建筑学家梁思成、陈占祥所建议的那样，从天安门迁到城区以西1.5公里的三里河地区，而是设于老城内。这导致了北京在日后的70多年内只能单中心发展，再加放射型路网结构模式，于是也便有了今天的二环、三环，以及比三环多两环的五环……也就是人们常说的"摊大饼"模式。结果就是，中心城区越来越挤。

当然，让北京成"堵城"的，还在于人口的暴增。相关数据显示，1949年北京的户籍人口只有414万，但到了20世纪80年代中期已增加到950万。增长的人口，源源不断地填入城内以及郊区新开设的工厂。

今天云集了一批高收入、高水平人群的海淀，在那个时候就开始"崭露峥嵘"：1951年1月1日创建了北京外文印刷厂，到1953—1965年期间，国家曾投入1个多亿的资金，对其和新华印刷厂等进行重点改扩建，可见这家老厂的重要地位；比它"年长"的还有1908年便动工兴建的"北京清河制呢厂"，人气旺到其营业部在整个50年代都开到了西长安街上。1962年，原清河制呢厂精织车间独立建厂，更名为北京清河毛纺织厂。粗纺部分连同长毛绒车间一同迁入新建厂房，成立北京绒毯厂（1978年9月更名北京制呢厂，后又分出北京长毛绒厂）——至此，历史相同、厂房相邻的北京制呢厂、北京毛纺厂、清河毛纺厂，构成北京毛纺织产业基地。在随后的七八十年代，海淀还冒出了前身为北京电视机厂的牡丹电视机厂，其于1985年生产的牡丹14寸彩色电视机还被世界誉为来自中国的"北京之花"。也正是在同一年，已经6岁的北京新型建筑材料试验厂更名为"北京新型建筑材料总厂"。1992年，其在巴布亚新几内亚设立了国外的第一家工厂，1997年，这里的石膏板产量突破2000万平方米！

靠近海淀的朝阳区，也有拿得出手的"大咖"——由当年的苏联和民主德国（东德）援助建设的"北京华北无线电联合器材厂"，也就是718联合厂，于1954年开始土建施工，1957年便正式建厂。它也是日后北京著名网红798艺术区的前身。"大家知道，德国人做事情很严谨，表现在这个厂区，首先是采用了诞生于德国，主张适应现代大工业生产和生活需要，讲求建筑功能、技术和经济效益的包豪斯建筑风格。这也让工厂出现了其他建筑所少见的巨大的现浇架构和明亮的天窗。某种意义上，包豪斯风格就是人们对'现代主义风格'的另一种称呼。这不能不让人感叹，多年后，它能成为中国当代艺术的一个重要试验区，是源于早早便种下的缘分。"（《798，北京对世界的艺术性问候》，王千马，吴晓波频道2020年1月4日）但更让人惊叹的是，作为北京最大的一个电子产品的工厂，在最旺盛的时候，有将近3万的工人。1964年，718联合厂被取消建制，分别独立出706厂、707厂、718厂、797厂、751厂，还有就是798厂。

798厂也拥有过属于自己的荣光。它的旗下曾出现有微波器件、金属磁粉心、独石电容器、高功率电容器等分厂。也就在这些分厂的基础之上，日后相继组建了飞行泰达微波器件有限公司、飞行波德电子元件有限公司等公司。

某种意义上，从新中国成立前的消费性城市，被改造成生产性城市，以及强调"先生产、后生活"的工业城市的定位，让北京"旧貌换新颜"，到1979年，北京的工业产值已如愿地超过天津，仅次于上海，成为当时全国最大的工业城市之一。

曾创作《大烟囱》的陈文骥于1975年前后，作为第一批工农兵大学生被推荐到中央美术学院，"当陈文骥来到北京时，北京的重工业产值一度高达63.7%，仅次于重工业城市沈阳。到20世纪80年代，也就是陈文骥完成学业在美院留校任教以后，北京的各类烟囱已经达到1.4万根"。（《陈文骥〈大烟囱〉解读初步》，陈婧莎，雅昌艺术网）

意料之中的事情也如意料一样来临。钢铁、石油化工、建材等重工业的上马，耗水、耗能，以及污染，让北京的资源、环境开始不堪重负，而且外来人口的暴增，导致在1984年国庆节后，北京出现了全市范围内的第一次交通大堵塞。

在北京亚运会成功举办之后的第二年，全长32.7公里的二环路全线通车，形成了城市第一条快速环路，仅仅两年，长达48.265公里的三环路也快速贯通，但有专家在回顾北京城60年"摊大饼"的历史之后，也不无惊叹地指出，这样的环线速度，"显然没有赶上人口增速。1993年国务院批复的《北京城市总体规划（1991年—2020年）》中，曾提出2010年城市人口规模控制在1250万，城镇建设用地为900平方公里，但在2003年，北京市的实际常住人口便达到了1456万，建设用地规模突破至1150平方公里"。

为了解决这一问题，北京也想过不少办法，比如采用"分散集团式"布局，即在北京的近郊设立10个边缘集团，用来承接中心城区的产业和人口转移，远郊则规划14个相对独立的卫星城镇，作为市区功能的延伸。为了防止各板块之间连成一体，1993年的规划甚至设置了两道绿化隔离带以区隔——正是因为这一布局，今天为很多北京人熟知的号称"亚洲最大社区"的天通苑，以及回龙观、通州、亦庄等卫星城镇相继诞生。位于北京东北部近郊的望京，原本没有在规划之列，但阴差阳错地成了最早一批建成的新区模板。但事实证明，这并没有有效改变北京的困局。由于卫星城镇并没有相应的就业机会，加上没有相应完善的生活配套设施，很多人依旧只能前往城区和其他区域工作，这也导致北京出现了无数"钟摆族"，长距离奔波于单位与家庭之间。

不得不说，北京城市的急速扩大，以及城市职能的变化——严重的工业耗能、耗水量大，尤其强调首都作为全国经济中心的职能对北京政治、文化中心职能的挤压，让北京自20世纪80年代初便开始思考自身的定位。

## 二

1983年，就有一批专家学者认为北京不应该突出经济功能。当年国家也在《北京城市建设总体规划方案》的批复中明确指出，北京是"全国的政治和文化中心"，"今后不再发展重工业"。1987年，国务院批准在中关村地区成立北京市高新技术产业开发试验区。"中关村"正式诞生。它也是中国第一个高新区——它的出现，像极了北京的数九严寒中出现在街头公园的迎春花，预示着北京的新春。

到了2004年，由于北京奥运会举办在即，北京的城市定位进一步被明确——全国的政治中心、文化中心，是世界著名的古都和现代国际城市。

同样，既是为了还首都一片蓝天，也是为了自身的可持续发展，一次前所未有的工业大迁移在接下来的一年，正式发生了。

这场大迁移来自始建于1919年、解放前30年累计产铁28.6万吨的首钢。

根据资料，它在1958年就建起了中国第一座侧吹转炉，结束了首钢有铁无钢的历史；1964年建成了中国第一座30吨氧气顶吹转炉，在中国最早采用高炉喷吹煤技术，70年代末"首钢二号"高炉成为当时中国最先进的高炉。到1994年，它的钢产量更是达到824万吨，列当年全国第一位。事实上，和它能力相匹配的还有其环境治理能力。但是北京特殊地形造就的环境容量有限，还是让首钢给北京造成了巨大的"伤害"——曾有专家学者这样描绘过首钢—石景山—北京三者的污染因果链："北京市的上空有个黑盖，黑盖的中心是石景山，首钢位于石景山。"虽然首钢已经长成了一家800万吨级的大型钢铁企业，牵一发动全身，但为了还天于民，它也要勇于接受这一严峻考验。

2005年的6月30日，首钢的功勋高炉——五号高炉停产拆迁，标志着具有80多年辉煌历史的首钢这一中国最大的钢铁联合企业涉钢系统搬迁的正式启动。

在整整5年时间内，10多万首钢人背井离乡，"陆续在冀东地区迁安沙河河滩、抚宁汤河河汉、京唐港岸边和渤海湾深处的曹妃甸荒凉的处女地上，开始了一业多地的创新、创优、创业的崭新生活，建起了一座又一座现代化的钢城"。（《首钢大搬迁》，王立新，河北教育出版社2009年3月版）这部波澜壮阔的现代工业史诗，既反映出首钢人一诺千金的精神，折射出中国钢铁工业在市场经济困境中突围的艰难历程，同样也映射出北京面对工业化的艰难选择和全新蜕变。

和首钢外迁同期进行的，还有无数的国营工厂的关、停、并、转、迁。为了实现"退二进三"（即退出第二产业，发展第三产业）、"退二进四"（即退出二环路，迁入四环路以外）。到2008年前后，有300多家工厂自此从北京消失。其中像国棉一、二、三厂，北京钢厂，火柴厂，一轧，一机床，起重机械厂，光华木材厂，齿轮厂等在拆掉之后，纷纷成为房地产开发对象。与此同时，798厂的前途也变得晦暗不明。在变身艺术区之前，它也曾计划拆迁改造，未来方向是电子城。

伴随着这些企业的转身，则是大规模的人员疏解。这是一场不分阶层、不分等级的疏解。对公务员来说，他们的方向是距离天安门20公里的通州。自从2008年之后，要在通州建设副中心的传闻纷至沓来，引得通州的房价就像打了针兴奋剂似的，再也收不回来。这一波行情直到2016年才"尘埃落定"。这一年，北京市第十四届人代会第四次会议通过的政府工作报告，提出北京全力推动市行政副中心建设，行政办公区起步区开工建设。这是北京城市副中心行政办公区的规划建设首次出现在政府工作报告中。两年后，随着北京市政府机关驻地由东城区正义路2号搬迁至通州区运河东大街57号，北京市终于"告别"了北京城，开启了自己全新的人生。

也正是在北京行政副中心建设期间，国家级新区河北雄安新区随着中共中央、国务院的一纸通知，成了这个国家这一时期乃至可以预期的未来最知名的新地标。这个包括雄县、容城县、安新县三县及周边部分区域，起步区面积约100平方千米，中期发展区面积约200平方千米，远期控制区面积约2000平方千米的新区，在规划中提出，要发挥雄安对全国全面深化改革扩大开放的引领示范作用。换句话说，就是构建改革开放新的体制机制，打造一座新时代高质量发展的样板城市。相比较早已不是一张白纸的京津冀，雄安新区的出现有点重起炉灶另开张的意思。不过，在FT中文网的评论看来，这个新区，和通州城市副中心一样，实际上都是北京城区的"泄洪区"。未来的雄安新区，除了打造高新产业、建设新型智慧城市之外，还将接纳各类事业单位的知识分子。

某种意义上，北京对自己"动刀"，既是无奈，也是壮士断腕。你很难想象，2019年北京也开始"哭穷"。

这年3月7日，全国人大代表、北京市财政局局长吴素芳表示，2019年应是北京历史上收支平衡最紧的一年。城市减量导致财政收入增速放缓，加之在京央企及分支机构，金融业和高新技术企业等的迁移，都将对北京财政收入的格局产生重大影响。但是，让北京成为中央的北京，而不仅仅是北京的北京，已经成为北京责无旁贷的事情。

这对其他城市来说，也意味着机会。比如说，紧邻北京的天津，深受其益，被定义为北方的经济中心。而更南的上海，更是被明确为了全国的经济中心。

# 请叫上海"工业城市"

## 三

2021年6月，当我在浦东新区东方路振华重工的大楼内，见到头发霜白还不下"火线"的创始人管彤贤时，对他的尊敬之情油然而生。

他是上海人，在北京求的学，读的就是北京工业学院，也就是今天的北京理工大学，可以说，他正好赶上了北京在新中国成立后的大扩大建。只是，命运却将他送到了农村。这一耽搁就是几十年。到今天，他都直言感谢改革开放。没有改革开放，他就没有平反的机会，甚至可以成为交通部水运司的副处长，更不会让他能在临退休的时候还可以再创业。那个时候，整个社会都积极奋进，大家都在集中精力学文化、讲科技，努力地提升生产力，没有人再跟你谈年龄了，也没有再找他说"您该退休了"。

他是在1992年创办这家企业的。这一年，邓小平南方谈话，给很多人吃了定心丸。也正是在这一年，上海集装箱的吞吐量只有40万箱，可以说比鹿特丹、新加坡要差好多。而且，全国人民也不知道什么叫集装箱，有集装箱吞吐的港口，全国就三个地方，除了上海就是天津和广州，它们都是交通部在当时定的。但是，他还是盯上了上海。

谁都不会否认，上海有着曾经很出色的过往。尽管它从来就不是首都，但坐拥江浙的富庶和长江出海口的便利，让它成为这个国家的海上门户。

要知道，工业革命之后，工业化的力量循着海路向全球扩散，"这股力量是压倒性的，以至于各国的沿海门户城市迅速上升为当地的工商业中心，比如欧洲的阿姆斯特丹、巴塞罗那，影响力迅速扩大，沙俄也将首都迁往圣彼得堡，直线距离更靠近英国。德国鲁尔区和意大利波河平原繁荣度也超过了各自的首都。欧洲之外，印度的孟买、中国的上海、美国的纽约、澳大利亚的悉尼、巴西的圣保罗，全部都由港口门户崛起为经济中心……"（《北京和上海，哪座城市潜力大？》，君临财富，知乎）这也是上海之所以崛起的一个根源。

此外，《马关条约》中允许在通商口岸办工厂的条款，让西方投资家在上海大肆兴办工业，进而掠夺中国，与此同时，英国汇丰、美国花旗等洋行先后在外滩占据一席之地，让工业投资有了资金来源。饥荒、战乱和苛政让苏北、宁波和安徽的贫民源源不断地逃来上海，成为优质的廉价劳动力……

不得不说，这些都推动着上海在八面来风之中，从一个小县城，摇身一变为中国的金融、工业、进出口贸易、科技、文化、出版、教育中心，而且还是中国现代工业和中国工人阶级的摇篮。

其中，中国人也在上海开启了自己救亡图存的尝试。在今天的黄浦江畔，还有洋务运动中的重要军工厂——江南机器制造总局的遗址。它正是在收购英国人旗记铁厂的基础上创设而成。日后，容闳带着从纽约普特南机械（Putnam Machine Co.）购置的100多台机床加盟江南制造局，江南制造局也成为最早使用新式机器的现代化企业。这也让人感慨，上海工业的起点之高，在洋务运动中无可望其项背者。它在1867年搬迁至沪南的高昌庙后，迎来了第一个繁荣时期：诞生了中国第一台车床，自行建造了中国第一艘蒸汽推进的军舰"惠吉"号和第一艘铁甲军舰"金瓯"号，研制了中国第一支步枪、第一门钢炮、第一磅无烟火药，炼出了中国第一炉钢……到19世纪90年代，江南制造总局已发展成为中国乃至东亚技术最先进、设备最齐全的机器工厂。

也正是在江南机器制造总局的肌体上，长出了江南造船所。两者在"局坞（船坞）分家"之后，各立门户。但某种意义上，江南造船所是江南机器制造总局的肉体和精神的延续。虽然在1938年，它就落入日寇之手，加上新中国成立前国民党军队撤退时的大破坏，一度满目疮痍，但在上海解放后，其又恢复新生，在迅速恢复生产之余，它又持续创造了多个"中国第一"：建造了中国第一艘潜艇、第一台万吨水压机、第一艘自行研制的护卫舰、第一艘自行研制的国产万吨轮"东风号"……20世纪50年代，其更名为江南造船厂。

但这个国家对上海的要求并不仅限于此。一方面，尽管在1949年上海的GDP就在全国城市中以22.74亿元领先6.84亿元的天津、3.09亿元的南京、2.87亿元的青岛，位居第一，同时，相比以北京为代表的"统治阶级所聚集的大城市"，以天津为代表的"虽也有着现代化的工业，但仍具有着消费城市的性质"的城市，上海是新中国工业基础最好的城市之一，但新中国成立前后，上海就业总人数中居于第一位的还是从事商业的人口，为31.7%，其次才是从事工业的人口，为21.77%。所以，当这个国家需要全员推进工业化时，上海同样需要带头，努力向生产型城市转型。

另一方面，"对于上海自身来说，新中国成立之后外部形势的变化，导致它在对外贸易、国际资金融通、先进技术和文化交流等方面的中心地位逐渐弱化，加上高度集中统一、以行政办法管理为主的金融体制的建立，中国银行、交通银行等金融机构的总行、总公司陆续搬至北京，外商金融机构陆续停业，上海唯有通过建设生产型城市，才能取得新的发展支撑点"。(《大国出行》，王千马、何丹，浙江大学出版社2020年1月版)

更重要的是，这个国家的发展也需要上海的"带头"和"引领"。毛泽东同志在《论十大关系》中，曾提出"利用和发展好沿海的工业老底子，可以使我们更有力量来发展和支持内地工业"。不论是"一五"期间的"全国一盘棋"，还是日后的沿海开放战略，都需要上海对内地的支援，以及产业辐射。

做大做强上海工业，也成了应有之意。

## 四

在振华之前，上海就通过自力更生，自行设计制造了上海炼油厂，其年原油加工能力达15万吨，实现了中国炼油工业零的突破；上海第三制药厂则成功研制了青霉素、四环素、红霉素，在1956年之前是国内唯一的抗生素生产厂。

另外，为了支援国家用电，作为专注于电站设备研发和制造的企业，上海电气在1955年就研制出了第一台6000千瓦汽轮发电机，开创了中国自主制造发电的先河。1958年，上海电气还研制了世界上第一台1.2万千瓦3000转/分双水内冷汽轮发电机。其属下的上海电机厂、上海汽轮机厂、上海锅炉厂、上海重型机器厂同为老闵行的"四大金刚"——"解放前上海在金融、商贸方面位于全国中心地位，到一五计划结束时，上海已经是一座摆脱殖民特征的生产性城市了。"(《上海制造，路在何方？》，储松竹，饭统戴老板)

与此同时，其自身也完成了相应的结构调整，从逐步以轻纺工业为主走向了以重工业为主。到了1958年之后，上海更是面对纷纭复杂的时事，提出了"高级、精密、尖端"的工业发展方向。

当大烟囱成为北京的图腾时，上海更是不遑多让。"20世纪70年代，上海是名副其实的全国工业中心，"《第一财经》在《上海制造70年变迁：从金字招牌到硬核科技》一文中指出，"那时的上海已经能制造年产150万吨的炼钢设备、30万千瓦的火力发电机组、年产15万吨的化肥设备、年产75万吨的煤矿设备和大型电子计算机、高精度数控机床等精密产品。1978年，上海全市工业总产值达207亿元，占全国1/8。近200项工业产品产量位居全国第一，70多项工业产品赶上或接近当时的国际先进水平"。

随之腾飞的，还有上海的轻工业。上海的大白兔奶糖，结婚彩礼标配"三转一响"的上海牌手表、永久或凤凰自行车、红灯牌收音机、蝴蝶牌缝纫机等成了上海的金字招牌，让上海所代表的精致、洋气和美好深入人心。

上海作为曾经最为开放的城市，在外资的引用上，也走在了前列。今天，我们很多汽车人都会津津乐道于上海汽车厂与德国大众的合作，它让勇于"第一个吃螃蟹"的大众，成了中国汽车消费市场的"宠儿"，而且也让早有"北红旗南上海"之称的上海汽车工业，进入了突飞猛进的时代，但在上汽与大众握手之前，其实还发生了上海与日本"钢铁帝王"稻山嘉宽合作建设宝钢的故事。当时中国的年财政收入只有800来亿，但这个项目的资金规划就高达300亿。与此同时，日本为避免重蹈向韩国出口技术培养竞争对手的覆辙，并不准备向宝钢提供最先进的技术。"但没想到的是中国专家们眼界和谈判水平都是世界级的，一边谈判一边向美国、德国等西方国家发询价书，逼迫日本方面给出最先进的技术和最廉价的合同。在中日友好的时代氛围下，日方最终妥协。"（《上海制造，路在何方？》，储松竹，饭统戴老板）

正是这些工业基因的沉淀，以及上海对工业的拥抱，让管彤贤选择相信上海。

不过，也因为自身是全国最大的工业中心，不能轻易冒险，所以它在早期的经济特区试验中没能入选，也让总设计师发出"上海开发晚了"的感慨。晚了是晚了，可自20世纪90年代开始，上海成功"接棒"深圳掀起新一轮的改革开放。从浦东大开发、上海证券交易正式开业，到2013年成为全中国第一个自贸区、2014年又先行先试FT账户……上海的政策红利一直就不曾断过。也就在浦东大开发中，今天为人所熟知的张江被定位为高科技园区，与浦东陆家嘴金融贸易区、金桥出口加工区、外高桥保税区一起成为规划中的四个重点的国家级开发区。除了集成电路和软件，当时的张江还对其时正新兴的生物医药充满着兴趣。1993年，随着世界第三大制药公司瑞士罗氏制药到访张江，张江遂开启了生物医药产业发展的序幕。其后，奈科明、美敦力、史克必成、麒麟鲲鹏等生物医药项目逐一加盟。到了1996年，上海和原国家科委、卫生部、国家医药管理局更是签署协议，在浦东张江建设"国家上海生物医药科技产业基地"……这更让管彤贤相信，上海一定会成为我们最为靠近的重要的世界级市场，以及金融、航运的中心和高地。与此同时，他对未来也有了更深的预感，那就是当交流开始加速，港口机械必将成为"风口"。

尽管多年的从业经验让他发现，港口机械的核心技术、关键装备和重大订单，尽数被美欧日韩把持，中国港机产品技术低下，品质低劣，即使中国港口也不愿买国产货，但他还是下定决心到这个领域去闯荡闯荡，而且要努力做到：世界上凡是有集装箱作业的重要港口，都应该有中国生产的集装箱机械。

上海给了这个游子一个厚实的拥抱。它不仅为管彤贤提供了创业的资金和产地——中国港湾集团公司（其与中国路桥集团公司合并成中国交通建设集团有限公司，简称中交集团）拿出了50万美元，上海港机厂则以一块地皮作价50万美元，并拨出十数名职工，从而让管彤贤在1992年于黄浦江畔竖起了振华的大旗。

而且，自始至终，上海都给予了振华巨大的支持，它对长江入海口的疏通治理，以及对洋山深水港的打造，让振华有了借势腾飞的机遇，而且，它还在崇明长兴岛的南部沿江地带，划出了300多万平方米的地方给振华建长兴基地，让振华拥有了通江达海的优越位置、价值连城的"黄金岸线"。可以说，振华是站在上海的肩膀上走向世界的。

也就在长兴基地对面的宝山，宝钢与其隔江相望。再往西走，便是嘉定。在嘉定与昆山花桥之间，还藏着一个名扬于外的小镇——安亭。在1960年由茂名南路迁到这里之后，上海汽车厂便就此扎根。事实上，它们都是上海向外扩张所形成的卫星城。

如果说幸福的人都是相似的，那么，不幸的人有时也有相似的不幸。和北京一样，上海的工业曾一度集中于中心城区，这也让上海陷入"三废"污染严重、市区交通运输压力增加、企业自身发展受影响等困境。而且，比起北京，上海在这上面的困境也许更严重。那就是它的中心城区面积过小。直到2018年，上海的建成区面积1426平方公里，北京建成区面积1485平方公里，两者只相差几十平方公里，但北京在总面积上有16410.54平方公里，上海只有6340.5平方公里。所以上海想发展工业，也同样需要开辟近郊工业用地和远郊卫星城。1959年3月，在上海的第一轮向外扩张中，原属于江苏的嘉定县与上海县、宝山县等数地被划入上海市（1992年，上海县与老闵行区合并，成立新的闵行区，上海县就此退出历史舞台），这也让上海得以在20世纪五六十年代规划和建设了安亭、嘉定、闵行、松江、吴泾等5座卫星城，其中安亭和闵行以机电工业为主，嘉定以科研单位为主，松江以轻工业为主，吴泾则以设立煤炭综合利用企业为主。不过，安亭意外地与汽车产业相遇，这也让汽车产业成为安亭的主体产业。

到1972年，因建设上海石油化工总厂的需要，又规划了金山卫；1978年，为建宝钢这一大型钢铁基地，又规划了吴淞。它们在日后都是组成上海的"16员战将"之一。

只是，相比较面积问题，上海还有更大的隐忧。在财经作家吴晓波的专栏《上海为什么出不了"著名企业家"》中，就直指上海的一些弊病。

一个是"以上海的区位优势，百年以来，最容易做大做强的产业分别是航运码头、金融、地产、文化和重化工业，而上述产业绝大多数仍是国有资本密集之地，所以，上海容易出大企业，却出不了大企业家"。还有就是"上海自开埠以来，就成为航运、金融和制造业的中心，由于体量惊人，因而形成了以我为中心的'坐商模式'，百商汇流，坐地兴市，成为一种惯性思维。所以，上海企业家吸力足够，呼力不足，很少看到他们满头大汗地跑到穷乡僻壤去打市场的。在消费品领域，上海产品只能够在一级市场昙花一现，缺乏渗透力和亲和力，是上海企业的通病"。

换句话说，满载着旧日里"大上海"这一辉煌名号的上海市，因为从一开始就养尊处优，所以形成了骨子里的精英文化，一头扎进了所谓的"大政府、大企业、大格局"中，它的视野里只有高楼和大厦。在这种背景下，上海所制定的一系列政策中也带有了鲜明的"为大公司服务"的特点，只要高大强，不管中小创，只要顶层，不要地基。

相反，"提到北京和广州的创业者，我们想到的往往是电视剧《奋斗》中吃泡面、睡地下室、一心为梦想奋斗的青年男女，"有公号文章《创新激情磨灭的十年，也是上海失落的十年？》写道，"而提到上海和创业，似乎大多是高耸入云的摩天大楼，和西装革履、发型一丝不苟地穿梭其中的商务精英"。

这也便有著名的上海之问：为什么这里出不了"著名企业家"？

同问的，还有广州。

# 广州的开放和失落

## 五

2016年，杭州成功地举行了G20峰会。这个有20国集团领导人共同出席的峰会，让杭州再次名声大震。当时已回归杭州的我，深觉得离开北京的选择，真是太对了。那一年的西湖，因为G20晚会，变得如梦如幻。也就在这一年，杭州或主动或被动地卷入了一些媒体和学者掀起的讨论热潮当中。大家都在热议，中国的城市是不是已经进入"北上深杭"时间？这大概也是杭州近年来最高光的时刻。

在这背后，则是广州的"失落"。

曾几何时，这个珠江下游、濒临南海的羊城，是中国知名的"千年商都"，也是中国海上丝绸之路的起点。我在写作《宁波帮》时便注意到，早在唐玄宗开元间（713—741年），广州即设有市舶使——其为宋元时类似于海关的市舶司前身。"'连天浪静长鲸息，映日帆多宝舶来。'唐代诗人刘禹锡曾经这样描绘盛唐时期广州的商业繁荣。当时，每年往来广州的外国商人达80多万人次，其中有12万人长期留居。为此，当地专门在城外划出一块'蕃坊'供外国人居住，并允许后者自建围墙，保留自己的语言和风俗。"明清时期，广州更是成为"一口通商"的所在地，也就是当时国家唯一的外贸口岸。这也让广州十三行借势做大，曾一度媲美晋商和徽商。

所以，有人给出这样的评论也就不算大言不惭：比起在过去500年才发展起来的纽约、东京，以及开埠至今不过200年的上海，繁荣不过100年的香港，广州可以算是人类城市发展史上的一个奇迹。"曾经与广州相提并论的意大利古城威尼斯，现在已经沦落到靠旅游业为生。许多人不知道的是，广州在1840年之前的很长一段时间内，是当时世界的第三大城市（次于北京及伦敦）。"（《广州掉队了？广州：1000年了，我还没输过》，酷玩实验室整理编辑，酷玩实验室2021年3月5日）

相对被王权笼罩的北京，位于中国腰部也是重要枢纽的上海，远在南国边陲的广州带有点天高皇帝远的意思。选择在广州实行一口通商，也是在"士农工商"的封建年代，将商业和政治隔开的一个需要。这种特殊的地缘，以及在帝国中的特殊需要，一方面让广州长成了巨大的商业城市，并成为整个岭南地区的政治经济文化中心，明清时的广州府曾一度领一州（连州）十五县（南海、番禺、顺德、东莞等），几乎涵盖了整个珠江三角洲。

另一方面也让广州尽早地接触了世界文明。"清代，广州十三行一口通商之初，正是欧洲经历工业革命之时，西方的文明首先从这里滔滔进入中国。在上海洋泾浜英语之前，这里已经流行广东英语。'华英字典''中法字典'都最早在广州出版。黄遵宪、康有为、梁启超、孙中山，在这里发出了震惊中国的声音。应该说，近一百五六十年的时间，广州最早接受先进工业文明的洗礼，产生了许多新的思想、新的观念，进而向全国辐射。"（《广州为什么是全世界唯一千年不衰的商业城市？》，郑佳欣、陈思勤、李丹、黎咏芝，《广州参考》2018年2月）像大英轮船公司（Paninsular and Orientai Shipping Company）在开辟中英航线之后，于长洲坪岗开工建造了远东第一座花岗石干船坞用于修理舶船，史称柯拜船坞（Couper Dock）。该船坞于1854年完工，是广州出现的第一个近代船舶工业企业，也是广州中船黄埔造船有限公司的前身。

对广州起推动作用的，还有1936年修通的粤汉铁路。它和1906年建成通车的京汉铁路构成了中国南北大动脉（1957年，随着武汉长江大桥建成，两者合并成京广铁路），被地理限制在一隅的广州，更是突破了重山阻隔，进一步成为移民和文化的交融之地。

这也给这座城市带来了包容、淡定、开放、服务，以及中国传统文化中非常难得的"规则意识"，最终把这种意识变成了近代社会中提倡的契约精神。

排队、让座、AA制，成了任何人进入这个城市必须要学会的文化，或者说"规定"。在今天，它还演化成让人称赞的营商环境。

新中国成立初期，广州尽管目标是建成华南地区的工业基地，但广州也只收获广州冶炼厂、广州石化等少数大型企业，以及在1958年举行点火典礼的广州钢铁厂，其余时候也只能走食品、轻纺以及小家电等"小巧"路线。

到1978年，广州市的GDP仅仅43.1亿元，不但远远落后于当时排名第一的上海（272.6亿元），也落后于北京的108.8亿元。甚至，只有天津、重庆的一半。不过，以其为核心的南方，还是开改革开放的先声。

此后的广州，在无数个"第一"中阔步向前。全国第一辆出租车、全国第一场选美比赛、全国第一个大哥大、全国第一个现代购物中心、全国第一个商品住宅项目"东湖新村"……都纷纷出现在这里。(《广州掉队了? 广州: 1000年了, 我还没输过》, 酷玩实验室)此外, 还有国家首批14个国家级开发区之一——在一块被人称为"广州的西伯利亚"的滩涂和蕉林上所创建的广州经济技术开发区, 以及首批国家级高新技术产业开发区之一——1997年由广州科学城、天河科技园、黄花岗科技园、民营科技园和南沙资讯园组成的广州高新技术产业开发区。日后, 两者合署办公。

今天, 当我们站在广州塔上向西眺望, 还依稀可以看到一家宾馆的模糊轮廓, 它正是中国第一家中外合资的五星级酒店——白天鹅宾馆。它不仅挑战了当时人们认为这是"搞资本主义, 精神污染"的落后观念, 而且在计划经济年代, 引进了物价、工资改革, "挑动解除价格束缚之战"。这家宾馆的创始人, 正是祖籍番禺的港商霍英东。

自古便有的开放, 以及众多侨胞的存在, 让广州很好地利用了世界资源。很快, 经开区也迎来了一位香港商人。他在这里投资了第一个外商项目——云海加油站, 自此开启了一个激昂奋进的"闯时代"。1988年, 开发区在艰辛的谈判之后, 引进了美国的宝洁。当年, 宝洁带着自己的第一款产品海飞丝, 成为率先进入中国市场的海外日用品公司。此后的宝洁, 几乎参与了每个中国人的生活, 洗发有海飞丝、飘柔、潘婷, 沐浴有舒肤佳, 化妆品有玉兰油、SK-ll、Olay, 刷牙有佳洁士、欧乐B, 洗衣服的有碧浪、汰渍……

某种意义上, 这是广州和宝洁的双赢。随着中国市场消费升级的到来, 抢先满足中国人对产品的细分以及消费开放的新诉求, 也一定会让自己抢占这个时代。

这些量变的积累, 到1989年终于引来了质变——这一年, 由于民营企业人及个体工商户呈爆炸式增长, 广东的GDP以1381.39亿元第一次超越1321.85亿元的江苏, 开始领跑全国。这对省会广州来说, 无疑是做大做强自己的一个重要信号。

尤其是1992年邓小平视察南方, 更让广州市坚定决心, 要继续打破保守思想, 追赶当时的亚洲"四小龙"。多年后, 时任广州市市长黎子流在接受当地媒体采访时, 谈及南方视察"两眼依然炯炯放光", "小平南方视察后, 广州是一个缩影, 广州GDP六年平均十九点几的增长, 刚刚改革开放, 我们利用外资才20亿美元, 现在超过100个亿, 香港富豪都来了, 都是在南方视察以后, 内环、外环、地铁, 都加足马力开动……""珠江两岸的景色是1994年开始搞的, 整治珠江流域、排污、美化，钱也有，广州收的防洪费本来百分之百交给广东省的，我们顶住……现在每年起码有两个亿投入到珠江美化，长年施工，一天不停。""小平南方谈话要追赶'四小龙'，我们经过专家论证、拿出数据，先追哪条龙。"（《原广州市市长谈邓小平92年南巡》，田炳信，《新快报》2004年4月8日）

也正是在这样的锐气之下，继市区东部的黄埔之后，南沙正式走进了决策者的视野。南沙，不是我们熟悉的南沙群岛，而是广州南部的滨海区域，其和东莞的虎门镇隔珠江相望，今天有虎门大桥连接两者。1993年5月，国务院批准成立广州南沙经济技术开发区。它自此成为广州的一个重要发展平台。

对广州来说，要想提升自己，更重要的是改变自己在工业上"满天星斗，但是没有月亮"的困局。大工业遂提上了广州的日程。而发展大工业，不能不做汽车。20世纪80年代的时候，广州曾经尝试过和法国标致合资，用市场换技术，这也让标致继大众之后成为第二个进入中国的外资汽车品牌。1991年11月，广州标致还赞助了首届女足世界杯。然而，几年之后，它就从顶峰跌到了谷底。"追本溯源，这和国内市场竞争加剧有关，但更重要的原因在于法方高高在上的经营理念——老是拿旧车型对付国人，以及为了垄断零部件生意不允许使用国产，造成了维修成本高昂，无疑让消费者'用脚投票'。"（《大国出行》，王千马、何丹，浙江大学出版社2020年1月版）

但广州走"四轮驱动"的路线，却没有停止。在战略性结构调整之后，广州迎来了新的合作方——日本本田。这一次大获成功。除了周边的香港流行日系车，影响到珠三角地区的选择，也和广州的创新和务实的城市性格有关，因为务实，所以喜欢耐用一点、油耗还能低一点的车，本田无疑正符合他们的要求。2004年9月，广州又牵手丰田。同样当年投产，当年盈利……正是在这一步步的搭建之中，广州到今天俨然成为全国三大汽车生产基地之一，汽车产业也是拉动广州经济社会发展的强大引擎。

也正是在广州的一家民房内，国内造车新势力——小鹏汽车诞生。日后，它搬了无数家，但从来就没有离开过广州。它的创始人何小鹏，创业前学在广州，他的母校华南理工大学曾诞生过叱咤家电江湖的三剑客——李东生、陈伟荣和黄宏生。何小鹏团队中最重要的一名成员夏珩也是出身广汽研究院。

和汽车产业同时亮眼的，还有石化产业。处于中国经济上升通道，给了两者同样的礼遇。1997年、1998年、1999年，广州石化总厂连续三年实现大幅上升，分别实现利润1.44亿元、2.5亿元和5.07亿元，在中国石化集团公司炼化企业中名列前茅。2000年初，该厂又成功兼并了广州乙烯，成为当时国内最大的企业兼并案。

这也让广州市政府在2004年的工作报告，颇有底气地提出，要着力发展先进制造业，尤其是发展优势产业、新兴产业和带动力强的产业，使广州逐步成为全国重要的汽车生产基地、石油化工基地、造船基地和高新技术产业基地。"随后，广州的重工业得到快速发展，尤其在汽车、石化、黑色金属冶炼等行业的拉动下，重工业逐步成为广州工业经济增长的主要支撑。"除了进一步筹建了东部、南沙、花都三大汽车产业基地，"统计显示，2003—2006年，以汽车、船舶制造为代表的广州交通运输设备制造业产值的年均增速达到32.4%，冶金工业和石化工业的平均增速分别达到45.8%、24.1%。"（《广州求变：支柱产业从后重化工业转向IAB》，冯芸清、王珍，第一财经2017年12月8日）此后，广州又将眼光投向了电子信息产业。2008年，广州便成立了以市长为组长的市电子信息重大专项领导小组。这也引起了各路资本的冲动。2020年的中国（广州）国际信息产业周上，华硕、明基、爱普生、惠普、蒙恬、索尼、东芝、优派、中移动、电信、联通等国际国内3C巨头纷纷抢滩。一时间广州信息产业的发展风起云涌。

2012年，广州更是制定了《广州市电子信息产业十二五发展规划》，希望"到2015年，建成我国重要的电子信息产业基地、新一代信息技术应用示范产业基地，在数字家庭等领域建成国际创新高地"。

正是这样的谋篇布局，让汽车、石化、电子信息制造业成为拉动广州高速增长，并形成超千亿规模产业集群的支柱产业，而且让广州拓展了地理空间，并在建设现代化大都市的战略目标下，于2000—2010年"形成了黄花岗科技园向东连接天河高新区、天河软件园、广州经济技术开发区、广州科学城的高新技术产业带；以及广州—新塘的制药、汽车、环保、机械制造、电子、新材料、农产品加工和纺织等产业'东翼'，广州—南沙的钢铁、石化、机械装备、精细化工、汽车零配件及信息技术产品等产业'南翼'和广州—花都的以汽车（摩托车）、建材、橡胶、皮革等行业为主的'西北翼'，总体上呈现'一带三翼'空间格局"。（《广州产业发展的历史演进过程及未来趋势判断》，广州市社会科学院课题组，其系2017年度广州市社会科学院院立项重大课题成果）

这样的广州，一时意气风发。连续27年，它的GDP总量都位居全国城市排名第三。此前的中国城市，还没有一线城市的概念，提到最多的是"京津沪"，但是广深的崛起，在这一时期也慢慢有了"京沪穗深"的说法，日后变成了更通俗的"北上广深"。与此同时，"东南西北中，发财到广东"的豪言壮语遂传遍中国。

谁也不会想到，广州竟然有一日，连杭州都没有把它放在眼里！

# 六

如果说"北上深杭"还带有一些戏谑，但是在2016年，广州的GDP总量首次被深圳超越，却是实打实的。

在2017年发布的补充核算后的广东省2016年GDP中，前者为19805.42亿元，后者则是20078.58亿元。虽然相差不大，但是，广州自此就没有赶上过，到2019年，差距更是达3300亿元。这忍忍也就算了，谁能想到，重庆也悄无声息地就跟了上来。

这一年，重庆的GDP总量已是23605.77亿元，只相差广州20来个亿。相比较杭州，重庆给予的压力却是实实在在的。

虽然广州有广钢、广州石化等一系列本土基础工业品牌，也因此吸引到一系列外资、合资的服装、日化、汽车、电子产品组装加工厂。但是，广州却没有像深圳、北京一样诞生像HW（华为）、比亚迪、BOE（京东方）等掌握自主知识产权的民族品牌。

第二个原因自然跟重工业自身有关。重工业对城市的早期的推进作用显而易见，但是随着城市的发展和扩张，重工业往往会让人陷入雾霾到底是甜的还是咸的困境。广钢被关停、广州石化异地搬迁，背后都是这些做出巨大贡献的重工业，已经不符合城市的长远诉求。更重要的是，重工业更容易受到社会形势的影响。

像汽车在这些年限于消费者负债率的提升，以及养车成本的增高，有些卖不动一样，对比历年数据，你也会发现广州三大支柱产业产值增长率正呈现逐年下降的趋势。

2010年三大支柱产业实现20%左右的增长，时至2018年，汽车制造业的增长率为6.1%；电子产品制造业的增长率为2.8%；而石油化工制造业出现负增长，三大支柱产业增长率均出现明显下滑——随着互联网时代的到来，这种失色让广州在拥有互联网话语权的年轻人中更丧失了吸引力。

事实上，广州也不是没有自己的互联网产业，网易曾在这里开疆辟土，一些电信主导建设的热线或者区域门户，或者围绕在电信周边的一些互联网企业，诸如21CN、广州视窗等当时也发展起来……但问题是，极端务实心态的广州，更愿意通过广告、电商、游戏等模式去快速赢得丰厚的经济回报，"却未曾在整个社会层面，带动整个区域互联网创业氛围的兴盛，贡献有限，除了贡献了一批互联网游戏技术人才之外，这些项目的行业积累无法被大规模的应用到其他领域"。网易的出走，也从侧面印证了广州互联网生态环境的缺失。

此外，在电子商务变革浪潮之中，广州也尽享红利，"透过阿里巴巴每年'双十一'的交易数据，无论是B端商品的供应数据，还是C端消费者的消费数据，广东一地就占据了全国将近10%的份额，领先全国其他省份……"

虽然开放的心态让广州对各种平台采取了"拿来主义"，并尽情享受着互联网工具平台为自己生意带来的便利，但对自主创建平台兴趣寥寥。（《极端实用主义，这才是广州创业被边缘化的"元凶"》，道哥，闹客邦）

在我看来，一方面这和平台大多投入巨大有关，何况投入了也未必有成效；另一方面，传统的一手交钱一手交货的商贸逻辑厚重，也导致大家对以羊毛出在猪身上狗来买单为标志的复杂化、生态化的商业模式新格局，很难理解，也很难有意愿去接触——在我看来，这和上海的精英主义异曲同工。

这也导致，广州乃至整个广东更多的从业者只能成为外来平台生态的一部分，而非一个生态的主导者。这也是早期的互联网巨头BAT和广州无关的重要原因。

众所周知，今天中国诸多的"独角兽"养成都和BAT有关。这既让广州在今天丧失了话语权，也让它在新经济领域中很难拿出亮眼的内容——某种意义上，正因为坐拥阿里巴巴，杭州对广州生出睥睨之心，甚至今天也不愿承认自己是上海的后花园了。

摆在北上广面前的，是不进则退，或者努力证明，姜依旧是老的辣。

# 从中关村到亦庄："双奥"北京的进阶之路

## 七

我是在离开之后，才开始真正认识北京。

2017年，因为创作吉利官方传记《新制造时代》，在采访相关高层时得知，吉利当年并购沃尔沃时，李书福曾一度想将基地落户在北京。一方面因为北京是首都，而在中国，首都是集人才以及资源最丰厚的一个城市，而且没有之一。在影响上，2008年北京奥运会的召开，更让它在国际上名声大震。另一方面，则是北京有意。北京找上吉利在2009年延揽的童志远，迫切地表达了自己"求贤若渴"的意向。

如果没有以后的变故，李书福真的就将基地放在了北京，具体地说，是在北京经济技术开发区，也称亦庄经济技术开发区（简称BDA）。

在这个开发区，大名鼎鼎的德国奔驰公司在中国唯一的奔驰轿车生产基地——北京奔驰汽车有限公司就坐落在博兴路8号。其前身为1983年5月5日创立的北京吉普汽车有限公司，为中国汽车行业第一家中外整车合资企业。在进入吉利之前，童志远正是前北京吉普的公司法人，以及北京奔驰中方一把手，曾在亦庄工作了多年。

也正是这次采访，让我把亦庄放在了心上。我根本没想到，这个位于北京东南，属明清时期北京城皇家园林南苑境内，为封建帝王行围狩猎"南海子"一部分，在20世纪90年代初为红星区辖乡的破落村镇，今天竟会云集众多品牌企业，甚至会以它为核心建设一个产业新城。后来我看到这样的报道，说的是1987年12月，我国北方的"黄金通道"京津塘高速公路开工建设，并由此通过，这让当年的红星区嗅到机遇，很快编制了《红星（亦庄）经济技术开发区规划方案》。"也正是这份扎实且详尽的规划，使北京市委、市政府看到了一个小农场的大设想，最终确定了开发区选址亦庄。"（《亦庄探新》，《经济日报》调研组，《经济日报》2022年9月21日）

走访亦庄，你会发现，尽管错失了沃尔沃，但这里依旧是高端汽车和新能源智能汽车的天下。北京奔驰就不用多说，到2018年，"已成为戴姆勒全球综合性最强的梅赛德斯－奔驰生产基地，"北京经济技术开发区官方网站当年曾刊登《北京亦庄经济七连增背后的奥秘》的报道，不无骄傲地指出，"其产品包括E级车、C级车、GLC SUV和GLA SUV，以及梅赛德斯－奔驰4缸和6缸发动机，销售车型占梅赛德斯－奔驰在华年度总销量的2/3"。

需要更注意的是，亦庄在2016年，采取将收回的诺基亚厂房以"先租赁后入股"的模式让渡给北汽集团，从而有了北汽新能源如今的总部"中国蓝谷"——2018年，北汽新能源通过借壳方式上市，上市公司更名为"北汽蓝谷"，北汽蓝谷也因此成为登陆A股市场的新能源汽车第一股——尽管此后连年亏损，内部也数次换帅，但在新能源、智能化的今天，我们不能以一时的成败论英雄，更何况它亦在持续构建自主技术能力。在2018年举行的"北汽蓝谷科技大会"上，北汽新能源正式发布技术品牌"达尔文系统"，一口气展示了11项解决痛点、提升体验、脑洞大开的智能电动"黑科技"，涵盖整车技术、三电系统、智能驾驶、智能网联以及平台开放与数据安全等多个领域。此外，形成了以突围高端智能电动市场的极狐、兼顾公共用车和私人用车两个领域，满足大众市场的BEIJING，以及针对更低端市场的考拉为主的品牌矩阵。

可以说，正是通过北京奔驰、北汽新能源的发展，亦庄辐射出一批包括汽车设计、研发、整车与零部件制造、汽车金融、销售以及汽车后服务项目，打造产业链条完整的汽车产业集群。现已形成传统高端品牌乘用车与新能源电动汽车并重的产业发展格局。

支撑亦庄的，还有集成电路。早在2002年，刚刚成立才两年的中芯国际，便在亦庄成立了中芯北京。从此，亦庄开启了自己的追"芯"之路。"但集成电路产业是典型的技术密集型、资金密集型产业，企业想实现突破，钱是最大的难题。"当地的媒体《北京日报》对此曾一度"忧心忡忡"，但好在"经开区利用区内投融资平台参与设立16只基金，总规模超4000亿元，支持集成电路产业发展"。虽然2008年的金融危机让全球半导体行业经受了洗礼，但是在市场回暖之后，北京市还是共同出资建设了中芯国际北京二期项目，也就是中芯北方项目。

中芯国际副总裁、中芯北方总经理张昕在接受记者采访时曾表示，"如果说中芯北方的建设是中芯国际发展到一定阶段的产物，那它的迅速落地同时得益于北京市及开发区领导的高瞻远瞩以及对今天集成电路产业发展的预判"。

但这种高瞻远瞩带来的结果也很喜人：中芯国际（北京）拥有了目前内地月产能最大且唯一盈利的12英寸代工线。芯片制造技术从65纳米到28纳米（据悉，

28纳米工艺制程主要应用于智能手机、平板电脑、机顶盒和互联网等移动计算及消费电子产品领域，可为客户提供高性能应用处理器、移动基带及无线互联芯片）、国产设备从初次验证到加工晶圆产品突破一千万片次……

在引进中芯国际的同时，亦庄还引进了北方华创、威讯、英飞凌、集创北方等企业。其中，由北京七星华创电子股份有限公司和北京北方微电子基地设备工艺研究中心有限责任公司战略重组而成的北方华创，无疑是目前国内集成电路高端工艺装备的领先企业，正担负着半导体设备国产替代的重任；威讯半导体则占据了全球移动通信射频和基带芯片产品封装近50%份额……2019年，亦庄又将紧挨着中芯国际、燕东微电子厂，可谓寸土寸金的地段留给了一家成立刚10年的企业——曾大手笔收购了世界最大、全球领先的MEMS芯片制造商瑞典赛莱克斯公司的耐威科技公司。这也让亦庄收获了北京第一条、国内最先进的8英寸MEMS芯片生产线……

可以说，这些企业的入驻，在打通了产业链上下游，形成了包括设计、制造、封装测试、装备、零部件及材料等完备的集成电路产业链的同时，也让亦庄逐步成为全国集成电路产业聚集度最高、技术水平最先进的区域。

但亦庄并非到此为止。除了高端汽车和新能源智能汽车产业及新一代信息技术产业，亦庄还有两大支柱产业——生物技术和大健康产业、机器人和智能制造产业。

前者聚集了包括拜耳、泰德、同仁堂等1700余家企业，形成了涵盖生物医药、医疗器械、健康产业等领域的完整产业链。

其中，研发出中国第一个自主创新的小分子靶向抗癌新药——盐酸埃克替尼（凯美纳）的贝达药业将新药研发中心放在了亦庄；国药集团中国生物北京生物制品研究所同天坛生物、国家CDC病毒所也在亦庄联合组建了"新型疫苗国家工程研究中心"（疫苗中心）。2021年6月1日，国药集团中国生物供应新冠肺炎疫苗实施计划（COVAX）首批新冠疫苗，在北京生物制品研究所正式下线。

后者最亮眼的无疑是京东方。它在2003年入驻亦庄之后，虽然前期一直亏损，并寻求在成都、合肥建设生产线，但亦庄也不曾放弃。

在合肥冒险引进京东方尝到甜头后，亦庄也建起并开始投产8.5代线——这里有这样一个故事，8.5代线投产时，曾从北京城南的小红门地区拉了一条18公里长的专用管道，向亦庄再生水厂供应没有工业废水的生活污水——因为纯生活污水不含硼，经处理后再专供8.5代线使用。和这故事一样"动人"的是，随着京东方的扎根，给亦庄带来了智能制造的想象空间。

由于智能制造优势凸显，世界机器人大会会址也永久落户北京亦庄。

当然，亦庄也不是从一开始就这样"光鲜"，支撑它成长的，在我看来，有这几方面的因素：其一，从它扶持北汽新能源，帮助耐威，以及主动对接吉利可以看出，它一改自己"皇城脚下贵三分"的习气，持续提升营商环境。

此外，它还在全国率先提出工业用地出让年限由原来的一次性出让50年调整为"一般不高于20年"，使地价水平下降到平均不高于70万元/亩，让企业能把有限的资金尽量多地投入生产中去。这也成了北京在全市推广的"亦庄经验"；

其二，它还有一套属于自己的"运算法则"，一方面"做减法"，制定实施新增产业禁止和限制目录，加速退出消费类电子产品组装等没有比较优势、劳动密集型行业企业；另一方面"做加法"，把有限的资金、土地等资源用到填空白、补短板的高精尖产业上，如支持拜耳等企业扩建，支持中芯国际扩产等。

与此同时，在亦庄的背后，我还看到了"中关村"的影子。


# 八

相比较亦庄，中关村更是一代北京人，甚至是全国打工人的记忆。

这里的中关村电子城，曾给了无数人的IT启蒙。1999年，太平洋数码大厦、硅谷、海龙电子城相继开业。2003年，与海龙同在中关村大街西侧的鼎好开业，更是将中关村的电子卖场推向了顶峰。

到了2006年和2007年，中关村e世界和鼎好二期的先后开业，中关村IT卖场的面积达32万多平方米，相当于44个足球场。有人在这里淘宝，从最新潮的电脑、手机、U盘、MP4……无所不及。当然也有人在这里被骗，留下了血的教训。

事实上，几十年前的中关村，还叫"中官屯"，它原是太监（中官）养老、归葬之地。然而，随着中科院的第一栋大楼——现代物理研究所大楼于1951年开始在白颐路以东建设，这个地方自此和科技息息相关。更重要的是，随着邓小平在1978年提出了"科学技术是生产力"等著名论断，来自中科院物理所研究院的陈春先奋勇当先，于1980年带着纪世瀛、崔文栋等科研人员走出象牙塔，在物理研究所一间十几平方米平房仓库里，成立了"北京等离子体学会先进技术发展服务部"，率先拉开中国科技改革、科技人员下海创新创业的序幕。此后，还有柳传志，放弃了自己在中科院的喝茶看报的生活，和10位同事，在科学院计算所那间面积仅为12平方米的传达室里，创建了一家叫作"北京计算机新技术发展公司"——它也正是今天联想集团的前身。

正如硅谷之所以成为硅谷，背后是旧金山大学。而背后有着中科院，以及北大、清华等的中关村，也正是在无数科研成果的转化和落地之中，以及所培育的人才资源的支持下，从"电子一条街"成为中国硅谷，并急速地成长为这个国家深化科技体制改革、先行先试的试验地。

1993年，日后出任搜狗公司CEO，并带领搜狗在美国纽约证券交易所正式挂牌上市的王小川，第一次到中关村，便特受打击，因为看到的就是几栋楼，算不上特别宏伟，剩下的就是卖光盘、攒电脑，但等到他在1996年开始到清华读书时，却再也没有从这里"走出去"——他从ChinaRen兼职开始，到进入搜狐，职业生涯大部分都在搜狐体系和五道口，也因此被外界戏称为"五道口守门员"。

事实上，除了王小川之外，中关村还走出了不少有头有脸的大人物。也正是在1997年，本科毕业于人大的刘强东，靠着12000元的积蓄在中关村租下柜台，成立"京东多媒体"，开始售卖刻录机和光碟。它也成了京东集团的前身。

中关村的巨大人气和流量，也吸引着诸多英雄豪杰到这里一展身手。其中包括求伯君、孙宏斌，再到王峻涛、雷军，以及不管"3721"的周鸿祎。

如果说在陈、柳创业的时代，白颐路还是舞台上的中心，那么，等到搜狐等一批互联网企业出现时，知春路取代了白颐路，成为新的"经济增长点"——这是一条为了迎接第十一届北京亚运会而特意修建的，横在北三环与北四环之间的次干道，西头正与中关村大街相连。过去便是苏州街。由于房租相对便宜，所以它集中了后起的一批互联网创业者。除了新浪、金山、暴风影音在这里摸爬滚打过，王兴、张一鸣也曾在这里聚集人气。

这些互联网新贵把自己的见识变成了知识，再把这些知识嫁接给了资本，从而在中国互联网产业爆发的初期，抢占了蓝海，也获得了巨额的财务回报。

在如雪球一样不停的滚动中，中关村持续做大做强，并四处开疆辟土。1991年，紧邻中关村的上地成为中关村的产业基地，同年，丰台区、昌平县两个科技园区开建。但仅仅过了10年，中关村便由当初的一区二园，逐渐膨大到一区十六园，园区遍及北京16个区县。"这种扩展无疑跟中关村入驻企业迅速壮大、产业布局急速扩大，导致土地资源十分紧张有关。与各个区县共建开发区，便成了中关村继续发展的变通之道。"（《中关村：这里很多人见不到第二天的太阳》，王千马，吴晓波频道2019年10月30日）

其中就包括中关村和亦庄的合作——1999年6月，经国务院批准，北京经济技术开发区范围内的7平方公里被确定为中关村科技园区亦庄科技园。其同时享有国家级经济技术开发区和国家高新技术产业园区双重政策。

对中关村来说，通过海淀园、昌平园、顺义园以及大兴—亦庄园等一系列园区的建设，既可以让中关村跳出了一个"试验区"的范畴，蜕变为全球影响力的科技创新中心，同时，它也不局限在狭小的那块叫中关村的地域，而把科创的种子播向了各地。换句话说，今天的中关村已经不是一个地理概念，而是一个可以赋能城市发展的科创品牌。

相应地，对亦庄来说，它无疑需要中关村的科研力量。通过这些力量的输入，亦庄可以快速成长为产业发展的大平台。尤其是2010年前后，将中关村大街、知春路和学院路周边区域囊括在内的中关村科学城项目启动，北京与中科院、北京大学、清华大学、北京航空航天大学、北京邮电大学、北京理工大学等在京高校及诸多研究机构签订共建协议，这也意味着，一批面向市场需求、产学研用结合的项目将进一步丰富亦庄的"内容"。

2012年，国务院批复调整中关村国家自主创新示范区空间布局，规划占地面积9827.07公顷的大兴—亦庄园成立。

当然，对亦庄来说，上门的都是客。除了中关村科学城之外，几乎同期设想并创建的怀柔科学城和未来科技城，也是亦庄的欢迎对象。2017年的北京市政府工作报告中，把"三大科学城"作为建设全国科技创新中心的主平台。与此同时，"三大科学城都将和亦庄开发区对接，缩短科研成果的转化链条，促进本市实体经济的发展"。（《北京"三大科学城"各有侧重不会三园一面》，朱松海，中工网）

随着"三城一区"成为北京建设全国科技创新中心主战场，三城所盛开的科技之花，频频在亦庄"结果"。"数据显示，'十三五'时期，经开区年均承载'三城'科技成果转化项目100余项，去年（2020年）更是达到了150多项"，这里面就包括研制出无人驾驶物流卡车的主线科技，在过去10余年，依托清华大学计算机系人工智能所、人工智能国家重点实验室，接连破解了智能感知、智能定位、智能控制、自动驾驶车辆底盘等重重难题，取得了百余项专利，此后它将自己的自动驾驶运营总部项目落地亦庄，自此开始全速推进自动驾驶物流卡车驶上高速公路，创造智慧物流领域自动驾驶应用新场景。（《中关村"科技之花"亦庄"结果"》，曹政，《北京晚报》2021年4月6日）

当然，中关村和亦庄还有另外一种结合方式，那就是像京东这样在中关村做大的企业，将总部落户在了亦庄。今天建于亦庄东区亦庄线经海路站旁边，于2013年10月封顶的京东总部，俨然成为亦庄区的标志建筑——正是这种网红企业的到来，让很多后知后觉的人发现，亦庄发展真心有前途、有野心。

不得不说，正是在这种相辅相成的合作和对接中，一个全新的北京烘然而出。它让我们发现了北京向上生长的另一种可能。

事实上，如果我们重新审视2017年的《北京城市总体规划（2016—2035年）》就会发现，这里面除了没有了经济中心、金融中心、商贸中心等常见表述，但是也增加了"科技创新中心"这样的定位。原来，北京虽然在努力淡化经济功能，但是淡化的是那种旧工业时代的"大烟囱"，并且走上高质量发展之路。

这种高质量之路对北京无疑意义重大。它不仅为北京注入新动能，也让北京在未来的城市竞争中，保持自己作为共和国首都的地位和形象。

2022年初，在2008年北京夏季奥运会之后，北京再次举办了冬季奥运会，最终在国人不懈的努力下，不仅实现了"九金考验"，而且还在疫情袭扰全球的不利情况下，利用来自中国的黑科技，圆满地完成了这场20多天的盛会。在气象预报的空间尺度上，北京一改此前的温哥华、索契、平昌的"公里级"，实现"百米级""分钟级"；在国家体育馆"冰丝带"、首都体育馆的场馆建设上，北京也采用了先进的二氧化碳临界值冷制冰技术——冰面温差控制在0.5℃以内，碳排放接近于零——为各国运动员支撑建造了"最美、最快的冰面"；在观看体验上，北京也通过几十部高清摄像头拍摄、传输上云、云端人工智能+3D合成的技术，只需几十秒钟的时间，观众可以对速滑、冰壶等众多高速瞬间动作进行360度自由观看。让人"忍俊不禁"的是，超高速4K捕捉、由中央广播电视总台研制的专用摄像设备"猎豹"摄像机，不仅能捕捉到运动员夺冠的喜悦，同时还能令喜欢搞小动作的选手无所遁形。

不得不说，北京能成为第一个双奥城市，并赢得一致赞誉，不仅证明了自身的实力，而且也证明了转型的成功。

同时，它还能有效地串联起"京津冀"，并与环渤海的其他地区进行区域互补，最终做大首都都市圈，达到和谐发展。

当别人再问，廉颇老矣，尚能饭否？北京微笑不语，并随手扔出了一个数据：2021年，中国诞生了两个"4万亿"城市，其中，北京GDP达4.02万亿元，成为中国首个GDP过4万亿的城市。

至于第二个，毫无疑问，就是上海！

# 能帮华为的，除了上海没有别人

## 九

如果北京的转型升级，强在了自己的科研，那么，上海的未来，则寄托于自身的应用能力。

2019年4月，在看完上海国际车展之后，我溜达到了位于安亭的上海国际汽车城，想走访一下那里的汽车博物馆。也就在博物馆附近，我看到了这样一条路，横跨街道竖着这样一块大标牌，上写：国家智能网联汽车（上海）试点示范区。又一行更大的字：智能网联汽车测试道路。这让我很兴奋，环顾街头，想找一下从身边飞奔而过的车哪辆是无人驾驶的。

事实上，早在4年前，上海国际汽车城就被工信部批准，承担中国第一个智能网联汽车试点示范区建设。很快，一家"智能网联汽车产业技术联合创新中心"便应运而生。首批发起这家中心的有60家成员单位，囊括了科研机构、零部件企业、IT及软件行业企业、通信运营商和交通示范企业。"通过强强联手，力争到2020年，将示范区及上海网联汽车创新中心打造成为具有全球影响力的国家级智能网联汽车创新中心，在研发设计、测试认证、V2X通信、车路联网等领域承担不少于5项国家重大专项，形成10项以上行业标准，形成千辆级、覆盖100平方千米的示范应用规模，在保持国内智能网联汽车产业发展引领地位的同时，帮助上海完成智能汽车和无人驾驶发展的'四部曲'：从封闭测试到开放道路测试，经过典型城市综合示范区试验，最后在2020年建成示范城市及交通走廊。"（《大国出行》，王千马、何丹，浙江大学出版社2020年1月版）此后，也就是2018年，上海便打响了无人驾驶的"第一枪——腾出道路进行全面测试。这一年的3月1日，全国首批智能网联汽车开放道路测试号牌在上海正式发放。这也意味着，车企不再虚拟模拟，而是真枪实弹地开干了。获得牌照的，除了上汽，还有把总部设在安亭的蔚来汽车。

尽管多年游离于移动互联网主航道之外，并在消费互联网的上半场不如身边的杭州那样抢眼，但事实上，这些只是伤害了上海的皮毛，还远远没有伤筋动骨。它就像被如来的五指山压在山下反思的孙大圣，只等有人揭开那张条幅。这次给上海揭开条幅的，恰是互联网自己。"当移动互联网的底层逻辑由搜索切换为推荐，由 to C 切换为 to B，由传统电商切换为社交电商，犹如开辟出一条条绕过 BAT 的新航线"（《上海正在夺回"失落的十年"》，马钺，字母榜），上海又重新如鱼得水。

因为在这条新航线上，需要的不仅仅是互联网基因，更需要的是资本、教育、产业，以及先进的商业理念。

在我看来，今天的上海在高教和研究机构上具有亮眼的实力，以及人才优势，有在多年的经营之后积淀了庞大的国企与外资制造业，有多中心、多层级、网络化"骨架"的线下购物与消费设施，有无比优越的营商环境，加上早已是金融中心更在浦东开发同年成立了上海证券交易所。

当这些内容遇到了时代的机遇，一定会发生剧烈的化学反应。

某种意义上，把无人驾驶的道路测试放在安亭，正是源于这里的汽车工业领先全国，且在时代的变迁中，有着拥抱变化的巨大意愿。

在这里，除了智能网联汽车产业技术联合创新中心之外，还有一家"汽车·创新港"。这是国内首个专注于汽车产业的创新园区，一开园很快便集聚了上汽—阿里、蔚来汽车、欧菲车联、德国保时捷工程技术、易思奇汽车电子、意大利宾尼法利纳、加拿大凯史乐工程技术、上海浙亚汽车技术等数十家整车、零部件、纯电动车、智能网联关键技术研发企业和创业团队。得益于数十年如一日对汽车工业的坚持，以及这些新动能的注入，2017 年，安亭规模以上工业总产值达到了 3541 亿元，占上海规模以上工业总产值（33989 亿元）的 10.4%。与此同时，其想打造世界级汽车产业中心的雄心"昭然若揭"。

和安亭相类似的，还有像振华重工这样的企业。如果说管彤贤时代的振华重工，靠着薄利多销、物美价廉等手段快速占领了世界市场，并孜孜不倦做大自己的份额，但今天的振华重工，则在人工智能方面，重新刻画了港口码头的运作图景。2018 年 11 月，在泰国举办的 2018 码头智能化解决方案交流论坛中，振华重工发布了全新一代无人驾驶跨运车和智能集卡。前者更是首创了采用同时定位与地图构建（SLAM）技术的港口设备自主驾驶系统。不依赖昂贵的港口基建，车辆完全以人工智能的方式进行自主驾驶。

此后，它又和广州港联手，打造了粤港澳大湾区首个全自动化码头——广州南沙四期全自动化码头。作为系统总承包商，它"在项目中创新融入新一代物联网感知、大数据分析、云计算、人工智能、5G通信等先进技术，打造了全球首创'北斗导航无人驾驶智能导引车、堆场水平布置侧面装卸、单小车自动化岸桥、低速自动化轨道吊、港区全自动化'的'广州方案'"（《振华重工助力粤港澳大湾区首个全自动化码头全流程实船作业》，胡萍，九派新闻2021年6月23日），在其进行实船联合调试现场中，我们就可以看到这样激动人心的一幕：红色的岸桥按照信息系统自动发布的指令，精准地抓取船上的集装箱，自动放置在无人驾驶智能导引车（IGV）上，IGV通过智能算法自动规划路径，将集装箱运往堆场，轨道吊自动对位，自动抓取集装箱后放到指定位置，整个生产作业的过程行云流水……

不得不说，这些"剧烈的化学反应"，不仅让传统工业转型升级，极大地提升了产业的附加值，并推动中国从制造大国进化为制造强国，从而在世界竞争中拥有属于自己的一席之地，同时，也推动着芯片、云计算、大数据、人工智能等周边产业的发展。

也就在管彤贤即将退出自己一手创办的振华重工的前几年，又一个创业传奇出现在了上海滩。他就是和管彤贤年龄相仿的尹志尧。在英特尔、泛林以及应用材料公司先后工作多年，早已在芯片设备制造领域成就名声，年已花甲的他，毅然决然回归自己的祖国，于上海创办了知名的半导体企业——中微电子。

他的回归，是因为有一颗实业报国的赤子之心。作为一个中国人，他希望能有一个机会可以为自己的国家做点什么。当然，他也意识到，集成电路的技术虽然在美国繁衍，但大的生产线在最近30年内都转移到亚洲，而中国更是集成电路的巨大市场。他要做设备，肯定要跟着市场跑。

此外，还有一个原因，是跟时任上海经委副主任的江上舟有关，这个和尹志尧同为北京四中校友的传奇人物，在他人眼里，是"少见的不考虑一己之私的人"，为了中国科技产业尤其是大飞机、半导体等关键项目操心到最后。正是因为他，将离开台湾到大陆投资却屡屡被看成是骗人的张汝京，拉到了上海，创办了中芯国际，从而帮助上海快速加入了"芯"赛道。同样，得益于他的鼓动，尹志尧终于下定决心回国大干一场。

他这样对尹志尧说，我现在已经只剩下半条命，哪怕豁出命去，也要为国家造出刻蚀机。我们一起干吧！那个时候的他，已经患上了癌症。据说，在他因生病离开政府部门时，"上海市政府问他有无要求，他说没要求，只有一个建议。'上海的工业基础这么好，工业比重这么大，上海的技术创新、重大项目的技术研发太薄弱了，太薄弱了，企业也没力量，也难以获得支持。'当时他对本报回忆说，他在一张纸上写下了10多个项目，比如3G通信、轨道交通、煤制油、电动汽车、通用操作系统、通用CPU等。如果这些前沿项目有所突破，上海便能占领工业的'高地'，也能带动传统产业的升级与调整"。(《江上舟：中芯国际绕不开的悲情》，王如晨，《第一财经日报》2011年6月)

这个盛世如他所愿。虽然中微电子创办至今才十数年，但是其所在的金桥区域，业已成为中国唯一以先进制造业和生产性服务业为发展双核心的自贸试验片区，也是上海建设"全球科技创新中心"的重要承载区。

也就在新金桥路上，有着上万华为人的华为上海研究所坐落于此，它也是上海横向最长的单体建筑。从这里可以看出，华为的手机业务虽然在大湾区，但芯片研发主要在长三角。除了华为之外，5G技术全球引领者之一的诺基亚贝尔也在金桥。

与此同时，金桥还集聚了新松协作机器人、哈工大服务机器人、安翰胶囊机器人、弗莱威家居机器人等一批拥有自主核心技术的机器人企业，以及中国移动上海产业研究院等国内信息和通信技术领域"领头羊"。

2017年7月30日，人工智能国际联合实验室加州伯克利中心举行揭牌仪式，标志其正式落户浦东金桥。在我看来，颇有一些"北亦庄南金桥"的意思了。

而和金桥同在浦东的临港，也让尹志尧颇为看好。其正全力打造上海经济新增长极和发动机，参与设立或引入了上海人工智能基金、上海集成电路二期基金、上海集成电路装备材料产业基金等多个基金。如今集成电路产业已经成为临港产业布局中至关重要的一环，逐步承担起"填补国家空白""解决卡脖子技术"的战略任务。

有文《长三角到底厉害在哪里？》指出，尽管深圳的终端消费电子产品产业发达，从白牌代工和山寨品牌起步，逐渐做大做强，手机、平板、穿戴智能设备的品牌星罗棋布，但鲜有人知的是，"深圳这些终端消费电子产品的内核和整体解决方案，却很多来自上海的上游供应商。来自张江、漕河泾两大高科技园区的展讯、锐迪科、鼎芯、澜起、中微、先进、贝岭、华虹、中芯国际和复旦微电子一系列企业已组成了一个包括中央处理芯片（CPU）、图形处理芯片（GPU）、影音多媒体芯片、存储芯片、显示器件等开发、代工制造、测试封装以及架构设计的一揽子解决方案产业集群"。

所以，有人在谈到华为遇到美国联手西方围剿的困局时，虽然不少地方都表示要帮助华为渡过难关，但看来看去，最能帮得上忙的，还是上海。

也正是金桥、临港等区域的发展，让浦东有机会打造"一核、五中心、多领域"的"1+5+N"立体化的人工智能产业新格局。

其中，"五中心"指金桥、保税区、世博、陆家嘴和临港新片区等人工智能产业和应用集聚中心；"多领域"则是指在制造、交通、金融、医疗、娱乐、教育、商业等多个领域开展深度应用示范，实现场景驱动人工智能产业能级跃升。

而这一核，则是张江科学城人工智能核心区。

＋

2021年底，当上海市生物医药行业协会会长傅大熙面对来访的一干客人，回忆起自己1997年刚到张江工作时，眼前又清晰地冒出了一片荒地，草长得比人还高。

他这样告诉我们，在当年浦东开发的洪流中，张江被定位为高科技园区，与浦东陆家嘴金融贸易区、金桥出口加工区、外高桥保税区一起成为规划中的四个重点的国家级开发区。除了集成电路和软件，当时的张江还对生物医药充满着兴趣。因为它既是一个"朝阳产业"，是新一轮发展的竞争焦点，在1983年到1993年期间，世界医药工业销售额年均增长率高达9%，年递增速度大大高于全制造业平均发展速度，而且它还符合国家和上海市的高新技术产业发展方向，是推动未来科技和经济发展的战略制高点。

无疑，20年之后，老龄化社会的到来，亚健康以及环境污染等带来更多的疾病，还有新冠肺炎疫情在全球肆虐对人类健康产生了重大影响，凸显了张江提前布局生物医药产业的前瞻眼光。但是，奔向成功的路上却是冷暖自知。

在这个过程中，张江做了几手重要的准备，一个是引进罗氏、麒麟鲲鹏等知名药企形成生态氛围，另一个则是创建了国家人类基因组南方研究中心、国家新药筛选中心、国家上海新药安全评价中心、国家上海中药工程技术研究中心，还有新药创新中心等平台，此外，还把中科院上海药物所从浦西搬到浦东。

还有更现实的问题是，把地铁修过去解决交通问题，把中医药大学搬过去，再建学校、人才公寓以及其他商业体，把人留下来。

这样的张江，随着浦东的三十而立，也很快长大成人。根据公开信息所示，目前的张江生物医药产业综合实力高居全国第一，企业总数、医药工业百强企业数、独角兽企业数、上市企业总数、发明专利申请数量、药物临床试验数量、药品审评中心（CDE）药品受理总数、上市二三类医疗器械数量等8项指标全国领先——这一优异的表现，推动了上海生物制药在生物药、创新药、高端医疗器械等方面初步形成了共同发展的产业格局，此外还在医疗服务、人工智能、医疗大数据等领域实现了特色化发展。

今天的上海，除了在无人驾驶上走在前列，到2021年上半年，已经在12大城市生活方面进行人工智能应用探索。比如说将AI应用于中国的慢病管理。

我们都知道，人体很多慢性疾病在早期，甚至是临床前期，其血管特别是血液微循环提前发生异常，但是很难被发现。此时如果能借助AI影像识别技术进行眼底筛查，就可以将三甲医院的优势资源下沉到"医联体"内的基层和社区资源，有效帮助基层百姓进行慢性病筛查、早期发现和长期管理。

不过，张江对上海的意义不止于此。作为浦东的"一核"，它还承担着上海科技创新策源功能的重任。作为国务院批复的第三个国家自主创新示范区，张江在生物医药之外，还将重点发展集成电路、高端装备制造业、新能源、新材料、节能环保、新能源汽车、航空航天等关系我国产业链可控制度的关键产业。到2020年，基本建成世界一流高新区，成为具有全球影响力的大科学装置集聚中心、高端人才集聚中心、科技金融中心、技术交易中心和高新技术产业发展基地，成为上海代表中国参与国际高新技术产业竞争的王牌。

事实上，张江在生物制药上从无到有从有到优，也证明了它在其他产业上，也有相似的能力和作为。

就比如在王牌中的王牌——大科学装置产业上，"目前，张江示范园高浓度集聚了从上海光源、国家蛋白质科学研究（上海）设施到硬X射线、软X射线再到超强超短激光、中科院微小卫星创新研究院等10余个大科学装置，覆盖光子科学、生命科学、海洋科学、能源科学等领域，全球规模最大、种类最全、综合能力最强的大科学装置群正在张江集体出道，构成了上海发挥科技创新策源功能的'排头兵'和'先行者'"。

在大科学装置的牵引下，上海重大科技创新成果不断涌现。"党的十九大报告列举的6项重大科技成果：蛟龙、天宫、北斗、天眼、墨子和大飞机，上海都做出了重要贡献；超强超短激光装置实现10拍瓦激光放大输出，脉冲峰值功率创世界纪录；诞生国际首例体细胞克隆猴，国际首次人工创建单条染色体的真核细胞；全球首张'黑洞'照片公布，上海天文台牵头国内学者参与……"（《上

海失落了吗？开放精神与创新精神的再出发》，蔡亚华，《上财商学评论》2021年第一辑）

这些优异的成绩单无疑回击了很多的质疑：上海失落了吗？

上海不仅没有失落，而且随着互联网进入下半场——从消费互联网转为产业互联网，因为拥有了芯片、大飞机、智能机器人、海洋工程等先进装备制造业以及生物医药等主赛道，正重归当年身为远东第一大都市的荣耀。

它不仅让上海诞生了建立在个性化推荐的基础上的拼多多、小红书、哔哩哔哩等企业，而且正在逐步成长为智慧城市，进一步提升并夯实其城市治理能力。

经常走访全国各类城市的著名财经人秦朔就发现，"上海、深圳、苏州这三座城市兼具规模、质量和创新的城市，要说工业之大，未来上海未必能占优，要说新，说强，深圳、苏州也各擅胜场"。他倒不觉得上海非要找"中国工业增加值最大的城市""中国最强的工业城市"等标签，"在我心目中，做中国面向世界、面向未来最不可缺少的工业城市最重要，为国家担起研制精深、精尖、精纯的核心技术的使命最重要，充分利用自身综合优势更好地服务周边城市，把长三角打造成21世纪全球最具有竞争力的新工业带最重要，而在这些方面，上海也最有优势"。

这无疑也是这个国家对上海的最大期待和要求。在获批的《上海市城市总体规划（2017—2035年》中便提到，2035年基本建成卓越的全球城市，具有世界影响力的社会主义现代化国际大都市，到2050年全面建成卓越的全球城市。

这不禁让人相信，"上海在移动互联网上半场失去的，很可能会在下半场乃至下一个十年夺回来"。

# 我不给你的，你不能抢

## 十一

对下一个十年，充满着遐想的，自然少不了广州。

首先我们得承认，尽管和上海一样，因为没能拥有属于自己的BAT，从而错失了重要的一波红利，但是广州依旧有着强悍的工业底蕴。

在美国《财富》杂志于2021年8月2日全球发布的《财富》世界500强排行榜中，上年总营收1841亿元（266.82亿美元）的广州建筑集团，以及总营收超过1500亿元的广药集团同时挺进世界500强，加上广州原有的3家上榜企业南方电网、广汽集团和雪松控股，至此广州本土的世界500强企业达到了5家。

我们不妨晒一下这个榜单，在内地的126家上榜企业中，北京由于在国企和央企上的优势，是毫无疑问的老大，拥有60家世界500强，即使京东，虽然盈利不及阿里和腾讯，但从营收规模来看，却已成为当下中国第一大互联网企业，排名第59位，超过第63位的阿里和第132位的腾讯。上海则有上汽、中国宝武、交通银行、绿地集团、太平洋保险、浦发银行、中远海运、上海建工以及上海医药等9家上榜企业，和香港并列第二。可以说，上海各产业的发展相对均衡，既有金融业，也有制造业和高新技术产业。它们都是广州的榜样。相比起来，很多新一线城市的表现就不尽如人意了，成都虽然有一家企业——新希望集团上榜，但这家公司实行的是"双总部"，一处成都一处北京，这样算起来，只能算是0.5个，但好歹破蛋了。倒是重庆、郑州、长沙、天津、东莞、沈阳、合肥和宁波这8个城市无一家世界500强。虽然龙湖是从重庆走出来的企业，但它今天的集团总部已经搬迁至北京。所以，即使重庆对广州的压迫感很强，但说起来，两者之间的差距还是有点遥远。

其次我们还要认识到，即使广州在科研上比不上北京，在应用上弱于上海，但在这些年来，广州正努力向两者看齐。这种向上的心情，在它意识到自身的支柱产业遇到了环保、产能过剩等拦路虎，而新一轮世界科技革命和产业变革使得新的产业不断崛起之后，变得尤为急迫。推进科技产业转型升级也成了广州的应有之意。

2017年3月，广州宣布2017年在第二产业投资1000亿元，发展实体经济特别是新一代信息技术、人工智能、生物医药等战略性新兴产业——这个被称为"IAB"计划，也正式"浮出水面"。在其印发的《广州市加快IAB产业发展五年行动计划（2018—2022年）》中提出了这样的目标，到2022年，全市IAB产业规模年均增长15%以上，总规模超10000亿元。新一代信息技术、人工智能、生物医药产业规模分别超7000亿元、1200亿元、1800亿元——这无疑让人也看到了广州求变的决心。

今天的广州，面貌就跟那座广州塔一样，拔地而起，又焕然一新。曾经是宝洁"宝地"的广州开发区，如今成了生物企业的天下，拥有金域、达安、香雪、阳普、冠昊、万孚、康臣等上市企业近20家，还有一大批填补国内空白的"单打冠军"企业。日后，GE携手开发区建立其在亚洲的首个生物科技园，百济神州也在2017年与开发区共建生物药生产基地，以使其跟上中国和全球市场对生物药开发及应用日益增长的需求。

新的广州，一定还新在天河上。这个1985年才从广州市郊区分出成立的行政区，让广州在求变上拥有了更深的底气。这里有高新区重要组成部分的天河科技园。日后，天河科技园又组建了天河软件园。这也让天河从20世纪80年代起，就成了全国电子信息硬件、软件、互联网服务最为发达的区域，也尽力维护了广州在互联网时代的"面子"——这个软件园内聚集了千余家高新技术企业和文化创意企业，其中不乏中国移动南方基地、中国电信IDC、广州超级计算中心、太平洋网络等信息产业巨头。由天河软件园科韵分园、华景分园和羊城创意产业园构成核心区的天河"互联网+"小镇，还曾走出了丁磊、张小龙等互联网巨头以及他们所代表的网易系、腾讯系等企业。而且，在互联网各个领域，这里也都能找到相应的领军人物。平台如网易、UC动景，娱乐如酷狗音乐、欢聚时代，游戏动漫如博冠信息、中国手游、百田信息，云计算和大数据如云宏信息。更让人惊喜的，还有像闪聘、酷旅、荔枝FM、两棵树、要出发等一大批创新创业代表企业在这里落地生根。它们共同构成了天河"大企业顶天立地，中小企业星星之火渐呈'燎原'之势"之生机活力局面的同时，也让广州的IT产业一改缺失BAT的尴尬。

如果说北有中关村，那么南有天河软件园。谁也没想到的是，在互联网早期缺失存在感的广州，今天俨然变成了一个巨大的"流量之城"。

这也让天河乃至整个广州进一步升级。2012年，在天河科技园、天河软件园高唐新建区的基础上谋划建设的天河智慧城，更是成为广深港澳科技创新走廊节点之一。

2020年2月，智慧城被认定为省级高新技术产业开发区，定名为广州天河高新技术产业开发区。这也是广州在时隔32年迎来了第二个高新区。

此外，我们如果不嫌"麻烦"的话，还可以去琶洲看看。这个四面环水，地域狭长的小岛，已然成为广州的又一个互联网聚集区域，也是广州的"最牛街道"，形同深圳的粤海。从2016年开始，复星、唯品会、腾讯微信总部、国美、小米、科大讯飞……一个个如雷贯耳的巨头，纷纷在琶洲设立总部。

这不仅让很多深受"北上深杭"困扰的广州人心情大好，原以为广州在新经济上注定要落后，但如今还算是顺应了潮流，可说是亡羊补牢。他们相信，只要琶洲那边一切顺利，广州绝对不会衰落，反而会向国际大都市迈一大步。

去过琶洲，还可以南下去南沙看看。此前的南沙只是广州一个重要而非独特的平台，到新世纪，由于珠江河道持续收窄，尤其是横跨珠江口的虎门大桥的修建，大吨位的海轮无法通过，导致黄埔港吞吐量逐渐受限，南沙遂一跃而起——随着广州在南沙挖出了一个超级深水港，广州面向海洋的前线也从黄埔，切换到了南沙。

"很快，南沙单独设区，并被定位为广州唯一的城市副中心。这个时期的南沙，被广州赋予了向海而生的历史使命，蕴含着广州重返海洋、复兴千年商都、重振南大门雄风的壮志凌云。"尤其是随着粤港澳大湾区纳入国家战略，南沙的定位，更是不只于"广州面向海洋的前线"，而且有了一个更远大的内涵，"努力把南沙打造成为立足湾区、协同港澳、面向世界、面向未来的国际合作战略平台"。（《南沙新区，可为大湾区做什么？衔接港澳、衔接全球的战略支点》，孙不熟团队，城市战争2022年2月22日）

事实上，南沙很早就开始"面向世界、面向未来"了。这里是人工智能的天下。2017年5月，南沙举办"广州人工智能工作交流会"，就此吹响了发展人工智能产业的号角。两年左右的时间，这个远离广州主城区但也是广州市唯一的出海通道的地方，俨然成了科技高地。它不仅培育、集聚了云从科技、科大讯飞、小马智行、蓝胖子机器人、暗物智能等170余家人工智能企业，在业务范围上，也覆盖人工智能芯片、基础软件算法、生物特征识别、自然语言处理、新型人机交互、自主决策控制等领域。其中，小马智行自2018年2月在南沙区的支持下，开启乘用车队全天候路测以来，已发展成为国内估值最高、技术最成熟的无人驾驶企业。而云从科技的人脸识别系统，更是出现在正式投入运营的北京大兴国际机场。它也是我国银行业人脸识别第一大供应商。

正是这些播下的种子，让广州在人工智能、数字经济、生物医药、新基建、高端服务业等多个领域开始展现自己的话语权，有力地冲击世界级产业集群。这些无疑都是新兴行业，也全部是竞争激烈的硬核赛道，让此前以汽车、电子、石化为三大支柱，被人视为太低调也缺乏创新活力的广州，重写他人对广州的定义。与此同时，它也让人发现，历数改革开放以来的每一次产业浪潮，广州其实从未真正掉过队。

为广州锦上添花的，还在于面对着崛起的深圳，它依旧稳住了自己在华南的阵脚，和北京、天津、上海、重庆一起成为首批国家中心城市。

我们必须要承认，这个在对外开放中成长起来的都市，至今拥有着深厚的商业传统和庞大的商人群体。巅峰时期，有1000多个专业批发市场密集分布在全市各个角落。而每个档口的背后，都可能链接着珠三角或华南地区的一个工厂。此外，创办于1957年至今未曾间断过的广交会，更是让广州成为国际商贸往来的中心。与此同时，在港口、高铁以及机场上的打造，让它成为无可辩驳的国家交通中心。

虽然在金融上不如上海，但是近些年来，广州在这方面也进步迅速，2017年实现金融业增加值1998.76亿元，同比增长8.6%，占GDP的比重达9.3%，拉动GDP增长0.8个百分点，成为广州市第五大支柱产业和第四大经济增长引擎。

2018年11月，在郑州举行的"'一带一路'倡议下的国家中心城市建设——2018中国城市百人论坛秋季论坛"发布了中国社科院郑州市政府郑州研究院、中国社科院城市与竞争力研究中心国家中心城市课题组的研究成果"国家中心城市指数"报告。报告选取了政治、金融、科技、交通、教育、医疗、文化、信息、贸易（物流）、国际交往十大城市功能，综合度量了中国内地25个城市作为国家中心城市的综合服务能力。最终测试结果得出：北京毋庸置疑依然是国家综合中心；上海和广州为国家重要中心；而潜在国家重要中心是深圳、武汉、天津、成都、重庆、西安、南京、杭州和郑州。

这也意味着，今天的广州只要有意愿发展高新产业，它就有这个能力。换句话说，高新产业是一个高风险、大投入的产业，在人才、资金、流通以及其他配套设施上没有一定的综合能力，谁也玩不转。

突然想起广州某足球队当年霸气十足的话语，我不给你的，你不能抢。

它和北京国安的"永远争第一"一样，无疑像极了广州，乃至整个北上广的宣言。尽管在时代的进程中，它们有很多不尽如人意的地方，也曾经有老虎打盹儿、让人内心充满怀疑的时候，但是只要它们认真起来，依旧无人能敌。

得承认，在这成功背后，既是历史、人才、资源的马太效应，同样也得益于其周边城市的共振。北京有京津冀，上海有长三角，广州则有大湾区。这让它们的发展有了协作和纵深。

更重要的是，它们既守得住分寸，也耐得住寂寞。政策诚可贵，但内驱价更高。它们显然懂得现代工业、现代制造业对于一个城市发展的重要支撑作用，多年的发展，让它们已经基本形成了以服务经济为主体、先进制造业和现代服务业齐头并进的格局——某种意义上，打造属于自己在新时代的内驱力，对一个古城的老而弥坚，或者对一个新城的崛起，都至关重要。当然，这也考验投入和格局，没有定力的人玩不来。

这样的北上广对中国无疑很重要。它们托住了整个国家发展的基本盘，也让这个国家在世界竞争中得以抢占制高点，并拥有进一步发展的重要引擎。

# 12

从珠三角到大湾区，
中国重建自己的"开放"秩序

1981年，当梁湘以62岁高龄，从中共广东省委常委、中共广州市委第二书记一任上，前往深圳任市委第一书记兼市长时，是抱着"不入虎穴，焉得虎子"的悲壮的，让人想起荆轲刺秦王时"风萧萧兮易水寒，壮士一去兮不复还"。

　　此时的中国已经改革开放，并于1979年开始试办经济特区，先是深圳、珠海、厦门再是汕头，数年之后又设海南经济特区，与此同时，身处东南沿海的珠三角俨然已是一副春光撩人的样子——梁湘的同姓，也算是同事的梁广大，已在南海（今佛山市南海区）县委书记一任上做得风生水起，比如提出"三个产业齐发展（农业、工业、商业）"，"六个轮子一起转"（县、人民公社/区、大队/乡、生产队、个体、联合体）的发展思路，成为后来扬名全国的"南海模式"的雏形；比如率先"招商引资"，吸引海外和港澳同胞回乡投资办厂，还带着领导班子到万元户家中"祝富贺富"。

　　也正在他的主政期间，有香港森美玩具公司看上了平洲圩镇（2005年平洲纳入桂城）的大圩藤厂。仅仅洽谈了一个月，双方就签订了合作协议，并成立了平洲玩具厂——它是南海第一家"三来一补"企业。能和它媲美的，也就是港商张子弥和东莞虎门镇合作的太平手袋厂，以及香港大进公司在顺德容奇镇（2000年撤销，与桂洲镇合并成立容桂镇）创办的大进制衣厂。正是他的大胆开拓，南海成功跻身广东"四小虎"（南海、东莞、中山、顺德），并且高居第一。他也因此被呼为"梁胆大"。

　　与此同时，位于深圳的蛇口和华强北，也是一片天翻地覆。前者随着开山炮的一声巨响，拉开了一个具有划时代意义的伟大工程的建设的帷幕。而今天的华强电子、爱华电子也相继出现在了后者这块到处有着芦苇荡、麻雀比人还多的地方，这也让华强北在日后成为电子爱好者的"朝圣地"。此外，一头连着东边靠近香港的罗湖，一头连着南头半岛（蛇口正在这个半岛上）的深南大道开始有了雏形。

　　不过，尽管炮声隆隆，但它并不能一口气震开当年板结的土壤。尽管改革开放，但在当时，"宁要社会主义的草，不要资本主义的苗""越穷越光荣"还没过时，依旧闷得像岭南夏日的天气。所谓的鹤立鸡群，是众鸡的小，衬托出了一鹤的高，而所谓的"胆大"，也无疑是跟众多的"胆小"息息相关。

所以，特区虽然设立，但还是需要像梁湘这样的开拓者。他在17岁就崇尚"马革裹尸还"，带着一腔热血上延安，到了花甲，依旧是"烈士暮年，壮心不已"。他知道摆在面前的，有失败被批判的风险，但只要问心无愧，"千秋功罪，让后人评说"，他还是坚定投身到这场没有硝烟的"第二次革命"中。

而珠海也没有等多久，1983年，它便迎来了梁广大。

# 虽千万人吾往也

## 一

"珠江烟波接海长，春潮微带落霞光。"一条珠江在南国的大地蜿蜒前行，不仅流经中国中西部六省区及越南北部，还将下游富饶的三角洲串联了起来。深圳就是这块土地的重要一分子。穿过罗湖口岸，便是香港。与香港隔珠江口伶仃洋相对的，则是澳门。

它们像极了珠三角的一双金光闪闪的耳坠——尽管被西方列强割占多年，但对所有中国人来说，它们依旧与自己同文同宗，有着对祖国和家乡的深厚情谊。事实上，早在明清时期，港澳就和广州、深圳、东莞、佛山、中山、珠海、江门等城市同处于广州府，是广府文化的核心地带和兴盛之地。所以，当内地想要开放搞活，它们无疑是最合适的"帮扶者"。

更重要的是，港澳自身的"局限"也决定它们必须要北望。澳门不用说，巴掌大的一块地方，香港稍强，但是随着香港取代上海成为远东的又一颗明星，除了是国际金融中心之外，还从转口港转变为富裕的工业经济体，繁华的背后也凸显出巨大问题，那就是人多地狭，让生存成本急剧抬升。它需要依靠广阔的内地，来作为自己的资源和经济战略腹地。

这也正是国务院在1978年7月颁发《开展对外加工装配业务施行办法》，规定广东、福建可以实行来料加工试点的一个重要原因。不过，珠三角中只有东莞、南海、顺德、番禺、中山5个县被先行试点。

夹在西边广州和东边惠州之间，331年立县但一直都默默无闻的东莞，随着香港成为珠三角的绝对中心，土地价值开始由香港—珠江东部台地（深圳）—珠江东部河网（东莞）—中部平原（广州）—珠江西部河网（佛山、珠中江）逐步递减，东莞竟然成了承接香港产业转移的最前沿。

张子弥和太平的成功合作，成了异常醒目的示范。随后，"三来一补"模式在东莞遍地开花。"在深圳起步初期，东莞抓住历史机遇，成为香港加工制造业最大的基地，在20世纪80年代末由香港转移内地的6万家企业中，有4万家落位东莞。1988年，国家鼓励台商到大陆投资，东莞引领风气之先，率先吸引了万泰电线等台商投资设厂，台资成为东莞继港资之后又一重要外资来源。在港台同胞的投资带动下，东莞成为'东莞塞车、全球缺货'的'世界工厂'、广东'四小虎'之首。1996年至2002年，东莞连续7年出口总值位居全国大中城市第三位，仅次于深圳、上海。"（《星星之火，可以燎原：珠三角特色的城镇化之路》，圭也，坤元辰兴不动产观察2020年4月15日）

此时的深圳，虽然位于珠江东部台地，但是这个前身只是宝安县下辖、中心正位于今日罗湖的偏僻乡镇，还是面积只有3平方公里的一穷二白之地。所谓"深圳"，顾名思义就是田边深深的水沟，应该就是指常说的那条深圳河。这里人口稀少，电力不足，只有一家作坊式的县办小厂从事简单电子产品的制造。相比相对成熟的东莞，它一时还来不及充分吸纳香港转移来的加工制造业。

在很多人的印象中，深圳更多的是特殊年代中充当内地人"逃港"的通道。1952年，32岁的张爱玲，只身在烈日下从宝安县罗湖桥穿过深圳河，来到香港。所以，它可以算是条件最差的一个特区，当时都没有人愿意来。

1997年就从内地来到深圳当记者的朋友老徐了解到，当年深圳属于广东省惠阳地区，很多当地干部对深圳并不待见，纷纷要求调回，不愿留在深圳。"广东省和广州市的干部更不愿意来，来了也是当下派任务，还是待在广州，期满就回去。"

倒是那些基建工程兵不觉得苦，而电子工业部则因为有公司在对岸香港而相对积极。它可以组织全国各地的电子厂到深圳设立窗口，和香港公司对接。

要知道，20世纪70年代到80年代，香港是全世界最大的电子加工集散地之一，比如说像收音机、录音机、workman这些电子产品最大的加工集散地是在香港。

深圳市于1979年一成立就来建厂的，是电子工业部在广州和韶山的750厂，也就是今天的华强电子。

这年底南京电子厂715厂来深圳建厂，成立爱华电子——它主打收录机，爱华随身听曾风靡全国。和它相类似的还有香港商人和深圳工业局在华强北建成的新华电子厂。同年，来深圳建厂的还有中航公司，它做的是电脑。

"一开始，华强北更像是个工业区，尤其是深圳电子大厦的建设，不但成为深圳的第一个地标，也将深圳最大的产业电子制造业定于一尊。1988年，随着赛格电子市场在深南大道与华强北路交会处建成营业，它又开始向服务业转型，摇身一变成为中国电子交易第一街，并由此发展出了国内最早的手机市场。

"恣肆生长的荒原不见了，但更自由、更有点像野蛮生长的前沿市场出现了。只要你登上深圳电子大厦，看到的就都是熙熙攘攘的人流以及遍地发财的机会。"（《地标70年：风从深南大道来》，王千马，吴晓波频道2019年10月14日）

正是以军工企业为龙头，深圳将全国各地的电子企业会聚在华强北以及整个深圳的旗下，并从组装收录机和彩电起步，一步步地转型升级，终于在VCD和DVD制造上就此崛起，带动了龙岗和宝安以及东莞电子业的腾飞。

## 二

也就在华强北乘势而起之时，被任命为交通部所属的香港招商局常务副董事长，主持招商局全面工作的袁庚，也在考虑是否可以找个地方，整合来自香港地区及其他地方的外资、技术，以及内地的廉价土地和劳动力资源，来进行一个全新的实验。

和那些外来者不一样，袁庚是实打实的本地人，出生于大鹏湾，还曾在东江纵队司令部工作过。此前，袁庚经常耳闻家乡提出"利用香港、建设宝安"的呼声，而且他也对乡亲们偷渡香港感同身受，所以，他很希望能通过这种实验，将家乡的经济搞上去，让外流偷渡者自己回来。

事实上，他最后选中的蛇口，也是当年内地"大逃港"的三条路线之一。

我曾一度对蛇口这个名字感到困惑，后来翻阅地图发现，蛇口位于南头半岛的东南，濒临深圳湾，因为中间豁开了一个口子，从整体轮廓上看，可不就像一个张开嘴的蛇头吗？不过，蛇是小龙，蛟龙入海，自然不同一般。

尽管在改革开放没多久的1980年，蛇口还是一片海滩和荒山，只有海鸟将其视作自己的专属领域，像极了体制之外的边缘人物，不受重视和关注。

但它有着重要的区位优势，水路便捷的珠江口就在附近，而且与香港只有一水之隔。站在蛇口山上，就能看到对面香港的流浮山。

所以，相比较乘坐火车、汽车进入深圳，夜间伺机在罗湖一带跨越深圳河，翻过铁丝网进入香港，很多人会选择从这里泅渡，在游过深圳湾之后，就能到达香港新界西北部元朗。相反，当香港资本准备北上之时，这里无疑也是一个很好的选择。

尽管袁庚的想法在当时还是有点惊世骇俗，却因为符合改革之初打开国门的思路，居然得到了国家的响应。让袁庚有些后悔莫及的是，当国家准备将整个南头半岛都给他时，他却因毫无心理准备而没有接受，只要了蛇口。

谁也没想到，没过多少年，蛇口就会发展到地不够用的地步。大家更没有想到的是，正是在蛇口的基础上，一个全新的深圳劈空而出。

多年来，我在一篇描述蛇口的文章中这样写道："蛇口无疑是中国改革开放的'试管婴儿'，在计划经济体制之外，以另一种生命的孕育方式，让中国的改革蓝图得以铺开。"与此同时，袁庚也的确利用处于边缘不太引人注目的条件，将它搞成了当时中国的改革试验场。

除了在蛇口工业区第一个进行民主选举；在全国率先实行人才公开招聘；第一个改革人事制度，冻结原有级别、工资等级，实行聘用制；第一个实行工程招标；第一个进行分配制度改革；第一个实现住房商品化；第一个建立社会保障体系……

此外，为实现财务更大程度地自由以及资本更有效地利用，他曾在招商局成立了中国第一家企业内部结算中心和财务公司。几乎没有人认识到，在资金管控高度严密的中国，一家企业内部结算中心以及财务公司的出现将意味着什么，那就是随着资本管控的松动，中国总有一天会出现由企业资本为主导的商业性银行。

全国瞩目的"蛇口模式"也因此而来，那就是，"由一个企业独立地开发、建设、经营、管理一个相对独立的区域，并在经济体制和行政管理体制上进行全方位的配套改革"。但更影响这个国家的是在1981年，他将一块巨型标语牌竖立在工业区最为显眼的地方，标语牌上的标语也直击人心：时间就是金钱，效率就是生命。

13岁的马化腾随父母从海南刚迁居到深圳，就被这句标语给镇住了。在他看来，"这是当年中国整个政治经济环境下不可能听到的大胆想法，但又像夜幕中的一道闪电、春天里的一声惊雷，时不我待，深圳从此成为全国的创业热土"。

也正是在华强北赛格科技园的一栋楼上，从大学毕业后进入国企工作的马化腾，放弃了高薪工作，找来老同学张志东、陈一丹和许晨晔，再加上曾李青，开始了自己的创业生涯。企鹅帝国也因此起步。

今天，当我们审视深圳的成功，其距离香港近是一个天然的优势。更重要的是，由于"深圳人少，政府很小，官员不多"，所以深圳到今天都是小政府、大社会、大企业。别看深圳GDP比一般的省份都要大，"前些年官员、公务员数量跟内地一个县差不多，最近多了，但也比内地一个地级市城市要少"。

换句话说，由于前身是一张白纸，深圳在发展自己的工业经济时，其国有经济的成分比例很低，几乎可以忽略。

相比而言，在外资尚未深度进入中国大陆之前，上海以制造业为代表的工业型经济基本上都以内资循环为主，其经济模式的典型特征是重资产的工业型经济。某种意义上，当年的上海之所以没有和深圳、珠海、汕头、厦门一起成为经济特区，也在于其不敢轻易冒险，因为牵一发而动全身。

这也让市场成为深圳发育并成形的最大动因，而政府相比内地，更具有创新意识、服务意识。更重要的是，在1998年研究生毕业之后就来到深圳的孙俊柏看来，"在这里只要你努力奋斗就一定会有好的回报"。

不过，这对梁湘来说，未必是一件好事，因为摆在他面前的，是一件前无古人的尝试，这意味着，很多事情无章可循。某种意义上，这也更加凸显出梁湘当时的选择，是多么的"虽千万人吾往也"的果敢。但是，他也是幸运的。没有几个人可以像他这样，能拥有这样一个开疆辟土的机会。

## 三

今天的深圳，有着众多梁湘留下的烙印。比如说，在用人机制上，他既引进了西方新的人才流动机制，为深圳的发展添砖加瓦，同时也保留了一部分传统的干部调配机制，调入2万多中国人民解放军基建工程兵精锐集体转业深圳。

此外，他还推动了全国各地的基建投资由原来的国家拨款改为向建设银行贷款，拍板借鉴香港经验面向市场公开招标基建工程。

"这等于把省里上级部门手中的权给弄没了。上级部门火速来深斥责这是'主权问题'，"凤凰卫视后来在"《龙的传人——改革开放30年纪事》之特区记忆"的专题片中，这样描绘梁湘的"抗命不尊"，"梁湘站起来就说：'竞争促改革，不管省内还是省外，谁能干就该谁来干。什么叫国家主权，大家都清楚，请别拿大帽子吓人！'"

日后，他仍然顶着特区要"变天"的非议，背着"出卖主权"的骂名，取消购物票证、粮票，推行劳动合同制，对劳动合同制工人实行社会劳动保险，成立全国第一家外汇调剂中心，实行统一的所得税税率……创下了"深圳速度"和"一夜城"的神话。

　　此外，为了解决经济特区建设人才缺乏的矛盾，梁湘还力主推进深圳的文化教育事业，即使当时深圳特区政府一年的财政收入只有3亿元，但市政府还是决心拿出1亿元来办深大，"卖掉裤子也要把大学建起来"！

　　正是在他手上，深圳科教文体事业也全面开花，办起了《深圳特区报》等8家报刊，除了深大之外，还有教育学院、电视大学、各类中专和一批中小学校。

　　对深南大道的建设，梁湘也同样充满着热情。在他之前，这个由"陆丰建筑第六施工队"的工人们，以自己早已习惯的"修地球"的精神，用锄头和手所建成的大道，其实也只有2.1公里长、7米宽，相当于从今天的地王大厦到上步的华强北（今为深南中路），距离南头半岛还有相当一段路的距离，而且还只是小道，仅够两台车来回并行，但在当时来说，这已是特区里最长的路了。不过，随着梁湘在1983年率队赴新加坡学习考察之后，这条大道的命运随之改变。

　　新加坡"花园城市"景观无疑让梁湘印象深刻，这让他决定深圳城市规划开始效仿取法新加坡，"因此，政府决定重新定位深南路，在两侧各留出30米绿化带，并在深南路中间的绿化带中预留16米宽幅以备今后修建城市轻轨。自此，深南路以上海宾馆为界，以东道路宽度为60米，以西道路宽度为130米。东段和西段呈现出不同的景象，而上海宾馆以西的深南路就是我们更为熟知的深南大道"。（《深圳规划故事之深南大道的前世今生》，深圳市当代艺术与城市规划馆，知乎）

　　不过，在大刀阔斧的同时，梁湘也讲究战略战术。以下几个事例就体现了他的眼光。首先就是，支持袁庚的蛇口实践。

　　多年后，当地的知名媒体人朱健国撰文回忆梁湘和袁庚时，曾描述过袁庚告诉过他的这样一段话：当初深圳市政府有些人对蛇口工业开发区是视作异己的，梁湘开始对此也听之任之。以至于蛇口工业开发区一度在人才引进和市政建设上受到压制。但当袁庚当面向梁湘商榷和向上级反映后，梁湘很快意识到，蛇口是中国改革开放第一先锋，有蛇口在前面探路扫雷，对深圳改革开放更有利。于是下令市政府各部门对蛇口大开绿灯，让蛇口工业区成为一个有高度独立自主权"特等特区"。（《重温解放思想　追忆袁庚梁湘》，朱健国，《南方都市报》2008年1月10日）

　　某种意义上，没有袁庚，就没有深圳的今天，但没有梁湘，也就不会有袁庚，也就同样不会有马化腾。事实上，马化腾读的大学也正是深圳大学。

　　在深圳的发展上，梁湘力主优先发展高科技企业，但同时又提出一个"蚂蚁论"，大力发展"三来一补"企业。他说，给第一个蚂蚁尝到甜头，就会引来无数的蚂蚁；如果第一个蚂蚁吃了苦头，其他的蚂蚁就会对特区望而却步。

也正因此，1984年，祖籍汕头潮南成田镇家美村（现为家美社区），和马化腾家族供奉同一个开基祖祠——位于潮阳和平的港美马氏大宗祠的马介璋，回到了阔别30多年的故土。他先是捐资100万港元，为老家修路办自来水厂建设学校，接着又在南头买了7万平方米土地，以500万港元收购了一家简陋的制衣厂，并数次增资改造，建成了一家集纺织、印染等"一条龙"的大型服装加工厂——在成为深港经济合作的成功典范的同时，蓬勃发展的深圳，以及其背后所依的广袤内地，也让他更上一步，终成"香港牛仔裤大王"。

老徐就多次采访过马介璋，对他的锐意进取以及回报家乡，十分尊敬，更对他的另一手功夫推崇备至，那就是潮汕人所独有的餐饮绝活。我们今天吃到的潮汕菜，并不是来自本土，而是兴起于香港。它背后的推手，正是马介璋。

他曾在香港创办了第一家佳宁娜大酒楼，高薪礼聘名厨主理，将潮州菜肴的"色、香、味、形、器"五大要素推向了极致的同时，更抚慰了在外游子的乡愁。日后，他又将佳宁娜开到了深圳。

对马介璋的这段历史我也很感兴趣。因为在我看来，他回深圳投资无疑反映了两个与深圳有关的重要镜像。做酒店反映了深圳的经济正蓬勃向上，逐渐出现了高档消费；而投资制衣厂，则反映了深圳在面对"三来一补"时，比较务实和热情。

这种热情还表现在1984年以"三天一层楼"速度建成的国贸大厦上，它成为深圳外贸加工的代名词。这种"三来一补"带来的好处是，它符合中国刚进入改革开放之后的国情，能有效聚集大量产业工人。这让一穷二白的深圳开始有了产业基础。

正是在这个基础之上，深圳逐步完成国产化替代，并在1991年选择电子信息产业为突破方向，开始了二次创业，并持续往产业的纵深挺进。

今天著名的南山区科技园，其最初的名字就叫深圳科技工业园，其最早的企业也大多从"三来一补"起家。1985年4月29日，中科院与深圳市政府在深圳迎宾馆签订了共同创办深圳科技工业园的协议。从而开启了其麻雀变凤凰的进程。

当人和产业开始兴盛之后，土地和房地产开发也依次展开。这种循序渐进的发展城镇化，显然让深圳少背负了很多压力。

不过在这一点上，梁广大显然有些"不同意"。

# 人有多大胆，珠海有多大产？

## 四

初到珠海时，梁广大一上任便面临着这样一个窘境：当时珠海全市只有6部电话可通省委，两部电话可通港澳。中央只给了2700万元特区开办费，远远低于兄弟特区。这简直就是一穷二白的地方。

相比较位于香港身边的深圳，珠江西岸的珠海在"出身"上也同样很苍白。在成为特区之前，它刚刚从中山独立出来没多久，也才设市没两年。

至于面积，也同样小得可怜，最初只有6.18平方公里，仅包括拱北、湾仔小部分地区，和东莞自然没法比，甚至整个城市的工业产值不及南海的一个公社。

不过，它也有自己的优势，比如珠江有"八门"，"五门"在此，所以得西学风气之先，与此同时，作为传统农业市镇，第一产业较发达，人也多，所以出去闯荡的华侨也多。而且，澳门近在眼前，并陆地相连。

正是这些资源，以及身为外向型经济的天然优势，让它在1980年8月26日，和毗邻香港的深圳同时成为特区——尽管小，但国家显然对它们寄望颇深，不仅希望特区能办出口加工业，更希望它们在全国经济生活中发挥多方面的作用：如发挥技术的窗口、管理的窗口、知识的窗口和对外政策的窗口以及"开放的基地"。随后，厦门加入了特区行列。次年，同在珠三角的汕头，也成为其中一员。

尽管客观条件并不好，但胆大的梁广大，偏偏不信邪。他要在最白的纸上画最好的图画。这图画就是大项目、大发展、大跨越。相反，当时还只是代理市长的他，便勇敢地向"三来一补"说不。

在2010年接受《华夏时报》采访中，时年已75岁的梁广大谈及自己当年如此选择的初衷，那是源于自己快要离开南海时发现，尽管每建一个厂，就富了一个村，但很多地方都污染了，像一个毛巾厂就让周边的河水从清澈变臭变褐红色，后来还要县里拿钱出来，从佛山引自来水供农民饮用。

故土惨痛的教训成了他一生的心病。到了珠海之后，他发誓要守护好珠海的一草一木，展现城市最美好的一面。所以他决定，珠海搞工业一定要设门槛，有污染的都不要，甚至有个台湾的项目，合同都签了，因为考察发现有两个大烟囱，最后就没办成。

这就使得中小企业很难进来创业，只好转移到中山、江门、东莞、惠州等其他珠三角城市。

不要"三来一补"，并不意味着珠海不要工业。它想要的是大科技、大工业。

这就包括来自美国的伟创力。其从事EMS（电子制造服务）代工制造业务，是美国第一家走出国门在海外设厂的制造商。1987年，它进入中国。珠海园区是其全球最大的工业基地。2019年，它因为断供华为而在国内恶名远扬。

更多的科技人才也纷纷涌入珠海。1988年，在香港金山公司老板张旋龙的邀请下，求伯君来到了珠海，开始专心开发心目中的WPS系统。次年，WPS问世，几乎是一夜之间，"WPS"成了电脑的代名词。1992年，北大南门的一餐全聚德也改变了雷军的命运，他追随着求伯君来到了珠海。

也正是这段时间，珠海提出要从劳动密集型产业向技术密集型产业转变。但是人才在哪里？只有求伯君和雷军显然不够，它想要更多。为此，珠海成为第一个喊出科技立市的城市，并重奖科技人员。

这种破天荒的事一经公布，又是轩然大波，很多人质疑国家级的科技奖励不过一两万元，小小珠海凭什么一口气就奖个上百万元？但来自改革开放总设计师邓小平于1992年南方视察时在珠海的一句四川话"我赞同"，稳定了人心。

1992年3月，遵照邓小平关于"科学技术是第一生产力"的讲话精神，珠海举行了1991年度科技进步突出贡献奖励大会。

也正是从市委书记梁广大的手中，迟斌元、沈定兴、徐庆中等人接过了获奖证书，还有汽车、房子的钥匙。1999年7月，珠海更是以地方立法的形式，在全国率先出台《珠海市技术入股与提成条例》，首次将技术入股写进地方法规。

某种意义上，正是依托科技重奖，珠海吸引了一大批优秀人才和项目，远光软件、丽珠医药，还有金山软件……也正是受此吸引，30岁的史玉柱率巨人团队移师珠海，而在此之前，巨人是在深圳。这大概是珠海面对深圳最早的"胜利"。

不过，梁广大还有更大的理想。那就是吸引人才，吸引投资，需要的是基础设施建设。他敏锐地发现，珠江口（伶仃洋）的存在，严重地制约了珠海的交通，让珠海接受香港的辐射受限，"每一个集装箱运到香港，从深圳出发需要300多块钱，珠海运过去要3000块，运费就高10倍，你要人家怎么来投资？"

还是在1988年，梁广大提出了一个设想，那就是架一座跨海大桥，把珠海和香港联系在一起。同年，珠海又拉开了"西部大开发"的序幕。

# 五

比起更靠澳门的珠海市区（今香洲区），相距有五六十公里，被磨刀门、鸡啼门、泥湾门等水域分割出去的西南诸岛，还是不毛之地。供水、供电、道路、通信皆落后。

当年想要从珠海（香洲）到三灶，需要坐船，天气好的话，5个小时，当然，去其他地方，也许一天都不够。但是，这里穷是穷了点，但三灶加上红旗、平沙、南水3个镇，它们的总陆地面积约447平方公里，是原珠海特区面积的几十倍，一下子让珠海有了发展纵深。

更重要的是，海岛中的高栏，是珠三角西岸建港条件最好的港口，也是天然的深水良港。为了修建这个港口，梁广大甚至拿出了孙中山的建国方略，因为在这篇文章中，孙中山说到南方大港时曾经提到高栏港。在他看来，修建高栏港，可以让珠海"以大港口带来大工业，以大工业带来大经济，以大经济带来大繁荣"的战略构想有了重要的出口。

但问题是，高栏四面环水，需要建设连岛大堤将它与陆地连接。与此同时，港口的货物也需要有路进出，所以还需要修建跨越诸多水域，串联西区，并与市区对接，全长50多公里的珠海大道。而且，这条大道也超前得很，在1989年开始施工时，设计为双向8车道（桥梁部分为双向6车道），在很多人看来，简直宽得和飞机跑道一样，纯属浪费。

这些还不算完。1992年，梁广大率政府代表团访问加拿大姐妹城市——苏里市后，决心在三灶建大机场，欲把国际最大的航展也搬到珠海。

他一直坚定地认为，跳出珠海看珠海，把珠海放在华南乃至西南的大棋盘上。倘若不打通陆、海、空，珠海就是"死棋"。

你很难想象，就连比珠海实力强的佛山、中山、东莞等都不敢想这种事情，梁广大却敢于跑"部"前进，向中央要来了政策。

这些大手笔无疑又带来了另一个问题，那就是创办时只有2700万元开办费的珠海，从何找钱？很多人对此显然不看好，因为即使西区开发只有40万元办公经费，也无奈地拖到4个月后才下拨。

但梁广大不怕，因为珠海当时缺钱但不缺闲置的土地。"政府掌握了土地，通过七通一平，把毛地变宝地，把低价值土地升值才转让，从中收回投入基础设施款项，先投入，再回收，逐步形成良性循环，从根本上解决珠海发展的资金不足问题。"（《深圳人物梁广大："梁大胆"借债奠基珠海》，王晖辉，《南方日报》2010年9月6日）

另外他从珠光集团向境外融资。这个集团于珠海成为特区的同年诞生于澳门，也是最早的珠海驻港澳的"窗口公司"，肩负着珠海市政府对外经济联络和为特区建设融资的核心使命。澳门最繁华的商业区新口岸，便由珠光公司填海建造。

1984年，改革开放后国家第一次宏观经济调控期间，珠光公司从澳门的银行贷款8000万美元，解决了珠海30个项目的资金问题。

作为梁广大的左右手，因在珠海斗门白藤湖开发出农民度假村而被梁相中的钟华生，对此也很谙熟。

在挑下了珠海三灶管理区区委书记兼区长这副重担之后，钟华生告诉担忧中的梁广大，"只要你放权，就可以调钱"。

正好在1989年，为了满足人们的住房需求，中央决定放开政策，允许企业和社会资本购买土地建设商品房，由此宣告了商品房时代的到来，到1990年初更是全国上下一片房地产热。

钟华生领着一帮人先围海造地4平方公里，把原来一块叫车嘴的滩涂改名为金海岸，面向全国"卖地"招商。也正是钟华生，喊出了"今天借我一杯水，明天还君一桶油"的口号。

直到今天，我和早期在深圳起家的投资人张挺兄聊天时，还能听到他对这个口号的复述。显然，这个带有些风险投资的理念，让很多人念念不忘。它不仅成就了钟华生的"空手道"，更让珠海一下子引来10多亿元启动基础设施建设。

据报道，当时买地的人来自全国各地，哪一个省份都有，有的是看到报纸来的，有的是亲戚朋友介绍来的，大家排着队来交钱，蔚为壮观。靠这些钱，当时只有一条几百米旧街的三灶镇，到1992年左右，城区范围扩大了好几十倍。珠海机场、珠海大道、港口也全面启动。

显然，它给珠海带来的影响是巨大的。1994年，珠海大道完工，市区到高栏港的时长从1天缩短至1.5小时。1996年，高栏港正式运营，便引起了世界领先的石油和天然气企业之一——BP的兴趣。它在此建立了珠海BP化工有限公司工厂，成为第一家来珠海投资的世界500强外企。

某种意义上，正是梁广大在珠海丢下了一颗又一颗炸弹，让珠海走出了和深圳看似相似却有很大不同的城市发展路径。在摸着石头过河的年代，我们都应该感谢他们的大胆，以及开弓就没有回头箭的改革。

# 六

今天，当我们重新审视深圳和珠海，你就发现它们有着共性和不同的个性。在相似方面，那就是它们的出身都很穷，不像广州那样是千年的商都，甚至都不如广东另外一个特区汕头——作为中国大陆唯一拥有内海湾的城市，开发得相对较早，唐代以来是海上丝绸之路的重要门户和对台的主要通道。

不过，这也是它们成为特区的一个重要原因。因为穷，因为边远，所以在当时都并非计划经济的重镇，加上离政治中心北京较远，所以干成功了可以全国推广，而干失败了，对整个国民经济体系的影响也不会太大。

这也让它们就此被赋予了"先行先试"的使命，历史性地肩负起探索由计划经济向市场经济转型道路，寻找由普遍贫穷走向共同富裕道路的使命。

但更幸运的是有中央的放权，以及干群的奉献精神。"中央没有钱，你们自己去搞，杀出一条血路来"，这也让特区得到了前所未有的授权，也让它们拥有了广阔的"冒险"、探索空间。某种意义上，这也是梁广大能被容纳的一个重要原因。与此同时，在计划经济的"集体"中被模糊化的草根个体，也有了属于自己的天地。他们有些游走于政策的边缘，成为全国闻名的"倒爷"，但更多的人则投入创业之中，带动了特区第一批草根创业潮流。华强北，以及华为、中兴等企业均创立在这一时代背景之下。

不过，我们需要知道的是，不管是梁广大还是梁湘还是袁庚，胆大的背后，其实都是在拿自己的政治命运在赌明天——只不过不是赌个人的，而是赌脚下这片土地的。在他们身上，有着老一代知识分子的精神和担当。他们不是不懂人情世故，只是不计个人得失。他们只想让自己的"动作快一点"，抢在看不清楚的明天到来之前，尽量多做一点，多落实一点。无疑，他们都是共和国最为可爱的官员群体。

1986年，在成为《半月谈》杂志封面人物才几个月之后，梁湘调离深圳。而他所重新定位的深南大道，也就此被搁置。

相比较梁湘，梁广大无疑是幸运的，他可以在珠海一待就是16年，亲眼看着深圳换了梁湘又换了李灏接着又换了厉有为……

梁广大也不是没有非议，事实上，直到今天，还有很多人埋怨他让珠海失去了发展的第一桶金。追求大科技、大工业没错，但是这种直接越过"三来一补"的原始积累，大力发展高科技产业，无疑是另一种"大冒进"。

它不仅让珠海失去了眼前的利益，很多时候也因为基础不牢，导致大科技、大工业成"空中楼阁"，而且也让这个城市背上了沉重的债务。

还有人担心，搞大基建、大工程没问题，但一不留神，就容易变得急功近利、好大喜功，结果，本意是改变珠海形象的工程，变成走歪了的"形象工程"。

早期的史玉柱便是这样一点一点被拖垮掉的。1992年跨城而至的他，为珠海青眼有加。很快他就获得了珠海市科技特等奖的奖励，奖品是63万元现金，一套100平方米的房子和奥迪100轿车。

打算在这里长期立足的他，准备建一栋18层的自用办公楼，结果在全国一片房地产热的刺激下，"年轻气盛"的巨人也不走寻常路，想一口吃成胖子，所以将大厦从18层增至38层。

珠海此时又建议巨人不如就此为当地建一座标志性大厦，于是，巨人的预案一变再变，从38层到54层、64层，最后到了让人瞠目结舌的70多层，成为当时设计中的"中国第一高楼"。

与此同时，预算也从当初的2亿元增至12亿元。1997年，巨人因资金链断裂，只建了3层便成了"烂尾楼"，同时巨人用来做市场的钱也被耗光。

2021年下半年，我从成都借道珠海去往深圳，在银桦路拱北海关附近，透过四周并不严实的栅栏，瞥见了被野草和破烂包围的巨人大厦。在这块寸土寸金的地方，这个烂尾楼的存在，显然浪费成本。但是我总觉得，将它保留下来作为一个博物馆，比拆迁的意义更大。从它身上，可以见证珠海当年激情勃发的创业岁月，并感悟经验教训。

20世纪90年代初期的房地产过热，给经济带来了巨大的波动，让国家毅然选择了宏观调控。

正拉开手脚大干一场的珠海，冷风尽吹：广珠铁路1993年获批立项，却经历停工、复工及方案变更的波折；梁广大所期盼的伶仃洋大桥，虽然在1997年立项，但终因牵涉面太多加上技术、经济条件有限而功亏一篑……它也成了珠海在接下来的几十年左右为难的一个无奈缩影。

与此同时，三灶镇也留下了一副烂摊子，很多人被套在里面，债务缠身，不要指望借水还油，能回收半杯水都是好的了，而所建的机场，最后也是由国家兜底。

这也让心高气傲的珠海，不得不低下自己的头颅。1998年，在珠海足足干了16个春秋的梁广大卸任珠海市市委书记。此时的珠海已欠债60多个亿。

这一年，珠海的GDP为263.50亿元，比起只有41.18亿元的1990年，聊可欣慰。但横向比较，1990年只有171.6665亿元的深圳，在1996年就已跨过了千亿的红线，1998年又达到了1534.7272亿元。"相约98"变得不免有些难堪。

虽然争议缠身，但不得不说，作为当时中国经济特区任职时间最长的行政官员，梁广大深刻地改变了珠海。没有他打下的基础，就没有日后珠海的蜕变。

与此同时，梁广大对珠海的保护，给珠海留下了花园城市的"魂"。当我顶着烈日漫步在情侣街上，依旧能感受梁广大给这座城市带来的"浪漫"。事实上，这条路从规划到名字，都是他亲自敲定的。相反，隔壁的特区深圳，虽然发展迅速，但是污染浪费的现象也层出不穷，比如1993年的清水河爆炸事件，直接导致15人丧生、800多人受伤，3.9万平方米建筑物毁坏，直接经济损失2.5亿元，差点毁了这个深圳。

"此外还有致丽大火事件、深圳河污染事件等等，那个时候有一句笑话，深圳是水深火热，而珠海则是云淡风轻，不比不知道，一比吓一跳，两边特区的发展之路完全不一样。""有人曾经问梁广大，特区对改革开放意味着什么？他的答案是：'试验'。改革开放从来不意味着狂飙突进、GDP万岁。随着人民对美好生活的向往不断增强，梁广大的坚守与突破，还远没有到盖棺论定的时候。"（《"三大市长"梁广大》，王志纲，正和岛）

这样的珠海曾经吓跑过史玉柱，但是也留下了董明珠。1990年，已是单身母亲的她，因为一次偶然的机会来到珠海，发现这里的环境比深圳开阔，多年困苦的生活使她明白机遇的重要，当即决定把孩子托付给母亲，只身在珠海谋求发展，此后便终生不渝。

只不过，对珠海来说，日后所要做的是少安毋躁，坚持走"工业+生态"的路径，而对更显得波折的深圳来说，要做的则是将改革进行到底。

# 深圳，今夜请将我遗忘

## 七

对深圳来说，有这样两个年份，值得标记，一个是1992年，一个则是2002年。

1992年大家都知道，是因为邓小平同志的南方谈话。1984年，邓小平视察南方时，于广州题下"深圳的发展和经验证明，我们建立经济特区的政策是正确的"，而在这一次，他更是发表了重要讲话，"要敢闯，没有一点敢闯的精神，没有一点勇气，没有一点干劲，干不出新事业……""允许看，但要坚决地试……"

深圳的发展再一次被加速。被耽搁了的上海宾馆到南头古城全长18.8公里的道路也随之开建，"深南大道"终于路如其名，将中国改革的两个策源地连接在了一起。同时还将深圳科技园、深圳大学、华侨城、锦绣中华民俗文化村等亮点连成一体。

也就在这条道上，从招商局这个母体中"裂变"出来的招行总部、平安集团也相继平地起高楼。曾经因为走访平安银行，我数次到达过它的总部——这个前身为深圳发展银行大厦后为平安所并购的大楼，无疑也是深南大道标志性的建筑。

1993年，招行总部也出走蛇口，搬到福田区华强北。随着深南大道的拓展，它又在深南大道边上平地起高楼。

它和平安保险一样，都是从招商局这个母体中"裂变"出来。在由工、农、中、建四大国有银行一统天下的当时，它的出现，无疑是近50年来中国金融业最具震撼力的事情。如果不是在蛇口，很难想象会出现这么一家体制外的商业银行，来推动中国的金融改革，并建立起与市场经济特点相符的金融体系。

至于平安保险，它是由招商局与中国工商银行深圳信托投资公司合资成立的新中国第一家股份制保险公司。

在招商局集团的官方网站上，如此评价它在1988年的诞生，"它打破了中国人民保险公司一统天下的局面，将竞争机制引入保险业，成为保险机制改革的一次突破性尝试"。而它的出现，自然也跟蛇口大量引进外资、外商，而刺激出的保险服务有关。

它的成立，也成就了年轻的马明哲。此前，他是湛江八甲水电厂的工人，1983年夏天，他被蛇口的气息吸引，先是在蛇口工业区劳动人事处工作，两年后进入蛇口工业区社会保险公司担任副经理。而立之年的他敏锐地发现企业对保险的需求，自此他把自己的一辈子都交给了平安。

但是，日益发展的蛇口，终于将袁庚在当年的"小气"的后遗症暴露无遗。与此同时，袁庚也在后悔，在蛇口做了那么多事情，却没有通过人大立法来保护开发区的许多制度创新。蛇口虽然是试管婴儿，但终究不是石头里蹦出来的猴子。

因此，他在任内的最后一项重要决定便是，排除众议让蛇口的三个下属公司走出体制，实行股份化。另外，他还对平安保险在1991年搬离蛇口，将总部先是落地深国投大厦，后迁移到深圳福田八卦岭，给予了理解。

这些做法，让人不得不感叹梁湘、袁庚那些先行者，每走一步都要付出无数的艰辛。但也正因为他们苟利国家生死以，岂因祸福避趋之，用智慧、勇气和担当，在荆棘丛生的大地上躬身前行，并挣脱束缚，打破藩篱杀出了一条中国改革开放的血路。

这样才有了深圳从一个毫不起眼的小渔村，变成了一个超级亮眼的大都市的奇迹，更重要的是，塑造并呵护了这座城市开放和创新的精神。

当然，我们也要承认，深圳之所以能持续走下去，除了得益于它和香港的互动，通过引进香港资本，复制香港经验，来不断做大自己，更重要的是，得益于国家意志的支撑，那就是希望在这个小渔村身上，集中展示社会主义制度的优越性，向世界证明，中国也能在一张白纸之上，创造中国式奇迹。

跟着招行的步伐，马明哲也"来到"了深南大道。随着平安走出蛇口，它不仅在保险领域快速做大做强，而且向综合金融领域进军，并用一场并购深圳发展银行的大手笔，让新生的平安银行，在江湖上迅速扬名立万。

在很长一段时间内，平安银行总行就直接使用了深圳发展银行大厦作为自己的办公地址。这座大厦正位于深南大道，由澳大利亚著名设计师设计，斥资8亿元，耗时4年兴建而成。我曾在2015年因采访平安，数度亲临此处。它无疑也是深南大道标志性的建筑，有着香槟红的玻璃幕墙，外形则呈风帆形，有乘风破浪之势。

想必马明哲会经常光临这座小楼，也应该会不时看见一位老人的身影。就在大厦斜对面的荔枝公园东南口广场，从1992年就竖起了一幅巨型画像——《小平同志在深圳》。

蓝天白云下，在青草绿树和鲜艳的杜鹃花丛中，邓小平将他高瞻远瞩、和蔼亲切的目光投向深圳现代化的建筑群，画面上方写着"坚持党的基本路线一百年不动摇"14个红色大字。

后来，为了突出深圳是一座成熟的现代化海滨城市，又于改版时，在画像中添加了代表20世纪80年代深圳的国贸大厦，代表90年代深圳的地王大厦，当然，也少不了代表21世纪深圳的市民中心等建筑。它们基本上都位于深南大道沿线。

不得不说，随着深南大道的逐次向西延伸，深圳就像一幅画轴，被坚定而又迅速地铺开，呈现给世界一个个不同凡响的城市画面，与此同时，政治、经济、文化从此沿这条道路延展、攀升。

某种意义上，深南大道撑起了这座城市的主脊梁，串联起了东与西、新与旧，今与昨，以及资本主义与社会主义，但就是不需要落后和保守。

10年后，来自呙中校的一篇网文《深圳，你被谁抛弃》，引爆了这座城市的集体情绪。

# 八

"深圳，曾经是中国改革开放的前沿阵地，曾经是中国最具活力的城市，曾经创造了诸多奇迹的经济特区，曾经是光芒四射的年轻城市，但到现在似乎已黯然失色。"

在这篇文章中，呙中校提到，这个命中注定要成为一个开创中国新时代的幸运儿，然而在当下却面临着各种被抛弃：在深圳本土发展起来的两大高科技企业——中兴和华为拟把总部迁往上海，平安保险也于上海宣布将在陆家嘴金融贸易区投资20亿元建造平安金融大厦，招商银行似乎也在实施和平安保险相同的策略，逐步脱"壳"，而全球500强之首的沃尔玛更是直接宣布"迁都"——把采购总部由深圳北迁到上海……与此同时，深圳不像过去那么吸引人了。《深圳统计年鉴》的数据显示，2001—2005年，深圳常住人口的年均增长速度降到最低，仅为3.4%。在高峰期的1991—1995年，增速有21.8%。

更让它措手不及的是，"十几年来深圳一直笼罩在特区的光环下，一直认为自己扛着'特区'的大旗走在全国改革开放的前列，但到现在危机来临时才发现周围已是'群雄环伺'"。比如说，上海、北京、广州、重庆，以及杭州，都在虎视眈眈。

这篇文章直抒胸臆，也很辛辣，对深圳的批判鞭辟入里。一下子扒开了深圳光鲜外衣下，藏着的"小"来——那就是快速发展了几十年之后，一抬头，看到的不是更加光明的远方，而是让人压抑的，看似厚重的天花板。

正如文中所提到的，深圳对面的香港人普遍希望北上上海、北京工作，"据说，在香港有一句流行的话——你多久没去上海了？"它的失落，似乎和上海的再崛起相辅相成。进入20世纪90年代之后，上海接过深圳的接力棒，成为新一轮改革开放的领头羊。

在我看来，主要原因有三。一是随着80年代改革开放在"摸石头过河"之后，到了90年代得到总结和升华，让中国的经济发展从局部试验性的阶段开始向普遍改革推进。上海作为中国制造业的重镇，需要在接下来的中国发展中承担起其应有的责任。更重要的是，随着其南北两翼——以独特的温州模式和义乌小商品经营模式而脱颖而出的浙江，以及通过发展乡镇企业实现非农业化发展的苏南——的快速发展，让整个长三角拥有了强大的制造业基础和对技术升级的进一步需求。

二是80年代的中国改革开放主要是利用港澳台资本，所以就近落地的自然是以广东为主的珠三角地区。但是到了90年代，伴随欧美等发达经济体的外资大规模地进入中国，真正意义上的改革开放全面到来。与此同时，随着中国制造业消费品的短缺逐渐得到了根本性缓解，中国的外向型经济模式迫切需要由进口替代全面转为出口导向，这些都需要上海贡献更多的力量。

三是珠三角自身的危机，也决定了港澳台资本必须再次北上。一方面，港资扎堆，已然人满为患。"（截至2006年初）香港在内地的投资企业有6万多家，其中有5万多家落在广东，珠三角约有1100万人受雇于港资厂商，而香港在珠三角的投资总额也占了香港境外投资的80%以上。"（《港商的价值从哪里再起》，肖南方，《赢周刊》2006年1月25日）但另一方面，它们投资的产业虽然多元，但规模也相对较小，处于产业链的低端。

在东莞打拼多年，如今是深圳市万汇国际控股集团高管的师兄柏杨曾经告诉我，像东莞这样的广东"四小虎"，实力强劲，"但就是满天星斗，缺少月亮"。

某种意义上，正是这些原因的合力，让上海浦东在1990年的开发开放，应运而生。甚至，因为深得宠爱，大有后发而先至之势。各种拨款和优惠政策都砸给了上海。

就像吕中校所提到的那样，在"九五"期间（1996—2000年），上海市的基建资金达到2274亿元，超过前40年总和的两倍。要知道，上海市政府2001年全年收入只有1300亿元。还比如，深交所的筹建工作走在了上交所的前面，但中国人民银行总行却在1990年11月26日批准成立上海证券交易所，而发行了新中国第一只股票的深圳暂被搁置，并且上交所宣布在12月19日正式开业。

这也不免提出了另一个问题，那就是当政策优势不再成为深圳的"独门优势"之后，深圳又该如何应对？尤其是随着中国加入WTO，意味着搞市场经济、对外开放、与国际市场接轨，已经成为全中国的要求，深圳还能搞"特殊"吗？

随着深圳的产业增速、人口的涌入，深圳也像当年的香港那样，土地越来越不够用了，网上就有这样的一个等式，那就是总面积为16410.54平方千米的北京等于2.5个上海，而上海则等于3个多一点深圳。换一个等式就是，北京约等于上海加苏州加深圳再加香港，可以看出深圳之小。但问题是，深圳要想扩容，往哪里扩？

北边虽然有东莞和惠州，而且像东莞，早就和深圳形成了前店后厂的关系，但是，这些年来，东莞也做得不差，由深圳来并东莞，人家不一定愿意。再说，广东能同意嘛？

如果说广东对深圳有"异心"，那么，南边的香港，对深圳起的则是"疑心"。谁都明白，深圳是依托香港而借势腾飞的，所以多年来，深圳努力把自己当成香港的"后花园"，也一心一意融入香港，尤其是21世纪初，深圳第一次以全市域作为规划区，制定了《深圳市城市总体规划（1996—2010年）》，提出深圳的城市主要职能之一为"与香港功能互补的区域中心城市"，"毗邻香港、依托全国经济地理位置，将使深圳有更多的机会获得现代工业发展的资金、技术、市场及劳动力要求。因此，在珠三角地区其他城市（广州除外）缺乏特大城市规模条件的前提下，深圳有可能，也必须承担区域制造业基地的职能"。

比如吕中校就提到，深圳方面一直竭力促进深港之间24小时通关，以更方便港人北上消费，但香港方面反应冷淡。

1994年，时任香港科技大学校长吴家玮提出，对标旧金山，建设深港湾区。但是此后十数年，它一直停留在纸面上。

更让深圳受伤的是，香港在港珠澳大桥的修建上，力推单Y方案——某种意义上，在由梁广大等人为首梦寐以求修建的伶仃洋大桥胎死腹中之后，正是港珠澳大桥的出现，让珠三角又看到了一丝拉近距离的曙光。

按照更成熟的双Y设想，这座大桥应该将两个经济特区和两个特别行政区一并连接起来，但是如果方案落地，珠三角西部及粤西地区的出口货物无疑就会分流到深圳，进而挑战香港转口港的地位。为了避免自己被边缘化，香港选择了最不经济的单Y方案，将深圳排除在外。为了照顾香港利益，维护香港的长期稳定繁荣，双Y方案被否。(《谁是中国城市领跑者》，黄汉城，东方出版社2020年8月版)

这意味着深圳继"天时"之后，又丧失了"地利"。但最致命的，则是"人和"也一并丢掉了。20世纪90年代之后的深圳，正如吕中校所批评的那样，国有经济改革迟缓，政府部门效率低下，街头上砖头党、摩托党肆虐，此外污染严重，产品则是山寨横行。

这在华强北体现得格外明显。某种意义上，"无底线"的创新既催生了让人惊叹的"深圳速度"，也让华强北在生长过程中逃脱不了模仿、山寨。尤其是山寨手机的迅猛发展，让它落下了品质低下的骂名，甚至与"山寨王国"画上等号。不得不说，这个凭着"敢闯敢干，敢为天下先"而闯出一条道的城市，在财富的积累日益厚重之后，早年那"宁可掉帽子"也要主动改革的先锋之气也已渐失。

这让1985年起就担任深圳市长，主持深圳工作8年的李灏也担心，"如果不在练内功上下功夫，而是利用特区的政策赚便宜，有悖建立特区的初衷"。

所有不利的因素都积攒在一起，由量变演变成质变，让深圳止步不前，失语了相当长一段时间。这如果换成其他城市，也许有可能就一蹶不振，但是，骨子里就有改革、开放基因的深圳，也有强有力的纠偏能力。

# 从贸易、倒卖、组装，走向高科技、尖端、智造

## 九

2009年，是腾讯发展史上又一个标志性的年份。这一年，随着腾讯第一座自建写字楼腾讯大厦在南山科技园落成，在华强北赛格科技园起家的马化腾，经过飞亚达大厦的"过渡"之后，终于将公司搬到了这个全新的宝地。这座大厦的高度远超深圳电子大厦，为39层。但是，今天的它在南山区已经不是最"出挑"的那个。

南山区，是在20世纪90年代初出现的一个全新的名字，但它的躯体，却是我们曾经熟悉的那个面目。它是由原先的南头管理区和行使地区级地方政府职能的蛇口管理局所共同组建。换句话说，它的行政区划是建立在今天的整个南头半岛的基础之上。

看一些人的口述历史，知道南山区的名字来源于南山村，而南山村的名字则源于其位于半岛上大南山麓北侧。这个名字虽然很乡土，但总让我想起了陶渊明的那首诗："采菊东篱下，悠然见南山。"事实上，刚建区的时候，"区委大楼就在南山图书馆对面。站在区委大楼往南看，一大片田地，很肥沃的水田，现在的南山医院所在地就是水田。南新路两边一溜的一层平房，房后也是田地"。(《口述南山丨吴伟锋：改革开放，让家乡南头半岛彻底换新天》，吴伟锋，创新南山)就连今天广为世界瞩目的粤海街道，所管辖的约20平方公里的土地，都是通过政府填海所得。

然而，尽管很有一片田园风光，但南山显然没有那么诗意的浪漫。因为一路向西的深南大道，也在一次次地进行着"迭代"——其最具活力的区域，一开始从罗湖区的国贸大厦、地王大厦，到福田区的华强北，如今则落在了它的身上。

得益于梁湘等前辈的开拓，有着蛇口经历，以及众多科研院所云集的南山区承担着整个深圳打造创新高地、再出发的重任。

对深圳来说，尽管政策优势丧失、地缘优势也没以前那么明显，但它依旧是在开放的前沿，更重要的是，多年来在产业上的积累，让它具备了很好的也是其

他城市不能企及的实体基础。如果抓住机遇转型升级，那么，它将拥有前所未有的科创红利。

也就在南山区成立的第二年，任正非带着华为的团队搬到科技园，在深意工业大厦租了两层办公室，潜心搞研发。1996年，深圳科技工业园与深圳开发区内多家工业园一起被整合成面积为11.5平方公里的"深圳高新技术产业园区"。它也就此成为今日南山科技园的前身。该园区是国家"建设世界一流高科技园区"的六家试点园区之一，同时也是"国家知识产权试点园区"和"国家高新技术产业标准化示范区"，从中也可以看出，深圳对南山科技园的看重，以及依托高新技术再次突围的期待。

作为"后起之秀"，南山扶持科技公司做强做大。当华强北的一米柜台开始不停地做着"淘汰"选项时，南山给出的租金却相当低廉，甚至还在低廉的基础上给出百分之二三十的优惠。

他们还关心各类入驻的公司，经常会派人派机构到公司做调研。这种调研不是表面工作，也不是为了限制你、教育你，而是发自肺腑地关心你，帮助你解决难点，并鼓励你努力通过积累以及创新向国家高科技企业转变。

某种意义上，这也是它将腾讯吸引到自己怀抱里的一个重要原因。今天的南山科技园，除了腾讯之外，还拥有中兴、IBM、长城、微软、联想、迈瑞、金蝶、创维、TCL、华为、中国移动、甲骨文、点评家居、万利达、华翰、TUV、天祥、丹邦、南瑞、赛霸、怡宝、海王、海量存储、赛龙、爱默生、爱普生、奥林巴斯、三洋、佳能等大型公司。

有个问题是，不靠土地出让金赚钱，那又靠什么呢？企业的税收！所以，它扶持诸多企业，从无到有，从有到优，与企业之间形成了良性的互动和循环。

著名财经作家吴晓波在陪同吴敬琏老师做一个城市产业和房地产之间的调研时就发觉，全中国所有的大型城市也就是排名前100的城市里面，土地出让金在地方财政收入中的占比最低的是深圳。它在很长时间里只有15%到20%。但在另一面，它又是全中国市场性企业诞生最多的一个城市。

日后，当吴晓波为拍纪录片《地标70年》，周转于华强北和南山之间时便深刻地发现，两者气质已经大不相同，前者有烟火气，后者更高大上。

从华强北到南山，我们很容易地感受到中国的科技产业从贸易、倒卖、组装，走向高科技、尖端、智造的整个过程。换句话说，深圳正在致力于城市的"复杂性提高"。

2012年初，深圳市组成部门与直属机构发生变化，那就是科工贸信委正式分拆，分别成立科技创新委及经济贸易和信息化委员会。这意味着，深圳的科技创新将拥有自己独立的主管部门。另外值得注意的是，原有的农林渔业局被撤销，并入经济贸易信息化委员会。深圳成为首个没有农业局的城市。

某种意义上，不论从民间，还是到官方，大家对特区的认知都在深化之中——如果说以前的"先行先试"只是为这个国家探索一条道路，但事实证明，这条道路是对的，也并非权宜之计，我们需要将它继续做大做强。

也正是这种持续的改革，让深圳重新赢得自己在今天一线城市中的地位——2018年深圳人均GDP达到19.3万元，比广东全省高1.21倍，比北京和上海分别高37.9%和42.2%。京沪广深的排名，似乎要重新洗牌。

但深圳依旧要将科创进行到底。2019年，深圳发布了《深圳市人民政府关于印发深圳国家高新区扩区方案的通知》，提出把高新区建设成为广深港澳创新走廊的主要创新节点和产业高端化发展的重要基地。深圳高新科技园也因此扩容，从原来的11.5平方公里规划面积，扩大到159.48平方公里，除了原本的南山外，还覆盖了坪山、龙岗、宝安、龙华五个行政区，相当于原来南山高新区的近14倍。最终形成"一带两级多园"的发展格局。

根据报道，所谓"一带"，是以深圳高新区各园区为基点，通过连接各园区的轨道交通、高快速路和信息网络，构建横贯深圳的高技术产业带。"两级"是以深圳湾、留仙洞、大学城等知识、技术、人才、资本密集的园区为基础，形成技术辐射带动极。以产业相对聚集、配套完善的园区为主体，形成经济增长极。"多园"则是指以各园区为主体，适度超前整备产业发展空间，完善基础设施和配套设施，规划建设新型高科技园，加快建设孵化器、加速器和专业园，培育本土企业，引进对深圳未来发展具有战略意义的重大项目，将深圳高新区建设成为带动全市经济增长的强大引擎。

这样的深圳，面目又焕然一新。出了深圳火车站，迎面就是"来了就是深圳人"的宣传口号，让每个来到深圳的人，都迫不及待地想做深圳人。

十

到2021年，戴福全来深圳已经7年了。在这7年时间内，经历过创业失败和心灵的煎熬，也感受过这座城市的温暖和希望，终于在深圳立足了。

在深圳的几年，他亲眼看到了中美之间在科技领域上的博弈。由于居家离粤海街道相对较近，他深刻体会中兴、华为被英美所绞杀给中国带来的冲击。说来也有趣，在南山区于2019年前后拟增设前湾、高新街道办之前，整个高新区主要由粤海和西丽两个街道办分管，其中中兴、华为都属于粤海。

与此同时，粤海街道还孵化出一大批土生土长的科技创业公司，比如大疆、柔宇、腾讯云、菜鸟网络等，都成为独角兽。2018年，南山区GDP达到5018亿元，连续6年稳居广东区（县）第一。其中，粤海街道创造了不少于2509亿元的GDP，一个街道足以占到整个南山区一半的GDP。这也让粤海被誉为深圳最牛网红街道，与此同时，有人戏谑，美国发动的对华贸易战，一直没有超出粤海街道办的范围。

尽管有了些起色，便遭打压，但戴福全相信，中美的深层博弈，只会加速中国的崛起，只会让中国人更加团结、更加具有战斗力！与此同时，他也看到，中国社会的发展逻辑已经发生改变，以前靠运气和资源赚的钱，可能在新的逻辑下因实力亏损掉。这也能够很好地解释，为什么一边有人在说钱难赚、日子难过，另一边不停地有财富新贵在诞生，新的行业巨头在崛起。这些财富新贵，都有一个共同特点：科技属性强。他们中，要么创始团队本身就是科学家出身，要么在做的事情科技含量极高。所以，只有坚持硬科技的赛道，这个城市才有进步，这个国家才有未来，而个人才能借势而起。

虽然此前更多学的是管理，但是他在深圳，还是接受了利和兴董事长林宜潘相邀，加入这家硬科技公司。

这家公司自成立以来专注于自动化、智能化设备的研发、生产和销售，致力于成为新一代信息和通信技术领域领先的智能制造解决方案提供商，服务的对象中就包括华为、富士康、维谛技术、TCL、富士施乐、佳能等知名企业。

在他看来，深圳不仅具有很好的创业氛围，更重要的是，由于聚集了众多的头部企业，也形成了很好的创业生态。这是很多城市不可比拟的。

尽管相比北京和杭州，深圳这些年在创业上比较低调，但是作为一个硬件产业特别发达的城市，自然地沾染了硬件人踏踏实实的作风，所以它的创业就像阿飞的剑，不出则已，一出就直逼咽喉。

正是这样的生态，不仅成就了利和兴，让它在2021年6月29日完成A股IPO，也成就了戴福全，让他从一位打工仔，变成了上市公司的高管。

同样，也正是基于对这种生态的看好，以及对科技决定未来的认识，让他最终决定从独乐乐走向众乐乐——和其他两位合伙人刘洋、张超曾一起创办辰峰资本，来赋能更多的科创企业。它的选址正是在南山区的创益科技大厦。

做这个决定的时候，正好也碰上深圳于2021年1月发大招，出炉了史上最大力度扶持股权投资发展政策——《关于促进深圳股权投资持续高质量发展的若干措施（征求意见稿）》，其中，探索优秀股权投资管理机构上市制度安排、吸引股权投资基金在深圳落户最高奖励高达2000万、探索国有股权投资企业混合所有制试点等措施都成为新亮点——在这一系列大手笔的背后，是深圳将自己打造成国际风投创投中心的雄心，而在这个雄心的背后，目标则是推动深圳的高质量发展。

"金融是国民经济的'血液'，股权投资是直接融资的基石，加快发展创业投资、私募投资等股权机构，引导鼓励股权基金聚焦新兴产业，投小、投早、投科技，尤其是突出创新资本战略作用，是深圳未来高质量发展的核心引擎和再生力"，《证券时报·创业资本汇》对此评论道，"此次发布的《若干措施》在弥补原有政策短板的基础上，突出股权投资行业对深圳高质量发展的带动作用。"

尽管是初出茅庐，但辰峰透着一股浓厚的"深圳气质"。它的理念，正是"与创新者同行"，而它的愿景，除了"赋能具备原创技术的中早期创业团队""专注硬科技项目的股权投资"之外，也紧抓国家战略和深圳这几年跳动的脉搏，寻找"硬科技"及行业发展中不断涌现出的新的投资机会。至于投资策略，它的第一选择就是"大赛道，专注万亿级市场"，其次是"不断积累产业资源，深耕细分赛道"，以及"关注高成长性"。

换句话说，它的投资策略很简单，也就是在万亿级大赛道里面，专注在细分领域，寻找高成长性的项目、有核心原创技术的团队，用足够的耐性陪着它们一起成长。

所以，未来的辰峰，一是坚定看好新能源汽车这一万亿级别的赛道，继续布局新能源汽车行业，深耕新能源汽车产业链，从新能源整车厂（包括比亚迪、江淮、蔚来、合众汽车等），一直到电池（比亚迪、宁德时代、国轩高科、珠海冠宇等）、材料以及设备。

在整车方面，聚焦符合行业发展方向、提升消费体验、进口替代的汽车零部件、具备核心技术的上游芯片、传感器等领域。关注车载DCDC、IGBT/SiC、熔断器、高压继电器、加热器、低功耗汽车电子、中控一体化、符合电动车特点的辅助驾驶系统等；在锂电池等产业方面，以"安全"为主线，再加成本、能量密度以及续航里程共4个维度寻找相关材料和下一代技术项目，如固态电池、阻燃隔热材料、铝塑膜、高效率BMS系统等。

二是坚定看好泛半导体行业。在IC设计端，关注具有高性价比、核心专利技术以及拥有晶圆厂加工资源的公司。在制造环节，辰峰也在2021年通过投资北京通嘉（主营真空泵设备，由北京集成电路基金、苏州迈为等产业资本完成投资），积累了国内面板和半导体行业头部客户资源，如京东方、华星光电、合肥长鑫、中芯国际等，通过深入产业端，重点布局寻找进口替代机会，包括晶圆、面板和光伏制造相关的关键设备和材料以及封测环节核心设备和材料。

辰峰团队今天的成绩单，也无疑吻合这些理念和策略。其超过30多个的投资项目，分别布局在半导体、新能源汽车，以及3D打印，比如公司产品是锂电池少数还未国产的关键材料铝塑膜，源自日本昭和电工团队，为国内铝塑膜技术最领先公司的江苏谷田新材料。

产品是国内中高端三元材料，主要客户是宁德时代、比亚迪等大客户的振华新材；公司产品是固态铝电解电容器，主要客户是华为、中兴、OPPO、vivo、小米、浪潮、曙光等客户的深圳柏瑞凯。

公司主要产品是基于ARM架构及RISK-V架构的MCU产品，应用于汽车、光通信、医疗器械、消费电子产品等的深圳航顺芯片；公司产品是窄线宽激光器，应用于相干光通信和FMCW行业，产品技术国内最领先，先后完成小米、顺为及华为哈勃投资的深圳微源光子……

还有两个公司，一个是贝德凯利电气。这是一家于2015年才成立但发展很迅速的公司，其主要产品为直流无刷电机、伺服电机、隔膜泵、电磁阀、小气泵、谐波减速器等电机马达类产品。这些产品对很多外行人来说并不熟悉，但是，这些产品可广泛应用于无人机、汽车、道闸交通、工业自动化等领域。这是一个一定会诞生一个千亿市值企业的赛道。

更打动辰峰的，还在于对方的核心团队都来自日本信浓，可以说具有世界级水平，也具备自己的核心竞争力，技术门槛足够高；另外，对方的客户也足够优质，包括BOSCH、泰科电子、康明斯等企业当时都已经跟它们建立了合作关系。

另一个是善柔科技。这家公司的CEO甘堃，曾在清华系投资机构担任投资总监，但为了创办善柔科技，他不仅舍弃看似还比较不错的职业，甚至连人带钱全都投了进来。在了解之后，辰峰得知，它的主打产品是纳米银线导电薄膜。

"当时国内有两家知名度很高的纳米银线企业，也完成了巨额融资，还有很多规模不大的初创公司。美国也有两家企业，都是纳米银线解决方案供应商，大家的市场都在中国。"经过辰峰的持续观察，以及走访了业内几乎所有的纳米银线创业公司，"最后得出了一个结论：善柔科技的技术溯源路径非常清晰，技术的独立性、完整性和可持续迭代能力都很完善，最具备投资价值。纳米银导电薄膜是对存量市场（ITO和红外）进行迭代，并不需要去教育市场、开发新的客户，技术也越来越成熟、生产成本在大幅度下降，正面临着一个拐点，市场即将大爆发"。

事实也证明，辰峰对贝德凯利、善柔科技的判断没有走眼。前者在直流无刷电机和氢燃料电池氢气循环泵这两个领域，正走在通往独角兽的路上。而后者在辰峰资本投资完成后，发展也确实如预期的那样，快速增长，产品处于供不应求的状态。

可以看出，尽管在辰峰资本面前，有着无数优秀的前辈，但是源源不断涌现的创新力量，让它还是有机会发挥自己重要的作用。与此同时，通过投资＋赋能被投企业，戴福全和他的伙伴们也找到了自己存在的价值，不由生发出没有错过这个伟大的时代的兴奋之情。

在他看来，尽管当年的深圳曾一度"被抛弃"，但是今天转型布局高科技产业，一定会让深圳再次腾飞，"这是让人无比期待的一个城市，"戴福全说，"接下来的人生，我肯定还会在深圳坚守，与它休戚与共。"

某种意义上，正是这些源源不断的新深圳人，让深圳重新找回了自己立身之本，以及精气神，更重要的是，重塑了它在地缘变迁中的命运。

十一

2014年，深圳再次在全国引发关注。这一年，它提出了全力打造和聚合前海湾、深圳湾、大鹏湾、大亚湾等产业群，加快"湾区经济"建设，努力将深圳塑造成"21世纪海上丝绸之路"的枢纽城市，服务"一带一路"建设的发展新思路。

在这个新思路里，除了要成为"21世纪海上丝绸之路"的枢纽城市之外，"湾区经济"的概念更是打动人心。换句话说，就是建设粤港澳大湾区。

这不仅是深圳自身的需要，也是这个国家应对新时期全球化竞争的需要。这些年来，随着纽约湾区、旧金山湾区、东京湾湾区的崛起，让世人看到了以开放性、创新性、宜居性和国际化为其最重要特征的湾区经济，具有开放的经济结构、高效的资源配置能力、强大的集聚外溢功能和发达的国际交往网络，发挥着引领创新、聚集辐射的核心功能，已成为带动全球经济发展的重要增长极和引领技术变革的领头羊。所以，我们对此也应该时不我待。

此外，粤港澳大湾区的建设，在重建这个国家改革开放新格局、新秩序的同时，还有助于推动这个国家的经济从数量型增长转为效率型增长，也就是通过制度和技术的创新来提高我们的全要素生产率，避免跌入"中等收入陷阱"。

还有一点就是，它将和"一带一路"建设、京津冀协同发展、长江经济带发展协调对接，不仅能在新形势下破解我国区域发展不平衡、不充分的局面，还可以加快探索建立规划制度统一、发展模式共推、治理方式一致、区域市场联动的区域市场一体化发展新机制，促进形成全国统一大市场。

自提出"打造湾区经济"两年后，深圳便迎来了新一轮政策的春天。在2016年3月正式发布的"第十三个五年规划纲要"中，明确提出"支持港澳在泛珠三角区域合作中发挥重要作用，推动粤港澳大湾区和跨省区重大合作平台建设"；同月，国务院印发《关于深化泛珠三角区域合作的指导意见》，明确要求广州、深圳携手港澳，共同打造粤港澳大湾区，建设世界级城市群。

这是粤港澳大湾区的提法第一次通过文件的方式，被正式固定下来。它也意味着，"粤港澳大湾区"从学术界的讨论到地方政策的考量，已经变成了国家战略。

不过，粤港澳大湾区的建设之所以在本世纪的第二个十年被提速，也源于香港、澳门、广州、深圳互相需要，像广州的贸易强、深圳的研发创新是亮点，而香港这些年来制造业早已转移到了珠三角，但是它的服务业依旧强劲，在物流以及金融上可以提供很好的支撑。澳门尽管偏科严重，博彩及博彩中介行业占澳门经济比重过大，但是可以为大湾区提供旅游休闲服务。至于珠三角其他地区，多年来在制造业上的打拼，保证了自己的动手能力，可以在广深港澳的引领下，升级高端制造。

当然，提速的背后还在于广深自身的争气。也就在港珠澳大桥通车的2018年，深圳GDP一举超越香港。这也让香港意识到，建设并融入大湾区，得需要自己更加主动了。

只不过，在大湾区建设的开始，相比较香港定位于国际金融、航运、贸易中心和亚太区国际法律及争议解决服务中心，澳门定位于世界旅游休闲中心，广州定位于国家中心城市以及国际商贸中心、综合交通枢纽，深圳的"全国性经济中心城市"的定位有些尴尬，"潜台词，其实就是区域性的影响力，而不是跨越国别的影响力"。(《谁是中国城市领跑者》，黄汉城，东方出版社2020年8月版)

好在这一"定位"并没有维持太久。2019年8月，《关于支持深圳建设中国特色社会主义先行示范区的意见》(以下简称《意见》)的发布，让深圳迎来了一个全新的宏伟目标：建设中国特色社会主义先行示范区——这意味着，深圳将在更高起点、更高层次、更高目标上推进改革开放，并以此示范效应引领全面深化改革，全面扩大开放的新格局。同时，《意见》还提出，到2025年，深圳经济实力、发展质量跻身全球城市前列，研发投入强度、产业创新能力世界一流，文化软实力大幅提升，公共服务水平和生态环境质量达到国际先进水平，建成现代化国际化创新型城市；到2035年，深圳高质量发展成为全国典范，城市综合经济竞争力世界领先，建成具有全球影响力的创新创业创意之都，成为我国建设社会主义现代化强国的城市范例。

到本世纪中叶，深圳以更加昂扬的姿态屹立于世界先进城市之林，成为竞争力、创新力、影响力卓著的全球标杆城市……

某种意义上，从"全国性经济中心城市"到"全球城市"，从"先行先试"，到"先行示范"，显然并不只是名词的变动。要知道，国家希望打造的全球城市，除了上海，就是深圳了。就连北京因为政治原因都无缘全球城市，而身为国家中心城市的广州也不曾有这样的表述。

它无疑寄托了国家对这个一直走在改革最前沿的城市的期待——正如著名经济特区问题研究专家、深圳大学原党委副书记陶一桃在接受《南方日报》记者专访时所解读的那样，"从'先行先试'到'先行示范'，既逻辑相连，也使命相继。没有当年的'先行先试'，就不会有今天的'先行示范'。如果说'先行先试'是'探索性改革'，那么'先行示范'则是'拓展性改革'，即深化改革，要使中国由政策开放走向制度开放，由外向型经济走向开放型经济；探索创新型国家建设的路径，探索构建对外开放新格局的途径，进一步推动中国社会的全方位改革朝着纵深的方向稳步迈进"。

要知道，"中国还没有真正从改革阶段走向发展阶段，改革依然没有完成，而且今天的改革可能比40年前的改革还要艰巨，同样需要巨大的勇气、担当和使命感"。

在我看来，深圳的先行示范，不仅可以帮中国打造内地和当今世界对接最好的阵地，也是向世界再度展现社会主义制度先进性最佳的窗口。换句话说，是中国在新时期内的这个"样板工程"。做大深圳，意味着拥有一个性质优良的"缓震器"，也对香港持续产生更大的"吸引力"。

为此，深圳又开始紧锣密鼓地布局。2020年10月，国家发布《深圳建设中国特色社会主义先行示范区综合改革试点实施方案（2020—2025年）》，其中包括"一个关键改革、三个阶段目标、五大工作原则、二十七条改革举措"以及"四十条首批授权事项"。在深圳当时的主政者看来，综合改革试点至少有"三个首次"：一是党中央首次为一座城市量身定做了新时代的改革总纲领；二是首次采取"实施方案＋授权清单"滚动推进的全新方式授权改革；三是首次以清单批量授权方式赋予地方在重要领域和关键改革环节上有更多的自主权；次年9月6日，《全面深化前海深港现代服务业合作区改革开放方案》正式发布。前海，这个2010年批复建设，和蛇口"紧密相连"的"特区中的特区"，总面积由14.92平方公里扩展至120.56平方公里——无疑，通过前海扩区，深圳致力构建切实发挥好支持香港经济社会发展、提升粤港澳合作水平、构建对外开放新格局的重大平台……

此前在比较珠三角和长三角一体化时有这样一个说法，那就是珠三角都是同省，出现问题相对好解决一点，但是长三角则跨了好几个省，如何破除行政壁垒，打通要素的流通渠道，决定着长三角一体化的成败。但是随着大湾区的"横空出世"，让长三角一体化所面临的困局就小巫见大巫了，因为在直径不过100多公里的范围内，不同制度叠床架屋，分布着一个副省级城市，一个计划单列市，两个社会主义的经济特区，两个资本主义制度的特别行政区，三个省级行政区政府，它们如何寻找最大的公约数，就比较棘手。

但不管怎样，大湾区一体化是国家和时代的共同要求，而且随着它成为粤港澳的共同意识，对深圳乃至整个广东的改变都是天翻地覆的。

# 勇立潮头开新局

## 十二

2019年最后一天，我是在汕尾度过的。在漫无目的的游历中，我发现陆丰城中藏着无数的家祠。可以看出，这个以移民为主的地方，到今天还习惯抱团，说好听点，就是团结。

汕尾在今天的粤东，靠近深圳。和汕头正好一头一尾。由于共处一个区域，尽管汕尾一般不被认为是潮汕地区，但也被很多人归为汕头、潮洲、揭阳一拨。

潮汕人也擅于拼搏。从潮汕走出来的无数商界大咖就可以看出来。除了马介璋、马化腾之外，闻名遐迩的潮汕人还有创办了南洋商业银行的庄世平。当然其他名人还有一大堆，比如饶宗颐、蔡澜，以及架设了中国第一条电报线的丁日昌。

这些特性无疑跟当地的地理也有很大关系。和位于珠三角地区的广深不一样，汕头和潮洲、揭阳以及汕尾（不过汕尾一般不被认为是潮汕地区）共处粤东，位于中国东南沿海，介于福建泉州与深圳之间。

这里由于自古与中原相隔甚远，交通闭塞，森林丛莽，瘴气蛮烟，被视为绝域，但其境内有韩江、榕江、练江及龙江等，倒是成为移民的好地方。宋元时期，大量福建移民进入韩江三角洲，儒教文化从此在潮汕扎根，闽南的方言、日常生活习惯和民间宗教信仰也被带入，就连喝茶这个爱好也由此发扬光大。今天的潮谚依旧云"潮州人，福建祖"。

在这几座城市中间，汕头因为是中国大陆唯一拥有内海湾的城市，开发得相对较早。唐代以来汕头是海上丝绸之路的重要门户和对台的主要通道。又因为是省尾国角，其所拥有的南澳岛更是成为东南沿海通商的必经泊点和中转站。这也是汕头继深圳、珠海之后，成为广东第三个特区的原因。

海运和贸易的发达，让这里的人对生意无师自通，张挺便认识一位哥们儿，因为从小经商，所以心算超级厉害。另外，因为经常和海浪打交道，他们也很有冒险的精神。但换句话说，民风比较彪悍。

　　他们的美食也一般从海中所得，比如潮汕特色的鱼丸，以及鱼饭。鱼饭鱼饭，顾名思义，是把鱼当饭。很多渔民在海上漂泊，长时间不能归家。为了填肚子，以及保存海鱼，渔民就先在船上烧一大锅水，将鱼装在竹篓里，然后一篓一篓放进煮熟，再撒上一层粗粒的海盐。这样就能保存较久。虽然做法简单，但是配上普宁地区的豆酱，味道就很鲜美。

　　所以，在相当长时间内，潮汕人都比深圳、珠海那些地方的人会吃，而且有钱。刚建特区的时候，几个地方的经济总量排名是汕头第一，厦门第二，深圳第三，珠海第四。

　　但这里也存在着很多问题，比如说，多年来铁路交通不便，而且汕头港也不比以高栏为主体的珠海港，它吨位不足，无法满足大容量的集装箱货运。此外，它不像深圳靠着香港，珠海靠着澳门，没有太多的资源。

　　所以，作为移民城市，潮汕地区就体现了几处鲜明的特点。一是为了生存，喜欢求神问鬼，有着五花八门的信仰。在潮汕，混杂的儒道释与地方神灵和谐相处，三山国王、老爷爷、妈祖、观音等都被无差别供奉，祖先圣贤崇拜与制度宗教兼收并蓄，南洋和港台的多神信仰不少是潮汕侨胞带过去的。可以看出此地很"务实"。

　　二是为了争夺地产、水源等生产资源，这里特别讲究团结，崇尚宗族。所以就容易出现这种现象，做好事常常一个家族出动，做不好的事情也同样如此。地方保护主义也就显得比较严重。在我的朋友周为筠看来，这大概也就是潮汕地区在过去那么排外，潮汕人在外喜欢结成商帮的原因。

　　重视宗族自然要传宗接代续香火，让潮汕人大多信奉"多子多福"，不生儿子甚至不领结婚证，仿佛家里有皇位要继承一样，让当年计划生育在此阻力重重。

　　人多地自然相对就少了，这让潮汕人大量下南洋谋生机，这是海外潮商能形成规模的群众基础。而留在本地的不得不"种田如绣花"，并要继续多生孩子壮大家族，依靠宗族势力在激烈竞争中来保护自己的权益。

　　在潮汕生活还有一个障碍，那就是当地话太难懂了。据说广东有72种方言，像广府话、客家话、雷家话、五邑话……即使种类如此之多，潮汕话在难懂系数上还是当仁不让排第一。它不仅是古汉语的活化石，而且在长期演变过程中，受到各个时期地方语言的影响，最终形成了一字多音、一字多义等特点。当潮汕人在外听到一句"胶己人"，便无比亲切，但是外人一到潮汕，却难免被这些语言所吓倒。

抱团又很难融入，导致了这里的营商环境多年来一直为人诟病。从潮汕曾走出了名人一大堆，但是他们虽成于潮汕对自己的塑造，但大多名于外地。老徐就问出来闯荡江湖的潮汕老板，为什么不回去投资，老板说，那不行，光吃就把你吃死了。某种意义上，这也"成全"了深圳。从外地转战深圳做高净值人群研究的姜峰在平时的研究中早就发现，深圳有一大半都是潮汕人，"不是有一句话说，潮汕人如果不工作了，深圳可能会陷入瘫痪"。看看深圳水贝的珠宝圈——可以说，潮汕人是掌控着中国珠宝界的隐形人。

更要命的是，当地人虽然会做生意，但是诚信出了问题。造假、走私，逃税骗税，一直困扰着汕头。老徐就记得在全国小有名气的"拉芳"从不敢提自己的产地是潮阳，而是写成了"汕头经济特区广汕公路旁"，就是担心外界把自己和"假货"联系在一起。

澎湃新闻也在最近暗访调查中发现，"在日化产业旺盛的广东汕头市潮南区，口红造假成为'公开的秘密'。多名造假者声称，他们做的'货'都是一比一仿制，做工细节禁得住细看"。

这不能不让人感慨，当深圳、珠海利用特区的建设，拼命发展自身做大自身，汕头却利用特区提供的便利来大发横财。这种地下GDP对汕头的发展毫无益处，而且还大肆杀伤真正想做实业的人。

所以，建特区时排第一的汕头，到1990年便以111.43亿元落后于深圳，到1992年更是重新掉落到85.98亿元，后来有所提升，但直到2009年，才堪堪突破了千亿大关。这一年，珠海也同样突破千亿大关，而且比汕头还多出了两三个亿。不过，此时的深圳已经遥遥领先，为8201.3200亿元。

某种意义上，这也是在珠三角突飞猛进的今天，汕头作为第一批经济特区，却毫无存在感的原因。除了和广府文化相隔阂之外，它的表现，也很难让人对它有所着墨。

但现在不同了，一方面，是共同富裕的要求，作为先进的特区，也要拉一拉后进的特区；另一方面，是深圳、整个珠三角"扩容"乃至整个大湾区一体化的需求。

# 十三

某种意义上，这几年一直推进的"深汕合作区"，无疑就是这种"合作共赢"

的产物。

这个由广东省在汕尾海丰圈出的一块468.3平方公里，并委托深圳、汕尾两市共同管理之地，不仅让当地受益，而且也让深圳的教育有了"突破口"。

据称，深圳将利用这个特别区，打造以共享客厅为核心，用轴带串联职业教育组团、中外特色学院组团、教育共享组团、技术转化组团以及城市大学等五大组团，集"产、学、研、管、用"于一体的国际科教走廊。

相对于以前深圳"扩容"而不得，这种"深汕合作区"更像是深圳在汕尾的飞地。所谓飞地经济，是指两个互相独立、经济发展存在落差的行政地区打破原有行政区划限制，通过跨空间的行政管理和经济开发，实现两地资源互补、经济协调发展的一种区域经济合作模式。某种意义上，飞地不是"割让"，而是"共享"。

通过飞地，深圳可以突破自身在地理上的困局，让产业在溢出之后有地方可以承接，而且还能继续为自己所用，与此同时，合作的对象也能因此而共享红利。所以，这种方式看起来难度最小，上下都能接受。

2018年底，"深汕合作区"党工委、管委会由省委省政府的派出机构，调整为深圳市委、市政府派出机构，合作区正式成为深圳第11个区。这也意味着，合作区变成深圳的户口。日后不方便去深圳"本土"的，也可以去合作区尝试做新深圳人。

某种意义上，这种"深汕合作区"对整个潮汕地区乃至广东都具有启发意义。在我看来，未来的深圳，如果直接升级为正省级城市，代管东莞和惠州行不通的话，那么，借地扩权是个极可行的变通之道，也就是向周边的珠海、中山、东莞、惠州以及汕头借地，深圳对其扩权赋能，所借之地的GDP、税收存量归当地所有，增量部分则双方协调按比例分成。

还有一种可能，就是由深圳牵头成立"联合特区"，将珠海、汕头放在一起通盘考虑。

作为和汕尾相对的汕头，也不会眼睁睁地看着兄弟城市独得深圳之"宠"，近年来也开始闻鸡起舞，努力对标深圳，对接深圳，借力深圳。

根据澎湃新闻"特区40年"专题报道，汕头正与深圳建立深度协作机制，在创新、产业、资本、人才等方面开展互利合作。除了区域协同合作，还将在基础设施互联互通方面，加快推进汕汕高铁、深汕高铁建设，通过深汕站实现广汕铁路、汕汕高铁互相衔接，以高铁为重点推进两市共建"1小时生活圈"。

共同推进新基建，加快两市5G网络基础设施、数据中心、工业互联网、云计算等新型信息化基础设施建设，推动深圳信息企业参与汕头"智慧城市"建设。

在创新产业融合方面，我也注意到，汕头希望深圳"设计+"能赋能自己的传统产业，在海洋装备制造、海洋电子信息产业、海洋生物医药等方面，实现产业链上下游合作。而且，还将推动深圳证券交易所在汕头设立服务基地。

我的一个潮汕朋友相信，过去潮汕地区没有制造业，加上地方主义，严重制约了当地的发展，但随着机场、高铁、新的高速公路、港口以及海底隧道的建成，不仅让潮汕重拾地理优势，更重要的是打破了其相对闭塞、信息滞后的环境。

当营商环境一旦改变，那些顾家的潮汕人肯定会义无反顾地选择家乡。换句话说，潮汕人壮大了深圳，现在也该轮到深圳反哺潮汕了。

这种人流、物流，以及科技力量的整合和会聚，改变的不仅是潮汕地区，也让珠海终于等到了属于自己的春天。

此前，尽管一度焦虑、游疑，但珠海"高举高打"不变。"大项目"是它始终如一的梦，就像出身贵族的小姐，再落魄也不愿意迁就自己。尽管在区域、产业结构上，珠海也顺应时势做过一番调整，比如"东部大转型、中部大调整、西部大开发"，但依旧重点发展"三高"产业，即东部城区加快发展高端服务业，中部横琴岛规划发展高新技术产业，西部郊区重点发展先进制造业、现代物流业。

这又一次吸引了不少人才的加入。2003年，梅县人黄章在珠海创立了魅族。它和炬芯科技、全志科技、欧比特、中慧、世纪鼎利、博雅、德豪润达、鼎泰芯源等企业一起，让珠海在伟创力这些企业之外，在集成电路（IC）产业上颇有所成，如今的珠海，已入全国IC设计业规模最大的十大设计城市之列。

没多久，毕业于香港科技大学、2014黑马大赛全国总冠军的张云飞，则在珠海创办了云洲智能科技有限公司，专注于无人船技术的研发与应用，并由其牵头发起以及建设无人船科技港和海上测试场。

这些企业的存在，让珠海理所当然地成为广东人工智能产业发展的重要一环。《广东省新一代人工智能创新发展行动计划（2018—2020年）》明确，珠海重点建设无人船科技港及海上测试场，依托相关龙头企业和高校院所等机构，打造无人航运产业集群；依托珠海智慧产业园，推进智慧展示中心、数据中心、技术服务平台等公共服务平台建设，创建国家级智慧产业示范园区。

而珠海本地也在2018年底发布《珠海市促进新一代信息技术产业发展的若干

政策》，明确将通过基金、金融支持、补贴等多种方式，发展新一代信息技术全产业链。相关企业从事芯片设计研发、取得相应资质、购买研发工具服务等均可获得金额不等的补贴，单一环节最高年度补贴达500万元。

这种大手笔，让珠海在2019年又和华为、阿里巴巴、腾讯先后牵手，共同在人工智能领域展开深度合作。

不过，珠海还希望"上天入海"，成为广东乃至全国重要的新兴装备制造业基地。

尽管珠海机场的建设让珠海受累，但是因此而派生的珠海航展，却让珠海在航天航空产业有了长足的发展：欧比特一直在"放卫星"，而珠海紫燕无人机公司，则自主研制出察打一体无人直升机。至于航展本身，也为珠海赢得了诸多的关注。到2022年，中国航展已经在珠海成功举办了十四届，从当年以航展为平台的展会，逐步发展为全球近距离观察和了解中国国防科技工业发展水平的最佳窗口。

与此同时，大力发展港口建设也带来了巨大的好处，不仅让物流变得便捷，还冒出以中海福陆、三一港机为代表的海洋工程装备制造产业。

除此之外，它还以高端打印设备和新材料两个千亿级产业集群为牵引，全力打造以海洋工程装备制造、新材料、清洁能源、现代港口物流以及电子信息、家用电器为主导的现代产业新格局。

当后人"乘凉"的时候，我们还是得感谢"种树"的前人。多年前的坚守，让珠海跌进一个又一个坑，但是时代的大潮，又将珠海从坑中冲刷出来。在兜兜转转之后，科技就是生产力，终于让珠海收到迟来的红利和应有的尊重。

不过，对珠海更大的助力，还在于它和深港澳的对接。

# 十四

2021年的深圳，尽管被疫情轮番骚扰，但依旧给出了一个丰盈无比的成绩单，那就是GDP首次站上了3万亿，超过广州、香港，成为全国第三大经济城市。

这个具体数字为30664.85亿的GDP，在世界上也超过了韩国首尔和新加坡，排名亚洲第4，仅次于东京、上海和北京。根据《上海证券报》报道，如果考虑到人民币升值因素，深圳GDP正在逼近美国休斯敦，挑战全球第10。

也许，对它来说，生产总值高达6.5万亿，拥有17家世界500强企业总部，如摩根大通、花旗、摩根士丹利以及高盛等的纽约，将成为深圳的终极追赶目标。

也就在深圳于2022年1月底发布数据的同一天，香港特区政府统计处也宣布，2021年香港生产总值同比增长6.4%。这无疑说明香港经济也在强势复苏。这让人越来越相信，大湾区也更有搞头了。

此前，由于港珠澳大桥走的是单Y路线，所以在很长时间内，深珠的联系，陆路只能走虎门大桥，铁路只能转道广州，都是绕了个大弯，但在2019年，深圳机场码头往返珠海九洲港的"水上巴士"正式开通，可以说是截弯取直。

但更让人兴奋的是，深珠通道又迎来了重磅进展，随着深圳市前海管理局在2020年5月15日发布了《深珠（伶仃洋）通道前海衔接规划研究》的项目中标公示，意味着有双向8车道+4线铁路跨海大桥的深珠通道从图纸开始走向现实，相关城市已经开始有了相应工作推进！

这是继珠港澳大桥之后，对珠海的未来又一次重要的"加持"。除了珠江口西岸核心城市之外，交通枢纽城市的形象，也昭然可见。但这已不是深、珠两地关起门来的交流，更是珠三角一体化，尤其是发展大湾区建设的整体要求。

大湾区如果想要媲美纽约湾区、旧金山湾区和东京湾区，它不仅需要香港、深圳、澳门、广州发挥核心带头作用，也需要深港、深汕、深珠、深澳、珠港……之间，打破自家"一亩三分地"的思维定式，娴熟地排列组合。

某种意义上，这种娴熟的排列组合，也让很多人找到更好的生活方式，比如工作在深圳，吃在广州，但住在珠海。

猛然回首，大家才明白了珠海的初心。就像《南方日报》刊文说："只要在广州挤过高峰期的三号线，你一定会懂得珠海的好。潮湿的海风吹来，人们慢悠悠地在情侣路上踱步，这样的风情属于珠海。"

对珠海来说，尽管对岸的香港具有无比巨大的诱惑力，但是身边的澳门，也是别人无法拷贝的资源。早在2009年，国家便决定开发珠海的横琴，利用横琴与澳门一水一桥之隔的优势，打造促进澳门经济适度多元发展的重要平台。十几年后，《横琴粤澳深度合作区建设总体方案》推出，除了突破性提出横琴粤澳深度合作区要构建与澳门一体化高水平开放的新体系，重点是实施"分线管理"模式，以及要健全粤澳共商共建共管共享的新体制，包括建立合作区收益共享机制等。接下来，未来的珠海将加快实现与澳门一体化发展，而横琴也在国家级新区、自贸试验区、粤港澳大湾区、横琴粤澳深度合作区"四区叠加"利好政策下，将形成一个"价值洼地"，集聚各类高端创新要素，进一步带动粤港澳大湾区建设发展，为高质量发展、高水平开放进行重要探索。

2022年2月7日，虎年春节假期后上班的第一天，《南方日报》刊发万字宏论《勇立潮头开新局》，告诫大家"来而不可失者，时也；蹈而不可失者，机也"。"'双区'建设、深圳综合改革试点和横琴、前海两个合作区建设，是广东必须牢牢抓住的重大历史机遇，也是牵引广东全面深化改革开放、深入推进高质量发展的重要动力。""要持续推进粤港澳三地规则衔接、机制对接，充分发挥深圳先行示范区示范引领作用，用好深圳综合改革试点政策优势，深化实施'湾区通'工程，加快基础设施互联互通，进一步打通三地投资贸易、资质标准等方面的堵点，打造最具吸引力的营商环境、创新环境、人居环境，持续释放强大'双区'驱动效应……"

这不仅对深圳对珠海有着极大的助力，也让这个地方一面富可敌国，另一面穷得离谱！一面是批量制造富豪，另一面门前冷落无人问的"双面广东"进一步实现共同富裕。

未来的广东，我们应该能想见这样的局面：深圳在联手香港讲好"双城故事"的同时，也和广州双城联动、比翼双飞，共同参与共建广深佛莞智能装备集群和深广高端医疗器械群，联合共建人工智能与数字经济广东省实验室。

与此同时，珠江东西两岸战略对接，向东，有深圳汕头协同创新科技园等一批项目加快建设；向北，强化与韶关、梅州等城市生态型产业合作……在这种相互提携相互促进中，大家的感情更紧密相依。

不得不感叹，40年前，你不是你我不是我，40年后，我是你你是我。

这种高掌远蹠，天翻地覆慷而慨，无疑是"胆大"的梁广大，"入虎穴"的梁湘，在当年死活也想象不到的。

# 13

曾经是弃儿，但今天的香港与祖国脐带相连

余东璇在香港修建"余氏三堡"时，参考的是英国的白金汉宫，但是怕开罪当时的英国人，所以把古堡分为三部分：主宅在般咸道，为44至46号的Euston，其左右部分则分别建在浅水湾和大埔作为别墅之用，前者是Eucliffe，后者则是汀角路红楼。

有文章指出，这是一个非常会玩、出手豪绰的"创二代"。他大胆的做派，让那些描写霸道总裁只能想到承包鱼塘的写手，秀出自己想象力贫瘠的上限。

但这又无可厚非，因为所有的一切，都是他打拼下来的。21岁那年，余东璇接手自己在南洋的家族业务时，因为叔叔们的挥霍无度，家族企业渐渐变成了空架子。但是他硬是用自己的肩膀，以及敏锐的视角，扶大厦于既倾。除了传承并光大了父亲为助矿工摆脱鸦片的毒害而在马来西亚霹雳州开设的"仁生"药铺（余仁生老字号的起源），还在南洋开锡矿、种植橡胶，大发其财。

尽管1929—1933年资本主义经济危机让东南亚的华人深受其害，但他迅速转型，将矿业、橡胶生意迅速转入银行业这一重心业务……更重要的是，他两次"迁都"，先是将家族企业迁移到已慢慢崛起为东南亚金融、贸易中心的新加坡，后在1928年将总部从新加坡迁往香港。这也让他在撑起父亲去世后开始中落的家族的同时，还成为与著名华侨领袖、厦门大学校主陈嘉庚齐名的马来西亚最富有的华人。

大概是为了安顿众多的妻妾和子女，也或许是听从了某位相士的指点——只要不断兴建堡垒，便可长寿。所以不论他走到哪里，就将豪宅修到哪里。而且修得跟城堡似的。前前后后，大概有12栋之多，它们大多位于地理位置风水讲究之处。

也就是这些豪宅，曾迎来过不少贵客，其中一位便有日后搭建了娱乐帝国的邵逸夫。余东璇没想到的是，正是这个愣头青，撬走了自己的女友黄美珍。但是他并没有为难，甚至在两人结婚之时，还送来50万元的大礼表示祝贺。

不过，余东璇成全了邵逸夫，上天却没有成全余东璇。1941年，尽管建有余氏三堡，他还是因中风而病逝大埔红楼，享年64岁。

但不幸中的万幸是，他也因此无须亲见日军在他那Eucliffe古堡内的残暴行径。

这一年的12月，日军南下攻占香港。8日渡过深圳河，25日，港督杨慕琦便接收到英国政府"放弃抵抗，向日军投降"的命令。攻占香港之后的日军，将战俘们带到了Eucliffe，先是殴打，再是枪杀，然后将54具尸体从悬崖上丢下去。

余东璇也许想不到，平时在香港作威作福多年的英国人，居然就这样丢了香港。

# 香港的黑暗岁月：英国人没走，日本人又来了

## 一

1840年之后，英国先后通过《南京条约》《北京条约》《展拓香港界址专条》等三个不平等条约逐步强占了香港。

尽管一开始，英国人梦想的是位于"物产丰盛，人口稠密"中国东海岸的一个岛屿，并且要求"中国政府必须允许中国沿海所有城镇的商人和居民，为了和在那里定居的英国臣民进行贸易而自由前往"，这也让位于中国海岸线中部、富有地理和战略价值的舟山一开始成了英国人最初的选择，远非那个"一如既往地在广州进行"贸易，作"修建房屋来隐居"的"荒凉的香港岛"——某种意义上，香港对英国人并不陌生，是他们在广州走私鸦片时"囤货"所用。换句话说，今天的香港是由广州派生出来的。也正由于鸦片走私带来的巨大利润，而且拥有"巨大而安全的港口，丰富的淡水，易于由强大的海军来保护等优点，地域大小和人口状况都很适合我们的需要"，相反在岛屿众多的舟山难以立足，最终让英国人选择了这个"鸟不生蛋"之地的香港。

与此同时，也正因为看到香港只是一个破渔村，而且远离帝国的统治中心，让清政府在面对香港被割占时并没有太大的心理压力。

只是，刚开始的香港只是作为鸦片贸易总部，而非长远的自由贸易港和军事基地，这说明了当年的英国人其实对香港也根本没有信心，不会有什么特别的关爱，所以也根本没法预料到，他们从中国夺去的香港，竟能发展成国际金融、贸易、航运和信息的巨大中心。

从根本上来看，这得益于香港的第一次人口大迁移——太平天国运动时期，太平军连年在东南地区与清政府展开鏖战，导致了内地的大量人口躲进了有租界保护的上海，或者移民香港。这不仅为香港带来了廉价的劳动力，也因为有不少豪商大户，给香港带来了重要的财力资本——这对香港的未来尤为可贵，毕竟香港此前只是靠鸦片贸易这样的"黑产"而维系运营，显然它并不具有可持续性，不难预见，香港如果继续这样，很难具有世界大港的地位。

某种意义上，这一次的人口迁徙，开始推动香港实现自身的转型，并为香港的腾飞奠定了自己的物质基础。到了19世纪末期，香港的财政收入已经变成9/10是靠华人出钱的局面。

尽管如此，英国人还是把香港当成了自己说了算的地方。自从开埠，这里的商场就是以英资为主要支柱的。华人资本在英资面前，只是走卒角色，只能以买办的面目存在于香港。而且，它对华人的统治，也同样表现为专制和暴力。

为了确保英人生命与财产安全，除了军队和警察，港英政府将立法、司法和行政等专制机器的强制性功能发挥到极致。华人在香港没有行动自由，而居住区也受到严格限制。直到第八任总督轩尼诗上任，才废除了公开鞭笞、烙刑和流刑。在政治上，"每当讨论地方公共利益问题时，华人从未被获准参与听证"。

随着香港华人势力不断壮大，港英政府才像挤牙膏似的发放出了一点点政治权力。直到1880年，香港立法局才开始有华人议员一名，即近代第一位法学博士的伍廷芳。但用轩尼诗的话说，"伍廷芳在立法局里等于零"。

也正因为看到了在香港的困境，很多华人精英对港英政府的政治运作不再关心，而把热切的政治眼光投向内地，以内地为其基地选择和价值取向。1883年议员期满，伍廷芳便离开香港北上天津，加入李鸿章幕府。辛亥革命后，他又加入孙中山为首的革命阵营，主持南北议和，迫清室退位。

在很长一段时间内，港英对香港的统治，都淋漓尽致地体现这样的理念：保证统治，但不给华人民主。日后，在面对日军侵略等问题上，它又展现出另一副嘴脸：你必须要交钱给我，但我对你绝不负责。

哪怕到20世纪五六十年代，英国对香港的统治还是老式殖民思维，华人在政府只能做基层工作，也没有任何发言权。民意只能透过港英委任的少数太平绅士反映，法律和政府文件都是英文本，多数民众既不理解，也无法争取任何权利。

不过，在西方所打造的残酷丛林中，香港并不是唯一受苦受难的那个。

## 二

此时的南洋，也笼罩在侵略的阴霾中。不论是英国，还是西班牙、荷兰，同样贪婪无赖、蛮横凶残，对印尼、马来半岛、菲律宾的统治，都是敲骨吸髓式的，尤其对华人华商更是不择手段。

当年的南洋糖王黄奕住在印度尼西亚就倍受盘剥。"一战"后，荷兰殖民政府勒令其补交各项"战时所得税"共计1500万盾。这在当时绝对是笔巨款。与此同时，他又面临着被逼入荷兰籍或者日本籍以寻找保护的风险。所以，思虑再三，他最终在51岁时，悄然将其所积资金约合2000万美元汇回祖国，结束了他侨居印度尼西亚35年的生活及事业。这无疑也是余东璇将总部迁移到香港的一个重要原因。相比在南洋，回到香港，尽管也不得不面对英国侵略者的丑恶嘴脸，但好歹是"回家"，两权相害取其轻。

除此外，在太平洋战争爆发、日本向英美宣战之前，尽管全国上下一片风雨飘摇，但英国人的面子多少还有点管用，香港相对安全。

1937年，美心的创始人伍沾德还在岭南大学附属中学读书，为避战乱，该中学从广州迁到香港青山湾梁园，次年，岭南大学迁往香港，借用香港大学的校舍继续授课，农学院则租用屯门蓝地的农场。伍沾德也自此和香港结下了一辈子的情缘。

比他年纪大的董浩云，也在1941年3月，跑到香港注册成立了"中国航运信托公司"（后易名为"中国航运有限公司"CMT，简称"中国航运"）。此前，他在内地的航运事业，刚刚起步，就横遭日军的摧残。恰恰好，在他大儿子董建华四岁的时候，他看到了一只挂着英国国旗的玩具船，不禁恍然大悟，于是他在香港注册公司之后，就在自己的船上都挂上了英国国旗。这一计谋果真维系了他航运事业一段时间。

此时的香港，也成了一堆文化名流的聚集地。从香港沦陷后，经东江游击队营救离开香港的知名文化人士将近300人——其中大部分是战前活跃于上海的——就可以看出，1937年之后的上海文化人迁徙到香港的数量之多。

张爱玲在小说《倾城之恋》里说："这两年，上海人在香港，真可以说是人才济济。"其中就包括中国最早的"文艺女青年"——萧红。

当时的她曾转移到陪都重庆，但日军对重庆的频繁轰炸，让她对警报不胜其烦，为了能安静地写点比较长些的作品，她和端木蕻良在1940年1月17日，悄然飞赴香港，寄居九龙尖沙咀金巴利道纳士佛台3号。从这一日到1942年的1月22日，不多的两年，成了她短暂一生最闪光的阶段，也是她创作的高峰期，先后完成了代表作《呼兰河传》《马伯乐》《小城三月》等。此外，她还与在此的茅盾、夏衍、胡风、田汉、柳亚子，还有史沫特莱等人交往，办刊物、开大会、纪念鲁迅、宣传抗日、参加各种社会活动……

然而，在1941年秋天，她住进了医院，被诊断为肺结核，从此病倒。祸不单行的是，她离开了重庆，却躲不开日本人的如影随形。太平洋战争后，日军进军东南亚，欲打开通道，寻找石油等资源。对香港，它们也同样不再碍于英国人的面子，毫不客气。

外面的炮声隆隆，让病床上的她恐惧不已。接着不停地逃难，不停地躲避炮火，连正常人都不堪辗转折磨，何况被疾病缠身的她。

偏偏后来她又遇上了庸医误诊，喉咙上白开一刀，身体和精神一落千丈，在"半生尽遭白眼冷遇，……身先死，不甘，不甘"的自怜自艾中，于香港圣士提反红十字临时医院闭上眼睛。她痛恨日本，但遗体不得不在跑马地背后的日本火葬场火化。

此时的香港，早已进入了被日军蹂躏的"三年零八个月"的黑暗岁月。1923年出生于香港一条破船上的霍英东，也只能辍学，自谋生路，先后当过船上的烧煤工、糖厂的学徒、修建机场的苦力，开过小杂货店。也曾为了创业，在荒岛上生吞螺肉、吃海藻，什么苦都吃过了，最后却被迷上吸毒的合伙人骗得一无所有。

为了减少香港的粮食负荷，日本推动归乡政策，欺骗或强迫市民离开香港。日本人谎称去海南岛有饭吃，结果船到公海，受骗者便被日本人扔下海，生还者寥寥无几。

战后，香港人口由160万，下降至不足50万，除了部分离开香港，很多人都是被杀死或饿死。

透过浓厚的炮火余灰，香港看不清自己的未来。到最后，还是勤劳、勇敢的华人，为香港抹去了厚重的灰尘。

# 华商的崛起

## 三

1948年，董浩云举家迁往香港。此时的香港，百废待兴。甚至因为在"二战"期间大量砍伐柴薪，香港在20世纪40年代后期大致上已成为绿树难寻的不毛之地。但董浩云认定这个自由港，一定会有未来。

此时的他，随着沿海及内河航行权在抗战胜利后均已收回，已经不需要再依赖"英国旗"才能干事业了。而且，他还将眼光放得更远，那就是开拓国外航运，进入世界性海运市场。

为此，他将自己手下的"天龙"号投入国际航运当中，试航大西洋，并于1947年8月4日由上海发航至南库页岛，承运新闻纸经新加坡、亚丁湾过苏伊士运河进入地中海，而于同年10月28日抵达法国大西洋口岸哈佛港；复于1948年2月，由法国哈佛港横渡大西洋，驶往美国诺福克，承运煤炭至比利时安特卫普……完成了国轮穿越太平洋、横渡大西洋的壮举。

成功的消息传到上海，病榻上的董浩云精神为之一振，一气吟成七绝四首。"国航史上空前笔，书生志高意气扬。"然而，世界近在眼前，内战的爆发，却制约了他的梦想。为了不断扩大自身的航运事业，积极开拓海外市场，他只能将眼光再次投向香港。

此时的香港，由于南京国民政府无能，即使抗战胜利，也在大国的博弈中，让英国人重新接管。

到了1949年10月14日，中国人民解放军解放广州之后，所有人都以为要接着直指香港，第四野战军第十五兵团甚至已经集结在了香港与内地的边界，但和国民党当年的被动放弃相反，这次解放军却是主动刹住了自己的脚步，没有改变香港当时的现状。所有的一切后来都被证明是英明之举——新中国成立之后被国际敌视和包围，需要有香港这一个气孔，帮助自己沟通海外关系。

香港在抗战胜利之后再次成为"中国的知识分子、在野政客及富有商人在亚洲的最佳庇护所"。当时香港著名大饭店的大厅内，一时挤满了从上海来的富商巨贾，一到喝茶时间，上海话不绝于耳。

有文章曾提到这样的一个数据，1946年至1950年，从上海等内地流入香港的资金不少于5亿美元。仅1949年8月11日一天，流入港澳的黄金即达2万两之多。

还有这样一个数据，1947年香港进出口贸易总值达到27.7亿港元，比战前最高年份1931年增长了116%。1949年更是突破了50亿港元。等到1953年，香港人口已经超过250万。

某种意义上，香港数次繁荣昌盛，都少不了内地的资金和人才的流入。从太平天国运动到抗战，再到新中国成立前后，香港因为自己特殊的地位而坐收"红利"。

一次次的"输血"，再加上战后"婴儿潮"，香港不仅容光焕发，而且制造业也进入繁荣时期。电子、钟表和玩具出口量一度高居世界第一，这时，香港与韩国、台湾、新加坡合称"亚洲四小龙"。

数年之后，和父亲包兆龙一起到香港闯荡天下的包玉刚，围绕着日后的生计进行了一番辩论。包兆龙相信"无地不富"是真理，认为新中国成立后，香港人口急剧增加，人多地少，地位特殊，经营地产业大有希望。

包玉刚却另有主张，那就是像董浩云那样搞航运，因为香港有极好的港口，而且是个自由港，经营航运有得天独厚的条件——这种观念遭到了全家人的反对，"我爸爸说我傻，"多年后包玉刚回忆说，"他说，你对这船的生意根本就不识呀，怎么去做？本钱很容易就会贴掉！"但是，身为宁波人，从小就生活在江边海边，让包玉刚即使是个"旱鸭子"，也对大海充满感情。

父子二人道不同，却理相同。有例为证。霍英东后来去搞地产了，甚至还创造了卖楼花，也就是用买房人的"定金"来盖房——在内地被称为"预售"的"惊世之举"，成名；李嘉诚也从一个店员，通过自身的努力和对时势的把握，创办"长江"，并成为"塑料花大王"，但最后也去搞地产，迅速辉煌……包玉刚倒是坚持自己的理念，在37岁那年，专程从英国买回了一艘以烧煤为动力，排水量只有8200吨，而且已使用了28年的旧货船，然后请人将它整修油漆一新，并取名叫"金安"，并成立"环球航运集团有限公司"，从此开始了自己通往世界船王的第一步。但到最后，他也弃船登岸，搞起了房地产。但是这并不意味着搞航运就没出息。

相比较董浩云，包玉刚是半路出家，但两者对航运都有着无比的热爱，而且都能审时度势、富有创新。

像董浩云，敏锐地观察到全球货柜业运输是航运业划时代的一个巨大转变，为此他果断地将旗下几艘战时生产的胜利轮改装成能够装载300个标准货柜的货柜船……从而奠定了董氏集团日后实现全球货柜化运输的深厚基础。此外，他又预计到战后的世界，对能源的需求量必定大增，认为油轮容积越大、载油量越多，成本就越低，也就越符合经济规则。因此他很早就开始筹划建造大型油轮，并一直坚持不断，1959年建成"东亚巨人"、20世纪60—70年代建造"维"字形超级油轮（20万吨左右），直至1980年建造56万余吨的"海上巨人"，从而打破世界纪录——果真，随着1967年中东战争爆发，埃及封锁苏伊士运河，此举令欧亚航线被迫伸长，对油轮的需求大增，董浩云因此赚得盆满钵满。

而包玉刚则在当年一改"计程租"也就是"散租"的做法——根据货主的需要把货物运到某地，然后根据这一个航次结算运费。这样做的好处是运费收入高，而且"现得利"。这也是希腊船王奥纳西斯和尼亚可斯，美国船王路德威克，以及董浩云的做法。相反，他第一次租船就是"长租"，即把船租给一个固定的客户，而且租期是9个月，甚至可达12年，这样可以持续、稳定地获得租金收入。

当香港的航运业在1957年一度出现萧条，运价跌至最低点，那些搞短期出租的船主，每天都要赔老本，相反，包玉刚却旱涝保收。

更重要的是，包玉刚靠诚信从汇丰银行搞定了第一笔贷款之后，汇丰银行便将其作为扶持对象，深度参与其航运事业。

也正是在1957年这一年，鉴于香港经济在腾飞，邵逸夫把事业中心搬到了香港，成立邵氏兄弟（香港）有限公司。

经人介绍，年轻时曾任职上海《申报》、香港《南华早报》等媒体的邹文怀加盟邵氏，担任宣传经理，成为邵逸夫初创时期的老臣。直到他出走邵氏独立门户创建嘉禾的1970年，他和邵逸夫一起，让"邵氏出品，必属佳品"的口号深入人心。邵氏不仅挖来了像林黛这样的明星，以及名导岳枫、陶秦、严俊等人，而且在电影制作上奉行差异化竞争策略：拍武打片。这才有了《独臂刀》系列……

某种意义上，邵逸夫没有让余东璇的"牺牲"白费，他不仅改写了香港电影的历史，为香港人民在繁重的日常之余，提供了娱乐享受。当然，也正是在邵逸夫的事业渐有起色的同时，他在姐姐型贤妻之外，又认识了自己事业上的红颜知己——生于上海，原名李梦兰的歌姬之女——方逸华。

1952年，芳龄十八的小歌女在新加坡的夜总会驻唱，认识了老板邵逸夫。但这位方小姐不容小觑，外表知性的她是真正的职场女强人，比邓文迪或赌王太太更有手腕，一步步直升邵氏权力核心，成为香港演艺圈最有权势的女人。1969年，她进入邵氏领导采购部，20世纪70年代做起电影监制，80年代进入董事会，全面掌控邵氏电影停产后与TVB组建的"大都会"，决策建新邵氏影城。

和董浩云、包玉刚以及邵逸夫一样，伍沾德也开始在香港的商界全力拼搏。但此时的香港，对华人依旧不是太友好。他发现自己每次在香港的"新巴黎"法国餐厅宴请客人时，都被安排坐在厕所旁边的角落。他和哥哥伍舜德先生经常为此抗议，但人家老板认为"中国人喝不起酒，自然要去不起眼的角落待着"。

"这种差别待遇，让伍氏兄弟萌生了一个想法，'难道中国人只能光顾外国人的西餐厅？'于是，伍沾德先生开始着手准备，要开一个中国人的西餐厅。"（《追思爱国企业家伍沾德》，小熊猫t，澎湃新闻2020年12月9日）

这也就是著名的美心餐厅的由来。正是在"让中国人就餐不受歧视"的激励下，伍沾德不仅让美心从一家餐厅，发展成为香港最大的饮食王国——美心集团，而且还尝试饮食多元化，推出包括贺年糕品、端午粽子、腊肠腊味及中秋月饼等产品，直到今天，"美心月饼"依旧是港人乃至整个中国的心水。不过，说起美心集团成功的秘诀，伍沾德认为只有四个字：岭南精神。

今天，当我们重新回过头去审视香港当年的商业风云，你就会发现，华人的聪明、智慧、创新、果敢，以及自身顽强的信念，成就了香港的昨天，也铺垫了今天。但与此同时，香港也用自己特殊的地缘、通道，给了他们发挥的空间。

更重要的是，由于英国在"二战"中严重受创，落得依靠美国贷款过日子的地步，虽然接管香港，但对香港的控制能力降低，经济垄断地位减弱，加之日军在侵占期间对香港资产的侵占……

这些对港英来说都不是什么好消息，但它却意外地给了以前地位低下的华人填补香港经济上空白的大好机会，华商的崛起也势不可当。

<h1 style="text-align:center">四</h1>

20世纪七八十年代，一场"大仗"的硝烟在香港的商界弥漫。轻轻吹过眼前的迷雾，你会看到参战者的面孔，一方是以怡和洋行为代表的英资，一方则是以"宁波帮"包玉刚为首的华资。

1992年TVB播出的经典剧集《大时代》借股市喻人生，写尽了风云莫测，大浪淘沙，造化弄人。剧中有这样的桥段，丁蟹的死对头方进新不仅持有优质的航运公司，还暗中帮助韦康成的黄河实业上市融资。

1969年至1973年，华资企业的香港上市潮袭来，其中的佼佼者就包括长江实业、新世界和新鸿基地产。这无疑折射出在英资压迫多年之后，华资开始厚积薄发，已经发展到威胁英资的统治地位。

当年香港最神气的几家公司，当数怡和、太古、会德丰以及和记黄埔这"四大洋行"，从事的行业包括航运、银行、贸易、房地产等，垄断了香港的大部分经济。其中的怡和洋行是近代中国影响力最强的商贸机构。它很早便通过鸦片贸易进入国人的视野，而且对香港早年的发展有着举足轻重的作用，素有"未有香港，先有怡和"之称。至今它在香港仍然维持着相当的业务，属下的子公司包括：置地、牛奶公司、文华东方酒店、怡和太平洋、怡和汽车……在九龙仓未落到华资之手之前，它和置地构成了怡和的两翼，也是怡和成为香港第一公司的关键。要知道，九龙仓拥有九龙尖沙咀、新界及港岛上的大部分码头、仓库，以及酒店、大厦、有轨电车和天小轮。可以说资产雄厚，当时有一句话说掌握了九龙仓，就控制了香港的货运市场。

恰恰好，此时的九龙仓正捧着金饭碗在讨饭——由于大多的英国公司喜欢在香港赚钱，然后将钱拿到海外投资，结果因为战线过长，加上经营不善，九龙仓不仅没有发挥资产应有的价值，甚至因发行了大量的债券导致债台高筑。1978年，九龙仓股价一直徘徊在13～14港元，总市值不到14亿港元。但它的地皮至少价值50亿元以上，即使以两三倍的股价买入九龙仓，也只赚不赔。

只是，当时的各大地产商尽管垂涎不已，但还是顾及吃相——慑于怡和洋行的威名，一时无人下手。

此时的包玉刚已是香港的四大船王之一，更被西方媒体评为了世界船王。他甚至还在香港投资数亿修建了著名的红磡海底隧道，建成的那一天，包玉刚还特意请来了沈殿霞来剪彩——她既是"打星"郑少秋的妻子，也是香港娱乐圈的"大姐大"。

作为眼光敏锐的商人，他显然不会错过这个被誉为"鱼翅捞饭"的时代。毫无疑问，九龙仓也成了他的重要目标。

在此之前，李嘉诚对九龙仓也打过主意。他一度在股票市场上暗中"收割过"九龙仓。然而，那时候的他，实力还没那么强劲，随着怡和醒悟过来，开始反击，并寻求汇丰的支持，让他压力倍增。这个时候，包玉刚出手了。

他先是从李嘉诚那里拿下了其所掌握的九龙仓股权。到今天，他的女婿吴光正还记得1978年某天的一个下午，"李嘉诚先生与包玉刚爵士会面，商讨购入香港九龙码头及仓库有限公司（现称九龙仓集团有限公司）10%股权的事宜"。当时的他，实时细阅了九龙仓1977年年报及李先生提供的一页简介，当晚拟定购入与否的建议。"情景仿如回到我在纽约任职银行的岁月。翌日下午，我见证了两位商界高人超快握手达成协议。"

协议的内容，那就是李嘉诚以30多元一股的价格，把手里的九龙仓股票转让给包玉刚，当时九龙仓的股票已经飙升到40多港元。李嘉诚这么做显然诚意满满，当然他也不吃亏，因为船王在日后帮助他入主了和记黄埔。

对包玉刚来说，收购李嘉诚手里的股票，也是事业的一大利好。1974年，苏伊士运河重新通航，加上石油危机爆发，导致香港航运在1970年中后期就开始显现衰落苗头，他需要及时"减船上岸"。九龙仓无疑是他打瞌睡的时候，有人递上的枕头。

而对汇丰来说，由于它也是包玉刚的旗舰公司——环球航运的第二大股东，并且有大量的贷款放于环球航运，两者荣辱与共，船王顺利登陆，它也可大获其利——所以，尽管和怡和同在一个阵营，但是它还是默许了包玉刚和李嘉诚之间的协议。"接手李嘉诚所持股份，再加上二级市场增持，手上拥有近30%九龙仓股份的船王，带着自家女婿吴光正进入了九龙仓的董事会。"（《再见，会德丰》，观点地产新媒体，新浪财经2020年2月27日）

当然，怡和也不会善罢甘休，几个月后，它趁着包玉刚远行英国之际发动突袭，用高价回购股票，但得知消息的包玉刚即刻回到香港，在不到48小时内，借得汇丰银行15亿现金。现金收购，加上价格永远都比对方多一些，让股民们立马转换"立场"，在交易柜台前都快挤破了脑袋。经过一役，怡和自知回天无力，只好"当机立断"，不跟船王斗了，而且还把自己的股份一股脑卖给船王，换得现金离场，"自此，九龙仓正式从老牌英资企业成为华资企业。这也奠定了包玉刚家族在香港房地产市场的地位"。

此后的包玉刚再接再厉，还打了另一场让人刮目相看的战役，那就是击退由新加坡商人邱德拔（Tan Sri Khoo Teck Puat）提出的敌意收购，将会德丰收入帐下。这是九龙仓首个重要收购投资。

和包玉刚、李嘉诚等人相似，李兆基也趁着英资的控制力逐渐衰弱，于1975年入主中华煤气，接着又于1983年正式成为董事局主席，并在随后不断增持强化控制。到2018年底，李兆基通过三家公司累计持有41.53%的股份。

香港的繁荣，以及华人的崛起，让香港的居民终于对香港有归属感了。学者陈冠中曾说，虽然这里有一半是被逼出来的，"原来他们哪里都去不了，英国不是随便去的，内地还不是可以去的，他们不能自认英国人，也不愿意被人家认为是内地人……没选择，他们只能叫自己香港人，后来越叫越顺，引以为荣"。

　　但不容忽视的事实上，尽管香港的本土认同开始兴起，但中国却是这种认同自始至终不变的底色。

　　所有的经历都将证明，不管是在国运不济之时，还是在日后重新崛起之际，"向北望"才是香港最正确的方向。

# 恩德相结、腹心相照

## 五

霍英东在内地投资第一个项目，便是中山温泉宾馆，其后接着是广州的"白天鹅"。

那个时候，内地刚刚改革开放没多久，很多人对他的举动充满着疑虑：涉外旅游酒店会有精神污染吗？内地东西会不会被吃光吃贵？宾馆耗电大，影响群众用电怎么办？

霍英东不怕亏本，他的计划是即便全亏了，就当是又一次捐资。他对自己的投资有着独特的见解，那就是别把它当成生意。他更愿意将这些酒店建成一个标杆，给中国的旅游服务行业起到指导和促进的作用。

从20世纪50年代朝鲜战争爆发，冒险从事海上贸易，偷偷向内地运送物资，从而赚了第一桶金开始，他就经常在香港与内地之间往返，去过内地很多地方，甚至还在1964年9月底，应邀到北京参加国庆……在这些过程之中，他发现自己到过的每个地方，在旅游服务设施上都表现得很落后。北京饭店是中国最高级的饭店，但是当时的浴缸没有活塞、酒店没有冰柜、房间没有热水。

1978年，他又带着全家老小，第一次回到故乡番禺，虽然受到家乡的夹道欢迎，但沿路破旧的茅屋和低矮的平房，让他还是很惆怅。回乡期间，儿媳问接待的姑娘哪里有洗手间，对方二话不说端来一盆热水：可以洗手啦！家里人都乐了起来，霍英东却笑不出来。

尽管他在回港之后，立刻就捐钱给番禺，建了一座园林式、占地6万平方米的宾馆。但是捐完了他又觉得：捐点钱算什么呢？捐资无法从根本上改变一个地方的落后，我要回家乡、回内地投资，以实业带动地方经济的发展。

正是在为家乡做点事情的念头的促进下，霍英东成了第一个投资内地的港澳商人。1983年2月6日，随着白天鹅宾馆开业，内地也迎来了第一家自己设计、建造、管理的五星级酒店。此前，为了建设这家宾馆，霍英东坚持用国内设计师，同时聘请了国外最好的酒店顾问和从业者，严格按照国际标准执行。

不过，改变家乡的面貌，还只是小事。霍英东的先行一步，带来的是巨大的示范效应，很多港商开始蜂拥而至。

随着广东尝试着"三来一补"，大批港人北上深圳东莞等地开设工厂。从张子弥在东莞合办太平手袋厂，香港森美玩具公司在南海县成立平洲玩具厂……1980年，邓慕莲在香港成立昌泰国际集团，开业初期已将一部分产品及工序以加工形式落单到珠三角地区。到了20世纪90年代，昌泰国际集团更将厂房迁至内地。

这种工厂的北移，并非个案：到1988年底，香港已有90%的工厂转移到内地，香港成为这些工厂产品的出口港，而香港也因此拓展了自己的经济腹地。

内地的经济因此借势腾飞。比如说1452年置县的顺德，不仅有着"顺天之德"的追求，更是响当当的"广东银行""南国丝都"。19世纪初期，此地曾是珠三角缫丝集散地，史书记载"一船缫丝去，一船白银回"。在有人有资金的前提下，它们成功地"走出一条学习香港技术、培育乡镇自有品牌、面向内地市场的发展路径"，换句话说，也就是学习香港、自力更生。这也推动了灯饰、陶瓷和家电等产业在珠三角落地生根，并各自独当一面，甚至还培育了世界500强，除了碧桂园之外，还有就是美的。

在创办美的之前，1942年出生的何享健只是顺德县北滘公社塑料金属制品厂的厂长，该厂主要用来生产药用玻璃瓶和塑料盖。20世纪70年代末，回乡探亲的侨胞带回的家电引起了何享健的注意，他马上让村民买回零部件组装电扇，后来生产出第一台"明珠"台扇。上市销售后，市场反应出奇的好。1981年，何享健把企业变更为"顺德县美的风扇厂"，美的诞生。

而在第一个实行来料加工的容桂镇，也在工人们的手工"敲打"中，于1983年诞生了国内第一台双门电冰箱。这个镇办企业即为日后的科龙。

正是在这样的氛围下，珠江西岸的南海，还有中山、顺德，和东莞一起，在进入20世纪80年代之后，成为广东名震一时的"四小虎"。

但问题是，资本如流水，哪里有洼地就往哪里流。哪里有需要就往哪里流。广东"四小虎"虎虎生威，但在它们背后，还有更宽阔的森林。

和张子弥"就近"的选择不一样，伍沾德一个猛子就扎到了北京。

1979年，袁庚在蛇口炸响了填海建港的开山炮，这也是中国改革开放的"第一炮"。也正是在这一年，中美建交。然而，在中国刚刚走向世界之时，却差点被一个不起眼的面包绊了一跤。

"当时准备开通一条中美航线，所有的工作都准备得差不多了，没想到关键的飞机配餐上，卡壳了。按照惯例，飞机上至少提供两顿正餐，可刚吃饱肚子没几年的中国人，哪有什么正规的航食公司，大食堂级别的航食，根本达不到飞机上的餐品要求，没有保鲜用的冰箱，更别提色香味摆盘之类的。美国考察了北京航食供应能力后，连连摇头，提出航班经停日本东京配餐。邓小平不同意：中途停就不叫中美直航，配餐问题一定要解决！"

可是又如何解决？时任新华社香港分社社长的王匡，想到了香港的伍沾德。但是改革开放刚刚推进，一片千头万绪。

"和内地合作？所有港商心里都是要打个问号的，毕竟当年这方面政策法规基本空白，更是没有先例可循，万一人民币贬值，自己赔得倾家荡产呢？"何况，当时内地相关部门还要求伍沾德垫资500万港币，它足够在中环买下一栋大厦。而且没有意向书，没有委托信，没有合同，甚至没有任何文字保证——万一合作出现问题，这就是巨大的风险。但此时的伍沾德，只考虑了30秒钟，"我们是中国人，我们相信邓小平先生，我们相信中国会开放"。

祖国也同样选择了一诺千金。随着中华人民共和国外国投资管理委员会签发外资审字〔1980〕第一号通知，宣告中国第一家合资企业：北京航空食品有限公司在北京就此成立。持有001号营业执照的伍沾德也因此被称为新中国"中外合资第一人"。

在合作的过程中，伍沾德以更崇高的情怀，证明自己并非逐利而来。他先是拒绝了内地相关部门提出的股权一半对一半的建议，而是只要49%，把主控权让给了国家。接着，在产品上，他也格外注重，不要有损中国形象。邓小平在尝过美心送上飞机的面包，也夸奖说"好吃，不掉渣"。另外，美心给北京航食提供的面包、西点几乎是全北京最好的，就连钓鱼台国宾馆、人民大会堂、建国饭店等都纷纷前来订购。（《刚刚噩耗传来：中国"001号创始人"去世》，华人星光，2020年11月19日）

1980年，站在改革开放的风口中，"001号"小姐，伍沾德的长女伍淑清也和父亲一样，为这个国家前赴后继。她除了接管北京航空食品有限公司，还将全部利润进行多方投资，投资创办了多家合资企业，正式开启属于她的传奇人生。"经过20多年的不懈努力，伍淑清统领的美心发展（中国）有限公司，已经取得了十分骄人的成绩，在成都西南航空、上海东方航空、青岛东方航空、深圳航空、海南航空等多家航空食品公司中均占有一定股权，成为中国内地航空食品业内一股举足轻重的力量。"（《美心月饼、星巴克、航空食品，都离不开这个传奇家族》，

品研社，2020年9月25日）

如果说，在人生的前半程，伍沾德被迫去国远乡，"梦里不知身是客"，但在人生的后半程，伍沾德却将自己和祖国重新粘连。

这是他的幸事，也是祖国的幸事。他和众多港澳台同胞的回归，不仅帮助了内地的建设，也打消了很多人对改革开放的疑虑，在欧美外商对中国投资的观望中，无形中担起了维持和推动中国改革开放进程的重要角色。他们是播种机，也是告示牌。

这无疑更让内地看清楚了香港之于自己的重要性。内港两地之间的合作，自此更加如火如荼。

# 六

也就在伍沾德、张子弥等人纷纷北上之时，以新中国成立前中共上海地下组织负责人，后历任中共上海市委组织部副部长、副市长、统战部部长的张承宗牵头，带领着刘靖基、唐君远、刘念智、郭秀珍、陈元钦、杨延修、吴志超、丁忱和马韫芳共10人，于1979年3月从上海南下香港。沪港这两颗明珠，终于在这个新时代开始遥相呼应、握手言欢。

这个团队的组成，来源于张承宗的一个建议。此前，中共上海市委统战部成立联络处，重点负责对外联络工作。张承宗认为，既然要做海外统战工作，那么重点应该先放在港澳，逐步扩大到台湾和海外；在港澳方面又重点放在当地的苏浙帮（上海帮）人士，放在工商界和知识界，逐步扩大到广东帮、福建帮人士和教育、科技等领域。正是他的努力，才有了这个上海工商界经济访问团。

在当年《解放日报》的报道中，这个经济访问团的主要目的有三，一是探亲访友，二是参观学习，三是为政府做桥梁。访问活动是从3月11日开始到24日结束，短短10多天，他们除"接触了新老朋友一百数十人"，"加深了友谊和联系，听到了许多有利于祖国现代化建设的宝贵意见、建议和批评，将反映给有关方面"。此外，"访问团还参观了纺织、建筑、电子、玩具、食品、手表等工业，游览了市容，学到了不少新东西"。其中就包括查济民刘璧如夫妇的中国染织厂、邵炎忠的益电电子工厂、丁午寿的开达玩具厂，还有叶谋遵的太古新村及其建筑工地。而在接待访问团的人员中，既有被称为香港"周公"的费彝民先生，也有中华总商会会长王宽诚、副会长汤秉达以及董事董朝晖。费彝民为江苏吴县（今苏州）人，而王宽诚则是宁波鄞县人，也就是今天的鄞州区人。最后，和他同处宁波、发迹于上海的"世界船王"包玉刚盛情招待了访问团全体成员，另一位航运巨子董浩云则派其子董建华安排大家到其"海上学府"轮上参观。

这次访问无疑很完美，其一，它有直接"变现"。正是在这次访问中，唐君远对在港的儿子唐翔千说："你要带头回来投资，办点企业，引进点先进设备，为国家做点事情，如果蚀了本，就算是孝敬我的好了。"在他的鼓励下，唐翔千在上海办成了第一家沪港合资企业——上海联合毛纺织有限公司，引起港澳工商界的积极反响。

其二，也是最重要的，那就是让更多香港人士认识到内地的改革开放政策是可信的，所以更加热情地参与祖国的大好建设中。在揭开沪港经济合作与交流的序幕之后，同年10月20日至31日，以唐翔千为团长的香港工商界访问团一行26人访沪。故人相见，自然分外高兴。

随着沪港间的全面合作与交流如火如荼地开展起来，成立"沪港经济协会"也迫在眉睫。时任上海市市长汪道涵对此十分赞同，并在协会名称中加了"发展"两字。其间起了巨大推动作用的张承宗担任名誉会长一职直至去世。（《改革开放后，这位统战部长带领首个内地访问团访问香港》，张骏整理，上观新闻2020年7月13日）

和上海主动示好相比，作为香港"宁波帮"的大本营——宁波，同样将目光瞄向了港台。对宁波来说，像王宽诚、包玉刚、董浩云这些人，就是宝贵的不可复制的资源。如果能发动他们支援家乡建设，可谓双赢。

20世纪80年代初，在身为中华总商会会长的王宽诚的建议下，甬港两地成立了联谊会，并由王宽诚亲自担任会长。1984年，改革开放总设计师、前后10余次会见包玉刚的邓小平更是为"宁波帮回巢"加了一把火——在北戴河发出了"把全世界的'宁波帮'都动员起来建设宁波"的号召。邓小平曾经指出，宁波港和"宁波帮"是宁波两个最大的优势。

正是来自世界各地的宁波帮的力量，在此后8年，宁波港的建设被加速推动，与此同时，宁波也因此幸运地赶上"末班车"——被批准为全国计划单列城市，享受省一级经济管理权限。此外，他们还积极地给家乡捐资办学、办卫生、办福利事业。但是，在宁波帮中自古就有一个传统，那就是"捐资不捐实业"，意思也就是，我可以出钱，但不投资兴办实业。因为这有赚家乡人钱的嫌疑。好在时代发展让所有人都认识到，在家乡投资办实业其实也是在帮家乡。继台湾的著名金融家、实业家、设立"应氏杯"世界职业围棋锦标赛的应昌期之后，包玉刚也"回来"了，他不仅多次建议家乡开发天然深水良港——北仑港，而且还出资5000万在老家附近创办宁波大学。1986年11月26日，宁波大学开学，结束了宁波多年来没有综合性大学的尴尬。

多年前，我曾经走访过这块美丽的校园，一路上可以看到一堆以宁波帮人士命名的建筑：包氏教学楼群、赵安中行政楼、曹光彪科技楼、李达三外语楼……当然少不了的还有逸夫楼。

据《中国经济时报》在2014年报道，香港已成为宁波最大的境外投资来源地。尤其是自2002年甬港经济合作论坛创办以来，甬港两地的交流合作规模不断扩大，领域不断拓展，成效显著。12届论坛共计签约213个合作项目，总投资约107亿美元。截至2014年6月底，已有6015家港资企业落户宁波，实际利用港资184亿美元，投资范围涵盖电子、机械、化工、食品加工等领域。

得益于宁波帮对宁波的开发，对宁波帮开拓进取精神的传承，以及改革开放的风潮，宁波这块和徽州相似，在当年只能出洋谋生的热土，开始了加速腾飞的步伐，与此同时，自身也催化出了一个在海内外有影响的国货新品牌。除了雅戈尔，还有以"服装艺术家"为定位、我国西服出口量最大企业的"国服经典大师"罗蒙，以及前身即为宁波甬港服装厂的杉杉。

在服装之外，宁波拿得出手的还有博洋家纺、贝发笔业、新乐电器、浙江帅康、奥克斯、永发、双鹿电池，以及方太……这让它俨然一改以前的宁波帮只能在外地开花结果的困境，也拥有了属于自身的强大内生力。1984年，宁波就此成为14个沿海开放城市之一，1994年，其又被确立于副省级城市，到2019年8月，在中国海关总署主办的《中国海关》杂志所公布的2018年"中国外贸百强城市"排名中，宁波更是排名第8。

这也让宁波对宁波帮深怀感恩。多年之后，宁波持续多届举办了世界"宁波帮·帮宁波"发展大会，在表达感激之情的同时，也向广大"宁波帮"和帮宁波人士传达出，希望他们继续发扬优良传统，爱国爱乡、情系桑梓，敏锐把握发展机遇，与宁波和浙江同向同行、携手前进。

2003年，《内地与香港关于建立更紧密经贸关系安排》（CEPA协议）签署，内地更是逐年逐步放宽港人在内地的经商范围。随着香港企业家大规模组团到内地投资建厂，为内地外贸经济和轻工业的蓬勃发展带来了"第一桶金"！

2018年，在改革开放40周年之际，《人民日报（海外版）》发表了《改革开放港澳台同胞从未缺席》的署名文章，盛赞他们与内地"恩德相结""腹心相照"，"恩德相结者，谓之知己；腹心相照者，谓之知心"。他们不仅率先响应改革开放，发挥了投资兴业的龙头作用，40年间创造了许多弥足珍贵的"第一"：第一家合资企业，第一条合资高速公路，第一家五星级合资饭店，第一家外资银行分行……更重要的是，"在刚开始搞改革开放时，很多人还没有转变观念，自我束缚，恰恰是港澳台同胞带来了先进的国际规则和有益经验，扮演着'带徒弟'的'师傅'角色，其中所发挥的作用是不可替代的"。

当然，祖国对他们的回报也是巨大的。在九龙仓集团原主席，1996年曾经参加首届香港特区行政长官选举的吴光正眼里，内地的经济快速增长下的城镇化加速、财富累积，以及消费的增长，对九龙仓乃至整个香港都是好事，"因为这些消费需求增长突显了香港能为消费者提供内地城市未能提供的服务及商品之优势"。正如以下数据，"1978年，香港的人均GDP只有3923美元。到1987年，香港的人均GDP 9071美元，已达到中等偏上收入国家与地区水平。到了1992年改革开放第一阶段完成，香港的人均GDP达17976美元，增长了接近3.6倍"。（《改革开放造就港商发展良机》，博文，《大公报》）

正是依托改革开放中的祖国，港澳走出了局限于一隅"塘水滚塘鱼"的困境。内地充沛的劳动力和土地资源，为他们解决了发展瓶颈，拓宽了他们的上升空间。这是他们急切要走向内地的一个重要原因。

不过，在这场不分你我的相拥而行中，香港对于内地，还有另外一重意义。

## 七

1993年7月15日，香港联交所，一片其乐融融的景象。嘉宾们甚至把酒杯都举起来了。但他们喝的不是红酒，而是啤酒——青岛啤酒。

这一天，是青岛啤酒在港股上市的好日子。同时，这也是它"重返"香港的好日子。尽管在1903年，青岛啤酒厂才由德国商人和英国商人在青岛合资创建，但随着时间的推移，早已扎根于中国的青岛啤酒，俨然成为南洋（今东南亚）一带华人、华侨眼里的"国货精品"。1954年，首批500箱（4打装）青岛啤酒发往香港。对刚刚打过抗美援朝、正被西方围堵的中国来说，身为自由港的香港，无疑是层层铁幕之下的一道通往世界的裂缝。也正是借由香港，青岛啤酒成功地打入了国际市场——先是欧洲成为青岛啤酒出口的传统市场，尤其是在1985年以后，青岛啤酒在欧洲市场的出口量逐渐增加，接着世界上啤酒生产和消费最多的美国，也被青岛啤酒攻克。1988年在美国的销售量更是达到了124万箱。这些都为当时渴求外汇的国家，做出了不少贡献。

1992年，青岛啤酒厂被列为国家体改委全国首批9家"规范化股份制试点企业"之一。到上市前一个月，由青岛啤酒厂作为独家发起人，在吸收合并原青岛啤酒第二有限公司、青岛啤酒第三有限公司及青岛啤酒四厂的基础上，创立了青岛啤酒股份有限公司。6月16日，青啤公司正式注册成立，全资拥有青岛啤酒一厂、青岛啤酒二厂、青岛啤酒四厂、青岛啤酒麦芽厂和青岛啤酒广发实业公司、青岛啤酒实业开发公司，啤酒年产能力32万吨，净资产18.67亿元。

这一次，青岛啤酒"重返"香港，既是为了筹措更多的资金，也是为了向世界展现自己全新形象。中国也就此拥有了内地首家在境外上市的企业。

事实上，这种荣耀差一点没有落在它的头上。一开始，国家打算由上海石化作为首家中国内地企业到境外上市。这座直属于中国石油化工总公司，于1972年在金山卫海滩上兴建的企业，当时属于财政部管辖的五大央企之一，和青啤一样，都是那九家之一。只不过，由于各种原因，它的股份制改制不能如期完成，也就赶不上上市的时间安排，最后，只能将我国内地第一家到香港上市企业的荣耀，拱手让给了青啤。十几天之后，上海石化上市。

根据国家体改委和中国证监会的要求，除了在港股上市之外，同年8月27日，青岛啤酒（600600）在上海证券交易所上市，这也让青岛啤酒成为中国内地首家在A股和H股同时上市的公司。

某种意义上，国家让国内企业境外上市，对保持和促进香港的繁荣稳定也发挥了重要作用。在专家看来，"能够比较全面反映中国经济增长潜力的一批国有大中型企业在香港成功上市，充分体现了中国内地经济对香港的支持"。事实上，1993年出现的"中国概念热"是国外投资者看好内地与香港经济关系的一种市场反映。而青岛啤酒在上市期间，尽管国际资本市场对中国的国营企业所知不多，但在短短数天的认购时间里，青岛啤酒获超额认购110.5倍，冻结资金达港币851.8亿元。此外，由于超额认购倍数高，青岛啤酒厂还得到了一笔可观的利息收入，估计约5000万港币——从中可以看出，"国内企业香港上市也为香港证券市场的稳步发展，扩大市场规模，改善香港股市结构，不断吸引海外资本流入起到了较大的推动作用，有利于维护和保持香港的国际金融中心地位"。

显然，中国企业对港股"爱之初体验"，更多意义并非体现在公司身上，而且受限于当时内地企业对证券化、香港上市还不够了解，只停留在涓涓细流之上，但是在香港回归之后，它已经变成了"奔腾的潮水"。

对梦想发展壮大的国货来说，香港股市已经成为梦开始的地方。一者，香港股市是一个连接全球的自由体系，企业可以融到理想的资金。二者，它还有很强的再融资能力，后续融资便利；三者，有利于企业借助国际资本打开国际市场，借此实现国际化，提升自身的企业竞争力。某种意义上，在过去充当着内地和世界之间窗口或通道的香港，将在新时期内，继续为内地走出去助力。

在那一场洋溢着青岛纯生啤酒醇香的上市酒会之后，一个蔚为壮观的资本时代就此来临。在1997年10月，中国移动登陆香港市场，成为香港回归后的首单重磅IPO，此后，华电国际、首都机场、中石油、中石化、中海油等一批国企相继完成在港上市。国货也不甘示弱。2001年12月10日，一家企业的交易代码出现在香港联交所的显示屏上，公司成功在港发行H股1.7亿股，募集资金6亿元人民币——它正是位于浙江省绍兴县杨汛桥镇、创建于1994年的浙江玻璃。这也让它成为内地民营企业在香港上市的"第一股"。尽管在日后因深陷浙江所特有的担保链危机而遭遇除牌，但这也改变不了它当年的历史地位。

在它之后不久，由一头扎进手机电池行业的王传福在1995年所创办的比亚迪，不仅在港股成功上市，更是助推了国货乃至整个民营企业投身港股的热潮。它的上市曾创下了香港创业板的数个纪录，其中就包括发行价在54只H股中位列第一，高达10.95港元，募集资金16.5亿港元。基于其上市后的出色表现，香港市场一度掀起"比亚迪现象"的探讨：投资者对于内资股的关注，开始从国企的"一枝独秀"转向各类企业的"百花齐放"，从传统的制造业转向多种新兴行业。

更多的国货品牌出现在了港股市场上。在家电行业中，深耕华南市场的华凌率先发力，1996年，12年前创立于广东顺德、中国最早生产冰箱的企业之一的科龙紧跟上市……

在服饰行业中，2004年6月，李宁在联合交易所成功上市，它也就此成为内地第一家在香港上市的体育用品公司。首次募资李宁获得的金额就高达4.4亿港元。相比而言，紧随其后的申洲国际在消费者心目中并不出名，但是它在今天已然位居于中国服饰企业市值前10名中的老大。作为国内最具规模的纵向一体化针织制造商，它在2005年以"不太亮眼"的估值在香港主板上市，成为宁波乃至整个浙江第一家以红筹方式在香港主板上市的公司。但是在其日后的表现来看，它无疑是以"小吃亏"换来了"大回报"。"在IPO之前，申洲的客户主要集中在日本。在港股上市这个'隐形广告'，不仅引来众多欧美投行入股，也吸引了欧美服装大佬的眼球，耐克、阿迪达斯、彪马等大客户抛来橄榄枝，先后和申洲建立了合作关系，"《宁波日报》日后在题为《宁波"纺织巨头"上市9年实现百亿跨越》的报道中说，这"让企业在全球服装行业逐渐站稳了脚跟"。

相比而言，宁波帮中颇具名气的杉杉在香港上市较晚，直到2018年，它才在香港联合交易所鸣锣。股票代码为"1749"，股票简称为"杉杉品牌"。不过，此时的杉杉已经不是当年只做服饰的杉杉了，除了服装品牌之外，杉杉集团旗下还有锂电池以及融资租赁两大业务，它们均在杉杉品牌之前分拆于香港上市。

不过，登陆资本市场，也并不意味着就全是好事。很多国货品牌也因各类资本的进入，同样和以前外资直接并购一样，变得有些身份可疑，甚至面目全非。正像一直为国人骄傲的青岛啤酒，也曾差点被外资控股——在送走英博之后，又面临着日本朝日的觊觎。幸运的是，复星集团在2017年支付66亿港元自朝日取得青啤17.99%股权，成为公司第二大股东。据报道，它的创始人郭广昌在复旦读书时去青岛旅游，便馋上了青岛啤酒。尽管囊中羞涩，在吃饭与喝酒之间只能二选一，但他还是一狠心，拿出了两顿饭钱，才喝到了青岛啤酒。

不得不说，正是在这些国货品牌乃至整个内地企业的发力，以及在香港上市的诱惑，在香港回归20周年，港交所上市公司市值增长了7.9倍，达到将近29万亿港元，而在过去8年中，港交所有5年高居全球IPO集资额榜首。

而另一个亮点则无疑是香港与内地市场的联系日益紧密，在香港上市的中资股数量和占比都大幅提升。根据资料，在20年间，中资股（红筹股+H股+中资民营股）数量在港股的占比从1997年的6%提升至目前的48%，市值占比从1997年的16.29%提升至2017年的60.69%。

今天，大家已经达成这样的共识，那就是互惠互利从来都是罗湖两侧沟通的基础：南下的企业，为香港资本市场提供了源源不断的活力；香港资本市场，则为内地企业和国货品牌打开了一扇窗，助其成长。

这一如那曲脍炙人口的《狮子山下》：同处海角天边，携手踏平崎岖。我们大家用艰辛努力写下那不朽香江名句。

# 香港的未来，依旧建立在相互认同之上

## 八

今天，当我们回顾香港这些年来的发展历史，就会发现，为什么香港能成为国际航运中心、贸易中心、金融中心？

答案只有唯一一个，因为她的背后站立着中国。英国人不是做香港的生意，而是通过香港在做中国的大生意。

英国学者、中国问题专家马丁·雅克（Martin Jacques）显然是难得的一位明白人。

他在接受观察者网专访时曾指出，香港在20世纪70年代末和1997年回归之间表现不错，不是因为它很聪明、很自由，也不是因为它被英国管辖等，那仅仅是因为它走运了（it got lucky）。

而走运则在于中国内地缓慢开放的过程中，香港就像内地的前方办公室，承接了本应该可以在中国内地做的很多事情。举个例子，假如一家西方公司想进入中国内地市场，最便捷的落脚点肯定是香港。

可以说，香港正是靠着这种运气而腾飞，但它们的运气不是英国人给的，而是因为中国和中国在国际舞台上的作用。

同时，他又反斥英国的无端指责——认为1997年以后香港出现问题是因为中国没有在香港实现真正的民主——相反，在他看来，英国统治香港155年来，香港人连民主的影子都没见到过。所以，英国人的指责，体现了典型的英式虚伪。

某种意义上，正是看清楚祖国和香港之间密不可分的情感和利益，再加上深受港英当局当年统治的憋屈，霍英东、包玉刚等人成为香港在1997年实现平稳过渡的重要推动者之一。

一个平稳的香港，以及一个平稳、繁荣的祖国，对他们每个人都有不言而喻的好处。相应地，不管世事如何变迁，这些人的存在，让香港和祖国之间脐带相连。

然而，随着他们开始老去，新的年轻人"享受"香港繁荣的荣光，而没有经历过过去那种苦难的日子，再加上港英当年在教育上的刻意疏离，让香港本土认同感持续增强的同时，容易忽略了中国的底色。他们或许都很难理解，那些老人对祖国的情感。

1982年，董浩云因心脏病发，在养和医院病逝，享年71岁；

1991年9月23日，包玉刚因病在家中逝世，享年73岁；

2006年10月28日，霍英东在北京因病逝世，享年84岁；

2014年1月7日6时55分，邵逸夫在家人陪伴下于家中安详离世，享年107岁……

在香港的人群"新旧交替"，思想也逐渐变得多元、偏离之际，今天的香港，还正面临着自己转型时期的阵痛。

2001年，中国加入WTO，香港不再是中国和西方接触的唯一窗口和桥梁。在新一轮的经济大提速中，上海重新崛起。而香港的近邻广深同样势头凶猛。

此前，由于承接了香港的产业转移，珠三角在内地的城市大比拼中先人一步，但它并没有简单地停留在当年的"三来一补"上，而是借机开启了自己转型升级的步伐。

今天的珠三角，已经在产业上形成了以广州、深圳为中心，以珠江口东岸、西岸为重点的发展格局。

除了汽车产业之外，珠江口东岸深圳、东莞、惠州以电子信息产业为主，珠江口西岸珠海、中山、江门、肇庆以电气机械优势传统产业为主，广佛以装备、电气机械制造业为主。

相反，在向珠三角地区转移了自己的轻型产业之后，香港却未能像其他"三小龙"那样，继续在制造业上开启升级步伐，而是跨过重化工业阶段，直接迈向了金融、地产、贸易和文化、旅游、教育等代表的服务业，甚至严重依赖房地产和金融。

特别是1998年金融危机后，由于香港当地政策的助推，地产业在GDP中所占的比例越来越高。有专家指出，这就使得香港的产业结构变动方向，与中国内地20世纪90年代后期以来的产业结构变动方向不匹配，甚至是渐行渐远。

由此，一方面内地经济难以继续从香港经济中获得产业升级动力，另一方面，香港的服务产业亦难以从内地经济的高速增长中获得动力。2018年，深圳的GDP第一次超过香港。

不得不说，正是历史遗留与现实存在、社会主义与资本主义、本土与国家、保守与激进之间的相互交织，甚至相互交锋，让这个由不同国籍、多个族裔构成的多元化城市在当下矛盾丛生。与此同时，经济发展过分依赖房地产、金融导致的产业空心化，以及更要命的两极分化，让香港的问题不可抑制地到来，而更多的年轻人也堕落成"废青"——这个原意是指那些在18岁就开始申请公屋（廉租房），吃父母吃政府，然后把多余精力发泄在对社会的不满，还对政治系统充满着严重仇恨，口口声声高称要有独立人格结果却对社会毫无贡献的青年，在爱国主义教育缺失，只有世界观（且不一定正确）而缺少方法论，加上在西方价值观的有组织的蛊惑之下，走向街头，成了打砸抢的暴力分子。

2021年2月，吴孟达因肝癌去世，享年68岁。这不知是第几个离我们而去的港台明星了。朋友周为筹是在酒桌上听到这个消息的。晚上回来，刷了一下朋友圈，发现全是一片悼念，"70后""80后"都感叹一个时代过去了，陪伴我们青春的美好记忆又一次一去不复返了。

说起来，我们都是受香港歌曲和电影熏陶的一代，大多青春记忆都与香港有关，我们对城市花花世界的想象，梦中情人和人生偶像，关于未来、爱情和梦想无不有着香港的烙印。发哥、星爷、达叔、流行歌曲、四大天王、古惑仔、金庸武侠……然而曾经欢喜的达叔今天先走一步了；小马哥只剩下一个穿风衣的剪影；陈家驹与香港皇家警察一起成了历史名词；如花已撒手人寰，宁采臣随风而逝，聂小倩红颜不在……尤其随着南渡的"大家"凋零，饶宗颐、金庸、梁羽生、邵逸夫等先后离世，一个文星璀璨的城市逐渐泯然众城也。

与之落幕的是香港的地位。在内地大城市发展之下，香港逐渐失去昔日荣耀，今天内地越来越看不懂香港人，看着这几年"废青"街头乱象犹如看笑话。

在周为筹看来，香港文化影响力是伴随着经济一起浮沉，尤其是近年来东亚中心重返大陆，庞大的人口基数、腾飞的工业经济，加之教育水平的提升、互联网的普及，以及大一统的文化带动了内地全方位的发展。中原文明重心已重回北上广深甚至杭蓉西这些强二线城市。

但即使如此，香港对于我们来说，依旧是那一颗不可缺失的东方明珠。

# 九

2020年8月，美股市值为872.34亿美元的京东，尽管花费约3.68亿元，但是它还是选择在香港第二次上市。

上市后总市值约7300亿港元，也就是约6700亿元人民币，超过顺丰+万科+永辉超市市值的总和。但这显然不是京东一家的选择，另一家互联网龙头企业——阿里巴巴早在京东之前，成为在美上市后第一家回香港二次上市的公司。

东方财富网曾在2022年初撰文，2018年以来已有15家公司通过二次上市方式回归港股，并且将部分股份转到港股交易（我们测算加权平均比例为12%），另有三家公司选择在香港直接主要上市。

和当年青岛啤酒在香港上市一样又不一样，这次回港上市的背后依旧是外部环境的急剧变化——当外界逐渐对中国的开放充满着好奇和欢迎时，香港充当的是国货乃至整个中国品牌走出去的"桥头堡"，一旦风头急转而下，像美国开始警惕中国的崛起而在方方面面打压中国的公司以及中国的科技实力时，香港又成为一个优良的"避风港"。

某种意义上，这个很早就成为自由港的城市，直到今天，依旧是国家对外开放的重要门户，依旧是内地连接世界的重要桥梁和纽带，依旧在国家发展资本市场中担当试验场。"随着中国内地跟东南亚乃至整个亚太地区经贸往来愈加频繁，香港的桥梁与纽带作用得到了前所未有的强化。"印度尼西亚智库亚洲创新研究中心主席班邦·苏尔约诺说。在他眼中，香港是亚太地区能够媲美纽约与伦敦的国际金融城市。

此前，因为它早在1986年4月23日就被WTO关贸总协定确认为一个单独的关税地区（所谓独立关税区，就是指尽管它不是一个主权国家，却仍然可以决定自己的关税水平，而香港的关税水平，几乎是零），所以在中美贸易摩擦频繁的初期，成了内地合法合理地绕开各种贸易壁垒的透明通路。

根据相关资料，2018年，香港的货物贸易进出口总额接近1.2万亿美元（具体为11967.6亿美元）。其中，香港进口的商品总额约为6275.2亿美元；出口的商品总额约为5692.4亿美元；2018年内地的外贸总额按美元算约为4.623万亿美元。可以看出，2018年香港的外贸总额接近内地的26%。这就是自由港的魅力，虽然香港的体量不大，但它作为世界性的流量渠道，却可以为内地的货物进出打开一个新出口。某种意义上，这也为阿里巴巴、京东提供了另一种生存模式。

自2019年以来，香港经历了黑暴与疫情交织的不平静的几年，贸易物流与旅游业都遭受到了一定程度的冲击，以贸易物流为例，香港曾经是世界第一大港口，而在2020年的排名中可以看到，香港已经跌至第9，河对岸的深圳已升至第4，集装箱吞吐量超过2655万标准箱。但让人意外的是，香港金融行业不但没有受到任何的影响，反而是近10年内最黄金的阶段，股市就是其中一方面。

"在中美的博弈之下，原来想在美国上市的一些优秀的中国公司回到香港上市，优秀上市公司聚集在香港，进而吸引了全球的资本在香港市场投资，企业也能在香港资本市场获得了融资的机会，从而能从香港推出到全球市场。"一篇《国际环境下，香港三个"重要发展支柱"是什么吗？》的文章指出，"在未来，金融依旧是香港发展的一台重要发动机，原因就在于不断加剧的中西方矛盾竞争将利好香港这个'缓冲地'。"

2020年6月，香港河南总商会会长、富兰克林亚洲基础设施基金联席主席湛大卫在河南郑州召开的"新时代、新经济、新机遇，拥抱香港资本市场之中原财富论坛"上，发表主旨演讲透露，当前香港经济情况与全球一样，深受疫情和单边主义的负面影响，零售和商务服务业、国际贸易相当低迷。但是，香港最重要的金融业依旧运行稳健，市场交易依旧非常顺畅和活跃。

同样，在2021年1月举办的第十四届亚洲金融论坛上，中国人民银行党委书记、银保监会主席郭树清对香港做了明确定位：香港依然是中外文化、金融、旅游、贸易、法律的交汇区，又是中转站，在中国经济"双循环"新格局中依旧可以发挥重要作用。

而香港的未来，也一定不会建立在它与内地的割裂之上，而更应该是进一步的互相认同。

香港回归，并没有影响它的繁荣，相反，让它收获了众多独特的优势，总能抢先获得中国内地经济改革和对外开放带来的商业机遇。

比如，通过密切参与人民币国际化和中国资本市场开放进程，香港已成为全球最大离岸人民币中心。反过来，在2022年俄乌冲突这样的背景下，一旦这个世界的游资开始青睐中国的稳定，以及避险作用，也一定会迎来人民币全球化，那时的香港，会成为真正的世界金融中心，进可以辐射全世界，退可以连接国内市场。

即使它在今天遭遇了以前不曾遭遇的问题，也同样能通过内地来联手解决。

2017年4月，时任香港特区行政长官的梁振英率团考察粤港澳大湾区相关城市，第二站便来到佛山。"佛山我来得不少，每隔一两年再来，都有很多可喜的变化，俗话说'士别三日当刮目相看'大抵如此。"梁振英在与佛山党政领导干部进行交流时有感而发。

对香港来说，今天正以智能制造为主攻方向，全力打造面向全球的国家制造业创新中心的佛山已是一个经济规模相当大、经济发展水平相当高、工业化水平相当高的经济体，而对佛山来说，香港具有国际化和经济结构两大优势，所以"香港+佛山"可以一起面向全球。

中国当下正在努力打造的粤港澳大湾区，也是源于这样的逻辑。深圳的科技、广佛的制造，加上港澳的金融……这样的组合，让每个城市都能取长补短。既然各自的短板都一时弥补不了，那么，何不在协同合作当中，进一步做大自己的长板？！更重要的是，可以让更多的香港年轻人寻找到工作的机会，而不至于因愤激而走偏人生。

2018年9月23日7时，广深港高铁列车G5711次从深圳北站驶抵香港西九龙站。这是西九龙站正式运营后迎来的首列高铁列车。与此同时，港珠澳大桥在一月后正式开通运营……这些雄心勃勃的连接工程的落成，意味着广东省11个城市与香港、澳门实现无缝融合。结果将是，人口达6800万的这个大湾区将与旧金山湾区和东京湾区相匹敌。

当大家相互拥抱在一起，一个体量巨大也质量优秀的超级城市群将引领全球。这是摆在香港面前可遇而不可求的超级大饼。

2021年10月，时任香港特区行政长官林郑月娥发表《施政报告》时透露，香港特区政府将在香港北部建设一个300平方公里的都会区，配合深港跨境口岸和交通基建，与深圳形成"双城三圈"的战略性布局。深圳闻鸡起舞：积极对接香港"北部都会区"和"双城三圈"发展策略，高水平规划建设深港口岸经济带，努力打造国家级深港合作新平台。推动港深西部铁路、前海口岸等规划建设，加快皇岗口岸重建。

次年，广东从省级层面对此给出了回应：高水平规划建设深港口岸经济带，积极对接香港"北部都会区"发展策略，拓展深港合作新空间。

但香港的"未来"显然并不局限在大湾区。和当年伍沾德一个猛子扎到北京一样，今天，京港高铁将北京和香港深度串联，中间还将纵跨海河、黄河、淮河、长江以及珠江等流域的大片土地。

国家政策方面的利好也层出不穷。"十二五"规划首次将涉港澳内容单独成章，"十三五"规划更明确强调支持香港巩固和提升国际金融、航运、贸易三个中心地位，强化全球离岸人民币业务枢纽和国际资产管理中心功能，支持香港参与"一带一路"建设。而在"十四五"规划中，更是提出支持粤港澳大湾区与北京、上海一道，布局建设综合性国家科学中心和区域性创新高地。2019年，香港被国际清算银行（BIS）选定为首批三个创新中心之一。这也意味着，香港接下来与深圳互为邻里、相互依托，可以在数字经济、生物医药、人工智能等领域实现合作共赢。

在政治上，香港国安法刊宪生效，以及中央人民政府驻香港特别行政区维护国家安全公署正式揭牌成立，标志着香港维护国家安全的执行机制已基本形成，与此同时，香港告别了国家安全"不设防"的历史。

今天的香港，有祖国在新时期中所赋予的温暖和关怀，这颗东方之珠，一定不会再被蒙上风尘。

尽管前人已逝，但谁也没有权力剪断那根血水相融的脐带。

## 从城市的沉浮中，看清中国和世界

我是在2018年开始做"吾球商业地理"（微信公众号：wuqiushangye）的，一开始也就把它当成和博客一样的自我展示的舞台，但没想到它最终给我打开了一扇窗。

准备写第一篇稿子的时候，正好碰上了一名医生，因为发表了一篇对鸿茅药酒的质疑文章，从而在一个叫凉城的地方，被跨省抓进了看守所。这一下子闹得轩然大波。大波的背后，是对公权是否滥用的质疑，但我更感兴趣的是，凉城又是一个什么地方？这个地方和鸿茅药酒又有什么关系？什么给了它这样的"勇气"？

正是在这种抽丝剥茧的追问中，我一步步靠近了真相：原来这里曾见证了一段游牧民族崛起的历史。"敕勒川，阴山下。天似穹庐，笼盖四野。天苍苍，野茫茫。风吹草低见牛羊"说的地方，有一部分大概就在这里，当年北魏拓跋珪入主中原的一次决定性战役——击败后燕慕容家族的参合陂之战，据说也是发生在这里（《天龙八部》中慕容博在少室山之巅教训儿子，使出了家传绝学"参合指"。而其世居的庄子就叫"参合庄"——金庸如此命名，大概隐喻慕容家族要自己的子孙时刻牢记耻辱，并励精图治）。此外，它还是晋商走西口之地，据说鸿茅药酒正是走西口的产物。

我没想到这么一个"不知名"的地方，也曾有过属于自己的光辉。然而，时代的变迁，却让它最终变成了"穷""落后"之地，游离于主流话语之外，如果不是出这种事情，大家会不会把凉城当成了四川的凉山，或者甘肃的凉州？

那么，又是什么原因，让它变得落后？

每一个追问，都能写出一篇文章。这样的文字，自然写得很辛苦，但也让我振奋。就像今天很多创作者喜欢从某个人物身上，切入时代的洪流，我也发现，从这些城市的身上，能发现一个地方的爱、恨、奋进以及惶恐，更重要的是，今日多元中国的由来。

此后，我依旧继续围绕着城市做文章，在数百篇的相关原创文章中，我既关注过像凉城这样的四五线小城，也关注像北上广这样的一线城市，同时目光也会投向新一线的成都、杭州、重庆、西安、南京、合肥诸城，它们或意气风发，或拼死一搏，或黯然沉沦……

2021年底，山东大学新闻系的学生采访我，曾问过为什么要关注城市的话题，我回答说："历史都是人写的。今天的历史，都是以人为主角的历史。但是，除了人之外，我们是不是有其他的途径来回望历史，打通历史。在做'吾球商业地理'的过程中，我发现城市也可以成为切入历史的一个好的角度。毕竟，人是与城市共生长的。城市见证了一切，一切也注入进了城市。事实上，城市的发展就是人的发展的一种外化。剥开城市的外衣，你可以看到里面的庙堂和江湖。"

今天的中国，随着城市化、工业化的发展，正由"乡土中国"急速地转型为"城市中国"。城市不仅容纳了无数人的肉体，也安顿了他们的灵魂。不仅沉淀了历史，也为物质的生产、思想的交流提供了无数机会。正如美国学者刘易斯·芒福德所说："城市是一种特殊的构造，这种构造致密而紧凑，专门用来流传人类文明的成果。"

某种意义上，作为今天人类聚居最为密集的区域，城市在不同层面彰显着人类非凡创造力，它的发展，在很大程度上决定了这个国家的未来。但与此同时，这也进一步放大了城市的竞合所带来的兴奋，或者焦虑。

所以，我决定要做这样一本书，通过中国城市的浮浮沉沉，来观看国运、时代以及全球化是如何影响了各自命运；同时，也希望通过它们的来路，来阅读中国，打量时代，并总结、寻找面向未来的经验。

这依旧是一个很辛苦的工作。自从写城市的文章以来，我就知道，每个城市不是很"单纯"的存在，它是一个由文化、地理、经济，以及政治所塑造的多面体，而且站在不同的角度，你会看到不同的景象。我得努力地走近它们，从不同的位置去观察它们，就怕挂一漏万，言不尽意。因此，对这样一本书，除了以前的知识积累之外，我还要做到，多走，多听，多集。走是走访的意思，这些年来，我一直都在路上，哪怕去一个地方，我也喜欢将路途切成几份，这样一来，我就可以多看几处风景。只可惜疫情的暴发，打断了我的计划。但我尽量在安全的情况下，去走一走。听则是采访、聊天，多就一些问题，请教一些专家，或者和熟悉当地情况的朋友，多沟通有无。至于集，当然是收集各类相关资料，作为图书爱好者、杂志和报刊收集者，这些年我从未放弃自己在这方面的爱好。哪怕现在纸媒日下，我到一个城市总要去找找当地的报纸，因为它也是我认识一个城市的钥匙。

所以，首先感谢很多不熟悉、只在纸面上打过交道的朋友。你们发表在书上、报刊上，以及自媒体上的很多文章，给了我很多启发，也让我对中国的城市有了更进一步的认识。我也希望我写的这些内容，能给别人带来帮助。

其次感谢我身边诸多对我走访、创作给予支持的朋友。像著名财经作家吴晓波和何丹等诸位前"蓝狮子"的同事，跟你们共事，让我加深了对这个世界的认知。还有武夷山"茶隐山房·岩韵"的主人陈嘉亮，"碳铭山骨"的主人彭韩铭，东莞的文友吴诗娴，以及母校山大的同学，桐城中学大湾区校友会、北京校友会、上海校友会、浙江校友会、合肥校友会、南京校友会和桐城校友会的师友……你们也给了我"在路上"的信心，以及无数便利。

感谢老家桐城的江学潮主任，这些年我不论做"吾球商业地理"还是写这本书，他都给予了我莫大的支持和关爱，让我的热情从不间断。同样，我也要感谢家乡的领导和师友。他们同样关注我的成长。在和他们打交道的过程中，深刻地感受到一个城市的发展，不仅源于它的文化、它的地理、它的经济，更源于每个人发自肺腑的热爱。就像老同学郑元为，在读书时并没有太多交集，但是这些年却不断地出现在我的视野里。身为家乡招商部门的负责人，他致力于家乡的发展，经常会邀请我们这些在外的游子为家乡出谋划策，尽管我时常会觉得"害羞"，因为自己毕竟是一个码字的，不是搞企业或者投资的，不能直接给家乡带来帮助，但他们说，通过你的笔让更多的人认识桐城了解桐城，就是对家乡的贡献。

事实上，家乡桐城也是认识这个国家的一个很好的"切入口"。它是小城，但是广为人知。一是因为前辈们为这座城市打下了很好的文化底蕴，让这个小城成为新晋国家历史文化名城。都说"好看的肉体千篇一律，有趣的灵魂万里挑一"，只有文化才能真正塑造城市的卓尔不群。二是因为抓住时代的脉搏，在融入长三角的同时，努力向绿色环保、先进装备以及智能制造产业迈进——只有转型升级，才能不被世界的发展所抛弃。三是因为重视教育，从过去的文都，到今天的院士之乡，让这座小城为这个国家源源不断地输出人才。人才是城市的立足之本。没有人才的城市，不会有前进的动力。最重要的是，他们即使走得很远，但大多心怀家乡。他们的存在，也一定会帮助家乡在城市竞争激烈的今天，闯过历史的三峡，直挂云帆济沧海。所以，我也要感谢他们。

最后，还要感谢"齐鲁壹点"及网易号的同人，你们对"吾球商业地理"的认可和支持，同样给了我莫大的动力。感谢现代出版社，跟你们合作多年，一直很愉快，希望能更上一层楼。感谢"吾球商业地理"的每一位读者，是你们让我的文字和思想更有价值。当然，更要感谢我的家人，你们的支持，让我有时间读书，行路，以及安心的思考。

希望我们的努力，能共建一个向上的城市，一个有为的国家。

王千马

2022年3月31日

# 参考文献

## （以文献名首字音序排列）

### A

《安庆旧影》，程晓苏，安庆交通局编志办1978年2月版

### C

《城乡中国》，周其仁，中信出版社2017年4月版

《从晚清到民国》，唐德刚，中国文史出版社2015年6月版

### D

《大国出行》，王千马、何丹，浙江大学出版社2020年1月版

《大国诸城》，罗天昊，浙江大学出版社2012年2月版

《大败局》，吴晓波，浙江人民出版社2001年1月版

《读史方舆纪要》，顾祖禹辑著，上海书店1998年1月版

《大国霸业的兴废》，许倬云，上海文化出版社2012年4月版

《地中海的衰落》，〔美〕J.H.布雷斯特德，中国友谊出版公司2019年9月版

《帝国的终结》，〔美〕蔡美儿，新世界出版社2012年8月版

《对肃慎及其后裔的考证》，赵展，《中央民族大学学报（哲学社会科学版）》2013年第4期

### F

《封面中国：美国时代周刊讲述的中国故事》，李晖，东方出版社2007年5月版

《丰满水电站的开发建设及其影响初探》，王晖、王劲松，《大连大学学报》2011年第6期

G

《国史十六讲》，樊树志，中华书局2006年4月版

《高句丽在东北史上的地位》，赵福香、黄甲元，《通化师范学院学报》2021年第7期

《广州产业发展的历史演进过程及未来趋势判断》，广州市社会科学院课题组，其系2017年度广州市社会科学院立项重大课题成果

H

《黄河东流去》，李準，人民文学出版社2005年1月版

J

《简读中国史》，张宏杰，岳麓书社2019年8月版

《简明中国工业史》，严鹏，电子工业出版社2018年7月版

《剑桥中华人民共和国史》，〔美〕费正清、麦克法夸尔，上海人民出版社1992年10月版

《简明中国古代史》（第四版），张传玺主编，北京大学出版社2007年1月版

《近代中国人的宗教信仰——安庆的寺庙及其崇拜》，〔美〕J.K.施赖奥克，安徽人民出版社2008年1月版

《近代山东城市变迁史》，王守中、郭大松，山东教育出版社2001年3月版

《近代青岛城市规划与城市发展关系的历史研究及启示》，李东泉，《中国历史地理论丛》2007年第2辑

《济南开埠与对德国文明的"观摩受益"》，王守中，《东方论坛》2012年第1期

《我承认我不曾历经沧桑》，蒋方舟，广西师范大学出版社2013年10月版

《矍铄的老工业城市——哈尔滨产业遗产历史特征分析》，孙文浩、赵科科，《生态文明视角下的城乡规划——2008中国城市规划年会论文集》

## K

《开封城墙的历史沿革及其影响》，刘顺安，《史学月刊》2002年第10期

## L

《老残游记》，刘鹗，古吴轩出版社2020年6月版

《论湘军的崛起及其影响》，严安林，《云梦学刊》1990年第1期

《历史的群像》，吴晗，国际文化出版公司2011年9月版

《论清末东北经济区的形成》，衣保中，《长白学刊》2001年第5期

## M

《明清时期的开封商业》，许檀，《中国史研究》2006年第1期

《明清社会经济变迁论》，傅衣凌，中华书局2007年10月版

《明清徽商与扬州文化》，梅丛兰，《景德镇高专学报》2007年第3期

《民国镇江城乡经济衰退的腹地因素分析》，郑忠，《中国农史》（南京）2008年第3期

## N

《宁波帮：天下第一商帮如何搅动近代中国》，王千马，现代出版社2015年6月版

《能静居日记》，赵烈文，岳麓书社2013年7月版

## P

《品味中国文人》，刘小川，上海文艺出版社2008年5月版

《平凡的世界》，路遥，北京十月文艺出版社2017年1月版

## Q

《〈清明上河图〉里的中国》，杜恩龙，上海教育出版社2021年6月版

《青岛城市的形成》，宋连威，青岛出版社1998年8月版

## R

《人间杭州》，吴晓波，浙江大学出版社2022年1月版

S

《市场化与工业化：经济现代化的两个主要层次》，赵德馨，《中国经济史研究》2001年第3期

《谁是中国城市领跑者》，黄汉城，东方出版社2020年8月版

《上财商学评论（第一辑）》，魏航主编，上海财经大学出版社2021年9月版

《失落的秦商》，陈忠海，《中国发展观察》2017年第21期

《试从交通角度分析近代扬州现代化进程缓慢的原因》，肖雅，《世纪桥》2015年第5期

《失落的汉正街的码头》，郑德，《第二届"U+L新思维"全国学术研讨会论文集》2006年4月15日

《宋代成都的丝织业》，许蓉生，《西南民族大学学报》2006年第11期

《山河国运》，叶曙明，九州出版社2014年10月版

《时局的生意：霍英东口述自传》，霍英东、冷夏，凤凰出版社2013年5月版

《山戎、东胡考辨》，苗威，《中国边疆史地研究》2008年第4期

《首钢大搬迁》，王立新，河北教育出版社2009年3月版

T

《"铁面御史"赵抃生平考述》，张其凡、白效咏，《暨南学报（哲学社会科学版）》2008年第5期

《天皇的阴谋》，［美］美戴维·贝尔加米尼，商务印书馆1984年11月版

W

《伪满时期中国东北工矿业发展述略》，李雨桐，《长春工程学院学报（社会科学版）》2017年第3期

Y

《扬州画舫录》，李斗、王军，中华书局2007年9月版

《岳麓书院史》，朱汉民、邓洪波，湖南大学出版社2017年1月版

《叶：百年动荡中国的一个中国家庭》，［美］周锡瑞，山西人民出版社2014年7月版

《"一带一路"10月特刊》，单之蔷主编，《中国国家地理》2015年第10期

## Z

《中国近代史》，蒋廷黻，上海世纪出版集团2006年4月版

《中国基本盘》，何丹、徐鑫，浙江大学出版社2021年6月版

《张謇：状元"下海"》，庄秋水，《看历史》2018年第2期

《中国城市大洗牌》，黄汉城、史哲、林小琬，东方出版社2020年1月版

《周秦汉隋唐之间：都城的选建与超越》，侯甬坚，《唐都学刊》2007年第2期

《中国人史纲》，柏杨，山西人民出版社2008年10月版

《中国游记》，[日]芥川龙之介，新世界出版社2011年4月版

《中国经济史》，钱穆讲述，北京联合出版公司2014年1月版